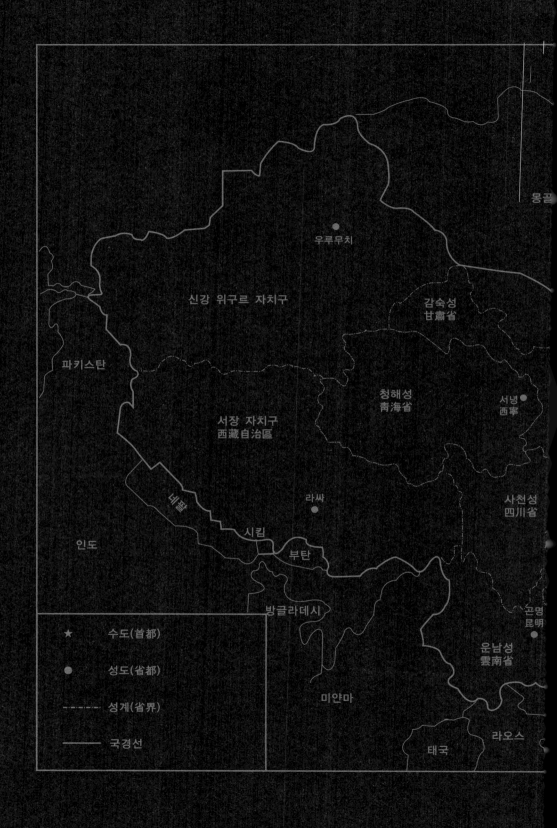

몽골

우루무치

신강 위구르 자치구

감숙성
甘肅省

파키스탄

청해성
靑海省

서녕
西寧

서장 자치구
西藏自治區

사천성
四川省

네팔

라싸

인도

시킴

부탄

곤명
昆明

방글라데시

운남성
雲南省

★　　　수도(首都)

●　　　성도(省都)

－·－·－·－　성계(省界)

─────　국경선

미얀마

라오스

태국

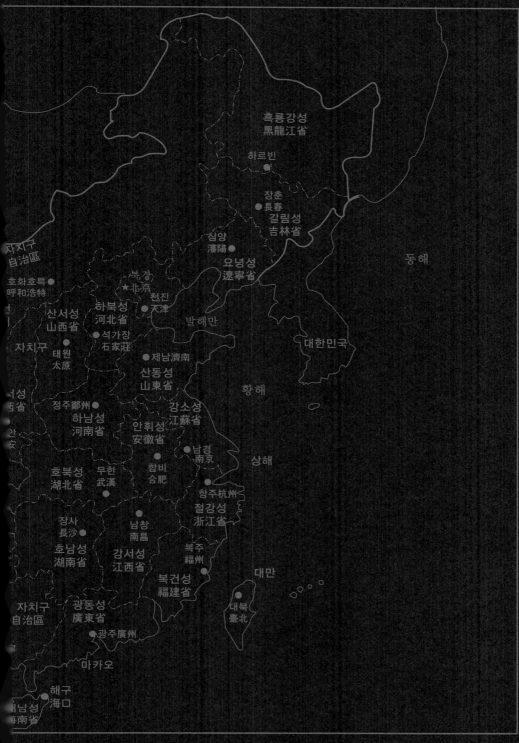

흑룡강성
黑龍江省

하르빈

장춘
長春
길림성
吉林省

심양
瀋陽

요녕성
遼寧省

동해

자치구
自治區

호화호특
呼和浩特

북경
北京

천진
天津

하북성
河北省

발해만

대한민국

산서성
山西省

석가장
石家莊

자치구

태원
太原

제남濟南

산동성
山東省

황해

정주鄭州

하남성
河南省

안휘성
安徽省

강소성
江蘇省

서성
西省

남경
南京

상해

호북성
湖北省

무한
武漢

합비
合肥

항주杭州

절강성
浙江省

장사
長沙

남창
南昌

북주
福州

대만

호남성
湖南省

강서성
江西省

복건성
福建省

대북
臺北

자치구
自治區

광동성
廣東省

광주廣州

마카오

해구
海口

남성
南省

중국 전도

연표와 사진으로 보는 중국사

ILBIT Illustrated & Chronological History of China

연표와
사진으로 보는

개정증보판

중국사

심규호 지음

일빛

머리말

역사는 알려진 사실에 대한 기록이다. 물론 사실의 기술이되 사가(史家)에 의한 편집이기도 하다. 그렇기 때문에 역사가 틀림없는 진실이라고 말할 수 없다. 하지만 그것이 우리 인류가 살아온 삶과 문화에 대한 서술이라는 믿음을 갖지 않는다면, 역사는 무용지물이 되고 말 것이다. 역사가 우리에게 의미를 갖는 이유는 바로 그것이 현재의 우리에게 타산지석이 되어 과거보다 나은 미래를 준비할 수 있기 때문일 것이다. 그런 면에서 역사는 항상 현재의 해석이다.

이 책은 중국의 역사를 다루고 있다. 중국의 장구한 역사는 그 길이만큼 얽혀 있는 사건 또한 복잡하다. 숱한 왕조가 생성 소멸했고, 그 안에서 온갖 인물이 당대를 풍미했으며, 다양한 사건들이 줄지어 발생했다. 청사고(淸史稿)를 포함한다면 정사(正史)로 인정된 기록만 해도 25사(史)이다. 따라서 한 권의 책으로 중국사를 살펴본다는 것은 설사 그것이 축약판이든 무엇이든 간에 애초에 불가능한 일이다.

'연표와 사진으로 보는 중국사'는 중국의 역사를 좀더 세밀한 시간대 안에서 통시적으로 살펴보겠다는 뜻과 사진이나 그림을 통해 독자의 상상력을 확장시키자는 의도에서 기획된 것이다. 비록 한계는 있지만 좀더 많은 부분을 사건이나 인물간의 연계를 중시하면서 전체적인 흐름을 찾고자 노력했다.

이 책은 상식적인 역사책, 교과서적인 역사책이다. 보편적인 사실, 보다 넓게 받아들여진 관점, 상식적인 판단, 그리고 무엇보다 보다 많은 이들이 관심을 둘 것이라고 생각되는 역사 이야기를 주된 내용으로 삼고 있다. 하늘의 별보다 많은 사건과 사람들의 흔적이 조금씩 묻어 있다. 특히 사람에 치중했다. 어찌 이 한 권의 책에 모든 것을 담을 수 있겠는가? 그저 우리의 상식을 도울 뿐이다.

저본은 따로 없다. 그 분량이 얼마가 되는지 알 수 없지만 숱한 이들의 많은 기록이 도움을 준 것은 분명하다. 그렇다면 그 모든 책이 저본인 셈이다. 필자가 한 일은 그런 자료들 속에서 필요한 항목을 찾아 시간 순으로 적절하게 배분한 것에 불과하다. 그럼에도 5년이란 세월이 속절없이 흘렀다. 게으름을 피우거나 시간이 허락지 않았기 때문이다. 그러나 한번도 잊은 적은 없었다.

일빛과 함께한 이번 작업은 서로에게 힘든 시간이었다. 연표와 역사 이야기를 함께 넣어야 하기 때문에 적절한 배분과 사전 조율이 있어야 했다. 그러나 필자는 그 점에 서툴렀다. 결국 근 1달 정도 마무리 작업을 하면서 필자는 거의 전투에 임하는 듯했다. 이 책의 절반은 예전과 마찬가지로 출판사의 공이다. 일빛 식구들과 우리 가족 모두 더욱 건강하기를 바라며, 나를 믿고 따라온 내 제자들에게 이 책을 바친다.

세월이 끊임없이 흘러 제주에 온 지 벌써 26년째 들어섰다. 그만큼 내 삶도 바뀌고, 세상도 바뀌었으며, 중국도 바뀌었다. 오래전부터 출판사 요청이 있었지만 게으름 탓에 이제야 개정판을 낸다. 1998년 봄 황사가 우심할 때 끝냈던 것을 2018년 춘설이 내리는 날, 지난 3월의 양회(兩會) 이야기까지 덧붙였다. 제주 우거(寓居) 30년 되는 해에 다시 개정증보판을 내기로 약조하며 이 책을 아껴주신 독자 여러분들에게 감사드린다. 중국을 이해하는 데 조금이라도 보탬이 되길 바랄 뿐이다.

2018년 3월 아라 월두마을에서
심규호

일러두기

1 도서출판 일빛의 『연표와 사진으로 보는 ○○○』 시리즈는 중국사뿐 아니라 세계사 · 한국사 · 일본사가 이미 출간되어 있다. 이 시리즈의 가장 큰 특징은 역사를 이해하는 데 연표가 갖고 있는 장점을 극대화했다는 점이다. 즉 연표를 본문에 배치하고 연표에 있는 주요 사건과 인물들도 본문에 실어 역사를 한눈에 파악할 수 있도록 독자들의 이해를 도왔다는 점이다. 그리고 연표 옆에 같은 시기의 우리 나라와 외국에서는 어떤 사건이 있었는지를 실어 역사를 거시적으로 볼 수 있도록 하였다.

2 중국의 각 시대를 원시 시대부터 중화민국 · 중화인민공화국 시대까지 열 개의 시기로 나누어 시기별로 세분화해서 설명하였다. 이번 개정증보판에서는 신해혁명(1911년) 이후의 인명과 지명은 현재 통용되고 있는 중국식 발음에 따라 표기하였고, 그 대신에 괄호 안에 한자를 병행하여 이해를 돕게 하였다.

3 연표 안에 있는 ▶ 표시는 해당 연도에 일어난 사건이나 같은 해에 일어난 다른 일들을 표시하기 위해 사용하였다.

4 독자들의 이해를 돕기 위해 지도, 계보도, 시기별 중요 내용 보충 설명, 전투도 등을 본문에 삽입하였다.

5 책 뒷부분에 연호 일람표, 중국 역대 수도, 찾아보기를 수록하여 찾고자 하는 내용을 빨리 찾아볼 수 있도록 하였다.

6 이 책의 활용 방법 : 이 책은 연표를 보다가 굵은 글씨로 된 사건이나 인물이 나오면 연표 아래쪽에 있는 본문을 읽으면 된다. 특정 시기에 무슨 일이 일어났는지 알려면 연표 위에 나온 연도를 통해 곧바로 찾아갈 수 있다. 그리고 '찾아보기'에서 필요한 사항만 찾아 읽을 수도 있다.

차례

머리말 • 4

일러두기 • 6

제1장 원시 시대 • 8

제2장 하(夏)·상(商)·주(周) • 18

제3장 진(秦)·한(漢) • 64

제4장 위진 남북조(魏晉南北朝) • 122

제5장 수(隋)·당(唐)·오대십국 • 170

제6장 송(宋)·요(遼)·금(金) • 222

제7장 원(元) • 272

제8장 명(明) • 292

제9장 청(淸) • 336

제10장 중화민국·중화인민공화국 • 404

연호 일람표 • 532

중국 역대 수도 • 543

찾아보기 • 548

「후예사일(后羿射日)」. 후예는 중국 고대 전설에 나오는 인물로 활과 화살을 만들었으며, 활로 태양을 쏘아 떨어뜨렸다 한다.

제1장 원시 시대

중국에서 가장 오래된 인류는 기원전 170만 년에서 70만 년쯤에 살았다고 추정되는 원모인(元謀人)과 남전인(藍田人)이다. 이후 제4기 홍적세 초기(기원전 40만 년쯤)에 살았다고 알려진 북경원인의 주거지에서 두개골과 일부 생활 흔적들이 발견되면서 원시 시대 중국 땅에 살았던 초기 원시 인류의 생활 모습이 흐릿하게나마 그 윤곽을 드러내고 있다. 그들은 직립보행을 하고 간단한 생산 도구를 사용할 줄 알았다. 특히 북경원인은 주로 수렵 활동을 하면서 불을 사용하여 날 것을 구워 먹을 줄 알았다. 그러나 과연 그들이 지금 중국인들의 직접 조상인가에 대해서는 아직까지 의문이 남아 있다.

원시 인류는 구석기 시대를 거쳐 기원전 6, 7천 년 전부터 신석기 시대로 돌입하였는데, 당시의 흔적을 살필 수 있는 다양한 문화 형태가 이미 중국 도처에서 발견되고 있다. 지속적인 고고학적 발굴을 통해 발견된 하모도 문화, 대문구 문화, 앙소 문화, 용산 문화 등의 유적을 살펴보면, 이미 도작(稻作)이 보편화되고 다양한 채색 토기를 사용하였으며 반혈거 형태의 움집에서 생활했다는 것을 알 수 있다. 그들은 각기 나름의 묘장(墓葬) 방법과 의식을 가지고 있었으며, 소박한 형태의 원시 종교도 지니고 있었다. 특히 이러한 문화 형태가 도처에서 발견됨으로써 기존의 황하 중심 문명 발생설을 뒤집을 수 있었다.

사전사(史前史)에 해당하는 원시 시대는 중국 역사에서 신화와 전설이 숨쉬고 있는 시대이기도 하다. 세상을 처음 만들었다는 반고(盤古)나 진흙으로 사람을 만들었다는 여왜(女媧)가 살았던 시대이고, 삼황오제(三皇五帝)가 등장하여 사람들에게 문명의 씨앗을 전해준 것 역시 이 시대였다. 이러한 원시 시대는 기원전 21세기 최초의 왕조인 하(夏)가 탄생하면서 새로운 역사의 장으로 이어졌다.

B.C.170만~B.C.1만 년

원모원인 — 중국에서 가장 오랜 인류

남전원인의 두개골

인류는 홍적세(洪積世 : 신생대 제4기 전기로 빙하가 소멸되고 인류가 처음으로 출현한 시기) 초기에 나타나기 시작한 원인(猿人) 이후, 자바와 북경에서 발견된 원인(原人)으로 이어진다. 약 70만 년 전에서 20만 년 전에 살았던 원인 뒤로 네안데르탈인과 동류인 구인(舊人)에서 현생 인류의 조상인 신인(新人 : 호모 사피엔스)으로 진화한다. 중국의 경우 최초의 거주민은 북경 남서쪽 주구점(周口店)에서 발굴된 북경원인으로 알려져 있었다. 그러나 1964년 섬서성 남전(藍田)의 공왕령(公王嶺)에서 약 70만 년쯤(화석이 서로 달라 어떤 것은 50만 년 전의 것이기도 하다)에 살았던 것으로 추정되는 남전원인의 두개골과 하악골 등이 발견되고, 다음해 운남성 원모(元謀) 분지에서 인류의 앞니 화석이 발견되면서 기존의 가설이 뒤집어졌다. 특히 원모 분지의 경우 약 73만 년에서 5, 60만 년쯤에 살았던 구석기 전기의 화석으로 판명되어 중국에서 가장 오랜 인류로 주목되어 원모원인(元謀原人 : Homoerectus Yuanmouensis)으로 명명되었다. 동일한 지층에서 조잡한 형태이기는 하지만 인공에 의한 것이 분명한 석기가 출토되어 이를 통해 이미 도구와 불을 사용했음을 짐작할 수 있다.

북경원인

1923년 중국 북경의 서남방 48km 지점에 있는 주구점의 동굴에서 화석이 발견되었다. 그것은 바로 기원전 40만 년(혹 70만 년부터 20만 년쯤까지), 곧 제4기 홍적세 초기에 살았던 것으로 추정되는 북경원인(北京原人)으로 자바에서 발견된 피테칸트로푸스와 근접한 인류 계통이다. 일반적으로 중국원인(中國猿人), 북경원인

간석기

(北京猿人), 북경인 등으로 부르는데, 정식 학명은 북경직립인(Homo erectus pekinensis)이다. 오늘날 중국인의 직접 조상은 아니지만 중국인들은 자신들의 조종(祖宗)으로 여기고 있다. 1929년 배문중(裴文中)이 첫번째 북경인 두개골을 발견한 이후 1936년 6월 가란파(賈蘭波)가 11일 동안 세 개의 두개골을 발견했다. 그러나 제2차 세계대전이 발발하고 일본이 진주만을 습격한 직후인 1941년 12월 미국 뉴욕 자연사박물관으로 호송하기 위해 운반하던 도중 실종되어 지금까지 종적이 묘연하다. 주구점의 주거지와 일부 뼈를 바탕으로 한 조사에 의해 간단한 석기 사용, 불을 일으키는 기술, 부장(副葬) 습관, 수렵 위주의 생활을 했음을 알 수 있다.

산정동인 — 중국의 호모 사피엔스

홍적세 후기 단계에 유럽과 서아시아에서 네안데르탈인이 발견되었고, 홍적세 마지막 단계에 호모 사피엔스라는 현생 인류가 발견되었다. 중국에서도 고고학적으로 약 4만 년 전부터 1만 년 전까지 구석기 시대 후기에 해당하는 시기에 광서성의 유강(柳江), 하남성 안양의 소남해(小南海), 주구점 동굴의 가장 위층, 곧 상동(上洞) 등에서 이 단계의 문화 유적이 발굴되었다. 특히 북경 근처 주구점의 상동에서는 완전한 세 개의 머리뼈를 포함한 여덟 구의 사람 뼈, 그리고 다양한 짐승 뼈와 장신구 등이 발견되었다. 고고학자들은 이 인종을 상동인(上洞人: Upper Cave Man, 이른바 산정동인山頂洞人)으로 명명하고 극동 북쪽의 몽골로이드 인종의 조상일 수도 있고, 동시에 오세아니아 니그로이드 인종일 수도 있다는 견해를 제기했다. 특히 상동인은 붉은 조개 껍데기의 윗부분을 갈아 구멍을 뚫거나 다른 동물들의 송곳니에 구멍을 뚫어 만든 장신구를 사용했는데, 이미 일종의 조형물을 통해 자신의 영예나 권위를 표현하거나 아름다움을 표시하고자 했음을 추측할 수 있다.

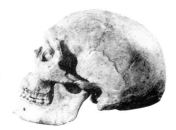

산정동인의 두개골(상)
산정동인 복원 흉상(중)
산정동인이 사용한 장식품(하)

B.C.8000~B.C.2500년

8000~5000년쯤 ▶ 중석기 시대 아모구(鵝毛口) 유적.
5500~4900년쯤 ▶ 화북 지역 최초의 신석기 문화인 하남 배이강(裴李崗) 문화.
5300~4300년쯤 ▶ 장강 유역에 양저(良渚) 문화 흥성.
5000~4300년쯤 ▶ 신석기 시대 **앙소 문화** 초기. 반파(半坡) 유적.
5000~3300년쯤 ▶ 장강 유역의 **하모도 문화**-신석기 시대, 농경의 시작.
4300~2500년쯤 ▶ **대문구 문화**.

■ 그 무렵 우리는…
4000년 웅기 굴포리와 부산 동삼동 유적 1·2·3층 등이 형성됨.

■ 그 무렵 외국은…
4300년 메소포타미아 남부에 전기 우바이드 문화가 형성됨.

앙소 문화

앙소(仰韶) 문화는 1921년 스웨덴의 지질학자 안데르손(J. G. Andersson)이 발견한 하남성 북서쪽의 민지현(澠池縣) 선사 시대 거주지를 지칭하는 것이지만 그것이 전부는 아니다. 왜냐하면 하남성 이외에도 산서성 남부, 섬서성 동부의 황하 유역을 중심으로 동쪽은 하남성 남부, 남쪽으로 호북성 북부, 서쪽으로 위하(渭河) 상류, 북쪽으로 오르도스 일대에 이르기까지 다양한 유적이 발견되었기 때문이다. 약 7000년 전부터 5000년까지 2000여 년이란 오랜 세월 동안 광대한 지역에 걸쳐 있었기 때문에 비교적 표준적이라 할 수 있는 황토 고원의 반파(半坡), 묘저구(廟底溝) 유형을 비롯하여 하남 중부 지역의 진왕채(秦王寨), 화북 평원의 후강(後崗)과 대사공촌(大司空村) 등의 유형으로 나눌 수 있다. 또한 앙소 문화 후기로 중원 지역에 마가요(馬家窯), 반산(半山), 마창(馬廠) 등의 유형을 포함한 이른바 감숙의 앙소 문화가 발견되었는데, 이를 통해 안데르손이 주장한 서아시아 원시 농경 문화가 하서회랑(河西回廊)을 통해 파급되었다는 견해가 부정되고 중국 신석기 문화의 한 지류는 중원을 기점으로 서북 지구로 퍼졌다는 학설이 증명되었다. 앙소 문화는 원시 모계 씨족 사회를 바탕으로 농경업을 위주로 채집·어로·목축을 한 것으로 알려졌는데, 이 문화의 전형적 특징은 부장품에 속해 있던 세련된 토기로서 백·적·흑 세 가지 색으로 채색되어 있으며 그 문양은 자연적인 것이 아니라 양식화된 것이었

채도장두(彩陶杖頭)(상)
인두형기구채도병(중)
(人頭形器口彩陶瓶)
채도첨저관(彩陶尖底罐)(하)

다. 대부분은 손으로 만든 것이고 회전판을 이용하여 토기의 입 부분을 수정한 흔적도 보인다. 채도와 더불어 평범한 회색 토기도 사용되고 있다. 도구로는 괭이, 삽, 곡괭이, 낫, 절구 등과 마제 석기를 사용했다. 주거지는 집촌 형식인데 화전 농업으로 말미암아 자주 이동했다. 집은 장방형·방형·원형 등으로 딱딱한 진흙으로 만들었으며, 초기에는 반지하식인 수혈(竪穴)식이고 후기에는 지상식 주거였다. 묘지는 공동으로 사용했으며, 토광묘(土壙墓)를 주로 썼고 많은 토기가 부장되었다.

하모도 문화

1976년 절강성 여요현(余姚縣) 하모도(河姆渡)에서 일찍이 발견된 적이 없는 원시 문화 형태가 발굴되었다. 황하 유역의 앙소(仰韶) 문화만큼 오래되었지만 그 문화 형태는 크게 달랐다. 우선 앙소 문화는 속(粟)을 주식으로 했으나 이곳은 쌀을 주식으로 했다는 증거물이 발견되었고, 앙소 문화에는 없는 뼈로 만든 보습〔骨耜〕 등이 발굴되었다. 게다가 지금까지 발견되지 않은 주거 형태인 목조 건물의 흔적을 발굴하였다. 특히 난간을 만들고, 나무 뿌리를 사용하여 종횡으로 엮은 기술은 대단히 뛰어난 것으로 판명되었다. 하모도 문화가 발굴됨으로써 중국의 고대 문화는 황하 유역에서 발원했다는 기존의 관점에서 벗어나 장강 유역 또한 중화 문화의 또 다른 요람이었음을 확인할 수 있게 되었다.

골사(骨耜)

대문구 문화

황하에 앙소 문화, 장강에 하모도 문화가 발원했다면 대문구(大汶口) 문화는 태산을 중심으로 산동, 강소, 안휘 북부 지역에서 발전한 문화라 할 수 있다. 대문구 문화는 산동 태산의 남쪽을 가로지르고 있는 대문하(大汶河) 근처의 태안현 대문구와 영양현 보두(保頭)에서 신석기 시대 묘지 유적이 발굴되면서 명명되었다. 주로 회도(灰陶), 홍도(紅陶) 이외에 백도(白陶), 흑도(黑陶), 그리고 약간의 채도(彩陶)가 발굴되었다. 특기할 것은 대문구 문화에 속하는 거현 능양하(陵陽河)와 제성채(諸城寨) 두 유적에서 발굴된 호(壺)와 옹(甕) 등의 그릇에 새겨진 상형 문자이다. 이는 반파(半坡)의 채도에 새겨진 부호에 비해 더욱 상형화되어 있어 이후 금문(金文)으로 이어지는 과도기적 문자 형태로 여겨진다. 이전의 앙소·하모도 문화와는 달리 대문구 문화는 초기의 모계 씨족 사회가 점차 부계 씨족 사회로 넘어가고 있음을 보여준다. 특히 묘지의 부장품에서 빈부의 격차가 심한 것을 볼 때 이미 사유제가 확대되어 이전의 평등한 원시 공동체가 해체되고 있음을 알 수 있다. 대문구 문화는 이후 산동의 용산(龍山) 문화로 이어진다.

백도쌍층구규
(白陶雙層口鬶)

B.C.4000~B.C.2500년

4000~3600년쯤 ▶ 황하 유역 중심으로 채도계 앙소 문화의 번영기.
3500년쯤 ▶ 북방 신석기 문화를 대표하는 홍산(紅山) 문화.
2500년쯤 ▶ **삼황 오제의 전설**. 흑도계(黑陶系) **용산 문화**, 화남(華南)
지역으로 이동.

■ 그 무렵 우리는…
2333년 단군, 아사달에 도읍. 고조선
건국(삼국유사)

삼황 오제의 전설

중국의 고대 사회에 대한 기록은 시대가 내려갈수록 더욱 많아진다. 이는 세월이 흐르면서 더욱 많은 가필과 정형이 이루어졌음을 뜻한다. 그것은 어떤 필요에 의한 것이지 결코 사실로 이루어진 것은 아니다. 예를 들어 삼황 오제(三皇五帝)의 시대는 정확한 기록이 있을 리 없는데도 그들의 사적은 적지 않게 알려져 있다. 초기 중국의 역사가들은 당시에 이미 의복, 조리, 결혼, 국가 조직 등 문화의 기본적 요건들이 충족된 상태였다고 말하고 있으며, 또한 믿고 싶어한다. 사마천(司馬遷)의 『사기(史記)』에는 아예 그들의 가계나 행적이 마치 사실인 것처럼 적혀 있다. 창힐(倉頡)의 문자 창제 또한 마찬가지다. 인류의 문자는 오랜 노동의 산물이자 사유 재산과 나름의 이념의 필요성으로 말미암아 자연스럽게 생겨난 것이지 어떤 한 인물의 창견으로 만들어지는 것이 아니다. 그런데도 중국인들은 창힐의 문자 창제를 믿고 싶어한다. 이러한 이유는 우선 중국인들의 심성에 깊이 자리잡은 성인에게 모든 공을 돌리는 전통적 관념에서 기인하는 것이자, 무엇보다 모종의 필요에 의해 이루어진 것이라 할 수 있다. 모든 일에는 준거와 모범이 필요하게 마련이다. 인간의 삶에서 가장 중요한 정치나 경제의 경우는 말할 것도 없다. 요순(堯舜)의 이른바 선양(禪讓)이라는 정치적 모범과 치수(治水)라는 경제적 모델은 후세 정치·경제에 분명한 준거이자 따라야 할 모범이 될 수 있다. 사실 여부와는 관계없이 과거는 이미 이념이 된 셈이다. 게다가 정확히 알 수는 없으되 이미 무한정한 권위가 세워진 그들에 의해 후손들은 자동적으로 '대단한' 후예가 되는 셈이다.

용산 문화

용산(龍山) 문화는 제2차 세계대전 직전에 발견된 산동성 역성(歷城) 용산진(龍山鎭)에 있는 성자애(城子崖) 유적을 표준 유적으로 하는 신석기 시대 중국 동부의 문화이자 평원의 문화이다. 현재 발굴된 지역에 따라 산동 용산 문화(대문구 문화의 발전 형태), 묘저구 제2기 문화(용산 문화의 발전 형태), 하남 용산 문화, 섬서 용산 문화 등

네 가지 유형으로 구분하고 있다. 용산 문화 시기에는 흑색의 세련된 토기를 만들었는데, 이미 토기를 만드는 회전판이 사용된 흔적이 있다. 그래서 토기의 두께가 얇아졌을 뿐만 아니라 조형미도 전대에 비해 뛰어나다. 특히 대문구 용산 문화에서는 동물의 형태를 잘 묘사한 정(鼎)이 출현했고, 다른 유적에서 순동(純銅)의 칼 등이 출토되어 이미 청동기 시대로 이행되는 과도기 형태를 띠고 있었음을 짐작케 한다. 이렇듯 용산 문화는 앙소 문화에 비해 더욱 발전된 형태를 지니고 있었는데 진흙벽에 둘러싸여 있는 마을은 이미 이동이 필요 없는 영구적 농토의 사용을 의미하는 것이며, 동물의 뼈를 사용한 견갑골 점이 행해진 것으로 보아 이미 사회적 계급 형성이 보이기 시작함을 가정할 수 있다. 이 문화는 북방의 만주로부터 광동 및 대만에 이르기까지 동아시아의 광범위한 지역으로 급속하게 확산되었다. 각기 문화 유형별로 구분은 있지만 대략 기원전 2800년에서 2000년까지 지속되었다고 말할 수 있다.

등황도대족규(상)
(橙黃陶袋足鬹)
도소인면상(중)
(陶塑人面像)
단각흑도개배(하)
(蛋殼黑陶盖杯)

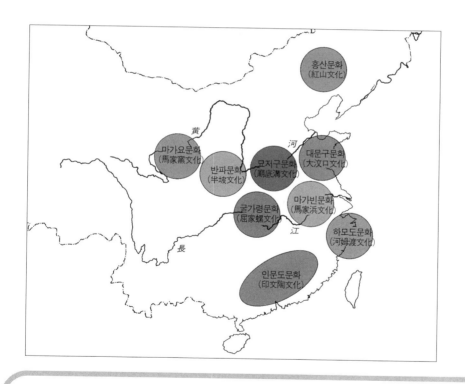

중국 고대 문화 분포도

황토 고원

황토의 깊이는 약 15~213m 정도로, 거의 밀가루처럼 부드러운 흙이 몇백만 년에 걸쳐 바람에 의해 퇴적된 결과이다. 토양이 부드럽기 때문에 원시적인 목제 농기구로도 쉽게 농작을 할 수 있었다. 황하의 중류는 황토 지역을 북에서 남으로 흐르고 길이는 약 804km에 달한다.

B.C.2500~B.C.2000년

황제

전통적 기년(紀年) 방식에 따르면 삼황 오제의 시대는 기원전 4000년쯤에 해당한다. 그러나 그들이 등장하는 사서(史書)는 기원전 400년쯤에 이루어진 것들이다. 어떻게 알 수 있겠는가? 그러나 전설은 또 다른 의미가 있는 것이다. 전하는 말에 따르면 처음에는 수인씨(燧人氏)·복희씨(伏羲氏)·신농씨(神農氏)의 시대가 있었고, 신농씨가 쇠하자 비로소 황제(黃帝)의 시대가 열렸다고 한다. 황제 시대에는 북융(北戎), 서강(西羌), 남묘(南苗: 복희·여왜女娃), 동이(東夷: 태호씨太皞氏·소호씨少皞氏·치우蚩尤, 예羿) 등 각기 다른 씨족이 살았다. 동이족의 우두머리는 짐승의 몸에 사람 말을 하는 치우였다. 그는 싸움을 좋아하여 매번 주변 씨족들을 공격했다. 황하 중류에 거주하고 있던 강인(羌人) 중에 공공(共公)이란 인물이 있었는데, 치우와의 싸움에 패하여 크게 노하면서 머리로 부주산(不周山)을 받아 '하늘의 기둥이 무너지고 땅이 갈라져' 하늘이 북서쪽으로 기울고 땅이 남동쪽으로 함몰되는 일이 있었다. 이후 황제가 강인의 우두머리인 염제(炎帝)와 연맹하여 탁록(涿鹿)에서 치우와 결전을 벌였다. 연기를 내어 오리무중으로 만든 치우에 대항

황제(상)
하남성에 있는 황제의 능(하)

하여 지남차(指南車)를 활용한 황제가 승리했다는 바로 그 전투였다. 치우가 죽자 황제는 맹주의 야심을 보이던 염제와 판천(阪泉)에서 싸워 어렵게 승리한다. 마침내 황제는 여러 사람들의 추대를 받아 '천자'의 자리에 오른다. 천자가 된 그는 의복·궁실·배·수레를 발명했고, 영륜(伶倫)에게 악기를, 대요(大撓)에게 간지(干支)를, 창힐에게 문자를 발명케 했으며, 부인인 누조(嫘祖)는 사람들에게 양잠을 가르쳤다. 이리하여 황제는 중국 고대의 여러 민족을 제압한 화하족(華夏族)의 시조이자 문물 제

도를 확립한 '인문의 첫 할아비(人文初祖)'로 칭송받게 되었다.

요순의 선양

황제 이후에 요(堯)라는 인물이 등장하여 '천자'의 자리에 올라, 국호를 당(唐)이라 했다. 이후 순(舜)이란 인물이 등장하여 '천자'의 자리에 올라, 국호를 우(虞)라 했다. 이 두 사람은 천자의 자리에 올라 검약, 솔선수범하여 천하에 한 사람이라도 기아에 허덕이거나 범죄를 저지르는 일이 있다면 모두 자신들의 책임인 줄 알았다고 하는 성왕이었다. 게다가 요임금은 순에게 선양하고 순 또한 아들인 상균(商均) 대신에 치수에 공이 큰 우(禹)에게 선양함으로써 대대로 성군의 모범으로 추앙되었다. '당우 성세(唐虞盛世)'나 '요순 선양'의 이야기는 바로 여기에서 나오는 것이다. 그러나 다른 한편 요가 순에게 왕의 자리를 건네준 것은 순임금이 요의 아들인 단주(丹朱)를 외지에 가두고 서로 만나지 못하도록 했기 때문이라거나, 순이 먼저 남면(南面: 천자는 북쪽에 앉아 남쪽을 바라본다)하자 제후들이 앞다투어 북면하니 어쩔 수 없이 요가 물러났다는 말도 전한다. 어쩌면 선양의 진면목은 후자에 가까운 것인지도 모른다. 하여튼 그들이 살았다는 시대는 아직 부자 상속이 이루어지지 않은 것으로 보아 사유제가 확립되지 않은 씨족 공동체 사회였음을 짐작할 수 있다.

선양이라고 말하는 '혁명'

중국의 옛 전래에 따르면 위대한 덕망을 가진 사람을 구해서, 요가 순에게, 순이 우에게 전차의 지위를 양위했다고 말한다. 이러한 형식이 '선양(禪讓)'이다. 그러나 역사상 선양의 형식에 의해 황제의 자리를 계승한 것은 전한의 뒤를 이어 황제가 된 '신(新)'나라의 왕망(王莽)이 처음이다. 이리하여 위(魏)나라의 조씨도 선양에 의해 황제가 되었고, 새롭게 왕조를 열었다. 계속해서 진(晉)나라 왕조를 연 사마씨(司馬氏)도 같은 형식을 답습하였다.

이같은 왕조 교체 형식은 이후에도 남북조(南北朝)에서 수(隋)나라 · 당(唐)나라를 거쳐 10세기 후반에 해당하는 송(宋)나라의 건국까지 계속되었다. 왕조의 교체를 중국에서는 '혁명'이라고 하지만 '선양'은 혁명의 기본 방식인 것이다. 선양의 경우는 유혈을 볼 수 없고, 평화로운 방향으로 혁명이 달성된다는 점에서 이상적인 방식이라고 생각하는 것이지만 실제로는 새로운 왕조가 성립되려면 전 왕조의 황제나 일족은 모두 살해되는 경우가 허다하다.

「균천강성도(鈞天降聖圖)」. 공자의 탄생을 묘사한 그림. 공자의 어머니인 안징재가 막 공자를 낳았을 무렵 왼쪽 상단의 구름 위에서 성인의 탄생을 축하하기 위해 천상의 음악을 연주하는 이들이 나타났다.

제2장 하(夏)·상(商)·주(周)

　우(禹)가 치수에 성공하여 선양받은 나라 하(夏)는 섬서·감숙 일대의 앙소 문화에서 시작하여 강력한 통치 세력을 갖춘 부족 공동체로 발전한 중국 최초의 나라이다. 청동기 시대에 해당하며, 우가 사망한 후 그의 아들이 왕위를 이어 이전의 선양(禪讓) 제도를 파기하고 부자 상속을 기반으로 한 세습 왕조 체제를 열었다. 고고학적 발굴을 통해 하 왕조의 실체가 서서히 밝혀지고 있다고는 하지만 아직까지 정확하게 알려진 바가 많지 않다. 청동기를 사용하였으나 여전히 석기가 보편적인 도구였으며, 비교적 간단한 정치 체제를 유지하였고, 역법을 최초로 사용하여 1년을 12개월로 나누었다. 기원전 16세기 하 왕조를 멸망시키고 새로운 왕조를 세운 것이 상 왕조이다. 황하 하류에 거주하고 있던 동이(東夷)의 지파로 현조(玄鳥)를 토템으로 하였다. 상 왕조는 특이하게 도읍지를 여러 번 옮겼다. 상나라의 도읍지 가운데 하나였던 은허(殷墟)가 발굴되어 상나라 시기에 이미 절대적인 권력자가 존재했으며 사람들은 그를 중심으로 성곽에서 거주했다는 것 등을 알게 되었다. 특히 은허에서 다량으로 발견된 갑골문을 통해 한자의 추형(雛形)이 바로 상 왕조 시기에 시작되었음을 확인할 수 있었으며, 아울러 다양한 형태의 청동기가 발견되어 이 시기의 문물이 이미 일정 수준에 도달했음을 알게 되었다. 상 왕조는 노예제 사회로 중국 노예제 사회의 초창기에 해당한다고 볼 수 있다. 대략 17대 31명의 왕이 재위에 올라 대략 5백 년간을 통치하였다. 마지막 왕 주(紂)는 하나라 마지막 왕 걸(桀)과 더불어 폭군의 대명사로 알려져 있는데, 주나라의 무왕(武王)에 의해 나라와 목숨을 모두 빼앗기고 만다.

　무왕이 상 왕조를 토벌하고, 호경(鎬京)을 도읍지로 삼은 이래로 근 825여 년을 이어온 주 왕조는 서주(西周: 기원전 1046~771)와 동주(東周: 기원전 770~221)로 나뉜다. 서주 시대는 주 왕실이 종법 제도를 토대로 제후들에게 분봉을 실시하여 중국 최초의 봉건 제도를 실시하였다. 이는 중국 정치 제도의 특징 가운데 하나인 '가국동구(家國同構)'의 이념을 그대로 옮긴 것이기도 하다. 주나라 왕실은 천자를 중심으로 다양한 통치 기구와 관료 조직으로 주도면밀한 통치 체제를 갖추었으며, 등급이 분명한 계급 사회로 철저하게 통치자에게 복종할 수 있는 제도를 확립하였다. 당시의 예악 제도 역시 이를 위한 것이었다. 주나라는 농업 중심의 사회였으나 상업이나 수공업 역시 크게 발전하여 전대에 비해 비약적인 경제 발전을 이룩하였다. 이민족의 침입으로 서주가 멸망한 후 주나라는 도읍지를 낙읍으로 옮기고 새로운 시대를 열었다. 동주의 시작이다.

　동주는 춘추 시대(기원전 770~403)와 전국 시대(기원전 403~221)로 나뉜다. 이미 주 왕실은 정치적 실권을 상실하고 제후들이 천하를 좌지우지하고 있었다. 춘추 시대의 패권은 이른바 춘추 오패(五覇)의 손에 달려 있었다. 그래도 주 왕실에 대한 존경심은 남아 있던 시절이었다. 하지만 전국 시대로 넘어가면 그나마도 사라지고 만다. 전국 칠웅(七雄)이 각축하는 전장에서 주 왕실은 이미 사라진 영광일 뿐이었다. 춘추전국 시대는 특히 탁월한 사상가를 배출하고 다양한 논의가 속출했다는 점에서 주목할 만하다. 이른바 제자백가(諸子百家)로 불리는 이들은 혼란한 시대에 오히려 더욱 알뜰한 학설과 논의를 제공하였다. 그들 중에서 유가(儒家)와 도가(道家), 그리고 법가(法家)는 이후 중국 문화 전반에 걸쳐 절대적 영향력을 행사하였다.

B.C.21세기~B.C.1847년

21세기쯤 ▶ **대우**, 치수(治水) 성공.
2070년쯤 ▶ 대우의 아들 계(啓) 정권 탈취. 선양 제도가 파괴되고 부자 상
　　　　　 습제 확립. **하 왕조 건국.**
1936년쯤 ▶ 이예(夷羿) 정권 장악. 국정 혼란기.
1868년쯤 ▶ 소강(小康) 제위에 올라 중흥기에 돌입함. 하남 지역 이리두
　　　　　 (二里頭) 문화(1959년 하남 언사偃師 이리두에서 발견됨).
1847년쯤 ▶ 소강의 아들 저(杼) 제위에 올라 동이(東夷)를 정벌함.

■ 그 무렵 우리는…
2000년　후기 신석기 문화가 형성됨.

■ 그 무렵 외국은…
2200년　인도, 모헨조다로의 전성기를 맞음.
2009년　그리스(크레타), 크레타 섬 북부
　　　　에 크노소스 궁전을 세움.

대우의 치수

　　청해성에서 발원하여 사천, 감숙, 영하, 내몽고, 산서, 섬서, 하남, 산동을 거쳐 발해로 흐르는 황하는 전체 길이가 5464km로 또한 청해성에서 발원하여 동해(황해)로 유입되는 6300km의 장강과 더불어 중국 역사의 산 증인이자 중화 민족의 요람이다. 황하는 섬서성의 황토 고원을 통하면서 그곳의 퇴적토를 안아 그 빛이 누렇다. 밀도 높고 질량이 무거운 황토는 옥토의 조건인 동시에 황하와 뒤섞이면서 때로는 물길조차 바꾸어버리는 무서운 재앙의 원인이기도 했다. 요순의 태평성세에도 황하의 범람은 여전했다. 요는 황하 주변에서 오랫동안 치수에 공을 들인 씨족의 수령인 곤(鯀)을 추천받아 그에게 황하를 다스리도록 요구했다. 곤은 공공씨(共工氏)가 전하는 방식

대우

대로 제방을 쌓아 물이 넘치지 않도록 노력했다. 그러나 9년간의 치수 노력도 큰물이 들자 수포로 돌아갔다. 순임금 시절에는 곤의 아들인 우(禹)가 등장하여 구주(九州)의 역량을 총동원하여 제방을 쌓는 전래의 방식대로 치수에 노력하다 결국 실패하고,

물길을 터주는 방식을 통해 마침내 치수에 성공했다. 13년 동안 세 번 집 앞을 지나쳤는데 한 번도 들어간 적이 없고 손발에 물집이 들고 장딴지가 헤어지는 고통 속에서 이루어낸 성과였다. 이로 인해 우는 대우(大禹)로 일컬어지고 순임금에게 선양받아 천자에 즉위했다. 한편 각기 개별적으로 살고 있던 씨족 공동체는 우의 지휘하에 공동으로 노력함

절강성에 있는 대우의 능

으로써 치수에 성공하게 되었다. 이것은 이후 더욱 강력하고 조직적인 정치 체제의 등장과 씨족 공동체의 와해를 예시하는 하나의 신호탄이었다.

하 왕조 건국

계(啓)가 건국한 하(夏)나라는 대략 지금의 섬서성 동쪽과 산서성 남부, 하남성 일대에 자리하고 있었으며, 그 중심은 하남 숭산(崇山) 주위와 이수(伊水)와 낙수(洛水) 일대라고 한다. 대체로 황하의 중류 지방이라 할 수 있다. 그러나 황하의 고대 유적은 주로 상류와 하류에서 많이 발굴되고 중류의 경우는 이에 비해 숫자적으로 적다. 게다가 문헌상 하나라가 존재했을 것이라고 추정되는 곳을 무수히 발굴했음에도 불구하고 이렇다 할 하 왕조의 흔적은 아직까지 발견하지 못하고 있다. 다만 일부 중국 학자들은 하남성 언사현(偃師縣)의 이리두(二里頭) 문화 제1, 2기를 하나라 문화로 추정하고 있는데, 그 위의 제3기에서 상대(商代) 초기 궁정터가 발견되어 그 연관성에 대한 의견이 분분한 상태이다. 여하튼 하나라는 건국자 계가 죽은 뒤 그의 아들 태강(太康)에 이어 소강(少康)이 즉위할 동안 동성인 유호씨(有扈氏)를 비롯한 반대 집단과의 투쟁을 통해 중화 민족 최초의 국가 체제를 확립했다. 하 왕조는 기원전 2070년쯤에 시작하여 기원전 1600년쯤에 종말을 고했다. 더욱 정확한 것은 땅속에서 새로운 유적이 발견되어 고고학적으로 증명될 수 있어야 가능하겠지만, 오랜 세월 동안 중국 역사가들은 그들의 역사가 하 왕조부터 시작한다고 여기고 있음은 분명한 사실이다.

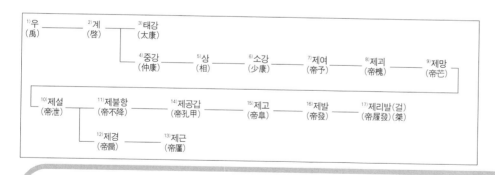

하 왕조 계보도

요(기원전 2333~2234), 순(기원전 2233~2184), 우(기원전 2183~2177). 흥미로운 초기 천자의 재세(在世) 기간은 『죽서기년(竹書紀年)』이란 책에 나와 있는 기년 방식을 따른 것이다. 이 책은 서진(西晋) 시대 급군(汲郡)의 고분에서 출토되었기 때문에 '급총기년(汲塚紀年)' 또는 '급총서(汲塚書)'라고 부르는 죽간에 기록된 편년체 역사서이다. 상고 시대부터 전국 시대까지의 역사를 기록하고 있으며 주로 주(周)나라 선왕(宣王) 이후 진나라와 위(魏)나라 역사를 위주로 하고 있다. 당나라 시기 이후 일실되었으며 명나라 시기의 범흠(范欽)이 위작(僞作)을 만들어 전한다.

B.C.1620~1312년

1620년쯤	▶ 태산(泰山)에서 지진 발생.
1614년쯤	▶ 이계(履癸), 즉위하여 제걸(帝桀)이 됨.
1609년쯤	▶ 탕(湯), 하 왕조 멸망시킴.
1600년쯤	▶ 탕왕, 박(亳)에서 상 왕조(~1066) 건국.
1544년쯤	▶ 탕, 상 왕조 제1차 흥성기.
1400년쯤	▶ 본격적인 청동기 시대로 돌입, 정주기(鄭州期). 박에서 효(囂)로 천도.
1369년쯤	▶ 상 왕조 제3차 흥성기. 도성을 상(相)에서 형(邢)으로 옮김.
1300년쯤	▶ 반경(盤庚) 안양(安陽)에서 은허(상읍商邑)로 천도.

■ 그 무렵 외국은…
1950년 이집트, 유리를 발명함.
1800년 함무라비 대왕, 메소포타미아 통일.
1780년 고바빌로니아, 세계지도를 제작함.
1550년 이집트, 「사자(死者)의 서(書)」를 편찬.

상 왕조

상(商) 왕조는 분명한 고고학적 발굴 결과를 통해 전(前)역사 시기에서 역사 시기로 넘어가는 분수령으로 여겨진다. 상나라를 건국한 이는 중국 역대 성군 가운데 한 사람인 탕(湯)이다. 상 왕조의 시조인 설(契) 이후 400년이 흐른 뒤 부족의 수장이 된 탕은 널리 인재를 모아 노예 출신의 재상 이윤(伊尹) 등의 도움에 힘입어 동방의 막강한 권력자로 부상했다. 하 왕조에 복속하고 있던 그는 한때 하나라의 걸왕에게 구금된 적도 있었지만 마침내 거병하여 명조(鳴條: 지금의 하남성 봉구 封丘)에서 걸의 군대를 물리치고 기원전 1600년 상 왕조를 건

점복에 사용된 갑골

국했다. 박(亳)에 도읍을 정한 이후 몇 번이나 도읍을 옮기면서 근 600여 년 간 지속된 상 왕조는 옛 모계 사회의 유풍이 잔존하고 있는 부계 사회로 형제 상속, 인신 제물, 갑골문, 노예제, 청동기 등을 특징으로 한 역사 시기의 첫번째 국가였다. 왕조 말엽에 이르면 현재의 하남·하북·산동·산서·섬서·강소·안휘성 등을 포함하는 적지 않은 지역을 차지했으며, 인구는 약 400~500백만 명 정도로 추정된다. 물론 인근에는 강족(羌族), 저족 등 각기 다른 문화를 지닌 독립국들이 존재하고 있었다.

은허 — 상나라의 도읍과 거주지

제2차 세계대전 직전에 하남성 안양시(安陽市) 서북쪽 교외에 있는 원하(洹河) 양쪽 강변에서 상 왕조의 흔적이 발견되었다. 상나라는 제19대 왕인 반경(盤庚)이 은(殷)으로 천도한 뒤 은나라로 일컬어졌는데, 바로 그 은나라의 도읍지 유적인 은허(殷

墟)가 발굴된 것이었다. 왕국유의 연구에 따르면 은허는 은나라가 멸망할 때까지 거의 270년에 걸쳐 도읍지로 사용되었다고 한다. 이후 새로운 발굴에 의해 상나라 문화의 최초의 유적지는 하남성 낙양과 정주 사이에 있는 언사(偃師) 부근이었음이 밝혀졌다. 전승된 문헌에 따르면 상 왕조의 최초 통치자는 박(亳)에서 살았다고 하는데 이곳이 바로 언사 일대라고 한다. 아울러 상층의 아래에 용산층이, 그리고 그 아래에 앙소층이 발굴됨으로써 언사가 지리적으로 평원에 위치하여 용산과 앙소 사람들이 상호 교통할 수 있는 곳에 자리잡았음을 짐작할 수 있다. 상나라는 도읍을 여러 번 옮겼는데(박亳·효囂·형邢·비庇·은殷·조가朝歌 등등), 그만큼 많은 대규모 거주 지역이 존재했음을 알 수 있다. 기존의 발굴 결과에 따르면, 궁전과 가옥은 진흙이 들어간 황토로 지었으며 궁전에는 배수용 하수구 시설이 되어 있다고 한다. 특히 언사에서 동서 108m, 남북 100m로 흙을 쌓아올려 만든 토단(土壇)의 중앙에서 약간 북쪽에 위치한 전당지(殿堂址)가 발굴되어 새로운 사실을 알게 되었다. 이 건물은 일종의 전례(典禮)에 사용한 건물로 추정되며, 그 주위로 청동기와 토기 등을 주조하는 공방(工房)과 적지 않은 옥기와 동기가 발견된 것으로 보아 이미 절대적인 권력을 지닌 통치자가 존재했으며 사유 재산의 집중화 현상이 심화되었음을 확인할 수 있다. 이에 반해 대다수 주민들은 주거지가 발굴되지 않은 것으로 미루어 간단한 오두막에서 살았다고 추정된다. 중국은 예로부터 성(城)을 중심으로 한 성곽 도시가 중심이었는데, 이는 이미 상대에 보편적으로 이루어지고 있음을 볼 수 있다. 상대 사람들은 이러한 성곽을 중심으로 한 집단 거주지에서 식물의 섬유를 활용하여 의복을 만들어 입었고, 소·돼지·개·닭 등을 사육하며 살았다.

은 왕조 계보도

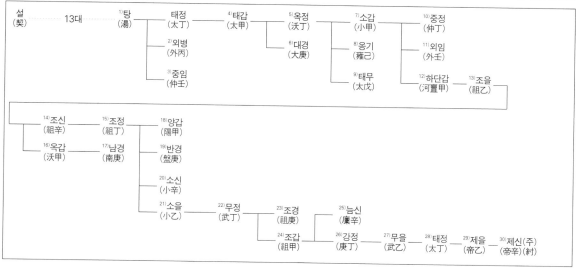

1250~1192년쯤 **무정의 시대**–상대 전성기.
1164년쯤 적장자 계승제 확립.
1121년쯤 **청동기 사모무방정** 주조함.

■ 그 무렵 외국은…
1400년 미케네 문명 전성기.
1358년 이집트, 투탕카멘 왕이 아마르나에서 테베로 도읍을 옮김.
1200년 트로이, 그리스와 10년여 동안 전쟁을 벌임(트로이 전쟁).

무정의 시대

반경에서 은으로 천도한 이후로 상대는 정치, 경제, 문화적인 측면에서 크게 발전하기 시작했다. 특히 무정이 재위에 있을 당시는 상 왕조가 가장 강성했던 시절이다. 무정은 특히 노예 출신의 부열(傅說)을 재상으로 삼아 치국에 힘쓰는 한편 막강한 국력을 바탕으로 귀방(鬼方), 강족(羌族), 토방(土方), 회이(淮夷) 등 사방의 이민족을 정벌함으로써 강토를 확장하였다. 전쟁을 통해 획득한 포로는 잉여 인력으로 활용할 수 있었을 뿐만 아니라 제사에 희생으로 사용되기도 했다. 상 왕조는 무정의 시대에 크게 발전했기 때문에 사서에서는 이를 일러 무정중흥(武丁中興)이라고 한다.

사모무방정

사모무방정(司母戊方鼎)은 은대 말기에 속하는 청동 정으로 상왕이 그의 모친인 무(戊)의 제사를 지내기 위해 만든 것이다. 오가(吳家) 백수분원(柏樹墳園)에서 출토되었다. 정의 높이는 133cm, 길이 110cm, 너비 78cm이며 장방형으로 양쪽에 귀(耳: 기물의 손잡이)가 있고 기둥 형태의 다리가 있다. 복부에는 주로 도철 문양으로 장식되어 있다. 양쪽 귀에는 호랑이 두 마리가 사람의 머리를 먹는 문양이

사모무방정

새겨져 있으며 다리 부분에도 짐승의 얼굴 문양이 장식되어 있다. 내벽의 복부 부분에 '사(이후 후后로 해석됨)모무(司母戊)'라는 세 글자가 새겨져 있다. 조형이 장중하고 형상이나 구조가 뛰어나며, 문양 또한 다양하다. 중국은 물론이요 전세계에서 지금까지 발견된 청동 예기 가운데 가장 큰 것이다. 현재 북경 중국역사박물관에 소장되어 있다.

상대의 청동기

인류가 최초로 이용한 금속은 동(銅)이다. 이는 중국의 경우도 마찬가지여서 기원전 2000년쯤 신석기 시대 말기에 들어 칼이나 송곳 등 주로 순동으로 만든 소품 동기(銅器)가 발굴되고 있다. 이후 납이나 주석 등이 포함된 청동기가 나타나기 시작하여 상대 중·후기, 곧 은대(殷代)에 이르면 높이 133cm에 무게 875kg의 '사모무정(司母戊鼎)'과 같은 거대한 청동기가 제작되기에 이른다. 주로 동의 원료인 공작석(孔雀石)과 석광(錫鑛)을 채굴하여 정련한 다음 거푸집에 흘려 넣어 만든 청동기류는 병기(兵器), 식기(食器), 주기(酒器), 악기(樂器) 등으로 사용되었으며, 병기 이외의 것들은 주로 제사에 사용되는 예기(禮器)이다. 이에 반해 일반 사람들은 여전히 단순한 회색 토기를 사용했다. 이처럼 예기가 많은 것은 상대 사람들의 지극한 조상 숭배와 애니미즘(animism)에서 기인한다. 그들은 죽은 지배자뿐만 아니라 대신들에 대해서도 정해진 날짜에 희생(犧牲)을 바쳤으며, 그들이 상제, 조상과 그 자손들 간의 매개 역할을 한다고 여겼다. 지배자의 경우에는 그의 어머니도 희생을 받았다. 지배자의 조상 이외에도 많은 자연신 또한 숭배의 대상이었다. 높고 큰 산은 그 자체로 신이 되었고, 하천·천둥·구름·번개·바람 등 자연 현상도 그대로 신이 되었다. 신들에 바치는 희생으로 때로 인신 공양이 이루어졌는데, 그 희생자는 대부분 전쟁 포로였다. 이렇게 본다면 청동기는 곧 상대 통치자 문화의 대표격이라 할 수 있을 것이다. 은대 청동기는 정(鼎)으로 세 발 달린 것이 주류이나 사모무정처럼 방정(方鼎: 네 발 달린 정)도 있다. 은대 청동기의 특징은 기괴한 문양을 장식한 것인데, 특히 가장 많이 볼 수 있는 것은 전설상의 흉악한 야수를 형상화한 도철(饕餮) 문양이다. 청동기 내부에는 때로 글자를 써놓은 경우도 있는데, 이를 금문(金文)이라 부른다. 갑골문에 비해 굵고 부드러운 감이 드는 것은 거푸집에 새긴 다음에 주조했기 때문이다.

청동기의 명칭

정(鼎)   분(盆)   작(爵)   고(觚)   존(尊)   종(鍾)

화(盉)   경(鏡)   월(鉞)   반(盤)

B.C.1100~B.C.1066년

1100년 ▶ 자신(子辛) 즉위하여 **주왕**이 됨.
1046년 ▶ 목야(牧野) 전투 발발하여 주 무왕의 군대가 주왕의 군대를
대파함. 주왕 자살, **상 왕조 멸망. 백이와 숙제** 아사함.

■ 그 무렵 외국은…
1100년 그리스, 폴리스가 형성되기 시작.

주왕

상 왕조의 마지막 왕인 주(紂: 1075~1046년)의 본명은 신(辛)이었다. 전하는 말에 따르면, 어려서는 견문이 넓고 자못 총명했으나 제위에 오른 뒤 애첩 달기(妲己)에게 빠져 음행을 일삼고 정사를 소홀히 했다. 게다가 포락지형(炮烙之刑: 동으로 만든 기둥에 기름을 발라 숯불에 달군 뒤 죄인에게 오르도록 하여 결국 죽게 만드는 형벌)이나 죄수의 시신으로 육포를 만드는 '포형(脯刑)', 아예 육젓을 만들어버리는 '해형(醢刑)' 등 잔악한 짓을 서슴지 않았다고 한다. 그는 하나라 마지막 왕인 걸(桀)과 더불어 포악한 악덕 군주의 표본이 되어 '걸주(桀紂)'라는 이름으로 폭군의 대명사가 되었다. 그렇기 때문이었을까? 주(周)나라 무왕(武王)은 녹대(鹿臺)로 도망하여 스스로 불에 타죽은 주의 시신을 향해 세 대의 화살을 쏘고 다시 목을 잘라 길거리에 내걸었다고 한다. 과연 천명(天命)의 집행자다운 행동이다. 이후 주나라는 철저하게 은나라를 가리고 묻었다. 오랜 세월 속에 은나라는 실제는 없고 그저 뜬소문만 무성한 그런 옛 나라가 되어갔다. 이는 주나라 때문이었다. 은나라 주왕은 죽은 지 2950년쯤 뒤에 곽말약(郭沫若)에 의해 비로소 다소간 명예를 회복할 수 있었다. 노예를 해방시키고, 강회(江淮) 지역을 개발했으며 남방에 중원 문화를 전파하는 등 막대한 공헌을 했다는 것이다. 그러나 그것이 무슨 소용인가? 걸주는 여전히 폭군의 대명사처럼 불리고 있는데……

상 왕조 멸망

은(殷: 상商)나라 말기에 동남방의 여러 부족들과 전쟁이 벌어지고 이와 아울러 각지에서 반란이 일어났다. 은대 마지막 왕인 주가 회하(淮河) 유역의 회이인(淮夷人)들과 한창 전쟁을 벌이고 있을 때 은나라 영토 밖이던 지금의 섬서 지방에 거주하는 일단의 무리들이 이후 문왕(文王)으로 칭해진 지도자를 따라 은나라 타도의 기치를 높이 들었다. 그의 사후 아들 무왕(武王)이 계승하여 마침내 황하 북쪽에 있는 목야(牧野: 하남성 기현淇縣)에서 주의 군대와 맞붙었다. 이 전쟁은 주의 패배로 끝났고, 이

로서 전체 17세 31명의 왕이 제위에 있었던 은나라는 종말을 고했다. 『죽서기년』에 따르면 기원전 1028년의 일이었다. 그러나 지금은 1046년으로 보고 있다.

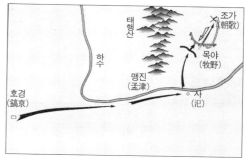

목야 전투의 주요 지도

➤ 주나라 군대의 진행
➤ 주나라 군대의 추격
➤ 은나라 군대의 공격
➤ 은나라 군대의 패퇴

백이와 숙제

백이(伯夷)와 숙제(叔齊)는 은(殷)대 고죽국(孤竹國: 하북성 盧龍 남쪽)의 왕자였다. 부친이 죽은 뒤 서로 후계자가 되기를 사양하다가 마침내 두 사람 모두 나라를 떠났다. 그들은 서백 희창(姬昌)이 노인을 존경하고 우대한다는 소식을 듣고 주나라 땅으로 들어갔다. 그러나 서백은 이미 죽고 없었으며, 그의 아들인 무왕이 서백의 위패를 모시고 은나라 주왕을 토벌하기 위해 출정하는 중이었다. 백이와 숙제는 무왕을 가로막고 부친을 장사지내기 전에 군사를 일으키는 것은 효가 아니고, 은나라의 신하로서 주군인 주왕을 치는 일은 인(仁)이 아니라고 하면서 출정을 반대했다. 무왕의 주변에 있는 이들이 칼을 들어 죽이려고 하는 것을 태공망이 이들은 인의(仁義)의 사람들이라고 하여 목숨을 부지할 수 있었다. 이후 무왕이 상나라를 멸망시키자 이는 인의에 위배되는 일이라 하여 주나라 곡식 먹기를 거부하고, 수양산(首陽山)에 들어가 고사리를 캐어먹다 굶어죽었다. 공자를 비롯하여 유가(儒家)는 그들을 청절지사(淸節之士)로 숭상하였고, 사마천은 『사기』 「열전」의 첫 장에 그들을 놓아 충절을 기렸다.

삼대의 문화적 의미

역사가 사마천은 『사기』 연표(「십표十表」)의 첫번째 부분 「삼대세표(三代世表)」에서 "오제(五帝)와 삼대(三代)의 사적에 대한 기록은 오래되어 자세하게 알기 어렵다"고 말한 바 있다. 과연 하·은·주 삼대의 일은 지금으로부터 4000여 년부터 2200여 년 이전의 가장 먼 옛날이야기들이다. 그럼에도 그것이 중요한 것은 중국인 스스로 전설상의 삼황 오제와 삼대의 역사에 많은 부분을 기대고 있기 때문이다. 첫째, 그들은 자신들을 염황(炎黃)의 자손임을 자부하고 그 시대를 중국 한민족의 기점으로 삼고 있다. 둘째, 한자의 추형은 은나라의 갑골문이다. 물론 초기의 문자 형태가 지금의 것과 많이 다른 것은 사실이나 그것이 변화·발전하여 지금의 한자로 정형화되었다는 점은 의심할 여지가 없다. 셋째, 청(淸)나라 말까지 지속된 중국적 봉건제의 기본적인 틀거지는 주나라에서 이루어졌다. 그 제도적 핵심은 종법제였으며, 이론적 뒷받침은 가국동구(家國同構)의 씨족 윤리가 맡았다. 이후 봉건제 대신 군현제가 자리를 이어받고 정치 제도적인 면에서 적지 않은 변화가 있었지만 가족과 국가가 동일한 구조를 지니며, 효(孝)가 곧 충(忠)이라는 정치 이념에는 큰 변화가 없었다. 넷째, 주나라 춘추 전국 시대는 제자백가(諸子百家)가 논설을 다투던 쟁명의 시절이었다. 특히 유가와 도가는 이후 중국인들의 심상에 가장 큰 영향력을 발휘한 사상이자 관념의 지배자였다. 뿐만 아니라 정치 학설, 군사 학설, 심지어는 천문 학설에 이르기까지 중국의 학문 기반은 바로 당시에 토대가 마련되고 이미 완성의 단계에 들어섰다고 해도 과언이 아니다. 중국의 문화를 조숙형 문화라고 하는 이유는 바로 이 때문이다. 이상 네 가지만을 살펴보아도 왜 삼대의 역사가 그토록 중시되어야만 하는가를 실감할 수 있을 것이다.

B.C.1066년

갑골문

상나라 때에는 귀신이 모든 일의 성패를 관장한다고 여길 정도로 귀신 숭배가 일반화되어 있었고, 그만큼 점복(占卜)이 성행했다. 이러한 정령 숭배(精靈崇拜)는 주나라가 들어서면서 사라지고 조상 숭배로 바뀌지만 신에 대한 질문과 답변의 내용은 그대로 남아 있었다. 오랜 세월 잊혀졌다가 갑자기 현현(顯現)한 갑골문(甲骨文)이 바로 그 흔적이다. 갑골문은 소의 견갑골이나 거북의 껍질(주로 배 껍질)에 새겨진 글자를 말한다. 안양 근처 은허에서 대량으로 발굴되었는데, 현재 16만 개 정도가 남아 있으며 매 편(片)마다 평균 10개의 글자가 적혀 있다. 대략 4500여 자에 판독할 수 있는 것은 2000여 자 정도이다. 그 내용은 주로 신탁(神託)에 관한 것(복사卜辭)으로 지배자의 거취와 연관된 것이다. 따라서 이를 통해 당시 일반 백성들의 삶을 살필 수는 없지만 도읍지나 역대 지배자의 이름, 그리고 왕과 왕실의 단편적 행태들 이외에도 상나라 문화의 대강을 이해하는 데 갑골문은 절대적이라는 점에 이의가 있을 수 없다. 그리고 무엇보다도 갑골문은 한자의 원형으로 형상을 기본으로 하는 한자의 본래 모습을 확인할 수 있을 뿐더러 그 변화 양태와 비교하여 사람들의 의식 변화까지 추론할 수 있는 귀중한 보물이다.

갑골문자와 한자 대조표

상대의 역법

상대에는 다른 자연신과 더불어 성신(星辰)에 대한 숭배도 이루어졌으며 달과 해의 운행을 통해 세월의 흐름을 알았다. 최초의 역법(曆法)이라 할 수 있는 음양력(陰陽曆)은 이렇듯 상대에서부터 시작한다. 음양력이란 양력의 년(年)과 음력의 월(月)을 서로 결합하여 역법에 활용한 것이다. 우선 양력은 주로 태양 운동을 근거로 삼아 태양이 춘분점(春分點)에서 다음해 춘분점으로 돌아오는 것을 1년(회귀년回歸年)으로 삼는다. 음력은 달의 운동을 근거로 삼는데, 삭망월(朔望月) 곧 달이 지구와 태양의 정중앙에 위치하는 합삭(合朔)에서 다음 합삭까지를 한 달로 삼는 것으로서 12개의 삭망월은 전부 365일로 회귀년에 비해 11.2일이 적다. 상대에는 회귀년을 1년, 삭망월을 1개월로 삼았다. 날짜가 서로 차이가 나는 것은 몇 년에 한 번씩 윤달을 넣어 보충했다. 역법은 주로 연월일을 잘 배합하고, 반드시 동지의 시각을 정확하게 확정시키며, 매월 초하루를 삭일(朔日)로 삼고, 윤달을 안 배하여 회귀년에서 차이가 나는 날짜를 조정하며 1년 중의 24절기를 정하고 일식과 월식을 예보하는 것이 가장 중요했다. 중국의 역법은 이후 진대의 전욱력(顓頊曆)에서 태평천국의 천력(天曆)에 이르기까지 끊임없이 새롭게 발전했는데, 전체 66종이 있었다고 한다.

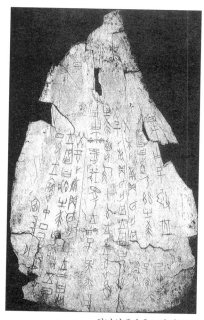

하남성에서 출토된 갑골문

상대의 정치 제도

상대의 최고 통치자는 왕이다. 왕이 죽으면 상제(上帝)와 마찬가지로 제(帝)로 일컬어지게 되었다. 그는 점복을 전문으로 하는 정인(貞人)을 거느렸으며, 밑으로 서기와 군관 그리고 관료에 해당하는 신(臣)을 거느리고 있었다. 군대 조직은 100명을 단위로 우, 좌, 중앙의 단위로 결합하여 300명의 군사가 한 대(隊)를 이루고 있었다. 상 왕조 영외에는 반독립적인 제후들이 있었다. 그들은 전쟁시 군사를 파견하며, 신탁에 사용하는 거북이나 소·말 등의 가축과 곡물을 그들의 최고 군주이자 종교적 지도자인 왕에게 보내야만 했다. 가부장적 부계 사회가 확립된 상대는 정치적으로 노예제를 바탕으로 한 제정일치(祭政一致) 사회였다고 할 수 있다. 왕위 계승은 형제 상속이었다.

B.C.1066~1065년

1046년 ▶ 주 무왕(武王), **주 왕조**(西周: ~221) **건국. 호경**에 도읍지 건설.
11세기쯤 ▶ 주 문왕이 강태공을 중용하여 주 왕조의 토대를 닦음.
1045년 ▶ **종법** 제도를 토대로 한 **분봉제** 실시.

주 왕조 건국

지금의 섬서 지방의 위수(渭水) 유역은 북중국 서쪽의 농경 분지로 주나라를 건국한 이들이 살던 곳이다. 주 민족의 시조 이름은 기(棄) 또는 후직(后稷)으로 칭해지기도 한다. 그는 요임금의 조정에서 농업을 관장하는 농사(農師)였다. 주 민족은 신석기 앙소와 용산 문화를 계승하는 한편 서북의 오랑캐(강족羌族)들과 통혼하며 살았으며, 점차 상나라의 문화에 영향을 받으면서 상 왕실과 혼인 관계로 맺어져 명목상 상나라에 종속된 상태였다. 그러나 그들은 지역적으로 말을

후직

기르기가 용이했으며 이를 통해 전차(戰車)를 개발하고 청동 무기로 무장하여 상당한 무력을 축적할 수 있었다. 마침내 문왕(文王)이 자신의 군사를 이끌고 반란을 일으켰다. 문왕은 고공단보(古公亶父: 무왕武王의 증조부로 주周 족장의 한 사람. 주원周原에 도시를 건설하여 여기서 주 왕조의 이름이 생겨났다)의 손자이자 무왕의 부친이며 성은 희(姬)로서, 상나라 서백(西伯)의 직책에 봉해졌으며 상나라 귀족의 딸과 결혼했다. 이웃 족장들과 연합하여 세력이 상당한 지경에 이르러 혼란을 일으켰다는 이유로 주왕(紂王)에 의해 유리(羑里)에 감금된 적이 있었다. 그후 그는 상나라와의 전쟁 와중에 죽고 그의 아들 발(發: 무왕)이 주족의 영수 자리를 이어받아 옛 수도의 동쪽에 있는 호(鎬: 서안 근처)에 새로운 도시를 건설하고 국력을 정비하여 마침내 상나라 주왕을 물리치고 주나라를 건국하기에 이른다. 주나라를 창건한 발은 시조로서의 영예를 아버지 서백에게 넘겨 '문왕'이란 시호를 붙였고, 자신은 무력 원정의 지도자란 뜻의 '무왕'으로 시호를 정해 무공을 기념했다.

호경

주나라 문왕은 풍읍(豊邑)을 건설하였고, 무왕은 호경(鎬京)을 도읍지로 건설하였다. 풍읍은 섬서성 서안시(西安市) 서남쪽 교외에 있는 풍하(灃河)의 서쪽에 있고, 호

경은 풍하의 동쪽에 있다. 서주(西周) 왕조의 정치, 경제, 문화의 중심지로서 1933년 고고학적 조사가 시작되어 1951년에 발굴 작업이 본격적으로 이루어지기 시작했다. 유적지의 전체 면적은 10㎢가 넘고, 연대는 기원전 11세기에서 기원전 771년까지로 추정되었다. 달구질한 대형 건축물 터와 소형 집터, 움집, 우물, 수공업 작업장, 청동기 보관소 등이 발굴되었으며, 장가파(張家坡)와 객성장(客省莊) 등지에서도 비교적 다량의 묘장과 거마갱이 발견되었다. 출토된 유물도 상당히 많다.

종법 제도

종법은 대종(大宗)과 소종(小宗)으로 구분된 주나라 종족의 조직에 관한 규약이다. 종(宗)은 본래 조상을 제사지내는 묘(廟)를 뜻하는데 종족이란 한 종묘에서 함께 제사를 지내는 친족 구성원을 뜻한다. 따라서 종법은 부계 가장제를 핵심으로 한 혈연 조직에서 발전한 제도로서 혈연 관계에 따라 백성과 땅을 받는 일종의 적통(嫡統)에 따른 계승 관련법이라고 할 수 있다. 대종은 적장자(嫡長子) 상속으로 계속 이어지는 가계를 뜻한다. 주대의 신분 제도는 천자, 제후, 경대부, 사로 나뉘는데, 각 신분의 적장자는 그 계급에서 다른 자식들의 대종이 된다. 한편 적장자 이외의 자식은 한 등급 아래의 작위를 받고, 다시 그 작위를 적장자에게 세습하게 되는데, 이를 일러 소종이라고 한다. 주나라의 종법 제도는 한편으로 혈연간의 관계로 이어진 족권(族權)의 한 형태이자 다른 한편으로 천자에서 사에 이르는 정치적 신분 제도상의 관계를 나타낸다고 할 수 있다. 이러한 종법 제도는 정치적 기득권을 지닌 귀족 계급의 이익을 철저하게 보호하기 위한 제도적 장치이자 엄격한 신분 제도였다고 할 수 있다.

분봉제 실시

주공(周公) 단(旦)에 의해 토대가 마련되어 성왕대에 완성된 것으로 여겨지는 주대의 통치 체제는 중앙의 왕실을 중심으로 사방에 토지를 분봉(分封)받은 여러 제후국들이 존재하는 일종의 봉건제였다. 중국 봉건제의 핵심은 각 국(國: 제후국)의 지배계급이 천자의 왕실과 혈연 관계에 의해 통합되었다는 점이다. 기본적으로 주나라 왕실은 천자의 적장자가 세습했고, 그의 형제들은 제후로 한 단계 떨어져 자신의 채읍(采邑: 분봉받은 토지, 즉 봉지封地)을 다스리게 되었다. 그리고 제후 또한 적장자가 계승하고 다른 형제들은 경대부(卿大夫)가 되어 분봉을 받고 자신의 채읍을 다스린다. 경과 대부 또한 마찬가지로 세습되며 사 계급에게 분봉하여 그들과 혈연 관계로 맺어진다. 문제는 이성(異姓) 귀족들인데, 그들은 혼인을 통해 혈연 관계로 통합된다. 이리하여 천하는 큰 아버지이자 대종(大宗)인 천자를 중심으로 피라미드 형태로 계층

B.C.1064~1027년

1064년 ▶ 무왕 사망.
1063년 ▶ 성왕(成王) 즉위하고 **주공**이 보정(輔政)함.
1061년 ▶ 삼숙(三叔)의 반란 일어남.
1058년 ▶ **주공 단, 예악을 제정함.**
1053년 ▶ 주공 단 병사.
1021년 ▶ **강태공** 여망(呂望) 사망.
1027년 ▶ 성왕이 사망하고 강왕(康王) 즉위함.

■ 그 무렵 우리는…
1000년 청동기 문화 시작
800년 이 무렵 수도를 요하 유역의 왕검성(王儉城)에 둠.

■ 그 무렵 외국은…
1040년 인도, 철기가 전파됨.
1000년 중앙아시아, 기마문화가 형성됨(스키타이 문명).

화되었다. 따라서 천자를 제외하고 각 계층은 각기 대종이자 소종이 되는 셈이다. 소종은 항시 대종의 부름에 따라 회합에 참여해야만 했고, 특히 제후들의 경우 전쟁이 나면 군사를 파견해야만 했다. 이리하여 이른바 '봉건친척 이번병주(封建親戚 以藩屛周)'라고 하여 혈연 관계에 있는 이들에게 분봉하여 주나라 왕실을 보위하도록 하는 중국식 분봉제가 확립된 것이다. 그러나 이러한 가족 체제를 본떠 만든 분봉제는 몇 세기가 지나면서 초기 혈연 관계가 느슨해지고 자기 봉토에서의 실권이 강화되면서 주나라 왕실에 대한 충성심과 경외심이 약화되어 점차 유명무실하게 되었다.

주공

무왕은 주나라를 건국한 뒤에도 상나라 지역을 직접 통치하지는 않았다. 그는 주(紂)의 아들 무경(武庚)을 명목상의 통치자로 올려놓고 자신은 수도 호(鎬)로 돌아갔다. 그리고 그곳에서 젊은 나이로 죽고 말았다. 이후 무왕을 이은 성왕(成王 : 1042~1021년)은 나이가 어렸기 때문에 문왕의 동생인 주공(周公) 단(旦 : 숙단叔旦으로 부르기도 한다)이 섭정을 했으며, 다른 삼촌 소공(召公)은 섬서에 있는 주나라 본거지를 통치하고 있었다. 주공의 형제들은 그가 섭정을 핑계로 왕위를 노린다고 여겼다. 그래서 이에 반란을 일으켰고, 주공은 단호하게 이들을 처벌했다. 아울러 무경을 중심으로 한 상나라 잔여 세력의 반란을 성공적으로 평정했다. 그리고 계속해서 일련의 원정을 계획하여 수많은 지방의 유력자들을 복종시켰고 새로운 통치 조직을 마련했다. 또한 지금의 섬서성 서안 부근의 종주(宗周 : 호) 이외에

주공

하남성 낙양(洛陽) 부근에 성주(成周)를 조성하여 양경(兩京) 체제로 전환했다. 이를 완수한 뒤 주공은 7년간의 섭정을 끝내고 성왕에게 모든 권력을 넘겼다. 이로써 유가들에 의해 주나라 문왕과 무왕에 이은 성인의 반열에 오르게 되었다. 실질적으로 그는 정전제와 봉건제를 확립하는 등 주나라 문화의 토대를 마련한 인물이라고 말할 수 있다.

주공 단, 예악을 제정

주공 단은 문왕으로 추증된 서백 희창의 넷째아들이자 무왕의 동생이다. 그는 무왕의 아들인 성왕을 도와 섭정하면서 친형제인 관숙(管叔)과 채숙(蔡叔), 그리고 곽숙(霍叔) 등 삼숙(三叔)의 반란을 평정하는 한편 내정에 힘써 예악을 제정하는 등 국가 체제를 확립하는 데 큰 힘을 기울였다. 주대의 정치, 사회 제도 및 생활의 근간은 종법제와 분봉제로부터 시작한다. 이는 천명(天命), 군권(君權), 종족 간의 관계를 정치 구조와 융합시켜 새롭게 확립한 주나라 특유의 제도였다. 주공 단은 이러한 제도를 견고하게 유지하기 위해 천자와 제후 간의 조빙(朝聘)이나 회동에 필요한 예제(禮制)나 아악 체계를 확립하였다. 이로써 주나라는 태사(太師), 태보(太保)를 수뇌로 한 중앙관제의 내실을 기하는 한편 예제에 근거한 형법 제도 등 사회 전반에 걸친 법제 형식을 마련할 수 있었다. 이렇게 만들어진 것이 바로 주공 단이 찬(撰)했다고 알려진 『주례(周禮)』이다. 과연 이 책을 주공 단이 만들었는가에 대해 의론이 분분하나 그 내용이 주대의 헌법, 행정법, 민법 등을 포괄한 중요 법전이자 당대 사람들의 일상 생활에 필요한 윤리 법칙을 규정짓는 책이라는 점에는 의심할 여지가 없다.

강태공

상나라 시절에 서백(西伯)으로 칭해지던 문왕은 주왕에 의해 핍박을 받아 어렵게 생명을 보전한 경험이 있었다. 절치부심하여 세력을 강화하고자 했던 그는 도읍을 풍으로 옮긴 뒤 행정 체제를 개혁하는 한편 사방의 현인들을 두루 초빙하였다. 백이와 숙제가 자신의 조국인 고죽국을 떠나 서백의 나라로 들어온 것 역시 이런 풍문을 들었기 때문이었다. 문왕은 두루 현인을 찾던 중 우연히 위수(渭水)를 지나다 범상치 않은 인물이 낚시를 하고 있는 모습을 보았다. 그를 만나 대화를 하면서 문왕은 그의 이름이 강상(姜尙)이며 나라를 다스리는 방법에 대해 탁월한 견해를 가지고 있다는 것을 알고 그를 데리고 도성으로 돌아왔다. 돌아오는 길에 그에게 "내가 그대와 같은 인물을 기대한 지 오래되었소"라고 말했다고 하여 강상을 속칭 태공망(太公望) 또는

강태공

B.C.985~771년

985년 ▶ 소왕(昭王) 남하하여 형초(荊楚) 정벌하고 귀환.
977년 ▶ 소왕 재차 남정하다 한수에 빠져 사망.
964년 ▶ 목왕(穆王) 서정(西征)하여 청해 일대에 도달함.
858년 ▶ 이왕(夷王) 사망하자 태자 호(胡) 즉위함(여왕厲王).
841년 ▶ 국인(國人) 폭동이 일어나자 여왕 도망하여 주나라 왕실 중단됨.
이에 주공(周公)과 소공(召公)이 대신 집정함. 선왕(宣王)이 집정할
때까지 14년을 공화(共和: 주공과 소공이 공동으로 집정했기 때문
에 얻은 명칭)라 부름. 중국 역사는 이 해부터 확실한 기년(紀年)이
시작됨.
828년 ▶ 공화 시대 마감됨.
789년 ▶ 천무지역(千畝之役).
771년 ▶ 견융(犬戎)의 침입, 유왕(幽王) 피살. **서주 멸망.**

■ 그 무렵 외국은…
960년 중앙아시아, 스키타이 문명이
확산됨. 흑해에서 발트해까지
'호박(琥珀)의 길'이 형성됨.
955년 헤브라이, 솔로몬왕이 헤브라이
3대 왕에 즉위함.
900년 인도, 브라만교가 일어나고 카
스트 제도가 성립됨.
796년 스파르타, 도시국가(폴리스)를
형성함.
776년 그리스, 제1회 올림피아 경기가
열림.

강태공(姜太公)이라고 부른다. 문왕을 도와 주 왕조의 토대를 닦은 그는 이후 무왕이 천하를 평정한 후 제(齊) 땅을 봉토로 받아 그 시조가 되었다. 병서(兵書)인 『육도(六韜)』가 그의 저서라고 하나 고인의 명성을 빌리기 좋아하는 중국인들의 습속에 따른 일일 뿐 후대 사람이 쓴 것이다.

서주 멸망

200여 개의 주나라 봉국(封國) 이외에도 사방에 이민족이 할거하고 있었다. 이른바 동이(東夷), 서융(西戎), 남만(南蠻), 북적(北狄)이 바로 그들이다. 특히 북방과 서남에 살고 있던 이민족의 침입은 서주의 멸망을 가속화시켰다. 여왕(厲王: 기원전 877~841)이 이들에 맞서 14개 왕실 군대를 통솔하여 종군했으나 끝내 물리칠 수 없었으며, 선왕(宣王: 기원전 827~782) 때에도 초원에 살던 기마 민족 험윤(獫狁: 험은 북방 민족이며 윤은 한漢나라 시기에 흉노로 불렸다)이 침입하여 치세 동안 계속해서 방어 전쟁을 펼쳐야만 했다. 서주의 마지막 왕인 유왕(幽王: 기원전 781~771)은 애첩 포사(褒姒)에게 홀려 그녀를 즐겁게 해주려고 일도 없이 봉화를 밝히도록 하다가 막상 견융(犬戎)이 침입했을 때는 봉화 신호가 무시되어 수도 호를 침탈당하고 유왕 자신이 살해되는 변을 당하게 되었다. 이에 살아남은 이들은 낙양 근처에 있는 제2의 수도(낙읍洛邑)로 천도했다. 이로써 문(文), 무(武), 성(成), 강(康), 소(昭), 목(穆) 6대 국왕의 공업(功業)으로 전체 12명의 왕이 재위하여 257년~275년을 이어온 서주의 역사는 막을 내리게 되었다.

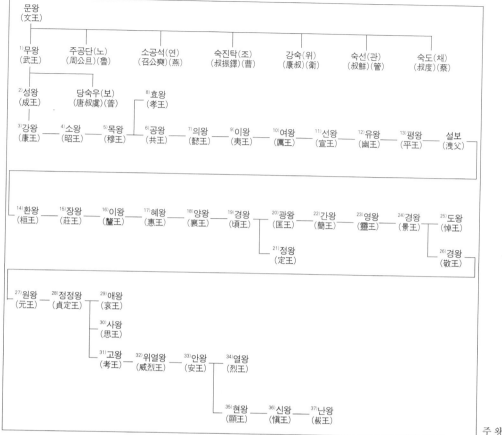

주 왕조 계보도

B.C.770~776년

770년 ▶ 평왕(平王), 낙읍(洛邑)으로 천도. 동주 시대 개막. **춘추 시대** 시작.
776년 ▶ 9월 6일 일식 발생. 『**시경**』에 기록됨—세계 최초의 기록. **천문관** 성숙.

■ 그 무렵 외국은…
753년 로마, 전설상의 인물 로물루스가 나라를 세움(전설상 로마 건국의 해).
740년 이스라엘, 메시아 사상이 성립됨.

춘추 시대

산동에 있던 노(魯)나라의 편년사인 『춘추(春秋)』에 근거하여 기원전 770년부터 403년까지를 춘추 시대로, 이후 진(秦)나라가 전국을 통일한 기원전 221년까지를 전국 시대라고 한다. 춘추 시대는 이른바 오패(五覇)가 등장한 시기로 주나라의 권위가 무너지면서 서서히 구질서가 해체되는 과정이다. 그러나 전국 시대와는 달리 패자와 다른 제후국 간의 신사협정이 유효했으며, 주나라 조정 또한 나름의 대우를 받고 있었다.

민가 채집 — 『시경』

전설상의 제왕 시대에 불렸다는 「격양가(擊壤歌)」「경운가 (耕耘歌)」「탄가(彈歌)」 등은 정확하게 언제, 누가 만들었는지 알 수 없다. 중국 시가의 시원은 역시 『시경(詩經)』에서 찾을 수밖에 없을 것이다. 한대(漢代)에 경전의 반열에 오른 『시경』은 풍(風: 열다섯 나라의 민간에서 유전되던 민가의 가사), 아(雅: 전문가들이 제작한 악곡의 가사로 연향宴享 때 연주되었으며, 대아 大雅와 소아小雅로 나뉜다), 송(頌: 종묘의 제사에 연주되는 악무의 가사로 주송周頌 · 노송魯頌 · 상송商頌 세 가지로 구분된다)의 순서

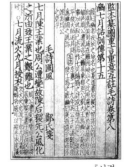

『시경』

대로 편성되어 있는데, 기원전 11세기에서 기원전 6세기까지 근 5, 6백 년간의 가사를 모은 시가 총집으로 전체 305편으로 이루어져 있다. 『시경』 시가의 제작 수법으로 부(賦) · 비(比) · 흥(興)을 드는데 앞서 말한 풍 · 아 · 송을 삼경(三經), 부 · 비 · 흥을 삼위(三緯)라고 부르며, 전체를 육의(六義)라고 부를 만큼 역대로 중요한 시가 표현 수법으로 간주되었다. 그러나 작품 해석이 각기 달랐으니, 예를 들어 한대 「시소서(詩小序)」의 경우를 보면 요조숙녀란 말의 내원이 된 『시경 · 주남(周南)』「관저」편 제1장 "징경이 우는 소리 모래톱에 들리는데, 요조숙녀는 사내의 좋은 짝일세(關關雎鳩, 在河之洲, 窈窕淑女, 君子好逑)"라는 구절을 주공과 연관시켜

여기에서 표현되는 연정(戀情)의 내용은 '후비의 덕'이라 찬미했다. 그러나 사마천은 이 작품이 여왕(厲王)과 유왕(幽王)의 쇠미한 시대의 것이라고 보았으며, 이후 양웅이나 주희 또한 이러한 해석을 하고 있다. 이렇듯 『시경』은 유가의 경전으로 받들어졌기 때문에 견강부회한 해석이 적지 않다. 그러나 정풍(鄭風)의 야한 노래나 「석서(碩鼠)」와 같은 정치 비판적 내용으로 보아 당시 민중들의 솔직한 감정 표현을 그대로 채록한 것이라고 보는 것이 옳다.

주대의 천문관

인류가 자신들을 둘러싼 자연 세계에 대한 인식이 깊어지면서 가장 의문을 지녔던 것은 만물 가운데 가장 큰 두 가지 하늘과 땅에 관한 문제였을 것이다. 이에 관한 인식이 언제부터 시작되었는지는 알 수 없으나 전국 시대의 문헌을 보면 이에 대한 의문과 나름의 답변이 존재하고 있음을 확인할 수 있다. 초(楚)나라의 굴원(屈原)은 자신의 「천문(天問)」이란 긴 노래에서 하늘은 왜 무너지지 않으며 땅은 왜 꺼지지 않는가라는 소박한 물음을 묻고 있다. 여기에 대한 답변은 다양하다. 먼저 땅은 장방형의 유한한 실체로 물이 받쳐주기 때문에 떠 있다는 수부설(水浮說)과 땅은 태허(太虛) 가운데 하나로 큰 기가 힘을 떠받쳐 태허 가운데에 매달려 있다는 설, 그리고 천지는 모두 끊임없는 운동을 하고 있기 때문에 붕괴하거나 함몰되지 않는다는 설이 있었다. 당시 사람들은 하늘은 둥글고 땅은 모나며 하늘은 높고 땅은 낮다는 이른바 개천설(蓋天說)을 확신하고 있었다. 그러나 천문에 관한 관측과 이에 따른 지식의 축적으로 하늘은 높고 땅은 낮다는 천고지비설(天高地卑說)은 수정되어 하늘은 반원형이고 땅은 하늘을 에워싼 모양이라고 여기게 되었다. 그러나 한대에 들어오면 하늘의 형체는 달걀 껍질처럼 둥글고 땅은 달걀의 노른자처럼 둥근 하늘 안에 자리잡고 있다는 혼천설(渾天說)과, 하늘은 일정한 형질이 없고 일월성신은 모두 허공에 떠 있는 것일 뿐이며 기의 작용에 따라 운행하는 것이라고 주장한 선야설(宣夜說)이 등장한다. 그러나 선야설은 다만 관념적 가설에 불과한 것으로 이후에는 개천설과 혼천설이 유력한 해석으로 남아 있게 되었다.

천체 관측은?

고대에 천체를 관측하는 방법으로는 주로 곧은 대나무 장대를 이용하여 햇빛의 그림자 방향과 길이의 변화에 따라 관측하는 '표(表)'의 방식과 일월성신의 천구상의 좌표(28수宿의 항성 좌표와 일월의 운행 좌표)를 이용하여 관측하는 '혼천의(渾天儀)'의 방식 두 가지가 있었다. 특히 표를 통해 방향, 절기, 시각 등을 알 수 있었는데 그 기구를 일구(日晷: 해시계)라고 불렀다.

722년 ▶ 노(魯)나라 은공(隱公) 원년,『춘추』 시작 연도.
656년 ▶ 제(齊)나라 환공(桓公), 채나라와 초나라 정벌.
651년 ▶ 제나라 환공, 초나라를 격파하고 **패자**가 됨—규구의 회맹(葵丘之盟).
636년 ▶ 진(晉)나라 문공(文公) 즉위.
632년 ▶ 초와 진, 성복(城濮)에서 전쟁. 전후 진나라 문공 천토(踐土: 하남성 원양原陽)에서 제후들과 회맹하여 중원의 패자가 됨.
597년쯤 ▶ 초와 진, 필(邲)에서 전쟁. 진나라 군사 대패. 초나라 장왕(莊王), 패자가 됨.
594년 ▶ 노나라 초세무(初稅畝) 시행 — 정전제가 해체되면서 토지의 사유제를 정식으로 인정함.

■ 그 무렵 외국은…
700년 인도, 우파니샤드 철학이 일어남.
683년 아테네, 귀족제가 성립됨. 왕 없이 아르콘(집정관)의 이름으로 기년(紀年)하는 제도가 시작됨.
640년 인도, 인도 문자의 원류인 부라푸미문자가 만들어짐.
597년 유대왕국을 정복한 후 유대인을 바빌로니아에 강제로억류시킴. (바빌론유수)

『춘추』

중국의 역사서는 크게 편년체(編年體), 기전체(紀傳體), 기사본말체(紀事本末體) 등으로 나누어진다. 시기별로 편년체가 가장 먼저 생겼는데, 춘추 시대 공자(孔子)가 편찬했다는 노나라의 역사서 『춘추』에서 비롯되었다. 서진 초기에 하남성 급군(汲郡)의 전국 시대 고분에서 발굴된 『죽서기년(竹書紀年)』의 서술 방법 또한 편년체이다. 이 체제의 특징은 기사(記事)

『춘추』

를 연도별로 나누어 한 해에 발생한 큰 사건을 순서대로 서술함으로써 사건의 과정과 결말을 분명하게 살필 수 있다는 점이다. 『춘추』는 노나라 은공(隱公) 원년인 기원전 722년에서 애공(哀公) 14년인 481년까지의 사실을 서술하고 있는데, 미언대의(微言大義)라는 말에서 알 수 있듯이 글의 뜻을 파악하기가 어렵다. 그래서 노나라 사람인 좌구명(左丘明)이 주석을 가하여 『춘추』의 불분명한 부분을 보충함으로써 『춘추』의 인물이나 사건에 대한 포폄의 함의를 더욱 분명히 이해할 수 있게 되었다. 그의 책이 바로 『좌씨춘추(左氏春秋)』, 곧 『좌전(左傳)』이다. 이후 많은 역사가들이 이를 모방했으며 특히 송대 사마광(司馬光)이 편찬한 『자치통감(資治通鑑)』은 현존 편년체 사서 가운데 가장 규모가 방대하고 영향력이 심원한 역사서로 간주되고 있다. 편년체 사서 이후 사마천에 와서 기전체가 처음 등장했으며, 다시 『한서(漢書)』가 나온 이후로 기전체의 기(紀)·표(表)·지(志)·전(傳)은 정사의 표준 양식으로 자리잡게 되었다.

『맹자』의 「이루(離婁)」편에 보면, 각기 나라마다 편년체 사서가 존재하여 "초나라는 도올(檮杌), 진나라는 승(乘), 노나라는 춘추(春秋)라 불렀다"고 한다. 이 중 특히 노나라의 사서가 존중되고 남을 수 있었던 것은 노나라가 주나라 전통을 그대로 유지하고 있었기 때문이기도 하지만 무엇보다 공자라는 인물의 존재에 기인한 바가 크다.

패자

동주(東周) 시대로 넘어온 뒤로 주나라 왕실은 정치적으로나 군사적으로 실권이 없었다. 이제 실권은 강력한 제후국들로 넘어갔으며, 그 가운데 감숙성 동부와 섬서에 있는 옛 주나라 왕실의 소유지를 맡고 있던 진(秦)나라와 동쪽 산동 지방의 제(齊)나라, 그리고 남쪽의 초(楚)나라가 막강한 세력을 지니고 있었다. 특히 제나라는 능력 있는 통치자 환공(桓公: 기원전 685~643 재위)의 지배하에 뛰어난 행정가 관중(管仲)이 보필하고 있어 북방의 가장 강력한 제후국으로 자리잡게 되었다. 당시 북방에 자리잡고 있던 융(戎)과 적(狄)이 누차 중원(연燕과 위魏)을 침입하자 환공은 관중이 제시한 '존왕양이(尊王攘夷)'의 기치 아래 그들을 몰아내고 왕실의 안정을 도모한다. 이후 남방의 초나라가 북방으로 쳐들어왔을 때에도 송(宋)·진(陳)·위(魏)·정(鄭)·허(許)·조(曹) 등 제후국들과 연합하여 초의 진군을 막았다. 또한 그는 중원국의 회맹(會盟)을 소집하여 일종의 공동 조약을 체결했는데, 기원전 651년 지금의 하남성 난고현(蘭考縣)인 규구(葵丘)에서 이루어진 회맹은 가장 유명한 모임이었다. 이 모임에서 제환공은 적자를 폐하고 서자를 세우지 말 것과 다른 나라에 해가 되는 수리 공사를 일으키지 말고, 흉년이 들었을 때 곡물의 유통을 막지 말자는 등의 맹약을 했다고 한다. 전후 아홉 차례의 회맹을 통해 환공은 주나라 왕실의 명예를 지키고 제후국 간의 평화를 책임지는 패자(覇者)로 공식 인정되었다. 그가 죽은 뒤 패자의 자리는 진(晉)나라 문공(文公: 기원전 637~628 재위)에게로 넘어갔다. 이후 초나라 장왕(莊王), 진(秦)나라 목공(穆公), 월왕(越王) 구천(勾踐)이 패자의 자리를 계승했는데, 이들을 일러 춘추 오패(五覇)라 한다. 월왕 구천 대신에 송나라 양공(襄公)을 넣기도 한다.

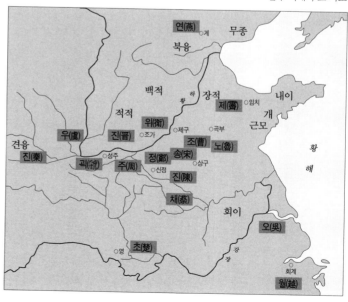

춘추 시대 주요 지도

B.C.560~530년

560~530년쯤 ▶ 노자의 『도덕경』 저술됨.

■ 그 무렵 외국은…
591년 그리스, 스파르타 주도로 펠로폰
네소스 동맹이 성립됨.
583년 페르시아, 조로아스터교 교주 조
로아스터 사망함.

노자

성은 이(李)요 이름은 담(聃)이며 자는 백양(伯陽)으로서 초나라 고현(苦縣) 여향(厲鄉) 곡인리(曲仁里) 사람이라고 단정지은 이도 있지만, 어떤 이는 노래자(老萊子) 또는 태사담(太史儋)이라고 말하기도 했다. 헷갈리기는 사마천도 마찬가지여서 노자(老子)의 이름과 생애에 대한 여러 견해를 나열하고 있다. 주나라 왕실에서 장서를 관장하는 관리를 했다는 말도 있고, 정치적 원인으로 노나라에 피신했을 때 17세의 공자가 그를 만나 『주례(周禮)』에 관해 물었다는 기록도 있다. 노자의 가르침을 들은 공자가 오체투지(五體投地)로 예를 다하여 "지금 노자를 보니 용을 본 듯하다"고 말했다는데 그렇게 감동했다면 왜 『논어(論語)』에는 한마디 언급도 없는 것일까? 어쩌면 중요한 것은 그가 누구냐가 아니라 그가 쓴 책일 뿐일지도 모른다. 그러나 또 다른 한편 책이란 무엇인가? 노자는 대언(大言)은 불언(不言)이라고 했다. 일상의 언어를 모은 책은 당연히 허섭쓰레기일 뿐이다. 그러나 언어를 통해 남기지 않았으면 우리가 어찌 알게 되었을까? 『도덕경』의 주해자 왕필(王弼)이 말한 대로 토끼를 잡으면 덫을 잊고 뜻을 얻으면 언어는 잊혀진다. 과연 그렇다. 완성된 그림에서 우리가 보는 것이 어찌 개별 물감의 색깔일 것인가? 그러니 다시 묻건대 일상의 언어가 없으면 어찌 대언을 전할 수 있었을 것인가? 그가 말하지 않았더라면 어찌 『도덕경』이 있었겠는가? 전하는 말에 따르면 함곡관을 넘어 진나라 땅으로 들어간 노자는 부풍(扶風)이란 곳에서 세상을 떠나 괴리(槐里)에 묻혔다고 한다.

『도덕경』

노자에 대한 의문성 이외에도 그의 책에 대한 의문 또한 꼬리에 꼬리를 잇는다. 짧게 끊어지는 시어에 압운까지 되어 있는 『도덕경』은 크게 '도'에 관한 부분과 '덕'에 관한 부분으로 이루어져 있다. 일반적으로 '도' 부분이 앞에 나오는 것인 줄 알고 있으나, 1973년 마왕퇴(馬王堆) 한묘(漢墓)에서 나온 백서(帛書: 비단에 쓴 글자)에 보면 '덕'이 먼저이고 '도' 부분이 나중에 나온다. 물론 기존의 것과 다른 내용도 있으며 이에 따라 새로운 해석이 가능해졌다. 그 중에는 『도덕경』이 철학적 입장에서 군사 문제를 다룬 저작이란 견해도 있다. 그러나 분명한 것은 노자서가 한 사람이 읊은 일종의 운문집(韻文集)으로 그의 사상을 밝히고 있다는 점이다.

『도덕경』에서 볼 수 있는 노자의 사상은 크게 철리적인 내용과 정치적인 내용으로 분류할 수 있다. 우선 전자의 경우 '도'는 만물의 기원이자 만물의 저절로 그러함(자연)의 항상된 도리이다. 그래서 '길〔道〕'이라 지칭한 것이지 '도'라는 말 자체에 별다른 의미가 부여된 것은 아니다. 따라서 도는 다양하게 비유된다. 가물가물하다(玄), 아무것도 행하지 않으면서 행한다(無爲之爲), 어린아이의 마음과 같다(赤子之心) 등등. 이 모든 비유는 천지 만물을 생성한 어떤 것, 천지 만물이 움직이는 어떤 원리에 대한 비유이다. 사람 또한 천지 만물의 구성체인 이상 이에 따르는 것이 당연하다. 그 당연함을 말한 것이 곧 노자의 정치 사상이자 인간들이 행해야 할 삶의 자세에 관한 언급이다. 장자에 비해 훨씬 정치에 대한 믿음을 지니고 있던 그는 다스리지 않음의 다스림(無爲之治)을 제시했다. 이는 곧 무위지위(無爲之爲)의 다른 말인 까닭에 '산 절로 수 절로 산수간에 나도 절로'인 자연 그대로 백성들을 제멋대로 놔둠의 지극함이자 도의 도 됨이며 덕의 덕 됨이다. 그러한 정치는 곧 작은 사회의 이상적 다스림과 통한다. 이른바 소국과민(小國寡民)이 이상적인 사회로 제시됨은 바로 이 때문이다. 당시는 작거나 적은 것이 크거나 많은 것에 의해 지배되는 사회였다. 그럼에도 그가 역설적으로 더욱 작고 적은 것을 말한 것은 유약함이 강함을 이기는 자연의 본래 모습을 본뜬 것이다(弱者, 道之用). 이것은 또한 '유승강(柔勝强)'의 진정한 이김, 견딤을 통해 참신한 인식의 전환을 요구한 것이기도 하다. 이를 위해서는 약육강식의 참담함을 일으키는 가장 큰 원인인 욕망을 줄이는 것이 급선무이다. 무지무욕(無知無欲), 소사과욕(少私寡欲), 공성퇴신(功成退身), 자득기락(自得其樂)으로 표현되는 욕망에 대한 부정은 곧 지족(知足)의 뜻이자 자연의 질박함으로 돌아가라는 뜻이다(復歸於朴(樸), 致虛極, 守靜篤). 자연을 보라, 천지 만물을 이롭게 하면서 다투는 일이 없지 않더냐(利萬物而不爭), 노자는 소리 높여 외치고 있다. 유독 부정사(부不·비非·무無)가 많은 노자의 이야기는 기실 부정을 통한 새로운 긍정을 제시하는 것이다. 따라서 결코 퇴폐적이거나 수구적인 것이 아님은 물론이거니와 반문화적이라거나 퇴보적, 또는 무조건적 파괴주의라는 말은 정녕 가당치 않다.

노자

552년쯤 ▶ 노나라에서 **공자** 태어남.
536년 ▶ 정나라에서 성문법을 정(鼎)에 주조함. 형정(刑鼎).
497년 ▶ 공자, 열국 주유(~484).

■ 그 무렵 우리는…
552년 인도, 자이나교(인도의 고대 종
　　　교)가 발흥함.
550년 피타고라스의 정의를 체계화함.
537년 인도, 석가모니가 출가함.
506년 인도, 카스트제도를 확립함.

공자

　'예악(禮樂)과 정벌(征伐)이 제후에게 나오는' 사회에서 예를 준칙으로 구축된 사회 제도와 이러한 제도로부터 생성된 사회 질서가 회복되기를 희망했던 이상가로, 성격은 꼼꼼하고 세세하며 다정다감하지만 신념이 강하며 불의를 보고 자신의 안위를 생각하거나 아부하는 성격이 절대로 아니었던 사람. 그럼에도 낙천적이고 현실적이며, 스스로 발분(發憤)하여 학문에 힘썼으며, 이를 통해 주나라의 찬란한 문화를 되살리고자 노력했던 문인. 3000여 명이라고 하지만 분명 이름이 남아 있는 제자 72인을 통해 교학상장(敎學相長), 줄탁동시(啐啄同時)의 진정한 계발자(啓發者)로서 스승의 참모습을 보여준 만세사표(萬世師表).

　공자(孔子)의 이름은 구(丘), 자(字)는 중니(仲尼)로 춘추 말기(기원전 552년, 일설은 551년) 노(魯)나라 궐리(闕里)에서 태어나 세 살에 부친을 여의고 편모 슬하에서 자랐다. 서주(西周)의 전통 문화가 전승되었던 노나라에서 20세에 하급 관리(위리委吏: 양곡 창고 관리 · 회계를 맡음)로 있으면서 주대의 문화에 접근할 수 있었다. 19세에 결혼하고 30대 중반에 노나라 수도인 산동성 곡부(曲阜)에서 사설 학원을 열고 강학(講學)했다. 이후 55세에 노나라 법무장관 격인 사구(司寇)가 되었으나 당시 실권자인 삼환씨(三桓氏: 삼경三卿, 즉 맹손씨孟孫氏 · 계손씨季孫氏 · 숙손씨叔孫氏) 가운데 하나인 계씨와 충돌하여 모국에서 추방당하였다. 56세부터 제후국을 편력했으나 당시 강대국인 진 · 초 등에는 입국조차 하지 못했다. 13년 만에 귀국하여 학원 생활에 전념하다가 기원전 479년 72세로 세상을 떠났다. 그가 죽은 뒤 제자 자공(子貢)이 6년간 거상(居喪)했다.

공자의 사상

　공자는 이(利), 명(命)과 더불어 인(仁)에 대해서는 그다지 언급하지 않았다고 하지만 그의 사상적 핵심은 역시 인이다. 공자의 인에 대한 언급은 주로 「안연(顔淵)」

편에 많이 나온다. 인은 사람을 사랑하는 것이다, '자기를 극복하여 예로 돌아가는 것이다', '자기가 하고 싶지 않으면 남에게 시키지 않는 것이다' 등등. 특히 극기복례(克己復禮)란 자신의 분수(신분·명분·위치)에 맞지 않은 생각을 억제하고, 가정과 가족과 국가의 책임을 승인하고 이를 담당한다는 뜻이니 진정한 인의 실행을 설명한 것이라 할 수 있다. 또한 수양하는 주체의 입장에서 본다면 공(恭)·관(寬)·신(信)·민(敏)·혜(惠) 다섯 가지 품덕이 인을 실현시키는 구체적인 요구였으며, 종법 혈연 관계에서 본다면 효제(孝悌)가 인을 실천하는 근본이고, 타인과 나의 관계에서 본다면 충서(忠恕)가 인을 실천하는 근본이라 할 수 있다. 그러나 공자의 인은 묵자(墨子)의 차별이 없는 사랑, 겸애(兼愛)와는 달리 순서와 차등이 존재하는 애정, 사랑이다. 따라서 아비의 자애-자식의 효도, 임금의 자혜(慈惠) - 신하의 충정(忠貞) 등을 중시하여, 이것이 곧 군군(君君), 신신(臣臣), 부부(父父), 자자(子子)의 명실상부(名實相符)의 정명주의(正名主義) 주장으로 이어진다. 이러한 주장은 한편으로 예악적 귀족영주제의 군신과 부자의 신분적 질서를 어지럽히지 않아야 하며, 효제도덕의 붕괴를 인정할 수 없다는 뜻이다. 다시 말해 기존의 신분적 질서를 정확하게 유지해야 한다는 수구적 입장을 견지한 것이다. 다른 한편 공자는 주공(周公)이 정했다는 예악을 기준으로 하여 '인'의 표현 방식을 스스로 재현하고자 했다. 그러나 그것은 단순히 신분상의 구별이나 집권 계층의 문화적 권위를 분명히 하는 것에 치중한 것이 아니라 계층간에 '사랑', 곧 인을 통해 예악 제도의 인간화를 달성코자 노력한 것이다. 결국 그가 인을 제시한 것은 삭막한 권위와 계급의 사회를 상호간의 사랑으로 어우르고자 한 나름의 시도가 돋보인다고 말할 수 있겠다. 이는 그가 보여준 긍정적이고 진취적인 측면이라 할 수 있다.

공자

정전제와 초세무

정전제(丁田制)는 원시 씨족 공동 사회의 토지 공유제가 발전하여 서주(西周) 시대에 정착된 토지 제도이다. 『맹자(孟子)』를 비롯한 여러 전적에 기재되어 있는데, 9백 무(畝)의 밭을 정(井) 자 형태로 9등분하여 중앙을 공전(公田)으로 삼고 주위 8군데 밭을 8가구에게 사전(私田)으로 분배했다. 공전은 8가구가 공동으로 경작하여 수확물을 국가에 바쳤다. 그러나 경작자는 토지 소유권은 없었으며 단지 사용권만 있을 뿐이었다. 서주 중엽부터 귀족 계층을 중심으로 토지 사유제가 확산되자 진(晉)나라의 작원전(作爰田), 노나라의 초세무(初稅畝) 등이 시행되어 공전과 사전 구분 없이 일률적으로 세금을 거둬들이기 시작했다. 이는 토지 사유제를 인정하는 가운데 취해진 토지 개혁이었다. 정전제는 이로 인해 점차 와해되다가 기원전 350년 상앙의 변법이 시행되면서 완전히 자취를 감추게 되었다. 그러나 정전제는 유가에 의해 가장 이상적인 토지 제도로 수용되어 후세에 적지 않은 영향을 끼쳤으며, 특히 조선조 실학자인 정약용(丁若鏞)이나 유형원(柳馨遠) 등은 정전제를 수용하여 토지 개혁을 실시하고자 했다.

B.C.496~480년

496년 ▶ 오(吳)와 월(越), 휴계(携季)에서 전쟁. 오왕(吳王) 합려(闔閭) 전사.
▶ 합려 아들 부차(夫差)의 **와신상담**.
486년 ▶ 오왕 부차, 대운하의 시작이라 할 수 있는 최초의 운하인 한구(邗溝) 공사 시작.
481년 ▶ 획린(獲麟)의 해─공자의 『춘추』 끝남.
480년쯤 ▶ **묵자** 태어남.

■ 그 무렵 외국은…
492년 그리스, 페르시아와 전쟁을 벌임 (마라톤 전투).
484년 인도, 석가모니가 열반에 듦.
480년 그리스, 살라미스 해전에서 페르시아군에게 승리함.

오·월의 싸움 ─ 와신상담

제후국 간의 회맹인 미병(弭兵) 모임이 개최되고 40년이 흐른 춘추 말엽, 동남방에 이웃해 있던 오(吳)나라와 월(越)나라 사이에 전쟁이 벌어졌다. 원래 오나라는 주나라 문왕의 백부인 태백(太伯)이 건국한 제후국으로 지금의 강소성 소주시(蘇州市)에 도읍했다. 장강 유역을 중심으로 이웃 나라인 초·월과 적대 관계에 있었다. 기원전 584년 전후로 오나라는 진(晉)나라의 '오를 도와 초를 제압한다'는 전략의 영향 아래 군사적으로 많은 도움을 받아 부국강병을 이룰 수 있었다. 마침내 오왕(吳王) 합려(闔閭) 때인 기원전 506년 초나라에서 망명한 오자서(伍子胥)를 모사로 등용하고 『손자병법』의 작자이자 군사가인 손무(孫武)를 장군으로 삼아 초나라를 공격, 다섯 번 싸움에 전승하여 초나라 도읍지인 영(郢: 호북성 강릉현)에 진군했다. 이에 초나라 소왕(昭王)은 수(隨)나라로 피신하고 대부였

전국 시대 초기의 갑주(甲胄)

던 신포서(申包胥)의 간청으로 진(秦)나라가 출병하여 마침 승전의 결과로 내분을 벌이고 있던 오나라를 퇴각시켰다. 한편 절강을 중심으로 남방계 이민족이 건국한 월나라는 지금의 소흥(紹興)에 도읍하고 초나라의 '월을 도와 오를 제압한다'는 책략의 영향하에서 많은 도움을 받고 2대 왕인 구천(勾踐) 때 오나라 군사를 격파했다. 이때 오왕 합려는 부상을 입고 죽었다. 이로부터 오와 월은 오월동주(吳越同舟)라는 말이 생길 정도로 원수지간이 되었다. 합려의 아들 부차(夫差)가 제위에 오른 뒤 아버지의 원수를 갚겠다는 일념으로 일로 매진하여 마침내 기원전 494년 군사를 이끌고 월왕 구천을 공략하여 월나라를 속국으로 만들었다. 당시 오자서는 월나라를 완전히 멸망시킬 것을 주장했으나, 부차는 듣지 않았다. 월왕 구천은 땔나무에서 자고[臥薪] 문간에 쓸개를 매달아놓고 들고나면서 쓴 쓸개를 맛보며[嘗膽] 복수를 다짐했다. 그는 미

녀 서시(西施)를 오왕에게 보내어 정신을 팔게 하는 한편 해마다 조공을 바쳐 의심의 고리를 끊도록 만들었다. 이윽고 오왕이 하남성에 있는 황지(黃池)에서 회맹하여 진나라 정공(定公)과 패주의 자리를 다투고 있을 때 구천이 거병하여 오왕의 귀로를 차단하고 오나라 도읍을 공략했다. 이후 월나라는 오나라를 멸하고 오왕 부차는 스스로 목숨을 끊었다. 오나라를 멸한 구천은 북상하여 서주(徐州)의 회맹에 참가하고 춘추 시대 마지막 패자의 자리를 차지했다.

묵자

묵자(墨子, 기원전 480쯤~420), 이름은 적(翟). 박학한 사상가이자 뛰어난 공장(工匠)이기도 한 그는 혼란한 전국 시대에 전체 사회를 개선하기 위해 온몸으로 뛰어든 실천가였다. 그의 사상은 『묵자』에 집대성되어 있는데, 겸애설(兼愛說)을 간선으로 한 상동(尙同)·상현(尙賢)과 비공(非攻)·비유(非儒)·비악(非樂) 등으로 요약된다. 그는 천하의 혼란은 서로 사랑하지 않음(不相愛)에서 비롯된다고 여기고 서로 사랑하며(兼相愛), 서로 이익을 나누어야 한다(交相利)고 주장했다. 아울러 천하의 이익을 부흥시키기 위해서는 어진 이를 존중하고(尙賢), 그를 통해 일종의 사상 통일이라 할 수 있는 상동(尙同: 겸애와 의義를 실천하는 현인賢人과 같아지는 것을 숭상함)이 실천되어야 한다고 보았으며, 이러한 가치 기준의 준거는 바로 하늘의 뜻〔天意〕에 있다고 여겼다. 묵자에게 하늘의 뜻은 최고의 도덕 이념으로 겸애이자 곧 '의'였다. 그가 유가의 예문(禮文)을 비판하고 사치스러운 음악을 거부할 것을 주장한 것은 이러한 것들이 천하의 이익과 어긋나는 것이라고 여겼기 때문이다. 묵자의 학설을 추종하는 무리들이 있어 단체를 구성하고 그 우두머리를 거자(巨子)라고 불렀는데, 묵자 또한 거자로서 성인으로 추존되었다. 그들은 철저하게 조직화되고 엄격한 규율 아래 불요불굴의 정신으로 자신들의 이론을 실천에 옮긴 일종의 종교적 집단과 같았다고 한다. 『묵자』는 『한서』『예문지』에 71편이라고 했으나 중화민국 초 손이양(孫貽讓)이 편찬한 『묵자』 주석서의 결정판 『묵자한고(墨子閒詁)』에 따르면 전체 53편이다. 묵자가 재세했을 당시는 양주(楊朱)나 맹자와 더불어 이른바 현학(顯學)으로 매우 유행했으나 이후 절맥되었다. 그 사상이 전제 군주의 통치 이념이나 세속의 일반 사람들의 삶의 양식과 합치되지 않았기 때문이며 이론의 실천이 그만큼 어려웠던 까닭이다. 특이하게 후기 도교도들은 묵자를 지선(地仙)으로 부르고 도교서의 총서인 『도장(道藏)』에 『묵자』를 수록하고 있다.

묵자

B.C.479~412년

479년 ▶ 공자 사망 이후 『논어』 편찬 시작.

475년 ▶ 주나라 원왕(元王) 원년, 노예제 시대가 끝나고 점차 봉건제 시대로 넘어감.

473년 ▶ 월왕(越王) 구천(勾踐), 오나라를 멸망시킴. 오왕 부차 자살.

453년 ▶ 진(晉)의 대부 한(韓)·위(魏)·조(趙)가 지백(知伯)을 멸망시키고 진을 3분하여 독립.

412년 ▶ 서문표(西門豹), **구거언**을 쌓아 강물을 논에 관개하기 시작.

■ 그 무렵 우리는…

450년 송화강 상류 일대에 부여가 성립되고 남부에 진국(辰國)을 세움.

■ 그 무렵 외국은…

478년 아테네, 델로스동맹을 결성함.
460년 그리스, 히포크라테스가 태어남.
438년 아테네, 파르테논신전을 완성함.
428년 아테네, 철학자 플라톤이 태어남.

『논어』

『논어』의 논(論)은 편집 또는 순서에 따른 배열을 뜻하며, 어(語)는 어록(語錄)·언론의 뜻이다. 따라서 『논어』는 순서에 따라 배열한 어록의 뜻을 지닌다. 공자가 세상을 떠난 뒤 제자들이 모여 공자의 생전 말씀이나 가르침을 기억하면서 이를 기록하기 시작한 것이 『논어』 집필의 처음이었을 것이다. 이 작업은 춘추 말기에서 시작하여 전국 시대 중기 유학자들에 의해 지속적으로 행해졌다. 「학이(學而)」편을 필두로 「위정(爲政)」 「팔일(八佾)」 「이인(里仁)」 「공야장(公冶長)」 「옹야(雍也)」 「술이(述而)」 「태백(泰伯)」 「자한(子罕)」 「향당(鄕黨)」 「선진(先進)」 「안연(顔淵)」 「자로(子路)」 「헌문(憲問)」 「위령공(衛靈公)」 「계씨(季氏)」 「양화(陽貨)」 「미자(微子)」 「자장(子張)」 「요왈(堯曰)」 등 총 20편으로 구성되어 있으며, 「학이」편이 "子曰, 學而時習之"로 시작하는 것에서 볼 수 있듯이 매 편의 첫머리에서 두세 글자를 따와 편명을 지었다. 『논어』의 전반부 10편 가운데 8편은 주로 기언(記言) 중심이고, 9편과 10편은 기사(記事)에 치중하고 있다. 또한 후반부 10편은 전반부와는 다른 새로운 언론을 기록하고 있는 것으로 여겨진다. 그렇기 때문에 전반부가 일단 편집된 뒤 점차 후반부도 편찬되면서 현재의 20편 『논어』가 완성되었다는 견해가 설득력이 있다.

한대(漢代)에는 세 종류의 『논어』가 있었다고 전해진다. 제논어(齊論語)·노논어(魯論語)·고문논어(古

제자에게 강의하는 공자

文論語)가 그것인데, 서한 말년에 안창후(安昌侯) 장우(張禹)가 노나라에 전한 노논어를 근간으로 통합된 논어(일명 장후론張侯論)가 편집되었다. 현재 잔존하는 정현(鄭玄)의 『논어주(論語注)』는 바로 이를 근간으로 한 주해본이다. 지금 우리가 보는 『논어』는 주로 주희(朱熹)의 『논어집주(論語集註)』인데, 그것은 『십삼경주소(十三經注疏)』에 실린 『논어』로 하안(何晏)의 집해와 송대(宋代) 사람 형병(邢昺)의 소를 바탕으로 한 것이다.

구거언

춘추 전국 시대는 이전보다 생산력이 크게 향상되어 자연히 생산 관계도 크게 변화했다. 생산력의 변화를 가져온 가장 큰 이유는 철제 농기구의 사용과 소를 이용한 우경(牛耕)의 도입, 그리고 관개 기술의 발전 등이었다. 전국 시대에는 이미 채광(採鑛)에 관한 적지 않은 지식이 있었으며, 풀무를 이용한 제철 기술도 상당히 축적된 상태였다. 또한 수리 시설의 경우에는 부국(富國)의 토대가 되는 토지의 확보와 생산의 확대를 위해 각국이 앞을 다투어 건설하기 시작했다. 기원전 486년 춘추 시대에 오왕 부차는 북상을 하기 위해 강소성 강도현(江都縣)에서 회안현(淮安縣)까지 한구(邗溝)를 파서 장강과 회하를 연결시켰으며, 이후 북쪽으로 기수(沂水), 서쪽으로 제수(齊水)를 연결하여 회하와 황하를 관통시켰다. 이를 필두로 하여 전국 시대 위나라 서문표(西門豹)는 구거언(口渠堰)을 쌓고 장하(漳河)의 물을 끌어다 업(鄴)의 농토를 관개했고, 진나라는 한나라 토목 기술자인 정국(鄭國)을 중용하여 경수(涇水)와 북낙수(北洛水)를 연결하는 300여 리 수로인 정국거(鄭國渠)를 만들어 관중(關中) 지역을 옥토로 만들었다. 또한 진나라 촉군 태수인 이빙(李氷)은 지금의 사천성에 있는 관현(灌縣)에 도강언(都江堰)을 건설하고 민강(岷江)을 두 갈래로 갈라놓아 수해를 막고 농토를 관개하여 성도(成都) 평원을 옥토로 만들었다. 이처럼 관개 시설은 춘추 시대부터 시작하여 이후 크게 발전했는데, 특히 전국 시대에 지렛대를 이용하면서 더욱더 발전하였으며, 우물을 파는 기술도 크게 늘어 관개에 광범위하게 응용되었다. 이와 같이 대규모 토목 공사가 가능했던 것은 봉건 군주의 전제와 밀접하게 연관된 것으로 그 밖의 경제 발전 또한 마찬가지다.

B.C.403~372년

403년	▶ 진(晉)에서 삼분된 한(韓)·위(魏)·조(趙) 자립하여 제후가 됨 (**전국 시대** 개막).
386년쯤	▶ 제나라가 점차 쇠약해지면서 신흥 지주 계층의 대부(大夫) 전씨(田氏)가 정권 탈취. 역사는 이를 전제(田齊)라 부름.
377년	▶ 촉(蜀)나라, 초나라 공략.
372년	▶ 노나라에서 **맹자** 태어남.

■ 그 무렵 우리는…
400년 한반도에 철기 문화가 들어옴.

■ 그 무렵 외국은…
399년 아테네, 소크라테스가 독배를 마시고 죽음.
370년 인도, 0의 개념을 정립함.

전국 시대

서한(西漢) 말엽 유향(劉向)이 선진 시대 제후국들의 사료를 편집하여 『전국책(戰國策)』을 지었는데, 전국 시대라는 호칭은 바로 이 책에서 따온 말이다. 끊임없는 전쟁이 시대적 특징이었던 전국 시대의 개시 연도는 진(晉)나라 영토가 분할되던 해인 453년과 주나라 천자가 진나라의 분할(한韓·위魏·조趙. 진나라는 소멸됨)을 정식으로 승인한 403년, 그리고 475년 설 등 여러 가지가 있다. 종결은 진(秦)나라가 천하를 제패한 기원전 221년이다. 춘추 시대와는 달리 전국 시대 제후국들의 가장 큰 관심은 전쟁의 승패였다. 더 이상 제후국 간의 상호 호혜나 주나라 왕실에 대한 존중은 존재하지 않았고, 오로지 치열한 전쟁과 병탄(倂呑)만이 존재했다. 이를 위해서는 더욱 막강한 군사력과 이를 뒷받침하는 경제력, 그리고 인재의 양성이 시급했다. 전국 시대에 이르러 각국이 변법을 실시하고 전국에서 많은 인재를 초빙하는 등 사상계가 왕성해질 수 있었던 것도 바로 이 때문이다. 전국 시대에는 주나라 왕실의 상징적 권위가 무너지면서 이미 왕이라 칭했던 초나라 이외에도 기원전 344년 위나라가 칭왕(稱王)한 뒤로 제·진·한·조·연 등 제후국의 공(公)이나 후(侯)들 또한 칭왕했다. 이제 주나라 왕실로 대표되는 노예제 왕권은 몰락하고 봉건제 왕권이 확립되면서 군왕이 할거하는 시대가 된 것이었다. 제후국 내에서도 세력을 확장한 경대부들에 의해 제후의 지위가 참월당하는 등 서열이 무시되고 모든 것이 전도되는 양상을 보였다. 이러한 와중에 일반 백성들은 항시 죽음의 그림자에서 벗어날 수 없었다. 따라서 천하의 통일, 곧 전쟁으로부터의 해방, 평화의 정착을 모든 이들이 목마르게 고대했다. 진나라의 천하 통일은 이러한 와중에서 도래한 역사적 필연이었다.

맹자

맹자(孟子 : 기원전 372~289)는 노(魯)나라 곡부(曲阜) 근처의 추읍(鄒邑) 출신으로 이름은 가(軻)이다. 당시 추 땅은 이미 유가(儒家) 집단의 중요한 활동 무대였다. 이른바 추로(鄒魯)의 진신 선생(搢紳先生)이란 당시의 유가 집단을 말하는 것이었다. 맹자는 공자를 사숙(私淑)하면서 그를 요·순·우·탕·문·무의 뒤를 잇는 성인으로 추앙했으며 그 계승자로 자처했다. 공자의 인애설(仁愛說)을 토대로 왕도(王道) 정치를 주장한 맹자는 유가와 정치의 관계를 왕도설로 유도한 첫번째 인물이었다. 공자는 왕도의 문제보다는 군자의 도가 곧 치자의 도임을 암묵적으로 상기시켰을 뿐, 왕도에 대해 언급하지는 않았다. 그러나 맹자는 달랐다. 그는 왕도 정치의 구체적인 정책으로 정전제, 학교 교육, 농사철 보호 등을 제시했으며, 이것이 실현됨으로써 당시 전국 시대의 혼란상이 사라질 것이라고 생각했다. 왕도

맹자

정치의 토대는 성선(性善)에 대한 믿음이다. 그는 선천적으로 인간에게 부여된 고유의 능력(양지良知·양능良能·양심良心)이 존재하며, 그 단서가 되는 것이 바로 사단지심(四端之心)이니, 이 사단을 자각하고 충실하게 함으로써 인의예지(仁義禮智) 네 가지 덕이 완성된다고 생각했다. 이를 위해 태만하거나 자포자기하지 말 것이며, 양심을 저버리지 말고 유혹에 넘어가지 말며 항시 수양해야 한다고 주장했다. 특히 행동적 정기의 함양, 곧 호연지기(浩然之氣)를 기를 것을 주장한 것 또한 이와 상응하는 것이다. 맹자는 이렇게 함으로써 공자가 주장했던 인·의·예 등과 같은 보편적 윤리가 인간이 지닌 양지와 양심의 확충으로 구현될 수 있다고 보았으며, 이를 구현할 책임이 있는 사인(士人)들은 자신의 이상을 숭상하고 신뢰하여 '인의'의 길을 실현해야 한다고 주장했다.

맹모단기(孟母斷機)」

획린(獲麟)

노나라에 어느 날 기린(麒麟)이 나타났다. 기린은 예로부터 살아있는 벌레나 풀을 밟지 않으며 지극히 어진 임금이 세상을 다스릴 때 세상에 나온다고 하여 상서로운 동물로 숭앙하였다. 그런데 사람들이 알아보지 못하고 죽여버리고 말았다. 공자는 이 소식을 듣고 군주가 무도(無道)하여 하늘의 뜻을 받들지 못한 것이라고 한탄하며 자신이 편찬하고 있던 『춘추』를 각필(閣筆: 집필을 그만둠)했다. 노(魯)애공(哀公) 39년, 기원전 481년의 일이다. 그리고 그 역시 2년 후에 세상을 뜨고 만다. 어찌 기린을 죽인 것이 군주가 무도하기 때문인가? 또 다른 뜻이 있을 것이다. 상세한 내막은 알 수 없지만 획린 각필이 예악(禮樂)이 완전히 붕괴된 세상에 대한 공자의 마지막 분노는 아니었는지! 『시경』'주남'편에 「기린의 발(麟之趾)」이라는 가요가 적혀 있다.

365년쯤 ▶『장자』를 저술한 장자 태어남.

『장자』

『장자(莊子)』는 장자의 사상을 집대성한 저작이다. 반고(班固)의『한서』『예문지』에 52편이라고 기록되어 있으나, 현존하는 것은 내편(內篇) 7편에 외편(外篇)과 잡편(雜篇)을 포함해서 전체 33편이다. 내편은 소요유(消遙遊), 제물론(齊物論), 양생주(養生主), 인간세(人間世), 덕충부(德充符: 덕이 충만하여 부험符驗이 드러남), 대종사(大宗師), 응제왕(應帝王: 자연에 순응하여 제왕이 됨) 등으로 장자 자신의 저작으로 간주되며 나머지 외편과 잡편은 그의 후학들이 지은 것으로 여겨진다.『장자』는 물론 도가 사상의 진수가 들어 있는 사상서이지만 우언(寓言)이 많아 철학적 소설집이라 해도 과언이 아니다. 전통적으로 문학, 사학, 철학을 동일한 학문으로 간주한 중국이기는 하지만 특히『장자』를 문학책으로 간주한 것은 바로 이 때문이다. 진(晉)나라 곽상(郭象)의『장자주(莊子注)』와 당(唐)나라 성현영(成玄英)의『장자소(莊子疏)』이외에 많은 주석본이 있으며, 청(淸)나라 곽경번(郭慶藩)의『장자집석(莊子集釋)』이 결정판이라 할 수 있다.

장자

빙 돌려 타국과 접해 있는 망국(은殷) 유민의 땅 송(宋)나라에 속한 몽(蒙: 지금의 하남성 상구商丘) 땅에 옻나무 관리[漆園吏]를 하던 이가 살았다. 성은 장(莊)이며 이름은 주(周), 세칭 장자라 일컬어지는 도가의 한 사람이었다. 사마천의『사기』에 따르면 대략 기원전 4세기 전국 시대 중기에서 말기까지 제나라 선왕(宣王), 위나라 혜왕(惠王)과 동시대에 살았다고 하는데, 요즘 사람 전목(錢穆)은『선진제자계년(先秦諸子繫年)』에서 기원전 359년에 태어나 기원전 289년에서 275년 사이에 죽은 것으로, 양계초(梁啓超)는『선진학술표(先秦學術表)』에서 기원전 370년 전후에 태어나 기원전 310년에서 300년 사이에 죽었다고 고증한 바 있다. 약 6, 70년을 살았던 것으로 추정된다.

비극적 세상에서 오히려 충만한 자유를 구가하고자 했던 그는 노자를 비롯한 초(楚)나라 도가 계열뿐만 아니라 제나라 동쪽 직하(稷下)의 지식인들인 송견(宋鈃)과 윤문자(尹文子), 신도(愼到), 전변(田騈) 등의 사상에 심취했고, 뛰어난 문학적 상상력과 과거와 현실에 대한 박학한 지식을 통해 오히려 지식의 폐해와 현실의 불합리성, 그리고 진정한 삶의 향유를 소리 높여 외쳤다. 그는 결코 도인의 모습이 아닌 열혈의 정감과 마음으로 인간의 가치와 시비 판단의 오류가 세상의 모든 싸움의 시작임을 지적했으며 이로써 언어와 지식을 부정했다. 또한 인의와 도덕의 실질이 오히려 삶을 왜곡시키고 소박한 본성을 억누른다는 점을 간파하여 그저 앉아서 모든 것을 잊거나(坐忘), 마음을 재계(齋戒)함으로써 무하유지향(無何有之鄕: 어떤 의도적ㆍ작위적 존재도 없는 마을)에서 편안하게 노닐 것을 주장했다. 시비, 가치 판단을 제거하고 지혜와 총명을 없애며, 급기야는 자기 자신도 잊어버린 상태에서 만물과 더불어 하나가 됨(物我一體)을 주장한 그는 내가 곧 네가 되어 호량(濠梁)에서 문득 물고기의 즐거움(魚之樂)을 알게 되었다고 말하고 있다. 물화(物化)된 삶이자 호접몽(蝴蝶夢)의 삶이었다. 그러나 현실의 삶은? 내편의 마지막에서 그는 혼돈(混沌)의 죽음을 말하고 있다. 어쩌면 그것은 어쩔 수 없는 현실에 대한 긴 독백 끝에 꺼내어놓은 그의 만가(輓歌)일지도 모른다.

「붕거도(鵬擧圖)」
『장자』「소요유」편에 나오는 붕새의 나는 모습을 그린 것이다.

도가적 인생관

노장의 인생관이라 할 수 있는 중국인들의 심성에 그대로 녹아들어 때로 노신(魯迅) 소설의 주인공인 아큐(阿Q)와 같은 폐를 낳기도 했지만 좌절하고 실의하여 물러났을 때 귀한 은신처이자 세속의 이익과 명예를 초개처럼 보고 자연과 더불어 살고자 했던 이들의 소요처로 든든히 자리잡게 되었다. 중국인들에게는 이렇듯 입신양명을 내세운 유가와 무위(無爲)와 소요(逍遙)를 주장한 도가가 있어 삶의 안팎을 두루 꿰어 기대어 살 수 있었던 것이다.

진의 분열

춘추 말기 진(晉)나라는 조(趙), 위(魏), 한(韓), 지(知), 범(范), 중행(中行) 등 여섯 명의 경대부가 실권을 차지하고 있었다. 그 가운데 특히 지요(知瑤)의 세력이 가장 막강했다. 주(周) 정정왕(貞定王) 14년(기원전 455년) 지요는 한씨(韓氏)에게 토지를 요구하여 1만 호의 읍(邑)을 빼앗았고, 연이어 위(魏)에 압력을 넣어 역시 1만 호의 읍을 빼앗았다. 연이어 토지를 강탈한 그는 득의만만하여 다시 조(趙)에 사신을 보내 채화(蔡和)와 고랑(皐狼)의 땅을 달라고 억지를 부렸다. 조의 경대부 양자(襄子)가 이를 거절하자 지요는 크게 노하며 한과 위의 군대까지 동원하여 조를 정벌하고자 나섰다. 전쟁은 3년간 지속되었다. 중과부적의 상태에 빠진 양자는 야밤에 몰래 한과 위의 경대부를 만나 순망치한(脣亡齒寒: 입술이 없으면 이가 시리다는 뜻)의 도리를 설명하면서 지요를 이반할 것을 요청했다. 이에 합의한 한과 위, 그리고 조는 연합하여 지요의 군대를 물리치고 땅을 나누어 가졌다. 이후로 진나라의 대권은 세 명의 제후가 나누어 가지게 되었으며, 403년 주나라 왕실에 의해 제후로 분봉을 받기에 이른다.

359년	▶ 진나라, **상앙**을 등용하여 변법 실시.
351년	▶ 신불해(申不害), 한나라 상(相)이 됨.
350년	▶ 진나라, 함양(咸陽) 천도. 상앙의 제2차 개혁.
343년	▶ 위(魏)나라 혜왕(梁惠王) 왕이라 자칭함.
342년	▶ **전국 칠웅의 쟁패** 1—나라의 요청에 따라 전기(田忌)와 손빈(孫臏)을 앞세운 제나라 원병, 위나라와 마릉(馬陵)에서 대승함.
338년	▶ 상앙 사망.
337년쯤	▶ 맹자, 제나라 도읍 임치(臨淄)에서 직하의 학사들과 교유.
336년	▶ 최초의 전(錢) 사용.

■ 그 무렵 외국은…

359년 마케도니아, 필리포스 2세가 즉위.
347년 그리스, 플라톤이 사망함.
340년 로마, 라틴동맹에 가맹한 모든 도시와 싸워 이기고 라틴동맹을 해체함(유럽 패권 장악).
339년 아테네, 마케도니아와 전쟁을 벌임.
336년 마케도니아, 필리포스 2세가 암살되고 알렉산더 대왕이 즉위함.

상앙

상앙(商鞅 : 기원전 390쯤~338)은 전국 시대 진(秦)나라의 정치가이자 이후 법가의 초석을 쌓은 사상가이다. 본명은 공손앙(公孫鞅)인데 관직에 대한 보상으로 상(商) 땅을 봉지로 받았기 때문에 상앙이라 부른다. 행정적인 측면에서 주제별로 소론을 엮은 책 『상군서(商君書)』의 저자로 알려져 있다. 원래 위나라 사람인데, 진나라 효공(孝公)의 신임을 얻어 1, 2차 개혁을 실시했다. 이른바 상앙 변법이라고 하는 그의 개혁안의 핵심은 토지 제도와 군공(軍功)에 따른 작위 제도, 그리고 엄격한 행정 제도를 통해 군주의 지배 체제를 강화하는 데 있었다. 이전까지 토지는 노예주인 귀족 지주가 고정적으로 소유하고 있었다. 그러나 토지의 증가와 철기 농법의 발달로 사회 생산력이 변화하면서 더불어 생산 관계 또한 변화하게 되었다. 여기에 착안하여 상앙은 농사와 길쌈을 결합한 일부일처의 개인 가족 생산자인 '호(戶)'를 중심으로 생산을 장려하는 정책을 실시했다. 아울러 기존 귀족들의 특권을 철폐하고 군공에 따라 20등급의 작위를 내리고 토지나 가옥을 주었으며, 군공이 없는 종실이나 귀족들을 배척했다. 이외에도 편호제(編戶制)를 실시하여 다섯 집을 오(伍), 열 집을 십(什)으로 하여 서로 감시 · 고발하도록 했으며 도량형을 통일하여 군주 전제의 정치 제도를 확립했다. 그에게 법률은 군주를 제외한 모든 이들에게 공히 적용되는 것이었다. 그래서 태자 사(駟)가 법을 어기자 태자의 두 스승을 벌함으로써 철저한 법 시행의 모범을 보였다. 20여 년 간에 걸쳐 시행된 상앙의 변법은 진나라를 강성하게 만들고 군주의 지위를 확고히 만들었지만 중신들을 포함한 기존 귀족 계층의 반발과 증오는 피할 수 없었다. 기원전 338년 효공이 죽자 상앙은 모반을 꾀했다는 죄목으로 거열형(車裂刑)에 처해지고 그의 가족들 또한 살해되었다.

전국 칠웅의 쟁패 ─ 위나라의 성쇠

춘추의 패자 시대는 가고, 전국 칠웅(七雄)의 시대가 왔다. 진(晉)나라가 분열되어 기원전 403년에 각기 독립국으로 인정받은 조(趙)·한(韓)·위(魏) 세 나라와 기존의 제(齊)·초(楚)·연(燕)·진(秦) 등을 합쳐 전국 칠웅이라 칭한다. 이들 일곱 나라는 인근의 약소 제후국들을 병합하는 한편 각기 변법을 통한 정치 개혁으로 부국강병의 대책을 마련하고 서로 치열한 전쟁에 매달렸다. 전국 초기인 기원전 5세기 중엽, 위나라 문후(文侯)는 각계의 인재를 초빙하고 이리(李悝)를 등용하여 공로에 따라 녹위를 주고, 곡물가를 조정하는 등의 정책을 펼쳐 일반 농민들이 안정된 삶을 영위하도록 했다. 이후 위나라는 날로 번창하여 위후(魏侯) 영(瑩)은 자칭 위왕(魏王)이 되어 왕실을 새로 짓고 주홍색의 왕복을 입는 등 천자의 흉내를 내었다. 그가 바로 『맹자』의 편명으로 나오는 '양혜왕(梁惠王, 기원전 400~319 재위: 위나라가 대량大梁에 도읍했기 때문에 이렇게 부른다)', 곧 위나라 혜왕이다. 기원전 354년 위나라가 조나라를 침공하자 이듬해 제나라가 조나라에 원병을 파견했다. 제나라는 손빈(孫臏)의 책략으로 위나라 도읍 대량을 공격하여 조나라에서 퇴각할 수밖에 없었던 위나라 군사를 습격, 계릉(桂陵: 지금의 산동성)에서 대패시켰다.

기원전 342년 위나라가 한나라를 침공하자 제나라가 다시 한나라에 원병을 파견하여 위와 제의 전쟁이 벌어졌다. 위나라는 태자 신(申)과 대장 방연(龐涓)에게 군사 10만을 주어 출병케 했으나 역시 저명한 책략가이자 군사가인 손빈의 계략에 말려 마릉(馬陵)의 협곡에서 공격받아 대패하여 방연은 자살하고 태자는 포로가 되었다. 일명 마릉의 전쟁이라 일컬어지는 이 전투를 통해 제나라는 새로운 강국으로 일어서기 시작했으며, 위나라는 점차 세력을 잃게 되었다.

송나라 사람들

성왕(成王) 때 일어난 무경(武庚)의 반란이 종식된 뒤 은나라를 못 잊던 유민들은 성주(成周: 하남성 낙양 근처)로 강제로 이주되었고, 상나라 옛 도읍인 상구(商丘: 하남성)는 은나라 주왕(紂王)의 형인 미자계(微子啓)에게 분봉되어 송(宋)나라로 일컬어지게 되었다. 당시 송나라 사람들에 대한 평판은 그다지 좋지 않았다. 예를 들어 『맹자』·『공손추』에 나오는 알묘조장(揠苗助長)이나 초나라와 싸우면서 어리석음을 범한 송나라 양공(襄公)의 송양지인(宋襄之仁), 그리고 수주대토(守株待兔)의 주인공 등이 모두 송나라 사람들인데 어딘가 맹하고 어리숭한 사람들로 표현되고 있다.

B.C.333~296년

333년 ▶ **소진**, 합종책으로 연·제·초·한·위·조 6국 동맹 재상이 됨. 조(趙)나라 장성 축조.
328년 ▶ **장의**, 연횡책으로 진(秦)나라 재상이 됨. 진나라 최초로 상국(相國)을 둠.
325년 ▶ 진나라 혜문왕(惠文王), 칭왕(稱王).
323년 ▶ 오국상왕(五國相王) 연합하여 진나라에 대항함. 진나라 장의, 제·초 양국과 회맹.
314년 ▶ 제나라, 연나라 도읍 공략하여 쾌(噲)를 살해함.
306년 ▶ 조나라 무령왕(武靈王: 325~229), 군사 개혁—**호복기사.**
296년 ▶ **전국 칠웅의 쟁패** 2—제·위·한 합종하여 진나라 공격.

■ 그 무렵 우리는…
300년 여옥(麗玉)이 「공후인(箜篌引)」을 지음.

■ 그 무렵 외국은…
335년 아테네, 아리스토텔레스가 학원을 창설함.
334년 마케도니아, 알렉산더 대왕이 동정(東征)을 시작함. 헬레니즘 시대가 시작됨.
300년 그리스, 유클리드의 『기하학원론』 13권이 완성됨.

소진과 장의 — 합종과 연횡

"말 잘하던 소진(蘇秦), 장의(張儀) 열국 제왕 다 달래도 우리 염라대왕 못 달래어 춘풍세우 두견성에 슬픈 혼백이 되었으니……" 우리나라 봉산탈춤 2과장에 나오는 목중의 대사 가운데 한마디이다. 말 잘하는 이라고 칭해진 소진과 장의는 생평(生平) 미상의 귀곡(鬼谷) 선생 문하에서 쌍벽을 이룬 제자들로, 열국 간의 용쟁호투가 한창이던 전국 시대에 활약한 유세가(遊說家)들이었다. 십가(十家:『한서』「예문지」에 나오는 제자백가의 중요 학파) 가운데 하나인 종횡가(縱橫家)에 속한다. 낙양 출신인 소진은 기원전 333년 연나라 소왕(昭王)에게 합종책(合縱策: 남북으로 종렬하고 있는 국가들 간에 연합하여 진秦나라에 대항하자는 책략)을 제시하여 받아들여지자, 조(趙)·제(齊)·위(魏)·한(韓)·초(楚) 나라를 설득하여 이를 성공시켰다. 이후 10여 년 간 6국의 재상이 되어 진나라에 대항했으나, 진나라 재상인 장의의 연횡책(連衡策: 진나라 서쪽에 자리하고 각기 갈등 관계에 있는 여섯 나라를 공략하기 위해 진나라가 각개로 연합하여 다른 나라를 공격하도록 한 책략)에 의해 실패로 돌아가고 제나라에서 살해되고 말았다. 장의는 본래 위나라 사람으로 위와 초를 전전하다 이후 진나라 혜문왕(惠文王)에게 연횡책을 건의하여 받아들여짐으로써 무신군의 벼슬에 올랐다. 이후 위나라에서 한·위의 동맹으로 제·초에 대응하도록 했으며, 진나라 혜문왕(惠文王) 때는 초나라로 들어가 합종책으로 맺은 제·초 동맹을 와해시키고 다시 제·진 동맹으로 초나라를 고립시켰다. 당시 초나라 회왕(懷王)은 크게 노하여 군사를 일으켜 진나라와 싸웠으나 오히려 대패하여 한중(漢中)의 땅을 잃고 쇠멸의 길을 걷게 되었다. 결국 천하의 패권이 진나라 수중으로 들어갈 수 있었던 것은 바로 장의의 세 치 혓바닥 덕분이었던 것이다. 진나라 혜문왕이 죽은 뒤 구적(仇敵)들의 공격으로 신변이 위태로워진 그는 또 한 번의 술수로 위나라로 가서 그곳에서 재상을 지내며 천수를 다했다.

호복기사(胡服騎射)

조(趙)나라 무령왕(武靈王)은 중원 지역 각 나라가 상호 공방을 지속하고 있는 틈을 타서 기원전 307년 중산국(中山國: 하북성)과 동호(東胡), 흉노(匈奴), 임호(林胡), 누번(樓煩) 등 당시 유목 민족을 침공하여 영토를 확장했다. 이 과정에서 그는 당시 중원 지역에서 사용되는 전차(戰車)가 북방 산악 지대나 구릉에서 전혀 무용지물이며, 호인(胡人)들처럼 말을 타고 활을 쏘는 방법이 대단히 유리하다는 사실을 발견했다. 그래서 봉건 귀족들의 반대에도 불구하고 군사 개혁을 실시하여, 군사들에게 호인들처럼 말을 타고 활을 쏘는 법을 훈련시키는 한편 호인들의 복식을 따르게 하여 호복(胡服)의 일종인 습(褶: 겹옷)을 입고 아래에는 바지를 입도록 했다. 또한 허리는 가죽띠로 동여매고 고리로 연결했으며, 가죽 신발을 신도록 했다. 그 결과 조나라는 더욱 막강한 군사력을 보유하여 연(燕)나라와 더불어 북방의 중심국으로 등장할 수 있었다. 그러나 그후 무령왕 자신은 폐태자(廢太子) 장(章)의 반란이 수습되는 과정에서 사구(沙丘)에 갇혀 아사하고 말았다.

전국 칠웅의 쟁패 — 진·제의 싸움

위나라가 득세할 때 진나라는 상앙의 변법을 성공적으로 시행하였고, 제나라 또한 상국(相國) 추기(鄒忌)의 개혁으로 동방에서 흥기하여 위나라의 독패(獨覇)는 끝나고 진·제의 쟁투라는 새로운 국면이 시작되었다. 양국의 쟁패는 초나라가 관건이었다. 초나라는 영토가 광대하고 인구가 많은 강국이었는데, 합종과 연횡이 교착하는 시점에서 초나라의 거취가 진나라와 제나라의 세력 다툼에 갈림길이 될 수밖에 없었다. 우선 진나라는 초나라 상류 지역에 있는 파(巴)와 촉(蜀) 땅을 병탄했다. 그리고 장의의 연횡책으로 초나라와 제나라를 단교시키고, 뒤늦게 속은 것을 깨달은 초나라가 군사를 일으키자 오히려 대패시켜 기원전 278년에는 초나라 도읍 영(郢)을 공략했다. 한편 제나라는 기원전 298년에 한·위와 연합하여 진나라의 함곡관(函谷關)까지 치고 들어가 크게 승리했으나 284년에는 연·조·한·위와 연합한 진나라에 크게 패하여 왕이 피살되는 등 거의 망국의 지경에까지 몰렸다. 다행히 기원전 279년 전단(田單)의 화우진(火牛陣: 거대한 용 그림을 그려 소에 입히고 소의 꼬리에 기름칠하여 불을 붙인 갈대 다발을 매달아 적진으로 공격하게 하는 전법의 하나) 덕택에 잃었던 70여 성을 수복했으나 더 이상 진나라와 필적할 수는 없었다.

B.C.293~278년

293년 ▶ 진·한·위 이궐(伊闕)대전.
288년 ▶ 제(齊)나라가 동제(東帝), 진(秦)나라가 서제(西帝)라 칭하며 동서의 대립 격화.
279년 ▶ 조나라와 진나라의 회맹─승지지회(澠池之會).
278년 ▶ 진나라, **초나라**의 국도 영(郢) 함락.
277년쯤 ▶ 초나라 시인 **굴원**, 멱라수에 투신 자살. 이후 그의 시가를 **초사**로 명명함.

■ 그 무렵 외국은…
294년 마케도니아, 데미트리아스가 왕위에 오름.
287년 로마, 『호르텐시우스법』을 제정하고 평민호의 의결을 그대로 국법으로 인정함.
280년 그리스, 아리스타르코스가 지동설(地動說)을 제창함.

초나라

초(楚)나라는 장강(長江 : 양자강)을 끼고 있는 남방의 국가로 자연 환경이 수려하고 기후가 온화하며, 물산이 풍부하고 인걸이 많아 전국 시대 남방의 패자로 자리하고 있었다. 특히 도왕(悼王) 시절 병법가인 오기(吳起)를 등용하여 부국강병을 실시함으로써 크게 발흥했다. 당시 오기는 법령을 정비하고 공족(公族)들의 힘을 약화시켜 왕권의 강화를 노렸다. 그러나 도왕이 사망한 뒤 오기는 공족들에게 살해되고 만다. 공족들은 자신들의 이익을 위해 스스로 자기 무덤을 판 셈이었다.

장강 상류에는 파촉(巴蜀)이 초나라와 접하고 있었다. 초나라는 자기 나라에 눈독을 들이고 있는 진나라가 파촉을 멸망시키기 이전에 그 땅을 선점해야만 했다. 그러나 오기 사후 50여 년에 회왕(懷王)이 즉위하고 있던 초나라 조정은 초강국 진나라와 제나라 가운데 어디에 기댈 것인가를 두고 내분이 한창이었다. 당시 맹자가 유세(遊說)했던 제나라는 동제(東帝)로 칭하고 진과 천하를 양분하고 있었으며, 진나라는 자칭 서제(西帝)라 칭하고 장군 사마착(司馬錯)의 건의에 따라 촉나라를 멸한 상태였다. 처음에 합종책의 일환으로 제나라와 연합하고 있던 초나라는 진나라 재상인 장의의 계책에 놀아나 제나라와 결별하고 만다. 그러나 결별의 대가로 받기로 했던 진나라 땅 600리가 어느새 사방 6리로 바뀌자 회왕은 크게 노하여 거병한다. 그러나 이미 만반의 준비 태세를 갖춘 진나라 군대에 대패하고 그 와중에 한나라와 위나라가 동시에 출병하여 배후를 찔리고 만다. 이에 진나라에 영토의 일부를 내주고 겨우 강화하여 되돌아올 수 있었다. 이후 초나라는 회왕이 진나라의 포로가 되는 등 거의 진나라의 속국이 되었으며, 고열왕(考烈王) 때 춘신군(春申君)이 재상에 등용되면서 겨우 회복세에 들어섰다. 그리하여 초나라는 노나라를 공략하고 마침내 진나라에 대항한 여섯 나라의 맹주가 되어 합종책의 본산으로 들어섰다. 그러나 진나라는 더욱 강해졌고 초나라는 허망하게도 여자 때문에 자초한 춘신군의 죽음으로 다시 하강 곡선을 긋기 시작했다.

굴원

오제(五帝)의 한 사람인 고양씨(高陽氏: 전욱顓頊)의 자손이며 정칙(正則)이란 이름에 자는 영균(靈均)이라 자칭한 굴원(屈原: 기원전 343~277쯤, 일설 기원전 340~278쯤)의 본래 이름은 평(平), 원(原)은 자이다. 처음에 관직에 등용되었을 때는 회왕의 신임을 얻어 마음껏 재능을 발휘할 수 있었다. 그러나 조정이 친제파(親齊派)와 친진파(親秦派)로 나뉘어 상관대부 근상(靳尙)의 친진파가 득세하자 연제항진(聯齊抗秦)을 주장한 그는 안하무인이란 참소를 당해 관직에서 물러났다. 그는 초나라 도읍인 영을 떠나 한수 이북을 방황하면서 자신의 우국충정과 슬픔을 노래했다. 그것이 바로 『이소(離騷)』로 '시름을 호소한다'는 뜻이다. 초나라 회왕 18년 조정에 복귀한 그는 왕족 삼성(三姓)을 관장하는 삼려대부(三閭大夫)에 올라 여전히 제나라와 연합하여 진나라에 대항할 것을 강력히 주장했다. 그는 당시 진나라가 무관(武關)에서 초나라 회왕과 회담하고 싶다고 요청하자, 회왕에게 이를 거절할 것을 주청했다. 그러나 회왕은 아들인 자란(子蘭)의 말을 믿고 그곳에 갔다가 억류되고, 굴원은 다시 추방되었다. 최초로 개천설(蓋天說)을 회의한 문장이기도 한 「천문(天問)」을 통해 자신의 삶을 반추한 것은 바로 이때이다. 이후 초나라 영도(郢都)가 진나라에 함락되어 조국이 풍전등화에 놓였을 때 분연히 「애영(哀郢)」「회사(懷沙)」(「구장九章」에 수록됨) 등의 시편을 남기고 멱라수(汨羅水)에 투신하여 생을 마감했다. 5월 단옷날 풍습으로 강물에 종자(粽子: 찹쌀에 대추 따위를 넣어 댓잎이나 갈잎에 싸서 쪄 먹는 단옷날 음식의 한 가지)

「굴원」
장강을 거닐고 있는 굴원의 모습을 묘사한 그림

B.C.277~256년

260년   ▶ 진나라, 재차 조나라 침략—**장평 전투**. 3년을 지속한 전쟁에서 '지상담병(紙上談兵)'의 주인공 조괄(趙括)의 실책으로 조나라 대패.

256년   ▶ 진나라, 낙양 부근의 소국으로 전락한 주를 멸망시킴. 천자 없어짐. 초나라, 노나라를 멸함.

■ 그 무렵 외국은…

268년 인도, 아소카가 즉위하여 불전(佛典)을 편찬하고 남부 이외의 인도 전국을 지배함(마우리아 왕조 최고 전성기).

266년 로마, 이탈리아 반도를 통일함.

264년 로마, 카르타고와 제1차 포에니 전쟁을 시작함.

를 던지는 일이 있는데, 이는 원래 강에 투신하여 죽은 굴원을 애도하여 물고기가 그의 시신을 해치지 않도록 한 데서 유래한 것이다.

『초사』

주나라를 중심으로 한 북방의 민요집(『시경 詩經』)이 세상에 나온 지 200여 년 뒤 초나라 굴원이 자신의 울분과 충정을 읊어 새로운 가사를 남겼다. 이것이 바로 초사(楚辭)라고 명명된 시가이다. '초사'는 『한서』에 처음 나오는데 말로 초나라의 노래라는 뜻이다. 한(漢)나라 사람 유향(劉向)과 왕일(王逸)이 이를 책명(『초사 楚辭』『초사장구楚辭章句』)으로 쓴 뒤 전국 시대 굴원과 송옥(宋玉) 등 초나라 작가들의 노래와 이후 초사풍을 좇은 작품들 가운데 그들의 책에 수록된 작품을 통틀어 초사라고 부르게 되었다. 그 가운데 굴원의 노래는 「이소」「구가(九歌)」「천문」「구장」「원유(遠遊)」「복거(卜居)」「어부(漁夫)」 등 7편인데 「구가」가 11편, 「구장」이 9편을 모은 것이기 때문에 『한서』「예문지」에 적힌 대로 전체 25편이라 할 수 있다. 그러나 「구가」「복거」「어부」를 비롯하여 심지어는 「이소」와 「천문」에 이르기까지 굴원이 지

「구가(九歌)・산귀(山鬼)」의 내용을 묘사한 그림

은 작품인지 여부에 관한 논란은 오래도록 계속되어 왔다. 여하튼 대대로 『시경』과 더불어 풍소(風騷: 풍은 『시경』의 일부인 민가를 뜻하고, 소는 『이소』를 뜻한다)로 칭해진 초사는 운문과 산문의 형식을 아우르고 독특한 내용과 예술적 수법을 갖춘 독특한 노래라 할 수 있다. 다양한 자연물과 사실을 통한 색다른 비유와 인용, 의인화와 상징화에 성공함으로써 북방의 노래와는 전혀 풍격이 다른 새로운 시 세계를 개척했다는 평을 받고 있다.

장평 전투

기원전 260년 진나라와 조나라 사이에 장평(長平) 전투가 벌어졌다. 진나라의 간계와 조나라 효성왕의 어리석음 때문에 실전 경험이 많은 염파(廉頗) 장군 대신 책만으로 병법을 배운 조괄(趙括)이 주장(主將)이 됨으로써 조나라는 진나라 대장군 백기(白起)에게 크게 패한다. 당시 포로로 잡혔던 40만의 조나라 군사들은 어린 사병 240여 명을 제외하고 모두 생매장당하는 비운을 맞이했다. 진나라 대승의 명장 백기는 재상 범저(范雎)와의 세력 다툼에서 끝내 밀려나 소왕(昭王)의 명을 듣지 않았다는 이유로 살해된다. 포로를 생매장한 대가였다. 장평 전투에서 크게 패한 조나라는 진나라 왕전(王翦)에 의해 수도 한단(邯鄲)이 함락되어 228년 멸망했다. 225년 위나라 수도 대량(大梁)이 함락되고, 2년 뒤에는 초나라가, 다음해엔 연나라가, 그 다음해인 221년 제나라가 멸망했다.

남방과 북방

중국의 총 면적은 대만을 포함하여 9,597,000km², 최북단 흑룡강(黑龍江)에서 최남단 해남성(海南省)까지 전체 23개의 성, 4개의 직할시, 5개의 자치구로 나누어져 있으며, 9할 이상의 한족을 포함한 56개의 소수 민족으로 구성되어 있다. 광활한 지역에 다종다양한 민족으로 구성된 만큼 인종적 · 지역적으로 각기 특징을 지닌다. 지역적으로 화북 · 화중 · 화남 · 서북 · 서남으로 구분하는데, 크게 장강을 중심으로 남과 북으로 구분하기도 한다. 남북은 자연 환경뿐만 아니라 사람들의 기질, 문예, 생김새를 비롯한 문화적 특성의 상이로 크게 구분된다. 『시경』과 『초사』는 남북의 초기 시가를 대표함과 동시에 문화적 차이도 여실히 드러내고 있다.

B.C.250~235년

250년쯤 ▶ 오행설을 체계화한 추연(鄒衍) 활동. 진나라 **전욱력** 실시.
246년 ▶ 영정(嬴政), 진나라 왕에 즉위.
249년 ▶ 여불위(呂不韋), 진나라 상국(相國)에 임명됨.
235년쯤 ▶ **순자** 사망.

■ 그 무렵 외국은…
250년 유럽, 『구약성서』가 그리스어로 번역됨.
246년 인도, 아소카왕이 왕자를 실론으로 보내 불교를 전파함. 실론이 소승불교의 중심지가 됨.
241년 그리스, 에라토스테네스가 원주율을 계산함.

전욱력 ─ 내용을 알고 있는 최초의 역법

하·은·주 이른바 선진(先秦) 시대에는 각기 역법이 있어 나름으로 활용되었다. 최초의 방법은 규나 표로 해그림자를 측정하여 가장 긴 날을 동지로 정하고 다음 동짓날까지를 1년으로 삼는 것이었다. 그러나 오랜 측정 결과 동짓날의 해그림자가 해마다 다른데 4년을 주기로 반복한다는 것을 알았다. 그리하여 4년, 곧 1461일을 넷으로 나누어 1년이 365일에 4분의 1일이라고 계산하게 되었다. 이러한 측정 방식을 '사분술(四分術)'이라 했는데 이에 따라 제정한 역법을 '사분력'이라고 불렀다. 또한 12개월 중에 29일은 소월(小月), 30일은 대월(大月)이라고 했는데 대월과 소월이 번갈아 이어졌다. 그리고 2년 내지 3년 만에 윤달을 넣어 12개월과 1년 간의 날 차이를 보충했다. 대략 기원전 6세기에 이미 19번의 회귀년에 7번의 윤달을 넣는 방법으로 역법을 만들었으니 이를 십구년칠윤법(十九年七閏法)이라고 했다. 선진 시대 역법뿐만 아니라 그 내용을 고찰할 수 있는 최초의 역법인 전욱력(顓頊曆) 또한 사분력에 속한다. 전국 시대 진나라에서 시행된 '전욱력'은 10월을 정월로 삼았다. 이는 동지를 정월로 삼는 주정(周正: 주력周曆), 동지 후 다음 달을 정월로 하는 은정(殷正: 은력殷曆), 동지 후 다다음 달을 정월로 삼는 하정(夏正: 하력夏曆)과 구분된다. 당시에는 이러한 역법을 통해 24절기를 정하고 이로써 농업에 활용했다.

순자

순자(荀子 : 기원전 298~235쯤)는 조나라 사람으로 이름은 황(況)이며, 순경(荀卿)이라고 존칭된다. 혹자는 순자가 자유(子游)와 자하(子夏)를 계승하고 있다 하지만 「성악(性惡)」「대략(大略)」「법행(法行)」편 등에서 이들을 비난하고 있다. 그렇다면 그는 당시의 유가 학설을 한 파만 고집한 것이 아니라 광범위하게 흡수했음을 알 수

있다. 뿐만 아니라 「비십이자(非十二子)」에서 볼 수 있듯이 다
른 학파에 대해서도 한편으로 철저하게 비판하고는 있지만 그
들의 영향 또한 적지 않게 받았다고 말할 수 있다. 바로 이러한
이유로 순자의 사상은 유가의 개념을 따르고는 있지만 또한 다
른 점도 적지 않다. 우선 순자는 천인(天人)을 구별했다. 그는
"도란 하늘의 도가 아니고 땅의 도도 아니며, 인간의 도이다"

『순자』

(「유효儒效」), "왜 천(天: 천지자연天地自然을 지칭)을 동물처럼 사육하고 통어하지 않는
것이냐"(「천론天論」)라고 하여 천도(天道: 자연계)와 인사(人事: 인류 사회)는 각기 직
분과 규율을 지니고 있다고 여겼다. 이는 인간의 주체적 능동성에 대한 강조라 할 수
있다. 그는 이렇게 주장함으로써 한편으로 공자와 맹자를 초월할 수 있었으며, 다른
한편 공자의 '불가하다는 것을 알면서도 행하는(知其不可而爲之)' 유가의 사회 역사
에 대한 책임 의식을 발전적으로 계승할 수 있었다.

또한 순자는 인간의 본성에 대해 맹자와는 전혀 다른 견해를 제시했다. 그에게 본
성이란 태어나면서부터 지니고 있는 것으로서 근본적으로 생득적인 감관(感官)과 반
응을 지닌다. 그리고 이를 통해 호오(好惡)와 희로애락(喜怒哀樂) 등의 '정(情)'이 생
겨난다. 그것은 결코 선한 것이 아니다. 따라서 이 정욕을 제어하는 것이 필요한데 그
것이 바로 '려(慮)'와 '지(知)'이며, 이를 구사하는 힘을 '능(能)'이라 한다. 그리고
이러한 '능'을 기능시키는 것, 그것이 바로 '위(僞: 인위적 행위)'이다. 그에게 '위'의
중요한 부분은 '예(禮)'이다. 그것은 또한 '분(分: 본분)'을 지키는 실질적 수단이기
도 하다. 그에게 인간은 군(羣), 곧 사회성을 지닌다. 그렇기 때문에 각기 본분을 지켜
야 한다. 「왕제(王制)」 편에서 "무리를 짓되 본분을 지키지 않으면 분쟁이 생긴다(羣而
無分則爭)"라고 한 것은 곧 이 뜻이다. 순자의 예는 단순한 예의 범절로 도덕적 규범
만을 뜻하는 것이 아니라 법적 강제력을 지니는 것이다. 이 점이 기존의 유가들과 차
별되는데, 그에게 '예'란 정치와 사회 제도를 포함한 인류 사회의 넓은 규범으로 법
을 포함한다. 바로 이 때문에 그의 문하에서 이사(李斯)와 한비자(韓非子) 등 법가(法
家)가 배출될 수 있었던 것이다. 능력 있는 이에게 통치를 의탁하는 현인 정치를 지향
하면서 당시 군권 정치에 부응한 새로운 영토 국가의 관료제에 근접한 순자는 제나라
직하(直下)에서 좨주(祭主)를 세 번씩이나 지내는 등 전국 시대 말기 학자들의 만형
노릇을 하다가 만년에는 춘신군(春申君)의 요청으로 초나라에서 난릉의 현령이 되었
고, 이후 관직에서 물러나 저술에 힘쓰다가 세상을 하직했다.

B.C.233~227년

233년 ▶ **법가 한비자** 피살.
230년 ▶ 진나라, 한나라 멸망시킴.
227년 ▶ 연나라 태자 단(丹)의 요청으로 형가(荊軻), 시황제를 암살하려다
　　　실패(역수易水의 이별).

■ 그 무렵 외국은…
232년 인도, 아소카왕이 사망함. 이후
　　　마우리아 왕조가 쇠망.
230년 인도, 전국에 불교가 보급됨.

법가

　한비(韓非) 이전의 법가는 크게 법(法: 법령에 의한 통제—상앙商鞅), 세(勢: 시대의 변화와 통치 권력의 역학 관계—신도愼到), 술(術: 치국을 위한 용인술—신불해申不害)을 주장한 세 파로 나뉜다. 한비자는 이들의 학설을 종합하여 법가 학설을 집대성했다. 그것이 바로 『한비자』이다. 한비는 순자의 성악설(性惡說)을 바탕으로 했으되 더 이상 인위적인 교화만으로는 치국이 불가능하다고 여겼다. 그래서 유일한 판단 기준으로 법을 중심으로 세와 술을 결합시켜 통일된 중앙 집권제 봉건 국가의 통치 이념을 만들었다. 그에게 법이란 문서[圖籍]에 실려 관부(官府)에 설치되고 일반 백성들에게 공포되어야 하는 일종의 성문법(成文法)을 뜻했다. 뿐만 아니라 법은 상벌(賞罰)이 동시에 진행되어 통치의 이병(二柄: 권력의 두 손잡이)으로 작용할 수 있도록 해야 하며, 만인에게 공평하게 적용되는 것이었다. 다만 황제는 예외였다. 『예기(禮記)』에 "예는 서인까지 내려가지 않고, 형(刑)은 대부까지 올라가지 않는다"고 했으니 형의 범위가 확장된 셈이었다. 그러나 실제로는 여전히 대부 이상의 경우 미리 자살하여 형을 피하는 경우가 허다했다. 모든 권력을 집권자 한 사람에게 집중시켜야 한다는 극단적인 집권주의는 전국 말기 혼란의 와중에서 중앙 집권적 봉건 제국을 달성하려는 진나라의 이념과 정확하게 부합되어 그대로 채용되었다. 그러나 혁신적 신흥 지주 계층의 이익을 대변한 그의 학설은 봉건제의 흥기와 확립에 결정적인 영향을 끼쳤으나 봉건제가 하강 곡선을 그을 때는 오히려 사회 발전을 저해하는 질곡으로 변하였다. 중국 봉건 사회가 장기적으로 정체된 이유 중 하나는 바로 이 때문이기도 했다.

한비자

　한비(韓非: 기원전 280쯤~233)는 전국 시대 약소국 가운데 하나인 한(韓)나라의 귀족으로 법가 사상의 집대성자로 알려졌다. 진나라 승상이었던 이사(李斯)와 더불어 순자의 문하에서 수학했다. 진나라에 끊임없이 공략당하던 한나라를 부강하게 만들기 위해 노력했으나 받아들여지지 않자 발분하여 10여 만 자를 썼다. 그가 쓴 글은 이

웃 진나라에도 알려져 진왕 영정(嬴正)이 보게 되었다. "이 글을 쓴 사람을 만나 함께 있을 수 있다면 죽어도 좋겠다." 진왕의 말에 옆에 있던 이사가 자신의 동문인 한비자의 글임을 밝히자 진왕은 대뜸 한나라를 공략할 것을 명한다. 진왕이 한비의 글을 읽고 자기 나라를 공격한다는 것을 알게 된 한나라 조정은 당연히 한비를 진나라에 보내 화의를 청했다. 진나라에 들어온 한비자가 큰 환대를 받으니 속 좁은 이사는 불편했다. 어쩔 것인가? 이사는 자신을 위해 운양옥(雲陽獄)에 갇힌 한비에게 독약을 주어 자살하게 했다. 25년 뒤 이사 자신이 한비자가 죽은 바로 그 감옥에 수감되었다가 허리가 잘리고 멸족되었다.

한비자

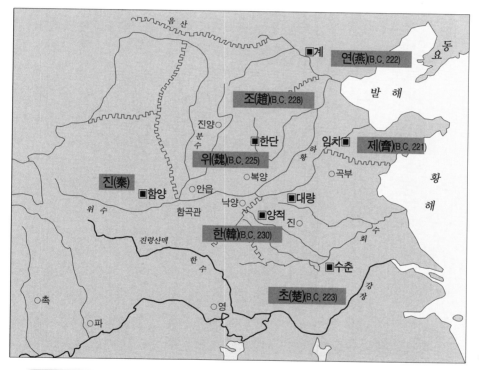

전국 시대 주요 지도

음양설과 지명

중국에서는 옛날부터 자연계와 인간계에서 벌어지는 현상을 음과 양으로 나누어 설명하려는 사고방식이 있었다. 예를 들어 하늘·해·남자는 양이고, 땅·달·여자는 음이다. 지형의 경우 해를 받는 곳에 따라 산의 남쪽은 양, 산의 북쪽은 음이라고 한다. 또한 강의 경우 강의 북쪽이 양, 남쪽이 음이 된다. 여기서 함양(咸陽)의 지형을 살펴보자. 북쪽에는 산맥이 달리고 있고 산의 남쪽에 있으므로 양이다. 남쪽에는 위수(渭水)기 흐르며 강의 북쪽이므로 양이다. 북쪽에서 보아도 남쪽에서 보아도 모두〔咸〕양이므로 함양이라 이름한 것이다

같은 방법으로 낙양(洛陽)은 낙수(洛水)의 북쪽에 심양(瀋陽)은 심수(瀋水)의 북쪽에 있다는 의미이다.

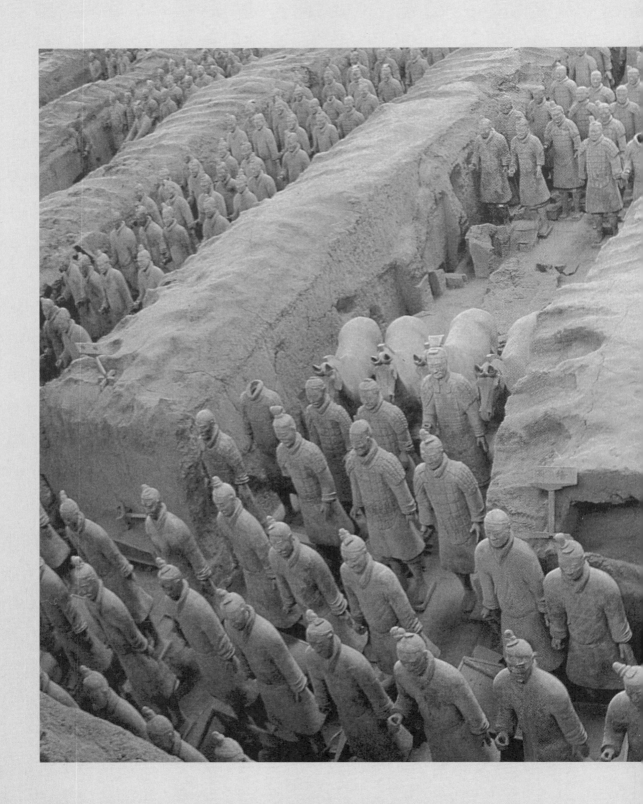

제3장 진(秦)·한(漢)

　진나라(기원전 221~206)는 한(韓)·위(魏)·조(趙)·초(楚)·연(燕)·제(齊) 등 전국 시대 패권을 나눠 가지고 있던 여섯 나라를 차례로 공략하여 기원전 221년 마침내 천하를 통일하였다. 정치가 안정되고 경제적으로 풍요로우며 무엇보다 막강한 군사력과 탁월한 통치 능력을 갖춘 지도자가 있었기 때문이다. 물론 통치자를 돕는 이들의 능력도 뛰어났지만 진나라가 천하를 통일한 데는 누구보다 진나라 시황제인 영정(嬴政)의 공이 컸다. 시황제는 천하를 통일한 후 법가인 순자(荀子)의 제자 이사(李斯)의 건의를 받아들여 통일 국가로서 중앙 집권화를 달성하였으며, 문자·도량형·화폐·차축(車軸) 등을 통일시키는 한편 이전의 봉건제 대신 전국을 36개의 군으로 나누는 군현제(郡縣制)를 실시하였다. 일단 통일 국가로서 위용을 갖추었으나 그의 바람과는 달리 진나라는 겨우 15년 만에 문을 닫아야만 했다. 법제의 편리함만 알았지 다스리는 자로서 지혜와 자비가 모자란 시황제 때문이었으며, 아비를 닮지 못한 불초자식 때문이었으며, 자신의 이익을 위해 주군과 나라를 버린 한심한 인간들 때문이었다. 일개 반란군의 수뇌일 뿐이었던 유방(劉邦)과 항우(項羽)가 벌인 사투는 관중(關中)에 먼저 들어온 유방의 승리로 끝났다.

　한나라는 서한(西漢: 전한前漢)과 동한(東漢: 후한後漢)으로 나뉜다. 양한 사이에 왕망(王莽)이 제위를 찬탈하여 신(新)나라를 건국하였으나 정사(正史)는 이를 무시하고 있다. 한나라 시기는 진나라 시기의 군현제 대신 군국제(群國制)를 실시하여 중국의 전제(專制) 정치 제도를 확립하는 계기를 마련하였다. 특히 한 무제 시절은 서한의 전성기로 유학을 국가 이념으로 삼았다. 이후 역대 정권은 유학을 정치 이념화하기 시작했다. 장건(張騫)을 서역에 파견하여 비단길을 개척하는 등 국가의 강역을 확대시켰다. 그러나 전성기는 곧 쇠퇴기의 시작이기도 했다. 동한 왕조는 황권보다 호족(豪族)들이 더욱 거셌다. 동한 초기의 황제들은 끊임없이 그들의 힘을 약화시키기 위해 노력했으나 역부족이었다. 중, 후반에 들어서면서 황권은 외척과 환관들의 양대 세력으로 인해 크게 손상되기 시작했다. 그리고 196년 헌제를 끝으로 한나라는 환관의 손자인 조비(曹丕)에 의해 멸망하고 만다. 동한은 정치적으로 어려움이 많았으나 전대에 비해 경제적으로 크게 발전하였으며, 수학·천문학·의학·제지 등 여러 방면에서 큰 성과를 이룩한 시대이기도 했다.

221년 ▶ **진의 천하 통일. 진시황**, 황제 칭호 사용. 각 나라의 부호 12만 호를 함양으로 이사하도록 함.
220년 ▶ 함양을 중심으로 도로 건설. 진시황, 천하 순유 시작.
215년 ▶ 장군 몽염(蒙恬), 흉노 토벌.

■ 그 무렵 외국은…
218년 로마, 카르타고와 제2차 포에니 전쟁을 벌임. 카르타고, 한니발이 알프스를 넘어 이탈리아에 침입함.
216년 카르타고, 한니발이 칸나 싸움에서 로마군을 섬멸함.

진의 천하 통일

전하는 말에 따르면, 진나라 선조 대업(大業)은 원래 동쪽 발해 연안의 씨족 출신으로 그 아들 대비(大費)가 대우(大禹)의 치수를 도와 순임금이 영(嬴)이란 성을 하사했다고 한다. 대비의 후손인 비자(非子)에 이르러 말을 기르는 데 공이 있어 주나라 효왕(孝王)한테 위수(渭水) 유역의 작은 나라를 분봉받아 이름을 진(秦)이라고 불렀다. 진은 춘추 초기 양공(襄公)이 주나라 평왕(平王)의 동천(東遷)을 도와 제후국으로 봉해졌고, 이후 목공(穆公)이 즉위하면서 견융(犬戎)을 정벌하는 등 패자의 위치에 올랐다. 전국 시대에 들어오면서 효공(孝公)이 상앙을 등용하여 부국강병의 기틀을 잡았다. 기원전 246년 장양왕(莊襄王)의 뒤를 이어 15대 진왕 영정(嬴政)이 즉위했다. 그의 나이 13세 때의 일이다. 그는 22세 때 당시 전권을 쥐고 있던 재상 여불위(呂不韋)를 몰아내는 한편, 선태후(宣太后)의 총애로 장신후(長信侯)에 봉해지고 아들을 둘씩이나 낳게 했던 환관 노애(嫪毐)와 그의 일족을 주살한 뒤 친정 체제로 돌입했다. 그는 230년 한나라를 멸한 이후 9년 동안 조·위·초·연·제 등을 차례로 멸망시킴으로써 기원전 221년 마침내 천하 통일의 위업을 달성했다.

진시황

39세의 나이에 천하를 통일한 진왕 영정은 북으로 흉노를 몰아내어 현재의 내몽고 자치구 접경에 달하고, 남으로 오령(五嶺: 중국 호남성·강서성 남부와 광서성·광동성 북부 사이에 있는 월성越城, 도방都龐, 맹저萌渚, 기전騎田, 대유大庾 등 다섯 령)을 넘어 바다와 만나는 전대미문의 대제국을 건립하고 함양(咸陽: 함은 전체의 뜻이고 양은 산남山南·하북河北의 뜻)에 도읍했다. 천하를 통일한 뒤 승상(丞相) 왕관(王綰), 어사대부(御史大夫) 풍겁(馮劫), 정위(廷尉) 이사 등이 존호를 태황(泰皇)으로 할 것을 권했으나 정(政) 스스로 자신의 공이 삼황 오제를 넘어선다고 여겨 황제(皇帝)로 호칭하고, 이후 제위 계승자는 2세 황제, 3세 황제로 부를 것을 명했다. 본래 주나라 이전까지 제(帝)는 인간이 아닌 상제(上帝), 천상의 신에 대한 호칭이었다. 인간의 군주는 왕이었을 뿐이었다. 그러나 진시황(秦始皇) 이후 황제의 호칭은 청나라 말기 군주제가 사라질 때까지 임금을 부르는 호칭이 되었다. 또한 짐(朕), 폐하(陛下) 등의 호칭 또한 황제 고유의 것이 되었다. 진시황은 전국 칠웅의 할거 국면을 종식시켜 천하를 통일한 진정한 패자였으며, 정치 체제를 완비함과 동시에 문자, 화폐, 법률, 도량형, 거궤(車軌: 수레바퀴 간의 거리)를 통일시켜 그후 중국의 통합에 절대적인 기반을 마련한 새로운 역사의 지배자였다. 그러나 다른 한편 분서갱유(焚書坑儒)를 자행하고, 만리장성을 비롯한 대규모 토목 공사로 인력과 물자를 동원함으로써 철저하게 백성을 혹사시킨 절대 군주였다. 이렇듯 진시황은 역사의 새로운 장을 연 위대한 통치자이자, 숱한 민중의 피와 땀을 빼앗은 결코 성왕이라 할 수 없는 절대 군주였을 따름이다.

진시황제

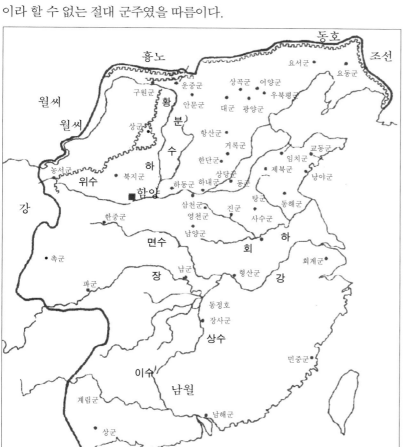

진나라 전성 시기의 강역도

214년 ▶ **만리장성** 축조 시작. 남월 정벌 시작. **영거** 착공. 전국을 36개 군 (郡)으로 획분하여 **군현제**를 실시하고 이후 민중(閩中)·남해(南海)· 계림(桂林)·상(象)에 4군을 증설함.

■ 그 무렵 외국은…
214년 마케도니아, 필리포스 5세가 제 1차 마케도니아 전쟁이 일어나 자 카르타고의 한니발을 원조함.

만리장성 — 대규모 토목 공사

기원전 300년 무렵부터 중국의 북방에 는 몽골계의 다수 부족으로 흉노(匈奴)라 고 일컬어지는 연합체가 구성되어 있었다. 전국 시대 북방에 자리하고 있던 진나라, 조나라, 연나라 등은 그들 기마 민족의 침 입을 막아 중원의 안정을 유지하기 위해 각기 장성을 쌓았다. 천하가 통일된 이후 흉노는 두만(頭曼)이라는 연맹장이 등장하

만리장성

여 점차 세력을 강화하고 있었다. 이에 진시황은 대장 몽염(蒙恬)에게 30만 대군을 주어 흉노를 공략하게 하는 한편 기존의 장성을 연결하는 대역사를 그에게 맡겼다. 그후 10여 년의 세월이 흘렀다. 마침내 서쪽 감숙성 임조(臨洮: 감숙성 민현岷縣)에서 동쪽 요동(遼東: 지금의 요녕성 요양遼陽 서북쪽)까지 말 그대로 만리에 이르는 장성이 완성되었다. 이후 각 조대마다 장성을 개축, 연장하여 지금의 만리장성은 서쪽 가욕 관(嘉欲關)에서 동쪽 산해관(山海關)까지 이어져 있다.

북방에 만리장성을 수축했다면, 남방에는 이강(漓江)과 상강(湘江)을 연결시킨 영 거(靈渠: 현재 광서 장족자치구 북쪽에 있다) 건설이라는 대규모 토목 공사가 있었다. 그 리고 이외에도 직도(直道: 함양에서 운양과 상군을 거쳐 현재 내몽고자치구 포두시包頭市 인 구원九原까지 연결되는 도로), 신도(新道: 호남성·강서성·광동성·광서 장족자치구를 잇는 도로), 오척도(五尺道: 운남성·귀주성을 잇는 도로) 등 함양을 중심으로 복사(輻 射)처럼 사방으로 펼쳐진 치도(馳道: 통상 황제나 귀족들이 통행하는 도로지만 유사시 신 속한 군사 이동이 가능하도록 설계되었는데, 길의 폭이 50보이며 3장丈마다 푸른 소나무를 심 었다) 건설을 위해 대규모로 인력이 동원되었다. 사학자 범문란(范文瀾)에 따르면 당 시 전국 인구 2000만 명 가운데 300만 명이 부역에 동원되었다고 한다.

영거

영거(靈渠)는 상강과 이강 상류를 잇는 30km의 인공 수로이다. 이강을 '영하(靈河)'라고도 부르기 때문에 이렇게 이름지어졌다. 또한 수로 공정이 지금의 광서 흥안현(興安縣) 부근에서 이루어졌기 때문에 이후 '흥안운하(興安運河)'라고 불린다. 영거의 배치 구도는 도강언(都江堰)과 흡사하며 고대 중국의 남북 교통과 운송에 지대한 공헌을 하였다.

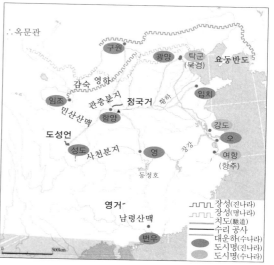

수리(水利)·장성(長城)
의 공사 분포

군현제 실시 — 행정 체제의 수립

진시황이 천하를 통일하여 이전의 여섯 나라는 더 이상 존재하지 않았지만 기존의 제도나 언어, 문자의 불일치는 여전하여 통일된 행정이 불가능했으며, 행정망의 중추라 할 수 있는 도로 시설 또한 불충분했다. 게다가 북에는 흉노, 남에는 백월(百越)이 자리잡고 있어 언제 쳐들어올지 알 수 없었다. 이런 상황에서 무엇보다 시급한 것은 과연 어떤 정치 체제를 운용할 것인가에 관한 문제였다. 당시 조정 중신들의 의견은 두 가지였다. 우선 승상 왕관은 제·연·형초 등 황실에서 멀리 떨어진 지역은 왕자를 분봉하여 다스리는 것이 마땅하다고 주장했다. 그러나 정위(廷尉: 사법부장. 장관급) 이사는 분봉은 국토의 분열과 전쟁을 야기한다고 주장하면서 주대의 멸망은 바로 분봉제에 있다고 건의했다. 이에 진시황은 이사의 견해를 받아들여 천하를 36개의 군(郡: 이후 40군이 되었다)으로 나누고 군 아래에 현(縣)을 설치하여 중앙에서 위임한 군수(郡守), 군위(郡尉), 감어사(監御史)와 현령(縣令: 현의 규모가 1만 호 이하일 경우에는 현장縣長이라고 불렀다), 현위(縣尉), 현승(縣丞) 등이 관리하도록 했다. 물론 이들 관직은 제후와 달리 세습될 수 없었으며, 철저하게 조정의 명령과 감독을 받아야만 했다. 한편 조정에는 승상(국무), 태위(太尉: 군사), 어사대부(감찰)를 두고, 현 밑에 있는 향(鄕)에는 삼로(三老: 교화), 색부(嗇夫: 사법과 조세), 유요(游徼: 치안) 등을 두었다. 그리고 일반 가정(戶: 남자는 농사짓고 여자는 길쌈하는 노역·조세·병력의 최소 단위)은 열 집으로 십(什)을, 다섯 집으로 오(伍)를 편성했다. 이렇게 함으로써 황제 한 사람의 수중에 모든 권력이 장악되는 피라미드 형태의 통합적 정치 체제가 수립될 수 있었다.

214년 ▶ **이사**, 승상이 됨.
213년 ▶ **분서**령 발포, **죽간**으로 만든 책 불태움.
212년 ▶ **갱유** 사건 일어남.

■ 그 무렵 외국은…
212년 인도, 『마로의 법전』이 성립됨.

이사

이사(李斯: 기원전 ?~208)는 전국 시대 초나라의 상채(上蔡: 하남성) 사람이다. 한비자와 더불어 순자에게 수학하여 법가 사상으로 발전시켰다. 진나라 재상 여불위의 가신이 되었고, 이후 진왕 정(政: 시황제)에게 건의한 통일 정책이 채택되어 객경(客卿)의 벼슬을 얻었다. 기원전 237년 진나라 왕족과 대신들이 빈객들을 축출할 것을 건의하니 이사 또한 쫓겨나는 와중에 진왕에게 「간축객서(諫逐客書)」를 올려, 통일 정책을 펼치기 위해서는 축객령을 거두고 널리 인재를 모아야 한다고 건의했다. 진왕 정이 시황제가 된 뒤 그는 승상으로서 문자와 도량형을 통일시켰을 뿐만 아니라 진나라 법률을 완성하는 등 개혁 정책을 주도했다. 시황제에게 의약서와 복서(卜筮), 그리고 농림에 관계되는 책을 제외하고 모든 제자백가의 서적을 파기할 것을 건의한 것도 바로 그였다. 그러나 진시황이 죽은 뒤 환관(宦官) 조고(趙高)와 음모하여 시황제의 장자인 부소(扶蘇)를 몰아내고 차자인 호해(胡亥)를 2세 황제로 등극시키는 우를 범했다. 그러다가 결국 자신 또한 조고에 의해 모반죄로 몰려 허리가 잘리고 삼족이 주살되는 극형을 당했다. "육예(六藝)의 귀결을 알면서도, 군주의 결점을 보완하는 공명정대한 정치에 힘쓰지 않았다. 작위와 봉록의 막중함을 유지하면서 군주에게 아부하고 구차하게 영합했다." 사마천은 「이사열전(李斯列傳)」 마지막 부분에서 이렇게 평했다.

분서갱유

기원전 213년 함양궁(咸陽宮)의 연회석상에서 시황제는 군신과 더불어 술잔을 높이 들고 통일을 경축하고 있었다. 이때 복야(僕射) 주청신(周靑臣)이 시황제의 천하 통일을 송축하자 박사 순우월(淳于越)이 『시경』, 『서경』 등 유가 전적의 예를 들면서 비판적인 발언을 했다. 이에 승상 이사가 일어나 옛 것을 들어 현재를 비판하는 것은 인심을 현혹시키는 일이니 엄격히 다스려야 한다고 주장했다. 그는 한걸음 더 나아가 통일 제국의 통치 체제를 강화하기 위해서는 진나라 역사서와 의약서, 복서 및 수목에 관계되는 책을 제외하고 모든 책을 불태워야 한다고 시황제에게 건의했다. 시황제는 재위 34년인 기원전 213년에 이사의 건의를 받아들여 분서(焚書)를 실행했고, 아울러 또다시 시서(詩書)에 대해 언급하거나 옛 것으로 현재를 비판하는 경우 참수형에 처할 것을 명했다. 이로써 진나라 이전의 숱한 전적이 소실되는 최악의 문화 참사가 벌어지게 되었다. 이듬해 불로장생의 미신에 빠져 있던 시황제에게 방사(方士)인 후생(侯生)과 노생(盧生)이 서복(徐福:『사기』에는 서불徐市로 나온다)과 마찬가지로 불로장생 약을 구해오겠다는 거짓 약속을 했다. 결국 농간을 간파한 시황제가 그들을 찾던 중 함양의 유생들이 자신을 비방하고 있음을 알고 매우 노하여 연관된 460명의 유생을 산 채로 매장했다. 이것이 바로 갱유(坑儒)의 전말이다. 지금의 섬서성 임동현 성밖 서남쪽 홍경촌에 갱유곡이란 곳이 있는데, 이곳이 바로 갱유의 현장이라고 한다.

죽간과 백서

죽간(竹簡)은 명실상부한 중국 서적의 시작이다. 습기 많은 푸른 대나무를 불에 쪼여 습기를 제거한 뒤 사용했는데, 그 과정을 살청(殺青) 또는 한간(汗簡)이라고 했다. 이후 서적을 한청(汗青)이라고 한 것은 이 때문이다. 진한 시대의 죽간은 장단이 일정치 않았으나 일반적으로 길이가 23cm, 넓이가 1cm, 두께는 2～3mm 정도였다. 여러 개의 죽간은 마(麻)나 가죽끈으로 두세 번 때로는 네다섯 번씩 동여매어 한 묶음을 만들었다. 이른바 '책(冊)'이란 이것을 뜻하는 것이다. '책' 자에 칼 도(刀)를 붙인 '산(刪)'이란 글자는 칼로 죽간에 쓴 글자를 지웠기 때문에 생긴 글자로서 삭제한다는 뜻을 지닌다. 책의 맨 앞에 아무것도 쓰지 않은 백간(白簡)을 사용하여 일종의 책표지 역할을 하게 한 것이나 죽서의 서두에 책 제목을 정한 것 등은 지금의 경우와 마찬가지다. 편(篇), 전(箋), 박(簿), 적(籍) 등은 모두 죽간과 연계된 글자들이다. 죽간 이외에 네모진 나무에 글을 쓰는 경우도 있었는데 이를 '독(牘)'이라 불렀으며, 사방 한 척(尺)의 독은 특별히 방(方)이라 불렀다. 호적이나 서신으로 사용되어 편지를 척독(尺牘)이라 부른 것은 이 때문이다. 그후 백서(帛書)를 사용하여 글을 썼는데, 죽간과는 달리 두루마리로 말아서 보관할 수 있었기 때문에 권(卷)이란 말이 나오게 되었다. 『한서』에 보면 이미 편권(篇卷), 죽백(竹帛)이 병칭되고 있음을 알 수 있다. 서한 이후 종이를 사용하면서 점차 죽백을 대신했는데, 수(隋)·당(唐) 대에는 거의 종이에 글을 썼다. 종이 글 또한 두루마리 형식으로 보관했다. 당대 말기에 오면 인도의 패엽경(貝葉經)의 영향으로 두루마리 대신에 장방형으로 접고 그것을 겹쳐서 책을 만들었다. 명대(明代) 중엽에 들어서자 실로 종이를 엮어 만든 선장본(線裝本)이 유행하였는데, 이후 중국 서적의 대표적 형식으로 자리잡게 된다.

도량형 통일에 관해 기록한 죽간

212년 ▶ **아방궁** 건설, 여산능 축조. 이사의 건의에 의한 문자 통일—**소전 체**.

■ 그 무렵 외국은…
212년 그리스, 물리학자 아르키메데 스가 시라쿠사 포위때 로마군의 칼에 죽음.

아방궁

섬서성 서안시 삼교진(三橋鎭) 남쪽에 있는 고성촌(古城村) 부근에 있는 진나라의 황궁이다. 시황제 말년에 함양은 사람이 많은데 선왕의 궁전은 너무 작다고 생각하여 위수(渭水) 남쪽 상림원(上林苑) 안에서 큰 토목 공사를 시작하였다. 궁전은 진시황 35년(기원전 212년)에 착공되었으나 진나라가 멸망할 때까지 아직 준공되지 않은 상 태였는데, 항우(項羽)가 관중(關中)으로 들어온 후 불을 질러 전소하고 말았다. 자료 에 의하면 동서 길이가 5리이고 남북 길이는 1000보(步) 정도였으며, 시황제가 재위 할 당시 전전(前殿)만 완성된 상태였다고 한다. 지금도 전전의 터가 남아 있는데, 동 서 길이가 1200m에 남북 너비는 450m이고 가장 높은 곳은 7~8m 정도였을 것이라 고 추정하고 있다. 2002년 현재 아방궁(阿房宮)에 대한 고고학적 발굴이 계획되어 조 만간 실시될 예정이다.

소전체

소전(小篆)은 진전(秦篆)이라고 부르기도 한다. 진나라 때 통행되던 한자 서체로서 대전(大篆)을 바탕으로 하여 발전한 것이다. 진나라 시황제가 천하를 통일한 이후 이

시 황제 생전에 완성된 아방궁 전전(前殿)의 복원도

사의 의견을 받아들여 '서동문(書同文)' 정책을 실시했다. 이를 통해 기존 여섯 나라의 이체자들이 모두 사라지고 소전을 정자체로 정했다. 자체는 구조가 비교적 간략하고 형태가 정연한데, 필획이 젓가락과 비슷하다고 하여 '옥저전(玉箸篆)'이라고 부르기도 한다. 현존하는 진나라 소전은 태산(泰山)의 각석(刻石)에 남아 있는 12글자(태산泰山 벽하원군묘碧霞元君廟에 소장되어 있다)와 낭야(瑯琊)의 석각에 잔존하는 문장 13줄(중국 역사박물관에 소장되어 있다)이 전부인데, 모두 이사가 찬한 것이라고 한다.

진나라 시대의 와당 문양

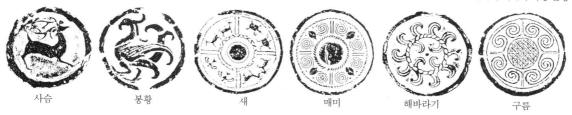

사슴　　　　봉황　　　　새　　　　매미　　　　해바라기　　　　구름

절기

절기는 태양이 1년중에 운행하는 궤도의 황도(黃道: 황도십이궁黃道十二宮, 즉 춘분점을 기점으로 황도의 둘레를 12등분하여 매겨놓은 성좌 이름)상에 서로 다른 위치에 따라 정한다. 옛사람들은 표의 그림자의 장단과 방향 변화에 따라 태양 운행의 위치를 추측하여 절기를 정했다. 가장 먼저 확정짓는 것은 동지와 하지이다. 이는 동지가 태양이 가장 남쪽으로 옮겨질 때 정오의 그림자가 가장 길기 때문이고, 하지는 태양이 가장 북쪽으로 옮겨가 정오에 그림자가 가장 짧기 때문이다. 문헌에 따르면 상 왕조 때에 이미 표를 통해 동지와 하지, 그리고 1년의 길이를 계산해냈다고 한다.

여불위

『사기』에 진나라 시황 영정의 아비로 기록된 여불위(呂不韋, ?~기원전 235년)는 원래 위(衛)나라 출신의 상인이었다. 조(趙)나라 수도인 한단(邯鄲)에 갔을 때 진나라의 서공자(庶公子)로 볼모로 잡혀와 있던 이인(異人: 진나라로 귀국한 후 자초子楚로 개명했다)을 도와 탈출시켰다. 그리고 진(秦) 효문왕(孝文王)의 부인인 화양부인(華陽夫人)을 매수하여 그를 태자로 삼게 하는 데 성공했다. 마침내 자초는 왕위에 올라 장양왕(莊襄王)이 되었고, 여불위는 그 공로를 인정받아 승상(丞相)이 되어 문신후(文信侯)로 봉해졌다. 장양왕이 죽은 후 태자 정이 왕위에 올랐다. 정은 자초가 조나라에 있을 당시 여불위에게 얻은 여인 조희(趙姬)의 아들이다. 그녀는 여불위의 애첩으로 자초에게 가기 전에 이미 여불위의 아이를 밴 상태였다고 한다. 『사기』에서 여불위가 진나라 시황제 영정의 아비로 기록된 것은 이 때문이다. 왕위에 오른 정은 여불위를 중부(仲父)라고 호칭하며 중용했다. 그러나 여불위는 여전히 옛날 자신의 애첩이자 왕의 모친인 태후와 사통하였으며, 이후 자신의 죄를 면하기 위해 노애라는 남자를 성적 노리개로 붙여주기까지 했다. 결국 상국 자리에서 쫓겨나게 된 여불위는 촉군(蜀郡)으로 가는 길에 자살하고 말았다. 진나라에서 승상으로 있을 때 식객들을 시켜 많은 문장을 짓도록 했는데, 그것을 모은 것이 바로 『여씨춘추(呂氏春秋)』이다. 이 책은 선진 제자백가의 학설을 비롯하여 신화나 전설, 음악이나 농학에 관해 잡다하게 논의하고 있으며, 『한서』「예문지」에 잡가로 분류되고 있다.

210년 ▶ 시황제, 다섯번째 순행중 사구평대(沙丘平台)에서 사망. 승상 이사와 환관 조고(趙高), 호해(胡亥)를 2세 황제로 옹립하고 부소(扶蘇)와 몽염 살해. 시황제, 여산(驪山)에 묻힘.

209년 ▶ **진승**, 거병하여 초왕(楚王)으로 칭함. **오광**의 거병. 유방(劉邦), 거병하여 패공(沛公)으로 칭함. 항우(項羽) · 항량(項梁) 거병. 흉노 모돈(冒頓), 아버지 두만(頭曼)을 살해하고 권좌에 올라 선우(單于)로 자립함.

208년 ▶ 환관 조고, 2세 황제 부해 시해. 3세 황제 자영(子嬰), 조고를 죽이고 진왕(秦王)으로 칭함. 항우, 회왕(懷王)을 초왕(楚王)으로 세움.

207년 ▶ 이사, 사형당함. 유방, 한왕(漢王)이라 칭하고 남정(南鄭)에 도읍.

■ 그 무렵 우리는…
209년 고조선, 진나라에 내란이 일어나 연과 제의 수만 가구가 준왕(準王)에게 피난을 오자 이들을 서쪽 국경 지역에 거주하게 함.

■ 그 무렵 외국은…
207년 카르타고, 이탈리아의 메타우루스 강변에서 로마군에게 대패함.

진승과 오광 — 최초의 대규모 농민 반란

기원전 210년 순행중이던 진시황이 사구(沙丘: 하북성 평향현平鄉縣)에서 병사했다. 이에 환관 조고와 승상 이사는 서로 공모하여 황제의 맏아들 부소(扶蘇)와 장군 몽염(蒙恬)을 살해하고 둘째 아들 호해(胡亥)를 2세 황제로 등극시켰다. 호해는 말 그대로 어리석은 불초(不

진승과 오광의 난

肖)였다. 그리고 그만큼 백성들은 고통스러웠다. 마침내 농민들이 반란을 일으켰다. 하남성 사람 진승(陳勝)은 변방을 지키는 수졸(戍卒)의 둔장(屯長)이었다. 그는 2세 황제 원년(209년)에 명을 받아 어양에 부임하러 가다가 장마를 만나 제때에 갈 수가 없었다. 당시 법률에 의하면 기일을 어긴 자는 참형에 처하도록 되어 있었다. 이에 진승은 오광(吳廣)과 더불어 수졸 900명을 이끌고 지금의 안휘성 숙주에 있는 대택향(大澤鄉)에서 반란을 일으켰다. 당시 학정에 시달리던 농민 몇만 명이 가세하여 그 위세가 자못 등등했다. 진승은 국호를 장초(張楚)라 하고 왕으로 자칭했으며, 오광을 가왕(假王)으로 삼아 정부군을 공격했다. 그러나 진나라 장군 장한(章邯)에게 패배한 이후 내부 분열로 말미암아 기원전 208년 진승은 측근 장가(莊賈)에게, 오광 또한 수하의 장수 전장(田臧)에게 살해되고 말았다. 비록 짧은 기간(6개월)의 실패한 봉기였지만 이는 중국 역사상 최초의 대규모 농민 봉기이자 항우와 유방(劉邦)의 기의로 이어져 진나라의 멸망과 한(漢)나라 건국의 도화선이 되었다. 진승이 봉기할 때 말한 "왕후장상이 따로 있는 것이 아니다"라는 발언은 기존 세습 귀족들의 정체를 전면적으로 부정하는 획기적인 것으로 인구에 회자된다.

모돈선우

　모돈선우(冒頓單于: 기원전 ?~174) 흉노족의 부족장으로 묵돌선우라고 부르기도 한다. 선우는 한나라 때 흉노의 군장(君長)을 부르는 말로 광대하다는 뜻이다. 전국 시대까지 흉노족은 서북 지역의 월지(月支: 대월지大月氏라고도 한다)와 동부 지역의 동호(東胡)에 끼여 제대로 발전할 수 없었다. 진왕조 말기 월지에 인질로 가 있던 두만선우(頭曼單于)의 아들이 월지를 탈출하여 부친을 살해하고 스스로 선우 자리에 올랐다. 그가 바로 흉노의 부흥을 가져온 모돈선우이다. 기원전 177년부터 이듬해까지 그는 월지를 공략하여 지금의 신강성 이려하(伊犁河)까지 몰아냈고, 동호를 멸망시켰으며, 남쪽에 있던 누번(樓煩)과 백양(白羊), 그리고 북쪽의 정령(丁零) 등을 정벌하여 흉노 세력을 확장하였다.

1호 병마용갱 전경

오악

동악(東嶽) 태산(泰山), 서악(西嶽) 화산(華山), 남악(南嶽) 형산(衡山), 북악(北嶽) 항산(恒山), 중악(中嶽) 숭산(嵩山). 이상 중원을 중심으로 동서남북과 중앙에 있는 고산을 일러 오악(五嶽)이라고 칭한다. 구체적으로 언제부터 오악이란 관념이 형성되었는지 정확하지는 않지만 오행설의 영향을 받은 것만은 분명하다. 태산은 오악 가운데 으뜸으로 '천하 제일 명산'이란 칭호를 받았으며, 진시황과 한(漢)나라 무제(武帝)를 비롯한 여러 황제들이 태산에서 봉선(封禪) 행사를 치렀다. 위진남북조 시대에 불교와 도교의 영향으로 오악에 수많은 불사나 도관이 세워졌고, 당시 은일(隱逸)의 기풍에 물든 사대부들이 많이 찾았다.

B.C.206~202년

206년 ▶ 자영, 유방에게 항복. **진나라 멸망**. 항우, 서초패왕(西楚覇王)이라
　　　칭하고 유방을 한왕(漢王)으로 봉하는 등 18명에게 분봉. 유방, 함양
　　　에서 항우와 대면하여 위기를 모면함 ― **홍문연**.
205년 ▶ 항우, 회왕(의제義帝) 살해. 유방, 의제를 위한다는 명목으로 항우
　　　토벌. 한(漢)・초(楚) 전쟁 시작.
203년 ▶ 한・초, 천하 양분 약속.
202년 ▶ 유방, 해하(垓下)에서 항우와 싸워 이김. **항우의 자살**.

■ 그 무렵 외국은…
202년 이집트 시리아, 제5차 시리아 전
　　　쟁이 일어남. 로마, 스키피오가
　　　자마 싸움에서 한니발을 격파함.

진나라 멸망 ― 농민 봉기

　　진대의 농민 반란은 곧 백성들의 파산을 의미했는데, 이는 『한서』에서 말하고 있는
대로 고된 농경과 길쌈에도 불구하고 실질적인 식량 자급과 최소한의 옷도 해입을 수
없을 정도로 과도한 재정적 부담을 갖고 있었기 때문이다. 특히 북방의 흉노와 남방
의 월족(越族)에 대한 전쟁은 정남(丁男)의 징발과 더불어 숱한 물자가 제공되어야
했으며, 아방궁・만리장성・여산능(驪山陵) 등과 같은 대규모 토목 공사 또한 백성
들의 고혈을 빼내지 않으면 불가능한 역사(役事)였던 것이다. 이런 상태에서 진시황
의 뒤를 이은 2세 호해나 진왕(秦王) 자영(子嬰: 호해의 조카로, 즉위하기 직전 환관 조고
를 죽이고 3세 황제 대신에 왕이라 칭했다)은 환관 조고의 농간에 따라 움직였던 꼭두각
시에 불과했다. 진승과 오광의 반란은 수포로 돌아갔지만 이로 인해 농민 반란이 종
식된 것은 아니었다. 이후 각지에서 봉기가 일어났고 그 가운데 가장 강한 농민 반란
군의 수령은 바로 항우와 유방이었다. 진대의 마지막 왕 자영은 유방이 함양에 이르
렀을 때 패상(覇上)으로 나아가 화씨(和氏)의 옥에 '수명어천, 기수영창(受命於天, 旣
壽永昌)'이란 여덟 글자가 새겨진 옥새를 바치지 않을 수 없었다. 기원전 206년의 일
이었다.

홍문연의 만남 ― 항우와 유방

　　항우(項羽)의 본명은 적(籍)이며 하상(下相: 강소성 숙천) 사람이다. 기원전 209년
진승의 농민 봉기에 때맞추어 숙부인 항량(項梁)을 도와 회계(會稽: 강소성 소주蘇州)
에서 기의했다. 초나라 회왕(懷王)의 손자인 심(心)을 왕으로 추대하여 여전히 초회
왕으로 칭하고 자신은 상장군이 되었다. 거록(巨鹿: 하북성 평향平鄕 서남쪽) 전투에서
진나라 장함의 주력 부대를 물리쳐 20만 대군의 투항을 받음으로써 실질적인 진나라
왕조의 멸망을 초래했다. 그러나 가장 먼저 함곡관을 진격하여 관중(關中)의 권력을

장악한 사람은 그가 아니라 유방이었다. 유방은 누구든지 함곡관에 먼저 들어온 이를 왕으로 봉한다는 초나라 회왕의 말을 믿고 군사를 함곡관에 파견하여 다른 군대의 진입을 막았다. 대로한 항우가 함곡관으로 진격하여 유방을 공격하려 하자 유방은 죽음의 위험을 무릅쓰고 항우의 40만 대군이 주둔하고 있는 홍문(鴻門)의 연회에 참석하여 항우에게 진나라 왕조의 멸망에 따른 권세를 넘기는 한편 스스로 위기에서 벗어난다. 함양에 진격한 항우는 투항한 진왕 자영을 죽이고 아방궁을 비롯한 궁전을 불태웠다. 사마천은 『사기』에서 "불이 석 달 동안 꺼지지 않았다"는 말로 당시의 정황을 전하고 있다. 이어 항우는 서초패왕(西楚霸王)으로 자칭하고 유방을 한중(漢中)의 파촉(巴蜀) 지역을 다스리는 한왕(漢王)으로 봉한 것을 포함하여 공로가 있는 18명을 왕으로 봉한 뒤 팽성(彭城: 강소성 서주시)을 도읍으로 삼았다. 그러나 그것은 그의 실수였다. 분봉한 지 6개월도 지나지 않아 한중의 유방이 함곡관과 그 일대를 공략한 것을 시작으로 다시 전쟁이 일어났으며, 결국 유방의 승리로 끝나게 되었다.

홍문연의 만남

항우의 자살

홀연 사방에서 초나라 민가가 들리기 시작했다(四面楚歌). 한중에 어찌 저리도 많은 초나라 사람들이 있는가? 초 땅이 이미 점령당했다는 말인가? 애첩 우희(虞姬)의 잔을 받은 초패왕 항우는 패색이 짙어짐을 알았다. "역발산기개세(力拔山氣蓋世)였나니! 아하, 때가 불리하여 오추마(烏騅馬) 너마저 나아가지 않는구나. 네가 나아가지 아니하니 어찌하란 말인가, 우희여! 우희여! 어찌하란 말이냐." 애통한 초성의 노래(垓下歌)가 울렸다. 우희는 "대왕의 의기가 다했다 하시니 천첩이 어찌 살리오"라고 화창하고 스스로 목숨을 끊었다. 한참 세월이 흐른 뒤 희곡「패왕별희(覇王別姬)」의 소재가 된 이 이야기의 시작은 기원전 202년으로 거슬러 올라간다. 당시 유방의 한군과 해하(垓下)의 전투에서 크게 패배한 항우는 잔존한 800여 명의 기병으로 적진을 돌파하고 마지막 28명이 남을 때까지 끝까지 싸웠다. 그러나 끝내 이기지 못하고 오강(烏江) 가에서 스스로 목숨을 끊어 패장으로서의 굴욕을 막았다. 그의 나이 31세 때 일이었다.

항우의 애첩 우희

B.C.202~2세기

202년 ▶ 유방, **한나라 고조**에 즉위. 한 왕조(전한前漢) 성립.
201년 ▶ 고조, 동성(同姓) 왕에게 분봉함—**군국제** 실시.
200년 ▶ 장안(長安)으로 천도. 흉노 선우 모돈(冒頓), 남하하여 진양(晉陽: 산서성 태원시) 공격. 한 고조, 30만 보병으로 맞섰으나 평성 백등산에서 흉노 기병에게 포위(역사에서 백등지위白登之圍로 칭해짐)되어 재물을 주고 강화함.
2세기쯤 ▶ 『황제내경』 편찬됨.

■ 그 무렵 외국은…
201년 슬라브족, 묘지 문화가 성립됨.
200년 로마, 마케도니아의 필리포스 5세와 싸워 재차 승리함(제2차 마케도니아 전쟁).

한나라 고조

마상(馬上)에서 4년간의 초한전을 승리로 이끌고 천하를 제패한 패왕 유방은 기원전 202년 봄 황제의 자리에 올랐다. 개국을 축하하는 연회가 벌어진 어느 날 고조(高祖: 기원전 202~195 재위)는 패 땅에서 기의할 때부터 자신을 보좌한 소하, 조참, 번쾌(樊噲)를 비롯하여 소하의 추천으로 대장군에 임용된 한신(韓信), 초한전에서 혁혁한 전공을 세운 팽월(彭越), 항우의 장수였다가 초한전 때 유방에

한나라 고조 유방

게 항복하여 회남왕에 봉해졌던 영포(英布: 일명 경포鯨布), 진시황을 살해하려 했던 자객이자 유방의 모사(謀士)로 해하전(垓下戰)에서 사면초가의 책략을 건의했던 장량(張良) 등 쟁쟁한 개국공신들과 자리를 같이 했다. 그들은 고조와 군신의 관계이지만 사선을 넘나들면서 동고동락한 사이로 허물이 있을 리 없었다. 자연 술이 거해지면서 공신들 간에 전공 다툼이 격해지고 칼을 뽑아 기둥을 치는 등 이미 마상에서 내려 천하를 다스리게 된 황제 고조 앞에서는 절대로 있을 수 없는 작태가 벌어졌다. 때마침 대유(大儒)이면서 또한 아유(阿諛)에 능한 숙손통(叔孫通)이 조정의 의례[朝儀]를 제정할 필요성을 건의하니 고조는 쾌히 받아들였다. 이로부터 조회 때면 예에 맞춘 의복을 입은 백관이 질서정연하게 나열하여 송축을 하면서 황제의 위엄이 한층 고양되었다. "오늘에야 황제가 이처럼 존귀함을 알았도다." 기분이 좋아진 고조의 입에서 이런 말이 흘러나왔다.

군국제

한대에는 주대의 봉건제와 진대의 군현제(郡縣制)를 병용한 군국제(郡國制)를 실시했다. 군은 중앙에서 직접 통치하는 곳이고, 국은 동성의 분봉받은 여러 왕들이 통

치하는 일종의 지방 자치 지역이었다. 그러나 사회 생산력이 발전하면서 봉국이 점차 비대해지고 아울러 그들의 역량 또한 중앙을 위협할 지경에 이르렀다. 자연 중앙 정부는 이들의 봉지를 축소하거나 권한을 제한하는 조치를 취했고, 이에 반발한 봉국의 왕들은 모반을 획책했다. 기원전 177년 제북왕, 174년 회남왕, 154년 오 · 초 등 7국의 왕들이 모반을 일으킨 것은 그 대표적 예이다. 이러한 상황에서 한나라 무제(武帝)는 이미 가의(賈誼)가 개진한 바 있는 방법, 곧 봉국의 왕이 죽은 뒤 적장자가 왕위를 계승하는 한편 다른 왕자들은 다시 분봉하여 열후(列侯)로 대우하도록 함과 아울러 군과 국을 13부로 나누고 부마다 자사(刺史)를 파견하여 감찰케 함으로써 봉국의 세력을 약화시켰다.

『황제내경』

마왕퇴(馬王堆)에서 출토된 의서를 제외하고 그 연대가 가장 빠른 의학 서적이다. 『내경(內經)』으로 간칭되는 이 책은 현재까지도 동양 의학의 기초 이론의 근거로 이용된다. 내용은 의학 이론뿐만 아니라 진한 시대의 천문학 · 기상학 · 역법 · 지리학 · 생리학 등 다방면에 걸쳐 있고, 현재 우리가 접하고 있는 『내경』의 구성은 「소문(素問)」과 「영추(靈樞)」 각 81편으로 나누어져 있다. 주로 황제(黃帝)가 기백(歧伯) 등 여섯 신하들과 나눈 대화로 구성되어 있기 때문에 『황제내경(黃帝內經)』이라고 일컫는다. 그러나 내용이 중복되고 문풍도 일치되지 않아 여러 사람들에 의해 이루어진 책으로 보이며, 대체적으로 전국 시대에 이루어져 이후 점차 보충 · 개정되었다고 할 수 있다. 오장을 중심으로 한 인체의 생리 체계의 모형을 구성한 것이라든지, 질병의 발생과 변화의 내재적인 기전(機傳)인 병기(病機)에 대해 설명한 것, 양생(養生) · 침구(鍼灸) · 안마 · 약물 · 약주(藥酒) 등 치료 방법에 대해 논의한 것 등은 현재의 한의학에 토대가 되었다.

『산해경』

『산해경(山海經)』은 중국에서 가장 오래된 지리서로 전국 시대 이후의 저작으로 알려져 있다. 원래 23권이나 전한(前漢) 말에 유수(劉秀)가 교정(校定)한 「산경(山經)」 5권, 「해경(海經)」 8권, 「대황경(大荒經)」 4권, 「해내경(海內經)」 1권 등 18권만 현존한다. 천하 명산(名山)과 산물, 괴수(怪獸)와 조류(鳥類), 보옥(寶玉)과 동철(銅鐵) 및 약초 등에 대해 기술하고 있으며, 타국의 주민이나 이와 연관된 신화와 전설을 수록하고 있어 고대 중국인들을 이해하는 데 큰 도움이 된다.

B.C.198~174년

198년 ▶ 미앙궁(未央宮) 완성.
196년 ▶ 건국 공신 한신, 대역죄로 살해됨.
195년 ▶ 한나라 고조 사망. 아들 혜제(惠帝) 즉위. 여태후, 실권 장악.
193년 ▶ 상국 소하가 사망하자 조참이 상국에 임명됨.
188년 ▶ 혜제 사망, 여태후가 소제(少帝) 옹립.
180년 ▶ 여태후 사망. 여씨 일족 살해. 한나라 문제(文帝) 즉위.
177년 ▶ 흉노 침입. 한나라 승상 관영(灌嬰), 흉노 격퇴.
174년 ▶ 흉노 묵돌선우(冒頓單于) 사망, 아들 노상선우(老上單于) 즉위.

■ 그 무렵 우리는…
194년 위만, 새 왕조 위만 조선을 세움.
190년 위만이 진번(眞番)과 임둔(臨屯)을 복속시켜 영토를 확장함.

■ 그 무렵 외국은…
189년 로마, 바실리카 양식이 출현함. 시리아로부터 소아시아를 탈취함.
183년 카르타고, 한니발이 자살함.

한신

회음(淮陰: 강소성 청강淸江 서쪽) 출신인 명장 한신(韓信: 기원전 ?~196)은 처음에 항우를 섬기다가 중용되지 못하자 유방의 휘하로 들어갔다. 자신의 용병술을 자부하여 다다익선(多多益善)이란 말을 남긴 그는 소하(蕭何)의 추천으로 대장군에 임용되어 해하전에서 항우의 군사를 격파하는 데 큰 공을 세웠다. 한나라 왕조가 건립된 뒤 초왕(楚王)에 봉해졌으나 왕권이 강화되면서 이성제후(異姓諸侯)

한신

의 세력을 경계한 고조에 의해 회음후(淮陰侯)로 강등되었다가 나중에 살해되었다. 교활한 토끼가 죽고 나면 사냥개는 필요 없게 되어 주인에게 삶아 먹힌다는 뜻의 '교토사주구팽(狡兎死走狗烹)'이란 말을 남겼다.이러한 이성제후에 대한 공격은 고조의 친정 체제를 확립하여 왕권을 강화하기 위한 책략의 일환이었다.

여태후

한나라 고조는 유씨 왕권을 강화하기 위해 이성의 공신들을 살해하고 이후 '유씨가 아닌 사람이 왕이 되면 천하가 다 같이 그를 쳐야 한다'고 규정하여 후환을 없애고자 했다. 과연 고조 말년에는 초기 8명이던 이성왕(異姓王: 한신韓信, 양왕梁王 팽월彭越, 회남왕淮南王 영포英布, 한왕韓王 한신韓信, 임강왕臨江王 장도, 형산왕衡山王〈이후 장사왕長沙王으로 개칭〉 오예, 조왕趙王 장이, 연왕燕王 노관盧綰) 가운데 단 한 사람 장사왕(長沙王) 오예만 남기고 모두 사라지게 되었다. 그러나 화(禍)는 다른 곳에서 왔다. 여태후(呂太后, 본명은 여치呂雉), 그녀는 고조의 정실로 시기심이 많은 여인이었다. 그녀의 아버지 여공(呂公)은 선보(單父) 출신 호걸로 패(沛) 땅에 왔을 때 일개 정장에 불과한 유방을 알아보고 딸을 주었다. 유방은 이렇듯 여씨 집안의 도움을 받아 황제에 즉위한 뒤 여씨를 태후로 세웠다. 그러나 말년에 척부인(戚夫人)을 총애하여 끝내 비극을 낳고 말았다. 기원전 195년 고조가 죽은 뒤 아들 혜제(惠帝)가 즉위했다. 여태후는 고조가 총애하던 척부인의 사지를 자르고 이목구비를 죄다 못쓰게 만든 뒤 인체(人彘: 사람 돼지)를 만들어 변소에 처박았다. 그리고 그녀의 아들 여의(如意)를 독살했다. 허약한 혜제는 이를 보고 거의 실성지경에 이르러 주색에 빠져 헤매다가 24세의 젊은 나이로 죽고, 여태후는 여씨 일족을 대거 등용하여 16년간 전횡을 일삼았다. 그러나 기원전 180년 그녀가 죽자마자 여씨 일족은 모두 주살되었다.

소하와 조참 ― 황노 사상의 실현

소하(蕭何)와 조참(曹參)은 한나라 고조 유방이 패 땅에서 기의할 때부터 함께 있었던 개국공신이었다. 서로 정견에 차이가 있었으나 상국(相國: 재상)이었던 소하는 임종 직전 조참을 상국으로 추천하여 옛 전우의 의리를 잊지 않았다. 혜제의 동의를 받아 상국에 오른 조참은 실무에 능하고 충성스러운 이들을 휘하에 두고서 자신은 술에 취해 정사를 돌보지 않았다. 혜제가 조참을 불러 그 이유를 물었더니 조참은 "폐하를 선제(先帝)와 비교하신다면 어떤 분이 영명하다고 생각하십니까?"라고 물었다. 그 질문에 혜제는 "내 어찌 선제와 비길 수 있겠는가"라고 하자, 다시 조참이 물었다. "그렇다면 저와 소하를 비교한다면 누가 더 현명할는지요?" 빙긋 웃으며 혜제가 말했다. "그대는 상국 소하에 못 미치는 것 같네." 그러자 조참이 의미심장하게 말했다. "맞습니다. 선제에 폐하를 비길 수 없는 것처럼 저 또한 소하에 못 미칩니다. 이미 선제와 상국 소하가 천하를 평정했고 법령을 제정하여 시행하고 있으니 그것을 준수하여 계속 시행하기만 한다면 좋은 것이 아니겠습니까?" 혜제는 마침내 그의 말뜻을 이해하고 "좋다. 그렇게 하도록 하라"고 칭찬했다. 이상의 이야기는 한나라 초 황노(黃老) 사상을 통한 무위(無爲) 정치의 실현을 상징하는 한 예라 할 수 있다. 황노 사상은 전설상의 황제(黃帝)와 노자(老子)의 정치 사상을 바탕으로 작위적인 법률에 의한 지배를 지양하면서 백성들의 부담을 줄여주는 것을 근간으로 한다. 그래서 사마천은 "조참이 상국이 되어 정치는 청정(淸淨)하고 말은 도에 합치되었다"라고 찬양했던 것이다. 이 사상은 이후 문제(文帝)와 경제(景帝)의 안정된 국가 경제의 실현에 큰 영향을 끼쳤다. 그러나 당시 혜제의 조정은 어미 여태후가 좌지우지하고 있었다. 고조가 사랑한 척부인을 인체로 만든 여태후 밑에서 그저 아무것도 하지 않고 마냥 세월을 기다리고 있었던 것은 혹 조참의 보신책이 아니었을까?

B.C.157~141년

157년 ▶ 문제를 이어 경제(景帝) 즉위. **문경지치**(文景之治).
156년 ▶ 전조(田租) 부활시켜 세율을 1/30로 정함.
154년 ▶ 오초칠국(吳楚七國)의 난, 주아부(周亞夫)가 평정함.
141년 ▶ 16세의 유철(劉徹) 제7대 황제에 즉위—**한나라 무제**.

■ 그 무렵 외국은…
150년 인도, 서인도 바자에 최고(最古)
　　의 석굴사원이 건축됨(인도 석굴
　　사원 제1 전성기).
149년 로마, 제3차 포에니 전쟁이 일
　　어남.

문경지치

　한나라 문제(文帝: 기원전 180~157)는 절약과 검소로 이름을 떨친 전한(前漢) 제5대 황제이다. 여태후 사후 여씨 일족을 평정한 뒤 주발(周勃), 진평(陳平) 등에 의해 옹립된 그는 과감하게 농지세와 인두세 등을 삭감하고 과거 1년에 한 번씩 한 달간 행하던 요역(徭役)을 3년에 한 번으로 줄이는 등 농민의 부담을 최소화했다. 또한 친히 농경의 모범을 보이고 절약을 솔선수범하여 임종 때 국상을 짧게 하고 일반 백성의 결혼, 제사, 음주 등을 금하지 말라는 유언을 내릴 정도였다. 문제의 뒤를 이은 경제(景帝: 기원전 188~141)는 부친의 뒤를 이어 백성들과 더불어 휴식한다(與民休息)는 정책을 지속적으로 펼치는 한편, 영지 삭감에 반감을 품은 오왕(吳王) 유비(劉濞)가 초(楚)·조(趙)·교동(膠東)·교서(膠西)·제남(齊南)·치천(淄川) 등의 제후왕들과 연합하여 모반(오초칠국의 난)하자 태위 주아부(周亞夫)를 파견하여 평정함으로써 제후왕의 권한을 축소하고 왕권을 강화했다. 이들 문제와 경제 뒤에는 진나라 정치의 폐해를 논한 「과진론(過秦論)」의 저자 가의(賈誼)와 법가의 맥통을 이어받고 '서한홍문(西漢鴻文)'이라 일컬어진 조조(晁錯)가 있었다. 비록 그들의 정치 개혁안이 완벽하게 실현된 것은 아니었지만 문제 때 20세의 나이로 박사(博士)가 되고 다음해 태중대부(太中大夫)가 되어 개혁 정치를 주장한 가의나, 경제에게 지낭(智囊)이라 일컬어졌고 어사대부(御史大夫)가 되어 중농 억상 정책을 펼치는 한편 제후왕의 영지를 삭감할 것을 과감하게 주장한 조조가 있었기에 문제와 경제는 신선한 정치 방안을 공급받아 치세를 이룰 수 있었던 것이다.

한나라 무제

　중국사에서 '진황한무(秦皇漢武)'라고 하여 한나라 무제(武帝: 기원전 141~87)가 진시황과 병칭되는 것은 다음 몇 가지 사실에서 기인한다. 우선 무제는 한대에 가장 강력한 황권을 유지했다. 그는 한대 초기의 군국제가 봉국의 여러 왕들이 세력을 확장하는 데 기반이 된다고 보고 실질적인 군현제를 실시함으로써 그들의 세력을 약화시켰다. 또한 법가 계열의 상홍양(桑弘羊)을 대사농(大司農)으로 임명하고 그 밑에 균수관(均輸官)과 평준관(平準官)을 설치하여 중앙의 재정을 확보했다. 또한 개인이 갖고 있던 주화권(鑄貨權)을 회수하여 중앙에 귀착시키고 통일된 화폐인 오수전(五銖錢)을 발행했으며, 소금과 철을 전매하고 상인이나 고리대금 업자들에게 높은 세금을 매겨 나라의 재정 수입을 늘렸다. 대외적으로 무제는 북방의 흉노 세력에 대해 기존의 수세적인 유화 정책과는 달리 공세적으로 나가서 결국 성공했다. 아울러 장건(張騫)의 서역 파견이나 동남 아시아 상선 교류

한 무제

등을 통해 대외 무역의 길을 개척했다. 사상적인 측면에서 동중서(董仲舒)의 건의를 받아들여 유가 사상을 독존토록 했으며, 이후 유가 사상이 봉건 왕조의 지배적인 정치 사상으로 등장하는 발판을 마련했다. 또한 문학을 애호하여 항시 곁에 사마상여(司馬相如), 매고(枚皐), 동방삭(東方朔) 등을 시종케 하고 총애했다. 궁형(宮刑)을 받은 사마천이 『사기』를 완성할 수 있었던 것도 어쩌면 무제가 다시 그를 불러 중서령(中書令)에 임명했기 때문일지도 모른다. 게다가 일반 백성들은 '문경지치'를 거치면서 조세와 부역이 감해져 먹고 입는 걱정에서 벗어난 상태였다. 그리하여 중원의 사람들은 더 이상 자신들을 진인(秦人)이라 부르지 않았다. 그들은 이제 한인(漢人), 한족(漢族)이 된 것이다.

그러나 무제의 재위 50년간의 치적은 기실 끝없는 전쟁과 맞닿아 있었다. 지속되는 전쟁으로 무제 초기의 태평성세는 간곳없고 기아에 허덕이는 백성들이 땅을 떠나 유랑하면서 끝내 기의를 일으키는 등의 악순환이 벌어졌다. 다행히 기원전 89년 만년의 무제가 전쟁을 정지하고 민생에 치중하겠노라는 조서를 내리고 저명한 농학가 조과(趙過)를 치속도위(治粟都尉)로 임명하여 새로운 농기구를 보급하는 등 중농 정책을 시행하여 파국을 막을 수 있었다. 그러나 이미 격화되기 시작한 사회 모순은 결코 돌이킬 수 있는 것이 아니었다.

연호

중국에는 간지(干支) 이외에 또 다른 기년(紀年)으로 연호가 있다. 연호는 황제의 재위 시작을 알리는 시대적 표지이다. 한 무제 2년(기원전 140년)에 처음 사용하여 연호를 '건원 원년(建元元年)'으로 삼았다. 역대 임금들은 연호 대신 1, 2, 3 등 숫자로 기년하였는데, 무제 이후로 일원(一元)은 '건(建)', 이원은 '광(光)'을 집어넣어 '원광(元光)'이라고 불렸다(혹자는 기원전 113년 원정元鼎 4년을 연호의 시작으로 보고, 이전의 건원·원광·원삭(元朔)·원수(元狩) 등은 나중에 추가로 집어넣은 것이라고 주장하기도 한다). 이후 중국 황제는 물론이고 소수민족의 정권이나 농민 기의의 정권이든 간에 국호만 있으면 연호를 붙이게 되었다. 중국 마지막 연호는 청나라 마지막 황제 부의(溥儀)의 선통(宣統)이다.

140년 ▶ 건원(建元) 연호 제정—중국 연호의 시작. **찰거** 제도 실시.
139년 ▶ 장건, 대월지(大月氏)에 파견.
136년 ▶ 유교를 국교로 삼고 대학을 설치하여 오경박사를 둠.
135년 ▶ 두태후(寶太后) 사망, 그녀의 손자인 한나라 무제 친정 시작.
133년 ▶ 마읍(馬邑)의 전투—흉노 군신선우(軍臣單于) 암살 실패. 대흉노 관계 악화.
130년 ▶ 무고(巫蠱) 사건으로 진황후 폐위.
129년 ▶ 위거(渭渠)를 개설하여 장안과 황하를 연결시킴.
126년 ▶ **장건**, 서역에서 돌아옴.
122년 ▶ 회남왕(淮南王) 유안(劉安) 반란에 실패하여 자살함.
121년 ▶ 노예 출신 대장군 위청(衛青)과 그의 외조카 표기(驃騎) 장군 곽거병(霍去病) **흉노 정벌**.

■ 그 무렵 외국은…
140년 그리스, 스키타이의 침입으로 그리스인이 박트리아를 포기함. '밀로의 비너스'가 만들어짐.
135년 로마, 제1차 노예전쟁이 일어남.

찰거 — 현량을 천거하는 대책

문제 전원(前元) 2년(기원전 178)에 내려진 조서를 보면, "현량하고 방정하며 능히 직언으로 극간할 수 있는 자를 선거하여 짐의 미치지 못하는 것을 보좌토록 하라"고 했고, 전원 12년에는 "효제는 천하가 크게 따르는 바이다. … 청렴한 관리는 백성의 본보기이다"라고 했다. 이후 건원(建元) 원년(기원전 140)에 무제가 즉위한 뒤 공식적으로 찰거(察擧) 제도가 실시되었다. 황제가 직접 찰거 과문(科門)을 정한 뒤 중앙관이나 지방관이 찰거를 행하는데, 그 대상은 주로 공경(公卿)이나 군현의 관리들이었으며, 때로 경학에 정통한 유생이나 덕행이 있는 처사(處士)들이었다. 찰거에는 현량(賢良), 효렴(孝廉), 명법(明法), 치극(治極: 복잡한 주·군의 행정 처리에 능한 자 선별), 병법, 음양재이(陰陽災異) 등의 과목이 있었다. 일반적으로 추천된 사람들에게는 책문(策問: 당시 정치·경제·군사·문화 등의 정세에 관한 문제를 제기하여 죽간에 쓰게 한 것으로 그 답을 대책對策이라 한다)이란 일종의 시험을 보았다. 특히 현량의 경우에는 필요시 황제가 직접 책시(策試)를 거행하는 경우도 있었다. 응시자가 대책을 잘 써서 시기에 합당하다는 뜻의 '합시의(合時宜)'를 받으면 그 즉시 높은 직위를 제수받을 수 있었다. 조조(晁錯), 동중서, 공손홍(公孫弘) 등은 모두 황제가 직접 선발한 인물들이다. 그러나 그후 찰거 제도는 추천만을 중시하고 시험은 별로 중요시하지 않게 되었다. 그래서 점차 폐단이 심화되어 월단평(月旦評: 인물평) 등이 등장하고 세족호문들이 정계로 나가는 등용문 노릇을 했을 뿐 실제 인재를 뽑는 데에는 문제가 있었다. 한대 말기 조조가 "재주만 있으면 천거하라(唯才是擧)"고 주장한 것은 바로 찰거 제도가 더 이상 유명무실한 지경에 빠졌기 때문이었다.

장건

　장건(張騫: 기원전 ?~114)은 중국 최초로 서역의 교통로를 개척한 인물이다. 그는 한 무제의 명을 받아 흉노에게 쫓겨난 대월지에 파견되었다. 대월지와 협공하여 흉노를 치기 위함이었다. 기원전 139년쯤 장안을 출발한 그는 도중에 흉노에게 붙잡혀 10년간 포로 생활을 하면서 결혼하여 처자까지 두었다. 끝내 흉노의 땅을 탈출하여 마침내 대월지에 도착하였으나 예상외로 대월지의 군장은 전쟁을 원하지 않았다. 결국 귀국길에 오른 장건은 또 다시 흉노에 포로가 되어 1년 넘게 포로로 지내다 기원전 126년 귀국하였다. 이후 기원전 121년 오손(烏孫)으로 파견되었는데, 그 곳에서 그가 파견한 부사(副使)들이 서역 제국의 사절·대상(隊商)들을 데리고 돌아왔다. 장건은 서역의 지리나 산물 등이 중국에 유입되는 데 절대적인 공헌을 하였다.

장건

흉노와의 싸움 — 수세에서 공세로

　기원전 200년 고조 유방은 평성(平城: 산서성 대동시大同市)에서 흉노에 포위되어 간신히 탈출한 뼈아픈 과거가 있었다. 그러나 이미 새로운 지배자 모돈(冒頓: 기원전 ?~174)의 통치 아래 대월지(大月氏), 동호(東胡), 백양(白羊), 정령(丁零) 등을 정복한 흉노 세력과의 싸움은 결코 쉬운 일이 아니었다. 그래서 한나라 황실은 황녀를 시집보내고 물질적 지원을 함으로써 화친을 도모했다. 그러나 무제는 달랐다. 흉노의 기마병은 여전히 가장 큰 위협이었으며, 서역과의 대상 무역에 가장 큰 걸림돌이었다. 무제는 곽거병(霍去病)과 위청(衛靑)에게 명하여 흉노에 대한 대규모 정벌을 시작하는 한편 장건(張騫)을 서역의 대월지에 파견하여 연합을 도모했다. 이는 모두 흉노에 대한 철저한 공격이자 방어였다. 특히 장건의 서역 파견은 전략적인 면에서는 실패했지만 이를 통해 대하(大夏), 안식(安息: 지금의 이란), 대완(大宛: 우즈베크공화국 동북쪽) 등의 여러 나라를 알고 서로 통교하게 되어 더욱 큰 이익을 얻었다.

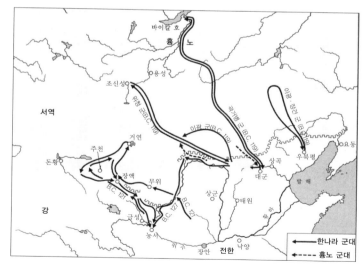

한나라 대흉노 전투 주요 지도

B.C.120~117년

120년 ▶ 원수(元狩) 3년 한나라 무제, **악부** 설치하여 환관 이연년을 협률 도위로 삼아 악공을 훈련시키고 민가(**악부 시가**)를 채집함.

119년 ▶ 곽거병, 위청 제6, 7차 흉노 원정. 소금, 철의 전매제 시작.

118년 ▶ **오수전** 제조 유통.

117년 ▶ 사마상여(司馬相如) 사망.

■ 그 무렵 외국은…

117년   로마, 카르타고의 인접국 누미디아의 국로 분할에 간섭함.

악부

서한 혜제 때에 이미 '악부령'이 있었으며, 무제 때 음악을 전담하는 관서(官署)를 만들어 악부(樂府)라 불렀다. 본래 세금을 관장하던 관서였는데 이후 주로 민간의 가요나 문인들의 시에 악곡을 지어 조정의 제사나 조회, 주연 등에 연주하는 음악 담당 관서가 되었다. 『한서』『예문지』에 보면, "효무제 때 악부를 세워 가요를 채집했다. 그리하여 조대의 노래, 진·초의 노래〔風〕가 있게 되었으며 모두 애락(哀樂)에 감동하고 어떤 일에 기인하여 노래로 드러낸 것이니 또한 풍속을 살필 수 있어 정치의 얇고 두터움을 알 수 있었다"라고 했다. 이로써 보건대 악부 또한 『시경』의 경우와 마찬가지로 민요를 통해 정치적 득실을 살피는 수단으로 설치되었음을 알 수 있다. 그러나 애제(哀帝) 때 악부에 정성(鄭聲: 정나라 음악) 등 음란한 음악이 유행한다는 이유로 악부관을 폐지했다. 그후 동한(東漢) 명제 때 기능을 회복했다고 하나 이미 서한 시절에 채집된 민가나 가사는 대량으로 실전된 상태였다.

악부 시가

어떤 시대인들 민가가 없었겠는가? 비록 세련되거나 일정한 체계를 지닌 것은 아닐지라도 정감이 있는 한 절로 읊어지는 것이 또한 노래이니, 장삼이사(張三李四)의 삶의 애환은 그 질박함 그대로 드러나 절로 노래가 되었을 터이다. 한대에는 귀족 문학으로 부(賦)가 성했으며, 초기의 시는 『시경』과 『초사』를 답습했을 뿐 새로운 발전이 없었다. 게다가 그것은 일반 백성들의 삶과 정서에 전혀 어울리지 않았다. 자연 민간에는 그들 나름의 노래가 유행되었고, 오랜 채시의 전통 속에서 악부가 설립되어 민간 가요를 채집하게 되었다. 특히 무제 시절에는 대량으로 시가를 채집하는 한편 사마상여 등 몇십 명의 사람들을 통해 새롭게 시부를 짓도록 했으며, 악인(樂人) 집안 출신의 협률도위(協律都尉) 이연년(李延年)으로 하여금 악보화하여 연주할 수 있도록 만들었다. 악부는 송대 사람 곽무천(郭茂倩)이 지은 『악부시집(樂府詩集)』100권에 12가지로 분류되고 있는데, 특히 현악(금琴과 슬瑟 등 전통 악기와 비파 등의 호胡 악기)과 관악(생笙과 적笛 등 속악기)의 협주로 노래부른 상화가사(相和歌辭)와 장편 서사시로 이루어진 청상곡사(淸商曲辭)가 한대 민간 악부의 정화로 알려져 있다. 악부시는 형식이 잡언체와 오언체로 나뉘는데 특히 잡언체는 1자나 2자에서 많게는 10자까지 다양한 구절로 이루어지고 구어체가 상용되고 있으며, 내용도 고통스러운 삶의 애환과 이별의 아픔 등 일반 서민들의 생활상을 여실히 노래하고 있다. 이러한 사실적이고도 낭만적인 풍격은 이후 문인들의 시가에 커다란 영향을 끼쳐 한나라 말 건안(建安) 문학의 시풍과 당대(唐代)의 진자앙(陳子昻), 이백(李白), 두보(杜甫) 등에 의해 계승되었다. 특히 백거이(白居易)는 악부의 건실한 전통을 잇는 '신악부'를 통해 당시 서민들의 삶을 그려내는 데 성공했다.

오수전

한나라 무제 때부터 사용한 청동 화폐로 원형 가운데 네모난 구멍이 뚫려 있으며, 주곽(周郭: 옛날 동전 가장자리의 둥근 테두리)이 있다. 중량이 오수(五銖: 한나라 제도에 따르면 24수銖가 1량이다)인데, 동전 위에 전자체(篆字體)로 '오수'라고 주조되어 있기 때문에 오수전이라고 불렀다. 한나라 무제 원수(元狩) 5년(기원전 118)에 주조되기 시작하여 수(隋)나라 때까지 거의 700여 년 동안 사용되었으며, 각 시대마다 오수전이 주조되었지만 그 형태나 크기는 서로 달랐다.

금문 경학과 고문 경학

한나라 때의 경학은 금문 경학과 고문 경학으로 나뉜다. 금문경은 진시황의 분서갱유로 유가의 전적이 훼손된 이후 서한 시대에 학자들이 암송하고 있던 내용을 새롭게 기술한 유가 경전을 예서(隷書)로 기록한 것을 말하며, 고문경은 한대 초엽 공자의 옛 집 벽에서 발견된 전서(篆書)로 쓰어진 『상서』·『예기』·『논어』·『효경』 등을 말한다. 한 무제 시대에는 동중서가 음양오행설과 『공양전』을 결합시킨 금문 경학을 들고 나와 크게 호응을 받았다. 그러나 서한 말년 왕망이 유흠(劉歆)의 고문경 『주례』로 '개제(改制)'의 근거를 삼자는 주장을 받아들이면서 고문 경학이 크게 성행하였다. 동한 시대에는 이미 관학으로 자리잡은 금문 경학이 오히려 가법(家法)에 얽매여 시대의 변화에 따르지 못하자 사학이었던 고문 경학이 여러 경전을 두루 이용하면서 점차 금문 경학을 압도하기 시작했다. 금문 경학파는 경전을 정치 학설로 인식하는 한편 주로 경전의 미언대의(微言大義)를 살펴 통치 사상을 제공하는 데 큰 역할을 자임했으며, 고문 경학파는 경전을 고대의 사료사로 간주하여 문자의 훈고 등을 연구하는데 심혈을 기울였으며, 이를 통해 이상적인 고대 사회를 본받고자 했다. 『이아(爾雅)』와 허신의 『설문해자』 등은 이러한 고문 경학파의 중요한 연구 성과이다. 한대의 경학은 고문 경학파이면서 금문 경학에 정통한 정현(鄭玄)에 의해 정리되었으나 번쇄한 훈고학의 수준에서 더 이상 나아가지 못했다.

B.C.115~104년

115년 ▶ 상홍양(桑弘羊)이 대농승(大農丞)이 되어 **균수법(均輸法)** 시행.
112년 ▶ 남월(南越)에 출병.
110년 ▶ 태산에서 봉선. **평준법(平準法)** 시행.
109년 ▶ 위씨 조선(衛氏朝鮮) 공략.
108년 ▶ **한사군** 설치.
104년 ▶ **태초력**, 하정(夏正) 사용. 이광리, 제1차 대완(大宛) 원정 실패.
　　　 동중서 사망.

■ 그 무렵 우리는…
108년 고조선 멸망, 한군현 설치.

■ 그 무렵 외국은…
107년 로마, 마리우스가 통령(統領)이
　　　 됨.
103년 로마, 제2차 노예전쟁이 일어남.
　　　 그리스, 헤론이 기력구(氣力球)
　　　 를 발명함.

균수평준법

　　원정(元鼎) 4년(기원전 115년) 대농승(大農丞)이었던 상홍양(桑弘羊)이 제출하여 시행했던 정책의 이름이다. 균수(均輸)란 각 군국(郡國)의 특별한 공품을 경사로 직접 운수하는 것 이외에 일반 공품의 경우 각 군국에 설치된 균수관의 책임하에 가격이 싼 곳에서 사서 가격이 비싼 곳으로 운송하여 파는 것을 말한다. 이렇게 하여 국가의 재정 수입을 증대시키는 한편 농민들의 요역 부담을 줄이고 상인들이 무역을 통해 폭리를 취하지 못하도록 하였다. 평준은 중앙 정부가 지니고 있는 대량의 물자와 경제적 역량을 이용하여 가격이 비쌀 때 내다팔고 쌀 때 사들여 물가를 안정시키는 정책이다. 이를 통해 물자의 공급을 원활하게 하는 한편 상인들이 시장 가격을 조종하는 일을 방지할 수 있으며, 또한 중앙 정부의 일정한 재정적 수입을 확대하였다. 상홍양의 균수, 평준 정책은 관영 상업의 통일된 체계를 마련한 것으로 당시 염철회의(鹽鐵會議)에서 비난을 받기도 했지만 이후 여러 왕조들의 경제 관리에 큰 영향을 끼쳤다. 왕망의 신나라에서 시행한 시평법(市平法), 당나라 시기 유안(劉晏)의 상평법(常平法), 북송 왕안석(王安石)의 균수법과 시역법(市易法) 등은 모두 상홍양의 정책을 본받은 것들이다.

한사군

　　한사군(漢四郡)은 한나라 무제가 기원전 108~107년 위만조선(衛滿朝鮮)을 멸망시키고 그 옛 땅에 설치한 4개의 행정 구역, 즉 낙랑군(樂浪郡)·임둔군(臨屯郡)·현도군(玄兎郡)·진번군(眞番郡)을 말한다. 그 가운데 낙랑·임둔·진번의 3군은 위만조선을 멸망시킨 BC 108년에 설치하였고, 현도군은 이듬해에 설치하여 한나라의 직할 영토로서 유주(幽州) 관할에 편입하였다. 4군에는 관할 현(縣)을 설치하고 군에는 태수(太守), 현에는 영(令) 등의 소속 장관과 속관(屬官)이 있었으며 모두 한나라 중앙 정부에서 파견하였다.

태초력

태초력(太初曆)은 기존의 윤달을 세말에 넣는 습관을 개혁하여 중기(中氣: 동지에서 한 번을 뛴 기로서 12기를 중기라 하고 나머지를 절기라고 하는데, 양기가 포함된 날짜가 삭망월의 날짜보다 많기 때문에 중기가 없는 달이 생긴다)가 없는 달을 윤달로 삼는 원칙을 세웠다. 이렇게 함으로써 몇 년 만에 몇 번의 윤달을 넣는 주기를 고려할 필요가 없게 되었다는 점에서 편리했다.

동중서

동중서(董仲舒)는 광천(廣川: 하북성 조강棗强 광천진廣川鎭) 출신이다. 금문파인 공양춘추(公羊春秋) 학파에서 수학하고 효경제(孝景帝) 때 호모생(胡母生)과 함께 제나라 지방의 춘추학을 대표하여 박사(博士)가 되었다. 무제가 천자에 즉위한 뒤 현량과 문학의 선비를 천거받아 그 수가 전후로 100명을 헤아렸는데, 동중서 또한 천자의 책문(策問)에 응하여 이른바 천인삼책(天人三策:현량대책賢良對策)의 대책을 건의하여 채택되었다. 그 내용은 천재지변의 원리에 의해 음양이 서로 바뀌며 운행하는 이치를 추론하여 그것이 정치와 어떤 연관이 있는가를 밝히는 한편, 백가 사상을 배척하고 유가만을 독존(獨尊)케 함으로써 통치와 기강이 하나가 되고 법도가 명확해지도록 해야 한다는 것이었다. 이러한 견해는 이후 유가가 중국 봉건 사회의 통치 이념으로 자리잡는 계기가 되었다. 만년에 관직에서 물러나 연구와 저술에 힘썼으며, 때로 조정에 중요한 사안이 있으면 사자가 와서 자문을 구했다고 한다. 무제가 제자 학파를 축출하고 유가를 독존하여 박사관을 두고 태학(太學)을 설치한 것이나, 무재(茂才)와 효렴(孝廉)을 주군(州郡)에서 천거하게 된 것은 모두 동중서의 발의로 이루어진 것이

봉선

봉선(封禪)이란 고대 통치자들이 천지에 대해 제사를 올리는 의식을 말한다. '봉(封)'은 땅에 제단을 만들어 하늘에 제를 올리는 것이고, '선(禪)'은 땅에 제를 올리는 것이다. 뭇 산 가운데 태산이 제일 높다고 여겼기 때문에 봉은 태산 정상에서 올렸고, 선은 태산 아래 정정산(亭亭山), 양보산(梁父山) 등에서 거행하였다. 삼대(三代)에도 봉선 의식이 있었다고 하나 확인할 수 있는 사료가 없는 상태이고, 진나라 시황과 한 무제의 봉선은 기록에 남아 있다. 이후 동한의 광무제, 당 고종, 송 진종 등이 신하를 이끌고 태산에 올라 봉선 의식을 행했다.

B.C.101~98년

101년 ▶ 이광리, 제2차 대완 원정. **한혈마**를 획득하여 귀환.
100년 ▶ **소무**, 흉노에 파견.
99년 ▶ **이릉**, 흉노에 투항. **『고시 십구수』**에 이릉과 소무의 시가 포함되어 있다고 하지만 확실치 않음.
98년 ▶ 술 전매 실시(81년 폐지).

■ 그 무렵 외국은…
100년 인도, 『반야경(般若經)』의 원형이 성립됨. 산치의 대스투파를 건조함. 로마, 폼페이 이시스 신전이 완성됨. 크시오메데스가 빛의 굴절을 발견함.

다. 동중서는 유가를 경학으로 자리매김하는 데 절대적인 영향을 끼침과 동시에 견강부회한 참위설(讖緯說)로 유학을 그릇된 길로 몰아넣은 허물 또한 크다. 그의 사상은 『춘추번로(春秋繁露)』 등에 집약되어 있다.

한혈마

서역(西域) 대완국(大宛國)에서 생산되는 명마(名馬)로 한 무제 시절 장건(張騫)이 서역 원정을 갔다 온 후 중국에 알려지기 시작했다. 대완국에서 한나라에 헌상하기를 거부하여 기원전 104년 이사장군(貳師將軍) 이광리(李廣利)가 대완국을 원정하면서 가져왔다. 무제는 '서극천마(西極天馬)'라고 칭송하였다. 돌을 밟으면 자국이 나고, 앞쪽 어깨 부분에 피와 같은 땀을 흘리며 하루에 천리(千里)를 달린다고 하여 한혈마(汗血馬)라는 이름이 붙었다.

『고시 십구수』

가고 또 가고(行行重行行)
가고 가고 또 가고, 그대와 생이별
서로 떨어져 만여 리, 각기 하늘가 끝에 있네
길은 험하고 멀어 언제나 뵈올 수 있을는지
…
그대 그리워 몸은 늙는데, 세월은 문득 저물어요
버림받은 몸 또 무엇을 말하리, 그대 그저 건강하시길 비옵나니

『시경』을 이어 시가의 새로운 장을 열었다 하여 '풍여시모(風餘詩母)'라 칭해진 『고시 십구수(古詩十九首)』의 첫번째 시가는 이렇게 시작한다. 고시(古詩)라 함은 당

대 이후 금체시(今體詩)에 대하는 말로 일반적으로 한·위에 걸친 오언체의 민간 시가를 가리킨다. 19수라 함은 별 뜻이 없이 수록된 시가의 숫자가 19수였기 때문이다.

「시냇가 풀은 파릇파릇(靑靑河畔草)」「오늘은 즐거운 연회(今日良宴會)」「달빛 밝은 밤(明月皎夜光)」「쌀쌀한 날씨에 해는 저물고(凜凜歲云暮)」 등 예쁜 제목은 시가의 첫째 구를 따온 것이다. 내용 중에 "인생은 금석 아니니, 어찌 오래 살기를 바랄건가?" "인생은 천지간에 문득 왔다 멀리 떠나는 나그네" "일편단심 애타는 이 마음, 그대는 아시는지 모르시는지" 등등 유한한 삶의 애환이나 애타는 사랑이 절절이 스며 있다. 모든 시가 서정(抒情)이고 그만큼 감동적이다. 그러나 "문득 죽어 흙이 되면 꽃다운 이름만 보배로다"라고 읊었건만 그 시의 작가가 누구인지는 확실치 않다. 역대로 매승(枚乘)이 지었다거나 이릉(李陵), 소무(蘇武)의 작품이 포함되어 있다는 말이 있었지만, 『고시 십구수』를 최초로 수록한 소통(蕭統)의 『문선(文選)』에서도 "고시는 작가를 알 수 없다. 혹 매승이 지었다고 하나 분명치 않다"고 의심했으니 역시 단정지을 수 없다. 다만 그 내용으로 보아 동한 말엽에 지어진 것이라고 추측할 뿐이다. 어쩌면 작가가 누구인지 시대가 언제인지는 중요한 것이 아닐지도 모른다. 중요한 것은 그 내용이 인생의 고난과 애환을 질박한 시체로 읊조리면서 염세적이고 향락적이면서도 유가적 여운이 배어 있는 독특한 풍격을 자아낸다는 사실과 중국 시의 대표적 시체라 할 수 있는 오언시의 시조가 바로 『고시 십구수』라는 점일 것이다. 유협(劉勰)의 『문심조룡(文心雕龍)』에서 오언의 관면(冠冕)이라는 칭찬을 받은 이래로 『고시 십구수』는 천의무봉(天衣無縫), 사무사(思無邪: 공자가 『시경』에 대해 언급한 말로 생각함에 사악함이 없다는 뜻) 등 최고의 찬사를 받았으며 그 가치는 지금도 여전하다.

이릉과 소무

이릉(李陵)과 소무(蘇武)는 두 사람 모두 한나라 명장으로 흉노와 관련된 인물들이다. 소무의 자는 자경(子卿), 한 무제의 명에 따라 흉노에 사신으로 갔다가 선우(單于)에게 붙잡혀 복종하지 않은 죄로 19년간 북해(北海: 지금의 바이칼 호 부근)에 유폐되어 있었다. 요행 귀국하여 선제(宣帝) 옹립에 공을 세워 관내후(關內侯)가 되었다. 이릉의 자는 소경(少卿). 농서(隴西: 감숙성甘肅省) 사람이다. 기원전 99년 이광리(李廣利)를 도와 흉노 정벌에 나섰다가 돌아오는 길에 흉노군에게 포위되어 항복하고 말았다. 무제가 이를 듣고 크게 노하여 남은 가족을 몰살시키려고 했는데, 사마천이 이릉을 옹호하다 오히려 무제의 분노를 사서 궁형에 처해졌다. 이릉은 흉노에 항복한 후 선우의 딸을 아내로 맞아들였으며, 우교왕(右校王)으로 봉해져 선우의 군사·정치 고문으로서 활약하다 병사했다. 이릉은 선우의 부탁으로 북해에 유폐된 소무를 찾아갔다.

B.C.91~87년

91년 ▶ 무고(巫蠱)의 난 발생, 황태자 거(據)와 처자가 살해됨.
89년 ▶ 무제, 계속적인 대외 전쟁을 정지하고 민생에 치중한다는 조서 발표.
87년 ▶ 무제 사망. **무제 사후** 정치적 불안정 가속화. 불릉(弗陵: 소제昭帝)
　　　 즉위.

■ 그 무렵 외국은…
90년 　로마, 이탈리아 동맹이 반항해옴.
　　　 『율리우스법』을 제정함.
89년 　로마, 전 이탈리아인에게 로마 시
　　　 민권을 부여함.
87년 　로마, 마리우스가 로마로 돌아와
　　　 귀족당을 학살함.

이릉은 소무에게 "인생이란 아침 이슬과 같다(人生如朝露)"고 하면서 선우에게 항복할 것을 설득했다고 한다. 그러나 끝내 그의 절개를 꺾지는 못했다. 당시 두 사람이 서로 주고 받았다는 증답시(贈答詩) 10여수가 소통의 『문선』에 남아 있다.

무제 사후의 그늘

　한나라 제7대 황제 무제는 위대했다. 그러나 그 이면에는 잦은 정벌로 인한 국가 경제의 피폐와 황태자와 재상들을 비롯한 숱한 죽음이 어른거린다. 한대는 참위(讖緯)의 세상이었다. 그만큼 무고(巫蠱: 무술巫術로 남을 속이거나 저주하는 것)와 연계된 무고(誣告)가 승할 수 있는 여건이 마련된 셈이다. 특히 무제 시절에는 더욱 그러했다. 진황후, 제읍공주, 양석공주, 장군 공손오, 승상 공손하, 승상 유굴리, 장군 위청의 아들 위항 등은 모두 무고로 목숨을 잃은 사람들이다. 지위 고하를 막론했으며, 친소(親疎)에 구분이 없었다. 심지어는 황태자의 죽음도 조나라 무고쟁이 강충(江充)의 거짓말에서 발단한 것이었다. 황태자가 죽고 웬만한 이들 또한 사라지고 없었다. 이제 황제는 어쩌다 한 번 은총을 입은 후궁의 자식이나 멀리 제왕의 아들에서 빌려와 즉위시켜야 하는 세상이 되었다. 당연히 누구를 옹립할 것인가를 두고 피 튀기는 암투가 예상되었고, 결국 그렇게 되었다. 아울러 옹립된 황제는 기본적으로 주변에 의해 조종될 수 있다는 제한을 지니게 되었다. 무제가 죽고 즉위한 것은 후궁 권부인의 아들 불릉(弗陵)이었다. 소제(昭帝)는 겨우 여덟 살의 황제였다. 무제는 후사를 곽광(霍光), 김일제(金日磾), 상관걸(上官桀)에게 맡겼다. 외척의 발호를 막기 위함인지 그의 어미는 이미 사사(賜死)되어 없었다. 그러나 왕위 계승에 불만을 품은 연왕 단(旦)이 거병하여 국내가 소란해졌다. 다행히 조기에 수습되었으나 김일제가 죽은 뒤 곽광과 상관걸의 암투가 벌어지면서 피비린내가 나기 시작했다. 곽광에 의해 상관걸의 집안은 풍비박산이 나고 곽광의 외손녀인 열한 살의 상관황후(上官皇后)만 겨우 살아났다. 또한 무제 시절부터 수속도위로 경제를 맡다가 어사대부로 있던 상홍양도 주살당했다. 뜻밖에도 소제가 21세의 나이로 죽었다. 곽광이 나서서 창읍왕(昌邑王) 유하(劉賀)를 즉위시켰으나 곧 폐위시켰다. 소행이 좋지 않고 자질이 없다는 것이 그 이유였다. 이제 천하는 무제가 가장 신임했던 곽거병(霍去病)의 배다른 동생 곽광의 손에 들어온 셈이다.

한나라 무제

도호부

도호부(都護府)는 한대 선제(宣帝) 때 처음 설치한 변경 지역의 통치 기관이다. 선제 시절 시랑 정길(鄭吉)이 거리(渠犁)에 주둔하면서 흉노와 차사(車師)를 놓고 전쟁을 하여 공훈을 세웠다. 기원전 60년 흉노 일축(日逐)왕이 부족을 이끌고 한나라 조정에 투항하자, 정길은 거리와 쿠차(龜玆) 등 여러 나라 사람 5만 명을 받아들였다. 이에 한 조정은 정길을 도호(都護)로 임명하여 서역 경영을 맡겼다. 정길은 타림분지(盆地)의 오루성(烏壘城)에 서역도호부를 설치하였는데, 이것이 최초의 도호부이다. 당대에도 도호부를 두어 변방을 통치하였는데, 극성기에는 안동도호부(安東都護府: 만주·조선), 안북도호부(安北都護府: 외몽골), 선우도호부(單于都護府: 내몽골), 안서도호부(安西都護府: 타림분지 서쪽), 북정도호부(北庭都護府: 중가리아 지방), 안남도호부(安南都護府: 인도지나 남양) 등 6도호부를 설치하여 중앙에서 파견한 도호가 통치토록 하였다. 그러나 안사의 난 이후로 중앙정부의 역량이 줄어들면서 변경 통치의 핵심인 도호부 관리도 허술해지기 시작하였다.

서역(西域)

중국 한나라 시기 이후 옥문관(玉門關)과 양관(陽關) 서쪽의 여러 나라들을 일컫던 명칭이다. 좁은 의미로는 파미르 고원 동쪽을 가리키지만 넓게는 이 지역 외에도 아시아 중서부와 인도, 유럽 동부와 아프리카 북부에 이르는 광대한 지역을 이른다. 한 무제는 장건을 파견하여 처음으로 서역을 개척했고, 선제(宣帝)는 서역도호부(西域都護府)를 설치했다. 당나라 때는 서역에 안서(安西)·북정(北庭) 2개 도호부를 설치했다. 서역은 아시아와 유럽 사이에 해운 교통이 발달하기 전에 동서 교통의 주요 통로였는데, 19세기 말 이후부터는 서역이라는 명칭을 점차 사용하지 않게 되었다.

86년 ▶ **사마천** 사망. 불후의 명저 **『사기』** 130권.
81년 ▶ 소금, 철 등에 관한 정책 회의 개최(이후 **『염철론』**에 기록됨).
80년 ▶ 연왕 단(旦), 모반. 상관걸 · 상광양 등 연좌되어 죽음.
74년 ▶ 선제(宣帝), 곽광(霍光)에 의해 옹립됨.
66년 ▶ 곽광 일파, 반란에 실패하여 일족 몰락.
60년 ▶ 서역 도호부(都護府)를 타림 분지에 설치—도호부의 시작.
54년 ▶ 흉노의 호한사선우(呼韓邪單于), 신(臣)을 자칭함. 흉노, 남북으로 분열. 상평창(常平倉) 설치(44년 폐지).
49년 ▶ **선제** 사망하고 **원제** 즉위.

■ 그 무렵 우리는…
82년 고구려 족의 소국, 진번군 · 임둔군 철폐
57년 박혁거세, 신라 건국

■ 그 무렵 외국은…
73년 로마, 스파르타쿠스의 반란이 일어남.
60년 로마, 제1회 3두정치를 시작함.

사마천

서한의 사학자로『사기(史記)』의 저자인 사마천(司馬遷: 기원전 145쯤~86)의 자는 자장(子長), 용문(龍門: 섬서성 한성韓城) 사람이다. 태사령(太史令)으로서 역경(易經)과 황노(黃老)의 학설에 정통했던 부친 사마담(司馬談)의 영향을 받았다. 공안국(孔安國)에게 고문 상서를, 동중서에게 금문 춘추를 배웠다. 108년 태사령이 된 그는 본격적으로『사기』 편찬을 위한 정리 작업을 시작했다. 그러나 한나라 무제 천한(天漢) 3년 흉노에

사마천

투항한 이릉(李陵)을 변호하다가 무제의 노여움을 사서 궁형(宮刑)에 처해졌다. 출옥 후 중서령(中書令)이라는 환관의 직책을 맡은 그는 '하루에도 아홉 번씩이나 창자가 뒤틀리고, 수모를 생각할 때마다 등골에 진땀이 배어나는 막막함과 괴로움' 속에서 끝내 '발분' 함으로써 '일가지언(一家之言)' 의 저서를 완성할 수 있었다. 16년에 걸친 거작이었다.『사기』의 원명은 '태사공서(太史公書)' 이며 동한 말부터 '사기' 로 불렸다.

『사기』

전설상의 황제로부터 서한 무제 때까지 약 3000년간의 역사를 기술한 역사서. 전체 52만 6500자로 제왕과 역대 사적을 기록한 본기 12편, 역대 제왕과 제후국의 대사를 나열한 표(表) 10편, 경제와 문화 등 세분화된 역사를 논술한 서(書) 8편, 제후 왕국의 흥망성쇠를 서술한 세가(世家) 30편, 역대 유명 인물의 전기를 기술한 열전(列傳) 70편 등 도합 130편으로 이루어져 있다.『사기』의 서술 방법은 이후 역사서의 전범으로 인정되어 '정사(正史)' 의 체제로 자리잡았다. 또한 생생한 상황 묘사와 탁월한 인물 형상화로 인해 뛰어난 문학적 가치를 인정받아 역사 산문의 모범이 되었다.

『염철론』

　　무제는 상홍양을 이재관(理財官)으로 삼아 사사롭게 행해지던 제염(製鹽), 야철(冶鐵), 양주(釀酒)를 중앙 정부에 귀속시켰다. 그러나 세월이 흐르면서 점차 폐해가 생기자 소제(昭帝) 시원(始元) 6년(기원전 81년), 두연년(杜延年)의 제의하에 곽광(霍光)이 소제의 명의로 승상인 전천추(田千秋)와 어사대부인 상홍양에게 군국에서 천거한 현량(賢良), 문학(文學) 등 60여 명을 소집하여 염철 전매 청책을 비롯한 몇 가지 문제를 논의토록 하였다. 이른바 염철회의로 명명된 이 회의석상에서 현량 등은 염철 전매 정책에 대해 모두 반대한 반면 상홍양만은 염철 전매가 국가 재정을 튼실하게 하여 흉노의 침입을 막는 데 절대적인 작용을 한다는 점을 들어 절대로 폐지하면 안 된다고 주장하였다. 당시 염철 회의에서 이루어진 논의 내용은 선제(宣帝) 시절에 태수승(太守丞)을 지낸 환관(桓寬)에 의해 편찬되어 『염철론(鹽鐵論)』60권으로 남아 있다.

『사기』

선제, 원제 시대

　　창읍왕이 폐위되고 다음 황제를 물색하던 중 뜻밖에도 민간에 무제의 황태자였던 유거(劉據)의 손자가 있음이 발견되었다. 황태자의 난 때 강보에 싸여 여죄수의 젖을 먹고 자란 바로 그 어린아이였다. 18세가 될 때까지 민간에서 자란 선제(宣帝)는 백성들의 아픔이 무엇인지 직접 경험했고 그만큼 세상 이치를 깨달은 바가 있었다. 선제가 즉위한 것은 곽광의 의도였다. 과연 선제는 곽광에게 잘 대했다. 민간에서 결혼한 허황후가 의문의 죽음을 당한 1년 후 곽광의 막내딸을 황후로 삼았던 것도 그 때문이었다. 그러나 일단 곽광이 죽자 친정을 할 수 있게 된 선제는 허황후의 자식인 석(奭)을 황태자로 삼았고, 연이어 고위직에 있던 곽씨 집안 사람들을 전근 또는 좌천시켜 실권을 빼앗았다. 이후 사서(史書)는 곽씨 일가가 모반을 계획했다는 이유로 주살당했다고 전한다. 그후 선제는 군사 행동을 자제하여 국내를 안정시키는 한편 철저한 치안 유지를 위해 형벌 제도를 강화했다. 때마침 흉노의 내분으로 변경이 조용했기 때문에 치세가 유지되었다. 그러나 호족의 토지 겸병이 진행되어 향리 사회의 계층화가 두드러지게 되었으며, 성장한 호족 집단에서 배출된 유가 관료들이 관료계를 장악하면서 황제의 권력이 상대적으로 약화되기 시작했다. 선제의 뒤를 이은 원제(元帝)는 16년간 재위하면서 유가를 맹신했다. 그는 유학의 원리와 농본주의에 근거하여 화폐 경제를 폐지하고 염철에 대한 전매제도 폐지하는 등 지나친 이상주의로 흘렀다.

29년 ▶ 중서의 환관(宦官) 폐지, 상서(尙書)를 둠.
25년 ▶ **고문학자 유흠** 사망.
16년 ▶ 왕망, 대사마에 임명.
7년 ▶ 성제 사망하고 애제(哀帝) 즉위. 대사마 사단(師丹), 토지의 겸병을 억제[限田]하고 노비를 제한하는 변법 건의. 한, 흉노 호한사선우에게 왕장(王嬙: **왕소군**)을 하사함.
2년 ▶ 대월지국의 사신 이존(伊存)에게 진경헌(秦景憲) 부도경(浮屠經) 구두로 전수─중국에 불교 전래.

■ 그 무렵 우리는…
18년 온조, 백제 건국.
17년 고구려 유리왕, 황조가를 지음.

■ 그 무렵 외국은…
27년 로마, 옥타비아누스가 황제가 됨. 로마 제정 시작.
9년   아우구스투스, 율리우스력을 제정함.
2년   인도, 『법화경(法華經)』이 편집됨.

고문 상서

진시황의 분서로 민간의 많은 책들이 사라졌다. 한대 『상서(尙書)』는 상고 시대의 정치에 관한 저서로 『서경(書經)』의 다른 이름이다. 공자가 100편으로 정리했다고 하는데, 진시황의 분서로 망실되었다. 이후 한대 사람 복생(伏生)이 29편을 암송하여 예서(隷書)로 옮김으로써 세상에 전해지게 되었다. 이것이 바로 한대에 유행했던 금문 상서다. 한나라 무제 때 공자가 살았던 집을 개축하면서 벽을 허물다가 일련의 죽간이 발견되었는데, 그것은 예서가 아닌 소전체(小篆體)로 씌어졌으며 그 내용 또한 기존의 것과 적지 않게 틀렸다. 그래서 일부 학자들은 이를 고문 상서라고 칭하여 금문과 구별했다. 상서 이외에도 여러 경전이 새롭게 발견되면서 이러한 구별은 결국 학파의 구분을 낳았고, 그 학맥의 구분은 지금까지도 유효하다. 그러나 오늘날 전하는 고문 상서는 위작이다.

유흠

서한의 목록학자이자 고문경학가(古文經學家)인 유흠(劉歆: 기원전 53?~25)의 자는 자준(子駿). 무제 시절 광록대부(光祿大夫)로 유교의 경전과 전기, 제자, 시부 등의 책을 교정한 유향(劉向)의 아들이다. 성제 때 황문랑(黃門郞)에 올라 부친과 궁중에서 교서의 일을 보았으며, 이후 부친의 대를 이어 궁중의 장서를 정리했다. 마침내 중국 최초의 목록서라 할 수 있는 『칠략(七略)』(집략輯略 · 육예략六藝略 · 제자략諸子略 · 시부략詩賦略 · 병서략兵書略 · 술수략術數略 · 방기략方技略)을 완성했다. 고문자로 씌어진 『춘추좌씨전(春秋左氏傳)』을 발견한 뒤 공자의 구택에서 많은 고문자로 씌어진 간책을 발견했다고 한다. 그래서 애제 시절 『고문상서』 · 『모시(毛詩)』 · 『춘추좌씨전』 ·

『일례(逸禮)』 등을 학관에 설치하려다 다른 오경박사(五經博士)들의 반대로 실패했다. 그러나 이후 젊은 시절 같은 황문랑으로 재직한 적이 있던 왕망(王莽)이 권력을 잡자 이에 편승하여 고문 경전을 학관에 세웠을 뿐만 아니라 수많은 박사 제자를 양산하고, 철저한 고문 경전 위주의 문화 정책을 통해 고문 경학의 토대를 마련했다. 왕망의 정권이 무너진 뒤, 후한 시대의 박사관은 모두 14명으로 금문 학자들에 의해 세워졌으며, 고문경은 위서로 판정되었다. 그럼에도 유흠이 창도한 고문학의 전통은 한대는 물론 청대에까지 이어지다가 청나라 말 강유위(康有爲)가 『신학위경고(新學僞經考)』를 지음으로써 비로소 위서로 판정되었다. 이는 위서인 고문경이 금문경보다 나중에 쓰여짐으로써 내용적인 면이나 체제 면에서 더욱 세련되어 보였기 때문일 것이다.

왕소군

흉노의 힘이 약화되어 신하로 복종하게 된 것은 흉노의 호한사선우(呼韓邪單于)가 감로(甘露) 3년인 기원전 51년에 입조(入朝)한 이후이다. 선제 때였다. 이후 한나라는 서역 도호부를 설치했다. 선제를 이은 원제가 사망한 경령(竟寧) 원년 정월에 호한사선우가 두번째로 입조했을 때 한나라는 그에게 왕장(王嬙: 효원제의 궁녀)을 하사했다. 그녀가 바로 유명한 왕소군(王昭君)이다. 초나라 굴원과 동향인 그녀는 원대(元代) 극작가 마치원(馬致遠)이 지은 『한궁추(漢宮秋)』에서 비운의 주인공으로 나와 세상에 널리 알려졌다. 그러나 그녀는 결코 애절한 비운의 여주인공이 아니었다. 막북행(漠北行)을 자원한 그녀를 본 한나라 사람들은 미색이 출중한 그녀가 아깝기 그지없었겠으나, 재색을 겸비한 그녀는 한나라와 흉노의 화친의 상징이자 문화 전달의 사원이었다.

흉노의 복장

백마사 - 불교 최초의 절

서역을 통해 중국에 불교가 전해지기 시작한 것은 서한 말엽 때로 알려져 있다. 동한 명제(明帝)는 꿈속에서 금인(金人)을 만났는데 그가 바로 서방의 성인인 '불(佛)'이라고 믿었다. 이후 불교에 심취하게 된 그는 낭중 채음(蔡愔)과 박사 진경(秦景)을 천축(天竺)에 보내 불경을 구해오도록 했다. 그들은 영평(永平) 10년(67년) 천축국의 사문(沙門)인 가섭마등(迦葉摩騰), 축법란(竺法蘭)과 더불어 불상, 불경 등을 가지고 낙양으로 돌아왔다. 가섭마등 등을 접한 명제는 그들을 동문 밖 홍려시(鴻臚寺)에 머물도록 하는 한편 이듬해 옹문(雍門) 밖에 인도의 기원정사(祇園精舍)를 모방한 절을 짓게 하였다. 그리고 그곳에서 불경을 번역하고 불교의 예의를 전수토록 하였다. 축법란 등은 그곳에서 『사십이장경(四十二章經)』을 번역하였는데, 이것이 중국에 현존하는 최초의 한역(漢譯) 불전이다. 당시 불경을 싣고 온 말이 백마였기에 그 절을 일러 백마사(白馬寺)라고 불렀다. 백마사는 중국에서 최초로 건립된 사원으로 알려져 있다.

B.C.1~A.D.8년

1년 ▶ 애제 사망, 중산왕 기자(箕子) 즉위. **왕망**이 대사마가 되어 정무를 총괄.

A.D.

1년 ▶ 왕망, 안한공(安漢公)으로 칭함.

5년 ▶ 왕망, 평제를 독살하고 가황제(假皇帝)에 즉위.

8년 ▶ 왕망, **전한을 멸하고** 신(新)황제라 칭함.

■ 그 무렵 우리는…
A.D.3년 고구려, 도읍을 국내성으로 옮김.

■ 그 무렵 외국은…
A.D.1년 로마, 사도 바울이 타르소스에서 출생함.
4년 예수 탄생.

왕망

선제와 원제는 황후가 모두 왕씨였다. 원제의 황후인 원후(元后)의 이름은 정군(政君), 원제의 뒤를 이어 재위에 오른 유오(劉驁: 성제成帝)는 그의 아들이었다. 이로써 왕씨 일족은 권세의 정점에 서게 되었다. 26년간 재위에 있던 성제 사후 애제가 즉위했으나 그 또한 26세의 젊은 나이로 죽었다. 후사가 없는 그를 대신하여 9세의 중산왕(中山王)이 즉위했다. 어린 황제를 위해 원후는 자신이 아끼는 조카 왕망(王莽: 기원전 45~서기 23)을 불러 섭정토록 했다. 처음 대사마(大司馬)로 관직에 오른 그는 일취월장하여 한나라 왕조의 평안을 도모했다는 공로로 안

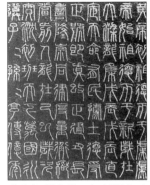

왕망이 신(新) 왕조의 정당성을 기록한 조서

한공(安漢公)이란 존호를 수여받았다. 공이란 존호는 사후에 받는 것이었지만 그에게는 예외였다. 아울러 그는 잘못을 저지른 친자식의 죄를 물어 자살을 명하여 자신이 얼마나 공명정대한가를 만천하에 드러내는 한편, 황지국(黃支國: 베트남)에서 코뿔소를 진상받아 이를 성천자(聖天子)의 출현을 암시하는 상서로운 조짐으로 꾸몄다. '안한공인 왕망이 왕이 된다' 는 이야기가 민간에 떠돌기 시작한 것도 그때였다. 이미 오래 전부터 있어온 참위설(讖緯說)이 그에게는 큰 도움이 된 것이다. 서기 5년 어린 평제(平帝)가 돌연사했다. 왕망이 독살했다는 얘기도 있었으나 알 수 없는 일이었다. 그후 왕망은 가황제(假皇帝)가 되고 다시 3년 후 황제가 되어 한이란 국호를 폐하고 신조(新朝)를 개국했다. 한 나라 왕조는 이렇게 망하고 새로운 신(新) 왕조가 태어났다. 왕망은 이렇게 황제가 되었다.

그러나 계속된 개혁의 실패와 흉노와의 전쟁에 30만 명의 군사를 파견하는 등 연이은 실정으로 인해 백성들은 여전히 질곡에서 헤맬 뿐이었다. 한때 성천자가 나타났

다고 기대에 들떴던 백성들은 자신들이 속았음을 알았다. 때맞추어 황하의 흐름이 바뀌는 커다란 재난이 발생하기도 했다. 참위설을 신봉한 왕망이었지만 자신에게만은 예외였다고 믿고 싶었을 것이다. 갱시제(更始帝) 유현(劉玄)의 군대가 승승장구하여 낙양을 코앞에 두었을 때, 왕망은 군신을 이끌고 하늘을 우러러보며 통곡하고 있었다. 하늘의 구제(救濟)를 청하기 위해서였다. 그러나 그는 모르고 있었다. 이미 하늘이 황하를 통해 뜻을 보여주었음을.

전한의 멸망

전한(前漢)은 원(元), 성(成), 애(哀), 평(平) 4명의 황제가 등극한 50여 년 간을 끝으로 종말을 고하고 만다. 전한이 멸망할 수밖에 없었던 근본적인 이유는 외척의 발호와 토지 문제라 할 수 있다. 특히 정전제가 와해되면서 토지에 대한 자유로운 매매가 가능해지자 유력한 귀족들의 토지 겸병이 가속화됨과 동시에 토지에서 떨어져 나간 농민들은 자연스럽게 노비가 되거나 반란의 기층인 유민(流民)이 될 수밖에 없었다. 이전 몇몇 황제들이 토지 독점과 노비 매매를 금지하고 국가의 재정을 확보하고자 했으나 결국 실패하고, 후기로 들어서면서 급기야는 길가에서 아사하거나 처자를 팔아넘기는 백성이 늘어만 갔다. 끝내 도적이 날뛰고 관헌이 피살되는 사태가 발생하면서 전한 후기 사회는 어지럽게 통탕거리기 시작했다. 그런데도 왕후장상의 토지 겸병을 통한 치부는 끝도 없고 한도 없었다. 특히 애제는 백성들의 죽음에는 아랑곳하지 않고 자신이 총애하는 나이 어린 신하 동현(董賢)에게 호화 주택을 마련해주고 한꺼번에 20만 무(畝)의 토지를 하사하는 등 정신을 못 차리고 있었다. 이런 상태에서 평제를 옹립한 공으로 국장(國丈)이 되어 자신의 고모인 원제의 황후(태황태후太皇太后)가 256만 무의 토지를 하사하자 끝내 사양한 왕망이 인심을 얻어 전한을 멸하고 신 왕조를 열게 된다.

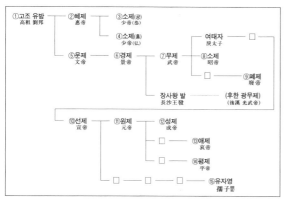

전한 왕조 계보도

8년	▶ 왕망, **신**(新)나라 건국.
9년	▶ 관제·전제(田制)·폐제(幣制) 개혁.
10년	▶ 육관(六筦)의 제(制)를 정함. 화폐 제도 개정.
13년	▶ 언기(焉耆) 등, 서역의 여러 나라들이 반란을 일으킴.
14년	▶ 천봉(天鳳) 원년. 화폐 제도 개정.
17년	▶ 여모(呂母)의 난. 왕광(王匡)·왕봉(王鳳) 등 녹림산(綠林山)에 모임―**녹림군** 거병.

■ 그 무렵 우리는…
14년 고구려, 양맥(梁貊)을 멸하고 한나라의 고구려현을 공격하여 빼앗음.

■ 그 무렵 외국은…
14년 로마, 아우구스투스 죽고 티베리우스가 즉위하여 율리우스 클라우디우스가(家)에 의한 제위 세습이 고정됨.

신나라의 정치와 경제

새로운 왕조의 황제가 된 왕망에게는 무엇보다 황제권을 강화하고 사회 모순을 타파하는 것이 급선무였다. "왕망이 말했다. '진은 무도하여 세금을 무겁게 했고 욕망을 채우고자 백성을 피폐하게 만들었다. 또한 성인의 제도를 파괴하고 정전(井田)을 폐지했기에 겸병이 일어나고 욕심 많고 비루한 자들이 나오게 되었으며, 강한 자는 몇천의 토지를 지니고 약한 자는 송곳을 꽂을 만한 땅도 없게 되었다. … 감히 정전법과 성인의

왕망이 발행한 화폐

제도를 비방하거나 법을 어겨 여러 사람을 미혹하게 하는 자는 변방으로 추방하여 산 귀신를 지키게 할 것이다.'"『한서』는 이렇게 왕망의 말을 전하고 있다. 이렇듯 그는 정전제의 회복과 유가 사상을 구현하는 것으로 새로운 사회를 창출하고자 꿈꾸었다. 그가 상고 시대의 이상적 제도를 기술한『주례(周禮)』에 매혹되었던 것은 바로 이 때문이었다. 관직 또한『주례』에 따라 주대의 3공(公)·9경(卿)·27대부(大夫)·91원사(元士)에 맞추어 새로 만들어졌으며, 정전제를 실시하여 토지 매매와 노비 매매를 금지했다. 고대 경전의 원칙을 통해 제도를 바꾸는 이른바 '탁고개제(託古改制)' 였다. 물론 전한 말기 귀족 계층에 의한 토지 겸병은 국가 경제를 좀먹는 것임에는 틀림없었다. 게다가 일반 백성들은 대상인과 고리대의 착취에 고통을 당하고 있었던 것도

사실이다. 그래서 실시한 것이 화폐 제도의 개혁, 육관(六筦)의 제(制: 소금·철·술·산택山澤의 산물, 화폐와 채동採銅), 오균도대(五均賒貸: 물가 조절과 저리 금융) 등이었는데, 이는 모든 것을 정부 독점 사업으로 한 일종의 억상(抑商) 정책이었다. 그러나 그의 정책은 기본적으로 각 지방 호족들의 이익과 상반되어 그들의 반발을 불러왔고, 아울러 새로운 사회 개혁이라는 미명 아래 수많은 법령이 실시되면서 백성들 또한 제대로 숨을 쉴 수가 없었다. 사회 불안이 가중되면서 유적(流賊)들은 군도(群盜)가 되었고, 역대로 제왕(諸王)이나 열후의 후손인 호족들 또한 불안감을 지울 수 없었다. 결국 그들 두 집단이 손잡으면서 왕망은 멸망하게 되었다. 15년(8~23년) 만의 종말이었다.

녹림의 난

왕망 정권 말기, 하남성 남부 저장하(沮漳河) 근처에 있는 녹림산(綠林山)에 신시(新市) 사람인 왕광(王匡)을 중심으로 유민들이 들어오면서 시작되었다. 일단 집단화한 그들은 수령을 추대하고 부근을 약탈하면서 연명했다. 그러나 전염병이 유행하여 근거지를 떠난 그들은 신시, 하강(下江) 두 부대로 나누어 흩어지게 되었다. 왕광 등이 이끈 신시병(新市兵)은 남양(南陽)으로 들어가 그곳의 호족 세력인 유씨 일족과 조우하여 연합했고, 다시 평림(平林)의 진목(陳牧) 등이 이끄는 유적 집단인 평림병(平林兵)과도 합세했다. 진귀하게 유적 집단이 호족 집단과 연합하게 된 셈이다. 그들 연합군은 평림군에 소속되어 있던 유현(劉玄)을 추대한 뒤 본격적으로 왕망 타도의 기치를 높이 들었다. 유현은 서기 23년 남양에서 황제로 추대되어 갱시제(更始帝)가 되었다. 북상하는 갱시제의 군대를 막기 위해 왕망은 사촌 동생인 왕읍(王邑)을 총사령관으로 삼아 40만 대군을 동원했다. 이른바 곤양(昆陽) 전투라고 명명된 이 싸움에서 왕망의 대군은 유수(劉秀)에게 대패했다. 한나라를 재건한 광무제(光武帝), 바로 그 사람이었다. 이때에 이르면 이미 녹림군은 그 이름조차 사라지고 난 후였다.

고구려를 하구려로 바꾼 왕망

왕망은 바꾸는 것을 좋아했다. 관직을 모두 바꾸었고 개명에도 능해서 건국하기 전에 자신을 재형(宰衡: 주나라 주공周公을 태재太宰, 은나라 이윤伊尹을 아형阿衡으로 불렀는데 이를 합성한 것이다)이라 부른 것이나 이후 노비를 사속(私屬)으로 바꾼 것도 그였다. 흉노를 강노복자(降奴服子)라고 불렀으며, 요동 동쪽에 있는 고구려를 '하구려(下句麗)' 라고 부르기도 했다. 어찌 오랑캐인 주제에 '고(高)' 를 쓸 수 있는가 하는 것이 그의 개명 이유였다.

A.D.18~29년

18년 ▶ 번숭(樊崇), 역자도(力子都) 거병—**적미의 난** 시작.
22년 ▶ 왕망의 군대, 성창(成昌)에서 번숭 등에게 대패. 이때부터 번숭군을 적미라 칭함. 유연(劉縯)·유수(劉秀) 형제 거병.
23년 ▶ 유현(劉玄), 제위에 오름. **유수**, 곤양(昆陽) 전투에서 왕망의 군대 격파. 낙양 함락되고 왕망 살해됨—신나라 멸망. 갱시제 유현, 낙양으로 천도.
24년 ▶ 갱시제, 장안으로 천도. 유수, 한단(邯鄲)을 함락한 후 하북에서 자립.
25년 ▶ 적미군, 관중을 돌파하고 장안 공략. 유수, 호(鄗: 하북성 백향柏鄕)에서 칭제(광무제)하고 낙양을 도읍으로 정함—후한(後漢: 25~220) 개시 연도. 적미군에 투항한 갱시제 유현, 피살됨.
27년 ▶ 정월 적미, 의양에서 광무제에게 항복.
29년 ▶ 광무제, 농민 반란 종식.

■ 그 무렵 우리는…
20년 고구려, 동명왕묘를 세움.
28년 가야, 가락국 수로왕 즉위.

■ 그 무렵 외국은…
19년 로마, 티베리우스 황제가 노예해방령을 발표함.

적미의 난

'적미(赤眉)'란 말 그대로 붉은 눈썹을 뜻한다. 왕망의 토벌군과 대치했을 때 눈썹을 붉게 물들여 자신들의 군대 표지로 삼았기 때문에 적미군(赤眉軍)이라 부른 데서 연원한다. 처음에는 다른 이름이 있을 리 없었다. 번숭(樊崇)의 지도하에 거병한 무리의 근원은 산동의 낭야(琅邪)에 살던 여모(呂母)라는 여인이 사사로운 원한을 갚기 위해 모집한 어중이떠중이의 집합체에 불과했기 때문이다. 일단 거병한 이들은 번숭의 지도로 어엿한 반(反)왕망의 반란군이 되었다. 이들은 집단의 질서 유지를 위해 삼노(三老), 종사(從士), 졸사(卒士), 신인(新人)이라는 계급을 조직했다. 이는 당시 향리 사회의 동일한 구조로 특히 신인을 제외한 나머지 명칭은 한나라 낮은 관리나 향관의 명칭으로 이미 당시 사람들에게 익숙한 것이었다. 그들은 왕망이 파견한 염단(廉丹)과 왕광(王匡)을 무찌르고 연이어 왕망의 정부군을 공략하여 대승했다. 벌써 30만 대군으로 성장한 그들은 이미 장안(長安)을 점령한 갱시제가 사치스럽고 문란한 생활로 백성들의 인심을 잃고 있음을 알고 공격 목표를 장안으로 삼았다. 한나라 고조의 손자뻘인 유장(劉章)을 성양경왕(城陽景王)으로 모시고 이를 통해 신앙적으로 단합되어 있던 적미군은 성양경왕의 후손 가운데 한 명인 유분자(劉盆子)를 황제로 옹립하고 한 왕조의 부활을 명분으로 삼았다. 적미군은 갱시제의 군대를 격파하고 장안으로 입성했다. 갱시제는 탈출했으나 다시 항복하고 살해되었다. 적미군은 황제를 옹립하고 왕조의 관제를 채용하는 등 나름대로 국가 체제를 이루기 위해 노력했으나 그 어떤 정책도 펼칠 수 없었다. 게다가 장안은 이미 예전의 도읍지로서 위용과 여유로움은 간데없고 오히려 먹을 것조차 없는 황량한 사막과도 같았다. 산동의 백성들인 적미군은 고향이 그리웠다. 그리고 무엇보다 배가 고팠다. 지리멸렬한 적미군은 기아에 허덕이면서 약탈을 일삼으며 고향으로 향했다. 그러다가 의양(宜陽)에서 이미 제위에 오른 유수, 즉 광무제에게 투항하여 사라졌다.

유수

남양(南陽)의 호족인 유씨는 남양군의 백수향(白水鄕)에 근거하고 있었다. 춘릉후라고 불렸던 남양군의 열후(列侯) 유매(劉買)는 장사왕 유발(劉發)의 후손이다. 유발의 아들 유용(劉庸)이 장사왕을 계승한 뒤 그의 형제들은 모두 열후가 되어 다시 분봉을 받았는데, 유매는 바로 그 아들 가운데 한 사람이었다. 왕망 시절 남양군의 당주는 유매의 증손자인 유창(劉敞)이었다. 이후 갱시제가 된 유현(劉玄)은 그의 조카였으며, 광무제가 된 유수(劉秀, B.C.6~A.D.57)는 그보다 먼 친척이었다. 유현이 갱시제가 되었을 때 유수는 그의 형 유연(劉縯)과 더불어 갱시제 밑에서 종군하고 있었다. 곤양전투에서 대승한 것은 유수였다. 형 유연이 갱시제에게 죽음을 당했을 때 그는 은인자중했다. 왕망을 멸하고 장안에 입성한 갱시제가 쾌락에 젖어 있을 때 그는 하북 지방을 평정하러 출정한 상태였다. 하북에서 왕망의 지방 정권을 멸한 그는 다른 호족 집단을 흡수하는 한편 여전히 발호하고 있던 유적들을 공략하면서 차근차근 병력을 늘렸다. 갱시 3년(25) 호현(鄗縣)에서 제위에 오른 그는 연호를 건무(建武)라 했으며, 낙양(洛陽)을 수도로 정했다. 그런 와중에 적미군은 장안을 공략하고 갱시제를 몰아냈다. 이미 막강한 전력으로 무장한 유수의 군대는 지친 상태로 고향 땅 산동을 향하던 적미군을 기다려 그들의 투항을 받았다. 이제 남은 것은 농(隴)의 외효(隗囂)와 촉의 공손술(公孫述)뿐이었다. 건무 12년(36), 공손술이 패사하면서 천하는 다시 유씨의 한으로 되돌아오게 되었다.

대완(大宛)

중국 한나라 때 중앙아시아의 페르가나에 있던 오아시스 국가 및 페르가나 지방에 대한 한인(漢人)의 호칭. 남북조(南北朝) 이후의 사서에 파락나(波洛那)·포한(怖悍) 등으로 기록되어 있다. 국도는 귀산성(貴山城)이라 하였는데, 이곳은 지금의 카산이라는 설과 호젠트라는 설이 있다. 전한(前漢) 무제(武帝) 때 장건이 찾아간 일이 있으며, 명마(名馬)의 산지로도 알려져 있다. 특히 말을 중국으로 수출하는 사건에 얽혀서 한 무제가 이광리에게 대완 원정을 시켰던 일이 있었으며, 원정으로 중국 군대가 최초로 파미르 고원을 넘었다고 한다. 또한 이곳은 예부터 동서 교통의 요충지이며 북방의 유목민과 서아시아 왕조 사이에 분쟁의 대상이 되었던 곳이다.

A.D.36~85년

36년 ▶ **광무제**, 25년에 촉(蜀)에서 제위에 오른 공손술(公孫述)을 공략하고 촉을 평정하여 천하를 통일함.
39년 ▶ 경지 · 호적 조사 실시.
48년 ▶ 흉노, 남북으로 분열. 남흉노, 한나라에 항복.
56년 ▶ 광무제, 태산에서 봉선 거행.
65년 ▶ 채음(蔡愔), 서역에 가서 불전을 가지고 돌아옴.
67년 ▶ 불가에서 정식으로 불교 전래 공인.
68년 ▶ 백마사(白馬寺) 건립.
73년 ▶ 반초(班超), 명을 받들어 서역으로 향발.
79년 ▶ 유가들, 백호관(白虎觀)에서 오경을 논의함―『**백호통의**』. 이후 **참위** 서서히 사라짐.
85년 ▶ 4분력 시행.

■ 그 무렵 우리는…
37년 고구려, 낙랑을 공격하여 멸망시킴.
53년 고구려, 태조왕 즉위.
59년 신라, 왜(倭)와 화친을 맺고 사신을 교류함.

■ 그 무렵 외국은…
54년 로마, 네로가 황제에 즉위.
64년 로마, 네로의 기독교 대박해. 로마에 방화.
79년 로마, 베수비오 화산 대폭발.

광무제

남양 땅 호족으로 제왕의 후손인 유수가 즉위하여 낙양에 도읍한 것은 서기 25년의 일이었다. 어려서부터 근신하고 허풍을 떠는 일이 없었으며 솔직하고 유순했다는 평을 들은 그는 즉위 후 실제 정치에서도 부드러움을 중시했다. 또한 그는 낙양 태학(太學)에서 정규 교육을 받으면서 전대의 역사에 대해 많은 것을 배웠다. 자연 전한 초기 무위(無爲)의 다스림이 어떤 의미였는지 정확하게 알고 있었을 것이다. 이른바 유도(柔道)에 의한 정치 중흥은 그 반영의

광무제

결과인 셈이다. 오랜 환난 끝에 모든 이들이 바라는 것이 휴식임을 잘 알고 있던 그는 농민들에게 식량을 배급하고 노비를 해방시키는 조치를 취했으며, 세수(稅收)를 줄여 백성들의 부담을 덜었다. 또한 행정 조직을 간소화하고 기존의 개병제(皆兵制)에 의한 징병 제도를 없앴으며, 지방의 군병(郡兵)을 폐지하고 모든 병사를 황제 직속으로 편입시켰다. 아직까지 전한의 번영을 회복할 수는 없었지만 일단 천하는 오랜만의 휴식기를 맞이하여 새롭게 움트고 있었다. 광무제를 이은 명제(明帝)와 장제(章帝)는 유도에 의한 치세 덕분에 안온할 수 있었다. 물론 문제가 없었던 것은 아니었다. 특히 호족의 반발이 심하다고 경지와 호적 조사를 중지한 것은 크게 잘못된 일이었다. 또한 행정의 간소화를 위해 정치 조직을 축소한 것은 이후 측근 정치의 화를 야기하는 까닭이 되었다.

『백호통의』

왕망이 망한 뒤 유수가 재건한 동한, 곧 후한(後漢)의 유학은 이미 참위에 깊이 빠져 있었다. 유수의 뒤를 이은 명제와 장제는 유가를 통해 자신들의 정권을 강화하고자 했다. 명제가 서기 59년 태학에서 유생들을 모아놓고 황제 자신이 강술한 것이나, 서기 79년 장제가 박사와 유생들에게 조서를 내려 북궁(北宮) 백호관(白虎觀)에서 오경을 논하게 하고 친히 결론을 내린 것도 바로 이러한 이유에서였다. 금문경학파의 입장에서 동중서(董仲舒)가 지은『춘추번로』의 사상을 계승하고 있는『백호통의(白虎通義)』는 당시 토론 내용과 상황 및 성과를 반고(班固) 등이 정리하여 4권 44편으로 편찬한 책이다. 원본은 산실되고 당(唐)나라 때의 주석본만 전해지고 있다.

참위

참(讖)이란 괴이한 은어나 길흉에 대한 예언의 말을 뜻한다. 대개 정치적인 내용이 주를 이룬다. 위(緯)란 경(經)에 대하는 말로 여기서는 경에 대한 해석의 뜻으로 사용되었다. 한대에는 오경 이외에『역위(易緯)』『시위(詩緯)』『예위(禮緯)』등 육위(六緯)가 있는데 모두 경전에 대한 해석서로 공자가 지은 것으로 간주되었다. 물론 거짓말이다. 한대의 참위설은 금문학파인 동중서가『공양춘추(公羊春秋)』의 미언대의(微言大義)를 설명하면서 음양가, 황노, 법가 등의 사상을 흡수한 것이 발단이다. 그는 음양오행설을 골간으로 하여 삼강오상(三綱五常)을 핵심으로 한 천인감응의 신학 체계를 구축했는데, 길상재이설(吉祥災異說)은 이 바탕에서 제기된 것이다. 참위의 저작은 도서(圖書)·도위(圖緯)·도참(圖讖) 등으로 불렸으며, 기본적으로 전제 군주하의 봉건 왕조를 위해 이바지하기 위해 만들어진 것이다. 예언과 그에 따른 영험을 증명하는 것을 부명(符命) 또는 참기(讖記)라고 불렀는데,「하락도서」는 바로 그러한 참기의 대표적인 문건이다. 이른바 참위 신학의 핵심은 재이(災異)와 부단(符端)이며, 특히 애제와 평제 때 크게 발흥했다. 이는 당시 위기 상황에 직면한 사회 현실을 반영한 것이기도 하다. 하나의 사회 사조가 되기는 했으나 고문, 금문 경학처럼 학파를 이룬 것은 아니었다. 장제 때 백호통의 회의를 통해 신학적인 측면이 제거되면서 크게 정리되었다. 이후 환담(桓譚), 정흥(鄭興) 등이 참위 편찬자를 비판했고, 왕충(王充)은 재이와 부단 사상에 대해, 양웅(楊雄)은 천명·목적론·천인감응 등 참위 신학의 중요 쟁점들에 대해 비판을 가했다. 참위 신학은 동한 말에 들어서면서 서서히 사라져갔다.

A.D.88~93년

88년 ▶ 장제 죽고, 태자 조(肇: 화제和帝) 즉위.
92년 ▶ **외척** 두헌(竇憲) 자결케 함. **『한서』**의 저자 **반고** 옥사.
93년 ▶ 북흉노, 옛 땅에 선비족(鮮卑族) 발흥.

■ 그 무렵 외국은…
88년 로마, 안토니우스와 사트리니누스의 반란이 일어남.
93년 로마, 퀸틸리아누스가 『변론술교정(辯論術敎程)』을 지음.

외척의 발호

전횡하여 신하의 도리를 지키지 않는 것을 일러 발호불신(跋扈不臣)이라 하는데, 이 말은 동한(東漢)의 질제(質帝)가 외척으로 조정의 실권을 지니고 있던 양기(梁冀)를 발호장군(跋扈將軍)이라 비꼰 데서 연유한다. 질제는 그 한마디에 양기에게 독살당했으니 과연 발호장군다운 짓거리였다. 동한 시대 외척의 발호는 3대 황제인 장제(章帝)의 황후 두씨(竇氏) 일가의 전횡에서 시작된다. 두씨 집안은 전형적인 호족으로 서한 시절부터 고위 관직은 물론 황실과 혼인 관계를 맺어왔다. 장제가 33세로 사망하고 양귀인의 아들인 열 살짜리 화제(和帝)가 즉위하자 전례대로 장제의 황후였던 두태후(竇太后)가 섭정하게 되었다. 아울러 그의 친인척들이 득세하기 시작했다. 특히 오빠인 두헌(竇憲)과 그 동생 두독(竇篤)은 문제가 심각한 인물들이었다. 두헌은 장제 시절 광무제의 형인 유연(劉縯)의 증손 유창을 죽인 죄를 대속하기 위해 흉노 토벌을 자청했다. 요행으로 내분 때문에 허약해진 흉노에게 대승하여 대장군의 자리에 올랐다. 두경은 약탈과 부녀자 유괴에 일가견이 있는 자로 황제의 비서인 황문시랑(黃門侍郎)이 되었다. 사방이 두씨 일가로 둘러싸였으니 황제에게는 사람이 없었다. 그저 믿을 수 있는 것은 힘없는 유씨 황족들과 환관뿐이었다. 그러나 두씨 일족의 거세는 생각보다 쉬웠다. 환관 정중(鄭衆)과 황족 유경의 도움과 전한 시절 「외척전」에 실린 외척 제거의 실례가 큰 역할을 했다. 영원 4년(92) 14세의 화제는 마침내 외척의 수괴 두헌을 자결케 하고 황실의 체통을 지켰다. 인물 됨됨이가 근실하고 사양할 줄 알았다는 환관 정중은 외척 제거의 공로로 소향후(鄛鄕侯)에 봉해졌다. 최초의 환관 열후가 탄생한 것이었다.

반고

『한서(漢書)』 편찬의 핵심적 인물인 반고(班固: 32~92)의 자는 맹견(孟堅), 현재 섬서성 함양(咸陽)인 부풍(扶風) 안릉(安陵) 사람이다. 그는 사가이자 한부의 걸작

「양도부(兩都賦)」를 지은 문학가이기도 했으며, 『백호통의』를 편찬하여 유학을 신학
화 · 체계화한 인물 가운데 한 사람이다. 사마천과 마찬가지로 반고 또한 사가였던
부친 반표(班彪: 3~54)의 영향을 받아 학문에 심취했고 부친이 완성하지 못한『사기
후전(史記後傳)』을 완성시켰다. 그러나 오히려 사사롭게 역사를 편찬했다는 죄명으
로 옥살이를 하게 되었다. 잠시 후 서역의 흉노를 몰아내고 서역 도호(西域都護)를
지낸 바 있으며 감영(甘英)을 동로마제국인 대진국(大秦國)에 사신으로 파견한 바 있
는 동생 반초(班超: 33~102)의 상소로 풀려나 이후 20여 년 동안의 노력 끝에『한서』
를 편찬했다. 반고는『한서』의 팔표(八表)와 천문지(天文志)를 완성하지 못했는데,
화제(和帝)의 명을 받아 그의 여동생 반소(班昭: 49~102쯤)가 마속(馬續)과 더불어
완성했다.

반고

『한서』

  사마천의『사기』와 더불어 역사서를 논의할 때면 언제나 중국 최초의 기전체 단대
사(斷代史)인『한서』를 들게 된다.『한서』는 동한의 사학자이자 사부를 잘 지었던 문
학자 반표의 영향 아래 그의 아들 반고가 편찬하고, 딸 반소가 보충하여 완성한 역사
서이다. 진나라 말기의 농민 봉기가 한창이던 서한 고조(高祖) 원년(기원전 206)에서
시작하여 왕망이 패망했던 회양왕(淮陽王) 유현(劉玄)의 갱시(更始) 2년(24)까지 서
한 230년의 역사를 서술하고 있다.『사기』는 황제부터 시작하여 한나라 무제 때로 끝
이 나기 때문에 많은 이들이 계속해서 그 뒤를 잇게 되었는데 반고의『한서』또한 그
중의 하나이다.『한서』는 대체적으로『사기』의 기술 체계를 본받았지만 형법, 오행,
지리, 예문 등 4편의 지(志)를 첨가하는 등 나름의 독특성이 돋보인다. 특히「예문지」
나「지리지」는 후세에 적지 않은 영향을 주었다. 전체 12기(紀), 8표(表), 10지(志), 70
열전(列傳)으로 구성되어 있는『한서』이후로 기 · 표 · 지 · 전을 중요 형식으로 하는
단대사의 서술 체제가 정사의 표준 양식으로 자리잡게 되었다.

> **역사 서술체제**
> 기전체(紀傳體)는 다양한 지역, 부류, 계층, 영역, 범위 등에 관한 박학한 지식을 제공한다는 장점이 있다. 그렇기는
> 하지만 하나의 사건이 중복해서 나와 이따금 주빈(主賓)을 가리기 힘들다는 점과 인물에 대한 서술도 나누어지는 경
> 우가 많기 때문에 때로 모순되는 양상이 드러난다는 결점을 지니고 있다. 남송 시대에는 이러한 결점을 극복하기 위
> 하여 편년체와 기전체의 결함을 극복하고 장점만을 종합한 새로운 역사 서술 방법인 기사본말체(紀事本末體)가 등
> 장한다.

A.D.97~100년

97년 ▶ 두태후(竇太后) 사망.『논형(論衡)』의 저자 **왕충** 사망.
100년쯤 ▶ **허신,『설문해자』**완성.

■ 그 무렵 외국은…
98년 로마, 타키투스가『게르마니
아』를 저술함.
100년 로마, 플루타르코스(플루타
르크)가『영웅전』을 저술함.
이 무렵「요한복음」이 씌어짐.

왕충

왕충은『논형(論衡)』의 저자로 한대의 반골 중의 대표적 인물이다. 자는 중임(仲任), 지금의 절강성 상우현 사람이다. 그는 저작『논형』을 통해 당시 관방의 유가 중심의 신학 체계를 철저하게 부정한 이로서 천지 만물을 이루는 기본 물질로 '원기(元氣)'를 제시했으며, 이러한 물질적 토대 아래 자연 현상과 생명 현상을 해석할 것을 주장하여 현 중국 사가들에게 전투적 정신이 강한 유물론자로 존중되고 있다. 그는 인성은 생득적으로 구별된다는 관점하에서 성인(聖人)은 천생적이라고 주장해온 기존 유가들의 견해에 반대하여 공자와 맹자 또한 완전무결한 인간은 아니었다고 주장하는 등 비이성적 미신을 과감하게 공격했다. 특히 관방 유가 신학의 집대성을 시도한『백호통의』가 편찬된 지 얼마 안 되어 이러한 주장을 했다는 점에서 그의 논의는 지극히 반정부적 비판 사상이라 할 수 있을 것이다.

허신

허신(許愼: 50쯤~121)은 자는 숙중(叔重)으로 여남(汝南) 소릉(召陵) 사람이다. 『설문해자(說文解字)』의 저자로 세상에 알려져 있지만, 문자학자 이전에 '오경(五經)에 관한 한 허신에 맞설 사람이 없다'고 칭송받은 바 있는 오경에 능통한 학자였다. 그는 젊어서 고문경학자 가규(賈逵)에게 사사받았다. 유흠에서 시작되는『춘추좌씨전』『국어』『주례』의 고문경학은『고문 상서』『모시(毛詩)』와 마찬가지로 가휘(賈徽)와 그의 아들 가규에게 전수되었다. 가규는 특히『춘추좌씨전』을 존중했으며, 이를 한 왕조를 옹호하는 경서로 찬양했다. 장제와 화제에 걸쳐 신임을 얻은 가규는 당시 통유(通儒)라고 일컬어졌는데, 그의 학풍은 허신 · 마융 · 정현 등에게 전수되었다. 자연 허신은『고문상서』『모시』『춘추좌씨전』 등의 고문경학을 배워 고문학자가 되었다. 고문경학은 당시 사용되고 있던 예서체와는 달리 선진 시대 고체로 씌어졌다. 따라서 고문경학자들은 '소학(小學)'이라는 고대 문자학에 대한 소양을 갖춰야만 했고,

허신 또한 그러했다. 그의 『설문해자』는 바로 이러한 연유로 세상에 나올 수 있었던 것이다. 저서로 『설문해자』 이외에 『오경이의(五經異義)』가 있었다고 하나 실전되었고, 『회남자(淮南子)』에 주석을 달아 현존하는 『회남자』 21편 가운데 8편에 「홍렬간고(鴻烈間詁)」가 남아 있다.

『설문해자』

서한 시대의 학동들은 17세에 시험을 쳐서 9000자를 암송, 해독할 수 있는 능력을 인정받아야만 사(史: 군·현에서 문서를 관장하는 관리)가 될 수 있고, 8가지 글자체에 관한 시험에 합격해야만 상서사(尚書史: 중앙에서 문서를 관장하는 관리)가 될 수 있었다. 그러나 동한 시대에 이르면 이 제도가 폐지되어 어문 교육이 불충실해지고 자형에 관한 설명 또한 일정한 기준 없이 멋대로 이루어졌다. 이런 상황에서 고문경학자로 고문에 대한 식견이 탁월한 허신이 『설문해자』를 집필하기에 이른다. 화제 영원 12년(100)에서 안제(安帝) 건광 원년(121)까지 21년이란 세월이 걸린 역서였다. 특징은 다음 몇 가지로 나누어볼 수 있다. 우선 최초로 문자학의 원칙에 따라 540개의 부수(部首)를 설치하여 한자를 의부에 따라 분류하고, 독자들이 글자의 뜻을 더욱 확실하게 이해할 수 있도록 했다. 현재 자전은 검자법(檢字法)의 원칙에 따라 부수를 나누고 같은 부수 내에는 필획의 수에 따라 글자를 나열하고 있는데, 비록 약간의 차이가 있기는 하지만 그 근간은 바로 『설문해자』에서 이루어진 것이다. 둘째, 매 글자마다 소전(小篆)으로 표제자(標題字)를 하고 글자 뜻을 설명한 다음 글자의 형체와 뜻, 그리고 발음(반절법反切法이 아닌, 같거나 비슷한 글자로 발음을 표시하는 직음법直音法＝讀若法에 의해 발음 표기) 간의 관계를 설명했다. 아울러 훈고학(訓詁學)의 입장에서 글자의 본래 뜻을 파악함으로써 자칫 잊혀질 수 있었던 상고(上古) 문자의 본래 뜻을 살렸다. 『설문해자』의 글자 해석 방법은 단순히 낱말 풀이에 그치지 않고 많은 곳에서 묘사와 서술을 겸하고 있다. 예를 들어 '봉(鳳)'에 대해서는 "신비로운 새이다. 황제의 신하 천로가 말하길, '봉의 모습은 앞은 기린이고 뒤는 사슴인데, 뱀의 목과 물고기의 꼬리를 하고 무늬는 용과 같고 등은 거북과 같으며, 제비의 턱과 닭의 부리를 하고 오색을 빠짐없이 갖추었다. 동방의 군자의 나라에서 나서 사해 밖에서 돌며 난다'고 하였다" 등으로 생동감 있게 묘사하고 있다. 『설문해자』는 중국의 첫번째 자서(字書: 지금의 자전)로 후대에 간행된 자서들의 모범이자 전형이 되었다.

A.D.102~125년

102년 ▶ 71세의 반초, 장안으로 돌아와 1개월 후 사망. 환관 정중(鄭衆),
　　　　최초로 열후가 됨.
105년 ▶ **채륜**, 제지법 개선하여 대량 생산의 장을 엶.
107년 ▶ 강족(羌族)의 반란. 서역으로의 길 단절. 서역도호 폐지.
125년 ▶ **환관 19명, 후**(侯)가 됨.

■ 그 무렵 외국은…
107년　로마, 그리스도교를 박해함.
113년　로마 제국, 최대의 판도를 누림.
124년　로마, 판테온 신전의 공사를 완
　　　　료함.

채륜의 종이

　종이가 발명되기 이전에는 주로 귀갑(龜甲), 수골(獸滑), 금석(金石), 죽간(竹簡), 목독(木牘), 겸백(縑帛: 합사로 짠 비단) 등에 글을 썼다. 그러나 이러한 것들은 각기 무겁다거나 귀하다는 단점이 있어 실용하기에 불편했다. 사회 경제가 발전하면서 무엇보다 글쓰기에 편리한 새로운 재료가 필요했다. 이에 오랜 모색과 실천을 통해 식물의 섬유질을 가공한 종이가 생겨나게 되었다.

　제지술은 일반적으로 후한 시대 환관이었던 채륜(蔡倫: ?~121)이 발명한 것으로 알려져 있다. 이는 『후한서』『채륜전』의 기록에 따른 것이다. 그는 기존의 죽간이나 비단에 글을 쓰던 것에서 벗어나 최초로 종이를 대량 생산할 수 있는 계기를 만든 이로 역사에 남을 만하다. 그러나 종이가 그 한 사람의 노력으로 어느 날 문득 만들어진 것은 물론 아니다. 새로운 고고학적 자료에 의하면 채륜의 종이가 나오기 이미 1세기 전에 비록 조악한 것이기는 하지만 식물의 섬유로 만든 종이가 출현했다. 1933년 신강 지역의 봉수대 유적지에서 기원전 1세기경 서한 시대 마지(麻紙)가 발견되었고, 1957년 서안시 동쪽 교외에 있는 패교(霸橋)에서도 서한 초기의 종이가 발견되었다. 특히 서안에서 발견된 패교지로 명명된 종이는 대마와 소량의 저마(苧麻: 모시풀)로 만들어진 것인데 세계 최초의 종이로 판명되었다. 채륜은 전인들의 축적된 경험을 바탕으로 재료를 확대하여 더욱 새로운 것을 찾아내고 가공 방법을 개량하여 마침내 저피(楮皮), 어망 등을 재료로 하여 더욱 질이 좋은 종이를 대량으로 만들어내어 105년 조정에 헌납하였다. 그 덕분에 동한 시대에는 이미 종이의 사용이 중원 지역뿐만 아니라 신강, 감숙, 내몽고 등지로 파급되었고 3, 4세기에 들어서면 죽간이나 백서를 대신하게 되었다.

19인의 열후

　동한의 황제들은 씨가 견실하지 못했다. 자연 단명한 경우가 흔했다. 결과적으로 황제는 다른 이들에 의해 옹립되고 그만큼 황제의 권한은 축소되었다. 외척이 발호한 것이나 그들을 치기 위해 환관을 끌어들이는 작태는 황권이 약했기 때문이다. 두태후(竇太后) 일족이 사라졌지만 화제(和帝)의 뒤를 이은 유륭(劉隆)은 갓난아기로 그 다음해 죽고 말았다. 다음 화제의 형인 청하왕 유경의 아들 유호(劉祜: 안제安帝)가 즉위했는데, 그 또한 13세의 어린아이였다. 본래 귀인(貴人)으로 화제의 총애를 얻어 황후가 된 등씨가 태후의 자격으로 섭정을 하게 되었다. 악순환의 반복이었다. 등씨 집안의 남자들은 모두 열후(列侯)가 되었다. 등태후의 섭정은 건광 원년(121)에 그녀가 죽을 때까지 지속되었다. 28세의 나이로 친정에 들어간 안제는 등씨 일족을 타도하는 데 온 힘을 기울였다. 또한 이번에도 환관들이 그의 수족이 되었다. 일은 성사되었으나 그 주인공들은 정중(鄭衆) 같은 인물들이 아니었다. 게다가 안제는 소인배나 다름없는 그들의 말을 듣고 유일한 혈육인 황태자(유보劉保)를 폐하여 왕으로 격하시켰다. 그리고 죽었다. 황후 염씨(閻氏)와 그의 일족은 황족 중에서 가장 나이가 어린 유의(劉懿)를 즉위시켰다. 그러나 몇 개월이 채 안 되어 또 죽었다. 그렇다면 폐황태자인 유보가 즉위해야 하는데 그럼 그의 생모를 죽인 염태후는 어떻게 되는가? 끔찍한 일이었다. 그들에게는 불행하게도 끔찍한 일이 일어났다. 그 주체는 폐황태자인 유보와 손이 닿고 있던 환관 손정(孫程)이 18명의 동료들을 끌어모아 거사한 것이었다. 등씨 일족을 몰아낸 안제의 환관들은 안제의 유일한 아들인 유보 편에 선 19명의 환관들에게 주살되었다. 염태후 일당 또한 같은 신세가 되었다. 즉위에 성공한 유보(劉保)는 19명의 환관들이 자랑스럽고 고마웠다. 무언가 보답을 해야 할 텐데. 열후였다. 한나라 고조는 공이 없는 자는 열후에 봉할 수 없다고 유훈을 남겼다. 그러나 순제는 19명의 환관에겐 열후도 부족하다고 생각하고 있었다. 다음에 생각한 것은 양자에 의한 작위 세습이었다. 순제 양가(陽嘉) 4년(135), 환관의 양자 집안이었던 조조(曹操)의 위(魏)나라 씨앗이 뿌려지는 순간이었다.

예서

한나라 때의 옛 서체이다. 전국 시대부터 진(秦)나라에 걸쳐 그때까지의 공식 서체였던 전서(篆書)의 자획을 간략화하고, 일상적으로 쓰기에 편리한 서체로서 만들어졌다. 따라서 예서(隷書)란 전서에 예속하는 서체라는 뜻이다. 또 노비 정막(程邈)이 소전(小篆)을 간략화 · 직선화하여 만들었다는 설도 있다. 예서가 성행하기 시작한 것은 전한(前漢)부터이며, 전한 중기까지의 것을 고예(古隷)라 하고, 전한 말기에 완성된 것을 팔분예(八分隷) 또는 팔분이라고 한다. 그러나 후한(後漢) 때인 2세기경 팔분은 이미 의례적인 서체가 되고, 대신 초예(草隷)가 생겼으며, 육조 시대에는 해서(楷書)가 예서를 대신하게 되었다. 예서는 한 점 한 획마다 너울거리는 물결 모양이며, 가장 큰 특색은 가로획의 끝을 오른쪽으로 빼는 데 있다. 이를 파세(波勢) 또는 파(波)라고 하며, 팔분은 좌우에 균형 잡힌 파가 있는 서체를 말한다.

A.D.139~159년

139년 ▶ **장형** 사망.
144년 ▶ 순제(順帝) 사망. 두 살 난 충제(沖帝) 즉위(반년이 못 되어 사망). 국구(國舅) 양기(梁冀), 실권 장악.
145년 ▶ 충제 사망. 질제(質帝) 즉위.
146년 ▶ 동한 사인(士人)의 양성 기관인 태학의 3만여 태학생을 중심으로 '청의(淸議)' 유행. 양기, 질제 독살. 양태후 섭정.
148년 ▶ 안식국(安息國: 파르티아) 승려 안세고(安世高), 낙양에서 불경 번역.
156년 ▶ 선비, 몽고 통일.
159년 ▶ 환제(桓帝) 연희(延熹) 2년 **외척 양기** 주살됨. 환관 세력이 발호하기 시작.

■ 그 무렵 우리는…
157년 신라, 세오녀(細烏女)가 왜로 건너가 귀비가 됨. '연오랑 세오녀 설화'가 만들어짐.

■ 그 무렵 외국은…
144년 인도, 쿠샨왕조의 카니슈카왕이 즉위하여 왕조의 최고 전성기를 맞음. 제4차 불전(佛典)편찬이 이루어짐(간다라 미술의 최고 전성기).
150년 이 무렵 『신약성서』가 완성됨.
152년 로마, 황제 안토니누스 피우스가 그리스도교 박해를 중지함.

장형

장형(張衡: 78~139)은 동한 시대 문학가이자 과학자로 자는 평자(平子)이며, 하남성 남양(南陽) 사람이다. 젊어서 효렴(孝廉)에 추천되어 관직에 나왔다. 남양 태수 포덕의 주부(主簿)로 일하면서 한부의 명작으로 꼽히는 「양경부(二京賦: 동경東京과 서경西京)」와 「사수시(四愁詩)」를 지었다. 그의 부는 기존의 귀족적 성향과는 달리 사회 풍속을 그렸다는 점에서 특징이 있으며, 특히 양웅(揚雄)과 더불어 서정 소부(小賦)를 선도했다는 평가를 받고 있다. 이후 낭중(郎中), 대사령(大司令), 시중(侍中)을 차례로 거쳤다. 그는 특히 천문 지리에 밝아 하늘은 혼연일체(渾然一體)로 지구는 달걀의 노른자처럼 안에 있으며 천체는 날마다 지구를 중심으로 한 바퀴씩 회전한다는 혼천설(渾天說)을 주장했다. 또한 혼천의(渾天儀)에 남극과 북극, 적도와 황도를 표기하는 등 천문학에 신기원을 가져왔다. 그리고 최초로 지진 관측기인 후풍지동의(候風地動儀)를 고안했는데, 계기 내부에 흔들리는 추를 장치하여 지진이 생기면 지진파의 충격으로 추가 균형을 잃으면서 지레를 건드려 용(龍) 모양의 입으로 둥근 구슬이 떨어지게 만들었다. 이를 통해 지진의 시간과 방향을 알 수 있었다. 경학에 관한 『주관훈고(周官訓詁)』와 수학서 『산망론(算罔論)』, 중국 최초의 천문학 이론서인 『영헌(靈憲)』『혼천의도주(渾天儀圖注)』 등을 지었다.

외척 양기의 전횡

19명의 열후를 중심으로 환관이 득세하자 이제 이를 견제할 유일한 집단은 외척이 되었다. 순제(順帝)는 대장군 양상(梁商)의 딸을 황후로 책봉했으니 모든 이들의 시선이 외척 양씨로 쏠렸다. 양씨의 대표 선수는 양기(梁冀)였다. 그는 동한 외척 세력 가운데 가장 흉포하고 방탕한 악한의 대표로 기록되어 있기도 하다. 게다가 그 권세의 기간이 가장 길어 20년을 지속했다. 그 기간에 순제가 죽고 두 살 된 충제(沖帝)가 즉위 1년 만에 또 죽었다. 다음 8세의 질제(質帝)가 즉위했으나 '발호장군(跋扈將軍)' 이란 말에 양기에게 독살되고 15세의 유지(劉志: 환제桓帝)가 즉위했다. 양씨가 오랜 세월 득세할 수 있었던 비법은 또 하나의 세력인 환관과의 타협이었다. 고위 관직은 양씨가 독점하고 하위 관직의 추천권은 환관들에게 넘겼다. 환관들은 일종의 매관 매직이라 할 수 있는 추천권을 악용하여 재물을 챙겼다. 누이 좋고 매부 좋은 시절이었다. 그러나 양태후가 죽은 뒤 그녀의 동생이며 순제의 황후인 양황후도 죽었다. 그늘이 없어진 셈인데, 양기는 여전히 발호장군이었다. 어느 날 28세의 황제가 황제의 측소(厠所) 곧 화장실로 환관 당형(唐衡)을 불렀다. 양기를 제거하기 위한 최초의 모의였다. 마침내 환제는 그의 수족 환관들과 합심하여 양기와 그 일족을 몰아내는 데 성공했다. 양기와 연류된 몇십 명이 주살되었고, 파면된 이가 300명을 넘었다. 조정은 텅 비었지만 황제와 환관들은 축배를 들었다.

환관

환관

환관은 거세된 남자로 황궁에서 벼슬을 하거나 권력자 밑에서 일하는 사람을 이르는 말이다. 시인(寺人)·엄인(奄人)·내수(內豎)·환자(宦者)·황문(黃門)·내시(內侍)라고 부르기도 한다. 환관이 언제 생겼는지 정확한 역사적 기록은 없으나 대략 노예 사회 말기에 이미 존재했다고 본다. 환관에 관한 최초의 문자 기록은 『시경』과 『주례』인데, 환관이란 말 대신 시인(寺人)이라고 적혀 있다. 이후의 전적인 『예기』「월령(月令)」에 따르면 환관은 주로 왕궁에서 궁문을 지키거나 명령을 전달하고 천자의 기거(起居)에 시중을 들었다는 것을 알 수 있다. 비록 환관의 지위는 비천하지만 천자의 측근에서 생활하기 때문에 다른 신료보다 더욱 큰 영향력을 끼칠 수 있으며, 심지어 조정의 일에 간여하거나 직접 정변을 일으키기도 했다. 동한 말년에 들어와 환관이 설치기 시작한 것도 환관이란 특수한 위치와 무관하지 않다.

A.D.162~173년

162년 ▶ 형주(荊州) 남부 지역에서 농민 반란.
165년 ▶ 경작지에 세금 징수.
166년 ▶ 궁중에서 노자(老子)의 제사를 지냄. 대진왕(大秦王: 로마 황제) 안돈(安敦: 아우렐리우스)의 사신이 중국에 옴. 훈고학자 마융(馬融: 79~166) 사망. 12월 **제1차 당고의 화** 발생.
169년 ▶ **제2차 당고의 화** 발생하여 **효렴과** 출신의 이응(李膺) 등 피살.
173년 ▶ 역병 유행.

■ 그 무렵 우리는…
165년 신라, 아찬 길선(吉宣)이 모반을 꾀하다 발각되어 백제로 도망하여 신라와 백제 간의 군사 충돌을 일으킴.

■ 그 무렵 외국은…
172년 로마, 마르쿠스 아우렐리우스 황제가 살마타인을 공격함.

제1차 당고의 화

외척 염씨를 몰아낸 공로로 19명의 환관이 열후에 봉해진 이후 다시 외척 양씨를 몰아낸 공로로 5명의 환관이 열후가 되었다. 근본적으로 외척은 호족 세력의 대표였다. 환관이 득세하니 이제 호족 세력을 대표할 자가 조정에는 없는 셈이었다. 환관과 대항할 새로운 세력이 절실하게 필요할 때 그 전면에 나선 것은 바로 낙양의 태학(太學)에서 공부하는 3만여 명의 태학생들이었다. 그들은 곧 관직에 나설 일종의 관료 예비군들이었다. 그러나 그들의 미래는 환관의 농단으로 엉망이 되었다. 태학생들은 조정에 대한 의론과 더불어 환관에 대한 비판을 서슴지 않았다. 그것을 '청의(淸議)' 라 불렀다. 당시 사인(士人)들 가운데 사례교위(司隷校尉)로 있던 이응(李膺)과 태위 (太尉) 진번(陳蕃), 그리고 지방의 하급 관리로서 덕행으로 이름난 진식(陳寔) 등이 특히 유명했다. 태학생으로 그와 접견하게 되면 이를 등용문(登龍門)이라 칭했다는 이응이었다. 그는 환관의 거두 장양의 아우가 부정을 저지르자 가차없이 사형에 처한 기백을 지닌 인물이었다. 또한 진식은 그의 아들을 평가하면서 난형난제(難兄難弟) 라는 말을 유행시킨 인물인데, 도둑을 지칭한 양상군자(梁上君子)란 말도 바로 그가 현령으로 있을 때 집안에 든 도둑을 감화시킨 일화에서 연원한다. 사인의 청의는 이 응 등에 대한 칭송과 그 반대되는 환관에 대한 비판으로 점차 극렬화하는 양상을 띠기 시작했다. 이에 환관들이 이응을 필두로 한 사인들을 탄핵하는 상소를 올렸다. 부당(部黨)을 만들어 조정을 비방했다는 죄목이었다. 166년 이응과 진식 등 200여 명이 체포되었다. 그러나 이듬해 석방되면서 종신금고(終身禁錮)형이 떨어졌다. 일평생 출사의 길이 막힌 셈이었다. 제1차 당고(黨錮)의 화(禍)는 이렇게 끝났다.

제2차 당고의 화

제1차 당고의 화로 피해를 입은 사인들은 더 이상 관직에 나갈 수 없었다. 그러나 그렇다고 환관에 대한 비판이 사그라든 것은 아니었다. 환관은 불안했다. 게다가 당인이 석방되던 그해에 환제가 죽고 12세의 어린 영제(靈帝)가 즉위하면서 외척 두씨가 득세하게 되었다. 두태후의 아버지로 대장군이 된 두무(竇武)는 외척이자 호족의 대표였다. 진번 등이 그를 찾아가 환관을 주살할 것을 건의했다. 그러나 사전에 발각되어 두무는 자살하고 진번은 살해되었다. 이어 대대적인 주살과 숙청이 이어졌다. 이응을 포함하여 100여 명이 살해되고 금고를 당한 이는 600~700명이나 되었다. 연계된 당인뿐 아니라 그의 친인척까지 모두 금고 처분을 받았다. 일단 당고의 화로 사인들의 기를 꺾어놓았지만 이로 인해 민심은 이반하는 결과를 가져왔다. 184년 황건(黃巾)의 난이 일어나자 조정은 황건의 군대가 사인들과 접하여 세력이 커질 것을 우려하여 당고의 금을 해제했다. 그러나 환관들의 세력이 약화된 것은 결코 아니었다. 그들은 아무런 공도 없이 황건의 난이 평정됨과 동시에 또다시 열후로 봉해졌다. 사인들의 원한은 하늘 끝까지 닿았지만 아직 때가 아니었다.

효렴, 명경 등으로 인재를 선발

동한의 관료는 주로 중앙의 고위 관리나 지방의 태수 등의 추천으로 선발되었다. 이를 선거(選擧)라 하는데, 과목으로 직언(直言)·명경(明經)·유도(有道)·무재(茂才)·효렴(孝廉) 등이 있었다. 특히 중시된 것은 효렴과(孝廉科)였다. 자연 당시 지식인들의 기풍은 효행과 청렴을 최고의 가치로 존중하는 쪽으로 흘렀다. 동한 후기 환제와 영제 시기에 이르러 조정이 혼란해지자 "수재로 천거된 사람이 글을 읽지 못하고, 효렴에 선발된 이가 부모와 별거하며, 청렴결백하다는 이들이 진흙처럼 때가 묻고, 훌륭한 장수란 것이 닭처럼 겁이 많았다"(『포박자抱朴子』『심거審擧』)라고 할 정도로 부패했으나 동한 중기만 해도 결코 그렇지 않았다. 예를 들어 화제가 죽은 뒤 등태후 일족이 장자인 유승을 제쳐놓고 어린 유릉을 즉위시키자 이에 반하여 반란을 모의하다 결국 사전에 발각되어 자살한 주장(周章)과 같은 기백 있는 선비가 있었고, 또한 양진(楊震)과 같은 청렴한 관리가 있었다. "하늘이 알고 땅이 알고 나도 알고 그대도 안다. 어째서 아는 자가 없다고 말하는가?" 황금 열 근을 뇌물로 가져온 자가 "한밤중이라 아무도 모를 것입니다"라고 하자 양진이 그를 꾸짖으며 한 말이다. 이들의 뒤를 이은 것이 그후 당고의 화에 죽음을 당하게 되는 이응, 진번, 진식 등 효렴 출신의 관료, 사인들이었다.

A.D.175~183년

175년 ▶ 채옹(蔡邕)의 글씨로 새긴 석경(石經)을 태학문 밖에 세움. 군국(郡國) 7개 지역에 물난리 발생.
176년 ▶ 당고의 금이 더욱 엄격해짐. **태평도**가 급속히 확산되면서 장각(張角) 몇 차례에 걸쳐 체포됨.
179년 ▶ 역병 유행.
182년 ▶ 역병 유행. 명의(名醫) **장중경** 활약.
183년 ▶ 여름에 한해 발생.

■ 그 무렵 우리는…
179년 고구려, 고국천왕이 즉위함.

■ 그 무렵 외국은…
174년 로마, 마르쿠스 아우렐리우스 황제가 『명상록』을 저술함.
177년 로마, 갈리아 지역의 그리스도교도를 박해함.

태평도 ─ 부적과 주술로 일어나다

후한 말기에 들어서자 마치 앞날을 예시하듯 자연 재해가 몰려왔다. 특히 황하가 화북 평원을 감싸안고 들어가는 황하 중류 기주(冀州) 지방은 더욱 심했다. 당시 그곳은 호족들이 많이 살고 있던 풍족한 땅이었으나 자연 재해는 오히려 더욱 심한 수탈과 탄압을 몰고 왔으며, 이로 인해 백성들은 기아와 질병으로 사방을 떠돌아다닐 수밖에 없었다. 게다가 당시 조정은 당고 사건으로 환관들이 유가 관료들을 철저하게 탄압하는 상황이 벌어지고 있었다. 이러한 상황에서 태평도(太平道)가 들불처럼 타올라 사방으로 확산되고 있었다. 본래 태평도는 산동, 하북, 하남 일대에 거하면서 '대현양사(大賢良師)'라고 자칭하고 구절장의 지팡이를 짚고 다니면서 부적을 집어넣은 물이나 주술 등을 통해 백성들의 병을 치료했던 장각(張角)이 조직한 집단이다. 그는 후한 중엽부터 산동 지방에 전해졌다는 『태평청령서(太平淸領書)』를 손에 넣어 이를 바탕으로 교의를 편찬했다고 하는데, 태평도의 명칭은 여기에서 유래한다. 장각은 36방을 설치하고 각기 거사(渠師)를 두었으며, 큰 방에는 1만여 명, 작은 방에는 7000여 명을 조직하여 두었다. 이것이 10여 년 간 지속되면서 확장을 거듭했는데, 이는 기존의 무술·방사들이 조직적인 종교 단체로 전환하고 있음을 드러내는 것이라 할 수 있다. 그렇기는 하지만 아직 일정한 경전이나 신보(神譜) 등을 갖춘 성숙한 종교 집단이 된 것은 아니었다. 태평도는 그 뿌리를 오두미도(五斗米道)에 둘 수 있다.

갑자년, 곧 중평 원년(184) 2월 태평도는 전국적으로 일제히 봉기하여 자신들의 소리를 내기 시작했다. 그들은 황색 두건을 쓰고 있었기 때문에 '황건의 난'이라 일컬어졌다. 그러나 그들은 농민 집단이었을 뿐이고, 실제로 죽음을 견딜 수 있다고 여겼던 주술과 부적은 관군의 예리한 칼날에 무용지물이었다. 각지에서 봉기한 황건군은 황보숭(皇甫嵩), 주준(朱儁) 등 관군에 패퇴하여 그해 11월 항복하고 말았다. 비록 1년도 못 되어 진압되고 우두머리인 장각 또한 죽고 말았지만 그것이 완전한 소멸을 뜻하는 것은 아니었다. 수년 후 청주, 서주 등지에서 다시 황건군이 일어나니 아직 그들의 바람은 소멸된 것도 소멸될 것도 아니었던 것이다.

의성 장중경

장중경(張仲景)은 후한 말기 의학자로 생존 연대는 미상이다. 본명은 기(機), 남양(南陽) 열양(涅陽: 하남성 남양) 사람이다. 그는 당시 유행하던 역병에 일가족을 잃는 참담한 지경에서 힘써 의학에 관한 옛 가르침을 배우고 온갖 처방을 두루 채취하여 불후의 의학 명저『상한잡병론(傷寒雜病論)』을 편찬했다. 그는『황제내경』의 의학 이론과 치료 방법을 결합시켜 의학 이론과 치료 원칙, 처방, 약처방 등을 하나로 통합시켜 중의학의 임상학에 토대를 마련했다는 평가를 받고 있다. 그의『상한잡병론』은 이후「상한론」과「금궤요략(金匱要略)」두 부분으로 나누어져 유전되었는데, 주로 급성 전염병과 내과와 부인과의 급·만성 질병의 치료 방법 등을 제시하고 있다. 장중경은 모든 병의 병위(病位)를 두 가지로 나누어 설명했는데, 특히 열병에 관해서는 기존의 논의에서 볼 수 없는 견해를 제시했다. 그에 따르면 열병은 풍(風)·한(寒)·서(暑)·습(濕)·조(燥)·우(雨)의 육기(六氣)에 의한 것이 아니라 자연계의 특수한 병을 일으키는 물질에 감염되었기 때문이라고 했다. 그는 이것을 이기(異氣), 잡기(雜氣), 여기(戾氣)라고 부르고 주로 입과 코를 통해 전염된다고 설명했다. 아울러 이를 치료하기 위해서는 거사(祛邪: 사악한 것을 없앰)가 가장 중요하며, 땀을 내고 토하거나 설사를 하도록 도와주는 약제를 달여 먹는 것이 좋다고 했다. 후세에 장중경은 의성(醫聖)으로 추앙받았으며, 중국 의학은『황제내경』과『상한론(傷寒論)』을 바탕으로 발전해갔다.

남월

진(秦)나라 말 한(漢)나라 초기의 혼란을 틈타 조타(趙陀)가 광동(廣東)·광서(廣西)의 양성(兩省)과 베트남 북부 지역에 세운 나라(B.C. 203~B.C. 111). 진시황제는 남중국을 평정하고 그곳에 남해(南海)·계림(桂林)·상(象)의 3군(郡)을 설치하였다. 시황제가 죽은 후 내란이 일어나자, 남해군위(南海郡尉)를 대행한 용천현령(龍川縣令) 조타가 B.C. 203년에 지금의 광동성 광주시(廣州市)에서 독립을 선언하고, 진나라의 멸망과 함께 계림·상의 2군을 합쳐 남월국(南越國)을 창건하고 무왕(武王)이라 칭하였다. 중국을 통일한 한나라는 회유책을 써서 조타를 남월왕으로 봉(封)하였다. B.C. 137년에 조타가 죽고 그의 손자인 호(胡)가 뒤를 이어 왕위에 오르면서 남월에 대한 한나라의 압박이 점차 강화되었다. 호의 뒤를 이어 손자 흥(興)이 왕위에 올랐으나, 남월에 내란이 일어나 재상 여가(呂嘉)가 권력을 장악하고 한에 입조(入朝)하려는 왕과 왕모(王母)를 살해하였으며, 또한 한의 사신까지도 죽인 뒤 흥의 이복형인 건덕(建德)을 옹립하여 한에 대항하였다. 이에 한 무제는 남월 토벌을 결심하고, 복파장군(伏波將軍) 노박덕(路博德)과 누선장군(樓船將軍) 양복(楊僕)을 지휘관으로 삼아 대군을 급파하여 남월을 공략하였다. 드디어 B.C. 111년 한군은 남월의 국도를 함락하고 그곳에 9군(郡)을 설치하였다. 이로써 남월은 5대 93년 만에 멸망하였다.

184년 ▶ 2월 황건(黃巾)의 난이 일어남. 조정, 당고의 금 해제. 조정에서 파견한 황보숭(皇甫嵩)과 주준(朱儁), 동탁(董卓)의 군대에 의해 황건군 대패. 이후 장각을 비롯한 우두머리들이 전사하거나 병사함으로써 황건의 난 평정됨.

185년 **황건의 난**을 평정한 공으로 환관들 열후로 봉해짐. 청주(靑州)·서주(徐州) 등지에서 황건군 잔여 세력 봉기. 이 즈음에 **5언시**와 **7언시**가 발달하였다.

■ 그 무렵 우리는…
고구려, 후한의 요동태수가 침입해 왕자를 보내 막게 했으나 실패하자 고국천왕이 직접 군대를 이끌고 격파함.

■ 그 무렵 외국은…
185년 인도, 쿠산왕조 바스데바 1세가 즉위함.

황건의 난

머리에 누런 두건을 써서 황건(黃巾)이라고 불렸던 이들이 반란을 일으킨 것은 대략 동한 후기인 7,80년 쯤이었다. 외척과 환관의 발호, 관료의 무능, 조정은 내분으로 대립이 끊이질 않았고, 엎친데 덮친 격으로 천재지변이 계속되어 굶어죽는 백성이 늘어나고, 유민(流民)이 그치질 않았다. 순제(順帝) 때 사람, 우길(于吉)은 장수(長壽)를 설하는 『태평청령서』를 저술하였는데, 영제(靈帝) 때 장각(張角)이 우길의 가르침과 민간의 신앙 등을 종합하여 태평도(太平道)라는 종교를 만들고, 자칭 대현량사(大賢良師)라고 불렀다. 그는 '부수(符水)'를 이용하여 사람들의 질병을 치료하는 한편 각지로 제자를 파견하여 뭇 백성을 포교하였다. 장각은 근 30여 만 명의 신도를 모아, 전국을 36방(方)의 교단으로 조직하였다. 각 방은 단순히 종교 조직이 아니라 군사적, 정치적 조직이기도 했다. 조정의 강제로 해산시키려고 하자 장각은 스스로 천공(天公)장군이 되고, 두 아우를 지공(地公)·인공(人公) 장군으로 임명한 후 마침내 봉기하였다. 이후 조정에서 진압군이 파견되고, 장각마저 죽게 되자 황건의 세력도 점차 쇠퇴하였다. 그러나 연이은 농민 봉기로 인해 한나라를 멸망의 길로 접어들게 되었다.

5언시

중국 시가의 시체는 1언부터 다언(多言)까지 자유로운 형식을 지니고 있다. 그러나 중국 시체의 정형은 5언과 7언 시가 대표한다고 말할 수 있다. 『시경』에서 비롯된 4언, 잡언시나 한·위 시대에 생겨난 고체시(古體詩, 일명 고시古詩)에 4언, 5언, 6언, 7언 시 등 다양한 시체가 세상에 선을 보이면서 먼저 5언시가 정형화되기 시작했다. 특히 소명태자(昭明太子) 소통(蕭統)의 『문선(文選)』에 수록된 「고시십구수(古詩十九

首)」는 5언시의 시조로 근체시(近體詩)가 나오기 전까지 절대적인 영향을 끼쳤다. 근체시로서 5언시는 시가의 정형미와 더불어 음악성과 시각성을 최대한 발휘할 수 있으며 무엇보다 함축적인 맛을 드러내는 데 이점이 있다.

7언시

7언시는 매 구 7자로 된 시가로서 그 추형은 서한 시대 민간 가요에서 살필 수 있다. 7언체 시가는 한나라 무제(武帝) 때의 「백양대시(栢梁臺詩)」나 조비(曹丕)의 「연가행(燕歌行)」 등에서 보이나 후세의 정형화된 7언시, 즉 근체시로서 7언체 시가와는 다르다. 당대(唐代)에 들어오면서 위진남북조 시기에 축적된 시가의 형식미에 관한 규율이 점차 일정한 정형이 되어 이른바 근체시라고 부르는 정형시 형식이 확정된다. 운율에 있어 7언시는 5언시와 마찬가지로 평측(平仄: 평平·상上·거去·입入 사성 중에서 길고 평탄한 평성을 평, 짧고 촉급한 상·거·입을 측이라 한다)을 가지고 율조를 맞추며, 다만 압운의 경우는 제1구에 압운하지 않는 5언시와는 달리 첫 구에 압운하는 것을 원칙으로 한다. 율시(律詩)의 경우 2구를 1연(聯)으로 하여 제1연부터 기련(起聯)·함련(含聯)·경련(頸聯)·미련(尾聯)으로 구분하는데, 특히 함련과 경련은 반드시 대구(對句)를 이루어야 한다. 이에 반해 절구(絶句)는 기승전결로 나누며 제1, 2구와 제3, 4구가 대구를 이룬다. 근체시는 절구와 율시로 나눌 수 있다. 절구는 4구로 된 짧은 시가로 5언과 7언 위주이며 6언체도 있다. 그러나 율시는 기본적으로 5언이나 7언의 8구로 이루어져 있으며, 이것이 더욱 확대된 것이 배율(倍律)이다.

가와 행

위나라 이후의 시가에 보면 '가(歌)'나 '행(行)'으로 끝나는 시가 제목을 흔히 볼 수 있는데, 이는 원래 악부(樂府)의 노래를 본떠 지은 시가에 붙이던 것이다. 그러나 악부시와는 달리 구법(句法)이 질서 정연하고 음절과 격률이 자유로우며 일반적으로 5언과 7언, 그리고 잡언의 고체시로 때로 음악에 어울려 노래부를 수 있게 만든 것이다. 왕창령(王昌齡)의 「종군행(從軍行)」은 그 대표적 예라 할 수 있다.

188년 ▶ 여남(汝南)에서 황건군 봉기. 주목제(州牧制) 시행.
189년 ▶ 영제 죽고, 소제(少帝) 즉위. 외척 하진(何進)이 환관을 주살하고 자 했으나 실패하고 살해됨. 원소(袁紹), **환관** 1000여 명 살해. 동 탁, 입조하여 소제를 폐하고 **헌제** 옹립.
190년 ▶ 원소를 맹주로 하여 반동탁(反董卓) 동맹 결성. 동탁, 헌제를 대 동하고 장안으로 도주.
192년 ▶ 동탁, 부하에게 암살되고 조정은 혼란에 빠짐. 청주 황건군 100 만이 연주(兗州) 약탈. **조조**, 제북에서 청주 황건군 패퇴시키고, 잔 여 황건군을 자신의 군대에 편입시킴.

■ 그 무렵 우리는…
191년 고구려, 을파소(乙巴素)를 국상 (國相)으로 삼아 정책을 맡김.

■ 그 무렵 외국은…
189년 시나이 반도, 사라센족이 처음 으로 역사에 등장함.
192년 로마, 코모두스 황제가 나르키 수스에 암살당함. 네 황제가 난 립하는 혼란이 계속됨.

환관, 대대적 주살

영제(靈帝)에게는 정실의 황태자는 모두 어려서 죽고 백정의 딸이라고 하는 하씨(하황후何皇后)가 낳은 황자 변(辯)과 후궁 왕 씨(王氏)가 낳아 영제의 생모 동태후(董太后)가 기른 황자 협(協) 이 있었다. 당시의 황제는 환관의 득세로 더 이상 한 제국의 영광 을 이어갈 절대 권력이 아니었다. 그럼에도 황제의 자리는 중요 했다. 특히 그 주변의 인물들에게는. 영제가 황태자를 지명하지 않고 죽자, 먼저 손을 쓴 것은 변씨 쪽이었다. 당시 변의 후견인 은 환관으로 최고의 자리에 오른 건석(蹇碩)이었다. 그는 변을 옹 립하기 위해 하태후의 측근을 정리하고자 했다. 그러나 누이동생

환관의 모습을 묘사한 그림

덕에 대장군의 자리에 오른 하진(何進)이 이를 눈치채고 영제 사후 이틀 만에 변을 즉위시켜 광희(光熹)로 개원했다. 이제 건석을 포함한 동씨 측근이 주살될 차례였다. 그럴 때 누대로 삼공을 배출한 바 있는 사인(士人)의 대표격 원소(袁紹)가 환관 주살 을 청원했다. 위기감을 느낀 환관은 동태후와 그의 오라비인 차기장군(車騎將軍) 동 중(董重)에게 의지했다. 그러나 하진은 동중을 죽이고 동태후마저 스스로 목숨을 잃 도록 만들었다. 그러나 하진은 적대 세력인 환관을 완전히 제거할 수 없었다. 이미 권 좌의 맛을 본 하태후가 섭정을 위해서는 환관의 존재가 필요하다고 요청한데다 동생 하묘와 어머니 무양군 등이 환관의 뇌물에 녹아 있는 상태였기 때문이다. 할 수 없이 하진은 다시금 원소와 동탁(董卓) 등의 힘을 빌리려고 했다. 그들의 입성을 기다리던 그는 환관에게 목이 잘렸다. 그리고 먼저 도착한 원소가 사촌 동생인 원술과 궁문을 치고 들어가 마침내 모든 환관들을 주살하기 시작했다. 수염이 없는 이들은 모조리

살해되었다. 궁정을 탈출한 황제와 그의 동생 협은 재수 없게도 동탁과 마주쳐 그의 노리개가 되는 운명에 처하게 되었다.

헌제 ─ 한나라 마지막 황제

소제(少帝)와 그의 동생 협을 손아귀에 넣은 동탁은 자신의 권세를 시험하여 소제를 폐립시키고 동생 협을 옹립했다. 한나라 마지막 황제 헌제(獻帝)는 이렇게 생겨났다. 원소를 맹주로 한 반동탁군(反董卓軍)이 결성되고 있을 때, 동탁은 스스로 태위가 되더니 곧이어 상국(相國)의 자리에 올랐다. 군권을 포함한 모든 실권을 장악한 동탁에게 헌제는 황제가 아니었다. 그는 칼을 찬 채로 황제의 자리에 다가설 수 있었을 뿐더러(劍履上殿), 종종걸음을 치지 않아도 되었다(入朝不趨). 그리고 황제는 경칭이 제거되고 대신에 그의 이름에 경칭이 붙게 되었다(贊拜不名). 그러나 동탁은 지나치게 많이 죽였다. 폐제 유변(劉辯), 하태후, 그의 어머니 무양군은 물론이고 숱한 인명을 살상했으며 아울러 헌제를 장안으로 옮기고 낙양을 파괴하기 시작했다. 황제는 아무런 말도 하지 못하고 그저 장안으로 떠났다. 그러다 마침내 동탁이 여포(呂布)의 손에 죽었다. 그러나 헌제는 여전히 동탁 부하들의 각축장이 된 장안에서 그저 있다가 다시 조조(曹操)의 손에 들어가 그의 호위를 받게 된다. 천하의 실권이 바뀌면서 그의 거처도 덩달아 바뀌고 있었던 것이다. 220년 조비(曹丕)에게 선양될 때까지 헌제는 조씨의 집안에 있는 황제였다. 한때 외척인 동승(董承)이 그의 이름으로 유비(劉備)에게 밀조를 내려 '조조를 칠 것'을 당부했는데, 그 일로 유비는 도망가고 그의 의동생 관우(關羽)는 조조에게 포로가 되었다. 헌제는 그만큼 믿을 데가 없었던 것이다.

호과(胡瓜)·호초(胡椒)·호마(胡麻)…… '호(胡)'라는 글자가 갖는 의미

호(胡)는 중국에서 봤을 때 외국인, 주로 북방이나 서방의 민족을 가리킨다. 한나라 무제 시대 서역과의 교통이 열리면서 그때까지 중국에는 알려지지 않았던 식물이나 기구가 서방으로부터 유입되었다. 그래서 새로 들어온 것에는 중국 원산 중에 비슷한 것 위에 '호(胡)'라는 글자를 붙여서 불렀다. 식물에는 다음과 같은 것이 있다.

호과(胡瓜) - 오이   호초(胡椒) - 후추나무·후추
호도(胡桃) - 호두나무·호도   호마(胡麻) - 참깨

또 악기에는 호가(胡笳), 호궁(胡弓) 등이 있다. 이것을 연주하는 호인(胡人)은 당나라 시기에 이르러 많이 들어왔다. 장안(長安)의 남자들에게 관심의 대상이 되었던 호희(胡姬)는 눈이 파란 이란계 여성을 말한다. 중국에는 예부터 걸터앉는 풍습이 없었다. 집안에 상(床 혹은 牀), 즉 침대를 설치하고 그 위에 눕거나 앉거나 하였다. 그런데 서방으로부터 걸터앉는 기구(의자)가 전해지면서 이것을 호상(胡床) 또는 호상(胡牀)이라고 불렀다. 집안에서 호상에 걸터앉는 풍습은 남북조를 지나 수당 시대에 이르러서는 보편화되었다.

돈황 제432 석굴의 삼존불의좌상(三尊佛倚坐像)

제4장 위진 남북조(魏晉南北朝)

　　동한 말년에 황건적의 난이 발생하면서 새로운 정권 창출을 위한 각축전이 벌어졌다. 천하는 위(魏)·촉(蜀)·오(吳) 삼국(三國: 220~280)의 정립(鼎立) 단계에서 불안정한 통일기였던 위진(魏晉: 220~420) 시기를 거쳐 남북조(南北朝: 420~589)의 분열로 나아갔다. 삼국은 길고 긴 분열의 시대를 열었으나 다른 한편으로 중국 민족간의 대융합의 기점이 되기도 했다. 삼국을 통일한 나라는 조씨(曹氏)의 위(魏)나라였다. 그러나 곧 신하였던 사마씨(司馬氏)에게 정권이 넘어가 서진(西晉: 265~316) 시대가 막을 열었다. 291년 사마염(司馬炎)이 사망한 후 발생한 '팔왕(八王)의 난'을 시작으로 사마씨 집단은 장장 16년간의 대학살을 경험하면서 크게 위축되었고, 이를 틈타 북방 민족들이 강성해지면서 독립을 선언하였다. 급기야 흉노의 군대가 서진의 수도 낙양을 폐허로 만들고 회제(懷帝)를 포로로 잡는 일이 벌어지기도 했다. 결국 서진의 관민은 강남으로 도피하여 새롭게 시작할 수밖에 없었다. 이런 와중에서 서진 시대 사람들은 유가 대신 도가를 선택하여 현학(玄學)이란 새로운 학문을 창출하였고 문학이 크게 발전하였다. 또한 토착 민간 신앙인 도교가 발흥하기 작했으며, 불교가 새롭게 전래되면서 어둠 속에서 새로운 문화의 불씨를 잉태하기에 이른다.

　　420년 비천한 사족(士族) 출신 유유(劉裕)가 동진을 대신하여 칭제하고 건국하니, 그것이 송(宋)나라다. 당(唐)나라 이후의 송나라와 구분하기 위해 유송(劉宋)이라고 부르는데, 건양(建陽)을 도읍지로 삼았다. 그러나 단명하여 정권은 제(齊)·양(梁)·진(陳)으로 계속 넘어갔다. 역사는 이를 남조(南朝)라고 부른다. 북조(北朝)는 한족이 아닌 북방 민족의 정권이었다. 선비족 척발씨(拓跋氏)가 건립한 북위(北魏)를 시작으로 우문씨(宇文氏)의 북주(北周)가 북방을 재통일할 때까지 다섯 개의 왕조가 흥망성쇠하였다. 정치적 불안정과는 반대로 문학은 물론이고 특히 문학 이론이 크게 발전하여 시가(詩歌)의 흥성기를 준비하였다. 북방과 남방의 문화가 교류하면서 중화 문명은 한층 더 풍성해졌다. 불교는 정권의 도움으로 더욱 융성하여 막고굴, 용문 석굴, 운강 석굴 등 찬란한 불교 문화를 꽃피우기 시작했다.

A.D.196~205년

196년 ▶ **조조**, 헌제를 허(許: 하남성 허창현許昌縣)로 옮기고, 허창 일대에서 **둔전** 실시.
197년 ▶ 조조, 원술 격파.
200년 ▶ 손책(孫策) 사망하고 동생 손권(孫權) 계승. 조조, 하남의 관도(官渡)에서 원소를 격파. 유학자 **정현** 사망.
205년 ▶ 조조, 화북 일대 평정.

■ 그 무렵 우리는…
198년 고구려, 환도성(丸都城)을 쌓음.
199년 가야, 수로왕이 죽고 거등왕이 즉위함.
203년 고구려, 국상(國相) 을파소(乙巴素) 사망함.

조조

조조(曹操: 155~220), 자는 맹덕(孟德), 패국(沛國: 안휘성 박현亳縣) 출신이다. 20세에 효렴에 천거되어 벼슬에 나간 뒤 초평 원년 동탁의 반란군을 진압하는 전투에 참가하면서 두각을 나타내기 시작했으며, 초평 3년에는 청주 황건군의 투항을 받아들여 이들로 청주병(靑州兵)을 조직함으로써 정치·군사적 역량을 확장할 수 있었다. 건안(建安) 원년(196)년 헌제를 납치하여 허창(許昌)에 천도함으로써 황제의 명의로 자신의 세력을 더욱 굳건하게 만들 수 있었다. 당시 지금의 하북성 경내에 있는 기주(冀州)와 유주(幽州)에 거점을 두고 있던 막강한 원소(袁紹)의 군대와 관도(官渡)에서 싸워 대승하여 마침내 황하의 중·하류 유역을 세력권 아래에 두었다. 이후 북쪽의 오환(烏桓)을 격파하고 요동태

조조

수 공손강(公孫康)을 복종시켜 북방을 통일했다. 208년 직접 대군을 이끌고 남하하여 형주를 공략하는 한편 손권(孫權)을 위협했다. 그러나 적벽(赤壁) 전투에서 손권과 유비의 연합군에 대패하여 북방으로 철수했다. 216년 위왕(魏王)에 오른 그는 220년 낙양에서 사망했다. 조조는 재사(才士)를 아꼈는데, 게다가 그 스스로 문장이 얼마나 귀한 것인가를 체득하고 스스로 실천하고 있었기 때문에 더욱 많은 이들을 그의 곁으로 불러들였다. 재주만 있으면 천거하라는 뜻의 '유재시거(唯才是擧)'는 바로 그 기치였다. 건안칠자(建安七子: 건안 시대 조조의 막료들이자 조비와 더불어 시가를 읊었던 업하鄴下의 문학 집단)의 한 사람인 진림(陳琳)은 원래 원소의 모사로 조조를 비난하는 격문을 많이 썼지만 조조는 그의 문학적 재능을 아꼈고, 원소가 패망한 뒤 그를 받아들였다. 유비의 의동생 관우를 포로로 삼았다가 결국 놓아준 것 또한 마찬가지 이유

였다. 횡삭부시(橫槊賦詩: 창을 옆에 뉘어놓고 시를 짓는다)란 말의 주인공인 조조의 시가는 20여 수가 남아 있는데, 그 대표적인 작품으로 「단가행(短歌行)」「보출하문행(步出夏門行)」 등을 들 수 있다. 이외에 『손자략해(孫子略解)』『병서접요(兵書接要)』 등의 병법서와 산문 40여 편이 전해진다. 그는 자신의 두 아들 조비(曹丕), 조식(曹植)과 더불어 삼조(三曹)로 일컬어져 중국 문단사에 길이 이름을 남겼으며, 건안칠자의 실질적 주최자로 특히 4언시에 능했다.

둔전제

동탁이 살해되고 난리가 종식되었지만 그의 부하들이 난립하여 싸우고 있던 장안은 또다시 폐허가 되었다. 동탁의 난리가 종식된 이후 건안 원년(196), 조조는 헌제를 맞이하여 허창에서 낙양으로 돌아왔다. 그리고 그 즉시 하남성 허창을 시작으로 군대의 식량과 군비를 확보하기 위해 변방 지역의 병사들을 직접 경작에 종사하도록 했다. 이를 통해 조조는 북방 사회의 안정과 경제 회복을 촉진시킬 수 있었다. 둔전민(屯田民)은 국가의 전객(佃客: 소작인)에 소속되어 군대식으로 편제되었으며, 수확물의 절반 정도를 국가에 내야만 했다. 원래 오나라에서 광범위하게 실시되었던 이 제도는 이후 청대까지 지속된 중국의 대표적인 토지 제도 가운데 하나이다.

정현

동한 말기의 경학가인 정현(鄭玄, 127~200)의 자는 강성(康成)이며 고밀(高密: 산동성) 사람이다. 고문경의 대가이자 금문경에도 통달하여 수백 명의 제자를 길렀다. 당고(黨錮)의 화를 입은 이후에는 칩거하면서 저술 활동에 전념했다. 당고가 해제된 뒤 북해 태수 공융(孔融)의 예우를 받아 널리 학문을 떨쳤다. 한대 경학의 집대성자로 일컬어지는 정현은 '녹봉과 이익의 길'을 추구하는 세속적 효용에서 벗어나 순수한 훈고의 방식에 의한 경서해석학이라는 일대의 학술 체계를 수립한 순유(純儒)였다. 청대 고증학의 사표로 숭앙되었으며, 『모시전(毛詩箋=鄭箋)』『삼례주(三禮注)』『주역주』『시보(詩譜)』『박오경이의(駁五經異議)』 등을 편찬했다. 송대 주희(朱熹)의 학문과 더불어 정주학(鄭朱學)으로 일컬어진다.

> **건안**
> 건안(建安)은 원래 동한 헌제 유협(劉協)의 연호로 196년에서 220년에 끝난다. 그러나 일반적으로 건안 시대 또는 건안 풍상(風尙)이란 이 25년간뿐만 아니라 조비가 즉위하고 위나라 명제(明帝) 조예(曹叡)가 즉위한 태화 연간까지 포함하여 232년까지 전체 36년간을 말한다.

A.D.208~219년

208년 ▶ 조조, 승상이 됨. 적벽대전(赤壁大戰)—유비와 손권이 조조를 격파. 중국의 영토 3분됨. 약신(藥神) **화타** 사망.
215년 ▶ 조조, **오두미도**를 없앰.
219년 ▶ **유비**, 한중왕(漢中王)으로 칭함.

■ 그 무렵 우리는…
209년 고구려, 도읍을 국내성에서 환도성으로 옮김.
214년 백제, 말갈이 기병을 이끌고 술천(沭川)에 침입함.

■ 그 무렵 외국은…
214년 페르시아, 이 무렵 마니교 교조인 마니가 탄생함.

화타

한의(漢醫)의 특징 가운데 하나는 내과가 위주이고 외과는 그다지 발전하지 않았다는 점이다. 그런 점에서 후한 시대의 화타(華佗: ?~208)는 독특한 인물이다. 한의 외과의 비조로 알려진 그는 패국초군(沛國譙郡: 안휘성 박현亳縣) 사람으로 본명은 부(敷), 자는 원화(元化)이다. 젊어서 각지를 돌아다니며 의술을 배웠고, 이후 안휘 · 산동 · 하남 · 강소 등지에서 의술을 펼쳤다. 당시 불교가 성행하면서 인도 설화가 전해졌는데 거기에 나오는 화부(華敷)를 약신(藥神)으로 부르는 것을 따서 그를 약신으로 여겼고, 천축어로 '약(藥)'의 발음이 '화타(華佗)'에 근사하여 그를 '화타'라 칭하게 되었다. 『사기』의 기록에 따르면 그는 마비산(麻沸散)을 사용하여 마취를 시킨 다음에 외과 수술을 했다고 하는데 간단한 종기 제거는 물론이고 맹장 수술이나 내장을 절단하거나 잇는 수술에 이르기까지 고난도의 수술을 할 수 있었다고 한다. 『삼국연의(三國演義)』에서 관우가 독화살을 맞았을 때 치료를 맡은 이가 바로 그였다. 그는 이외에도 오금희(五禽戲)라는 신체 단련법을 개발하여 질병을 예방토록 했으며, 오보(吳普)와 번아(樊阿)라는 제자를 길러냈다. 그러나 조조의 시의(侍醫) 요청을 거절한 것이 단서가 되어 60여 세에 사망했다. 애석하게도 그의 처방전이나 수술법 등은 남아 있는 것이 없다.

오두미도 — 기아와 절망에서 벗어나기 위한 몸부림

'오두미도(五斗米道)'는 천사도(天師道)의 별칭인데, 장릉(張陵) · 장형(張衡) · 장로(張魯) 삼대가 "스스로 그 허물을 고백하며" "부적을 조작하는" 등의 방법을 통해 일반 백성에게 접근하여 조직한 종교 집단이다. 그들은 천사(天師), 계사(系師), 사사(嗣師), 삼녀사(三女師), 좨주(祭酒) 등의 직명을 만들고 촉 땅 일대를 근거지로 삼아 신도들을 24치(治)로 나누었다. 당시 사람들은 일반 백성은 물론이고 왕후장상을 포함한 사대부들 또한 술사와 방사들의 참언(讖言)에 익숙한 상태였다. 후한의 왕망이 거짓으로 부명(符命)을 이용한 것이나 한 무제 이후 여러 황제들이 방술에 미혹된 사실, 그리고 당시 사람들에게 전해졌던 이야기들 속에서도 이를 확인할 수 있다. 예를 들어 냉수광(冷壽光)이란 사람은 "항시 목을 굽히고 교식(鵠息: 도사의 도인법의 일종)을 행하여 수염은 완전히 하얗게 되었으나 몸은 3, 40세의 건강을 지니고 있어" 150세나 살았다고 하며, 비장방(費長房)이란 이는 신선의 술을 배워 능히 "만병을 치료할 수 있었고 백귀를 채찍으로 때리고 귀신을 몰아낼 수 있었다"고 하며, 간길(干吉)은 "정사를 세우고 향을 불사르며 도서(道書)를 읽고 부적과 정화수를 만들어 병을 치유하여" 오나라 사람들에게 신처럼 받들어졌다고 전해진다. 이러한 이야기들은 모두 재해와 전쟁, 그리고 이로 인한 질병과 기아에서 허덕이던 이들이 이러한 질곡에서 벗어나기 위해 신력의 도움을 받고자 하는 당시 사회적 심리를 반영하는 것이다.

유비

유비(劉備: 161~223), 탁군(涿郡)의 빈한한 집안 출신으로 자는 현덕(玄德)이다. 스스로 전한 경제의 황자였던 중산왕(中山王) 유승(劉勝)의 후손이라 자부했다. 유승은 아들이 120명이나 되었는데, 그들의 300년 뒤 자손들이란 이미 장삼이사에 다를 바 없었다. 그럼에도 그는 지는 태양에 비할 수 있는 한나라의 마지막 자락을 붙잡고 그것을 명분으로 일어선, 그리고 한의 부흥을 죽을 때까지 갈망한 포의지사(布衣之士)의 하나였음이 분명하다. 유비가 역사의 전면에 나선 것은 식객으로 있던 서주(徐州)의 주인 도겸(陶謙)에게 목(牧) 자리를 승계받은 이후이다. 이후 원술과 조조, 다시 형주(荊州)의 유표(劉表)에게 의지하던 그는 제

유비

갈량(諸葛亮)을 만남으로써 마침내 천하를 삼분하여 그 하나인 촉(蜀)을 건국하기에 이른다. 촉한(蜀漢), 역사가들은 그 나라를 삼국의 하나로 기억할 뿐 정통 왕조에 삽입할 것을 거부했다. 유비는 한때 천하를 삼분하여 그 한쪽을 지니고 있었던 패자에 불과했던 것이다. 그럼에도 촉의 유비는 오랜 세월 동안 기억되고 반추되며, 가끔씩 역사 무대의 주인공으로 재등장한다. 특히 『삼국연의』라는 통속 연의 소설로 주목받은 그는 장비(張飛), 관운장(關雲長), 조자룡(趙子龍), 그리고 와룡선생 제갈량과 하나가 되어 간웅 조조, 우유부단한 손권과 더불어 흥미로운 진영을 펼쳐 보인다. 소설을 통해 그들은 새롭게 태어난 셈이다. 역사서에서 유비의 지위는 미비하다. 그럼에도 그가 조조보다 더욱 기억에 남는 것은 아마도 신의, 우정, 명분, 자애, 겸손 등 삶의 미덕이 애틋함과 더불어 그의 한 몸에 기탁되어 그려졌기 때문인지도 모른다.

220년 ▶ **조비**, 헌제 폐위시킴. 후한 멸망. 조비, 문제(文帝)로 칭제, 낙양을 수도로 정함. **위나라 구품중정제** 실시. 조조 사망.
221년 ▶ 유비, 칭제(소열제昭烈帝)하여 촉(蜀)을 건국. 성도(成都)를 수도로 정함.
222년 ▶ 손권, 오(吳)를 건국. 위 · 촉 · 오의 삼국이 성립됨(~265)

■ 그 무렵 외국은…
222년 로마, 헬리오 가발루스가 살해되고 세베루스 알렉스드르가 즉위함.

조비

위나라 조조는 14명의 부인에게서 25명의 아들을 얻었는데, 세번째 부인으로서 정실이 된 변(卞)부인의 소생으로 4명의 아들이 있었다. 장남은 조비(曹丕: 187~226), 둘째는 조창(曹彰), 셋째는 조식(曹植), 막내는 조웅(曹熊)이었다. 조조는 조비와 조식을 후계자로 압축하고 천부적으로 시적 재능을 지닌 조식보다 냉철한 장자를 택해 후계자로 삼는다. 그가 바로 조비다. 자는 자환(子桓), 시호는 문제(文帝)이다. 건안 25년(220) 조조가 66세의 나이로 죽자 조비는 그 뒤를 이어 위왕에 올랐다. 그의 나이 34세였다. 같은 해 11월 헌제에게 선양을 받아 제위에 올랐으며, 국호를 위라 하고 연호를 황초(黃初)라 했다. 그러나 아우 조창은 급사하고 조식은 광인처럼 처신할 수밖에 없었으며, 다른 황족들도 몇 년마다 한 번씩 자신의 봉토를 달리해야만 했다. 이는 조조가 그랬던 것처럼 황실 종친들의 세력을 약화시킴으로써 황권을 강화하겠다는 정책의 일환에서 비롯된다고 할 수 있다. 그러나 이는 오히려 위나라 정권이 단명으로 끝나는 주된 원인이 되었다. 조비는 정치적 역량뿐만 아니라 글재주도 뛰어나 시가 40여 수가 남아 있다. 그의 저서로 『전론(典論)』 5권 중에서 현존하는 「논문(論文)」은 중국 문학 비평사상 최초의 문학 비평 문장으로 유명하다.

위나라

위(魏)나라(220~265)는 당시 중국에서 가장 풍요롭고 인구가 밀집한 지역인 섬서 평원과 낙양의 대평원을 거점으로 삼고 있었다. 조조가 죽은 뒤 조비, 곧 문제가 등장하는데, 그를 정점으로 하는 황족은 후한 시대에 형성된 대토지 소유자 집단의 세력과 밀접하게 연관되어 있었다. 최(崔), 하후(夏侯), 그리고 이후에 등장하는 사마씨(司馬氏) 등이 바로 그들이었다. 위나라 정권은 그들의 지지하에서 유지될 수 있었다. 문제 치세 말에 세력을 확장한 사마의(司馬懿)를 중심으로 사마씨의 득세는 어쩌면 예견된 것인지도 모른다. 문제가 죽자 명제(明帝: 226~239)가 즉위했다. 그는 자식이 없어 황족인 조방(曹芳)을 황태자로 임명했다. 겨우 8세인 조방을 세워놓고 명제는 조씨 일족인 조상(曹爽)과 사마의에게 후사를 부탁한다는 말을 남기고 재위 14년 만에 죽고 말았다. 자중하면서 기회를 엿보던 사마의에 비해 조상은 조씨 황권을 강화해야 한다

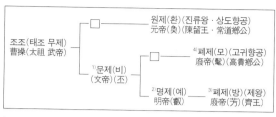

는 강박 관념에 조급하지 않을 수 없었다. 결국 사마의의 정변으로 조상 일파는 모두 주살되었다. 조상 편에 있던 현학가 하안(何晏)이 살해된 것도 바로 이때이다. 3년 뒤 사마의가 죽었다. 그러나 이미 세상은 사마씨의 것이었으며, 그 권세는 아들 사마사(司馬師)에게 넘어갔다. 대장군 사마사는 과감하게 황제 조방을 폐위시키고 문제의 손자인 조모(曹髦)를 옹립했다. 그 다음해 사마사가 죽고 아우인 사마소(司馬昭)가 사마씨 집안을 이어받았다. 조모는 그에게서 벗어나기 위해 애썼으나 결국 그의 손에 죽고 말았다. 꼭두각시 황제로 조환(曹奐)이 즉위했고, 사마소 자신은 상국인 진공(晋公)이 되고 다음해 진왕(晋王)에 올랐다. 조조가 후한 황제 밑에서 공(公)이 되고 다시 위왕에 즉위한 것과 똑같은 절차였다. 사마소가 죽자 사마염(司馬炎)이 승계했다. 그리고 조비가 그랬던 것처럼 선양을 받아 265년 새롭게 왕조를 여니, 그것이 바로 진(晋)이다.

구품중정제

위나라가 건국할 즈음 무엇보다 절실한 것은 전·후한의 복잡한 관직을 정리하고, 새로운 인재를 선발할 수 있는 새로운 제도였다. 이에 후한 시대 청의파의 대표격인 진식(陳寔)의 손자 진군(陳群)이 입안하여 '구품관인법(九品官人法)'이 마련되었다. 상상(上上), 상중, 상하, 중상, 중중(中中), 중하, 하상, 하중, 하하(下下)로 재덕과 명망을 9품으로 나누어 이부에서 추천·선발토록 한다는 것이 그 요지였다. 예를 들어 대승상(大丞相)이나 황월대장군(黃鉞大將軍)은 1품관, 차기장군(車騎將軍)·표기장군(驃騎將軍)은 2품관, 구경(九卿)·좌우복야(左右僕射) 등은 3품관, 자사(刺史)·교위(校尉)는 4품관이었다. 그리고 이러한 품계를 정하는 사람을 중정(中正)이라 불렀다. 초기에는 어느 정도 공정했으나 중정을 세족들이 맡은 관계로 이후에는 호문대족이 중앙 정계로 나아가는 출구 역할을 했을 뿐이었다. 그래서 '상품에 빈한한 가문 없고 하품에 문벌 귀족 없다(上品無寒門, 下品無勢族)'는 말이 유행하게 된 것이다. 구품중정제(九品中正制)는 새로운 지식인을 뽑기 위한 훌륭한 제도였으나 역시 사사로운 인간의 욕망에 뒤엉켜 결국 정권의 우환 거리가 될 수밖에 없었다. 남조(南朝)의 귀족 정치는 바로 이 제도에 의해 마련된 것이라 할 수 있다.

A.D.225~232년

225년 ▶ 제갈량, 남정(南征) 시작.
228년 ▶ 제갈량, 북벌(北伐) 시작.
229년 ▶ 대제(大帝) 손권 칭제, 건업(建業: 지금의 남경)을 수도로 정함.
232년 ▶ 문제의 동생이자 문인인 **조식** 사망.

■ 그 무렵 우리는…
232년 신라, 왜인이 침공하여 금성(金城)을 공격했으나 격파함.

■ 그 무렵 외국은…
230년 사산조 페르시아, 조로아스터교를 국교로 함.

조식

　조식(曹植: 192~232), 불우한 천재 시인. 아버지 조조와 형 조비는 천하를 호령하는 군왕이었다. 그러나 그는 서슬 퍼런 형 조비 앞에서 칠보시(七步詩)를 외워야만 했던 가냘픈 시인에 불과했다. 조식의 자는 자건(子建), 시호는 사(思)이다. 태화 6년(232) 진왕에 봉해져 세칭 진사왕(陳思王)이라 한다. 조조가 죽고 조비가 등극하기 이전까지 형을 능가하는 문학적 재능으로 아버지 조조의 총애를 독차지했던 그였다. 그러나 세자 책봉 때부터 악화되기 시작한 형과의 관계는 조비 등극 후 작위가 자꾸만 낮추어지는 식으로 표면화되기 시작했다. 조비가 죽은 뒤 그 아들 명제가 뒤를 이었으나 조식에게는 변함이 없었다. 오히려 조카 명제에게 「구자시표(求自試表)」를 올려 자신을 등용해줄 것을 간절히 청했으나 수용되지 않았다. 젊은 시절에 "내 비록 덕이 부족하나 제후가 되어 힘써 나라에 보답하고 백성을 보살펴 불멸의 업적으로 영원한 공을 남기고자 한다"고 자신의 정치적 포부와 이상을 밝혔던 그는 태화 6년 41세의 나이로 생을 마감했다. 그러나 그의 시가는 여전히 남아 그의 노래를 그대로 들려주고 있다. 그의 시가는 『시경』과 악부시의 뛰어난 전통을 이어받아 아름답고 풍성한 오언시 발전에 커다란 영향을 끼쳤으며, 이른바 건안 풍골(建安風骨) 형성에 크게 기여했다. 뿐만 아니라 산문과 사부 또한 뛰어난 문학적 성과를 보여주고 있다. 오언시에 관한 품평서인 『시품』

조식이 「칠보시(七步詩)」를 짓는 장면
조비가 조식에게 일곱 발자국을 걷는 동안 시 한 수를 짓지 못하면 참수하겠다고 하자 조식이 일곱 발자국을 채 걷기 전에 다음과 같이 읊었다.
"……콩을 삶는데 콩깍지를 태우니 콩은 가마 속에서 우는구나. 한 뿌리에서 나왔건만 어찌 이리 들볶는가?"
그러나 이 시는 『세설신어』에서 인용한 것으로 조식의 시문집에는 나오지 않는다.

의 저자 종영(鍾嶸)은 조식을 주공(周公)과 봉황에 비긴 적이 있으며, 당시 건안칠자 중에 으뜸이라는 칭찬은 이미 부지기수이다. 조식 자신은 "사부(辭賦=문학)는 작은 길[小道]일 뿐이다"라고 했지만 기실 그는 문학의 위대함으로 지금의 우리에게 남아 있는 것이다.

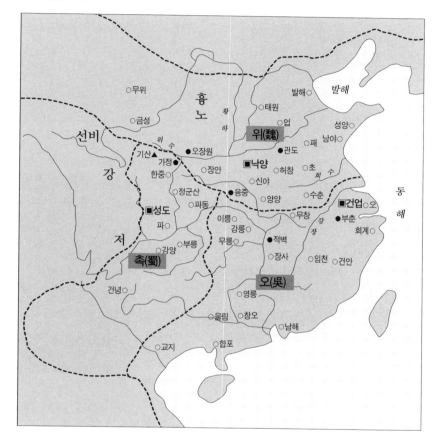

삼국 정립 시기의 주요 지도

출사표

출사표(出師表)는 군사를 이끌고 전쟁터로 출발하기 전에 임금에게 상주하는 문장을 뜻한다. 주나라 때는 군사 2천 5백 명을 일러 사(師)라고 했는데, 사라는 글자가 지금처럼 스승의 뜻으로 사용된 것은 대략 주나라 말기 사(師)와 부(傅)라는 관직이 설치된 이후라고 한다. 「출사표」 가운데 가장 저명한 문장은 역시 삼국시대 촉(蜀)나라의 재상이었던 제갈공명(諸葛孔明)의 상주문(上奏文)이다. 위(魏)를 토벌하기 위한 전쟁에 나서기 전 촉제(蜀帝) 유선(劉禪)에게 바친 문장으로 전후 두 편이다. 제갈량은 북벌(北伐)을 위해 전후 6차례 출사(出師)하였는데, 이를 일러 '육출기산(六出祁山)'이라고 한다. 「전출사표」는 처음 북벌에 임했던 227년에 쓴 것이고, 후편은 그 이듬해에 쓴 것으로 알려져 있다. 『삼국지(三國志)』 「제갈량전(諸葛亮傳)」과 『문선(文選)』에 실려 있으며, 천하의 명문으로 알려져 『고문진보(古文眞寶)』에도 수록되었다.

A.D.234~260년

234년 ▶ **공명**, 오장원(五丈原)에서 사망.
244년 ▶ 위나라 모구검(毋丘儉), 고구려 침략.
249년 ▶ 『노자주』를 쓴 **현학가 왕필**, 하안(何晏: 190~249) 사망. 사마씨 정권 장악.
252년 ▶ 오나라 손권 사망.
260년 ▶ 조조의 손자 조환(曹奐), 15세 나이로 명목상의 황제에 오름.

■ 그 무렵 우리는…
244년 고구려, 위나라의 관구검이 침략함.
260년 백제, 16관등과 공복 제정. 율령 반포.

■ 그 무렵 외국은…
241년 로마, 프랑크족이 처음으로 역사에 등장함.

공명

제갈량(諸葛亮: 181~234), 자는 공명(孔明)이고 낭야(琅邪) 양도(陽都: 산동성 기남沂南) 출신이다. 등현 융중산(隆中山: 호북성 양양襄陽)에 은거하고 있었기에 와룡(臥龍)이라 일컬어 졌다. 207년 유비의 삼고초려(三顧草廬)에 응하여 이른바 융 중대(隆中對: 형주와 익주를 손에 넣고 손권과 연합하여 조조를 물 리쳐 천하를 도모해야 한다는 건의)의 건의와 더불어 그에게 몸 바칠 것을 결심했다. 두보(杜甫)는 760년 성도(成都)에 머물면 서 제갈공명을 추모하며 쓴 「촉의 재상(蜀相)」이란 시에서 "삼고초려를 빈번히 한 것은 천하를 위한 헤아림이었고, 이대 의 왕업을 열고 이은 것은 늙은 신하의 마음이었다. 군사를 내 어 이기지 못하고 몸이 먼저 죽으니, 길이 영웅으로 하여금 눈

제갈량

물이 옷깃에 가득하게 하는구나"라고 읊었다. 제갈량은 유비를 도와 촉한 왕조를 건 립한 뒤 승상에 올랐으며, 수리 관개 시설을 건설하는 등 사천 지방의 생산을 발전시 키고 다른 한편 후방의 안전을 위해 귀주와 운남성의 소수 민족과 관계 개선을 도모 했다. 이른바 맹획(孟獲)을 일곱 번 잡아 일곱 번 놓아준 칠금칠종(七擒七縱)은 바로 이러한 사유에서 기인하는 것이다. 223년 유비를 이어 유선(劉禪)이 즉위한 뒤 오나 라와 연합하여 위나라를 치기 위한 북벌을 시도했으나 끝내 이루지 못하고, 234년 오 장원(五丈原)에서 위나라 대장 사마의(司馬懿)와 결전하던 와중에 병사하고 말았다. 문집 25권이 있었다고 하나 대부분 일실되고 『출사표(出師表)』등 천하의 명문 등이 남아 있을 뿐이다.

현학과 청담

한대(漢代) 유학이 참위화(讖緯化)되고 지나치게 번다해지면서 시대적 흐름을 수용할 수 없게 되었다. 또한 당시는 이른바 제2의 춘추 전국 시대라 할 만큼 군웅이 할거하면서 새로운 인재를 확보하기 위해 혈안이 되어 있었다. 집권자들은 충효보다는 재주를 중시했다. 이러한 내외적 요인들로 인한 사상적 공백을 메운 것이 바로 위진의 현학(玄學)이다. 현학은 『남사(南史)』 권 2 「송 본기」 '문제'에 현소학(玄素學)이란 명칭으로 처음 나오는데, 송(宋)나라 명제 때에는 이미 관학(官學)으로 중시되었다. 현학의 주된 학문 대상은 삼현(三玄), 곧 『노자(老子)』 『장자(莊子)』 『주역(周易)』이었다. 그 대표적인 인물은 왕필과 하안, 혜강과 완적을 들 수 있다. 그 주된 주제는 이상적 인격에 관한 것이나 천인지제(天人之際)에 관한 것을 포함한 본체에 관한 것(本體學)으로 그 바탕은 도가의 사상이다. 그러나 본체라고 하여 천지 만물의 기원이나 생성 문제를 다룬 것은 아니고, 천지 만물의 존재의 근거 문제나 존재의 궁극적 원인 문제를 해결하고자 했다고 말할 수 있다. 이러한 특정한 철학 개념과 범주로 구성된 일련의 철학 체계로서 현학은 위진 시기 여러 명사들의 대화나 논의에 중요한 논제가 되었으며, 그러한 풍조는 하나의 사회 현상이 되었다. 역사에서는 이를 청담(淸談)이라 부른다. 물론 청담에는 현학적 내용만 있는 것은 아니며 이른바 청담가들 또한 모두 현학가들은 아니다. 오히려 청담은 담론에 시구가 인용되는 등 문학적 분위기가 물씬 풍기며 당시 지식인들 사이에서 널리 유행하던 하나의 사회 사조라 할 수 있다.

『주역주』를 쓴 왕필

중국의 고전 가운데 뜻이 심오하면서 또한 그 내용이 간략하여, 이해하기 어려운 몇 가지를 고르라고 한다면 아마도 제일 먼저 거론되는 것이 『노자』 또는 『주역』일 것이다. 위진 시대에는 이 두 가지에 『장자』를 곁들여 '삼현'이라 칭했다. 현학의 중요 전적이기 때문이겠지만 다른 한편으로 이 세 권이 가장 현묘한 뜻을 지녔기 때문에 이렇게 불렸는지도 모른다. 왕필(王弼: 226~249), 한창 젊은 나이인 23세에 세상을 떠난 그는 바로 삼현 가운데 두 권인 『노자』와 『주역』에 대한 탁월한 주석본 『주역주(周易註)』 『주역약례(周易略例)』 『노자주(老子註)』 『노자지략(老子指略)』을 우리에게 남겼다. 왕필의 자는 보사(輔嗣)이며, 산양(産陽: 하남성 초작焦作) 사람으로 상서랑(尙書郞)의 관직을 지냈다. 그는 자신의 저서를 통해 이른바 위진 현학을 계도했는데, 하안과 하후현이 그와 함께했다. 왕필은 노장의 사상을 계승했다. 그러나 그들을 '유(有)의 세계'에서 벗어나지 못하는 이들로 단정짓고 있음에서 알 수 있듯이 기존의 관점에 얽매이지 않고 초탈함으로써 자신 나름의 경지를 보여주고 있다.

A.D.262~263년

262년 ▶ **죽림칠현** 가운데 한 사람인 **혜강** 사망.
263년 ▶ **완적** 사망. 촉의 후주(後主) 유선(劉禪), 위나라에 항복.

■ 그 무렵 우리는…
262년 백제, 명을 내려 관인(官人)으로
서 재물을 받은 자와 도둑질한
자는 장물의 3배를 징수하고 종
신토록 금고(禁錮)하게 함.

죽림칠현

　죽림칠현(竹林七賢), 위나라 정시(正始: 240~249) 연간에 활동했던 완적(阮籍), 혜
강(嵇康), 산도(山濤: 203~283), 유령(劉伶), 완함(阮咸), 상수(尙秀: 227~272), 왕융
(王戎: 234~305) 등 7명의 당시 명사(名士)들을 일컫는 말이다. 그들은 노장 사상에
바탕을 둔 현학에 몰입하는 한편 청담을 통해 세상을 비꼬았고, 자신들의 맑음을 통
해 세인들을 백안시(白眼視)했다. 한편으로 그들은 술에 기대어 삶을 취하도록 만들
었다. 시절이 어수선했기 때문이지만 노골적으로 드러낼 수 없음이 또한 그 시절의
특징이었다. 『세설신어』「임탄(任誕)」편은 「방정(方正)」편의 정반대 인물들이 진을
치고 있는데, 나체로 술 먹기를 좋아한 유령(劉伶), 예쁜 여인이 장사하는 술집에서
술만 먹으면 꼭 그 여자 곁에서 잤던 완적 등의 모습이 그대로 그려져 있다. 그들은
술로 파직된 필무세(畢茂世)라는 이가 "한 손에 게다리를 잡고 한 손에 술잔을 쥐어
술못[酒池]에서 허우적거리며 살면 일생에 족할 것이다"라고 말한 것처럼 술에 취해
한평생을 살고자 했다. 그러나 그들의 음주는 결코 단순한 이유만은 아니었다. 세상
사를 접어두고 표일(飄逸)하게 살고자 하는 바람과 도저히 멀쩡한 정신으로는 넘어
갈 수 없는 고통스러운 현실에 대한 절망에서 그들은 현학과 청담, 그리고 술에 빠지
지 않을 수 없었던 것이다. 그것은 그들 나름의 풍류였다. 그러나 현실은 결코 그들을
그대로 놔두지 않았으며, 그들 또한 한평생을 그저 죽림에 모여 술과 벗하고 있었던
것은 아니다. 그들 가운데 왕융 같은 이는 이부상서(吏部尙書)에서 사도(司徒)까지 최
고의 관직에 이르렀고, 이부상서 자리를 혜강에게 양보하려다가 오히려 절교당했던
산도 또한 76세의 나이에 상서좌복야(尙書左僕射)의 자리에 올랐다. 또한 혜강처럼
정치적 이유로 피살되기도 했다. 죽림에 누워 있으되 마음은 조정에 가 있음이었다.

혜강

　혜강(嵇康: 223~262)의 자는 숙야(叔夜), 초국(譙國: 안휘성) 질현(銍縣: 숙현) 사람

이다. 위나라 종실과 통혼하여 중산대부(中散大夫)에 올랐다. 그래서 혜중산이
라 부르기도 한다. 『세설신어·용지』에 보면, 그는 키가 7척 8촌에 뛰어난 풍채
를 지니고 있었다고 한다. 그래서 또한 죽림칠현 가운데 한 사람이었던 산도는
그의 사람됨을 평하여 "높기가 마치 높은 소나무가 홀로 우뚝 선 듯하고 술에
취하면 옥산이 장차 무너지려는 듯하다"고 했다. 그는 노장을 숭상하여 세상사
에 관심이 없는 듯했으나 사마씨의 찬탈에 반대하다 끝내 살해되고 말았다. 그
의 죽음은 시기심 많고 의리 없는 종회(鍾會)라는 인물의 모함 때문이었다. '시
대를 가볍게 여기고 세상에 교만하여 쓸모가 없다'는 것이 죽음의 이유였으니
과연 그답게 죽은 셈이다. 사상의 깊이가 남달랐고, 문학에 정통했으며, 음악에
도 조예가 있었다. 「유분시(幽憤詩)」등의 시가와 「성무애악론(聲無哀樂論)」등
의 산문이 있다. 『혜강집(嵇康集)』이 남아 있다.

혜강

완적

완적(阮籍: 210~263), 자는 사종(嗣宗)이며 진류(陳留: 하남성) 위씨(尉氏: 위
씨현) 사람이다. 건안칠자 가운데 한 명이었던 완우(阮瑀)의 아들로 혜강 등과
함께 죽림칠현으로 일컬어졌다. 일찍이 보병교위(步兵校尉)를 지낸 일이 있어
완보병(阮步兵)으로 불리기도 했다. 위나라 말기 세족 집단의 통치에 불만을
품고 있었다고 하나 득세한 사마씨 집단의 통제하에서 끝내 뜻을 펼 수 없었다.
쉽게 시비를 판단하거나 정치에 연루되지 않고자 했던 그는 고통과 불안의 세
상사에서 벗어나 문득 술에 취하여 미친 척했다. 그러나 속내는 여전히 꼿꼿하
고 굳었다. 그러기에 마음에 드는 벗을 만나면 청안(青眼)으로 대하고, 싫어하
는 이를 만나면 백안(白眼: 눈의 흰자위를 드러내는 것)으로 대하여 '백안시(白眼
視)'라는 고사를 만들어낼 수 있었던 것이다. 그는 슬픔과 고독 속에서 자신만의 감

완적

상을 노래했다. 「영회(咏懷)」라는 제목의 시 82수가 있으니 그 첫 수는 이렇게 시작한
다. "밤 한가운데 잠들지 못하고, 일어나 앉아 거문고를 탄다. 가는 발 너머로 달은
밝은데, 맑은 바람 내 옷깃을 스치누나. 외로운 기러기 들판에서 울며 지나고, 나는
새는 북쪽 숲에서 우짖는다. 방황한다 하나 무엇을 볼 수 있으리, 우수에 젖어 홀로
상심할 뿐인걸." 이렇듯 그는 어쩔 수 없는 상황에서 절망하고 있었다.

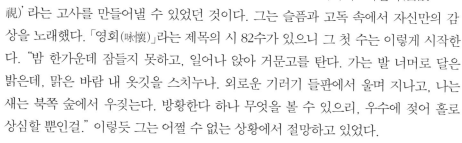

A.D.265~297년

265년 ▶ 사마소(司馬昭)의 아들 사마염(司馬炎)의 찬탈. 위나라 멸망. **진나라 건국**. 사마염, 무제(武帝: 재위 265~290)로 등극.
279년 ▶ 흉노, 유연(劉淵)을 장군으로 삼아 오나라 격파.
280년 ▶ **진나라 천하 통일**. 진나라 무제, 점전법(點田法)과 과전법(課田法) 시행. 진나라 태강(太康: 280~289) 연간 시작.
285년 ▶ **진수, 『삼국지』 완성**.
297년 ▶ 진수 사망

■ 그 무렵 우리는…
277년 백제, 진(晉)나라에 사신을 보내어 외교 관계를 맺음.
283년 백제, 봉의공녀(縫衣工女)를 왜에 파견함.
284년 백제, 아직기(阿直岐)가 왜에 가서 태자의 스승이 됨. 왜국에 서적을 보냄.
285년 백제, 박사 왕인(王仁)이 『논어』와 『천자문』을 왜에 전함.
293년 고구려, 모용씨가 침입함.

진나라 건국

동한 말 조조의 막하에는 지략이 뛰어난 모사 사마의(司馬懿: 179~251)가 있었다. 위나라 문제(文帝) 때 신임을 받아 원로 중신이 된 그의 자는 중달(仲達). 『삼국연의』에서 끝내 제갈량의 전술을 이기지 못하고 죽은 제갈량에게 쫓겨난 것으로 묘사된 사마중달이 바로 그 사람이다. 명제(明帝) 때 군권을 장악하게 된 그는 가평 원년(249) 정변을 일으켜 승상 조상(曹爽)을 죽이고 그 자리를 차지했다. 사마의가 죽은 뒤 그의 아들 사마소(司馬昭: 211~265)가 감로 5년(260) 위

사마의

나라의 폐제(廢帝)를 살해하고 조환(曹奐)을 제위에 올려놓았다. 그리고 경원(景元) 4년(263) 촉한을 멸망시킨 그는 진공(晉公)으로 자칭하다가 죽었다. 다시 그의 아들 사마염(司馬炎)이 위나라 원제(元帝) 함희(咸熙) 2년(265)에 위 왕조를 대신하여 칭제하고 국호를 진(晉)이라 했다. 함녕 6년 오나라를 멸망시켜 전국을 통일했으나 그가 죽은 뒤 전국은 다시 분열되고 혼란기로 접어들었다. 시호는 무제(武帝). 아버지는 문제(文帝), 할아버지는 선제(宣帝)로 시호를 추존했다. 역사에서 서진(西晉)이라 부르는 진나라는 무제가 사망한 이후 혜제, 회제, 민제로 이어져 316년 전조의 유총(劉聰)에 의해 멸망될 때까지 낙양을 도읍으로 삼아 52년간을 지탱했다. 이후 건무 원년(317) 사마예(司馬睿)가 진 왕조를 중건하여 도읍을 건강(建康: 강소성 남경南京)으로 삼으니 역사는 이를 동진(東晉)이라 부른다.

진나라 천하 통일

263년 촉의 후주(後主) 유선(劉禪)은 위나라 원정군의 대장 종회에게 투항했다. 유비와 유선 자신이 통치했던 43년이 촉의 전부였다. 그리고 위나라도 2년 후 망했다. 남은 것은 사마염의 진나라와 오나라뿐이었다. 당시 오나라는 손권(孫權)이 죽은 뒤 후사 문제로 황족과 조정 중신들이 패가 갈려 서로 죽고 죽이는 싸움을 계속하고 있었다. 촉이 멸망하고 남방의 교지(交趾: 북베트남)에서 반란이 일어나는 등 내외가 혼란한 시기에 오나라는 무지막지한 인간을 황제로 떠받들게 되었다. 『삼국지』 「오지(吳志)」에 이르기를 "흉악하고 완고하며 잔인하여 충간하는 자는 주살하고 아첨하는 자는 승진시켰으며, 백성을 혹사시키고 음란과 사치가 극에 달했다. 허리와 목을 잘라 백성에게 사죄함이 마땅하다"라고 하여 인간이 저지를 수 있는 온갖 악행의 표본처럼 보이는 이, 항복하여 시호가 없는 오나라의 마지막 황제 손호(孫皓)였다. 진나라는 280년에 쉽게 오나라를 제압함으로써 천하를 통일했다. 그러나 진나라 또한 그다지 평온한 것만은 아니었다. 특히 각지에 있는 왕자들이 각기 자신들의 군대를 가지고 있었기 때문에 황제의 권한은 축소되고 그들과 연합을 모색해야 할 지경에 이르렀다. 오나라를 멸한 진이 가장 먼저 전면적인 군비 축소를 결정한 것은 바로 이 때문이었다. 그러나 군대 해산과 무기 반납을 통한 군비 축소는 오히려 중앙 정부의 군사력만 약화시켰을 뿐이며, 왕자의 군대와 해산된 군인들에게 무기를 구입하게 된 북방의 흉노와 선비족의 무장을 강화시키는 결과를 초래했다. 이후 북조(北朝)의 이민족 통치는 이미 여기에서 예견된 것이었다.

진수, 『삼국지』 완성

진수(陳壽: 233~297)는 서진의 사학자로 자는 승조(承祚), 안한(安漢: 사천성 남충南充) 출신이다. 저작랑(著作郎)으로 있으면서 제갈량의 문집을 정리했고, 그 공로로 치서시어사(治書侍御史)에 올랐다. 그때 『삼국지(三國志)』를 편찬했다. 그의 『삼국지』는 전 65권으로 24사(史) 가운데 하나이며, 동한 말 군벌 할거 시대부터 서진이 오를 멸망시키기까지 약 90년간의 사적을 기술한 기전체 단대사다. 「위지(魏志)」 30권, 「촉지(蜀志)」 15권, 「오지(吳志)」 20권으로 구성되어 있다. 본기와 열전만으로 되어 있으며, 지와 표는 없다. 위나라를 정통으로 간주하고 있기 때문에 곡필이 없다고 할 수 없다. 남조 송나라 배송지(裵松之)가 주를 달았다. 원말 명초 나관중(羅貫中)의 소설 『삼국연의』의 바탕이 된 책이다.

A.D.300~303년

300년 ▶ **팔왕의 난**.
302년 ▶ 큰 홍수로 황하 유역과 회하 유역에 물난리가 일어남.
303년 ▶ **태강 문단**의 탁월한 문인 **육기** 사망.

■ 그 무렵 외국은…
300년 아르메니아, 그리스도교가 아르
메니아 지방에 전해짐.
303년 로마, 그리스도교도에 대한 최
후의 대박해를 시작함.

팔왕의 난

위대에서 진대로 정권이 교체된 것은 신하의 모반에 따른 궁정의 정변에서 기인한 것이었다. 서진(西晉)을 개국한 무제 사마염은 이를 방지하기 위해 동성의 왕들에게 봉국을 나누어주고 조정을 수호하도록 했다. 위나라가 황가의 종친들을 홀대한 것과 정반대되는 정책이었다. 290년 황음(荒淫)했던 무제가 죽었다. 그리고 태자 사마충(司馬衷)이 혜제(惠帝)로 등극했다. 혜제, 굶어죽는 백성들이 있다는 말을 듣고 밥이 없으면 고기를 먹으면 되지 않느냐고 반문했다는 백치 황제였다. 자연 외척이 발호하여 사마염의 황후 양태후(楊太后)와 그 아버지 양준(楊駿)이 공모하여 국가의 실권을 장악하게 되었다. 그러자 봉국의 사마씨들이 중앙 정부에 직접 참견하기 시작했다. 서막은 야심 많은 혜제의 황후 가남풍(賈南風)이 젊은 초왕(楚王) 사마위(司馬瑋)와 공모하여 양준과 그 일당 몇천 명을 죽이고 여남왕(汝南王) 사마량(司馬亮)으로 하여금 정사를 돕도록 한 데서 시작한다. 가황후는 사마위에게 사마량을 죽이도록 하고 오히려 살인죄를 적용하여 사마위를 죽인다. 더 이상 효용 가치가 없었기 때문이다. 거의 10여 년 간이나 가씨의 천하가 지속되었다. 그러나 가황후 또한 조왕(趙王) 사마윤(司馬倫)에게 죽고, 사마윤은 혜제를 태상황(太上皇)으로 몰아내고 자신이 제위에 올랐다. 이에 제왕(齊王: 사마경司馬冏)이 장사왕(長沙王: 사마예司馬乂), 성도왕(成都王: 사마영司馬穎), 하간왕(河間王: 사마옹司馬顒) 등을 이끌고 거병하여 사마윤을 죽이고 혜제를 복위시켰다. 그러나 혜제를 보좌하던 제왕이 최고 권력의 맛을 알고 주색에 빠지면서 정치를 방기하자 함께 거병했던 장사왕, 성도왕, 하간왕이 쳐들어와 제왕을 살해했다. 그런 후 서로 싸워 장사왕은 불에 타죽고 성도왕이 황태자의 자리에 올라 혜제 다음의 자리를 예약했다. 그러나 결국 이들 또한 새롭게 부상한 동해왕(東海王) 사마월(司馬越)에게 피살당하니, 마지막으로 사마월이 혜제를 독살하고 회제(懷帝)를 즉위시키는 것으로 막이 내린다. 전체 16년(291~306) 동안, 외척의 발호에서 비롯되어 제왕(諸王)들 간의 죽고 죽이는 이른바 혈육상잔을 지속한 이 난리를 역사는 여덟 왕의 난리, 곧 팔왕의 난[八王亂]이라 부른다.

태강 문단

진나라가 멍청한 혜제와 못된 황후 가남풍 일파의 손에서 농단당하고 있을 때 가씨당(賈氏黨)의 실세였던 가밀(賈謐)의 주변에 이십사우(二十四友)라는 문학 집단이 있었다. 육기(陸機), 반악(潘岳), 좌사(左思), 유곤(劉琨), 석숭(石崇) 등 당대 뛰어난 문인들이 가밀의 휘하에 모여들어 시부(詩賦)로 문명을 날렸다. 특히 육기, 반악, 좌사 등은 이미 진나라 무제 시절인 태강(太康) 연간부터 활동한 명사들이었다. 서진에서 동진 말까지 120여 년 동안 문학은 태강, 영가(永嘉), 영화(永和) 연간에 가장 발달했다고 전해진다. 『시품』의 저자 종영은 태강의 시인들을 삼장(三張: 장재張載·장협張協·장항張亢), 이륙(二陸: 육기·육운陸雲), 양반(兩潘: 반악·반니潘尼), 일좌(一左: 좌사)로 나누고 문장이 크게 중흥했던 시절이라고 평하고 있다. 태강의 문학은 40년 전 완적과 혜강이 중심이 된 정시(正始: 240~249) 연간의 시문이 주로 사상적인 측면이 강화된 데 반하여 수식과 형식에 치중하면서 이후 남조 유미문학(唯美文學)의 발단이 되었다.

육기

본래 육씨는 강동의 호족 가운데 가장 세력이 막강한 문벌 귀족이었다. 삼국 시대 명장 육손(陸遜)과 육적(陸績), 육개(陸凱) 등의 학자를 배출한 이 집안은 오군오현(吳郡吳縣: 오군吳郡, 오현吳縣, 소주蘇州)을 중심으로 자신들의 영역을 확고히 차지하고 있었다. 문학가이자 서예가인 육기(陸機: 261~303)는 자가 사형(士衡)이며, 오나라가 망한 뒤 칩거하면서 독서에 몰두했다가 이후 아우인 육운(陸雲)과 더불어 낙양에서 문재를 떨쳤다. 팔왕의 난 때 하북 대도독에 임명되어 장사왕 사마예와 싸우다 패하고, 그후 참소를 당하여 성도왕 사마영에 의해 살해되었다. 시부에 능하여 「부락도중작(赴洛道中作)」「탄서부(嘆逝賦)」「부운부(浮雲賦)」 등을 남겼으며, 중국 문학 최초의 전문적인 문학 창작론이라 할 수 있는 「문부(文賦)」를 지었다. 현재 시문집 『육사형집(陸士衡集)』이 남아 있다.

「문부」

304년 ▶ **흉노**의 **유연**이 한왕(漢王) 자칭하고 대선우(大單于)라 칭하면서 전조(前趙) 의 시초 확립. **오호십육국** 시작.

306년 ▶ 이웅(李雄)이 성도왕(成都王)으로 칭한 후 다시 대성(大成)으로 자칭, 전촉(前蜀) 건국.

309년 ▶ 큰 가뭄으로 장강, 황하, 한수, 낙수 등이 고갈되어 사람들이 걸어 다닐 지경이 됨.

311년 ▶ 유요(劉曜), 낙양 함락. 진제(晉帝)를 포로로 잡음. ―영가(永嘉)의 난.

316년 ▶ 유요, 장안 함락. 서진 멸망. 5호 16국 시작.

■ 그 무렵 우리는…
307년   신라, 국호를 신라로 사용하기 시작함.
313년   고구려, 낙랑군 멸망시킴

■ 그 무렵 외국은…
308년   로마, 콘스탄티누스가 프랑크 족을 정벌함.
311년   로마, 콘스탄티누스의 바실리 카를 건설함.

흉노

북방 유목 민족으로 전한 말기까지 한나라 북방을 위협하는 최대의 난적이었다. 후한에 들어와 흉노족 내부의 문제가 불거지면서 남북으로 분리되자 북흉노는 서쪽으로 도망가서 서흉노(학자에 따라서는 게르만의 대이동을 야기시킨 훈족Huns이 바로 서흉노라고 말하는 이들도 있다)로 일컬어졌고, 남흉노는 반독립 상태에서 후한에 종속된 상태였다. 흉노의 수장은 선우(單于)라고 불렸는데, 대체적으로 세습제였다. 후한 말 황건(黃巾)의 난이 일어났을 때 흉노의 지배자는 강거선우(羌渠單于)였다. 내부의 우환으로 그가 살해된 뒤 아들 어부라(於扶羅)는 기병 몇천 명을 이끌고 한나라 황제에게 자신의 처지를 호소하기 위해 남하하고, 수복골(須卜骨)이란 자가 선우로 추대되었다. 수복골이 사망했지만 어부라는 돌아가지 못하고 평양(平陽: 산서성)을 근거지로 삼았다. 어부라가 죽은 뒤 그의 아들 표(豹)는 조조의 흉노 정책에 따라 다섯 지역〔部〕으로 나뉜 흉노족 가운데 가장 세력이 큰 좌부(左部)의 우두머리로 임명되었다. 표의 아들이 바로 조(趙)나라를 세운 유연(劉淵)이다. 본래 성은 모돈(冒頓), 어렸을 때 이름은 원해(元海)이나 흉노 사람들이 한인 성을 사용할 때 일반적으로 썼던 유씨(劉氏)로 개명했다. 유연에 이르러 흉노족은 중원의 패권을 차지한 모습으로 중국 역사의 전면에 나서기 시작했다.

유연

북조에서 가장 의미 있는 왕이라면 흉노족의 유연과 티베트족의 부견(符堅)을 손꼽는 것이 일반적이다. 유연은 천하를 제패하고 있던 진나라(서진)를 멸망시킨 북방 최초의 새외(塞外) 민족의 수장이라는 점에서 특히 의미가 있다. 그는 어려서부터 최유(崔游)라는 학자에게 사사받아 중국의 역사서뿐만 아니라『시경』『역경』등에도 조예가 있었다. 중국 문화의 영향을 많이 받아서 이미 한화(漢化)되어 있던 그를 진나라의 혜제는 흉노오부대도독(匈奴五部大都督)으로 임명하고 건위장군(建威將軍)이란 칭호를 내렸다. 그후 진나라는 팔왕의 난으로 내란의 소용돌이에 빠지고, 그는 당시 업(鄴)에 근거하고 있던 성도왕(成都王)의 진영에 합세하여 보국장군(輔國將軍)에 임명되었다. 진나라가 망국의 길로 접어들었음을 확인한 그는 흉노의 본거지인 좌국성(左國城)으로 돌아가 대선우(大單于)로 추대되면서 흉노의 건국을 준비했다. 그는 영흥 원년(304) 10월 한왕(漢王)으로 칭하고 연호를 원희(元熙)로, 도읍을 평양(平陽)으로 정했다. 그리고 4년 후인 영가 2년(308) 황제라 칭하고 영봉(永鳳)으로 개원했다. 이후 그의 아들 유총(劉聰)이 서진의 수도 낙양을 공략하여 마침내 새외 민족 최초로 중원의 패자가 되었다. 이들이 고대 한족 제국 시대를 종결할 수 있었던 것은 단순히 선천적인 불굴의 용감성이나 기병에 의한 무장 등 때문만이 아니었다. 오히려 그들이 자발적으로 문명을 수용하면서 체계화·조직화될 수 있는 역량을 갖추었기 때문이었다.

오호십육국

유연의 흉노족이 사마씨의 서진(西晉)을 멸망시키면서 진나라가 남하하여 동진(東晉)을 세움으로써 남조(南朝)가 시작되고, 북방은 이른바 오호(五胡)라 일컬어지는 흉노·갈(羯)·선비(鮮卑)·저(氐)·강(羌) 등 다섯 민족과 한족에 의해 16나라가 부침하면서 분할 통치된다. 분열은 581년에 수(隋)나라가 재통일하면서 종식되었다. 역사에서는 위나라가 건국한 220년부터 589년까지를 일반적으로 위진 남북조(魏晉南北朝)라 부르는데 좀더 세분화하면 다음과 같다. 우선 남조는 오나라가 멸망한 그 땅에서 동진이 남하하여 도읍을 삼았고, 이후 송(宋)·제(齊)·양(梁)·진(陳)으로 이어졌는데 이를 육조(六朝)라 부른다. 한편 북조는 앞서 말한 대로 16나라가 부침했기 때문에 유연이 칭제한 304년부터 북위(北魏)가 화북을 통일한 439년까지를 오호십육국(五胡十六國) 시대라고 부르고, 이후 589년까지 150년간을 남북조 시대라고 부른다. 정통 한족의 역사에서 십육국의 시대는 '오호'라는 비어가 앞에 붙는다. 또한 위촉오 삼국 시대는 중원의 위를 정통으로 삼았으면서도 남북조 시대는 남조의 왕조가 편년사의 기년(紀年)이 된다. 사마광(司馬光)의『자치통감(資治通鑑)』이 그렇고, 일반적인 중국사 또한 모두 그러하다. 분명 한족의 중화사상에 문제가 있는 것이다. 게다가 당(唐)나라는 수나라를 이었고, 수나라는 북주를, 북주는 동위(東魏)와 서위(西魏)를, 그리고 동위와 서위는 북위(北魏)를 이은 것이 아니던가?

A.D.317~329년

317년 ▶ 사마예(司馬睿), **동진 건국**(~420).
319년 ▶ 갈족(羯族) **석륵이 후조** 건립하여 조왕으로 칭하고 양국(襄國)에
　　　　수도를 정함. 유요, **전조** 건국.
322년 ▶ 동진에서 왕돈(王敦)의 난 일어남.
329년 ▶ 석륵, 전조를 멸하고 칭제.

■ 그무렵 외국은…
320년　인도, 찬드라 굽타가 즉위하여
　　　　굽타 왕조를 일으킴.
324년　로마, 콘스탄티누스가 동부(東
　　　　部) 황제 리키니우스를 격파하
　　　　고 로마 제국을 재통일함.

동진 건국 — 남방의 진나라

　　팔왕의 난과 영가의 난으로 진나라 황족은 거의 사멸되고, 겨우 살아남은 이로 낭야왕(琅邪王) 사마예(司馬睿: 원제元帝)가 있었다. 휘하의 참군(參軍) 왕도(王導)의 건의로 업(鄴)에서 낭야로 귀환한 뒤 다시 그곳을 떠나 건업(建業=建康: 남경南京)을 근거지로 삼았다. 중원의 진(서진) 정권이 패망하자 317년 건업에서 옹립되어 진왕으로 자칭하다가 이듬해 서진의 마지막 황제 민제(愍帝)의 죽음을 확인한 뒤 황제에 즉위하여 태흥(太興)이라 개원했다. 사마예는 사마중달의 직계 자손으로 3대에 걸쳐 낭야왕을 지냈다. 낭야는 지금의 청도 남쪽으로서 이전에 월왕(越王) 구천(句踐)이 도읍을 정했던 곳이자 낭야산을 안고 있는 교역의 중심지였다. 자연 오랜 세월 문벌 호족들이 자생하여 나름의 세력을 지니고 있었는데, 그 중에 왕씨가 가장 막강했다. 사마예를 도와 남방의 토착 호족들의 세력을 근황화(勤皇化)하는 데 절대적인 영향력을 미친 왕도나 그의 사촌형으로 동진(東晉)의 군사를 책임지다 이후 거병하여 모반을 일으킨 왕돈(王敦)이 그 대표적 인물들이다. 동진이 건국되자 북방 진나라의 유민과 사대부들이 대량으로 남하하여 건업으로 몰려들었다. 남방의 진나라는 무엇보다 오나라 이후 토착 세력과 알력 없이 정권을 안정시키는 것이 최대의 과제였고, 일단 왕도의 도움으로 정권이 안정된 뒤에는 잃어버린 중원을 회복하는 일이 급선무로 대두되었다. 그러나 이상하게 단명한 황제들로 진 왕조는 어린 황제가 계속해서 즉위했다. 왕권이 허약하니 자연 신권이 지나치게 득세하게 되었다. 군벌 출신 환온(桓溫)이 북벌을 감행했으나 황제의 주도가 아닌 북벌은 보통 음흉한 내막이 있게 마련이었다. 결국 수차례의 북벌은 실패로 돌아가고 끝내 부견(符堅)의 남침으로 나라의 안위가 위태로워졌다. 요행히 이른바 '비수지전(淝水之戰)'이라 부르는 양국의 총력전에서 북부군인 왕공(王恭)이 승리함으로써 동진은 살아남았다. 그러나 승리는 오히려 자만과 나태를 불러왔다. 계속되는 군벌의 득세와 황제의 무력함이 겹치고 그 와중에 민간에서는 손은(孫恩)의 난리로 세상이 뒤숭숭해졌다. 마침내 환온의 아들로 서부

군을 맡고 있던 환현(桓玄)이 거병하여 조정의 실세인 황숙 사마도자(司馬道子)를 죽이고 정신박약아인 황제 사마덕종(司馬德宗: 안제安帝)의 선양을 받아 즉위했다. 국호를 초(楚)로 정한 환현은 겨우 3개월 만에 북부군의 부장 출신인 유유(劉裕)에게 살해되고 초나라도 망했다. 안제는 결국 유유에 의해 목숨을 잃고 그의 동생 사마덕문(司馬德文)이 옹립되었는데, 이미 꼭두각시에 불과했다. 이윽고 유유가 공제를 내치고 황제의 자리에 오르니 유씨(劉氏)의 송나라가 된다. 서기 420년의 일이다.

석륵

석륵(石勒: 274~333)은 후조(後趙) 명제(明帝: 재위 319~333)이다. 석계룡(石季龍)은 원래 이름이 석호(石虎)이며, 자는 계룡이다. 그는 석륵의 조카(혹은 석륵의 아우라고도 함)로 석륵이 죽은 후 그의 아들인 석홍(石弘)을 폐하고 스스로 황제에 올랐다. 이후 후조 무제(武帝: 재위 335~349)로 칭해졌다. 석륵과 석호는 분묘 도굴을 즐겼다는 점에서 공통점이 있다. 『진서(晉書)』「재기(載記)·석계룡하(石季龍下)」에 보면 다음과 같은 기록이 나온다. "석륵과 석계룡은 욕심 많고 무례하여 이미 왕으로서 십주(十州)의 땅이 있고, 금백(金帛)과 주옥(珠玉), 그리고 외국에서 들여온 진귀한 보물이 셀 수 없을 정도로 많았는데도 여전히 부족하다고 여기고, 전대 제왕이나 선현들의 능묘를 발굴하지 않은 것이 없었으며 그곳에서 보물을 약탈하였다."

전조와 후조

서진의 낙양을 포위한 유총의 부대는 유요(劉曜), 석륵, 호연안(呼延晏), 왕미(王彌)의 4군이었다. 당시 낙양을 가장 먼저 진공한 부대는 흉노군 가운데 유일한 한족 부대였던 왕미의 부대였다. 그러나 그는 낙양이 함락된 뒤 자립을 목적으로 흉노의 별부인 갈족(羯族)의 석륵을 공략하다 오히려 그에게 살해되었다. 유연(劉淵)의 조카이자 양자인 유요는 낙양을 전부 불태워 버렸다. 이제 낙양은 폐도가 되고 한나라 유총은 북방의 주인이 되었다. 그러나 그것도 잠깐 황제의 자리에 앉기가 무섭게 타락의 길로 빠진 유총이 318년에 죽고 태자 찬(粲)이 즉위했는데 그는 아버지보다 더 타락한 인물이었다. 그는 아버지 유총의 젊은 황후 근씨(靳氏)를 자기 것으로 만들고 결국 장인이 되는 근황후의 아버지에게 살해되었다. 이로써 한나라는 멸망하고, 유요와 석륵은 각기 독립하여 칭제하고 건국했다. 유요나 석륵 모두 예전의 조나라 땅에서 건국했기 때문에 국명을 조(趙)로 했다. 유요가 먼저 망했기 때문에 전조(前趙), 석륵의 조나라는 후조(後趙)라 칭한다. 전조는 유요 일대(一代), 10년 만에 석륵에게 패하여 멸망한다.

A.D.337~353년

337년 ▶ **선비족 모용황**, 연왕(燕王)으로 칭하고 **전연** 건국.
347년 ▶ 동진의 환온(桓溫), 성한(成漢)을 멸망시킴.
348년 ▶ 서역 승려 **불도징** 사망.
350년 ▶ 한인(漢人) 염민(冉閔) 거병하여 후조를 멸하고 위왕(魏王)이라 칭함.
353년 ▶ **남조 명문 호족** 출신의 왕희지 등 난정(蘭亭)의 모임.

■ 그 무렵 우리는…
342년 고구려, 연나라 왕 모용황이 침입하여 미천왕릉을 도굴하고 환도성을 함락함.
356년 신라, 내물왕 즉위.

선비족

『후한서(後漢書)』에 따르면, 선비족(鮮卑族)은 동호(東胡)의 지족으로 선비산에 근거를 두었기 때문에 선비라고 불렸다고 하는데, 오랜 세월 흉노의 지배 아래에 있었다. 언어는 몽고어족에 속한다. 선비족이 강해진 것은 후한 시기에 단석괴(檀石槐)라는 인물이 출현한 이후이다. 그로부터 수장[大人]이 세습제로 바뀌었다. 그러나 그가 죽은 뒤 다시 세력이 소멸되었다. 위진 시대에 선비족은 모용(慕容), 우문(宇文), 걸복(乞伏), 탁발(拓跋), 단(段)의 5부(部)로 나누어져 있었다. 이후 모용씨에 의해 전연(前燕: 337~370)과 후연(後燕: 384~409), 서연(西燕: 384~394)과 남연(南燕: 398~410)이 등장하여 낙양 북방의 지금의 하북성과 요녕성 등지에 자리했고, 탁발부는 북위(北魏: 386~534)를, 걸복부는 서진(西秦)을 건국했다. 독발오고(禿髮烏孤)가 건국한 남량(南涼: 397~414) 또한 선비족 정권이다.

모용황의 전연

북방 정권의 시작은 흉노에서 비롯된다. 그러나 곧이어 갈족과 선비족이 흥성하여 북방의 패권을 나누게 되었다. 선비족은 모용부에 모용외(慕容廆), 모용황(慕容皝), 모용준(慕容儁) 등이 연달아 수장에 오르면서 크게 발흥하기 시작했다. 337년, 마침내 모용황이 요녕성 조양에 있는 용성(龍城)에 도읍하여 연왕(燕王)이라 칭했다. 모용부의 세력 확대를 위해 모용외는 선비족 내부의 우문부를, 그리고 모용황은 단부를 공략했고, 아울러 석호(石虎)의 후조(後趙)를 견제하기 위해 동진과 우호 관계를 맺었다. 또한 모용황은 고구려를 공격하여 배후를 안정시키며 국력을 강화했다. 그의 사후 아들 모용준이 이어받아 북경 남서쪽 계(薊)로 천도한 뒤 칭제했으며, 석호의 후조를 멸망시키고 그 유산을 물려받은 위(魏)나라 염민(冉閔)을 패망시켰다. 그러나 그의 아들 모용위(慕容暐)가 즉위했을 때, 한때 동맹 관계에 있었으나 공동의 적이었던 후조가 멸망한 뒤 적대국으로 바뀐 동진의 공격을 받게 되어 하북성의 업(鄴)으로 천도하기에 이른다. 도저히 승산이 없는 싸움에 전연은 부견이 지배하고 있던 전진(前秦)에 손을 내밀었다. 전진의 군대가 출병하자 동진의 환온(桓溫)은 철병했다. 그러나 일단 한숨 돌린 전연은 전진의 출병을 조건으로 내건 호뢰(虎牢) 서쪽 땅의 할양을 거부했다. 자연 매우 노한 부견의 공격으로 전연은 멸망했다. 한때 하북, 산동, 산서, 하남, 요녕성 일대를 차지했던 선비족 모용부의 전연은 370년 이렇게 망했다.

불도징

불도징(佛圖澄: 232~348)은 쿠자(龜玆) 출신의 승려로 특히 주술에 능했다고 한다. 석륵의 뒤를 이은 석호의 보살핌을 받았다. 석륵의 조카인 석호라는 인물은 태자인 석홍의 제위를 빼앗아 제위에 오른 인물이었다. 수렵광에 사치가 극에 달했을 뿐더러 후계자 문제로 자식들 간에 다툼이 있었을 때 석선이란 자식을 온갖 고문을 통해 잔인하게 죽인 그런 인물이었다. 바로 그가 불도징의 가르침을 받았다고 하는데, 과연 어떤 가르침이었는지 자못 궁금하지 않을 수 없다.

불도징

남조 명문 호족

혹자는 남조를 중국 역사상 최초이자 마지막 귀족 사회였다고 평한다. 과연 남조는 막강한 재력과 권세를 지닌 문벌 귀족들에 의해 좌지우지되었다. 당나라 태종(太宗) 때 편찬된 『진서(晉書)』에서 296년부터 306년 사이에 속석(束晳)이 올린 상주문에 보면, 당시 급군(汲郡: 하남성)의 오택(吳澤)에 몇천 경이나 되는 세족들의 땅이 있었는데 이를 개간하면 굶주려 유랑하는 농민들에게 농토를 줄 수 있었음에도 불구하고 그곳 웅덩이의 풍부한 물고기를 애석하게 여겨 물을 빼고 농토로 만들자는 관리들의 말을 듣지 않았다는 기록이 나온다. 그러나 남조를 귀족 사회답게 만든 것은 단순히 부귀한 귀족들이 많고 적음에 따른 것이 아니라 정치, 경제, 문예 등 사회 전반에 걸쳐 문벌 귀족이 상층을 점하고 한족(寒族)과 절대적인 차별을 시도함으로써 완전한 귀족 문화가 정착되었기 때문이라 할 수 있다. 동진의 건국은 산동 낭야의 명문 호족인 왕씨의 협력이 절대적이었는데, 동진 초기에는 사서에 "왕과 말이 천하를 공유한다(王與馬, 共天下)"고 적혀 있을 정도로 황족인 사마씨에 견줄 수 있는 권력을 지니고 있었다. 이외에도 진(陳)·사(謝)·양하(陽夏)·원(袁)·소(蕭) 등 이른바 교성(僑姓: 북방 출신으로 강남에 이주한 세족들의 성)의 문벌과 주(朱)·장(張)·고(顧)·육(陸) 등 오성(吳姓: 동남의 토착 문벌의 성), 그리고 최(崔)·노(盧)·정(鄭)·이(李) 등의 군성(群姓: 산동 문벌 귀족의 성) 등이 천하를 독점했다고 해도 과언이 아니다. 그들

A.D.364~366년

364년 ▶ 동진 **토단법** 시행. 『**포박자**』의 저자인 도교도 **갈홍** 사망.
366년 ▶ **돈황 석굴** 착공.

■ 그 무렵 외국은…
355년 로마, 밀라노공의회가 아리우스
　　　 파를 정통으로 인정하고 아타나
　　　 시우스파를 배척함.
359년 로마, 사산조 페르시아와의 전
　　　 쟁에서 패함.

의 특권은 세습되었고, 상호간의 폐쇄적 혼인 관계로 더욱 밀착되었다. 게다가 경제적 여유로 그들은 문학과 예술을 독점하고 나름의 문화를 창출했다. 특히 서예와 그림, 수식이 뛰어난 시문 등은 모두 그들만의 장점이자 특색이었다.

토단법

진나라가 남쪽으로 내려온 후 북방의 왕공(王公)을 비롯한 사족(士族)들 또한 분분히 남하하였다. 북방에서 이주한 이들을 교인(僑人)이라고 하는데 그들은 교군(僑郡)이나 교현(僑縣)에 살면서 조세와 요역에 우대를 받아 보다 안정적인 삶을 향유할 수 있었다. 그러나 그들은 분산된 상태에서 호적부에 등재되어 있지 않았기 때문에 조정에서 관리하는 데 어려움이 있었다. 또한 일부 교성(僑姓)을 비롯한 북방의 명문 귀족들은 넓은 장원을 차지하고 사병(私兵)까지 두고 있어 조정의 재정 수입에 타격을 주고 조정의 권위를 손상시키기도 했다. 이에 따라 성제(成帝)는 동진 함강(咸康) 7년(341) '토단(土斷)'의 법률을 시행하여 왕공 이하 일반 백성들까지 모두를 토착민으로 단정짓고, 호구를 해당 군현에 편입하도록 했다. 아울러 교호(僑戶)의 호적을 백적(白籍)이라 하여 토착민의 황적(黃籍)과 구분시켜 북방 이주민의 호적에 대한 통제를 강화하였다. 이를 통해 북방 이주민들에 대한 부세(賦稅)와 요역이 부가되어 교인들 가운데 파산하는 이들이 적지 않았다. 이후 환온(桓溫)과 유유(劉裕)도 토단을 실시하였다.

갈홍의 『포박자』 ― 도교에 관한 최초의 이론서

도교는 크게 연단술(煉丹術)을 통한 장생불사(長生不死)를 표방하는 단정파(丹鼎派)와 주술을 중시하는 부록파(符籙派)로 나눌 수 있다. 전자는 후한 사람 위백양(魏伯陽)의 『참동계』가 중요 저작이라 할 수 있고, 후자는 장각(張角)이 이용한 『태평경

（太平經）』을 대표적인 저작으로 볼 수 있다. 특히 단정파의 도술은 위좌자（魏左慈） 등에 의해 전래되면서 동진 사람 갈홍（葛洪: 283~363）의 『포박자（抱朴子）』에 의해 집대성된다. 갈홍은 동진 시대 구용（句容: 지금의 강소성） 출신의 사대부이다. 『포박자』는 내편과 외편으로 나뉘는데, 특히 내편은 "양생의 책을 살펴보고 구시（久視）의 방술을 두루 수집하기 위해" "서（徐）, 예（豫）, 형（荊）, 양（襄）, 강（江）, 광（廣） 등 여러 주를 주유한" 결과물로서 각지에서 속세의 도사 몇백 명을 만나고 많은 기서를 구한 뒤에 무술에 관한 책으로 정리한 것이라 할 수 있다. 당연히 내편에는 기존의 강남 지역에 흩어져 있던 무술, 방사들의 '기서' 를 참조하고 노장 사상을 흡수하여 나름대로 정리한 내용이 주를 이룬다고 할 수 있다. 제1편 「창현（暢玄）」에서 제20편 「거혹（祛惑）」에 이르기까지 이 책의 주요 내용은 우주의 본체, 인간의 본질, 인생 철학, 신선의 존재, 속인이 신선이 되는 가능성, 양기（養氣） 등의 문제에서 금단의 제련 및 제초의 방법에 이르기까지 하나하나 자세하게 논증하고 있다. 외편을 보면 그의 논의가 도가에만 국한되지 않고 유가 · 묵가 · 법가 등의 학설을 다양하게 차용하고 있음을 알 수 있는데, 이를 통해 『포박자』는 기존의 도교서에서 보이는 원시적 형태에서 벗어나 철학적 체계를 구비하고 또한 노장의 그늘에서도 벗어나 독립적이고 성숙한 단계로 진입할 수 있었다.

갈홍（상）
『포박자』（하）

돈황 석굴

돈황（敦煌）은 중앙아시아로 나아가는 비단길 가운데 있는 지방으로 중국 역사의 전면에 나선 것은 기원전 11년 한나라 무제가 돈황을 군현으로 정하고 그곳에 돈황대성을 세운 때부터이다. 그후 오랜 세월 국방, 외교, 행정, 무역, 문화의 동서 교통로이자 구법승과 순례자들의 중간 기착지로서 번성했다. 서기 400년 서량（西涼）의 도읍지이기도 했던 이곳에 석굴이 생기기 시작한 것은 전진（前秦） 건원 2년（366）의 일이다. 그후 민국 24년（1935）까지 거의 1600년 동안 492개에 이르는 석굴이 조성되었다. 그리고

돈황 제432굴의 삼존불의
좌상（三尊佛倚坐像）

그 속에 벽화 4만 5000여m², 채색 조소 3000여 점, 목조 건축 10여 동, 그리고 문물 5만여 점이 발견되어 문물의 보고이자 역사의 미술관이며 도서관으로 자리매김했다. 낙양（洛陽）의 용문（龍門） 석굴, 대동의 운강（雲岡） 석굴과 더불어 중국 3대 석굴로 칭해지는 돈황 석굴은 막고굴（莫高窟）, 천불동（千佛洞）으로 부르기도 하며 역암질（礫岩質）의 단단한 석질로 이루어진 석굴의 벽화와 목재나 밀짚의 심을 넣어 만든 소조（塑造） 이외에도 1900년 왕원록（王圓籙）이 발견한 대량의 유물이 영국 국적의 오렐 슈타인과 프랑스 사람 펠리오를 통해 서방에 알려지면서 더욱 유명해졌다.

A.D.370~379년

370년 ▶ 전진의 **부견**, 전연을 멸망시킴.
372년 ▶ 전진, 고구려에 승려 보냄.
376년 ▶ 전한(前漢)의 화북 지방 통일.
379년 ▶ **왕희지** 사망.

■ 그 무렵 우리는…
371년 백제, 한산(漢山)으로 천도함.
372년 고구려, 태학(太學)을 세움.
373년 고구려, 율령을 반포함.

부견

홍노 세력이 약화되면서 화북 동쪽에 선비족의 전연(前燕)이 등장하고 그 반대편에는 저족(氏族)의 부씨(苻氏)가 새롭게 등장하고 있었다. 티베트계 포족(蒲族) 출신인 포홍(蒲洪: 이후 부符로 성을 바꾸었다)이 부족을 결집시켜 세력이 강화되면서 그의 아들 부건(苻健)에 이르러 진(秦)을 세우고 칭제했다. 355년에 부건이 죽자 부견(苻堅: 337~399)이 등장했다. 그는 종형인 부생을 살해하고 황제에 올랐다. 그는 한족인 왕맹(王猛)을 등용하여 중앙집권제를 강화하고 수리에 치중하여 농업을 발전시켰다. 군사 방면으로 기존의 북방 민족들이 관습대로 기병에만 의지하는 것에서 탈피하여 보병대를 창설하고 다수의 중국인을 보충했다. 북중국 평원에서의 싸움에서 보병의 역할이 중요함을 인식하고 있었기 때문이다. 견실한 국가 경영과 왕맹을 비롯한 인재들의 철저한 보필과 책략으로 그는 전연을 멸하고 전진(前秦)의 배후에 있던 전량(前涼) 정권과 북방의 탁발족을 멸망시켜 북방을 통일했다. 이제 그는 북방 이민족 가운데 가장 큰 판도를 구축했을 뿐더러 과거의 수도였던 장안과 낙양을 차지함으로써 풍부한 재원과 인구를 동시에 얻게 된 것이다. 한편으로 불교를 숭상하고 한화(漢化)를 적극 주도했던 그에게 마지막 남은 꿈은 천하 통일 한 가지였다. 남벌의 전주로 양양을 공략한 그는 383년 마침내 100만 대군을 이끌고 장안을 출발하여 동진(東晉) 정벌에 나섰다. 비수(淝水)를 사이에 두고 대치한 양군에게 전쟁의 신은 동진의 편을 들었다. 3개월의 싸움에서 배수의 진을 친 동진군에 비해 북방의 여러 민족과 옛 한족 사람들이 연합한 전진군은 대패하지 않을 수 없었다. 게다가 남방의 기후와 자연 조건에 허약한 북방인들이었다. 귀에 익숙지 않은 티베트계 저족의 천하를 거부한 비수지전(淝水之戰)의 패배에서 부견은 끝내 재기할 수 없었다. 다사다난했던 오호십육국의 시대에 천하 통일의 포부를 지녔던 첫번째 인물로서 부견은 자신만만한 패기와 아울러 인간에 대한 믿음을 지녔던 인물이었다. 그러나 시대는 그렇지 않았다.

왕희지

동진 영화(永和) 9년(353) 3월 3일, 회계군의 산음(山陰: 절강성 소흥현) 서남쪽에 있는 난정(蘭亭)에서 몇십 명의 명사들이 모여 계(楔: 악신을 쫓는 제사의 일종)를 지내고 곡수유상(曲水流觴), 곧 흐르는 시냇물에 떠내려오는 술잔을 순서대로 마시면서 시를 짓고 있었다. 이 모임을 주최한 이는 당시 회계 내사(內史: 군수)로 있던 왕희지(王羲之, 321~379)였다. 이때 씌어진 「난정시서(蘭亭詩序)」에서 그는 사람들은 각기 자신의 처지에 만족하고 기뻐하며 "노년이 다가오는 것도 모르고 있다"고 하면서 오히려 삶 자체의 무상함을 이야기하고 있다. 바야흐로 위진의 청담이 마지막 기운을 품어내고 있던 때였다. 정치는 엉망이고 뭇 백성들의 삶은 곤궁했으나 막강한 문벌 귀족인 낭야(琅邪) 왕씨 출신으로 왕돈의 조카였던 왕희지는 여전히 즐거웠고, 이따금 삶의 유한함이 그저 아쉬울 뿐이었다. 임기(臨沂: 산동성) 출신인 왕희지의 자는 일소(逸少), 우군장군(右軍將軍)을 지낸 적이 있어 왕우군이라고 부르기도 한다. 어려서부터 서예 이론서 「필진도(筆陣圖)」를 지은 여류 서예가 위삭(衛鑠: 위부인衛夫人)에게서 서예를 배운 그는 비백법(飛白法)이란 서법을 창안한 채옹(蔡邕, 139~192), 초서에 능해 초성(草聖)으로 일컬어지던 장지(張芝, ?~190), 팔분서(八分書)를 창안한 종요(鍾繇, 151~230), 동한 말기의 서예가 양곡(梁鵠) 등의 서법을 본받았으며, 이후 '왕희지체'라는 글씨체로 일가를 이루었다. 특히 행서와 초서에 능했으며 후대에 '서성(書聖)'으로 일컬어졌다.

왕희지

왕희지의 「난정집서」

중국 최초의 석굴

서역에 잔존하는 최초의 석굴은 천산남로의 극자이(克孜爾) 석굴이다. 아프카니스탄의 파미양(巴米揚) 양식을 계승한 이 석굴은 대략 100여 곳이 남아 있는데 당시 쿠차(龜玆) 문화의 귀중한 흔적이다. 애석하게도 진흙으로 만들어졌기 때문에 완전한 형태로 남은 것이 거의 없다. 중국식 석굴은 동한과 진나라 초기에 만들어지기 시작했는데, 최초의 것은 366년 승려 낙준(樂僔)이 돈황의 명사산에서 조영한 것이다. 이후 법랑(法朗)이 그 옆에 새로운 굴을 파고 절을 만들어, 이른바 막고굴이 탄생하게 된 것이다.

381년	▶ 동진의 **고개지**, 「여사잠도(女史箴圖)」 완성.
383년	▶ 진왕 부견, 진(晉) 공략했으나 비수(淝水) 전투에서 끝내 이기지 못하고 퇴각.
384년	▶ 모용수(慕容垂) 후연(後燕), 모용홍(慕容泓) 서연(西燕), 요장(姚萇) 후진(後秦) 건국.
385년	▶ 걸복국인(乞伏國仁), 서진(西秦) 건국.
386년	▶ **탁발규**, 자립 대왕(代王)을 자칭하고 **북위 건국**. 북조 시작.
394년	▶ **한족 정권**인 전진(前秦) 멸망.
397년	▶ 독발오고(禿髮烏孤) 남량(南涼), 저거몽손(沮渠蒙遜) 북량(北涼) 건국.
398년	▶ 모용덕(慕容德), 남연(南燕) 건국. 북위 탁발규, 황제(도무제道武帝)를 칭하고 평성(平城)으로 천도.

■ 그 무렵 우리는…

381년	신라, 전진에 사신을 보내 신라의 이름으로 이루어진 최초의 대중(對中) 수교를 함.
384년	백제, 동진의 마라난타가 불교를 전래함. 고구려, 소수림왕이 죽고 고국양왕이 즉위함.
391년	고국양왕이 죽고 광개토대왕이 즉위하여 연호를 영락(永樂)이라고 함.
397년	백제, 왜와 화친을 맺고 태자 전지를 볼모로 보냄.

고개지

문인화가 고개지(顧愷之: 345쯤~406), 자는 장강(長康)이고 아명은 호두(虎頭)이며 진릉무석(晉陵無錫: 강소성) 사람이다. 강남의 명문 호족 출신으로 그림뿐만 아니라 시부와 서법에도 능했으며, 성격이 솔직하고 소탈하여 당시 사람들은 그를 일러 재절(才絶)·치절(痴絶)·화절(畵絶)을 갖춘 '삼절(三絶)'이라 칭했다고 한다. 비록 그의 화론에 관한 저작은 남아 있는 것이 없으나, 『세설신어(世說新語)』에 그에 관한 일화가 많이 소개되고 있어 그 대강을 짐작할 수 있다. 이에 따르면, 그는 기존의 형사(形似) 위주의 화풍과는 달리 신사(神

고개지

似)를 중시하여 특히 인물화에서 눈의 중요성을 강조했다거나 하나의 특징적인 것으로 그 사람의 인품을 드러내는 데 치중했음을 알 수 있다. 이른바 '전신사조(傳神寫照)'나 '이형사신(以形寫神)' 등으로 대표되는 그의 미학 사상은 바로 이러한 화풍의 핵심적 내용이다. 현재 대영박물관에 소장되어 있는 「여사잠도(女史箴圖)」를 비롯하여 「낙신부도(洛神賦圖)」 「열녀도(列女圖)」 등이 남아 있는데, 비록 당·송대 화가의 모사품이기는 하나 여전히 신운(神韻)을 잃지 않았다는 평을 듣고 있다.

탁발규, 북위 건국

탁발부(拓跋部)는 선비족의 일원으로 지금의 산서성 대동시(大同市) 북쪽에 살고 있었다. 모용부가 득세할 때까지 그다지 알려지지 않았으나 탁발규(拓跋珪: 도무제道 武帝)란 인물이 나오면서 점차 세력을 확장하여 386년 북위(北魏)를 건국하게 되었다. 당시 남방의 동진은 효무제(孝武帝)에서 안제(安帝)로 이어지면서 서서히 쇠멸하고 있었고, 북방은 부견 사후 서연(西燕)의 모용충이 살해되고 모용수(慕容垂)의 후연(後燕)은 후계자 문제로 혼란이 극에 달했다. 탁발규는 바로 이 틈새를 파고들었다. 흥안령(興安嶺)을 넘어 남하한 북위의 군대는 후연을 용성으로 몰아내고 그 땅을 차지했다. 탁발규는 한족을 대거 등용하여 강력한 한화 정책을 실시했다. 군현제와 유사한 정치 제도를 마련하는 한편 기존의 유목 생활을 중원 지역에 합당한 농경제로 변모시켰다. 그러나 지나친 강권과 말년의 악행으로 자식에게 살해되고 말았다. 황태자인 탁발사(拓跋嗣: 명원제明元帝)가 아버지를 죽인 동생 소(紹)를 죽이고 2대 황제에 즉위했다. 명원제는 최굉, 최호 등 한인 관료들의 보필로 내치에 힘썼다. 당시 후진은 동진 유유(劉裕)의 침공으로 장안이 함락되면서 멸망했다. 그러나 새로운 왕조를 건국하는 데 정신이 팔린 유유가 장안에서 철군하자 '하국(夏國)'으로 자칭한 흉노의 잔당이 장안을 차지하게 되었다. 이에 명원제를 뒤이은 탁발도(拓跋燾: 태무제太 武帝)가 이들을 몰아내고 장안을 차지함으로써 439년 다시 화북을 통일하게 된다.

오호십육국의 한족 정권

오호십육국 가운데 한인이 세운 정권은 전량, 서량, 북연 등 세 나라이다. 이외에도 석호(石虎)의 양손(養孫)인 염민(冉閔)이 세운 위(魏)나라(350~352)가 있는데 세운 지 3년 만에 망했기 때문에 십육국 안에 포함하지 않는다. 전량(317~394)은 이른바 오량(五凉: 전량前涼·후량後涼·북량北涼·남량南涼·서량西涼)의 최초 정권으로 한족 장궤(張軌)를 시조로 한다. 돈황 지역에 자리한 서량(400~421)은 한족 이호(李暠)가 북량에서 독립한 정권이었다. 당나라 고조 이연(李淵)은 이호의 7대손으로 알려져 있다. 북연(北燕: 409~436)은 후연이 멸망한 뒤 한족 풍발(馮跋)이 뒤를 이어 용성에서 건국했다.

동진에서 송초까지의 회화

동진에서 송초까지 회화는 고개지와 육탐미(陸探微)에 의해 주도되었다. 서역에서 들어온 불교 문화의 영향과 북방의 미술이 강남에 자리잡으면서 절로 변화하며 기존 한대의 유풍에서 벗어날 수 있었다. 위진 시대는 노장(老莊) 사상이 시대적 조류가 되면서 산수화가 발전했으며, 아울러 인물화도 많이 그려졌다. 특히 죽림칠현은 당시 회화의 주된 소재가 되었다. 불교의 영향으로 일련의 주제를 시간의 변화에 따라 그림으로써 주제의 전개를 가능하게 만든 연환화법(連環畵法)이 등장한 것도 그 즈음이었다.

A.D.399~424년

399년	▶ 동진에서 손은(孫恩)·노순(盧循)을 수령으로 한 농민기의 발생. 411년까지 지속됨. 법현(法顯)의 인도 여행(佛國記) 시작.
400년	▶ 이고(李暠), 서량(西涼) 건국.
401년	▶ **구마라십**, 후진의 요흥(姚興)에게 초빙되어 장안에 들어감.
403년	▶ 후량 멸망.
407년	▶ 혁련발발(赫連勃勃), 하(夏) 건국.
409년	▶ 후연 멸망. 풍발(馮跋), 북연(北燕) 건국.
410년	▶ 남연 멸망.
414년	▶ 서진, 남량 멸함.
417년	▶ 후진 멸망.
420년	▶ **유유**, **송**(劉宋) 건국. 남조(南朝) 시작.
421년	▶ 북량, 서량을 멸함.
422년	▶ 유유 사망.
424년	▶ **송나라 문제**, **원가의 치(治)** 시작.

■ 그 무렵 우리는…

400년	고구려, 군대 5만으로 백제·가야·왜의 연합군을 격파하고 신라를 구원함.
413년	고구려, 광개토대왕이 죽고 장수왕이 즉위함.
414년	고구려, 광개토대왕비를 건립함.
417년	백제, 동북부 사람들을 징발하여 사구성(沙口城)을 쌓음.

구마라십의 번역 작업

구마라십(鳩摩羅什: 340쯤~409)의 성은 구마라, 이름은 십(什: 집·습 등으로 부르는 경우도 있다)이다. 일명 구마라기파(鳩摩羅耆婆=Kumarajiva)로 일컬어지며 라십(羅什)으로 약칭된다. 서역의 쿠차(龜玆: 현재의 신강 위구르 자치구의 고차庫車) 출신이다. 7세에 출가하여 전진 태안 원년(385) 양주에서 불법을 설파하는 한편, 여광(呂光)과 여찬(呂纂)의 정치·군사 고문의 역할을 수행하기도 했다. 후진 홍시(弘始) 3년(401)에 후진을 건국한

구마라십

요장(姚萇)의 뒤를 이은 요흥(姚興)의 초청으로 장안에 들어온 그는 국사(國師)의 예로 우대받으면서 소요원, 장안대사 등에서 그의 명성을 듣고 가르침을 받으러 온 제자들을 가르쳤다. 아울러 당시 관중(關中)의 사성(四聖)이라 일컬어지던 도생(道生), 승조(僧肇), 도융(道融), 승예(僧叡) 등 제자들과 더불어 번역 사업에 열중했다. 그는 특히 용수(龍樹)와 제바(提婆)의 교설을 중시하여 그들의 『중론(中論)』『백론(百論)』 등 중관(中觀) 계통의 불전을 비롯하여 『유마경(維摩經)』『묘법연화경(妙法蓮華經)』 『십이문론(十二門論)』 등이 있다. 양나라 사람 혜교(慧皎)의 『고승전』에 보면, "이후 구마라십이 있다. 학문이 큰 학자로 깊은 것을 밝혔으며, 깨끗한 정신은 멀고 그윽하다. 중국을 두루 유람하고 방언(方言)을 모두 갖추었다. 또한 지루가참(支婁迦讖: 후한의 승려)과 축법호(竺法護: 후한의 승려)의 번역은 문장이 옛 성질의 모습으로 되어

있어 분명하게 정돈되어 있지 않음을 한탄하여 이에 다시 범문(梵文)과 대조하여 번역했다. 그래서 지금과 옛날의 두 가지 경전의 언어는 다르나 뜻은 하나로 일치한다"고 하여 구마라십의 번역이 이전의 것과 또 다른 면모를 지녔음을 알 수 있다. 그의 번역 사업과 제자들의 전파를 통해 점차 삼론종(三論宗)의 유파가 형성되었는데, 이것이 바로 법상종(法相宗)이다. 이 밖에 그가 번역한 『성실론(成實論)』은 성실종(成實宗)의 경전이 되었고 『화엄경(華嚴經)』은 천태종(天台宗), 『아미타경(阿彌陀經)』은 정토종(淨土宗)의 중요 경전이 되었다.

유유의 송나라

유유(劉裕, 무제武帝: 363~422)가 선양을 자청한 동진의 마지막 황제 공제(恭帝)를 폐위시키고 송(당나라 이후의 송나라와 구별하기 위해 유송劉宋으로 부른다)을 건국한 것은 420년이다. 건강(建康)에 도읍을 정한 유유는 남조의 귀족 사회와 어울리지 않는 하찮은 집안 출신의 군인이었을 뿐이었다. 그가 3년 만에 사망하자 유의부(劉義符: 소제少帝)가 즉위했지만 서선지 등이 황제를 죽이고 유의륭(劉義隆: 문제文帝)을 옹립하는 등 건국 초기부터 정권의 허약함을 그대로 드러내고 있었다. 이후에도 문제가 유소에게 죽음을 당한 뒤, 유소를 주살한 효무제(孝武帝)가 겨우 제 명에 죽었을 뿐이고, 다시 태자 유자업(劉子業)이 폐제가 되어 유욱(劉彧: 명제明帝)에게 살해되었다. 명제가 죽은 뒤 태자 유욱(劉昱: 후폐제後廢帝)이 즉위했으나 소도성(蕭道成)에게 죽음을 당한 뒤 유준(劉準: 순제順帝)이 옹립되었으나 결국 상국의 자리에 올라 칭제를 기다리던 소도성에게 나라를 건네주고 만다. 477년 건국한 지 57년 만의 일이었다. 남조는 이렇듯 진한 피비린내와 복잡한 내막을 지닌 채 시작했다. 그럼에도 남방의 귀족 사회는 그다지 영향을 받지 않은 채 자신들의 권세를 구가하고 있었다.

송나라 문제, 원가의 치(治)

원가(元嘉)는 송나라 무제 유유의 셋째아들인 유의륭(문제)의 연호다. 송나라 문제는 30년을 통치하면서 정치적 안정과 더불어 문화적으로 크게 발전했다. 그러나 그는 황태자 유소에게 살해되는 비운을 맞이했고, 셋째아들 유준(효무제)은 즉위하여 형제와 황족들을 무참히 살해하고 주색에 빠져 일찍 죽었다. 형(효무제)의 아들(유자업)을 죽이고 즉위한 명제는 문제의 열한번째 아들이었다. 그는 조카들을 죽이고 그의 아들 사촌들을 죽였다. 효무제의 아들들은 모조리 삼촌과 사촌에 의해 죽임을 당한 셈이다. 문제도 교만한 시인 사령운(謝靈運)을 모반의 혐의로 죽이는 데 동의한 적이 있었다. 무척이나 망설였다고 하나 문제에게도 죽임의 피가 흐르고 있었던 셈이다.

427년 ▶ **도연명** 사망.
430년 ▶ 북위, 낙양 함락. 송, 사주전(四鑄錢) 주조.
431년 ▶ 서진 멸망. 하·토곡혼(吐谷渾)에 의해 멸망.
433년 ▶ **사령운** 사망.
436년 ▶ 북위, 북연을 멸함.
439년 ▶ 북위, 북량을 멸하고 장강 이북 통일.
444년 ▶ 『세설신어』의 작가 유의경 사망.

■ 그 무렵 우리는…
427년 고구려, 평양으로 천도함.
433년 신라, 백제가 사신을 보내 화친
　　　을 청하자 허락함.
438년 신라, 백성에게 우거(牛車) 사
　　　용법을 가르침.

도연명

　동진 시대 시인인 도연명(陶淵明: 365~427)의 자는 원량(元亮) 또는 연명, 이름은 잠(潛)이라 불렸고 심양(陽) 시상(柴桑: 강서성 구강현 서남쪽) 사람이다. 몰락한 하급 관료의 집안에서 태어나 고향인 강주에서 좨주(祭酒)를 지내고 송나라를 창업한 유유가 진군장군(鎭軍將軍)이었을 때 참군(參軍)을 지낸 적이 있었다. 41세 때 고향집에서 멀지 않은 팽택현(彭澤縣)의 현령으로 나갔다가 재임 80여 일 만에 '오두미 때문에 허리를 굽힐 수 없다' 는 유명한 일화를 남기고 사퇴하여 고향집에서 만년을 보냈다. 그의 작품 「귀거래사(歸去來辭)」는 이른바 사퇴의 변을 노래한 것이라 할 수 있다. 가난했지만 결코 '부귀를 소원한 적이 없어(富貴, 非吾願)', 빈천하다 걱정하거나 부귀에 급급하지 않았으며(不戚戚於貧賤, 不汲汲於富貴), 항시 문장을 짓고 스스로 좋아하며 언뜻 자신의 뜻을 내보이며 세속의 득실에 연연하지 않았다(常著文章自娛, 頗示己

도연명

志, 忘懷得失). 그의 시는 전체 150여 수가 전해지는데 특히 음주(飮酒) 연작시 제5수는 전원에 은거한 은자의 모습과 심사를 그윽하게 읊은 명작으로 이름높다. 그는 시가 이외에도 사부나 산문체에도 능해 「귀거래사」 「오류선생전(五柳先生傳)」 「도화원기(桃花源記)」 등 작품을 남겼다.

사령운

도연명의 전원시(田園詩)와 더불어 중국 산수시의 또 한 큰 봉우리는 사령운(謝靈運: 385~433)이다. 문학사는 이 두 사람을 일컬어 도사(陶謝)라 하는데, 그와 동시대 사람인 안연지(顔延之: 384~456)와 더불어 안사(顔謝)로 일컬어지기도 한다. 사령운의 자는 강락(康樂)이며, 회계(會稽)의 권문 세가 출신이다. 산수시에 능했던 사혼(謝混)의 조카로 집안의 내력을 이어받아 뛰어난 심미안이 있었고, 언어 구사나 묘사 능력이 탁월했다. 진나라와 송나라에 출사했으나 본래 성격이 기발하고 사치로 인해 방종했다. 끝내 세상에 적응하지 못하고 자기 멋대로 행하다가 좌천되고 유배된 뒤 광주에서 반란을 일으켰다는 죄목으로 처형되었다. 원가의 다스림〔治〕으로 칭송을 받던 송나라 문제 때였다. 공교롭게도 그는 안연지, 포조(鮑照)와 더불어 원가 3대가로 칭해지고 있다. 전체 87수 가운데 33수나 되는 그의 산수시는 주로 좌천된 이후에 씌어졌다. 그의 산수시는 정교하고 공교롭다는 평을 받고 있는데, 도연명의 질박하고 자연스러움에 비해 격이 떨어지는 것으로 여겨지기도 했다. 이는 도연명과는 전혀 다른 삶의 조건, 환경에서 기인한 것일 듯하다. 대표적인 시조는 「등지상루(登池上樓)」·「세모(歲暮)」 등이 있으며 『대반열반경(大般涅槃經)』을 번역하기도 하였다.

『세설신어』

『세설신어(世說新語)』는 남조 송나라 황실의 종실로 임천왕의 자리를 습봉(襲封)했으며 단양윤(丹陽尹), 형주자사(荊州刺史) 등을 역임한 바 있는 팽성(彭城: 강소성 동산현) 사람 유의경(劉義慶: 403~444)의 소설류 저작이다. 전체 36편에 1130조의 이야기가 실려 있다. 주로 동한 말에서 동진 말까지 약 200여 년 간 실존했던 다양한 계층의 인물 700여 명의 언행과 일화를 수록하고 있다. 특히 동진의 인물에 관한 것이 가장 많다. 위진남북조 소설은 주로 귀신 이야기를 적은 지괴(志怪) 소설이 많이 남아 있는데 『세설신어』는 일종의 지인(志人) 소설로 다양한 주제, 즉 예를 들면 덕행, 언어, 정사(政事), 문학, 방정(方正), 아량, 용지(容止: 용모나 행동거지), 현원(賢媛: 어진 부녀자들의 언행), 혹닉(惑溺: 여색에 미혹되고 탐하는 일)에 대한 기록 등에 따라 36가지로 분류하고 짧은 이야기 위주로 묘사·언급하고 있다. 묘사의 핍진성이나 대화와 구어체의 활용, 그리고 그 다양성으로 인해 당시 주요 인사들의 인물됨과 사회상을 반영하는 좋은 자료가 될 뿐더러 그 문학적 성과로 말미암아 후세 지인 소설에 커다란 영향을 끼쳤다고 평가받고 있다. 우리가 흔히 쓰는 난형난제(難兄難弟), 등용문(登龍門), 점지가경(漸至佳境: 점입가경漸入佳境) 등은 바로 이 책에서 처음 쓰인 성어들이다.

A.D.446~460년

446년 ▶ **북위 태무제, 불교 탄압**—3무 1종의 난.
448년 ▶ 도교 신천사도 창시자 **구겸지** 사망.
452년 ▶ 태무제 사망 후 불교 탄압 해제.
460년 ▶ 북위 승려 담요(曇曜)의 지휘하에 **운강 석굴** 착공.

■ 그 무렵 외국은…
448년 동로마, 테오도시우스 2세 그리
　　　 스도교 서적을 불태움.
452년 훈왕국, 아틸라의 훈군이 이탈
　　　 리아에 침입함.

북위 태무제, 불교 탄압

　북위(北魏)는 도무제, 명원제뿐만 아니라 태무제(太武帝: 탁발도拓跋燾) 또한 불교
나 도교에 크게 반대하는 입장은 아니었다. 그러나 불교가 보호 · 육성되면서 내적으
로 타락의 경향을 보인데다가 황제도 점차 사원 경제가 국가 경제에 해를 가져온다는
인식을 가지게 되었다. 이러한 상태에서 불교에 반대 입장을 지닌 재상 최호(崔浩)가
도사 구겸지(寇謙之)를 태무제에게 추천하면서 서서히 불교 탄압이 표면화되기 시작
했다. 연호를 태평진군(太平眞君)으로 고친 태무제는 446년 먼저 장안의 모든 불교
사원을 허물고 승려들을 투옥시켰으며, 태자 탁발황에게도 평성(平城)의 모든 승려
와 비구니를 생매장시키고 불경 · 불상 · 불탑 등을 모두 부숴버리도록 명령했다. 요
행히도 불교에 심취해 있던 태자가 승려들에게 밀사를 보내 생매장은 면하게 되었으
나 사원과 불경, 불상 등의 파괴는 면할 수 없었다. 이것이 불교가 탄압받은 첫번째
사건이었다. 그러나 태무제가 죽은 뒤 불교는 다시 흥성하게 된다.

구겸지

　장릉, 장형, 장로의 오두미도는 장릉을 천사(天師)로 불렀기 때문에 천사도라고 부
르게 되었다. 천사도가 소멸된 후인 북위 때 새로운 천사도를 창시한 인물이 등장했
다. 자는 보진(輔眞), 창평(昌平: 지금의 북경) 출신으로 18세에 숭산(嵩山)에 들어가
도를 닦던 중 415년 10월 구름을 몰고 용을 탄 태상노군에게 「운중음송신과지계(雲中
音誦新科之誡)」 20권을 하사받고 천사의 지위를 얻게 되었다는 구겸지(寇謙之: 365～
448)가 바로 그 사람이었다. 『위서(魏書)』 「석노지(釋老志)」의 기록에 따르면, 구겸지
는 태상노군을 따라온 2명의 신선에게 벽곡술(辟穀術)과 장생술을 배우고 아울러 "삼
장(三張)의 그릇된 점을 교정하고 남녀 합방술을 없애버리며" "큰 도는 청정함"을 밝
히도록 임무를 부여받았다고 한다. 이미 선도에 들어서게 된 그는 424년 평성에서 당
시 북위의 통치자인 태무제에게 『녹도진경(錄圖眞經)』을 비롯한 도교 책을 헌상했다.
당시 대신으로서 구겸지의 가르침에 감복한 최호의 도움으로 구겸지의 신천사도(新

天師道)는 조정 깊숙이 영향을 미칠 수 있었다. 마침내 태무제 또한 도교 신앙이 돈독해지고 마침내 도단에 나아가 부록(符籙)을 받기에 이른다. 이처럼 권력을 등에 업은 신천사도는 이미 이전의 주술적이고 비체계적인 도교와 달리 악장(樂章)과 예배 의식, 의관 등이 제정된 상태에서 이론적으로도 불교에 뒤지지 않게 되었다. 태무제의 불교 탄압은 바로 이러한 상황에서 이루어진 것이다.

운강 석굴

북위가 북량을 멸한 직후 태무제는 대대적인 불교 탄압 정책을 썼다. 그러나 뒤를 계승한 문성제(文成帝)는 생각이 달랐다. 그에게 불교는 탄압의 대상이 아니라 손을 잡고 함께 나아갈 동반자였다. 그는 '오랑캐는 본래 부처가 없다(胡本無佛)'는 언론을 잠재우고 왕권의 이익을 강화하기 위해 화평(和平) 원년(460) 사문 통담요(統曇曜)에게 평성(平城: 산서성 대동시) 서쪽 교외에 석굴 다섯 곳을 파고 불상과 조각을 하도록 명했다. 이것이 바로 운강(雲崗) 석굴의 최초 석굴인 '담요오굴(曇曜五窟)'로 지금의 16번부터 20번까지의 석굴이다. 매 석굴에는 10여m 높이의 본존상이 안치되어 있는데, 제왕의 형상을 불상으로 만들었던 옛 인도의 방식(간다라 예술 양식)을 따랐다. 이는 북위의 호국 불교를 상징하는 것이라 할 수 있다. 이 석굴은 정광(正光) 연간(520~525)에 완공되었는데, 전체 동굴 수 50여 개에 5만여 존(尊)의 조상(彫像)으로 이루어져 있다.

운강 제20굴 전경(왼쪽)과 제20굴의 대불상의 얼굴

465년쯤 ▶ 시인 **포조** 사망. **북조 민가** 유행.
469년 ▶ 임해(臨海) 농민 기의(수령: 전류田流).

포조

포조(鮑照, 421~465)는 자가 명원(明遠)이며, 동해(東海: 강소성 연수현漣水縣) 출신이다. 참군직(參軍職)을 지내서 포참군(鮑參軍)이라고도 불린다. 지체 낮은 집안 출신으로, 처음에 송나라 황족 유의경(劉義慶)을 섬겨 국시랑(國侍郎)이 되고, 태학박사·중서사인(中書舍人) 등을 지냈으며, 마지막에 임해왕(臨海王) 유자욱(劉子頊) 밑에서 형옥참군사(刑獄參軍事)가 되었으나, 자욱 등의 반란이 실패하였을 때 형주(荊州) 성 안에서 피살되었다. 그의 문장은 기이하고 신선하며, 당대의 문인 중에서도 사령운(謝靈運)·안연지(顔延之)와 나란히 칭해진다. 당시 황하와 제수(濟水) 두 강물이 맑아 그것이 천자(天子)의 미덕 때문이라고 소문이 떠돌았을 때, 그는 「하청송(河淸頌)」이라는 서(序)를 지어 호평받았다. 5언시가 전성하던 육조 시대에 7언시에 손을 댄 적은 사람 중의 한 사람으로, 뒷날 당나라의 시인에게 큰 영향을 끼쳤다. 시인 두보(杜甫)는 포조를 '준일(俊逸)'하다고 높이 평가하였고 송나라의 육시옹(陸時雍)은 포조를 "길 없는 곳에 길을 연 사람"이라고 칭송하였다.

북조의 노래 — 민가

막강했던 전연(前燕) 왕조가 힘을 잃자 다시금 분열의 양상이 나타나기 시작했다. 하북성의 후연(後燕), 섬서성의 서연(西燕), 또한 섬서성의 후진(後秦), 감숙성의 서진(西秦), 동부 신강(新疆)의 후량(後涼), 동일한 곳에서 후량을 정복한 북량(北涼), 감숙의 서량(西涼)과 남량(南涼) 등이 차례로 들어섰다가 차례대로 무너졌다. 이들은 그저 일대를 통치하고 일정 기간 번영하다가 어느새 사라지고 말았던 것이다. 그러나 그들이 중국의 역사에 어떤 역할을 했느냐고 힐난할 수는 없다. 그들 또한 다른 시대와 마찬가지로 장강과 같은 대하의 흐름 속에 흐르고 있을 따름이기에. 중국 문학사는 북조(北朝)의 문학을 다루는 데 참으로 인색하다. 몇몇 민가나 서사시를 잠시 보여줄 뿐, 그러나 그들에게 또한 정감이 없었을 리 없고 절로 흐르는 노래가 없을 수 없다. 북조의 음악은 호성(胡聲), 북적악(北狄樂), 마상악(馬上樂)이라 불렸다. 결국 오랑캐들의 음악이란 뜻이다. 그럼에도 이 음악은 남조의 갈고 닦은 매끄러운 것은 아닐지 몰라도 생동감이 있고, 정감을 솔직하게 드러내놓은 질박한 맛이 또한 일품이었다. "건아는 빠른 말이 필요하고, 빠른 말은 건아가 필요하네. 황토 먼지 걷어차고 달려나가 자웅을 가린다네"라고 노래한 「절양유가(折楊柳歌)」와 같이 북방 유목민들의 건강한 삶을 반영한 것이 있으며, 「목란시(木蘭詩)」처럼 전체 62구에 334자로 소녀 목란이 늙은 아비 대신에 남장을 하고 출전하여 개선하여 돌아온다는 이야기를 서사시로 꾸민 시가가 전해져 온다. 이러한 시가를 통해 북조 여인들의 강인한 삶의 체취를 느끼기에 부족함이 없다. 중국 서사시에는 「공작동남비(孔雀東南飛)」와 더불어 「목란시」가 대표적이다. 북조의 민가는 위나라 태무제 이후 한족과 동화하면서 한자로 번역된 가요들인데 남조 양(梁) 왕조 시절에 채집되어 악부에 넣은 것이어서 「양고각횡취곡(梁鼓角橫吹曲)」이라 이름을 지었다.

서진왕조(265—317)		
북	**남**	
1. 전조前趙(흉노匈奴) 304~329	1. 동진東晉(중국인) 317~419	
2. 후조後趙(흉노匈奴) 328~329	2. 유송劉宋 420~479	
3. 전태前泰(티베트) 351~394	3. 남제南齊 479~501	
4. 후태後泰(티베트) 384~417	4. 양梁 502~556	
5. 서태西泰(흉노匈奴) 385~431	5. 진陳 557~588	
6. 전연前燕(선비鮮卑) 352~370	6. 수隋 581~618	
7. 후연後燕(선비鮮卑) 384~409		
8. 서연西燕(선비鮮卑) 384~395		
9. 남연南燕(선비鮮卑) 398~410		
10. 북연北燕(선비鮮卑) 409~436		
11. 대代(탁발拓跋) 338~376		
12. 전량前凉(중국인中國人) 313~376		
13. 북량北凉(흉노匈奴) 397~376		
14. 서량西凉(중국인中國人?) 400~421		
15. 후량後凉(티베트) 386~403		
16. 남량南凉(선비鮮卑) 379~414		
17. 하夏(흉노匈奴) 407~431		
18. 탁발拓跋(투르크) 385~550		
19. 북제北齊(중국인中國人?) 550~577		
20. 북주北周(탁발拓跋) 557~579		
21. 수隋(중국인中國人) 581~618		

남북 중국의 주요 왕조

471년 ▶ 북위 **효문제** 즉위—선비족의 한화 정책 강력 실시.
479년 ▶ 송 멸망. **제나라 건국.**
480년 ▶ 제, 호구 조사[民籍] 실시.
482년 ▶ 제나라 고제(高帝) 소도성 사망.
483년 ▶ 북위, 동성끼리의 통혼 금지. 한화 정책 실시.
485년 ▶ 북위, **균전제와 삼장제** 실시.

■ 그 무렵 우리는…

475년 고구려, 북위에 사신을 보냄. 백제 수도 한성을 함락하고 개로왕을 죽임. 백제, 문주왕이 즉위하여 웅진으로 천도함.
477년 신라, 다섯 갈래로 나뉘어 침입한 왜구를 격퇴함.
479년 신라, 백결선생이 「방아타령」을 지음.

효문제

전진에 부견이 있었다면 북위에는 탁발굉(拓跋宏)이 있다. 각기 다른 시대, 다른 나라, 다른 민족의 군주였지만 그들에게는 적지 않은 공통점이 있다. 첫째, 그들은 북방을 통일한 군주로 남방을 통일시켜 천하 제패를 원했으나 결국 달성하지 못한 이민족 황제였다. 둘째, 뛰어난 한족 관료를 동원하여 문명화를 시도함으로써 상당한 효과를 보았다. 셋째, 이상과 포부가 대단했음에도 시대와 환경이 그들을 따라주지 않았으며 결국 지나친 이상주의가 좌절되면서 후세의 멸망과 분열을 초래했다. 북위의 극성기를 연 효문제(孝文帝) 탁발굉은 5세의 어린 나이에 즉위하여 섭정인 풍태후(馮太后)의 도움을 받았다. 490년 풍태후가 사망한 뒤 친정에 돌입한 젊은 황제는 이미 건실한 재정과 안정된 정권을 더욱 강화시킬 임무가 있었다. 다시 부활한 한인 관료의 도움으로 유교적 예악 제도와 법률이 마련되었으며, 황제 자신이 유학과 불교를 비롯하여 한나라 문화에 상당한 조예가 있었기 때문에 한화(漢化)가 한층 강화된 것은 당연한 일이었다. 한화의 궁극적인 목적은 한과 호(胡)의 차별이 없는 천하 제국의 건설이었고, 남방 경영은 지상의 과제였을 것이다. 그는 이 과제를 실천하기 위해 낙양으로 천도를 감행했다. 한나라 문화에 깊이 경도된 그에게 낙양은 격이 있는 도읍지로 손색이 없을 듯했다. 선비족인 탁발씨의 성이 한인의 원(元)씨로 바뀌어 일컬어진 것도 그때부터이다.

제나라 건국

죽고 죽이는 혈육간의 상쟁으로 황족으로 유씨가 거의 사라지고 없을 지경이 되었을 때 소도성(蕭道成, 고제高帝: 427~482)은 제왕(齊王)이 되어 송 왕조의 실세가 되었다. 어린 황제 유욱(劉昱)을 살해한 그는 13세의 순제(順帝)를 옹립한 뒤 곧 폐위시키고, 자신의 봉국 이름을 딴 제나라를 건국했다. 역사에서 남제(南齊)라 일컬어지는 제나라는 2대 황제인 무제 시대에 경제적으로 풍요하여 민간에 활력이 있었다. 이에 그의 연호를 따서 영명(永明: 483~493)의 치(治)라 불렸다. 그러나 남제 또한 황권은 골육상쟁의 피비린내를 떨쳐버리지 못했다. 재위 3년의 고제를 이어 무제의 좋은 시절이 지나고, 무제의 황태손 소소업과 그 뒤를 이은 소문이 죽은 뒤 소란(蕭鸞)이 즉위했다. 명제로 불린 소란은 고제 소도성의 장조카였다. 그는 즉위한 후 고제와 무제 일족에 대한 대규모 학살을 감행했다. 게다가 그의 뒤를 이은 소보권(蕭寶卷: 폐제廢帝) 또한 극악무도한 인물이었다. 인심은 이미 남제 정권을 떠났다. 또 한 번의 선양이 기대되었다. 당시 황족의 먼 친척으로 옹주자사로 있던 소연(蕭衍)이 마침 자신의 형 소의(蕭懿)가 궁중에서 사약을 먹고 죽은 것을 기화로 거병했다. 건강(建康)에 입성한 소연은 황제 소보권을 죽이고 그 동생 소보융(蕭寶融: 화제和帝)을 내세운 뒤 그의 선양을 받아 황제의 자리에 올라 남조는 제에서 양(梁)으로 넘어가게 된다.

균전제와 삼장제

465년 문성제(文成帝)가 젊은 나이로 죽고 태자 탁발홍이 즉위했으나 문성제의 부인인 풍태후(馮太后)에 의해 폐립되어 살해된 뒤 탁발굉(효문제)이 5세의 나이로 즉위했다. 풍태후는 어린 황제를 대신하여 섭정하면서 조정을 안정시키는 한편 균전제(均田制)와 삼장제(三長制)를 도입하여 국가 재정을 튼튼히 함으로써 북위 정권의 극성기인 효문제 치세의 밑바탕이 되었다. 균전제는 전국의 15세 이상의 남자에게 노전(露田: 황무지) 40무(畝), 상전(桑田: 뽕나무 밭) 20무, 부인에게는 노전 20무를 제공하고 그들이 국가에 직접 납세의 책임을 지도록 하는 것을 골자로 한다. 노전은 60세가 넘으면 국가에 반납하고, 상전은 일정한 나무를 정부에 납입하는 대신 사유가 인정되었다. 지주의 경우는 자신이 소유한 노비와 소의 수량에 따라 별도의 토지를 획득할 수 있었으며, 심지어 노비도 농민과 같은 수량의 토지를 받았다. 이렇게 함으로써 재부의 균등을 도모할 수 있을 뿐더러 모든 백성들을 세원(稅源)으로 함으로써 국가 재정을 확고히 할 수 있었다. 정부는 이를 확실히 실시하기 위해 다섯 집을 1린(隣), 5린을 1리(里), 5리를 1당(黨)으로 하는 전국 조직을 만들어 각 조직별로 연대 책임을 지도록 했다. 각 조직은 인장(隣長), 이장(里長), 당장(黨長) 등 삼장이 임명되어 책임을 맡았기 때문에 이를 삼장제라 불렀다. 이는 도무제(道武帝) 때 실시된 계구수전(計口授田: 전국민의 호적을 정리하여 밭을 나누어줌)의 연장선상에 있는 정책이라 할 수 있다. 균전제는 북제, 북주로 이어져 당대에도 활용되었으나 점차 효력을 잃고 폐지되었다.

A.D.493~505년

493년 ▶ 북위, 낙양 천도.
494년 ▶ 용문(龍門) 석굴 착공.
499년 ▶ 북위 제6대 황제인 효문제(孝文帝) 사망.
500년 ▶ 대명력(大明曆)을 편제한 천문학자 **조충지** 사망.
502년 ▶ 옹주자사 소연(蕭衍) 거병하여 건강(建康)을 공격, 제나라를 멸망시키고 **양**(梁)을 건국하여 무제(武帝)가 됨.
505년 ▶ 양, 오경박사를 두고 학교를 세움. 남조 경학 발흥.

■ 그 무렵 우리는…
493년 신라, 백제 동성왕이 사신을 보내 청혼하자 이벌찬 비지의 딸을 보냄.
496년 신라, 알천(閼川)이 범람하여 민가 200여 채가 떠내려감.
501년 백제, 백가가 반란을 일으켜 동성왕을 살해함. 무령왕이 즉위.

조충지

조충지(祖冲之: 429~500), 자는 문원(文遠)이며 원적은 하북이지만 이후 남방에서 살았다. 젊은 시절부터 천문과 수학에 능하여 33세에 이미 당시 가장 선진적인 역법을 편제했다. 그때가 남조 유송(劉宋)의 대명(大明) 연간이었기 때문에 대명력(大明曆)이라 불렀다. 대명력의 회귀년은 365.24281481일이니 현재의 계산에서 50초 차이밖에 나지 않으며, 달의 일주

조충지

기 또한 27.21223일로 계산하여 지금과 단지 1초의 차이가 날 뿐이다. 그는 또한 수학에 있어서도 원주율을 3.1415926과 3.1415927의 사이에 있는 것으로 계산하여 세계 최초로 가장 정확한 숫자를 제시했다. 그는 자신의 연구 성과를 집대성하여 『철술(綴術)』이라는 저작을 남겼는데 애석하게 실전했다. 그러나 그의 저작은 100여 년 후 당대(唐代) 국립 태학의 산학과(算學科) 필독서였던 『산경십서(算經十書)』에 포함되어 후대 수학의 바탕이 되었다.

양나라

옹주자사 소연(蕭衍, 武帝: 재위 502~549)이 거병하여 양(梁)나라를 건국한 것은 502년의 일이다. 549년에 죽었으니 47년을 황제 자리에 있었던 셈이다. 이는 송·제의 경우와 달리 건국기의 안정을 도모할 수 있었다는 점에서 대단히 유리하게 작용했다. 게다가 소연은 전대의 통치자와는 달리 학문적으로 깊이가 있었고 근검 절약을 몸소 실천한 명군의 자질을 갖추고 있었다. 그는 기존의 공포 정치를 지양하고 주사(周捨)과 서면(徐勉) 등을 등용하여 양나라 전반기의 통치 체제를 강화했다. 그러나

만년에 들어서자 지나치게 불교에 심취하고 아울러 주이(朱異) 등 간신을 등용하면서 흔들리기 시작했다. 억압보다 관대함을 기조로 한 그의 통치관은 오히려 문벌 귀족의 권력 장악이란 후과를 낳았다. 게다가 북벌에 대한 강한 의욕이 결국 그와 양나라를 멸망의 구렁텅이로 몰고 들어갔다. 특히 북위의 분열로 북방을 통일시킬 수 있다는 잘못된 판단이 앞서 북위의 반란군인 후경(侯景)과 손을 잡은 것이 그에게는 결정적 실수였다. 양나라에 귀순했다가 다시 반란을 일으킨 후경이 건강성을 함락한 뒤 무제는 간문제(簡文帝)에게 제위를 물려주고 통탄 속에 죽고 말았다. 이후 간문제 또한 후경에게 살해되니 실질적으로 양나라는 멸망의 지경에 도달했다. 겨우 양의 상동왕(湘東王) 소역(蕭繹)이 강릉에서 즉위하고, 왕승변(王僧弁)과 진패선(陳霸先) 등이 국호를 한(漢)으로 하고 황제에 즉위한 후경을 공략하여 살해했지만 양나라의 국세는 만회할 수 없었다. 양나라 원제(元帝) 소역은 서위(西魏)의 군대가 남침하자 "주나라 문왕과 무왕의 정치가 오늘로 끝났다(文武之道, 今日盡矣)"고 되뇌면서 강남의 전적(典籍) 7만여 권을 불태우고 끝내 피살되었다. 이로써 양나라는 멸망했다. 소명태자(昭明太子: 무제의 장자長子)의 아들로 서위의 군대를 따라 소역을 공략하는 데 앞장선 소찰(蕭察)이 후량(後梁)을 건국했으나 이미 서위와 북주(北周)의 속국에 다름없었다.

『양무제전』에 묘사된 양나라 무제의 거병하는 그림

『산경십서』

『산경십서(算經十書)』는 「주비산경(周髀算經)」「구장산술(九章算術)」「해도산경(海島算經)」「오조산경(五曹算經)」「손자산경(孫子算經)」「하후양산경(夏侯陽算經)」「장구건산경(張丘建算經)」「오경산술(五經算術)」「집고산경(緝古算經)」「철술(綴術)」 등 한대에서 당에 이르는 1000여 년 간에 저작된 중요한 수학서를 집대성한 책으로 당나라 국자감(國子監) 산학관(算學館)의 필독서였다.

A.D.513~526년

513년 ▶ **심약** 사망.
515년 ▶ 북위의 선무제 사망, 효명제 즉위했으나 어머니인 호태후(胡太后) 섭정.
520년 ▶ 『**문심조룡**』의 저자 유협(劉勰) 사망.
523년 ▶ 육진(六鎭)의 군사 반란이 일어나자 이주영(爾朱榮)이 진압.
526년 ▶ **보리달마**, 광주에 도착.

■ 그 무렵 우리는…
513년 백제, 왜에 오경박사(五經博士) 단양이(段楊爾)를 파견함.
520년 신라, 율령을 반포하고 공복(公服)을 제정함.
523년 백제, 무령왕이 죽고 성왕이 즉위함. 시호법(諡號法)을 제정함.

심약

남조는 정치적으로 허약하기 이를 데 없었으나 왕과 귀족들의 문학 애호로 문풍이 거셌다. 특히 당시 문인들은 일정한 후원자들을 통해 자신들의 문학을 펼쳐나갔는데, 무엇보다 황제의 후원을 받는 문학 집단이 가장 큰 영향력을 발휘할 수 있었다는 것은 자명한 일이다. 제나라 무제의 둘째아들인 경릉왕(竟陵王) 소자량(蕭子良: 460~494)은 경릉팔우(竟陵八友)라는 자신의 문학 집단을 가지고 있었다. 이후 소연(양나라 무제: 464~549)이 제위를 찬탈한 뒤에 이 집단을 거느렸는데, 당시 문단의 거두는 심약(沈約: 441~513)이었다. 심약의 자는 휴문(休文), 오흥무강(吳興武康: 절강성) 사람으로 송·제·양 3대에 걸쳐 상서복야(尚書僕射) 등 관직을 거쳤다. 어느 날 『문심조룡(文心雕龍)』을 쓴 유협(劉勰)이 심약을 태운 수레가 지나기를 기다리고 있었다. 자신이 필사한 『문심조룡』을 내밀고 읽어주기를 간청하기 위함이었다. 마침내 심약을 만나 책을 전달한 유협은 이후 그의 칭찬을 받고 이를 인연으로 벼슬길에 오르게 되었다. 과연 심약의 영향력은 지극히 대단한 것이었다. 그는 5언시에 능한 시인임과 아울러 시의 운율을 조절하는 방법이자 시작의 금기 사항에 대한 논의인 '사성팔병설(四聲八病說)'을 제창한 시가 이론가이기도 했다. 당시 중국 문인들은 인도의 성운학[梵音學]의 영향을 받아 성조(聲調)를 발견하고 평상거입(平上去入)으로 사성을 구분했다. 심약은 시가에서 사성을 조절하는 방법과 더욱 구체적인 금기 사항을 제시하여 시의 음악성을 추구하고자 했던 것이다. 그의 제안은 당시 시인들에게 큰 영향을 끼쳤을 뿐더러 이후 시가 문학에도 적지 않은 영향을 주었다. 그러나 다른 한편으로 성률(聲律)을 통한 음악성만을 지나치게 중시함으로써 시적 내용이나 사상을 담는 그릇으로서 시가의 본래 면모는 상실하는 우를 범하게 되었다.

『문심조룡』

"문의 덕(德) 됨이 크도다. 그것이 천지와 더불어 시작됨은 어찌 된 연유인가?" 『문심조룡(文心雕龍)』 권1 「원도(原道)」편은 이렇게 시작된다. 전체 상하 50편으로 입론 원칙에 해당하는 5편과 문체론 20편, 그리고 창작과 비평에 관한 24편과 마지막 총론에 해당하는 「서지(序志)」편으로 나눌 수 있다. 이 책의 저자 유협(劉勰: ?~520)은 빈한한 집안에서 태어나 어려서 아버지를 잃고 정림사 승려 우(祐)에게 몸을 기탁할 수밖에 없었다. 자는 언화(彦和), 선조는 동완거(東莞莒)에서 살았으나 동진이 남하한 이래로 경구(京口: 강소성 진강鎭江)에서 지냈다. 그는 문장이란 하늘, 땅과 더불어 삼재(三才)라 칭하는 인간의 마음에서 절로 우러나와 이루어지는 것이니, 이는 자연스러운 도리로 천지 자연에 문채가 있는 것과 마찬가지라고 생각했다. 소명태자 소통(蕭統)이 거하는 동궁의 통사사인(通事舍人)을 비롯하여 보병교위(步兵校尉)의 자리에 올랐으나 520년 정림사에서 출가하여 채 일 년이 되지 않아 죽고 말았다. 청대 학자 장학성(章學誠)은 "『문심조룡』은 체제가 크고 생각이 주도면밀하다"고 평한 바 있는데, 중국 문학평론서 가운데 최고의 명저로 손꼽을 수 있으며 후세의 영향 또한 적지 않다. 현재 '문심조룡학회' 가 결성되어 더욱 심도 있는 연구가 진행중이다.

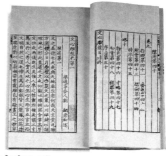

『문심조룡』

보리달마

염화미소(拈華微笑)로 유명한 마하가섭(摩訶迦葉)의 불법은 '이심전심(以心傳心)', 곧 마음에서 마음으로 전해지는 것을 위주로 한다. 부처님의 10대 제자 가운데 첫째로 이른바 두타제일(頭陀第一)로 칭해진 보리달마(菩提達磨)의 불법은 인도에서 27대 조사 반야다라(般若多羅) 존자에 이르러 일단락지고 28대 달마에 의해 중국으로 전해졌다. 달마가 중국 땅에 처음 발을 디딘 곳은 광주(廣州)이며 때는 양나라 무제 보통(普通) 7년(526, 일설에는 520년)이라고 한다. 그해 10월 1일 금릉(金陵)에서 양나라 무제 소연(蕭衍)을 만난 그는 부처의 첫번째 가르침이 무엇이냐고 묻는 무제에게 "텅 비어 부처님이 없습니다"라는 답변을 했다. 무제와의 문답에서 실망한 그는 북위의 낙양으로 향하다가 숭산의 소림사(少林寺)에서 9년 면벽에 들어간다. 그후 거기서 죽었다는 말도 있고 법신이 그의 고향인 남천축으로 되돌아갔다는 말도 전한다. 모든 상념을 벗어버리고 참선을 통한 득도를 중시한 그의 불법은 혜가(慧可: 487~593), 승찬(僧璨: ?~606), 도신(道信: 580~651), 홍인(弘忍: 602~675)에게 전해지다가 마침내 육조 혜능(慧能: 638~713)에게 전해져 중국 선종(禪宗)으로 발전되었다. 당대에 원각선사(圓覺禪師)라는 시호가 붙여졌다.

A.D.527~535년

527년 ▶ 『**수경주**』의 저자 **역도원** 사망.
528년 ▶ 북위의 호태후, 아들 효명제 독살. 이주영, 낙양으로 진입하여 호
태후와 그 일파 살해. 이주영, 효장제(孝莊帝) 옹립.
530년 ▶ 효장제, 이주영 살해. 효장제, 이주조(爾朱兆)에게 피살.
531년 ▶ 무제의 아들이자 『**소명문선**』의 저자 **소통** 사망.
534년 ▶ 북위, **동위와 서위**로 양분됨. 우문태(宇文泰), 문제를 옹립하여
서위 건국.
535년 ▶ 서위 문제 연간(535~517)에 **부병제** 실시.

■ 그 무렵 우리는…
528년 신라, 화엄사가 창건됨. 이차돈
이 순교하고 불교가 공인됨.

『수경주』의 저자 역도원

중국 최초의 지리학자라 할 수 있는 역도원(酈道元: 466쯤~527)의 자는 선장(善長)
이며, 북위 사람이다. 태수나 자사 등 지방 관직을 역임했다. 장강 이북의 산천을 몸
소 걸어다니며 견문을 넓혀 이를 바탕으로 한나라 상흠(桑欽)이 저작했다는 『수경(水
經)』에 주해를 단 『수경주(水經注)』 40권을 편찬했다. 원래의 『수경』은 중국 고대의
137개소의 물길을 수록하고 있는데, 역도원은 이를 1252개소로 확대하여 물길의 근
원부터 역사 유적, 인물, 전설, 신화, 비석 등에 이르기까지 인문 지리적 내용을 담아
원문의 20배가 넘는 저술을 완성했다. 그래서 책명은 비록 주해서라 했으나 다양한
견문과 창견이 종합된 뛰어난 인문 지리 저작물로 인정받게 되었다. 게다가 뛰어난
문체로 인하여 이미 오래 전부터 인구에 회자되었으며, 지금도 고전 문학 작품으로
간주되고 있다.

『소명문선』의 저자 소통

『소명문선(昭明文選)』의 저자로 알려진 소통(蕭統, 소명태자: 501~531)은 양나라
무제 소연의 아들로 태자의 자리에 있었으나 불행하게도 일찍 죽고 말았다. 『문심조
룡』의 저자 유협도 그의 휘하에 있었던 적이 있다. 그후 그의 아들 소찰이 서위의 편
에 서서 할아버지의 나라 양을 멸망시키고 다시 후량을 건국했다. 이미 다른 나라의
속국이 된 후량의 군주가 되어 그는 무엇을 생각하고 있었을까?

북위의 분열 — 동위와 서위

북위의 분열은 효문제(孝文帝) 사후 황실 내 외척의 전횡으로 인한 혼란과 상대적
으로 대우를 받지 못한 육진(六鎭) 소속 지방 군인들의 반란에서 비롯되었다. 육진

군대의 반란을 막은 것은 산서성에 근거를 둔 해족(奚族)의 수장 이주영(爾朱榮)이었다. 그는 내친김에 황실의 내정까지 간섭하여, 친자식인 효명제(孝明帝)를 독살하고 권세를 독점하고 있던 호태후(胡太后)와 관료 1000여 명을 살해하고 효장제(孝莊帝)를 옹립했다. 효장제는 이주영을 주살했으나 다시 이주조(爾朱兆)에게 살해되고 말았다. 이후 이주씨가 내분으로 오랜 싸움에 지쳐 있는 동안, 본래 이주영에게 소속되어 있던 고환(高歡)과 우문태(宇文泰, 507~556)가 각기 독립하여 효정제, 효무제를 옹립하고 동위(東魏: 534~550), 서위(西魏: 535~556)를 건국했다. 이제 고환과 우문태의 새로운 정권이 들어서는 것은 시간 문제였다. 이윽고 우문태 일족은 서위 대신 북주(北周: 557~581)를 세웠고, 고환 일족은 북제(北齊: 550~577)를 건국했다. 이로써 효문제가 그토록 애써 가꾸어놓은 북위의 찬란한 영화는 폐허가 된 낙양처럼 어이없이 사라지고 말았다.

서위의 부병제

장안에 도읍한 서위 정권의 최대 고민은 동위와 북제와 대치한 상태에서 동일계 민족인 선비족이 너무 적었다는 점이었다. 그래서 문제(文帝)는 한족이 태반인 자영 농민을 근간으로 새로운 군대를 조직하고자 했다. 그는 자영 농민 가운데 병사를 선발하여 각 지방의 군부에 소속시켜 군대를 만들었다. 전국에 24군을 설치하고, 이를 6주국(柱國)이 분할하여 통치했으며, 그 아래로 12대장군과 24개부(開府)를 설치했다. 병사들은 민호(民戶)와 구분되어 세금이 거의 면제되었고, 세 계절은 농사를 짓고 한 계절은 무예를 닦도록 되어 있었다. 서위를 이은 북주 또한 이 제도를 그대로 이어받았다. 당연한 것이 이 제도 자체가 서위의 실세였으며, 북주 정권을 낳은 우문태의 발상이었기 때문이다. 부병제(府兵制)는 수·당대에도 계속 이어졌다. 수나라 문제(文帝: 재위 581~604)는 '모든 군인은 주현(州縣)에 속하게 하고 토지의 개간과 호적 등록은 일반민들과 똑같이 하라'는 칙령을 내려 군인을 평민 신분으로 만들어 균전제 속으로 통합시켜 부병제를 확립하였고, 당대 초기에는 더욱 완숙한 형태의 부병제가 실시되었다. 그러나 당나라 현종(玄宗) 말기인 749년 공식적으로 폐지되고 용병제(傭兵制)로 바뀌게 되었다.

목간에 남아 있는 『문선』

전적 수난사

전적(典籍)의 수난사를 살펴보면, 『수서(隋書)』권49 「우홍전(牛弘傳)」에 진나라의 분서(焚書) 이후 왕망(王莽)의 멸망, 동탁(董卓)의 난리, 영가(永嘉)의 난, 그리고 양나라 원제의 분서가 사상 최대의 전적 수난사라고 기록하고 있다. 특히 원제의 분서는 그 양으로 보아 최대의 피해였다고 한다.

A.D.536~557년

536년 ▶ **도홍경** 사망.
548년 ▶ 동위의 대장 출신인 후경(侯景)이 거병하여 양나라 침탈.
549년 ▶ 양나라 무제 사망, 태자 소강(蕭綱: 간문제簡文帝) 즉위함.
550년 ▶ 북조 동위 멸망.
551년 ▶ 후경, 양나라 간문제를 죽이고, 도읍 건강에서 스스로 황제에 올라 국호를 한(漢)으로 개칭.
552년 ▶ **진패선** 등의 활약으로 후경의 군대를 물리치고 건강을 수복함. 후경은 피살됨. **돌궐 제국** 건국, 토문가한(土門可汗) 사망, 그의 아들 무칸(木汗) 즉위.
555년 ▶ 돌궐, 유연(柔然) 멸함.
557년 ▶ 양나라 멸망. 진패선, 선양받아 제위에 올라 진(陳)나라 개국. 무제(武帝)가 됨. 북조 서위 멸망.

■ 그 무렵 우리는…
536년 신라, 처음으로 연호를 사용하여 '건원(建元)'이라 함.
545년 신라, 거칠부 등이 『국사』를 편찬함.
550년 고구려, 쌍영총·무용총·각저총 등이 형성됨.
553년 신라, 신궁(新宮)을 고쳐 황룡사를 짓기 시작함.
555년 신라, 진흥왕이 북한산을 순행하고 북한산 진흥왕순수비를 세움.

도홍경의 출현 ─ 도교의 성숙기

남조 양나라 때 단양(丹陽)의 사대부 도홍경(陶弘景: 456~536)이 살았다. 그는 육수정(陸修靜)의 제자인 손유악(孫游岳)에게 배웠으며, 영명 연간에 도교의 유서를 모으고 모산, 태평산, 천목산 등을 두루 다니면서 도사와 무당들의 기록 및 도교 의식이나 신령 등에 관한 자료를 모아 『진고(眞誥)』를 저술했다. 그리고 이를 바탕으로 고대 중국의 우주 계통 이론 및 현실 세계의 등급 제도와 연계시켜 7개의 단계로 나누고 이를 『진영위업도(眞靈位業圖)』라는 책으로 정리했다. 이로써 도교는 더욱 체계적인 신의 계보를 확립하게 되었다. 그는 이외에도 중국 고대의 여러 가지 건신양기(健身養氣)에 관한 자료를 수집하고 '수고지규(壽考之規)' '장령지술(長齡之術)' 등과 노자, 장자 이후의 '담박자연(澹泊自然)' '수졸포일(守拙抱一)'의 인생 철학을 결합시켜 '양성연명(養性延命)'의 이론을 체계화하여, 이를 『양성연명록』이라는 이름으로 종합했다. 이론적 작업 이외에도 그는 친히 연단을 제조하고 약초를 채집하며 여러 방법을 대조하는 등 이론을 실천에 옮겼다. 그리하여 이미 당시 사람들은 "장화(張華)의 박식함, 마균(馬鈞)의 교묘한 생각, 유향(劉向)의 은미한 것에 대한 지식, 갈홍(葛洪)의 양생, 이러한 여러 가지 좋은 점을 겸한 이는 한 사람(도홍경)뿐이다"라고 칭송했다. 또 후대의 도교도들은 "고금을 통찰하고, 세상을 관장하니 … 현중의 동호(董狐: 진나라의 직필하던 사관)요 도가의 공자이다"라고 존중했다. 동진 시대 갈홍에서 시작하여 육수정, 그리고 도홍경에 이르면서 중국의 도교는 나름의 철리, 신의 계보, 재초 의식, 주술, 부록, 연단술, 복식 등이 계통화·이론화되어 상당한 정도로 완전해진 종교로 간주할 수 있게 되었다.

진패선의 진나라

동진·송·제·양 등 남조 진(陳)나라 이전의 왕권은 모두 북방 출신이 독차지하고 있었다. 이에 비해 남조 진나라는 순수한 남방 출신이 지배한 국가이다. 동맹 세력이었던 왕승변을 살해하고 진나라를 건국한 진패선(陳霸先)은 오흥(吳興) 출신이었다. 즉위 후 기존의 북방 출신 대신 남방의 인물들을 대거 등용하고 나름대로 최선을 다하고자 했으나 이미 진 왕조는 천하의 한구석에 자리잡은 소국에 불과했다. 진나라 건국 후 북방의 북주가 진을 정벌하기 위해 거병했으나, 요행히 승리하여 무제를 이은 문제와 선제의 짧은 시간 동안 성세를 누리게 되었다. 그러나 이후 선제의 아들 진숙보(陳叔寶)가 등장하면서 서서히 쇠멸의 나락으로 빠지기 시작했다. 후주(後主)라는 불명예스러운 칭호를 지니게 된 진숙보는 순수하고 진실된 면이 있었다고 하나 망선루(望仙樓), 임춘(臨春) 등 낭만적인 건축물을 만들고 귀비 장려화(張麗華)에 빠져 사치를 일삼는 등 정치에는 관심이 없었다. 수나라 군사가 건강성에 진입했을 때, 그는 이를 대처할 병력의 부족이라는 한심한 지경에 봉착했다. 대장 소마가(蕭摩訶)가 백토강(白土岡) 전투에서 패배하자 양광(楊廣: 양제煬帝)이 진두지휘한 수나라 한금호의 군대에 사로잡혀 끝내 살해되고 이로써 진은 멸망했다.

진숙보 화상. 정무를 돌보지 않아 진나라의 멸망을 불러왔다.

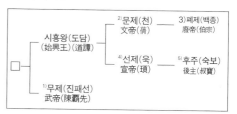

진 왕조 계보도

돌궐족

수·당 초기에 가장 위협적인 적은 돌궐족(突厥族)이었다. 5세기에 그들은 오늘날 몽고 지역에 해당하는 곳에 제국을 건설했던 유연족(柔然族)에 철공으로 봉사하며 복속되어 있었는데, 6세기 중엽에 유연족을 전복시키고 지중해까지 이르는 제국을 건설했다. 그들의 막강한 힘은 우수한 제철 기술에 의한 것이었다. 당이 멸망한 뒤 오대(五代)의 세 나라(후당後唐: 이존욱李存勖, 후진後晉: 석경당石敬瑭, 후한後漢: 유지원劉知遠)는 바로 이 민족에 의해 통치되었다. 그러나 이존욱의 예에서 볼 수 있듯이 당나라에 심취되어 환관을 부활하고 심지어 현종의 이원(梨園)을 본떠 왕궁 연극을 부활한다고 할지라도 오랜 전통과 상당한 고급 인력이 필요한 정치적 조직력이나 체계는 쉽게 이루어지는 것이 아니었다. 돌궐족이 7세기 초엽 이후 점차 세력이 약화되면서 끝내 멸망하게 된 것은 바로 이러한 조직력과 체계의 미비가 가장 큰 원인이었다.

두보의 시「여인행(麗人行)」을 소재로
그림은 봄날 귀부인들과 양귀비 자매들이
는 모습이다.

제5장 수(隋) · 당(唐) · 오대십국

오랜 남북 분열의 시대가 지나고 또다시 통일의 시대가 도래했다. 그러나 그 시작은 단명이었다. 북주의 대승상(大丞相)이었던 양견(楊堅)이 북주의 정제(靜帝)를 몰아내고 황제의 자리에 올랐으며, 국호를 수(隋: 581~618)라고 했다. 618년 망할 때까지 문제(文帝)로 추존된 그를 포함하여 양제(煬帝)와 공제(恭帝) 등 세 사람만 제위에 있었던 짧은 왕조였다. 그러나 중앙에 5성 6부를 설치하고, 구품중정제 대신 과거제를 실시하였으며, 강역을 이전에 도달하지 못한 지역까지 최대한으로 확장했고, 또한 남과 북을 잇는 4,800리의 대운하를 개통하였다는 점에서 또 하나의 단명한 왕조 진나라와 마찬가지로 중국 역사에 지대한 영향을 끼쳤다고 할 수 있다.

이연(李淵)이 칭제하면서 시작한 당(唐: 618~907)은 중국 역사상 가장 국력이 강성하고 그만큼 공헌도가 크며, 또한 가장 장수한 왕조로 칭해진다. 정권 성립 후 10여 년간의 전쟁을 통해 수나라 때보다 더욱 큰 국토를 지니게 된 당나라는 이후 정치적 안정에 힘입어 경제 · 문화적으로 초유의 전성기를 맞게 된다. 수나라가 전해준 과거제는 더욱 완전하게 정비되어 실시되었고, 위진 남북조의 문인들이 고민했던 여러 가지 문학에 관한 문제들은 당나라 시기 문인들의 창작에 실질적인 도움을 주었다. 고전 시가는 물론이고 고문 운동을 통해 산문에 대한 관심이 높아졌다. 균전제, 조용조, 부병제 등 시대에 적합한 법률이 제정되고 시행되면서 정치, 군사, 경제적으로 큰 발전을 도모할 수 있었다. 그러나 성하면 반드시 쇠한다는 법칙은 유효했다. 당나라의 극성기로 칭해지는 이융기(李隆基), 즉 현종 시대를 정점으로 당 왕조는 내리막으로 치닫기 시작했다. 그 분수령은 755년에 발발하여 8년여를 끈 '안사(安史)의 난'이었다. 당 왕조는 영광의 시대였던 만큼 그 몰락은 더욱 한심했다. 황제는 약물에서 헤어나지 못했고 그 틈을 비집고 환관들이 활개를 쳤으며, 이제 조정은 더 이상 번진(藩鎭)의 할거를 막을 힘이 없었고, 백성들은 의기소침해지기 시작했다. 황소(黃巢)의 난 끝에 주전충(朱全忠)이 이름답지 않게 당의 마지막 명줄을 끊어놓고, 후량(後梁)을 건국하니 또 한 번의 분열 시기인 오대십국(五代十國: 907~978)의 시작이다.

574년 ▶ 북주 무제 업성(鄴城)에서 폐불 선포. 도교 폐지—**3무 1종의 법란**.
575년 ▶ 지의(智顗) 천태종 엶.
577년 ▶ 북주, 북제(北齊) 멸함. 안지추, **『안씨가훈』** 저술.
580년 ▶ 북주, 불교와 도교 부흥.
581년 북주의 양견(楊堅), 정제(靜帝)를 폐하고 **수나라 건국**.

■ 그 무렵 우리는…
576년 신라, 화랑도의 전신인 원화 제
　　　도가 시작됨.

3무 1종의 법란

　이른바 3무(武) 1종(宗)의 법란(法亂)이란 태무제(太武帝), 북주의 무제(武帝), 당나라 무종(武宗) 등 불교를 탄압한 세 황제의 이름에 무(武)자가 들어가고, 종(宗)자가 들어가는 오대의 후주 세종(世宗) 시대에도 불교가 탄압받았기에 붙인 이름이다. 남북조 이래로 사원(寺院) 경제가 나날이 발전하면서 불교는 사회 생활에 커다란 영향을 끼쳤다. 자연 승려 지주 계층과 세속 지주 계층 간에 토지, 노역, 국세, 병역 등의 이해 관계가 발생했다. 이에 대지주 계층의 입장에 서 있는 국가 정권은 자신의 역량을 이용하여 불교를 탄압함으로써 재정적 이익뿐만 아니라 사회 모순을 완화할 수 있었다. 이른바 삼무의 난은 물론 황제의 개인적 호오(好惡)의 감정이 없었던 것은 아니겠으나 이러한 시대적 상황이 토대가 되었음은 분명하다. 예를 들어 당나라 무종은 26만 명의 승니(僧尼)를 환속시키고 15만의 사원 노비에게 자유를 주었으며, 양전(良田) 몇십만 경(頃)을 몰수하고 몇천의 사원을 철폐했다. 이는 확실히 경제적 이익에 따른 배불(排佛) 정책이라 할 수 있을 것이다.

『안씨가훈』

　북제의 안지추(顔之推: 531~?)가 지은 전체 7권 20편의 저작 『안씨가훈(顔氏家訓)』은 본래 자손들에게 입신처세의 자세를 가르치기 위한 일종의 가훈서이다. 자신이 체험한 내용을 풍부한 사례로 제공하면서 대인 관계 · 도덕 · 정치 · 경제 · 교육 · 풍속 · 학문 · 종교 등 다방면에 걸쳐 논하고 있는데, 당시 상황을 여실히 반영하고 있으며 문체 또한 뛰어나기 때문에 역대로 문학 작품으로 존중되었다. 작자 안지추는 양나라에서 산기시랑(散騎侍郎)을 지내다가 양나라가 서위에 멸망하자 북제로 가서 황문시랑(黃門侍郎)과 평원태수(平原太守)를 지냈다. 이후 북제가 망하고 북주 정권이 들어섰으나 다시 어사상사(御史上士)의 자리에 올랐으며, 수대(隋代)에는 문제(文帝)에게 발탁되어 문학시종(文學侍從)의 벼슬을 했다. 그 자신이 말한 바대로 처세를 잘한 인물이었다.

수나라 건국

　우문씨(宇文氏)의 북주는 부병제를 통해 막강한 군사력을 지니게 되었다. 이에 비해 황권은 폭정이 지나쳤고 그만큼 허약했다. 수(隋)나라를 건국한 양견(楊堅)은 북주의 건국공신인 양충(楊忠)의 아들로, 아버지의 공적으로 북주의 최고 귀족인 주국(柱國: 북주의 귀족은 8주국柱國 12장군將軍으로 나누어져 있었다)에 올라 수국공(隨國公)을 세습했다. 게다가 그의 딸이 선제(宣帝)의 비(妃)가 되었기 때문에 황실의 외척이기도 했다. 선제 사후 어린 정제(靜帝)가 즉위했으나 이미 실질적인 권력은 그의 손에 있었다. 결국 찬탈에 다름없는 선양으로 581년 즉위하여 국호를 수, 연호를 개황(開皇)으로 정했다. 본래 수국공이었던 그는 국호를 정하면서 '수(隨)'자에 주(辶)를 떼낸 새로운 글자 '수(隋)'자를 썼다. '辶'가 '사라짐'을 의미하여 황권의 장수에 흠이 될 것이라고 여겼기 때문이다. 그러나 그의 바람에도 불구하고 수나라는 전체 38년(581~618)이라는 단명 정권이 되었다.

1)고조 문제(양견) 高祖 文帝(楊堅)
2)양제(광) 煬帝(廣)
원덕태자 (소) 元德太子(昭)
3)공제(유)(대왕) 恭帝(侑)(代王)
공제(동)(월왕) 恭帝(侗)(越王)

수 왕조 계보도

수나라 초대 황제 문제(위)
용선을 탄 양제의 행행(行幸)하
는 모습(왼쪽)

'양' 이란 시호

　시호법에 따르면 '양(煬)'이란 시호는 재위 동안 여자를 좋아하고 예를 멀리하며, 하늘을 거역하고 백성을 학대한 황제에게 내리는 것으로 되어 있다. 수나라 2대 황제 양광(楊廣)은 그 대표적 인물로 양제(煬帝)란 시호를 받았는데, 공교롭게도 남조 진(陳)나라 마지막 황제 후주(後主: 진숙보)에게 '양'이란 시호를 내린 것이 바로 그였다.

A.D.581년~604년

581년 ▶ 조정의 관제 정비—**내사성, 문하성, 상서성** 설치. **『옥편』**을 지은 **고야왕** 사망. 돌궐의 제3대 황제 탸파르(他鉢: Tsapar) 사망. 계승권을 둘러싼 내분 발생.

584년 ▶ 수, 돌궐과 전쟁에서 승리. 장안과 황하를 연결하는 광통거(廣通渠) 개통.

585년 ▶ 의창(義倉) 설치. 장성 개축. 대색모열(大索貌閱: 호적에 기재된 나이와 실제 모습을 점검하는 것)과 수적정양(輸籍定樣: 식구나 재산의 많고 적음에 따라 호구 등급의 기준을 정하는 것) 시행하여 조세와 요역 확대.

587년 ▶ 수, 서량(西梁: 후량後梁) 멸함. 구품중정제 폐지. 새로운 관리 선발 제도인 **최초의 과거 실시.**

588년 ▶ 수나라 문제(文帝) 양견, 진나라 후주(後主)를 공략하기 위한 남벌 시작.

589년 ▶ 남조 마지막 왕조 진 멸망. 수의 천하 통일.

591년 ▶ 군(郡) 폐지하고 주(州) 밑에 현(縣)을 둠.

595년 ▶ 인수궁(仁壽宮) 완성.

597년 ▶ 운남(雲南)의 남녕만(南寧蠻) 평정.

600년 ▶ 황태자 양용(楊勇)을 폐하고 양광(楊廣)을 세움.

601년 ▶ 태학 설치. 돌궐 백성, 수나라에 투항.

603년 ▶ 상평창 설치.

604년 ▶ 진왕(晉王)이었던 태자 양광, 문제를 살해하고 자립, **양제** 즉위.

■ 그 무렵 우리는…

581년 신라, 위화부(位和府: 관리 인사 담당 관청)를 설치함.

588년 백제, 사신과 승려, 건축가, 미술가 등을 왜에 보내어 아스카사(寺)를 건립함.

590년 고구려, 평원왕이 죽고 영양왕이 즉위함. 온달이 신라의 아차성에서 전사함.

595년 고구려, 승려 혜자(惠慈)가 왜에 건너가 쇼토쿠 태자의 스승이 됨.

600년 고구려, 이문진(李文眞)이 이전의 『유기(留記)』 100권을 편집하여 『신집(新集)』 5권을 편찬함. 이 무렵 '금동미륵보살반가사유상'을 만듦.

수나라 관제 정비 — 내사성, 문하성, 상서성

　　문제(文帝) 양견은 개국한 그해에 조정의 관제를 확립하면서 내사성(內史省), 문하성(門下省), 상서성(尙書省)을 설치했다. 내사성은 국가 기밀을 관장하고 정령(政令) 반포를 맡았으며 내사령(內史令)이 관장했다. 문하성은 정령의 심의를 담당했으며 납언(納言)이 관장했다. 상서성은 전국의 행정 사무를 담당하는 관청으로 상서령(尙書令)이 책임자이며 휘하에 좌우 복야(僕射)를 두었다. 삼성(三省)의 우두머리들은 진·한대의 승상에 해당하지만 세 부분으로 나누어지고 황제가 직접적으로 장악하고 있었기 때문에 막강한 권력을 행사할 수 없었다. 중앙의 정치 체제가 완비되면서 지방 행정 개혁도 단행되었다. 우선 북조의 주군현제(州郡縣制)를 주현제(州縣制)로 간소화하고 다시 군현제(郡縣制)로 바꾸었다. 9품 이상의 지방관은 조정에서 임명했고 이부(吏部)에서 치적을 심사하도록 했으며, 정관의 경우 3년에 한 번씩 이동하도록 규정했다. 이렇게 함으로써 중앙 집권 체제가 완비되었다.

『옥편』을 지은 고야왕

한자를 읽다가 모르는 글자가 나오면 우리는 옥편(玉篇)을 찾는다. 그러나 실제로 우리가 찾아보는 것은 옥편이 아니라 자전(字典)이다. 이렇듯 우리에게 자전의 통칭으로 알려진 옥편은 남조 시대 양·진대를 살았던 훈고학자이자 사학자이며, 또한 화가이기도 한 고야왕(顧野王: 519~581)이 지은 문자·훈고학 관련 저작이다. 그의 자는 희풍(希馮). 양나라에서 태학박사(太學博士), 진나라에서 광록경(光祿卿)을 지냈다. 그의 저작 『옥편(玉篇)』 30편은 『설문해자』와 같은 자서(字書)이지만 주로 글자의 뜻을 밝히는 데 역점을 두었다. 전체 542부수로 반절을 통해 글자의 음을 나타내고, 가능한 한 글자의 예증을 들고 필요한 해석을 덧붙여 읽는 이에게 편리하도록 했으며, 다의어에 주의하여 여러 가지 뜻을 열거하고 있다. 바로 이러한 점에서 『옥편』은 후세 자전의 선구라고 할 수 있을 것이다.

최초의 과거 실시

북방의 패자였던 북주 시대와는 달리 천하를 통일한 수나라 정권은 더욱 광대하고 전혀 경험해보지 못한 지역까지 통치하게 되었다. 이에 무엇보다 시급한 것은 통치의 토대가 되는 인재의 선발이었다. 587년 문제는 각 주(州)에 명하여 3명씩 인재를 추천하도록 했다. 그리고 전국 90개 주에서 올라온 인재들인 공사(貢士)에게 시험을 치르게 하여 그 중에서 관료를 선발했다. 이것이 기존의 중정(中正)에 의한 구품관인법(九品官人法)을 새롭게 대치한 '과거(科擧: 선거選擧)'의 시작이었다. 문제 때에는 이과(二科), 양제(煬帝) 때에 진사과를 실시했다. 다만 아직까지 과거 제도가 완전한 형태를 지닌 것은 아니었으며, 기존의 찰거 방식을 개선한 형태로 보는 것이 타당하다.

양제

사가들은 수나라 양제(煬帝)를 혹독하고 난폭했으며, 또한 사치스러운데다 호색한이었다고 기록하고 있다. 이는 친아버지인 문제(양견)를 살해하고 제위에 올랐다는 이유와 연관되어 있을지도 모른다. 시호 중에서 가장 좋지 않은 양(煬) 자를 부여받은 악덕 군주이기는 하지만 그는 또한 추진력이 있고 강력한 군주였음에는 틀림없다. 즉위 초 양제는 우선 옛 한나라의 수도였던 장안 근처에 새로운 도읍을 건설하고 이를 대흥(大興)이라 불렀다. 그리고 풍요의 땅 관동과 강남의 통치를 강화하기 위해 동도(東都) 낙양에 대한 건설이 뒤를 이었다. 1년간 몇만 명의 노동력이 동원된 대규모 토목 공사가 끝나자 다른 지역의 호족과 부유한 상인들의 강제 이주가 실시되었다. 이와 동시에 그는 낙양을 중

수나라 양제

605년 ▶ 동도(東都) 낙양(洛陽) 건설. **대운하 건설**.
608년 ▶ 율령 개정. 수재과(秀才科) 이외에 진사과(進士科) 실시함.
609년 ▶ 토욕혼을 토벌하고 비단길을 확보함.
610년 ▶ 유구(流求)에 의안(義安) 파견. 강남하(江南河) 개통.
612년 ▶ **양제**, 제1차 **고구려 침략**, 실패. 산동에서 농민 기의.
613년 ▶ 양제, 제2차 고구려 침략, 살수(薩水)에서 대패.

■ 그 무렵 우리는…
610년 고구려, 승려 담징과 법정을 왜에 보내 종이 · 먹 · 수레 · 맷돌 등의 제작 기술을 전함. 담징이 호류사의 「금당벽화」를 그림.
612년 고구려, 을지문덕이 살수에서 수공법으로 수나라의 별동대 30만을 전멸시킴(살수대첩).

심으로 북으로 탁군(涿郡: 북경시)으로 통하고 남으로 여항(餘杭: 항주)까지 전체 5000여 리(약 2500km)에 해당하는 대운하를 개통했다. 다른 한편 612년부터 614년까지 해마다 세 차례나 고구려를 침공했다. 그러나 연인원 514만 명이 동원된 이 전쟁에서 패함으로써 자멸의 길에 들어서고 말았다. 언제나 그랬던 것처럼 수대의 붕괴 또한 농민 봉기에서 시작되었다. 611년 왕부(王簿)의 봉기가 일어난 뒤 각지에서 유사한 봉기군이 속출했다. 게다가 이미 대세가 기울어졌음을 간파한 지방 귀족들은 각기 독립을 선언하고 왕이나 황제를 자칭했다. 617년에는 와강채(瓦崗寨: 하남성)를 근거지로 한 적양(翟讓)의 봉기군이 낙구(洛口: 하남성 공현鞏縣)에 있는 2400만 석을 저장할 수 있는 양곡 창고 흥락창(興洛倉)을 공격하여 백성들에게 양곡을 나누어주기에 이르렀다. 그러나 막강했던 수 제국의 정예 부대는 동도 낙양과 양제가 순유하고 있던 행도(行都)인 강도(江都)를 방어하기에 급급했다. 마침내 617년 태원(太原)에서 거병한 이연(李淵)이 장안을 점령한 다음해 봄, 강도의 이궁(離宮: 별궁)에 있던 양제는 자신의 금군 병사 우문화급(宇文化及)에게 살해되고 말았다. 재위 13년 만의 일이다.

대운하 건설

지금의 절강성과 강소성 일대는 양자강(揚子江)을 중심으로 크고 작은 호수가 자리하고 있다. 자연히 수상 교통이 발달하면서 운하의 필요성이 커졌다. 이에 춘추 시대 오왕(吳王) 부차(夫差)가 처음으로 운하를 개통하여 한구(邗溝)라 이름지었다. 수대 양제는 동도를 건설한 것에서 알 수 있듯이 나라의 보고로서 강남을 주시했다. 그리고 이를 더욱 수월하게 이용하기 위해 대운하 건설에 들어갔다. 6년에 걸친 대역사로 양자강에 닿아 있는 경구(京口: 진강鎭江)에서 양주를 지나 산양(産陽: 회안淮安)에서 회수(淮水)와 만나는 산양독(山陽瀆: 오왕 부차가 개통시킨 한구)을 정비하여 개통시켰고, 하남성 무척(無陟)에서 개봉(開封)을 지나 회하에 이르는 통제거(通濟渠), 회하에서 강도(江都: 양주)까지, 경구에서 여항(餘杭: 항주)까지의 강남하(江南河), 그리고 황하가 잇닿는 낙구(洛口)에서 탁군(涿郡: 북경)에 이르는 영제거(永濟渠)를 개통시키기에 이르렀다. 당시 인구 4600만 명 중에 자그마치 300만 명이 부역에 징집된 엄청난 작업이었다. 이제 남방의 풍부한 물산은 정치 중심지 동도로 운송되어 함가창(含嘉倉), 흥락창(興洛倉), 회락창(回洛倉) 등 몇천 몇백만 석을 저장할 수 있는 양곡 창고에 그대로 쌓이기 시작했다.

양제, 고구려 침략

양제의 고구려 침략은 실패를 거듭했음에도 고집스러운 데가 있었다. 그것은 단순한 외치의 문제가 아니라 내정의 문제와 지극히 밀접한 연관이 있었기 때문이다. 이는 문제 양견이 물론 실패했지만 30만 대군을 동원하여 고구려를 침공하고자 했던 이유와 마찬가지로 건국에 동원된 군대를 위무하고 또한 새로운 일자리를 주기 위함이었다. 게다가 양제의 경우는 내치가 엉망인 상태에서 군대의 위협을 밖으로 돌려야만 한다는 절박함과 자신의 능력에 대한 과신이 덧붙여졌다. 물론 당시 고구려가 요서 지방에 힘을 비축한 상태에서 수나라와 우호 관계에 있는 동돌궐과 연합하고자 했던 것도 양제의 친정을 부추긴 이유 가운데 하나였다. 612년 아버지의 실패를 거울삼아 만반의 준비를 끝낸 양제는 대군으로 고구려를 공격했다. 그러나 만반의 준비로 이미 지칠 대로 지친 수나라 군대는 요동성(遼東城)의 견고한 방어와 살수(薩水)에서 을지문덕에게 크게 패하여 막대한 손해 끝에 철수했다. 613년 제2차 고구려 침략 또한 양제가 친정(親征)했다. 그러나 후방에서 병참을 맡은 양소의 아들 양현감(楊玄感)이 반란을 일으켜 되돌아올 수밖에 없었다. 양현감의 반란은 우문술을 대장으로 한 고구려 원정군이 돌아오자 금세 소멸되었지만, 각지에서 도둑들이 극성을 부리고 서서히 인심이 수나라를 떠나고 있었다. 그럼에도 양제는 제3차 원정군을 준비하여 다시 친정했다. 다행히 고구려가 항복 의사를 보이자 중도에 철군했다. 오는 길에 황제의 어가(御駕)가 도둑떼에게 습격당하는 일이 생기는 등 각지에서 난리가 일어나고, 심지어는 황제를 자칭하는 이까지 나타나게 되었다. 연이은 고구려 원정은 수나라 패망의 근본 원인이 되었다.

A.D.613~617년

613년 ▶ 양현감(楊玄感)의 난.
614년 ▶ 양제, 제3차 고구려 침략.
617년 ▶ 태원 유수 이연(李淵), 거병하여 장안 함락. 크고 작은 **반란**이 연이어 일어남. **조주교 건설**(605~)

■ 그 무렵 우리는…
615년 고구려, 승려 혜자(惠慈)가 왜에서 귀국함.

■ 그 무렵 외국은…
614년 사산조 페르시아, 다마스쿠스를 점령함.
615년 사산조 페르시아, 예루살렘을 점령함.

수말, 당초의 반란

수가 멸망하고 당이 성립되기까지 전후 10여 년 간은 거의 중국 전역이 동란에 빠질 정도로 혼란한 시기였다. 당시 봉기한 집단은 10여 명 단위의 소규모 집단부터 몇십만의 대단위까지 전체 200개를 넘는다. 『수서(隋書)』 「식화지(食貨志)」는 "천하의 인구 10분의 9가 군도(群盜)가 되었다"고 기록하고 있으니 그 실상을 짐작할 수 있을 것이다.

기본적으로 수말의 반란은 양제의 지나친 사치와 폭정에서 비롯되었다. 그러나 단순히 양제 개인의 학정에 모든 기인을 돌릴 수는 없다. 일단 수나라의 정권이 더 이상 천명을 이을 수 없다는 생각이 들자 숱한 군소 집단이 각기 지역을 분할하여 정권을 세워 당(唐)·양(梁)·초(楚)·오(吳)·노(魯)·하(夏)·허(許)·연(燕)·량(涼)·진(秦) 등으로 국호를 정하고 칭제했다. 단순한 반란이 아니었다. 이는 북주에서 수나라로 이어지면서 철저하게 소외되고 수탈을 받아온 하북과 강남 지역의 호족 등이 수나라 지배 체제 자체를 거부함을 뜻하는 것이었다. 특히 하북 지역의 두건덕(竇建德), 유흑달(劉黑闥: 한동왕漢東王) 집단이나 진의 부흥을 표방한 설거(薛擧)의 세력, 후량(後梁)의 부활을 대의명분으로 내건 소선(蕭銑) 집단의 반란은 바로 반관롱(反關隴)을 표방한 독립 의지였다. 그러나 역사는 뜻한 대로 흐르지 않았다. 당의 재통일은 오히려 관롱 집단의 새로운 지배를 더욱 확고하게 했을 뿐이었다. 왕조는 바뀌었지만 주축 세력인 관료층의 기반은 여전히 관롱 집단이었던 것이다. 이러한 점에서 볼 때 수말, 당초의 반란은 당의 흥기를 재촉한 기폭제 역할을 했을 뿐이었다.

조주교 건설

수대 대업(大業) 연간(605~617)에 이춘(李春) 등 장인들이 주축이 되어 하북성 조현(趙縣) 효하(洨河)에 중국 최초로 아치형 돌다리인 조주교(趙州橋)를 건설했다. 기존의 다리와는 달리 중앙에 반달형의 빈 공간을 만들고, 양옆에 각기 2개씩 4개의 반달형의 비교적 작은 공간을 만들어 다리의 전체 중량을 줄이는 한편 큰물이 내려올 경우에도 부담없이 물을 내려보낼 수 있도록 설계하였다. 현존하는 아치형의 돌다리로 세계에서 가장 오래된 조주교는 전체 37.37m로 지금까지 몇 차례의 홍수와 지진에도 불구하고 여전히 건재하고 있다. 다리를 복구하면서 난간에 부조된 쌍용(雙龍)이 발견되어 새로운 화제가 되기도 했다. 조주교의 기본 설계는 지금도 여전히 유효하며, 이는 당시 토목 기술의 수준이 상당히 높았음을 반영하는 것이다.

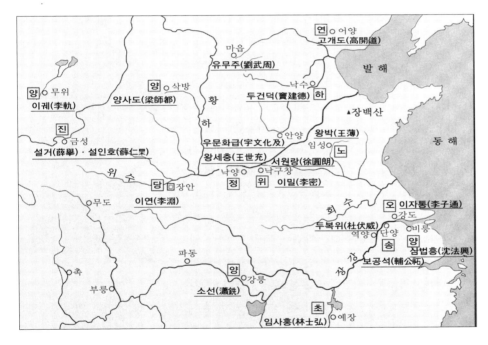

수나라 말기 군웅 할거도

관롱 집단

관롱(關隴) 집단은 북위 제국이 와해된 뒤 당시 후진 지역이었던 관중(關中: 섬서성) 일대에 근거지를 둔 서위와 북주가 동방에 거점을 둔 동위와 북제에 대해 대항하면서 선비계 군벌과 한인 토착 세력의 협력 관계 아래 성립된 정치 세력을 말한다. 이들은 당초의 열세를 극복하고 천하 통일을 실현했으며, 7세기 말 측천무후(則天武后)의 치세 때까지 정계에서 실세로 남아 있었다.

A.D.618~624년

618년 ▶ 양제, 강도(江都)에서 우문화급(宇文化及)에게 피살됨. 수나라 멸망. 왕세충(王世充), 낙양에서 월왕 양동(楊侗)을 옹립하여 황태제(皇泰帝)라 칭함. **이연, 당나라 건국**. 소선(蕭銑), 우문화급, 두건덕(竇建德), 이궤(李軌) 등 각기 건국하고 칭제함.

619년 ▶ 왕세충, 황태제 폐하고 칭제, 국호를 정(鄭)으로 정함.

620년 ▶ 진왕(秦王) 이세민(李世民), 장안에 개선함. 낙양의 왕세충, 이세민에게 항복. 노자묘(老子廟) 건립.

621년 ▶ 개원통보 발행.

624년 ▶ 관제 정립—**3성과 6부의 중앙 정치 기구**.

■ 그 무렵 우리는…
619년 고구려, 당나라에 사신을 파견함.

■ 그 무렵 외국은…
620년 사산조페르시아, 다리우스 1세 시대의 최대 영토를 회복함.

이연, 당나라 건국

수를 이어 당(唐)나라를 건국한 이연(李淵: 고조高祖)의 집안은 원래 북주 팔주국(八柱國)의 하나로 수나라에서도 요직에 자리한 명문가였다. 616년 말에 태원(太原) 유수(留守)에 임명된 이연의 모친은 선비족 명문인 독고씨(獨孤氏)로 수나라 양견의 처와 자매 사이였다. 다시 말해 수나라 양제 양광과 당나라 고조 이연은 서로 이종 사촌의 관계에 있었던 것이다. 617년 군도가 봉기하고 왕조의 쇠멸이 눈앞에 다가왔을 때, 수나라 양제는 그가 그토록 좋아한 양주에서 황음(荒淫)에 취해 있었고, 이연은 거병을 결심하여 장안으로 출병했다. 태원을 떠날때 3만여 군사는 어느새 20만 대군이 되었고, 여유 있게 장안을 공략한 이연은 양제의 손자인 양유(楊侑)를 황제로 옹립하고 양제는 태상황으로 물러나게 했다. 졸지에

당나라 초대 황제 이연(고조)

자신도 모르는 사이에 태상황이 된 양제는 이듬해 자기가 가장 아끼고 믿었던 장군 우문술의 맏아들 우문화급에게 살해되고, 이연은 지체 없이 양위받아 황제의 자리에 올랐다. 당나라가 건국된 것이다. 그러나 아직 천하가 그의 손에 들어온 것은 아니었다. 낙구(洛口)의 이밀과 하북 남부의 두건덕, 낙양에 진군한 왕세충(王世充) 등이 세력을 확충하고 있었고, 양제를 죽인 우문화급이 점차 북상하고 있었다. 그러나 장안은 동쪽의 낙양과 낙구를 지나야 도달할 수 있는 전략적 요충지였다. 따라서 낙구와 낙양의 패권 다툼이 끝난 뒤 그 결과에 따라 이미 지쳐버린 상대와 결전을 치르면 되는 이점이 있었다. 게다가 당나라 황제에 오른 이연은 인품이 너그럽고 포용력이 있

었으며, 누구보다 믿을 수 있는 4명의 장성한 아들이 있었다. 그들은 무력과 지력으로 아버지를 보필했는데, 특히 둘째 이세민(李世民)은 뛰어난 맹장이자 지장이었다. 결국 우문화급에게 승리한 이밀은 왕세충에게 패하여 당나라에 항복했고, 왕세충과 두건덕은 이세민의 공격을 받아 포로가 되었다. 이후 두건덕의 친구인 유흑달과 남방의 후량 황제 소선을 패퇴시키자 대체적인 정리가 끝나고 천하는 완전히 이씨의 것이 되었다. 마지막으로 염전 인부인 고개도(高開道)의 반란이 종식되었을 때인 624년, 이연은 60세가 되었다.

3성 6부의 중앙 정치 기구

당대 중앙 정권의 관아는 장안의 4.5km²에 이르는 폐쇄된 지역에 자리잡고 있었다. 중앙 정치 기구의 핵심은 3성(省)과 6부(部)였고, 실제 운용은 1대(臺)·9시(寺)·5감(監)이 전담했다. 중서성(中書省)은 천자의 명령인 조칙(詔勅)의 초안을 마련하는 곳으로 그 장관은 중서령(中書令)이었다. 일단 조칙이 마련되면 문하성(門下省)으로 보내지는데, 장관인 문하시중(門下侍中)을 중심으로 조칙의 초안에 대해 세밀하게 검토·심의한 다음 다시 상서성(尙書省)에 전달한다. 상서성은 이(吏)·호(戶)·예(禮)·병(兵)·형(刑)·공(工) 6부로 나누어져 있는데, 조칙에 대한 집행이 주 임무였다. 장관은 상서령(尙書令)이나 예전에 태종이 진왕(秦王) 시절에 상서령을 맡았던 이유로 신하로서 같은 직위에 오를 수 없다는 이유로 이후 공석으로 남고 아래 우복야(右僕射: 병·형·공), 좌복야(左僕射: 이·호·예)를 두어 각기 3부씩 담당케 했다. 1대는 어사대(御史臺)를 말하는데 주로 관리를 감찰하는 관청으로 대부(大

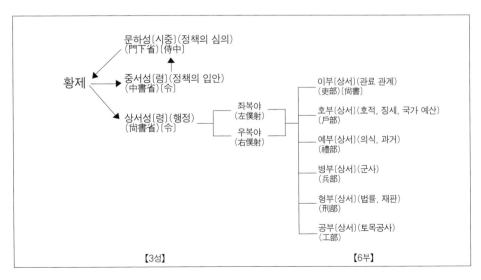

당의 3성 6부
[ ]는 각 성청(省廳)의 장관명

A.D.624~625년

624년 ▶ 신율령 공포하여 균전법 실시, **조용조** 세법 제정. **과거 제도** 실시
625년 ▶ 석존(釋尊) 거행.

■ 그 무렵 우리는…
624년 고구려, 당에 사신을 보내어 역
서(曆書)를 구함. 당의 도사(道
士)가 천존상(天尊像)과 도법(道
法)을 가지고 와서 『노자(老子)』
를 강의함.
625년 신라, 고구려가 당과의 교역을
방해하자 압력을 가해달라고 당
에 호소함.

夫)가 장관이었다. 9시는 태상시(太常寺), 광록시(光祿寺), 위위시(衛尉寺), 종정시
(宗正寺), 사농시(司農寺), 태복시(太僕寺), 대리시(大理寺), 홍려시(鴻臚寺), 태부시
(太府寺) 등으로 이루어진 관청으로 그 장은 경(卿)이라 불렀다. 5감은 국자감(國子
監), 소부감(少府監), 군기감(軍器監), 장작감(將作監), 도수감(都水監)이라 불렀다.
이상 외조의 관청 이외에 전중성(殿中省), 내시성(內侍省), 비서성(秘書省) 등 내조의
관청으로 3성이 있었다. 국가의 조당(朝堂) 기구로 정사당(政事堂)이 있어 황제와 대
귀족, 중요 관리들이 참가하여 국가의 정책을 논의했다.

조용조

위진남북조를 거치며 여러 가지 제도가 제안되고 실험되면서 마침내 당대에 이르
면 3성 6부의 중앙 관제나 균전제의 토지 제도, 부병제의 병제, 조용조(租庸調)의 세
제 등 완숙한 국가 제도가 등장한다. 이로써 당나라는 명실상부한 율령 국가로서 자
리매김하게 되는 것이다. 조용조 세법은 구분전(口分田)에 부과하는 조(租)와 노역
의무인 용(庸), 그리고 주택에 관한 현물세인 조(調)로 나뉜다. 조용조는 북위의 균전
제를 기반으로 하고 있다. 평민인 성인 남자에게 토지를 고르게 분배하고 이를 바탕
으로 조용조의 세역과 병역을 부과한다. 그러나 균전법은 주대의 정전제처럼 이상적
인 것이었다. 토지의 상한선을 정하지 않은 상태에서 귀족들의 대토지 소유는 필연적
이었으며, 토지는 한정되었고 인구는 나날이 증가했기 때문이다. 안사(安史)의 난 이
후 균전법이 무너지면서 조용조 세법 또한 사라지게 된다. 780년 양염(楊炎)이 건의
한 양세법(兩稅法)이 등장한 것이었다.

당대의 과거 제도

수대에 그 틀을 마련한 과거 제도는 당대에 들어와 본격적으로 시행되었다. 당시 과거의 응시자는 생도(生徒)와 향공(鄕貢)으로 구분되었으며, 수재(秀才)·명경(明經)·준사(俊士)·진사(進士)·명법(明法)·명자(明字)·명산(明算)·동자(童子)·삼례(三禮)·삼전(三傳) 등이 개설되었고, 무측천(武則天) 때 무과가 설치되었다가 다시 폐지되었다. 가장 힘든 것은 역시 진사과와 명경과였다. 명경과는 공영달(孔穎達)이 찬한 『오경정의(五經正義)』가 중요 시험 과목이었으며, 첩경(帖經: 열 개에서 여섯 개면 합격)과 묵의(墨義: 경전에서 출제하여 해당 경문에 대한 전대 사람의 주소注疏 또는 아래위 연결되는 문장을 쓰면 합격)로 구분된다. 진사과에는 잡문·첩경·책문(策問) 등 세 가지 고시 제도가 첨가되었는데, 잡문은 시(詩)·부(賦)·잠(箴)·명(銘)·표(表)·찬(讚) 등으로 응시자의 문학적 재능을 측정했으며 주로 시부와 시무책[策文]이 중시되었다. 당대에는 "나이 30에 명경은 늙었지만 50세에 진사는 아직 젊다"라는 말이 돌았을 정도로 진사에 급제하는 일은 지극히 어려웠으며 그만큼 앞날을 보장하는 이른바 등용문이었다.

「과거장고시도(科擧場考試圖)」(위) 당나라 때 과거장의 모습. 속옷에 깨알 같이 적어 만든 일종의 컨닝페이퍼(아래)

경전과 주석

유가나 도가를 비롯해 여러 경전류는 주로 선진 시대에 이루어진 것으로 후세 사람들의 주석에 도움을 받지 않으면 이해하기 어렵다. 이미 문자의 함의가 달라졌을 뿐더러 문장의 구법 또한 생경한 경우가 허다하기 때문이다. 대략 주석에는 경(經), 주(注), 소(疏), 해(解), 전(箋: 뜻을 해명하거나 의견을 쪽지에 써서 책에 붙인다는 뜻), 석(釋), 정의正義(유교 경전의 올바른 해석)가 있고 이외에도 안(按), 찰기(札記: 작은 나뭇조각에 쓴다는 뜻으로 조목으로 나누어 기술하는 것), 교감(校勘), 보(補), 증(證), 전(詮: 상세한 설명), 발미(發微) 등 역시 주석의 일종이라 할 수 있다. 주석은 경전을 해독하는 데 필수불가결하지만 이 또한 후학 나름의 해석이기에 원래의 뜻과 다를 수 있다는 점에서 주의를 요한다.

626년 ▶ 태종 이세민, 태자 이건성(李建成)을 살해—**현무문의 변**. 고조, 이세민에게 양위함. 돌궐족 돌리가한(突利可汗), 장안 근처까지 공략.

627년 ▶ 정관 원년—**정관의 치** 시작. **국내를 10도로 나눔**.

628년 ▶ 마지막으로 양사도(梁師都)를 멸함—당, 천하 통일.

629년 ▶ 현장(玄奬)의 인도 구법행(627년 설도 있음). 돌리가한, 투항. 티베트 지방의 토번(吐蕃: 강족羌族의 한 지파로 현 장족인藏族人의 선조) 발흥.

635년 ▶ 페르시아 사람 오르본(阿羅本), 경교(景敎: 네스트리우스파 기독교) 전파.

■ 그 무렵 우리는…

631년 고구려, 천리장성 축조 시작(17년 후 완성)

632년 신라, 진평왕 죽고 선덕여왕 즉위함.

■ 그 무렵 외국은…

629년 토번(티베트), 손첸감포왕이 토번을 통일함.

630년 이슬람, 마호메트가 메카를 정복하고 알라 이외의 신상을 파괴함.

631년 아라비아, 전지역이 이슬람교를 수용함.

현무문의 변과 정관의 치

무덕(武德) 9년(626) 6월 4일 진왕(秦王) 이세민은 황궁의 북문인 현무문(玄武門)으로 들어오는 황태자 이건성(李建成)을 무참히 살해함으로써 이른바 현무문의 변(變)에 성공했다. 이후 이건성의 자식들과 막내아우 이원길, 그리고 그의 식구들까지 모두 살해한 이세민은 2개월 뒤 태종(太宗)에 즉위했다. 태상황이 된 고조는 자신이 이세민을 위해 마련한 홍의궁(弘義宮: 대안궁大安宮으로 개칭)에 들어가 만년을 보내야만 했다. 현무문의 변으로 황제 자리에 오른 진왕 이세민은 당나라 태종이 되었다. 그의 집권은 이씨 집안의 피비린내를 동반한 끔찍한 것이었지만 그의 정치는 오히려 이씨 대당 제국의 초석이 되었다. 그는 우선 위징(魏徵), 마주(馬周), 이적(李勣) 등 과거에 자신의 적이었던 인물들(위징, 이적)이나 빈한한 집안의 재사(마주) 등 능력이 있는 인사를 과감하게 기용하여 개혁 정치를 표방했다. 그는 언로를 활짝 열어 유능한 관료들의 의견을 광범위하게 받아들였으며, 부역과 형벌을 줄이고 관제를 정비했고, 문학과 유학을 장려하고 과거를 실시하는 한편 역사서 편찬에도 심혈을 기울였다. 정관(貞觀) 원년부터 3년(627~629)까지 관동 · 관중 지역에 기황이 들자 창고를 풀어 백성을 구휼했으며, 각부의 관원을 크게 줄여 재정 지출을 줄였다. 마침내 정관 4년 대풍을 거둔 이후로 해마다 풍년이 들어 백성들의 삶뿐만 아니라 정권 또한 더욱 공고해졌다. 외적으로 토욕혼(吐谷渾), 토번(吐蕃), 고창(高昌), 서돌궐 등 이민족과의 관계 개선과 정벌을 통해 정국을 안정시켰으며, 당나라 판도를 더욱 확장시켰다. 이 같은 태종의 치적을 '정관의 치(治)'라 부른다. 그러나 태종의 치세는 지나치게 수식되어 진실이 왜곡된 면이 적지 않다는 것이 또한 중론이다. 게다가 말년에는 고구려 원정을 포함한 잦은 정복 전쟁으로 실정을 거듭했다.

국내를 10도로 나눔

당나라는 기본적으로 수나라의 주(州)·현(縣) 중심의 지방 조직을 답습했다. 가장 아래 현이 있었으며, 현이 네다섯 개 모여 주를 이루었다. 주의 장관은 자사(刺史)였으며, 현은 영(令)으로 불렸다. 주 가운데 특히 중요한 지방은 부(府)로 불렸는데, 수도인 장안을 중심으로 한 경조부(京兆府), 제2의 수도인 낙양 부근의 하남부(河南府), 당 왕조의 발생지인 태원부(太原府) 등 전체 3부가 있었다. 장관은 윤(尹)이었다. 이 외에도 군사 주둔지는 도독부(都督府), 변경 지역은 도호부(都護府)를 두었다. 전국은 크게 10도(道)로 나뉘었고 지역이 넓어 중앙에서 순찰사(巡察使)가 파견되어 돌아가며 관찰했다. 예종(睿宗) 때 안찰사(按察使)로 개칭되었고, 마지막으로 절도사(節度使)로 바뀌면서 기존의 파견·관찰의 임무가 사라지고 정착하여 군·정을 모두 장악한 지방관으로 바뀌게 된다.

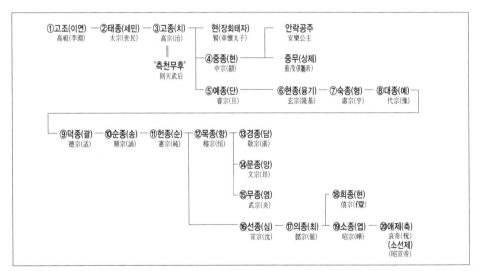

당 왕조 계보도

A.D.637~652년

637년 ▶ 새로운 **율령**[貞觀律] 공포.
641년 ▶ 서예가 구양순(歐陽詢: 557~641) 사망.
644년 ▶ 태종, 제1차 고구려 침략.
645년 ▶ 현장, 인도에서 귀국. 제2차 고구려 침략. 태종, 요동성을 함락하고 안시성(安市城)을 포위했으나 고구려 장수 양만춘에게 져서 퇴각함.
646년 ▶ 현장, 『대당서역기』완성
647년 ▶ 이적(李勣: 본명 서세적徐世勣), 고구려 침략(666, 668년에 걸쳐 세 차례 고구려 침략, 평양에 안동安東 도호부 설치).
648년 ▶ 『**오경정의**』를 지은 **공영달** 사망.
649년 ▶ 태종 사망, 태자 이치(李治: 고종高宗) 즉위.
651년 ▶ 사라센의 사자 방문하여 이슬람교[回教] 전래.
652년 ▶ 의학자 **손사막**, 의학서 『**천금요방**』 편찬.

■ 그 무렵 우리는…
641년 백제, 무왕 죽고 의자왕이 즉위함.
643년 신라, 당에 군사 원조를 요청함.
645년 신라, 황룡사 9층탑을 건립함.
647년 신라, 선덕여왕이 죽고 진덕여왕이 즉위함.
649년 신라, 김유신이 도살성(道薩城)에서 백제군을 격파함.

율령

영휘(永徽) 2년(651) 고종(高宗)은 장손무기(長孫無忌) 등에게 명하여 전체 12편 500조에 달하는 『영휘율(永徽律)』을 제정하였다. 이듬해 그는 『영휘율』의 법문을 해석한 소의(疏議)를 짓도록 했는데, 전체 12편에 30권인 이 책은 이후 송나라 때 『당률소의(唐律疏義)』로 개명되었다. 『당률소의』는 당나라 이전의 법률을 집대성한 법전으로 군주의 전제(專制)와 봉건 윤리, 그리고 등급 제도를 고취하는 데 치중하였다. 현존하는 가장 오래되고 체계가 완전한 법전으로서 이후 각 조대 법률의 남본(藍本)이 되었을 뿐만 아니라 인근 나라에도 큰 영향을 끼쳤다. 율령 국가로 일컬어진 당대의 법전은 이외에도 무덕 7년(624)의 『무덕률(武德律)』, 정관 11년(637)의 『정관율(貞觀律)』, 개원 25년(737)의 『개원율(開元律)』 등이 있는데, 이를 총칭하여 당률(唐律)이라고 한다.

『오경정의』

당나라가 건국하자 전란으로 흩어진 경전과 서적을 수집하고 경서를 교정하면서 새롭게 의미를 부여하는 작업이 필요했다. 그래서 태종이 안사고(顏師古)를 시켜 오경을 교정시키고, 그의 「고정본(考定本)」에 근거하여 638년 공영달(孔穎達)에게 명하여 『오경정의(五經正義)』 180권을 완성토록 했다. 이후 642년에 이를 교정토록 하였다. 이 책은 조정이 반포한 경학 교과서로 국자학뿐만 아니라 전국적으로 학습 교재로 사용되었다. 거듭 삭제·증보되어 653년에 다시 진상되었으며, 그후 명경과(明經

科)의 시험 과목이 되어 국가를 유지하는 사대부들 의식의 준거가 되었다. 그러나 측천무후 때에 이르러 불교가 득세하자 관학의 지위에서 떨어졌으며, 학문 자체가 경과 주석에 대한 철저한 신봉과 묵수(默守)에 치우쳐 더 이상 발전할 수 없었다.

공영달

공영달(孔穎達: 574~648), 자는 중달(仲達)이며 형수(衡水: 하북성) 출신이다. 공자의 32대손으로 수나라 말 명경과에 급제하여 하내군 박사가 되었으며 당대에는 국자감좨주(國子監祭主) 등을 지냈다. 태종의 명을 받고『오경의소(五經義疏)』를 편찬하고 고종 영휘(永徽) 2년 전국에 반포하여『오경정의』라 이름했다.『수서(隋書)』『대다의례』편찬에도 참여했으며, 저서에『효경의소(孝經義疏)』가 있다.

손사막의『천금요방』

손사막(孫思邈: 581쯤~682)은 수나라 때 태어나 당대에 활동한 의학자로, 652년 의학서인『천금요방(千金要方)』을 편찬하고 681년 이를 보충한『천금익방(千金翼方)』을 편찬했다. 특히 약물학에 정통하여 후세에 약왕(藥王)으로 일컬어졌다. 거의 죽음에 이른 이를 살려 '활신선(活神仙)'이란 칭호를 얻은 것이나 거머리를 이용하여 어혈진 곳의 나쁜 피를 빨게 한 것, 배뇨 곤란증의 환자를 구운 파잎으로 완치시킨 일 등등 그에 관한 이야기가 회자될 정도로 의술이 뛰어났다. 게다가 빈부와 귀천을 가리지 않고 시술하여 인술가의 모범을 보였다고 한다. 그가 찬한『천금익방』과『천금요방』을 합쳐『천금방(千金方)』이라 칭하는데, 각 30권씩 2부로 되어 있다. 의학의 기초 이론과 질병의 진단과 치료의 요점, 그리고 침자법(鍼刺法)과 질병에 대한 약의 효용·성능 및 예방 요법을 설명하는 한편, 특히 본초(本草)·상한(傷寒)·중풍 등에 대해 상세하게 논의하고 있다. 800여 종의 약물이 소개되어 있고, 그 중 200여 종은 약물의 채집과 제조 방법 등이 소개되어 있다. 중국뿐만 아니라 조선과 일본에도 널리 알려져 활용되었다고 한다.

『대당서역기』

현장이 구술한 내용을 제자인 변기(辯機)가 정리한 책으로 646년에 완성했다. 현장이 18년 동안 구법(求法) 기행을 하면서 지금의 아프카니스탄, 파키스탄, 인도 등지에서 보고 느낀 것을 645년 귀국한 이듬해 태종(太宗)의 명으로 저술한 것이다. 거의 138개국에 걸쳐 자신이 보고 들은 내용을 종합하여 지리, 풍토, 산물, 정치, 풍속 등과 더불어 절과 승려, 탑과 성지(聖地)의 유래 등에 대해 서술하였다. 19세기 이후로 서양인들에게 알려져 서역을 탐사하고 연구하는 데 필수적인 서적으로 간주되었다.

A.D.654~659년

654년 ▶ **장안**의 외벽 축조.
655년 ▶ 고종, 왕후를 폐위시키고 무씨(武氏: 무측천武則天)를 왕후로 세움.
657년 ▶ 소정방(蘇定芳), 서돌궐을 공격 · 가한(可汗)을 생포함.
659년 ▶ 『당초본』—**세계 최초의 약전** 발간.

■ 그무렵 우리는…
654년 신라, 진덕여왕이 죽고 태종무
     열왕이 즉위함.
658년 고구려, 당의 군대와 요동에서
     전투를 벌임.

장안

당대에는 잘 발달된 역마(驛馬) 제도와 해상 교통로를 통해 외국과의 교제가 빈번
했다. 이미 70여 나라와 외교 관계를 맺고 있던 당나라는 멀리 대진(大秦: 로마)을 포
함하여 천축(天竺: 인도), 파사(波斯: 페르시아), 대식국(大食國: 사라센) 등과 가까운
회홀(回紇: 위구르), 발해, 신라, 백제, 고구려, 일본 등에서 지속적으로 견당사절(遣
唐使節)과 유학생, 승려 등이 오가고 있었다. 당시 수도 장안은 자연 국제 도시로서의
면모를 보였다. 이백(李白)의 시 「소년행(少年行)」에 "흰 피부에 파란 눈을 한 호희"에
대한 언급이 나오는 것을 보면, 이미 외국 문화가 깊이 들어와 있는 장안의 영화를 그
려볼 수 있을 듯하다. 이러한 장안의 중심은 역시 장안성(長安城)이다. 장안성은 수나
라의 대흥성(大興城)을 그대로 물려받은 것으로 지금의 장안성(명대에 축조된 것)보다
9배 정도 컸는데, 동서의 폭이 약 19리이며 서북의 길이는 17리 정도였다고 한다. 황
성은 당연히 장안성 북쪽에 있으며 중앙의 주작문(朱雀門)을 비롯하여 양쪽으로 함
광문과 안상문이 있고, 맨 중앙에 황제가 거하는 태극궁(太極宮)이 있으며 그 북동쪽
에 대명궁(大明宮)이 있었다. 장안성은 남쪽 황성의 주작문에서 너비 155m의 일직선
으로 연결된 명덕문이 중앙에 있고 그 옆으로 2개, 동서로 6개, 뒤로 3개의 성문이 있
으며, 성내 25개의 교차 가도가 사방으로 연결되어 장안을 구획하고 있다. 이렇게 구
획된 장안성은 109개의 방(坊: 기층 행정 단위)과 2개의 시(市: 동시東市와 서시西市)로
나뉘는데, 시에는 미항(米行) · 약항(藥行) · 금은항 · 생철항(生鐵行) · 육항(六行) · 파
사저(波斯邸: 페르시아 상품을 파는 가게) 등 점포와 주루(酒樓) 및 주사(酒肆)가 이어져
있었다고 한다. 그러나 야간에는 통행이 금지되었고, 시장 또한 고정된 장소에서 개
설될 뿐이었으며, 성안의 백성들은 종루의 종소리와 함께 성안을 들고날 뿐 그 이상
도 이하도 아닌 성이었을 뿐이었다. 다시 말해 그곳은 외부의 불안을 막아준다는 안
정감과 외부와 차단되었다는 폐쇄감을 동시에 지니고 있는 요지부동의 성곽이었던
셈이다.

『당초본』 — 세계 최초의 약전

657년 당나라 고종은 영국공(英國公)의 주지하에 소경(蘇敬)과 장손무기(長孫無忌) 등 23명에게 명하여 『신수본초(新修本草)』의 편찬 작업에 착수토록 했다. 2년 뒤인 659년, 844종의 약재를 수록하고 기존의 잘못 기재된 400여 종을 고증했으며 100여 종을 증보한 전체 54권의 『신수본초』가 완성되었다. 일명 『당초본(唐草本)』이라고 부르는 이 책은 세계에서 처음으로 국가가 반포한 약전(藥典) 전문서로 약도(藥圖)·약경(藥經)·본초(本草) 세 부분으로 나누어져 있으며, 약물의 성능·산지·효험 등을 기술하고 있다.

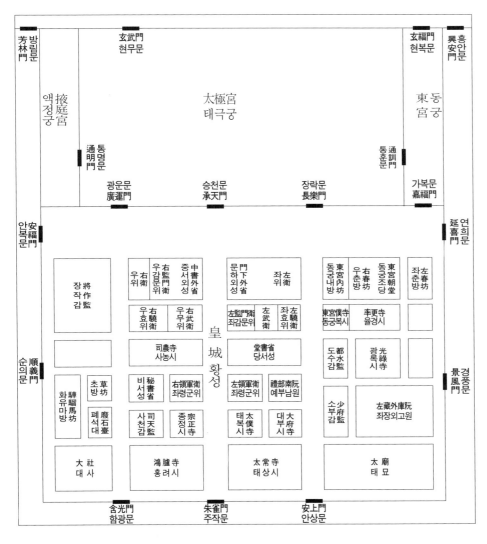

당나라 장안성의 관청 배치도

660년 ▶ 당, 백제 공략. 고종 병약하여 측천무후가 집정함.
662년 ▶ 설인귀(薛仁貴), 철륵(鐵勒) 정복. 당 제국의 극성기.
664년 ▶ 유식종(唯識宗)의 시조 **현장** 사망.
666년 ▶ 노자를 태산에 제사지내고 태상현(太上玄) 황제라고 시호.
668년 ▶ 나·당 연합군 제3차 고구려 침략, 고구려 멸망.
674년 ▶ **무측천**, 황제를 천황, 황후를 천후(天后)로 칭함.
683년 ▶ 고종 사망, 이현(李顯: 중종中宗) 즉위.
690년 ▶ 무측천, 국호를 주(周)로 바꾸고 친정하기 시작.
693년 ▶ 무측천, 금륜성신황제(金輪聖神皇帝)라 자칭.
702년 ▶ 시인 **진자앙** 사망.

■ 그 무렵 우리는…
660년 신라, 나·당 연합군의 백제 총공격으로 백제 멸망. 웅진 도독부 설치.
668년 고구려, 멸망. 부흥 운동 전개.
676년 신라, 기벌포에서 당군을 격파하고 삼국 통일 완성.

현장

현장(玄奬: 600~664)은 승려이자 불교학자로서 호는 삼장법사(三藏法師), 세칭 당승(唐僧)이라 불렀다. 정관 3년(629) 장안을 출발하여 옥문관을 벗어나 고창국(高昌國)에서 잠시 체류한 뒤 다시 천산남로를 거쳐 2년 만에 천축에 도착했다. 그곳에서 불학을 배우고 『노자』를 범어로 번역했다. 정관 19년(645) 18년만에 서역 남도를 거쳐 많은 불경을 가지고 장안에 돌아왔다. 그후 태종의 지원 아래 『대반야경(大般若經)』『대보살장경(大菩薩藏經)』『성유식론(成唯識論)』 등 불경 75부 1335권을 번역했다. 법상종(法相宗: 유식종唯識宗)의 창시자이며, 제자에게 구전하여 『대당서역기(大唐西域記)』를 편찬했다. 명대 『서유기(西遊記)』는 그를 주인공으로 삼아 소설화한 것이다.

현장

현장의 제자로는 규기(窺基: 632~682)가 있다. 범어 불경을 배우고 번역하는 데 몰두했다. 자은사에 거주했으며 세칭 자은대사로 했다. 현장의 유식종을 계승하고 그의 중심 이론을 정리, 선양했다. 『성유식론술기(成唯識論述記)』『인명입정이론소(因明入正理論疏)』 등을 썼다.

무측천

14세 태종의 궁으로 들어가 재인(才人: 황후, 사비四妃, 구빈九嬪 아래의 비교적 낮은 궁비宮妃를 지칭)이 된 무조(武照: 무측천武則天 또는 측천무후則天武后로 불렸다)는 태종 사후 조정의 관례에 따라 감업사(感業寺)로 들어가 비구니가 되었다. 그러나 태종을 이은 고종은 이미 그녀를 눈여겨보아 연정을 지니고 있었다. 고종은 황후 왕씨 이외에 소숙비(蕭淑妃)라는 궁녀를 좋아했다. 이에 왕황후는 그녀를 제거할 목적으로 고종의 마음속에 있던 감업사의 무조를 끌어들였다고 한다. 과연 고종은 무조를 사랑하여 소의(昭儀)에 봉했고, 영휘 6년에는 황후의 자리를 마련해주었다. 고종이 폐립된 황후와 소숙비를 불쌍하게 여겨 방문하자, 이를 눈치챈 무조가 그녀들을 곧장 100대로 혼절케 하고 다시 수족을 절단하여 술독에 넣었다. 게다가 그들이 죽은 뒤 주검을 난도질했다. 잔인하기 이를 데 없는 그녀가 고종이 만년에 병석에 눕자 정치 실권을 잡았다. 고종이 홍도(弘道) 원년(683) 병사하자 태자 이현(중종)이 제위에 올랐으나 조정의 실권은 여전히 무측천의 손에 있었다. 그녀는 이듬해 중종을 폐하여 여릉왕에 봉하고 이단(李旦: 예종)을 명목상의 황제에 올려놓았다. 광택(光宅) 원년(684) 유주사마 서경업이 난을 일으키자 이를 진압하고 천수(天授) 원년(690) 국호를 당에서 주(周)로 바꾸고 스스로 금륜성신황제(金輪聖神皇帝)에 올랐다. 중국 역사에서 유일한 여황제였다.

진자앙

당나라 초엽에 활동한 시인 진자앙(陳子昻, 661~702)의 자는 백옥(伯玉)이며 사천성 사홍현(射洪縣) 사람이다. 682년에 진사에 급제한 후 측천무후를 섬겨 벼슬이 우습유(右拾遺)까지 올랐으나 끝내 옥중에서 자살하고 말았다. 대표 작품으로 자신의 정치 역정과 관련된 느낌을 읊은 「감우(感遇)」38수 등이 남아 있다. 초기의 시풍은 화려한 육조(六朝) 궁정체를 따랐으나 이후 '한위(漢魏)의 풍골(風骨)'을 중시하면서 강건하고 중후한 시풍으로 바뀌었다. 그는 특히 예술 표현 방식으로 '홍기(興寄)'와 그 심미 사상인 '풍골'을 중심으로 한 새로운 시풍을 주장하였는데, 이는 육조 시대 유협(劉勰)과 종영(鍾嶸)의 '건안(建安) 풍골론'을 비판적으로 계승한 것으로 이백이나 고적(高適)을 비롯한 성당(盛唐) 시인들에게 큰 영향을 끼쳤다.

유식종

인도에서 귀국한 현장법사는 고인도(古印度) 10대 논사(論師)의 저작을 융합하여 『유식론』을 완성시켰고, 이를 법상종(法相宗)의 경전으로 삼았다. 그는 제자인 자은대사(慈恩大師) 규기(窺基)와 더불어 입식론(入識論)을 제기하고 '객관 세계에는 오로지 식, 즉 마음만 있으며(萬法唯識)'과 '마음 밖에는 그 어떤 객관적인 사물도 존재하지 않는다(心外無法)'고 주장했다. 이는 고인도의 유가행파(瑜伽行派)의 학설을 계승한 것이다. 법상종을 일러 유식종(唯識宗)이라고 부르는 것은 이 때문이다. 법상종은 불교 13종파 가운데 하나로 한때 크게 유행하였으나 점차 쇠락하면서 화엄종(華嚴宗)과 선종(禪宗)에 자리를 내주었다.

A.D.705~711년

705년 ▶ 중종 복위하여 국호 당(唐)을 되찾음. 무측천 사망.
710년 ▶ 위황후(韋皇后), 중종을 죽이고 온왕(溫王) 이중무(李重茂: 소제少帝)를 옹립함. 임치왕(臨淄王) 이융기(李隆基), 위황후 일당을 죽이고 소제를 퇴위시킴―**무위의 화** 종식됨. 중종의 동생인 예종 즉위.
711년 ▶ **절도사 설치**.

■ 그 무렵 우리는…
686년 신라, 원효(617~)가 사망함.
687년 신라, 전국을 9주 5소경으로 편성함.
698년 발해, 대조영의 발해 건국.
702년 신라, 김대문(金大問), 『화랑세기(花郞世紀)』『고승전(高僧傳)』을 저술함. 『무구정광다라니경(無垢淨光陀羅尼經)』을 인쇄함.

무위의 화

여황제 측천무후는 과거 제도에 전시(殿詩), 무과(武科)를 설치하고 자거(自擧), 시관(試官), 원외관(員外官) 등의 제도를 두어 군벌 귀족들의 세력을 약화시켰으며, 대외적으로 돌궐과 토번(吐藩)의 소요를 잠재우는 등 대단한 정치적 수완을 발휘하였다. 그러나 신공(神功) 원년(697) 이원소(李元素) 등 36명의 인재를 주살했고, 삭원례(索元禮)와 주흥(周興) 등 혹리(酷吏)를 시켜 무고한 인재를 수없이 살해하는 등 잔인한 면도

「무후행종도(武后行從圖)」에 묘사된 측천무후

적지 않았다. 호화 사치에 빠진 무소불위의 권력을 누렸지만 그녀 역시 세월의 흐름만은 어쩔 수 없었다. 만년에 병석에 누운 그녀는 재상 장간지(張柬之)에 의해 폐위를 강요받고 결국 물러났다. 중종이 다시 황제의 자리에 오르고 국호도 당으로 복원되었다. 705년 겨울 무측천이 사망했다. 그러나 겹겹의 혼사로 무씨와 이씨가 얽혀 있기에 무씨를 완전히 소탕할 수는 없었다. 게다가 연이은 여인의 변란이 일어났다. 중종의 황후이자 측천무후의 며느리인 위씨(韋氏)가 그 주인공이었다. 위황후는 남편이자 황제인 중종을 독살하고 제2의 측천무후가 되려는 꿈을 꾸었다. 그렇지만 그녀는 측천무후가 아니었다. 25세의 젊은 황족 임치왕(臨淄王) 이융기(李隆基)가 거병하여 위황후와 위씨 일족을 주살하니 속절없이 꿈은 깨어지고 다시 당나라는 이씨의 손으

로 회복되었다. 역사는 측천무후와 그녀를 꿈꾼 위씨의 변란을 일컬어 '무위(武韋)의
화(禍)'라 부른다.

절도사 설치

절도사(節度使)는 예종(睿宗) 경운(景雲) 2
년(711)에 처음 설치되었으며, 천보(天寶) 초
에 안서·북정·하서 등 9개의 변방 지역을
관할했다. 절도사는 일반적으로 관찰사를 겸
하고 있어 군사뿐만 아니라 행정적으로도 강
력한 권한을 지니고 있었다. 특히 부병제가
폐지되고 용병제가 실시된 뒤 나라의 변경은
거의 사적인 군대를 보유한 반독립적 절도사
들에 의해 유지되었다. 이에 따라 중앙의 통
제는 사실상 불가능하게 되었으며 호적 제도
와 이에 근거한 균전제 또한 유명무실한 상태
가 되었다. 이제 야심에 찬 군소 절도사가 자
신들의 병력을 일으키면 그것이 곧 반란으로
연결되는 상황이 된 것이다. 당나라 현종(玄宗) 때 안록산(安祿山)의 난은 그 대표적

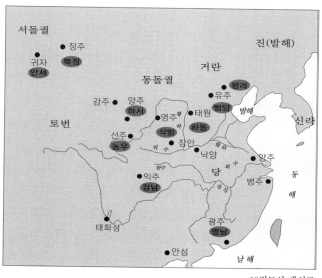

10정도사 배치도
절도사 배치 위치

인 예다. 근 11년에 걸친 절도사의 반란인 안사의(安史) 난이 종식되었으나 오히려
절도사가 지배하는 번진(藩鎭)은 더욱 확대되었다. 이는 행정상의 편의를 위함이었
으나 다른 한편 율령제에 토대를 둔 중앙 집권 정치가 영외(令外) 기구로 번진이 중심
이 된 지방 정치로 분열됨을 뜻하는 것이기도 했다. 이는 또한 문관 위주의 관료 귀족
이 지니고 있던 정치 권력이 무인의 손에 넘어갔다는 것을 의미하기도 한다. 안사의
난 이후에도 하북·하남·산동 일대의 번진은 여전히 안록산과 사사명(史思明)의 잔
당의 지배하에 있었으며, 그들은 더욱 세력을 강화하면서 절도사 지위의 계승, 관리
임명의 자율권, 조세의 자주적 처분 등의 권리를 주장하여 반독립 국가로 나아가고자
했다. 실제로 그들은 건아(健兒: 용병傭兵), 단결병(團結兵: 민병民兵)을 동원하여 당
조정의 간섭에 대항한 적이 적지 않았다. 다른 번진 또한 마찬가지였다. 대종(代宗:
762~779)과 덕종(德宗: 779~805) 시기는 바로 이들의 반독립 세력이 강화되던 때인
데, 이후 덕종과 헌종(憲宗)으로 이어지면서 절도사의 권한이 축소되기에 이른다. 송
나라 초기에 중앙 집권이 강화되면서 절도사는 유명무실해지고 원대에 폐지된다.

A.D.712~728년

712년 ▶ 예종, 태자 이융기(현종玄宗)에게 양위함.
713년 ▶ **현종의 치세—개원의 치** 시작.
722년 ▶ 장안의 수비를 용병(傭兵)에게 맡김—**용병제** 시작.
728년 ▶ 개원 **대연력** 실시.

■ 그 무렵 우리는…
722년   신라, 백성에게 정전(丁田)
          을 지급함.
723년   신라, 쌍계사를 창건함. 승려
          혜초(慧超), 인도를 순례함.

현종의 치세 — 개원의 치

측천무후에 의해 꼭두각시 황제의 자리에 오른 예종에게는 똑똑한 셋째아들이 있었다. 이름은 융기(隆基), 초왕(楚王)에 봉해졌다가 후에 임치군왕(臨淄郡王)으로 있었다. 당시 조정은 중종의 황후인 위후(韋后)가 무측천의 뒤를 이어 조정을 뒤흔들고 있을 때였다. 마침내 그는 710년 태평공주와 함께 정변을 일으켜 위후를 살해하고 부친 예종을 군위에 추대했다. 그리고 712년 스스로 황제의 자리에 올라 함께 거사한 태평공주 및 그 추종 세력을 제거하고 권력을 장악했다. 재위 초기에는 요숭(姚崇), 송경(宋璟) 등 뛰어난 재상을 통해 율령 제도를 완비하는 등 개혁 정치를 진행했다. 호족 세력을 억제하는 한편 가난한 백성들을 구제했으며, 둔전제와 부병제를 확대 실시하여 사회 경제가 크게 발전했다. 이를 역사에서는 '개원(開元)의 치(治)'라 부르고 태종의 정관의 치와 비긴다. 그러나 개원 말 천보 연간에 이르러 양귀비(楊貴妃)에게 빠져 정치를 등한시했으며, 이임보(李林甫)와 양국충(楊國忠) 등 간신을 등용하여 정치가 크게 퇴보하기에 이르렀다. 안사의 난으로 사천으로 도망갔으며, 태자 이형(李亨: 숙종肅宗)이 제위에 오른 뒤 장안으로 복귀했으나 다시 복위하지 못하고 죽었다.

부병제에서 용병제로

당의 부병제(府兵制)는 수도 장안과 낙양을 수비하고 돌궐족이 침입하는 산서 방면의 통로를 봉쇄하여 이전에 반란이 빈번했던 하북 지역의 위협을 통제하기 위해 채택한 군사 제도이다. 남북조 시대 서위(西魏) 문제(文帝) 시절의 부병제를 이어받은 것이다. 자영 농민 중심의 부병제는 가장 이상적인 군사 제도였지만 북서 방면으로 당 제국이 팽창되면서 변화가 왔다. 우선 장기간의 원정, 특히 측천무후의 통치 기간에 이루어진 전쟁 수행을 위한 원정은 전투와 농경의 조화를 깨뜨렸으며, 마침내 직업 군인이 보충되거나 징발되기에 이르렀다. 게다가 674년을 전후로 하여 부병으로 세금을 면제받는 특권이 사라졌다. 부유하거나 권세가 있는 이들의 자제는 군 복무를 자원할 이유가 없었다. 그래서 부정하게 도첩(度牒)을 얻어 승려나 도사로 행세하거나 대리인을 사서 대체하는 방법으로 병적에서 빠졌다. 자연히 병사들의 질이 저하되었으며 아울러 사기도 떨어졌다. 당시 부병제하의 병사들은 자신들이 추수한 양곡을 거주하는 주(州) 창고에 납입하고 식량을 공급받았으며, 원정이나 숙위(宿衛)를 할 경우에는 일종의 양식권이라 할 수 있는 '권식(券食)'을 받아 행선지에 도착하여 그곳의 비축된 식량과 교환했다. 또한 말이나 가벼운 무기 또한 그들 스스로 준비해야만 했다. 그러나 8세기 초에 들어서면 부병들 자신이 가난했기 때문에 이를 감당할 수가 없었다. 이러한 이유로 부병 제도는 와해되어 749년 공1식적으로 붕괴되고 용병(傭兵)으로 대체되었다. 그러나 용병제는 이민족에 의한 군권의 장악이라는 점에서 그 근원부터 위험을 안고 있는 제도였다. 안사의 난을 비롯한 절도사들의 전횡은 바로 이 제도를 통해 이미 예견된 것이었다.

대연력

개원 12년(724년), 천문학자이자 지질 측량에 탁월한 업적을 남긴 승려 일행(一行)이 세계에서 최초로 자오선(子午線)의 1도(度)에 대한 실측 작업을 실시했다. 아라비아의 수학자이자 천문학인 알콰리즈미(al-khwarizmi)보다 근 90년이 앞선 일이었다. 하남성 위주(魏州)의 창락(昌樂) 출신으로 숭산(嵩山)에서 출가하여 천태종의 진리를 터득한 그는 선무외(善無畏)에게 밀교를 전수받고, 그를 도와 『대일경(大日經)』을 번역하였다. 현종의 부름을 받아 장안에 들어간 그는 현종의 명을 받들어 신력(新曆)을 만들게 되었다. 당시에는 주로 이순풍(李淳風)의 인덕력(麟德曆)이 사용되었는데, 특히 일식 예보가 자주 틀려 문제가 되던 상황이었다. 그는 남궁설(南宮說) 등과 더불어 전국에 측량 장소 12개를 마련하여 천문을 살피는 한편 그 결과를 자신이 발명한 부거도(覆矩圖)에 표시했다. 이러한 실제 측량을 통해 마침내 개원 15년(727년) 대연력(代衍曆)을 완성할 수 있었다. 대연력은 『주역』에 나오는 '대연수(大衍數)'에서 이름을 따온 것인데, 명나라 때 서양 역법이 들어오기 전까지 중국 역법의 토대가 되었다.

733년 ▶ 국내를 15도(道)로 나누고 채방사(采訪使)를 설치함.
740년 ▶ 장구령(張九齡), 맹호연(孟浩然) 사망.
742년 ▶ 천보 원년, 변경에 10절도사 설치함.
744년 ▶ 시인 **이백**과 **두보**의 친교. 위구르(回紇) 발흥.

■ 그 무렵 우리는…
731년 신라, 일본이 병선 300척으로 동해안을 침입하자 이를 대파함.
733년 신라, 당나라와 연합해 발해 공격.

이백

이백(李白: 701~762), 자는 태백(太白)이며 호는 청련 거사(靑蓮居士)이다. 중앙아시아 쇄엽성(碎葉城)에서 태어나 어린 나이에 촉(蜀) 땅으로 들어왔다. 그는 5세에 육갑(六甲)을 외우고 10세에 제자백가를 볼 만큼 천부적인 재능과 어느 한 곳에 얽매이지 않고 스스럼없이 행동하는 초탈적 기개로 스스로 큰 붕새에 비유했다. 천보(天寶) 원년(742) 두번째로 장안에 갔을 때 그의 시재(詩才)를 아낀 현종의 신임을 받아 한림대조(翰林待詔)의 벼슬에 올랐지만 장안의 궁성은 그의 세상이 아니었다. 두보(杜甫)는 「음주팔선가(飮酒八仙歌)」에서 "이백은 술 한 말에 시 백 편을 지으며, 장안 저잣거리 술집에서 잠

이백

드나니. 천자가 불러도 배에 오르지 않고 자칭 주중선(酒中仙)이라 하네"라고 이백의 재능과 기질을 아끼고 좋아했다. 바로 이로 인해 이백은 3년 만에 장안을 벗어나 오월(吳越)로 떠난다. 안사의 난 때, 이백은 현종의 16번째 아들인 영왕 이린(李璘)의 막부에 참가하여 보국(報國)의 열정을 다했다. 그러나 숙종(肅宗)이 즉위한 뒤 영왕이 반란을 모의했다는 이유로 거세되자 그도 반역죄로 죽음에 이르기 직전에 겨우 살아났다. 우화등선(羽化登仙: 도교 사상에서, 사람이 신선이 되어 하늘로 올라감을 이르는 말)을 바랐는지, 그는 만년에 도교에 정식으로 입문하여 계를 받았다. 만년의 시 「임종가」에서 "중도에 나래 꺾여 뜻 이루지 못했네 … 공자님 없으니 그 누가 눈물 흘려 주리오"라고 하여 좌절과 그럼에도 여전한 자부심을 토로한 그는 보응(寶應) 원년(762) 11월, 당도(當塗)에서 아마도 술병에서 기인했을 급성 늑막염이 악화되어 세상을 떠났다. 후세 사람들은 시선(詩仙)인 그의 죽음을 달을 찾아 떠난 것으로 꾸며놓았다. 『이태백전집』 30권에 987수의 시가와 부(賦), 표(表), 서(序) 등 다양한 문장이 실려 있다.

두보

두보

두보(杜甫: 712~770), 자는 자미(子美)이며 원적은 양양이나 공현(鞏縣: 하남성)에서 자랐다. 일찍이 동남쪽에 있는 두릉 부근의 소릉(少陵)에서 산 적이 있기에 소릉야로(少陵野老)라 자호(自號)했다. 문장사우(文章四友: 이교李嶠, 최융崔融, 소미도蘇味道, 두심언杜審言)의 한 사람인 두심언의 손자로 가학의 훈도를 받아 어려서부터 시재가 있었다. 젊은 시절 오월제초(吳越齊楚: 산동성, 절강성 등)의 땅을 유람하면서 23세경 진사에 응시했으나 낙방하여 재차 방랑길을 떠났다. 그가 다시 장안에 들어간 것은 10년이 훨씬 넘은 35세 때였다. 다시 과거에 응시했으나 또 떨어졌다. 당시 재상으로 과거 시험을 주관한 이임보는 현종에게 널리 사람을 구했으나 폐하의 성명(聖明)으로 재야에 남은 현자가 하나도 없기에 급제자가 하나도 없다고 고했다. 10년간의 장안 생활에서 겨우 관직에 오른 것은 44세 때인 천보 14년(755), 우위솔부주조참군(右衛率府冑曹參軍)이란 말직이었다. 두보를 시사(詩史)라 일컫는 것은 두보의 시가 당시의 시대적 현실을 묘사하여 나라의 흥망과 백성들의 고난을 표현했기 때문이다. 안사의 난 이후 씌어진 「삼리(三吏)」 「삼별(三別)」 등은 그 대표적 시가들이다. 이후 숙종 지덕(至德) 2년에 좌습유에 올랐으나 방관을 구하기 위해 상소를 올렸다가 좌천되자 관직을 버렸다. 이후 촉 땅으로 들어와 지금의 성도시(成都市) 서쪽 교외에 있는 완화계(浣花溪: 꽃을 씻는 시내) 근처에 띳집[茅屋]을 짓고 초당(草堂)이라 이름지었다. 759년부터 765년까지 두 차례에 걸쳐 4년여를 살았던 그곳에서 「복거(卜居)」 「촉상(蜀相)」 「야망(野望)」 「강촌(江村)」 등의 명작을 포함한 260여 편의 시를 썼다. 대력(大曆) 5년(770) 4월, 두보는 뇌양(耒陽)에서 죽었다. 『명화잡록』을 보면, 열흘 이상 굶은 상태에서 현령이 대접한 쇠고기와 독한 술을 너무 많이 먹어 죽었다고 했다. '시성(詩聖)'으로 추앙되는 그는 마지막으로 서천 절도사 엄무의 막하에서 공부원외랑(工部員外郎)을 역임하여 세칭 두공부(杜工部)라 칭한다.

이백과 두보

이백과 두보 두 사람은 전체 중국 시가사에서 가장 높은 봉우리라 할 수 있다. 기이하게도 중국인들은 이백을 두보에 비유하여 폄하하는 경향이 있었다. 조선조의 경우도 마찬가지여서 조선 성종 12년(1481) 두보의 시 1647편을 번역·해설한 『두시언해(杜詩諺解)』가 국가적 사업으로 추진되었으나, 이백의 시는 그저 식자들에게 회자될 뿐 시가의 경전적 지위를 얻지는 못했다. 한유(韓愈)는 이백을 폄하하는 경향에 대해 "개미가 큰 나무를 흔드는 것과 같이 자신을 헤아리지 못하니 가소롭기 이를 데 없는 것이다"라고 한 바 있는데, 과연 이백에게는 이백의 시가 있을 뿐이고, 두보에게는 두보의 시가 있을 뿐이다.

A.D.745~756년

745년 ▶ 현종, 양태진(楊太眞)을 귀비로 삼음.
747년 ▶ 안서(安西) 절도사 고선지(高仙芝), 토번의 진출을 저지.
751년 ▶ **탈라스 강 전투**(당나라 군대와 대식국, 즉 이슬람, 티베트, 돌궐계 카를룩 연합군의 싸움에서 고선지 장군이 이끄는 당나라 군대가 대패하여 이후 파미르 고원 너머로 후퇴함).
755년 ▶ **안록산과 사사명의 난**.
756년 ▶ 안록산, 연(燕) 황제라 자칭. 현종, 서남(西南: 촉 땅)으로 도망. 양국충과 **양귀비** 피살. 태자 형(亨: 숙종肅宗) 즉위.

■ 그 무렵 우리는…
751년 신라, 불국사 · 석굴암 건립.

■ 그 무렵 외국은…
751년 프랑크, 피핀이 왕에 즉위하여 카롤링거 왕조를 성립함(~987).
752년 동로마, 콘스탄티누스 5세가 아르메니아와 메소포타미아에서 사라센군을 격퇴하고 국경을 정함.

탈라스 강 전투

탈라스(Talas) 강은 천산산맥에서 발원하여 탈라스 계곡을 따라 지금의 카자흐스탄 뮌쿰 사막에서 사라지는 강이다. 당나라 때 안서(安西) 지역은 중앙에서 절도사가 파견되어 통치하는 중요 군사 요충지였다. 747년 토번(吐蕃: 티베트)과 이슬람 제국이 동맹을 맺고 당을 견제하기 위해 동진(東進)하자, 고구려 유민인 고사계(高舍鷄)의 아들로 행영절도사(行營節度使)에 발탁된 고선지(高仙芝) 장군이 군사 1만을 거느리고 파미르 고원을 넘어 출정하여 대승을 거두었다. 옛 돌궐 땅의 지배권을 확보한 당나라는 750년 2차 원정을 통해 석국(石國: 지금의 타쉬켄트Tashkent 부근)을 토벌하고 국왕을 잡아 장안으로 호송했다. 그러나 장안에 데리고 간 국왕을 문신들의 요구로 참살하자 서역의 여러 나라가 이슬람 제국과 연합군을 편성하여 751년 탈라스 평원으로 쳐들어왔다. 이에 고선지 장군이 7만의 병력으로 맞섰으나 크게 패하고 말았다. 당시 탈라스 전투에서 이슬람 제국 연합군에게 잡힌 포로 가운데 제지장(製紙匠)이 있어 섬유질의 제지법이 유럽에 전파되었다고 하는데, 이는 영국의 탐험가인 슈타인(Stein)이 고선지 장군의 전적지를 답사하면서 밝혀낸 것이다.

안록산과 사사명의 난

안록산(安祿山)은 돌궐과 페르시아 사람의 혼혈아였다. 그는 당나라의 용병 제도로 군대에 들어온 뒤, 승승장구하여 신하로서 가장 높은 자리인 상서좌복야(尙書左僕射)라는 천호후(千戶侯)에 봉해졌다. 그리고 뚱뚱하고 투박한 모습에 재치가 있고 익살스러워 뭇 대신들의 반대에도 불구하고 현종의 총애를 받았으며 양귀비의 양자가 되었다. 그는 현종 주변의 부패를 척결하고 귀비의 사촌인 양국충(楊國忠)의 난을 제압한다는 명목으로 범양(范陽)에서 반란을 일으켰다. 당시 안록산은 변경의 10개 절도사 가운데 범양, 평로(平盧), 하동(河東)의 절도사를 겸직하여 막강한 군사력을 지니고 있었다. 안록산은 난을 일으킨 지 33일 만에 낙양을 함락시키고 다음해 정월 황제라 칭하고 국호를 대연(大燕), 연호를 건무(建武)로 정했다. 당나라 숙종 지덕(至德) 2년(757) 정월에 자기 아들인 안경서(安慶緖)에게 피살되었으며, 안경서는 759년에 사사명(史思明)에게 살해되었다. 사사명 또한 절도사의 한 사람으로 돌궐인이다. 원래 이름은 졸간(窣干)이었는데 현종이 사명이란 이름을 하사했다. 안록산의 아들 안경서를 죽이고 자칭 대연황제(大燕皇帝)가 되었으나 그 또한 자신의 아들 사조의(史朝義)에게 살해된다. 이렇게 만 8년간 지속되었던 죽고 죽이는 참사를 역사는 '안사(安史)의 난'이라고 부른다. 이 난리는 당대의 극성기에서 점차 쇠퇴기로 넘어가는 하나의 고리였다. 이 난리가 끝난 뒤 전국의 인구가 겨우 1790만 명으로 난리 전인 천보 13년에 비해 10분의 7이 감소되었다고 하니 그 비참함을 짐작할 수 있다.

양귀비

양귀비(楊貴妃)의 본명은 옥환(玉環), 현종의 18번째 아들인 수왕(壽王) 이모(李瑁)의 비였다. 그녀를 만나기 전까지 현종은 사랑을 갈구했음에도 마음에 드는 황후를 맞이할 수 없었다. 처음 황후 왕씨는 애정도 없었고 자식도 없어 폐립되었으며, 처음부터 사랑한 무혜비(武惠妃)는 무씨 일족이란 이유로 조정이 반발하여 황후의 자리에 앉힐 수 없었다. 그런 그에게 옥환이 나타났다. 풍만하고 미색이 뛰어난데다 가무에 능한 그녀는 과연 현종의 눈에 들 만했다. 문제는 그녀가 자기 아들, 그것도 자신이 그토록 사랑한 무혜비가 낳은 아들의 비라는 사실이었다. 그러나 사랑에 눈이 먼 56세의 황제에게는 결코 문제가 될 수 없었다. 현종 자신이 손수 지은 「예상우의곡(霓裳羽衣曲)」을 언뜻 보고 노래와 춤으로 드러낼 수 있는 여인. 현종은 아들 이모

두보의 시 「여인행(麗人行)」을 소재로 그린 그림. 그림은 봄날 귀부인들과 양귀비 자매들이 연회를 즐기는 모습이다.

757년 ▶ 안록산, 아들 안경서(安慶緖)에게 살해됨. 곽자의(郭子儀), 장안 회복함.
758년 ▶ 숙종 건원(乾元) 원년, 염철사(鹽鐵使) 설치되고 **소금의 전매** 실시, 각염법(榷鹽法) 전국에 시행.
759년 ▶ 사사명, 낙양을 재차 점령하고 천자로 자칭함.
760년쯤 ▶ **육우, 『다경』 집필.**
761년 ▶ 사사명, 아들 사조의(史朝義)에게 피살. 시인 **왕유** 사망.

■ 그 무렵 우리는…
756년 발해, 상경용천부로 천도함.
760년 신라, 승려 월명사(月明師)가 「제망매가」를 짓고 승려 충담(忠談)이 「찬기파랑가」 등을 지음.

에게 위씨(韋氏)를 비로 삼게 하여 위무하고 양귀비를 여관(女官)을 자청케 한 뒤 남궁(南宮: 태진궁太眞宮)에 거주하게 했다. 그리고 5년 뒤인 천보 4년(745), 61세의 현종은 27세의 그녀를 귀비로 정식 책봉했다. 정식으로 며느리를 첩으로 들인 셈이다. 정치는 이림보에게 맡겨두고 두 사람의 로맨스는 날이 갈수록 무르익었다. 남방 출신인 양귀비는 과일 중에서 특히 여지(荔枝)를 좋아했다. 진홍색의 잔가시처럼 꺼칠꺼칠한 껍질에 아기 주먹만한 크기의 반투명 과육이 제법 맛있는 여지는 사천산(四川産)이 특히 뛰어났다. 덜 익은 여지는 제 맛이 안 나고 익은 것은 쉽게 상하기 때문에 멀리 사천에서 장안까지 제 맛 나는 여지를 수송하기 위해 역마는 쉬지 않고 달렸다. 양귀비의 친인척은 덩달아 출세 가도를 달렸다. 재상에 오른 양국충은 사촌 오빠였다. 1688년 탈고된 홍승(洪昇)의 소설 『장생전(長生殿)』에서 현종과 양옥환은 천상에서 만나 신선 배필이 된다. 물론 사랑은 아름답고 또한 중요하다. 그러나 그 사이에 당나라는 치국의 핵심인 균전제와 부병제가 큰소리를 내며 무너지고 있었다.

소금의 전매

안록산의 난 때 빼앗긴 수도 장안을 되찾기 위해 숙종은 위구르에 원군을 요청하지 않을 수 없었다. 일단 장안은 탈환했으나 이제 원군에게 지급해야 할 막대한 보수가 문제였다. 이때 재정을 담당하고 있던 제오기(第五琦)는 누구에게나 필요한 소금을 전매하여 소비세를 부과하는 묘수를 찾아내었다. 이것이 바로 중화민국 때까지 이어진 소금 전매의 시작이었다. 문제는 소금의 전매가 아니라 지나친 소비세에 있었다. 국가 재정이 부족하면 할수록 소금 값은 원가의 몇십 배로 뛰어올랐다. 제오기의 뒤를 이어 국가 재정을 담당한 유안(劉晏)은 전체 국가 재정의 절반을 소금 전매를 통해 얻을 정도로 사업의 규모를 키웠다. 소금을 전매하여 높은 소비세를 부과하자 자연히 사염(私鹽)이 등장했고, 이를 저지하기 위한 더욱 막강한 법률이 마련되었다.

그러나 사염은 대중들에게 환영받았고, 업자들은 사염을 통해 얻은 돈으로 비밀 결사를 도모했다. 당나라 말기에 일어난 기의의 수령 가운데 황소(黃巢)가 바로 사염업자였다. 이렇듯 악화는 양화만을 내쫓지만 악법은 정권을 몰아내게 마련이다.

육우, 『다경』 집필

육우(陸羽)의 자는 홍점(鴻漸), 시인이자 다신(茶神)으로 불린 차 이론가이다. 숙종 때 호주(湖州: 절강성) 천목산에 은거하면서 썼다고 하는 『다경(茶經)』은 차의 정의와 역사[源], 제조 용구[具], 만드는 법[造], 달이는 도구[器], 끓이는 법[煮], 마시는 법[飲], 차에 관한 이야기[事], 산지와 품질[出], 약식의 경우[略], 다석(茶席)을 내리는 그림[圖] 등 10장으로 구성되어 있다. 그러나 책의 내용으로 보아 그가 말하고 있는 차는 시루에 넣어 찐 어린 차잎을 절구에서 찧어 틀에 넣고 누른 다음 불에 쪼인 뒤 건조시킨 일종의 단차(團茶)로 오늘날의 차 형태나 마시는 법과 차이가 난다.

왕유

왕유(王維: 701~761)의 자는 마힐(摩詰), 원적은 태원(太原) 기(祁: 산서성 기현)이나 아버지를 따라 하동(河東: 산서성 포현)에 살았다. 어려서부터 불가의 영향을 많이 받은 그는 개원(開元) 19년(731) 나이 21세에 장원 급제하여 대악승(大樂丞)에 취임했고, 그후 좌습유(左拾遺)를 거쳐 상서우승(尚書右丞)까지 올랐다. 그를 왕우승이라 부르는 것은 이 때문이다. 안록산의 난 와중에 모든 관직을 박탈당하고 이후 남전(藍田)의 망천(輞川)에 은거했다. 그의 생애는 40세를 전후로 크게 양분할 수 있는데, 그의 시가 또한 전반기에는 호방하고 격정적인 풍격이 다하고 후반기에는 주로 전원 시가를 많이 지었다. 그는 산수화를 잘 그려 남종문인화(南宗文人畵)의 기풍을 열었다. 소식(蘇軾)은 그의 시가에 대해 "시에 그림이 있고 그림 안에 시가 있다(詩中有畵, 畵中有詩)"라고 했다.

당대의 학제

당나라의 학제는 국자학(國子學), 태학(太學), 사문학(四門學), 율학(律學), 서학(書學), 산학(算學) 등 여섯 가지가 있었다. 율학, 서학, 산학은 전문직 양성을 위해 개설한 것이었으며, 나머지 세 가지는 문벌에 따라 입학 자격이 달랐다. 국자학은 3품관, 태학은 5품관, 사문학은 7품관 이상의 자제가 배우는 학교였다. 이와는 별도로 황제, 황후, 황태후와 재상의 자제만이 배울 수 있는 정원 20명의 숭문관(崇文館)과 30명 정원의 홍문관(弘文館)이 있었다.

762년 ▶ 현종, 숙종 사망. 시인 이백 사망. **고력사** 사망.
763년 ▶ 이회선(李懷仙), 사조의 살해하여 안사의 난 평정함. 토번, 장안 함락.
764년 ▶ 오경력(五經曆) 시행. 청묘전(靑苗錢) 사용. 위구르와 토번, 침입.
770년 ▶ 시인 두보 사망.
780년 ▶ 덕종 건중(建中) 원년, 양염(楊炎) 건의로 **양세법 시행**, 조용조 · 잡요(雜徭) 등의 부세를 폐지함.
783년 ▶ 당나라, 토번과 국경 확정.
785년 ▶ 서예가 **안진경** 피살.

■ 그 무렵 우리는…
771년 신라, 성덕대왕신종을 주조함.

■ 그 무렵 외국은…
763년 토번, 당의 수도 장안에 침입함.
772년 프랑크, 색슨족과 전쟁을 벌임.
774년 동로마, 베네치아를 제외한 전 이탈리아를 상실함.

고력사

술에 취한 이백이 호기 있게 신발을 벗기게 했다는 고력사(高力士). 그는 현종에게 누구보다 충실하고 정성을 다한 환관의 우두머리였다. 물론 현종에게는 둘도 없는 시종으로 신임을 받았겠지만, 다른 한편 그의 지나친 보필은 오히려 주위의 미움을 살 수 있었을 터이다. 장안의 술집에서 명정대취(酩酊大醉)한 이백을 악장 이구년(李龜年)이 간신히 현종 앞에 데리고 들어왔을 때 천재 시인 이백은 예의 시재를 발휘하여 「청평조(淸平調)」 3수를 읊었다. 양귀비의 아름다움을 읊은 이 시에 현종과 양귀비가 흠뻑 취한 것은 물론이다. 그러나 이백에게 모욕을 당한 것이 분한 고력사는 「청평조」에서 행실이 좋지 않았다는 한나라 조비연(趙飛燕)과 양귀비를 견준 것은 불경이라고 고해 바친다. 이 말을 들은 양귀비가 발끈한 것은 물론이고, 이후 현종은 이백을 멀리하게 되었다. 이백은 이로 인해 장안을 떠나지 않을 수 없었다. 과연 정말로 그랬는지는 알 수 없다. 다만 고력사란 인물이 음흉한 모습의 악역을 짊어진 것은 당시 민간의 생각을 반영하고 있음이 분명하다. 논자들은 고력사를 중국사에서 환관에 의한 재난의 발단이었다고 말한다. 분명 당나라의 멸망은 환관의 난

「청평조도축(淸平調圖軸)」
(송나라 화가 소류붕蘇六朋 그림)
현종이 양귀비를 데리고 모란을 보며 즐기던 중, 이때까지의 시에 흡족하지 못하고 이백을 불러 새로 시를 지을 것을 명했다. 이때 이백은 술에 만취되었으나 천자가 내려준 수레를 타고 와 즉석에서 귀비의 아름다움을 칭송한 시 「청평조」 세 수를 지었다.

에 의한 것이라 할 수 있다. 그러나 그 모든 것을 고력사가 짊어진다는 것은 또한 부당하다. 오히려 현종을 이은 숙종 때의 환관 이보국(李輔國)이 합당하지 않을까? 이보국은 황후를 유폐시켜 끝내 살해하고, 숙종이 죽은 뒤 대종(代宗)을 옹립했다. 본격적인 환관의 세상이 온 셈이다. 이보국에게 밀려난 고력사는 현종이 죽기 2년 전호남 지방으로 유배되었고, 은사를 받아 귀경하던 중 현종이 죽었다는 말을 듣고 통곡하더니 피를 토하고 죽었다 한다. 말년의 현종이 간사한 재상 이임보에게 정치를 위임하겠다는 것을 막고자 했던 것도 그였다.

양세법 시행

덕종(德宗) 건중(建中) 원년(780), 국가의 재정을 담당하고 있던 재상 양염(楊炎)의 건의로 양세법(兩稅法: 호세戶稅와 지세地稅)을 시행하고, 조용조와 잡요(雜徭) 등의 부세를 폐지했다. 양세법은 현재 경작하고 있는 농민의 토지 소유를 인정하여, 토지의 면적과 생산력에 따라 봄과 가을에 두 번씩 돈으로 세금을 납부하도록 하는 것이었다. 아울러 국가가 연간 예산을 미리 정하고 이에 따라 세금을 부과하도록 했다는 점에서 획기적이었다. 그러나 화폐의 유통이 원활하지 못한 관계로 포백이나 곡물로 대납할 수밖에 없었고, 해마다 국가 예산을 세울 만큼 제정이나 체제가 완비되지 않은 상태였다. 따라서 초기에 부과된 세액이 고정되고 국가 재정이 부족할 경우에는 새로운 세금원을 찾아 부족액을 채우게 되었다. 가옥세·주세·다세가 새롭게 부가되었고, 나중에는 소금을 전매하는 방법이 고안되었다. 양세법은 명대의 일조편법(一條鞭法)이 시행될 때까지 계속 시행되었다.

안진경

안진경(顔眞卿: 709~785), 자는 청신(淸臣)이며 남성적 풍격에 강건한 선을 사용하여 독특한 안체(顔體, 일명 안진경체)를 이룩한 당대 서예가이다. 현종 때 전중시어사(殿中侍御史)를 지내면서 직언을 서슴지 않다가 재상 양국충에게 미움을 받아 평원태수(平原太守)로 좌천되었으며, 숙종 때는 태자태사(太子太師)에 올라 노군공(魯郡公)에 봉해졌다. 덕종 때 적장(賊將) 이희열(李希烈)이 난리를 일으켰을 때 피살되었다. 그는 구양순(歐陽詢), 우세남(虞世南), 설직(薛稷)과 함께 당초 4대 서예가 가운데 한 사람인 저수량(褚遂良)과 초서의 달인으로 이백의 시, 배민(裵旻)의 검무와 함께 삼절(三絶)이라 칭해졌던 초성(草聖) 장욱(張旭)에게서 배웠다. 작품으로 「마고선단기(麻姑仙壇記)」「안씨가묘비(顔氏家廟碑)」등의 비각과 「제질첩(祭侄帖)」「쟁좌위첩(爭坐位帖)」등의 묵적이 남아 있다.

안진경의 글씨 「다보불탑감응비(多寶佛塔感應碑)」

A.D.792~801년

792년 ▶ **환관의 전횡** 시작. 화가 **오도자** 사망.
793년 ▶ 정원(貞元) 9년 세다법(稅茶法) 시행.
801년 ▶ 두우(杜佑), **『통전』** 완성.

■ 그 무렵 우리는…
788년 신라, 독서삼품과를 설치함.

■ 그 무렵 외국은…
787년 브리타니아, 노르만족(바이킹)
이 처음으로 습격해옴. 이 무렵
노르만족과 데인족이 활동을 시
작함(바이킹의 시대).

환관의 전횡

헌종(憲宗)에 의해 환관이 감군(監軍)의 중요한 역할을 맡게 되면서 환관의 권세도 저절로 커져갔다. 헌종은 이들을 철저하고 강력하게 다스려 우환을 없애야만 했다. 그러나 그는 불로장생의 금단을 복용하면서 만년에 들어 점차 성질이 포악해지고 기복이 심해져 이미 이성적 제어력을 상실한 상태였다. 헌종은 토돌승최(吐突承璀)라는 환관을 신임하고 있었는데 그는 또 다른 환관 집단인 양수경, 왕수징과 대립하고 있었다. 그들은 황태자 이녕이 일찍 죽자 둘째와 셋째 왕자 가운데 누구를 황태자로 삼는가에 관한 문제로 예리하게 대립했다. 헌종은 셋째 이항(李恒)을 황태자로 내세웠는데, 잠시 중앙에서 밀려났다가 다시 조정으로 돌아온 토돌승최는 은밀하게 둘째 이운을 옹립하려는 계획을 준비하고 있었다. 그 준비 단계에서 헌종은 43세의 나이로 급사했다. 또한 토돌승최와 둘째 이운도 살해되었다. 환관 아무개가 헌종을 죽였다는 말이 돌았다. 그러나 황제의 자리에 오른 이항(목종穆宗)은 황태자에서 폐립될 지경에서 벗어나 바로 그들 환관에 의해 지금의 자리를 보존한 꼴이었을 뿐더러 본인 자신이 금단을 복용하는 등 아무 생각 없이 그저 향락만을 즐기고자 할 따름이었다. 이후 당나라 황제는 주로 환관에 의해 옹립되는 그런 신세가 되었다.

오도자

중국 회화사에서 고대 회화의 완성자로 화성(畵聖), 곧 그림의 성인이라 일컬어지는 인물이 있다. 약 8세기에 활약한 것으로 알려진 오도자(吳道子: ?~792)가 바로 그 사람이다. 양적(陽翟: 하남성 우현禹縣) 출신인 그는 빈한한 가정에서 태어나 떠돌이 화공으로 생계를 유지했다. 그러다가 현종의 눈에 들어 오도현(吳道玄)이란 이름도 하사받고 벼슬이 내교박사(內敎博士)에 이르렀다. 양대(梁代)의 장승요를 사숙했으며, 이후 개원(開元) 연간에 배민(裴旻) 장군의 검무를 보고 크게 깨달아 일가를 이루었다고 한다. 인물, 불상, 귀신, 금수, 산수, 전각, 화훼 등 모든 소재에 능했던 그의 대표작은 유마힐상(維摩詰像)인데, 주로 벽화를 많이 그렸기 때문에 남아 있는 작품이 많지 않다. 그의 화풍은 위진남북조의 가늘고 빳빳한 필법에서 벗어나 힘찬 기운이 가득한 율동적인 필선으로 운동감이나 양감을 잘 표현함으로써 대상에 대한 생동감을 부각시켜, 당대의 형사(形似) 욕구를 만족시켰다는 평가를 받고 있다. 또한 그는 산수화의 기법에서 이전의 투시도법을 개선했을 뿐만 아니라 산이나 바위의 입체감을 부각시킬 수 있는 '준법(皴法)'을 새롭게 개발하여 기존의 비현실적인 산수화를 감각적이고 사실적인 산수화로 변모시켰다. 이러한 기법으로 중국 산수화는 비약적으로 발전하게 되었다.

『통전』

『통전(通典)』은 당나라 덕종(德宗) 때 재상(宰相)을 지낸 두우(杜佑, 735~812)가 중국 고대 경제, 정치 제도의 연혁과 변천사에 대해 편찬한 서지(書志)로 전체 2백 권이며, 기전체 형식을 따랐다. 현종 때 유질(劉秩)이 편찬한 『정전(政典)』을 중심으로 하고 역대 정사(正史)의 지류(志類) 및 구양순(歐陽詢)의 『예문유취(藝文類聚)』, 이임보의 『당육전(唐六典)』 등의 자료를 종합하여 식화(食貨: 경제)·선거(選擧: 관리 선발)·직관(職官)·예(禮)·악(樂)·병(兵)·형(刑)·주군(州郡)·변방(邊防) 등 9문(門)으로 나누고 각 문마다 자목(子目)을 분류하여 편찬하였다. 내용은 상고 시대부터 당 현종 말년까지이며, 766년에 착수하여 801년에 완성했다. 『통전』은 고금을 막론하고 원류를 밝혔으며, 매 항목마다 표제를 달았다. 또한 본문 이외에도 주문(注文)을 달아 고대 사료에 대한 설명과 더불어 자신의 편저 의도를 밝혔다. 또한 분류 부분마다 서론을 붙여 두우 자신의 역사관을 피력하였다. 중국 서지류 가운데 데 남송(南宋) 정초(鄭樵)의 『통지(通志)』와 원(元)나라 마단림(馬端臨)의 『문헌통고(文獻通考)』와 더불어 '삼통(三通)'이라고 불릴 정도로 후대에 큰 영향을 끼쳤다.

사당(四唐)

당나라 시기 문학을 논함에 있어 편의상 초당(初唐)·성당(盛唐)·중당(中唐)·만당(晚唐) 등 4기로 구분하는 일을 말하는데, 명나라의 고병(高棅)이 그의 『당시품휘(唐詩品彙)』에서 처음으로 시도하였던 시대 구분은 다음과 같다.

① 초당: 고조(高祖)의 무덕(武德 : 618)으로부터 예종(睿宗)의 태극(太極 : : 712)까지 약 95년간
② 성당: 현종(玄宗)의 개원(開元 : 713)으로부터 대종(代宗)의 영태(永泰 : 765)까지 약 50년간
③ 중당: 대종의 대력(大曆 : 766)으로부터 경종(敬宗)의 보력(寶曆 : 820)까지 약 60년간
④ 만당: 문종(文宗)의 태화(太和 : 827)로부터 소선제(昭宣帝)의 천우(天祐 : 906)까지 약 80년간

A.D.805~807년

805년 ▶ 덕종 사망, 순제(順帝) 즉위했으나 이듬해 사망. **헌종** 즉위.
806년 ▶ **백거이**, 「장한가」 지음.
807년 ▶ 대운광명사(大雲光明寺: 마니교 사원) 건립.

■ 그 무렵 외국은…

805년 일본, 사이쵸(最澄)가 당에서 귀국해 천태종을 개창함. 프랑크, 『작센부족법전』을 편찬함(관습법의 성문화).

헌종

　안록산의 난이 평정된 뒤 당나라의 가장 큰 우환 거리는 국가 재정의 위기와 군벌화한 지방의 번진(藩鎭), 곧 절도사의 세력이 막강하다는 점이었다. 이에 덕종은 세제 개혁으로 국가 재정을 강화한 뒤 구체적으로 절도사 세력을 약화시키고자 시도했다. 그 처음은 절도사의 세습을 금지시키는 것이었는데, 이에 대한 저항이 심하여 덕종이 몽진하는 사태가 벌어졌다. 뒤를 이은 헌종 또한 절도사의 권한을 축소하려고 노력했다. 그는 황제 직속의 금군(禁軍)을 증강하는 한편 이를 바탕으로 중앙에 복종하지 않는 절도사를 토벌했으며, 그들의 병력을 대폭 삭감하고 조정에서 감군(監軍)을 파견하여 감시하도록 했다. 마침내 헌종 원화(元和) 연간에는 기존의 절도사 대신에 문관과 금군의 고급 관료가 절도사로 임명되기에 이르렀으며 임기도 짧아져 더 이상의 위험은 없는 듯했다. 그러나 문제는 절도사에게 있는 것이 아니라 기울어져 가는 당조 자체에 있었다. 중앙에서 내려온 파견 절도사는 자신의 자리를 이용하여 중앙 복귀 후의 더욱 높은 자리를 차지하기 위해 악을 썼고, 기존의 병사들은 오랜 악습에 익숙해져 교만해진 상태에서 파견된 절도사를 우습게 보았다. 그것은 쉽게 고칠 수 있는 것이 아니었다. 자연 하찮은 일도 병란(兵亂)으로 이어졌다. 방훈(龐勛)의 난은 바로 병란이 확대되어 민란으로 번진 대표적인 예였다. 뿐만 아니라 지방 군벌 세력의 약화는 지방을 지키는 군대의 약체화를 뜻하는 것이었고, 감군에 환관을 임명함으로써 환관의 발호라는 나쁜 결과를 자초한 셈이 되었다.

백거이

　우리에게 백낙천으로 잘 알려져 있는 당대 시인 백거이(白居易: 772~846). 그의 본적은 태원(太原)이며 나중에는 하규(下邽: 산서성 위남현渭南縣)에서 살았다. 자는 낙천(樂天), 취음선생(醉吟先生)이란 자호 이외에도 만년에는 향산거사(香山居士)라 부르기도 했다. 29세에 진사에 급제하여 좌습유(左拾遺) 등에 올랐으나 좌천되어 강주사마(江州司馬)와 항주·소주의 자사를 역임하고 사망 후에 상서우복야(尚書右僕射)

에 추증되어 재상의 반열에 올랐다. 자신의 『신악부서(新樂府序)』에서 임금, 신하, 백성, 그리고 사물과 사건을 위해 글을 지어야 하며 단순히 글을 위한 글을 지어서는 안 된다고 역설한 그는 민가의 솔직하고 사실주의적인 악부의 전통을 이어받아 현실을 반영한 비판적 시가에 능했다. 그의 출세작이라 할 수 있는 2수의 장편 서사시 「비파행(琵琶行)」과 「장한가(長恨歌)」뿐만 아니라 『신악부』 50수나 『진중음(秦中吟)』 10수 또한 관리들의 부패상을 폭로하고 백성들의 고통을 묘사한 풍유시(諷諭詩)의 장점을 그대로 보여주는 시가라 할 수 있다. 그는 자신이 겪고 느낀 것으로 칭찬하거나 꼬집고 암시하며 비유하는 것이 곧 풍유시라고 정의한 바 있다. 그는 원진(元稹: 779~831), 유우석(劉禹錫: 772~842)과 함께 중당의 사실주의 시풍을 열어 유장경(劉長卿: 709~780쯤), 위응물(韋應物: 737~792), 유종원(柳宗元: 773~819) 등으로 이어지는 자연시파와 더불어 중당의 시단을 더욱 풍부하게 만들었다.

만년에 백거이는 불교에 귀의하여 재가출가(在家出家)했다. 현실에 대한 비판 의식이 강했던 그가 불교 세계에 귀의한 것은 어떤 이유일까? 우·이 당쟁으로 중앙 정치에 신물이 난데다 중풍으로 몸이 불편해진 그에게 세속의 일들이란 도무지 풀어낼 수 없는 난마전과 같은 것으로 보였기 때문인가? 무종(武宗) 즉위 2년 뒤 형부상서의 직함을 받은 그는 그 길로 사직하고 4년 후인 회창(會昌) 6년(846) 10월 낙양 교외인 이수(伊水) 근처에 있는 향산에서 세상을 떴다. 『백씨장경집(白氏長慶集)』이 남아 있다.

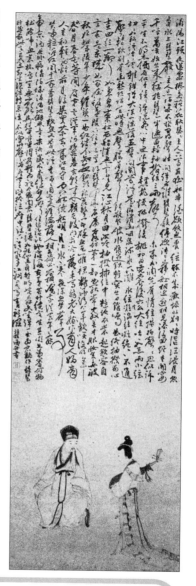

「비파행도축(琵琶行圖軸)」. 「비파행」을 소재로 명나라 때 화가 곽후(郭詡)가 그린 그림.

「장한가(長恨歌)」

백거이의 대표작. 제재는 현종과 양귀비의 슬픈 사랑에 관한 것이며, 4장으로 되었다. 제1장은, 권력의 정상에 있는 황제와 절세가인 양귀비의 만남과, 양귀비에게 쏟는 현종의 애정 등을 노래하였다. 제2장에서는, 안록산의 난으로 몽진하는 길에 양귀비를 어쩌다 죽게 한 뉘우침과 외로움으로 가슴이 찢어지는 황제의 모습을 그렸다. 제3장은, 환도 후 양귀비의 생각만으로 지새는 황제를 묘사한다. 제4장에서는, 도사의 환술(幻術)로 양귀비의 영혼을 찾아, 미래에서의 사랑의 맹세를 확인하게 되었으나, 천상(天上)과 인계(人界)의 단절 때문에 살아 있는 한 되씹어야 할 뼈저린 한탄이 길게 여운을 끈다.

808년 ▶ 우승유(牛僧孺), 정부의 실정 비판하자 재상 이길보(李吉甫)의 미움을 받음. **우·이의 당쟁** 원인(遠因).

819년 ▶ 시인 **유종원** 사망. 조정에 불사리(佛舍利) 들여옴. 한유, 「논불골표(論佛骨表)」를 올려 조주(潮州)로 좌천됨.

820년 ▶ 환관 진종지, 헌종 살해하고 황태자 이항(李恒: 목종穆宗) 옹립.

824년 ▶ **한유** 사망.

■ 그 무렵 외국은…

810년 프랑크, 카를대제가 데인족을 토벌함.

814년 프랑크, 카를대제가 죽고 루트비히 1세가 즉위함.

820년 노르만족, 아일랜드에 왕국을 건설함.

우·이의 당쟁

당나라 헌종 때의 재상으로 귀족 출신이었던 이길보(李吉甫)와 진사과 수석 합격자인 우승유(牛僧孺) 사이에서 발생한 정쟁을 말한다. 우승유는 신진 관료답게 정부의 실정을 가차없이 공격했다. 오랜 관직 생활의 노련한 정치가 이길보는 자연 기고만장한 우승유를 미워하여 요직을 주지 않았다. 그리고 그가 죽고 아들 이덕유가 목종 때 한림학사가 되었다. 그는 우승유 편에 있는 이종민(李宗閔)을 좌천시켰다. 그러나 우승유가 재상이 되자 이덕유는 지방으로 떠나지 않을 수 없었다. 문종은 속절없이 4년 만에 죽고 무종(武宗)이 즉위하자 이덕유가 부름을 받아 재상 자리에 앉았다. 이제는 우승유와 그의 일파가 좌천될 시기가 된 것이었다. 우승유를 종5품으로 강등시켜 내쫓고 이종민마저 내몬 그는 다른 황제에 비해 그나마 괜찮은 무종을 좇아 번진 문제를 해결하고 폐불령에 동의하여 세수의 확대에서 기여했다. 그러나 무종 또한 단약으로 희생되었고 뒤를 이은 선종(宣宗)은 즉위 당일에 이덕유를 해임했다. 이덕유는 형남(荊南) 절도사, 조주사마(潮州司馬)를 전전하다가 지금의 해남도인 애주(崖州)의 종7품으로 쫓겨나 그곳에서 죽었다. 중앙에서는 우승유 일파가 득세한 것은 말할 필요도 없었다.

유종원

유종원(柳宗元: 773~819), 자는 자후(子厚)이며 하동(河東: 산서성 영제현) 사람이다. 그래서 세칭 유하동(柳河東)이라 했으며, 만년에 유주로 폄적되었기 때문에 유유주(柳柳州)라고 부르기도 했다. 유종원은 정치적으로 혁신 세력인 왕숙문(王叔文) 집단을 지지했으나 수구파에게 몰려 영주·유주 사마로 폄적되었고 그곳에서 말년을 보내다 47세로 죽었다. 그는 전체 161수의 시를 남긴 시인이자 한유와 더불어 당송팔대가(唐宋八大家)에 들어갈 정도로 산문에도 뛰어났다. 그는 "문장의 쓰임은 사령(辭

슈), 칭찬과 폄하, 계도와 풍자에 있다"고 했다. 이러한 견해는 정론문인 「봉건설」 「천설(天說)」에서 천명의 존재를 부정하고 통치자의 신권설에 반대한 것이나, 땅꾼의 이야기를 쓴 「포사자설(捕蛇者說)」이나 「검지려(黔之驢)」 「임강지미(臨江之麋)」 등의 문장에서 우언(寓言)을 빌려 현실을 풍자한 것 등 실제 작품으로 표현되고 있다. 한유와 더불어 고문운동을 제창하여 '문장은 도를 밝히는 것(文以明道)'이라고 주장한 것 또한 이와 무관치 않다. 고문운동의 이론에서 그는 한유가 유가의 윤리적 관점에 입각한 교화의 도(道)를 주장한 데 반하여 유가, 도가, 불가의 사상뿐만 아니라 문예 자체 또한 중시하여 도와 문학의 관계를 더욱 폭넓게 연계시킬 수 있었다.

유종원

한유 ― 고문운동의 기치를 높이고

한유(韓愈: 768~824), 자는 퇴지(退之)이다. 25세에 진사가 되었으며 29세에 관직에 올랐다. 그가 재세했던 시절은 도교나 불교가 성행했다. 유가의 가르침에 경도되어 있던 그는 불교를 배척하고 유교의 권위를 회복하는 일을 자청했다. 우선 「논불골표(論佛骨表)」를 상주하여 불교는 오랑캐의 가르침으로 백성들에게 악영향을 끼칠뿐이라고 주장했다. 그리고 「원도(原道)」 「원성(原性)」 「원인(原人)」 등의 논문을 통하여 유교의 도와 불가·도가의 도를 비교 설명하면서 유가를 선양했으며, 유교의 도는 요·순·우·탕·문왕·무왕·주공·공자·맹자로 전해졌다는 이른바 도통설을 제기했다. 다른 한편 그는 육조 이래 귀족 계층이 숭상했던 변문(騈文)이 내용보다는 형식 위주로 발전해온 것을 비판하면서 충실한 내용에 산뜻한 언어, 두루 통하는 문기(文氣)의 산문체, 고문(古文)을 산문의 진정한 문체로 삼아야 한다고 주장했다. 그의 주장은 중국 산문사에서 일대 혁신을 가져온 고문운동의 시작이었다. 그는 '문장은 도를 실어야 한다(文以載道)'고 하여 기존의 형식주의 문풍에 반대하고 문의 내용을 중시할 것을 주장했고, 문학은 목적으로서의 도를 전달하는 수단이라고 여겼다. 그에게 도란 당연히 유가의 사상을 의미하는 것이니 유가의 권위를 회복하겠다는 자신의 의도와 결코 무관한 작업이라 할 수 없다. 한유는 문학, 곧 학문에 있어 '도'를 중시하는 한편 절절한 삶 속에서 얻어지는 '정(情)'을 또한 중시했다. 그래서 그는 공자, 맹자, 굴원, 사마천, 이백, 두보 등을 열거하면서 이들은 '잘 우는 이들(善鳴者)'이라 하여 '평평하지 않으면 운다(不平則鳴)'는 이른바 '발분저서'와 일맥상통하는 주장을 내놓았다. 이는 문학 창작과 생활 또는 시대의 관계를 더욱 명확하게 보여주는 견해로 이후 송대 구양수(歐陽修)를 비롯하여 명대 이지(李贄) 등의 관점과 일치하는 것이다. 중당(中唐)의 뛰어난 시인이자 산문가였던 그는 『창려선생집(昌黎先生集)』 40권, 『외집(外集)』 10권 등 많은 저작을 남겼다.

한유

824년 ▶ **당삼채** 유행.

826년 ▶ 경종(敬宗), 환관 이극명(李克明)에게 피살됨. 문종(文宗) 즉위.

830년 ▶ 우승유와 이길보의 아들 이덕유(李德裕), 정권이 바뀔 때마다 번 갈아 재상 자리에 올라 서로 다툼.

835년 ▶ 환관을 제거하기 위한 **'감로의 변'** 실패하면서 환관의 전횡이 극에 달함.

840년 ▶ 문종이 사망하자 황태제(皇太弟) 영왕(潁王) 이로(李瀍: 무종武宗)가 환관에 의해 옹립되어 즉위함.

845년 ▶ 무종, 불교 탄압─**회창의 법난**.

846년 ▶ 무종 사망하자 환관이 광왕(光王) 이이(李怡: 선종宣宗) 옹립.

■ 그 무렵 우리는…

828년 신라, 장보고가 청해진을 설치함.

840년 신라, 장보고가 일본에 사신을 파견함.

846년 신라, 문성왕이 보낸 자객에 의해 청해진대사 장보고가 살해됨.

■ 그 무렵 외국은…

827년 사라센, 시칠리아 섬을 정복하기 시작함.

832년 프랑크, 초기 로마네스크 양식이 등장함.

당삼채

진나라에서 따온 이름인 'China'는 중국을 의미하는 한편 도자기의 뜻도 된다. 이는 중국 도자기의 유명세를 드러내는 좋은 예이다. 중국 도자기는 당대에 이르러 기존의 녹도(綠陶)나 갈도(褐陶) 등의 단채 도기에서 크게 변화하여 현란한 다채 도기가 유행하기 시작했다. 이는 수대에 발명된 백유(白油)나 황유(黃油) 등을 이용하여 연도(軟陶)의 색채미를 강화한 것이다. 이러한 종류의 당대 도기를 일컬어 당삼채(唐三彩)라고 한다. 당삼채는 색채뿐만 아니라 문양이나 도기의 형태에서도 다양함을 자랑한다. 기존의 청동기 형을 위주로 한 중국적 기형(器形)을 대신하여 이란풍의 양식이 차용되고 있으며, 문양 또한 인도나 이란의 법상화문(法相華文)이나 포도당초문(葡萄唐草文) 등이 인화(印花), 첩화(貼花)의 수법으로 이용되고 있다. 그러나 색깔을 선명하게 내기 위해 낮은 불로 도기를 굽는 까닭에 깨지기 쉽다는 단점 때문에 실용성에서 크게 떨어져 명기(冥器: 부장품)로 많이 사용되다가 서서히 쇠퇴하고 말았다. 당삼채의 뒤를 이은 당대 요기(窯器)의 주된 산품은 바로 백자(白磁)였다.

감로의 변

목종(穆宗)이 즉위 4년 만에 죽자 15세의 경종(敬宗)이 옹립되었다. 그는 재위한 지 2년 만에 환관 이극명(李克明)에 의해 살해되었다. 과격한 격구(擊毬)와 수박(手搏: 맨손 싸움)을 좋아했을 뿐 역시 아무런 생각도 없었던 인물이었다. 다음 황제는 일찍이 목종을 옹립한 왕수징 등에 의해 문종(文宗)이 등극한다. 그는 이훈(李訓), 정주(鄭注) 등과 공모하여 환관을 토벌할 것을 작심했다. 그러나 사람 운도 천운도 그를 따라주지 않았다. 원래 왕수징의 장례식에서 거사하기로 되어 있었는데, 이에 앞서 공명심에 불탄 이훈이 일을 서둘렀다. 그는 '궁중의 석류나무에 감로(甘露)가 내렸다'고 상주하여 이러한 길조를 구경하려는 환관들을 한군데로 모을 수 있었다. 그러나 바람이 불어 장막 뒤에 있던 복병들이 발견되면서 노회한 환관 구사량(仇士良)이 재빨리 문종에게 달려갔고, 자신들의 지배하에 있는 금군을 출동시켰다. 결국 이훈과 정주는 참수되었고, 그 실질적인 주도자는 그저 어찌할 바를 모르고 있을 따름이었다. 이 사건을 일명 '감로(甘露)의 변(變)'이라 일컫는다.

회창의 법난

만당(晩唐)의 첫번째 황제였던 무종(武宗)은 평소 도술을 편애하고 불교를 배척했다. 무종은 특히 도사 조귀진(趙歸眞)을 가까이 두었는데, 조귀진과 그의 제자들은 승려들이 황제의 자리를 빼앗을 것이라는 등 가당치 않은 말로 무종과 승려의 관계를 이간질시켰다. 그런데다 당시 승려들의 숫자는 거의 30여만 명에 육박했고, 사원(寺院) 경제가 발전하면서 일반 농민이 소작농으로 일하거나 심지어 고리 대금업을 하는 사찰도 생기게 되었다. 또한 일부 승려들은 정계 요직을 차지하였으며, 또한 음란한 생활을 하는 이들도 적지 않았다. 이런 상황에서 무종은 회창(會昌) 2년(842년) 당시 재상인 이덕유(李德裕)의 주청을 받아들여 무명승(無名僧)을 내쫓으라는 칙령을 내렸으며, 계속해서 처첩을 데리고 살거나 수행을 하지 않는 승려는 모두 환속 조치하는 칙령을 발표했다. 이듬해 궁궐 안에 있는 모든 불경과 불상을 파괴할 것을 명한 무종은 작은 사찰들을 모두 철거하고 그 안에 있는 모든 불상과 불경을 큰 사찰로 옮기도록 했으며, 사찰이 장원을 둘 수 없도록 규정하는 등 점차 불교에 대한 탄압을 강화하기 시작했다. 이윽고 회창 5년(845) 본격적인 폐불 정책을 실시하여 전국에 걸쳐 4,600여 사찰을 파괴했고, 거의 대부분의 승려를 환속시켰으며, 사찰의 토지와 노비를 몰수했다. 승려가 관부와 결탁하여 국법을 파괴하고 국가의 안전을 위협하기 때문에 왕권의 안정을 지켜야만 하는 제왕으로서 도저히 묵과할 수 없기 때문이라는 이유였다.

당삼채로 만든 낙타

858년 ▶ 시인 **이상은** 사망.
875년 ▶ 왕선지에 호응하여 **황소의 난** 일어남(~884).
878년 ▶ 왕선지 참수됨. 잔당이 황소를 왕으로 추대하고 충천대장군이라 칭함.
880년 ▶ 황소, 동관(潼關)을 돌파하고 장안에 입성, 황제로 칭하고 대제국(大齊國) 세움. 연호는 금통(金統).
882년 ▶ 황소의 부장 주온(朱溫), 항복하여 전충(全忠)이란 이름을 하사받음.
884년 ▶ 황소, 태산 동남쪽 낭호(狼虎) 산중에서 자살함.
888년 ▶ 희종, 장안에서 사망. 소종(昭宗) 즉위.
902년 ▶ 주전충, 이무정을 격파하고 조정의 실권을 빼앗음.
903년 ▶ 주전충, 환관 대량 학살.
904년 ▶ 주전충, 소종을 낙양에서 살해하고 소선제(昭宣帝) 옹립.

■ 그 무렵 우리는…
874년 신라, 최치원이 당에서 과거에 급제함.
877년 신라, 왕건(王建, ~943)이 송악에서 태어남.
901년 후고구려, 궁예가 스스로 왕을 칭하고 국호를 후고구려라 함.

■ 그 무렵 외국은…
859년 프랑크, 호프 맥주를 만들기 시작함.
870년 이 무렵 유럽에는 봉건적 토지 소유제(장원제)가 이루어짐.

이상은

휘황찬란했던 당나라 문화도 말년으로 접어들면서 점차 시들어가기 시작했다. 여전히 피일휴(皮日休: 834~883) 등이 사실주의적 기풍으로 씩씩하게 나아가기는 했지만 만당(晩唐)의 시풍은 유미주의(唯美主義)적 흐름에서 더욱 잘 표현된다. 이상은(李商隱: 813~858), 자는 의산(義山)이고 번남생(樊南牲)이란 별호를 지녔다. 동시대 인물인 두목(杜牧: 803~852)과는 달리 이상은은 혈혈단신과 같은 처지에 빈한한 집안 출신이었다. '송곳으로 넓적다리를 찌르며' 발분하여 마침내 진사과에 오른 그는 당시 우승유 일파의 한 사람이었던 영호초(令狐楚)라는 재상에게 발탁되어 자못 전도가 양양했다. 그러나 영호초가 죽자 왕무원(王茂元)의 막료로 일하며 그의 딸과 결혼하게 되면서 영호초의 아들로서 예부상서의 자리에 오른 영호도(令狐綯)의 미움을 사게 된다. 왕무원이 우당이 아닌 이당(李黨: 이덕유의 일파)이었기 때문이다. 이후 낮은 관직에 머물며 애정시를 많이 지었다.

서로 만나기도 어렵지만 헤어짐은 더욱 어려워
봄바람(동풍) 힘 잃으니 꽃들이 지네
봄 누에는 죽음에 이르러 비로소 실내기를 다하고
촛불은 재가 되어 눈물이 마르기 시작하누나
새벽 거울에 그저 귀밑머리 세어감이 근심이니
밤 시름에 달빛은 차가워

봉산은 그다지 멀지 않은 곳
청조(靑鳥)여 은근히 나를 찾아와다오

이상은

중국 애정시의 정수로 여겨지는 「무제」 시 가운데 한 편이다. 이상은의 시가에 애정시만 있는 것은 물론 아니지만 이렇듯 애틋한 느낌의 시풍은 적지 않은 「무제」 시 전편을 흐르는 주된 정조(情調)이자 가장 큰 특색이라 하겠다.

황소의 난

안사의 난이 완전히 진압된 것은 763년 2월이었다. 그러나 당나라 조정의 위신은 이미 추락한 상태였다. 난을 진압하는 과정에서 위구르 지원군에 의존했고 심지어 아랍인과도 동맹을 체결하려는 시도가 있었다. 따라서 내란이 종식된 뒤 원조를 해준 이민족을 전혀 규제할 수 없었고 이미 용병들로 채워져 지방의 군사 통치자들에 의해 움직이게 된 군대에 대한 영향력은 더욱 약화된 상태였다. 또한 조정의 권한도 황제가 아닌 환관의 손에 있었다. 이처럼 당조는 말기 증세를 보이고 있었는데 이에 치명타를 가한 것이 바로 황소(黃巢)의 난이다.

황소(?~884)는 조주(曹州) 원구(冤句: 산동성 하택)에서 사염(私鹽)을 팔던 상인 출신으로 건부(乾符) 2년(875)에 기의했다. 초기에는 앞서 기의한 왕선지(王仙芝)의 반란군과 연합했으나 왕선지가 당조에 투항할 기미를 보이자 그후 독자적으로 행동했다. 878년 왕선지가 죽은 뒤 황소는 영수에 추대되어 충천대장군(衝天大將軍)이 되었다. 황소 군대는 일단 점령한 지역을 통치하는 것이 아니라 다른 지역을 점령함과 동시에 철군함으로써 전략상의 허점을 지니고 있었다. 전국을 점령하고 880년 낙양을 함락시켰으며, 장안에 진입하여 당나라 희종(僖宗)을 몰아내고 황제의 자리에 올라 국호를 대제(大齊)라 했으나 황소 그에게는 통치 체제가 있을 리 없었다. 자연 군열을 재정비하여 반격해오는 이극용(李克用)의 관군에게 크게 패하여 883년 장안에서 철수하게 되었다. 그후 황소는 태산 낭호곡(狼虎谷)에서 죽고 추종하던 무리는 사분오열되어 각지로 흩어지고 말았다. 비록 실패한 반란이나 황소의 난은 전국 각지를 휘젓고 다니면서 당대에 치명적인 타격을 가했을 뿐만 아니라 지주 계층에게도 심각한 위협을 가져왔다. 황소가 2년 4개월 동안 장안을 점령하는 동안 지방의 번진은 완전히 독립된 국가로 나아갈 채비를 했다. 당나라 멸망 후 오대 십국의 분열은 이미 예견된 일이었다.

A.D.907년

907년 ▶ **주전충**, 당 애제(哀帝) 살해. 당나라 멸망. 주전충, 황제(태조)로
등극하고, 국호를 양(梁: 후량後梁)이라 칭함. 도읍은 변경(汴京)—
오대 십국 시작. 남방에서는 십국의 오(吳), 오월(吳越), 전촉(前蜀),
형남(荊南) 등이 건국됨.

■ 그무렵 우리는…
907년 발해, 왕자 대소순(大昭順)이 후
량(後梁)에 사신으로 감. 후백
제, 일선군(一善郡) 이남 10여
성을 취함.

주전충

　　황소에게는 유력한 부장으로 주온(朱溫)이란 자가 있었다. 안휘성 북쪽에 있는 탕
산(碭山)의 빈농 출신으로 호족 집안에서 머슴을 하던 사내였다. 이름은 주온, 당나라
말 혼란기에 태어나 황소의 난이 일어나자 여기에 참가하여 유력한 부장으로 출세했
다. 그러나 이후 당나라에 항복하여 좌금오위대장군 등의 관직을 받음과 동시에 전충
(全忠)이란 이름을 하사받았다. 황소의 난이 종식되자 그 공으로 동평군왕(東平郡王)
에 봉해졌다. 그는 여전히 환관에 의해 농락당하고 있던 소종과 재상 최윤(崔胤)의
요청으로 장안으로 진격했다. 그러나 황제는 환관들에 의해 당시 봉상(鳳翔)에 거점
을 두고 있는 4개 번진의 절도사 이무정(李茂貞)에게 있었다. 주전충은 봉상을 공략
하여 소종을 인도받았으며, 이후 환관들에 대한 대대적이고 무자비한 숙청을 감행했
다. 중당 이후 당조의 제일 큰 우환 거리였던 환관 세력은 이로써 완전히 와해되었다.
또 한 번의 무공을 올려 양왕(梁王)에 봉해진 주전충은 걸림돌인 최윤을 살해하는 한
편 낙양으로 데리고 간 소종까지 죽이고 13세의 마지막 황제(소선제昭宣帝)를 등극시
킨 지 3년 만에 양위를 강제하여 마침내 황제의 자리에 올랐다. 이로써 당조는 289년
의 역사를 마감했다. 황제의 자리를 양위받기는 했지만 그렇다고 천하가 주전충의 것
이 된 것은 아니었다. 다만 중원을 중심으로 가장 많은 주(州: 대략 70여 주로 전체 주의
5분의 1)를 지닌 독립군의 하나였을 뿐이었다. 그가 후량(後梁)으로 국호를 정하고 변
주(汴州: 개봉開封)를 동부, 낙양을 서부로 칭하고 있을 때, 예전의 절도사들 또한 스
스로 칭왕하고 본격적인 지방 정권 시대를 대비했다. 봉상의 이무정, 하동(河東: 후당
後唐)의 이극용(李克用), 회남(淮南: 오吳)의 양행밀(楊行密), 서천(西川: 사천四川)의
왕건 등이 그 최초의 주역들이었다. 만년에 접어든 주전충은 후계자 문제로 자신의
아들 우규(友珪)에게 살해당하고 우규 또한 동생 우정(友貞)에게 죽음을 당한다. 후
량은 이렇게 내부적으로 와해되어 16년 만에 사라지고 말았다.
　　주전충은 터키계로 알려진 사타족(沙陀族)의 추장 출신으로 원래 성은 주(朱)였으
나 아버지 주사적심(朱邪赤心)이 방훈의 난에 공을 세워 당나라에서 이씨 성을 하사

받자 자신도 이씨가 되었다. 이 두 사람에 의해 당나라는 황소에게 빼앗긴 장안을 수복할 수 있었다. 그러나 바로 이들 가운데 한 사람 주전충에 의해 당나라는 멸망하게 되었다.

오대 십국

오대 십국(五代十國)은 당조가 멸망한 907년부터 시작하여 후주(後周: 951~960)의 군사령관이었던 조광윤(趙匡胤)이 후주를 멸하고 송(北宋: 960~1127)을 건국한 960년까지의 역사 시기를 말한다. 당시 중국은 전체 15국으로 나뉘었는데 송대의 사가들은 이 중에서 오직 다섯 나라만 정통 왕조로 인정하여 오대(五代)라고 불렀다. 오대, 다섯 나라는 후량(後梁: 907~923), 후당(後唐: 923~936), 후진(後晉: 936~946), 후한(後漢: 947~950), 후주(後周: 951~960)인데 특이하게 후량과 후주를 제외하고 모두 돌궐족의 정권이었다. 한편 십국(十國)은 전촉(前蜀: 907~925), 후촉(後蜀: 934~965), 오(吳: 902~937), 남당(南唐: 937~975), 형남(荊南: 907~963), 오월(吳越: 907~978), 민(閩: 909~945), 초(楚: 907~951), 남한(南漢: 909~971), 북한(北漢: 951~965) 등으로 아홉 나라는 남쪽에, 한 나라는 북쪽에 있었다. 이렇게 많은 정권이 등장한 것은 황소의 난으로 중앙 정권이 진공 상태에 놓여 있게 되자 변진의 절도사들이 제각기 독립의 기치를 올렸기 때문이다. 자연 당시는 무력의 힘이 우세하던 시대였다. 북방은 더 이상 중국의 땅이 아니었다. 이후 송대 태조와 그의 후계자 태종이 재통일 작업을 시도하기는 했지만 이미 거란과 돌궐은 독립된 국가로서 송나라 천자와 동등한 위치임을 선언한 상태였다. 이렇게 보면 오대 십국은 명나라의 재통일에 이르기까지 한족과 이민족의 오랜 갈등과 분열의 시작이었다고 말할 수 있을 것이다.

	왕조	창시자	국도
오대	후량(後梁)	주전충(朱全忠)	동도개봉부東都開封府(대량大梁)
	후당(後唐)	이존욱(李存勖)	동도東都(낙양洛陽)
	후진(後晋)	석경당(石敬瑭)	동경개봉부(대량)
	후한(後漢)	유지원(劉知遠)	동경개봉부(대량)
	후주(後周)	곽위(郭威)	동경개봉부(대량)
십국	전촉(前蜀)	왕건(王建)	성도부成都府
	후촉(後蜀)	맹지상(孟智祥)	성도부
	오(吳)	양행밀(楊行密)	강도부江都府(양주揚州)
	남당(南唐)	이변(李昪)	서도강녕부西都江寧府
	형남(荊南)	고계흥(高季興)	강릉부江陵府
	오월(五越)	전류(錢鏐)	서부西府(항주杭州)
	민(閩)	왕심지(王審知)	장락부長樂府(복주福州)
	초(楚)	마은(馬殷)	장사부長沙府(담주潭州)
	남한(南漢)	유암(劉岩)	흥왕부興王府(광주廣州)
	북한(北漢)	유숭(劉崇)	태원부太原府

오대십국 일람

A.D.908~920년

908년 ▶ 이극용 사망, 장남 이존욱(李存勖)이 뒤를 이어 진왕(晉王)이 됨. 『이십사시품』의 저자 **사공도** 자살.
909년 ▶ 왕심지(王審知), 민(閩) 건국.
912년 ▶ 후량 태조의 아들 주우규(朱友珪), 살부(殺父)하고 즉위.
913년 ▶ 주우규, 피살되고 후량의 말제(末帝) 주우정(朱友貞) 즉위.
916년 ▶ 거란의 야율아보기(耶律阿保機), **대거란** 건국.
917년 ▶ 유암(劉岩), 남한(南漢) 건국.
920년 ▶ 무을(毋乙)과 동을(董乙) 진주(陳州)에서 농민 봉기, 후량 정권에 타격. **거란 문자** 창제.

■ 그 무렵 우리는…
910년 후고구려, 왕건이 나주에서 견훤의 군대를 격파함.
918년 고려, 왕건이 궁예를 몰아내고 고려 건국.

■ 그 무렵 외국은…
911년 노르망디공국, 서프랑크 왕 샤를 3세가 노르만족의 수장 롤로를 노르망디공으로 봉함(노르망디공국 창립).

사공도

사공도(司空圖: 837~908)는 하중 우향(산서성 우현虞縣) 사람으로 자는 표성(表聖)이며, 호는 지비자(知非子)이다. 만당의 시인이자 시론가로 중국 시가 미학에 관한 뛰어난 저작 『이십사시품(二十四詩品)』을 지었다. 중국 문학 비평에서 '시품'이란 말은 종영(鍾嶸)의 『시품』에서 연원을 둔다. 그러나 종영은 주로 시인을 상·중·하로 나누어 품평했고, 사공도는 시가의 풍격을 24가지로 나누어 논의했다. 특히 생동적인 시적 언어로 모종의 경계를 드러냄으로써 시가의 상이한 풍격을 비유적으로 형상화했다는 점에서 이후 중국 시가 풍격론에 지대한 공헌을 했다.

대거란

거란족(契丹族)은 몽고족의 일파로 4세기 무렵부터 내몽고 초원에서 돌궐, 회흘(回紇: 위구르), 고구려, 당나라 등에 속하면서 유목 생활을 하고 있었다. 그들은 유목과 농경을 겸하고 있어 국가의 성격 또한 이중적이었다. 그들은 무측천 시대에 당에서 이탈하려고 했으나 실패했다. 야율아보기(耶律阿保機)는 거란의 추장으로 그의 밑에는 한인 가신들이 적지 않았다. 강성해진 거란족은 서쪽으로 당항(黨項: 탕구트), 토곡혼(吐谷渾)을 격파하고 동쪽으로 발해(渤海)를 타도했다. 석경당(石敬瑭)이 거란에 원조를 요청했을 때, 그들이 군대를 동원할 수 있었던 것은 후미에 대한 위협이 이미 제거되었기 때문이었다. 야율아보기는 926년에 사망했고, 그의 아들 야율덕광(耶律德光)이 즉위했다. 936년 거란은 국호를 요(遼)로 개칭했으나 성종(聖宗)이 즉위한 982년 거란으로 환원시켰고, 이후 도종(道宗) 함옹(咸雍) 2년 요로 다시 개칭했다. 이렇게 여러 번 국호가 바뀐 것은 정권 내부에 유목민 전통을 고수하는 파와 한화(漢化)를 주장하는 혁신파들의 양론이 항쟁을 계속하고 있었기 때문이다. 야율덕광이 죽은 뒤 잠시 내분이 있었다가 성종 야율융서가 등장하여 내분을 종식하고 송나라와 전연의 맹을 맺었다. 요는 이를 통해 막대한 양의 수입을 얻어 국력을 정비할 수 있었다. 동쪽의 고려와 서쪽의 서하(西夏)를 복종시켰고, 그 세력은 중앙아시아에서 서아시아에 이르렀다. 키타이(Cathay)라는 말은 바로 서아시아 사람들이 거란을 칭하는 말이었다. 한편 동북방의 삼림 지역에는 여진족(女眞族)이 살고 있었다. 요나라 사람들은 그들을 미개하다 여겨 생여진(生女眞)이라 불렀고, 약간 개화한 사람들을 숙여진(熟女眞)이라 불렀다. 그러나 그들이 100여 년의 세월이 흐른 뒤 자신들을 멸망시킬 줄은 꿈에도 몰랐다. 1125년 요의 천조제(天祚帝) 야율연희(耶律延禧)는 금군에게 잡혀 항복함으로써 210년간 9대가 이어진 요나라는 망하고 말았다.

거란, 여진, 서하의 문자 창제

요의 거란 문자는 여진 문자와 마찬가지로 한자의 자형을 참조하여 음절로 이루어놓았는데 대자와 소자의 구분이 있었다. 거란 대자는 920년, 소자는 이후에 창제되었다. 그러나 아직까지 완전 해독이 불가능하다. 여진 대자는 1119년에, 소자는 1138년에 창제되었다. 서하 문자는 이원호의 치세 기간에 만들어져 1037년에 반포되었다. 한자처럼 방괴자(方塊字)이고, 기본적인 필획이 한자와 비슷하지만 표음과 표의 문자를 결합시킨 새로운 글자였다. 그래서 서하 문자를 발견한 청대 학자 장주(張澍)는 "서하 문자는 얼핏 알 수 있는 듯하지만 자세히 보면 식별할 수 있는 글자가 하나도 없다"고 하였다. 서하의 폐도인 카라호토에서 발굴된 『번한합시장중주(蕃漢合時掌中珠)』라는 서하자와 한자를 대조한 자전에 의해 해독이 가능하다.

서하의 문자

돌궐 문자로 씌어진 공적비

A.D.923~940년

923년 ▶ 후량 멸망. 이존욱, 후당(後唐) 건국(수도 낙양).
927년 ▶ 마은(馬殷), 초(楚) 건국.
934년 ▶ 맹지상(孟智祥), 후촉(後蜀) 건국.
936년 ▶ **석경당**, 거란에 구원 요청. 거란, 석경당을 진제(晉帝)로 옹립하고 연운(燕雲) 16주를 취함. 이로써 후당 멸하고 **후진** 건국. 거란, 국호를 요(遼)로 개칭.
937년 ▶ 오왕(吳王) 서지고(徐知誥), 양부(楊溥)에게 선양받아 남당(南唐) 건국.
940년 ▶ 후한의 조숭조(趙崇祚), 『**화간집**』 발간.

■ 그 무렵 우리는…
926년 발해, 거란에 의해 멸망.
936년 후삼국, 고려로 통일.

■ 그 무렵 외국은…
924년 불가리아 왕국, 콘스탄티노플을 다시 포위함. 교회가 성립됨(동방교회의 공인).
932년 서아시아, 시아파의 부와이 왕조(~1055)를 세움.

석경당의 후진

석경당(石敬瑭)은 본래 서돌궐 출신으로 후당(後唐) 명종(明宗)의 사위로 입신하여 하동절도사로 있었다. 명종의 뒤를 이은 민제(愍帝)를 죽이고 정권을 잡은 말제 이종가(봉상절도사 출신으로 명종의 양아들 격인 가자假子였다)에게 반란을 일으켰으나 역부족이었다. 급기야 그는 거란족에게 원군을 요청했다. 그러나 그 대가는 결코 작은 것이 아니었다. 석경당은 거란의 원군에 보답하기 위해 자신을 신(臣)이라 칭하고 아버지 나라로 삼으며, 노룡(盧龍) 1개 도(道)와 안문관(雁門關) 이북의 여러 주를 할양하겠다는 것이었다. 거란은 과연 석경당을 도와 14년간 지속된 후

후진의 황제 석경당

당을 멸망시키고 석경당이 제위에 오르는 발판을 마련했다. 이로써 후진(後晉)이 탄생하기에 이르렀다. 그러나 해마다 30만 필의 비단을 조공으로 바치고 연운(燕雲) 16주를 할양함으로써 북경을 포함한 북방 지역을 요나라에 넘길 수밖에 없었다. 여하튼 외세를 등에 엎은 정권이 제대로 지탱될 리 만무했다. 또한 후계자 문제로 투닥거리다가 요와 아무런 의논도 없이 석경당의 조카를 즉위시켰다는 것이 빌미가 되어 요나라의 침공을 받아 11년 만에 멸망하고 말았다.

『화간집』 — 사 모음집

사(詞)는 음악의 가사로서 악보에 따르기 때문에 길고 짧음이 자유롭다. 시의 평측이나 음률과 달리 독특한 체제를 지니고 있어 이미 노래로서의 역할을 할 수 없게 된

시(고체시, 절구, 율시를 포함한 당대의 시가)를 대신하여 읊을 수 있는 새로운 시가였다. 중국의 시가가 그렇듯이 처음에는 민간에서 유행되던 노래의 가사로 출발하여 문인들에게 수용되면서 아화(雅化), 곧 세련화의 길을 걷게 되었다. 초기 민간의 사는 돈황(敦煌)에서 발견된 『운요집잡곡자(雲謠集雜曲子)』에 30수가 채집되어 있는데 그 내용이 질박한 서민들의 삶, 특히 여인네들의 애정과 삶의 모습을 그대로 읊고 있다. 초기 문인들의 사는 이백, 유우석(劉禹錫), 장지화(張志和), 백거이 등에 의해 창작되었는데 비교적 통속적이고 소박했다는 평가를 받고 있다. 그러나 만당에 들어서면 온정균(溫庭筠), 이상은(李商隱) 등에 의해 이른바 완약사(婉約詞)가 창작되는데, 특히 몰락한 귀족 가문에 태어나 방탕한 생활을 했던 온정균(본명은 기岐, 자는 비경飛卿. 산서성 기현祁縣 출신)은 기녀들의 애정과 이별 등을 노래한 화려하고 농염한 사 작품을 많이 창작했다. 오대 십국 가운데 후촉(後蜀) 사람 조숭조(趙崇祚)가 편찬한 『화간집(花間集)』에 그의 작품 66수가 수록되어 있어, 이후 화간파 사인(詞人)의 비조로 여겨졌다. 그후 송대로 들어오면서 사는 더욱 발전한다. 송대, 특히 북송 시절에는 당·오대의 짧은 사[小令]와는 달리 다양한 소재를 통해 만사(慢詞)와 호방사(豪放詞)가 출현하면서 질적으로 나아졌을 뿐만 아니라, 숱한 사인(송대 전체 800여 명의 사인들이 있었다고 한다)들이 수많은 작품을 남겨 양적인 면에서도 크게 팽창하게 되었다. 북송 초기 사의 4대 개조(四大開祖)라고 일컬어지는 안수(晏殊), 안기도(晏幾道), 구양수(歐陽修), 장선(張先) 등을 거쳐 유영(柳永), 소식(蘇軾), 진관(秦觀), 주방언(周邦彦) 등이 북송 시대를 풍미했다면, 남송으로 넘어가 소식의 호방사를 크게 발전시킨 신기질(辛棄疾)을 중심으로 한 육유(陸游), 악비(岳飛) 등의 분개파(憤慨派) 사인들과 주돈유(朱敦儒), 엽몽득(葉夢得) 등의 고답파(高踏派) 사인들이 활발히 활동했다. 남송 후기에 해당하는 12세기 말에는 호방사가 점차 퇴조하면서 소식에 의해 탈음악화한 사를 다시 음악의 율조로 복귀시킨 주방언을 계승한 강기(姜夔)의 격률사, 완약사가 대두하기 시작하여 하나의 파벌을 이루었다. 강기의 사는 오문영(吳文英), 장염(張炎), 주밀(周密) 등이 계승하면서 이후 청말에 이르기까지 사의 전범이 되었다. 이렇듯 사는 송대 소식, 신기질, 강기, 주방언 등 이른바 송사사가(宋詞四家) 등에 의해 크게 발전하면서 송대의 대표적인 문학으로 자리잡게 되었다.

946년 ▶ 후진 멸망.
947년 ▶ 유지원(劉知遠: 고조高祖), 후한(後漢) 건국(수도 변경卞京).
951년 ▶ 초(楚), 남당에 의해 멸망. 유지원의 동생 유숭(劉崇), 진양(晉陽)에서 북한(北漢) 건국.
953년 ▶ 구경(九經)의 판(版) 완성.
955년 ▶ **후주의 세종**, 불교 탄압(3만여 사찰을 파괴함).
956년 ▶ 세종, 남당 공략. 조광윤(趙匡胤) 정국군절도사 겸 전전도지휘사로 임명됨.
957년 ▶ 남당 황제 이경(李璟), 제위를 버리고 국주(國主)가 됨.

■ 그무렵 우리는…
953년 고려, 경주 황룡사 9층탑에 화재가 남.
956년 고려, 노비안검법을 시행함. 후주의 쌍기(雙冀)가 귀화해오자 한림학사(翰林學士)로 삼음.

후주의 세종

오대 십국을 각기 건국한 제왕(諸王)들은 대부분 평민 출신이거나 이민족 출신이었다. 그 중에는 이극용의 가자(假子: 일종의 양자)로 후당의 명종이 된 이사원처럼 문맹인 경우도 있었고, 전촉의 왕건처럼 도살과 사염 밀매가 전직인 경우도 있었다. 그럼에도 그들은 정권을 얻고 황제의 자리에 올랐다. 오대의 후한처럼 단지 4년 만에 멸망하는 일도 있었고, 제법 오랫동안 재위를 이어 72년이란 세월을 보낸 오월도 있었다. 정권의 길고 짧음은 이미 단순히 군주의 내치(內治)와 외정(外征)의 능란함에 기인하는 것만은 아니었다. 그 예를 우리는 후주의 세종(世宗)에게서 본다. 사가들이 오대 제왕 가운데 가장 성군이라 칭했던 세종은 오대 최후의 왕조인 후주의 두번째 황제이다. 그는 개봉을 중심으로 버려진 땅을 개간하고 치수에 힘을 기울였으며, 행정의 개혁과 군대의 정비를 통해 내정에 힘썼다. 그가 폐불

이극용

령을 실시하여 이른바 삼무 일종의 법난의 하나를 일으킨 것도 바로 경제적인 효과를 노렸기 때문이었다. 다른 한편 북한의 유숭(劉崇)이 요의 원군에 힘입어 후주에 침입하자 과감하게 친정하여 막아낸다. 그후 전국 통일을 도모하기 시작한 그는 후촉과 남당을 공격하고 마침내 강력한 요나라를 공략하여 익진관(益津關) 등을 수복하고 영주(瀛州)까지 취했다. 그러나 그는 북정중에 병을 얻어 39세의 나이로 사망하고 말았다. 문제는 그후였다. 일단 7세의 공제(恭帝)가 아들의 자격으로 즉위했으나 어린

황제를 측근의 절도사들이 제대로 보호할 리 만무했다. 그들은 강력한 무장을 절도사로 옹립한다는 북방 번진의 오랜 전통을 잊지 않고 있었던 것이다. 마침 요나라 군대가 재침을 시작했다. 이에 귀덕절도사인 조광윤이 출전을 했는데, 군대는 그를 선택하여 황제로 옹립한다. 이로써 후주는 멸망하고 송나라가 건국된다. 이렇듯 후주 세종의 치적에도 불구하고 후주는 10년을 넘기지 못했다.

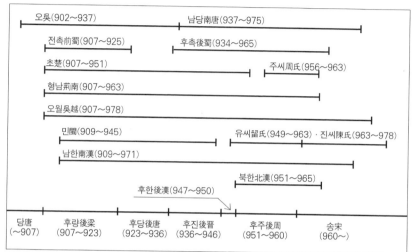

오대십국의 추이

용문 석굴

중국 하남성(河南省)에 있는 운강 석굴(雲崗石窟)과 쌍벽을 이루는 중국의 대표적 석굴 사원이다. 낙양 남쪽 약 14km 지점에 있다. 석굴이 있는 이궐산(伊闕山)은 이하(伊河)를 사이에 두고 서산(西山)과 동산(東山)으로 갈라지며, 석회암의 암벽에 다수의 크고 작은 동굴을 뚫어놓았는데, 동굴 안에는 엄청난 수의 불상이 있다. 그 수는 동굴 1,352, 감(龕:불상을 모시는 장) 750, 석탑 39, 불상 9만 7,306체라고 기록되어 있다. 석굴은 북위(北魏) 때 만들기 시작하여 수(隋)·당(唐)으로 이어지고 송(宋)나라에서 끝났으나, 그 주요 부분은 5세기 말에서 7세기 후반에 이르는 불교 미술의 전성기에 조영되었다. 북위굴(北魏窟)이 있는 서산의 석굴들은 고양동(古陽洞)을 비롯하여 빈양동(賓陽洞)·연화동(蓮華洞) 등이 유명하며, 우수한 북위 불상이 많다.

봉선사동(奉先寺洞)의 본존노사나불(本尊盧舍那佛)

「청명상하도(清明上河圖)」. 북송 시기의
모습을 묘사한 그림.

제6장 송(宋)·요(遼)·금(金)

907년부터 960년까지 오대십국으로 분열되어 있던 중국은 후주의 금군통령(禁軍統領) 조광윤(趙匡胤)이 진교병변(陳橋兵變)을 일으켜 후주의 정권을 탈취하고 북송(北宋)을 건립하면서 재차 통일의 기운이 솟구치게 된다. 979년까지 일련의 전쟁을 통해 송나라는 마침내 중원과 남방을 통일시킬 수 있었다. 그러나 북쪽의 요(遼), 북서쪽의 서하(西夏), 남서쪽의 대리(大理), 서쪽의 토번(吐蕃)이 꿈틀거리고 있어 언제라도 판세가 뒤집힐 수 있는 형국이었다. 결국 요를 삼키고 새로 등장한 금나라는 1127년 송을 공략하여 희종과 흠종 두 황제를 포로로 잡았다. '정강(靖康)의 치욕'이라고 불리는 이 사건을 계기로 송 왕조는 변경(汴京: 하남성 개봉開封) 시대를 마감하고 남방으로 내려와 남경(南京) 응천부(應天府: 하남성 상구商丘)에서 송 왕조를 중건한 후 다시 남하한 후 항주(杭州)를 임안부(臨安府)로 개칭하여 새로운 수도로 삼고 북송의 혈통을 이었다. 이것이 남송(南宋)이다.

남송은 전체 중국의 판도로 볼 때 남방의 한 부분을 차지하고 있을 따름이었다. 황제는 무능했고 관료 사회는 분열되어 있었다. 간신과 충신의 이야기가 이처럼 인구에 회자하던 시대도 일찍이 없었다. 북송의 사상가들이 새롭게 시작한 신유학 운동은 주희에 의해 집대성되어 이후 중국 사상계에 절대적인 영향을 끼쳤으며, 문학 역시 뛰어난 관료이자 문인이었던 북송 인문주의자들의 뒤를 이어 성숙한 면모를 보였다. 특히 새로운 운문인 사(詞)의 등장은 송 왕조 문학의 찬란한 꽃이었다. 그러나 문약한 송나라는 또 하나의 새로운 북방 민족 몽고(蒙古)에게 여지없이 깨지고 만다. 이미 전세계에 막강한 위력을 자랑하고 있던 몽골족에게 남송은 더 이상 상대가 될 수 없었던 것이다.

916년 동호(東胡)에서 기원한 거란족(契丹族)의 탁월한 지도자 야율아보기(耶律阿保機)가 칭제하여 거란국을 세웠다. 947년 국호를 개칭한 요(遼: 916~1125)의 등장이었다. 거란족과 한족, 그리고 여진족까지 섞여 있는 복잡한 인적 구성 속에서 요는 차별 정책을 활용하였다. 그러나 여진족에 대한 지나친 압박과 착취는 오히려 요의 멸망을 가져오는 빌미가 되었고, 결국 1125년 210년간 9명의 황제가 재위했던 요도 송나라와 금나라의 연합군에게 멸망하였다. 잔존 세력이 서요(西遼)로 명맥을 유지하였으나 그들 역시 1218년 몽고에게 멸망되었다.

송화강 이북에 자리하고 있던 생여진(生女眞)의 완안아골타(完顔阿骨打)가 칭제하여 국호를 대금(大金: 1115~1234)으로 정했다. 건국 초기부터 법령을 반포하고 새로운 문자를 만들었으며, 군사 제도를 개혁한 금 왕조는 신속하게 강대해지기 시작했다. 1120년 송과 손을 잡고 요를 멸망시킨 금은 연이어 북송을 멸망시키며 판도를 넓혀가기 시작했다. 특히 1161년 즉위한 세종은 역사에서 '소요순(小堯舜)'이라고 칭해질 정도로 탁월한 통치 능력을 발휘하여 금나라의 전성기를 이끌었다. 그러나 그들 역시 정치의 부패와 중원의 한족과 여진 하층민들에 대한 지나친 탄압으로 야기된 백성들의 항거로 새로운 강자 몽고군에게 패하여 120년의 역사를 접을 수밖에 없었다.

A.D.960년

960년 ▶ **조광윤**, 후주의 공제(恭帝)를 폐하고 즉위. 국호를 **송(북송)**으로 하고 변량(汴梁)에 도읍. 진교역(陳橋驛)의 반란.

■ 그 무렵 우리는…
961년 고려, 시(詩) · 부(賦) · 의(醫) · 복(卜) 등을 과목으로 과거를 실시함.

■ 그 무렵 외국은…
960년 중앙아메리카, 토르테가 문명이 황금시대를 이룸.

조광윤

송나라 태조 조광윤

조광윤(趙匡胤: 927~976), 북경의 남쪽에 있는 탁주(涿州: 하남성)의 무관 집안 출신이다. 후주의 세종 정권에서 총사령관인 전전도점검(殿前都點檢) 등의 관직에 있다가 공제 때인 960년 진교(陳橋)에서 병변(兵變)을 일으켜 황제(태조太祖)로 옹립되었다. 국호를 송(宋)으로 하고, 개봉을 도읍지로 삼았다. 당시 북쪽에는 강대한 거란이 자리하고 있었고, 남쪽에는 남평 · 후촉 · 남한 · 남당 등 소국이 자리하고 있었다. 역사가들에 의해 북송(北宋)으로 명명된 조광윤의 송나라는 우선 남쪽 소국을 연속적으로 공격하여 그들의 투항을 받아냈다. 이를 통해 물산이 풍부한 양자강 연안과 광동 주변을 얻게 되었으며, 남서쪽으로 더 내려가 지금의 북베트남 일부 지역까지 영역을 확대하여 상인들이 왕래할 수 있는 통로를 열었다. 그러나 거란과의 관계는 여의치 않아 군사적 열세에서 벗어나지 못했다. 그럼에도 그는 무장 출신이면서도 절대 권력을 가지고 무력으로 지배하기보다는 온건한 통치, 문관에 의해 행정을 지향하고자 했다. 그가 이른바 '배주석병권(杯酒釋兵權: 무장들과 술을 들며 병권을 박탈함)'으로 석수신(石守信) 등 병권을 쥐고 있던 장수(특히 절도사)들을 무장 해제시킴과 동시에 군사 행정 체제를 폐지하여 국가 행정 전체를 문관의 통제하에 두도록 한 것 또한 그 일환이었다. 그는 여러 소국들을 공략하여 전승했지만 쓸데없는 살상을 금했으며, 항복한 군주나 신하들에게도 과감하게 적절한 예를 갖추었다. 남당의 이욱(李煜)이 개봉으로 압송된 뒤에도 비록 참혹한 삶이기는 했으되 목숨을 부지할 수 있었던 것도 이 때문이다. 심지어 후주의 마지막 왕 공제뿐만 아니라 그 후손들인 시씨(柴氏)에 대해서도 나름의 대우를 한 것 또한 마찬가지다. 물론 이것은 이긴 자의 덕

(德)을 공공연히 드러내기 위함이라 할 수도 있다. 그러나 이 또한 결코 쉬운 일은 아니다. 태조 조광윤은 석각에 유훈을 남겨 황제만이 보도록 했다고 하는데, 그 유훈은 후주의 시씨 후손을 돌볼 것과 사대부들을 언론을 이유로 죽여서는 안 된다는 것이었다고 한다. 조광윤, 그는 이를 통해 송나라를 찬란한 언론의 사회, 문약하되 도처에 자유로움이 풍만한 찬란한 문화 제국으로 만들 수 있었으며, 그 자신 명군의 한 사람으로 추앙받게 되었다. 태평흥국(太平興國) 원년(976) 50세의 나이로 죽었다.

송(북송)

건륭(建隆) 원년(960) 후주의 대장 조광윤이 진교역(陳橋驛)에서 병변을 일으켜 후주 정권을 이어 송을 세웠다. 도읍은 하남성 개봉이다. 흠정(欽宗) 원년(1126) 금(金)나라에 의해 개봉이 함락되고 이듬해인 1127년 멸망하기까지 9명의 황제가 167년간을 다스렸다. 역사에서 남송과 구분하여 북송이라 칭한다.

당대는 무인의 권세가 지나치게 강하여 결국 멸망의 길로 접어들게 되었다. 이를 목도한 송대 집권자들은 자연 무관보다는 문관을 중심으로 나라를 이끌 것을 작심했다. 무인 정치에서 문관 정치로! 이것이 바로 송대 정치의 지향점이자 시작이었다. 만사 만물이 극에 달하면 다시 돌아오는 법이니 이 또한 그러했다. 그러나 또한 한 곳이 차면 다른 한 곳은 비는 법. 문관이 승하면 무관이 약하고 그럼으로써 문관 정치는 활짝 개화하는 대신 외적의 침탈에는 속수무책으로 당할 수밖에 없었다. 이것 또한 당연한 이치이다. 당말에서 송으로 이행되는 시기는 정치 · 경제적인 측면에서 전후가 크게 달라진다는 점에서 당 · 송 변혁기라 불린다. 이 시대의 특징 가운데 하나는 기존의 귀족제를 대신하여 새로운 군주 독재 체제가 등장한다는 점이다. 이는 원대를 거쳐 명대 초기에 승상제가 폐지되면서 최종적으로 확정된다.

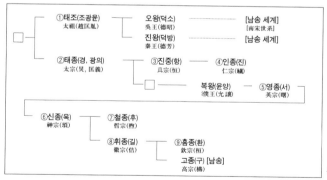

북송 왕조 계보도

A.D.961~978년

961년 ▶ 남당의 국주 이경 사망, 태자 **이욱**, 후주(後主)가 됨.
963년 ▶ 산서(山西)의 진국사(鎭國寺) 만불전(萬佛殿) 완성.
965년 ▶ 후촉 멸망.
971년 ▶ 남한 멸망. 시박사(市舶司)를 광주에 개설. 장도신(張徒信), 성도 (成都)에서 대장경 인쇄.
972년 ▶ 과거에서 **최초로 전시 시행**.
975년 ▶ **남당 멸망**.
978년 ▶ 오월 멸망.

■ 그무렵 우리는…
975년 고려, 광종이 죽고 경종 즉위함.

■ 그무렵 외국은…
966년 신성로마제국, 오토대제가 제3 차 이탈리아 원정을 시작함.
969년 파티마왕조, 이집트를 정복하고 카이로시를 건설함.
973년 파티마왕조, 카이로로 천도함.
975년 동로마, 다마스쿠스를 점령함.

이욱 ─ 사를 사랑한 나라의 주인

이욱(李煜)은 남당의 국왕으로 흔히 후주(後主)라 일컬어진다. 이는 후주 세종의 침공으로 강북의 14주를 바치고 황제의 칭호 대신 나라의 주인〔國主〕으로 강등된 아버지 이경(李璟)의 뒤를 이었기 때문이었다. 그러나 그는 나라의 주인보다 사인(詞人)이 더욱 잘 어울린다.

이욱이 나라를 이어받았을 때는 이미 천하가 송나라의 수중에 들어가고 있었다. 남당의 수도가 함락되고 나라의 주인에서 포로 신세가 되어 개봉으로 압송되는 날, 이욱은 이렇게 되뇌었다고 한다. "삼천리 강산, 용봉(龍鳳) 같은 누각은 은하에 이어지고, 옥경(玉瓊) 같은 나무들은 연라(煙蘿: 덩굴)처럼 얽혀 있어, 어찌 일찍이 전쟁을 알았으랴! 귀순하여 포로가 된 신세, 허리를 못 쓰게 된 심약(沈約)이나 젊어 머리가 하얗게 센 반악(潘岳)의 꼴이로다. 종묘를 떠날 때의 창황(蒼皇)함이란. 교방(敎坊)에서 연주되는 이별의 노래, 눈물을 흘리며 궁녀들을 돌아보네."「파진자(破陣子)」, 이별의 노래이자 망국의 노래로 그는 금릉을 떠나는 자신을 비관하며 조롱하고 있다. 북으로 끌려온 이후 그는 온갖 굴욕과 시련 속에서도 여전히 사를 지었다. 이욱의 사는 모두 46수가 전해지고 있다. 남당 멸망 전후로 사의 풍격이 구분되기는 하지만 대체적으로 소박하면서도 깊은 애수에 잠겨 있다고 평해진다. 그의 대표작으로 일컬어지는「우미인(虞美人)」의 마지막은 "그대에게 묻노니 수심이 얼마이시던가? 마치 봄날 강물이 동쪽으로 흐르는 듯하네!"로 끝난다. 일설에는 이를 들은 송나라 태조가 망국의 군주가 어찌 이리 대담하게 고국을 그리워할 수 있느냐고 노하여 그를 독살했다고 하는데, 알 수 없는 일이다. 사망 후 그는 태사(太師)로 추증되고 오왕(吳王)으로 봉해졌다. 비록 망국의 주인으로 부귀영화의 덧없음을 온몸으로 체험하고 낙양의 북망산(北邙山)에 자리하고 누웠지만 오히려 그는 사로써 춘추에 이름을 남기고 있어 과연 삼불후(三不朽: 세 가지 썩지 않는 일로 입공立功, 입덕立德, 입언立言)의 하나인 입언의 불후함을 새삼 느끼게 한다.

최초로 전시 시행

무인 정치에서 문관 정치로 넘어가기 위해서는 무엇보다 이를 뒷받침할 다수의 문관들이 필요했다. 따라서 관료를 선발하는 과거 제도가 본격적으로 시행되기에 이르렀으며, 이를 통해 진정한 의미의 관료 사회가 펼쳐지게 되었다. 물론 당대에도 과거를 통해 관직에 오른 이들이 적지 않았지만 관료의 태반은 여전히 문벌 귀족의 차지였으며, 양자들 간의 당쟁 아닌 당쟁으로 당나라는 쇠망의 길로 접어들었다. 그러나 송대는 달랐다. 이미 귀족은 예전의 그들이 아니었다. 이제는 오로지 과거를 통해야만 관직에 오를 수 있는 시대가 된 것이다. 태조는 조정 관료들의 추천을 통한 거자(擧子)의 과거 응시를 금지시켰고, 별두시(別頭試)를 통해 시험관과 모종의 관련이 있는 이들은 따로 시험을 보도록 했다. 또한 태조 개보(開寶) 6년에 지공거인 이방(李昉)의 선발 기준에 문제가 있다는 청원이 있자 황제가 친히 전시(殿試)하여 이후 전시가 정식으로 제도화되었다. 개국 초기에 진사과와 명경과를 통해 몇십 명씩 채용되던 것이 제3대 진종(眞宗)에 이르면 관직에 오르지 못하는 진사가 2000명이 되기에 이르렀다. 이로써 송대의 문관 통치 체제가 완비되었다.

남당 멸망

오대 십국 시대에 남당은 당나라 재정의 태반을 뒷받침했던 부유한 땅 강회(江淮) 지역에 할거하고 있었다. 문제는 내정을 견실하게 꾸며나갈 막강한 황제의 존재 여부였다. 당나라의 후계자로 자임하여 국호를 당으로 하고, 본래 성을 좇아 이변(李昪)으로 개명한 서지고(徐知誥)의 뒤를 이어 이경(李璟)이 제2대 황제로 즉위했다. 그는 민과 초나라를 공략하여 나라의 판도를 넓히는 등 일시 막강한 국세를 자랑했다. 그러나 북방에는 그보다 더욱 막강한 후주의 세종이 등극하여 남당을 수시로 침략했다. 세종이 죽자 바로 그에 의해 전전군(殿前軍: 중앙 근위군)의 총사령관인 전전도점검으로 임명된 조광윤이 공제를 제치고 황제에 옹립되어 송이 건국되었다. 이윽고 천하는 송나라로 돌아가고 절강에 있는 오월이 송나라와 연합하여 남당을 공격하니 975년 금릉(金陵: 남경南京)이 함락되고 망국의 나라 주인 이욱은 개봉으로 압송되기에 이른다. 3년간 통한의 세월을 보낸 이욱은 유폐 상태에서 독살되었다. 남당은 이렇게 두 번 멸망의 참혹함을 경험해야만 했다.

A.D.979~10세기

979년 ▶ 북한의 유계원(劉繼元), 송에 항복. 송의 천하 통일. 송나라와 요나라 접전. 고량하(高梁河)에서 송, 대패.
980년쯤 ▶ **『태평광기』** 완성.
983년 ▶ 요나라, 국명을 거란으로 재개명. **『태평어람』** 완성.
984년 ▶ 여진 8족, 거란에 복속.
992년 ▶ 과거에 호명법(糊名法) 시행. 상평창(常平倉) 설치.
993년 ▶ 청성(青城: 사천성)에서 왕소파(王小波), '빈부 균등'을 구호로 봉기. 왕소파 사망 이후 이순(李順)이 반란을 지도함.
997년 ▶ 태종 사망, 진종(眞宗) 즉위. 전국을 15로(路)로 나눔.
10세기 ▶ **주판** 사용. **화전** 실용화.

■ 그 무렵 우리는…
976년 고려, 전시과 실시.
993년 고려, 거란족 침입.

■ 그 무렵 외국은…
985년 노르만족, 이 무렵 그린란드를 발견함.
987년 서프랑크, 카롤링거 왕조가 단절됨. 위그 카페가 국왕에 즉위하여 카페 왕조가 성립됨(~1328).
10세기 이탈리아, 베네치아가 아드리아 해를 제압하여 동지중해 무역을 번성시킴.

『태평광기』

송나라 태종은 977년 이방(李昉: 925~996)에게 명하여 여문중(呂文仲), 서현(徐鉉), 오숙(吳淑) 등 12명과 함께 『태평광기(太平廣記)』를 편찬토록 했다. 이 속에는 한대에서 송초에 이르는 야사, 전기, 소설 등 500권 92류로 나뉘어 편집되어 있으며 송대 이전 고소설의 보감으로 구실을 하고 있다. 백과 사전에 해당하는 『태평어람』, 기존의 문집을 분류하여 편집한 『문원영화(文苑英華)』, 정치를 중심으로 왕흠약(王欽若)이 칙선(勅選)한 『책부원구(冊府元龜)』를 합쳐 송사대서(宋四大書)라 일컫는다.

『태평어람』

『태평어람(太平御覽)』은 송나라 태종 조광의의 명에 따라 이방 등 14명이 편찬했다. 태평흥국 2년(977)에 집필에 들어가서 8년(983)에 완성했다. 최초의 명칭은 '태평총류(太平總類)'였으며, 태종이 자신의 박람을 과시하기 위해 날마다 3권씩 1년 만에 전체를 독파했다고 하여 명칭이 '태평어람'으로 바뀌었다. 한위(漢魏) 이래 송나라 초기까지 야사, 소설, 필기, 이문(異聞) 등을 모은 유서(類書)로 다양한 내용을 담고 있다. 천, 시서, 예의, 악, 문, 학 등 55부로 나누고 그 아래 자목(子目)으로 세분했는데 총 자목은 4558개에 이른다. 인용한 서목이 1690종이며 그 중 8할 가량의 원본은 망실된 까닭에 사료로서 가치가 높다.

주판

　중국인들은 계산을 할 때 주로 주판을 사용한다. 주판의 중국 이름은 산반(算盤)인데 현재 천진 달인당(達仁堂) 약방에 가장 오래된 산반이 보존되어 있다고 한다. 주판이 중국에서 발명되었다는 점은 분명하나 언제부터 사용되었는지에 대해서는 중설이 분분하다. 청대 전대흔(錢大昕) 등은 주판이 원대에 크게 유행했음을 고증한 바 있다. 특히 명대에는 주판의 제작 규격을 정한 『노반목경(魯班木經)』이나 정대위(程大位)의 『산법통종(算法統宗)』을 비롯하여 주판의 용법을 소개한 『반주산법(盤珠算法)』『수학통궤(受學通軌)』등이 저작되어 이미 보편적으로 사용되었음을 알 수 있다. 그러나 이후 고고학적 발굴과 새로운 증거를 통해 당·송 시대에 발명되었다는 설이 유력하다. 이외에 동한(東漢)의 수학자 서악(徐岳)이 쓴 『수술기유(數術記遺)』에 '주산(珠算)'에 관한 언급이 보인다는 것을 예증으로 삼아 동한 또는 남북조 때에 만들어졌다는 설이 있는데, 이는 현재의 주판과 다르다. 이 밖에도 당·송 시대에 만들어졌다는 설과 원대에 유행했다는 설이 있는데, 흥미로운 것은 북송의 수도 변량(汴梁: 하남성 개봉)의 번화한 모습을 그린 장택단(張擇端)의 대형 풍속화「청명상하도(淸明上河圖)」맨 왼쪽 끝에 그려진 약방의 탁자 위에 지금의 주판과 유사한 그림이 그려져 있음을 발견한 것이다. 또한 1921년 하북성 거록현에서 고대의 목제 목산주〔算盤珠〕가 발굴되었는데, 발굴된 터는 북송 대관(大觀) 2년(1108) 홍수로 침수된 왕(王)씨와 동(董)씨의 고택이었다. 그 형태는 지금의 주판과 거의 똑같았다. 이로써 주판의 기원은 대략 당대로 거슬러 올라가 이후 지속적으로 사용되었다고 말할 수 있겠다.

화전

　화약이 무기에 응용된 것은 당나라 말기 송나라 초기부터인데, 1000년 당복(唐福)이란 사람이 화전(火箭)과 화구(火球) 등을 만들어 송나라 조정에 헌납한 이후 크게 활용되기 시작했다. 북송 말년에는 벽력포(霹靂炮), 진천뢰(震天雷) 등 비교적 강력한 폭발력을 지닌 무기가 개발되어 1126년 송조 이강(李綱)이 개봉을 포위한 금나라 군사를 물리치는 데 사용했다. 1225년에서 1248년 사이에 중국의 화약 제조술이 인도를 거쳐 아랍인들에게 전해졌고, 다시 유럽인들이 아랍인들의 서적을 번역하면서 화약 제조술을 익히게 되었다. 그리고 세월이 흘러 아편전쟁이 발발했을 당시 중국은 자신들이 전해준 화약을 장착한 영국 함대의 함포 사격에 무릎을 꿇게 되었다.

A.D.10세기~1004년

10세기 **화본 소설**이 유행함. 진종, **『도장』**을 간행함.
1004년 ▶ 거란, 송의 전주(澶州)를 공격. 송나라 진종, 거란(요) 성종(聖宗)과 화친—**전연의 맹. 경덕진**, 어용 자기 생산함.

■ 그 무렵 외국은…
1004년 신성로마제국, 하인리히 2세가 북이탈리아를 정복하고 이탈리아 왕위에 오름. 폴란드와 전쟁을 시작함.

화본 소설

송대에는 상품 경제가 발달하고 도시가 확충되면서 시민 계층의 문화적 욕구도 한층 강화되었다. 이에 일반 대중의 기호에 부합하는 각종 연희나 문학 작품이 속속 등장하였으며, 주루나 가루(歌樓) 외에도 연희를 행하는 일종의 극장인 와사(瓦肆)도 대단히 붐볐다. 특히 역사나 전쟁 이야기 또는 민간에 떠도는 이야기 등을 노래와 이야기로 풀어나가는 '설화(說話)'는 당시 대중들에게 인기 있는 프로그램 가운데 하나였다. 송대의 설화를 담당한 예인 집단은 서회(書會)나 웅변사(雄辯社) 등과 결합하여 상호 기예를 교환했으며, 설화의 대본을 간행하기도 했다. 이런 환경 속에서 설화의 대본인 화본(話本)이 등장하여 화본 소설이란 새로운 문학 양식이 탄생하였다. 현존하는 서적 가운데 『경본통속소설(京本通俗小說)』『청평산당화본(淸平山堂話本)』『오대사평화(五代史平話)』 등은 모두 송대 화본 소설을 집대성한 작품집이다. 화본은 당대 승려 현장(玄奘)이 불경을 얻어온 이야기를 묘술한 『대당삼장취경시화(大唐三藏取經詩話)』가 후대에 『서유기평화(西游記平話)』나 장회 소설(章回小說)인 『서유기(西遊記)』의 저본이 된 것처럼 후대 문학에 큰 영향을 끼쳤다. 화본 소설의 특징은 생동감 있는 구어체로 이루어져 일반 대중들이 쉽게 이해할 수 있으며, 교묘한 구성과 파란만장한 이야기를 통해 감동을 줄 수 있다는 점이다. 송대 화본은 이렇듯 중국 소설사에 중요한 한 고리를 이루고 있다.

『도장』 — 도교 이론의 집대성

송나라 태종은 전국에 산재되어 있던 도경(道經) 7000권을 모아 중요한 내용을 선정하도록 했고, 진종(眞宗) 또한 이 일을 지속하도록 도사들에게 명하여 마침내 3953권의 『보문통록(寶文統綠)』을 만들어내고 어서(御序)를 내렸다. 이것이 바로 도교의 기본적인 이론서이자 총집인 『도장(道藏)』이다. 『도장』은 삼동(三洞), 사보(四輔), 칠부(七部)로 나누어져 있는데 삼동은 「동진부(洞眞部)」「동신부(洞神部)」「동현부(洞玄部)」, 사보는 「태현부(太玄部)」「태평부(太平部)」「태청부(太淸部)」「정일부(正一

部)』를 말한다. 삼동의 이름은 남조 유송 시대 도사인 육수정(陸修靜: 406~477)이 확립한 것이며, 칠부는 남조 맹법사(孟法師)의 『옥위칠부목록(玉緯七部目錄)』에서 처음 거론된 명칭이다. 삼동의 초기 저작들은 대부분 남방에서 나온 것들이며, 시간이 흐르면서 점차 가필이 행해져 양적으로 크게 팽창했다. 전체 1128권의 삼동서는 육수정이 각지를 두루 살피며 자료를 수집하여 편찬한 것이다.

전연의 맹

송나라가 태조에 이어 태종(태조의 동생 조광의趙匡義)이 즉위하면서 창업의 기반을 확립할 때 북방의 거란족은 요(遼)를 건국한 야율덕광이 죽은 뒤 잠시 내분으로 정신이 없었다. 그후 요의 태조 야율아보기에서 6대가 되는 성종(聖宗) 야율융서(耶律隆緒)가 등장하면서 우선 발해국의 유민이 세운 안정국(安定國)을 멸하고 고려를 침공하여 복종시켰다. 이때 송나라는 태종 말년이었다. 바야흐로 중원을 넘보는 요와 후진의 석경당이 내준 실지(失地) 연안 16주를 회복하고자 하는 송의 결전이 눈앞으로 다가왔다. 1004년 먼저 요의 성종이 거병했다. 송나라 3대 황제 진종은 재상 구준(寇準)의 진언에 따라 친정하기로 작정하고 하남성의 전주(澶州)로 진격하여 황하를 건넜다. 그러나 송나라의 군대는 결코 강력히 무장된 것이 아니었다. 오로지 진사만이 입신출세의 길이고, 절도사가 결원이 생길 경우 문관으로 충당하는 지경인데 무관에 대한 인기가 있을 리 없었으니 군대의 약화는 당연한 일이었다. 더군다나 태종이 제위에 오른 지 10년 후인 986년 요를 정벌했다가 대패했던 과거가 있는 송나라였다. 결국 송나라는 요와의 싸움을 외교술로 끝내고자 했다. 사자(使者)들이 양측 진영을 오가면서 결국 송나라가 해마다 비단 20만 필과 은 10만 냥을 보내고 송이 형, 요가 동생의 관계를 맺는다는 것으로 강화 조약을 맺었다(전연澶淵의 맹맹).

개봉시 용정공원에 세운 만수정(萬壽亭). 용정공원은 송나라 시기 궁성의 일부이다.

경덕진

중국 '사대명진(四大名鎭)' 가운데 하나인 경덕진(景德鎭)의 처음 이름은 창남진(昌南鎭)이며, 이후 도업(陶業)이 흥성하자 도양진(陶陽鎭)으로 불렸다가 다시 동진 시대에 신평진, 당대에 신창현·부량현 등으로 개명되었다. 북송 시절 경덕(景德) 원년(1004)에 다시 진이 설치되고, 진종 때부터 이곳에서 생산되는 어용 자기의 밑바닥에 경덕 연호를 쓰기 시작하면서 경덕진으로 이름이 바뀌었다. 경덕진은 송대에 '영청자(影靑瓷)'를 생산하면서 큰 명성을 떨치기 시작했다. 그후 원대와 명대에도 계속해서 이곳에서 생산되는 자기를 황실에서 사용함으로써 경덕진은 명실상부한 '도도(陶都)'로 자리잡게 되었다.

A.D.1005~1059년

1005년 ▶ 송, 거란에 조공(은 10만 냥, 비단 20만 필).
1008년 ▶ 진종, 태산에서 봉선(封禪)의 예를 행함. **『대송중수광운』** 완성.
1022년 ▶ 진종 사망, 인종(仁宗) 즉위.
1023년 ▶ **최초의 지폐**를 발행함.
1027년 ▶ 서역 승려 법길상(法吉祥), 범서(梵書)를 바침.
1030년 ▶ 해염통상법(解鹽通商法) 재시행. 처음으로 무과(武科)설치.
1033년 ▶ 인종, 친정 실시―경력(慶曆)의 치.
1035년 ▶ 이조(李照), 아악을 정리함.
1038년 ▶ 이원호(李元昊), 탕구트족(黨項族)의 황제 자칭. 홍경(興慶)에 도읍을 정하고 국호를 하(夏: 서하西夏)로 부름.
1042년 ▶ 각염법(権鹽法) 부활. 대명부(大名府)를 북경으로 함.
1043년 ▶ 마감법(磨勘法), 음자법(蔭子法)을 개정.
1048년 ▶ 필승(畢昇), **활자 인쇄술 발명**.
1059년 ▶ 요나라 도종 청녕(清寧) 5년, 약 252년에 걸친 대역사 거란대장경 완성.

■ 그 무렵 우리는…
1010년 고려, 거란의 2차 침입.
1019년 고려, 강감찬의 귀주대첩.
1044년 천리장성 완성.

■ 그 무렵 외국은…
1018년 폴란드, 키예프를 점령함.
1026년 신성로마제국, 콘라트 2세가 이탈리아 원정에 나서 밀라노에서 이탈리아 왕이 됨.
1040년 스코틀랜드, 맥베드 왕이 즉위함.
1054년 교황청, 로마 교황이 콘스탄티노플 총주교를 파문하여 동·서 교회(그리스정교)

『대송중수광운』

중국의 언어와 문자에 관한 학문은 문자학, 성운학, 훈고학 등으로 나눌 수 있지만 예전에는 일반적으로 소학(小學)으로 일컬어졌다. 서한 말엽 사람 유흠(劉歆)의 『칠략(七略)』을 보면, 경학을 주요 내용으로 한 「육예략(六藝略)」의 뒤편에 아동을 위한 학습용 자서와 글자의 뜻을 풀이한 내용을 덧붙여놓았는데, 『칠략』을 토대로 한 『한서』 「예문지」에서 반고는 이를 '소학' 이라 불렀다. 그후로 언어와 문자에 관한 학문을 통칭하는 말로 쓰였다. 청나라 때 편수된 『사고전서총목』에 보면, 소학류를 훈고·자서·운서 등 3종으로 분류하고 훈고편에는 『이아(爾雅)』를, 자서편에는 『설문해자(說文解字)』를, 운서편에는 『광운(廣韻)』을 각기 첫번째로 배열했다. 여기에 나오는 『광운』이 바로 『대송중수광운(大宋重修廣韻)』이다.

북송 진팽년(陳彭年) 등이 진종의 칙명으로 『당운(唐韻)』을 중수했다. 대중상부(大中祥符) 원년(1008) 완성했다. 평상거입(平上去入)의 4성에 따라 206개의 운부를 정하고 2만 6000여 자를 각 운부에 귀속시켰다. 각 글자마다 먼저 뜻을 밝히고 음을 달았다. 『절운(切韻)』의 운 배열을 합리적으로 조정한 흔적이 보인다.

최초의 지폐

송 천성(天聖) 원년(1023) 정부는 사천(四川)에 익주교자무(益州交子務)를 설립하여 사천 상인들이 발행하여 사용하던 교자(交子)를 직접 발행하기 시작했다. 이로써 비교적 완전한 형태의 초법(鈔法: 지폐의 발행, 유통, 태환兌換에 관한 법규)을 만들었다. 교자는 철로 만든 동전을 준비금으로 삼아 3년을 기한으로 유통하는데, 3년이 지나면 새로운 지폐로 교환하게 되어 있었다. 휘종(徽宗) 대관(大觀) 원년(1107) 교자무를 전인무(錢引務)로 바꾸고, 교자를 '전인(錢引)'으로 개칭했다. 전인은 준비금이 필요없는 대신 다른 현금으로 바꿀 수 없었다. 이후 금나라 시기에도 지폐를 발행하여 교초(交鈔)라고 불렀으며, 원나라 때는 중통보초(中統寶鈔)를 발행하면서 금은이나 동전의 유통을 금지시키기도 했다.

활자 인쇄술 발명

선진 시대에 학술이 발전하면서 수많은 전적이 유전되었다. 그러나 그 대부분은 손으로 직접 쓰거나 베낀 것들이었다. 이후 한대에 종이가 사용되면서 서적의 복제 기술에 대한 요구가 점차 강해졌다. 당시에는 새(璽), 장(章), 인(印) 등 지금의 도장과 비각(碑刻)이 이미 유행하고 있었는데, 이는 조각 공예의 발달과 궤를 같이하는 것으로 인쇄의 추형에 해당한다고 말할 수 있다. 당대에 들어서면서 조판(雕版) 인쇄가 가능해졌다. 돈황 석굴에서 당 함통(咸通) 9년(868)에 간행된 『금강경』이 발견되었는데, 이는 조판 인쇄로 복제된 초기 인쇄물이다. 북송 초기 조정에서 전체 480함(函), 5000여 권의 『대장경(大藏經)』을 간행했는데 전체 13만 개가 넘는 조각판을 만들어야만 했다. 이는 참으로 번거로운 일이었다. 이는 북송 시대 필승(畢升)이란 사람이 활자 인쇄를 발명함으로써 개선되었다. 그는 일개 포의(布衣)의 하찮은 신분이었지만 조자(造字), 배판(排板), 인쇄의 과정을 거치는 인쇄 방법을 고안한 최초의 인물로 기억된다. 그의 방법을 다시 원대의 왕정(王禎)이 개선하여 마침내 활자 인쇄의 신기원을 이룩했다. 이후 목활자 이외에도 동활자, 연(鉛)활자가 활용되어 청대 강희(康熙) 말년에서 옹정(雍正) 초년에 이르러 동활자로 인쇄한 『고금도서집성(古今圖書集成)』이 발간되었다.

북송의 점토(粘土) 활자. 필승이 발명한 활자를 사용한 인쇄술은 인쇄의 효율을 비약적으로 높였다.

원나라 때 왕정(王禎)이 발명한 회전 활자판(왼쪽)과 회전 활자판의 사용법을 보여주는 그림(오른쪽).

A.D.1060~1067년

1060년 ▶ **구양수**,『신당서(新唐書)』완성. **매요신** 사망.
1066년 ▶ 거란, 국호를 요(遼)로 개칭.
1067년 ▶ **북송 4대 서법가** 가운데 한 사람인 채양(蔡襄: 1012~1067) 사망.

■ 그 무렵 외국은…
1066년 잉글랜드, 노르망디 공 윌리엄
이 헤이스팅스 전투에서 해롤
드 2세를 격파하고 잉글랜드
왕에 즉위하여 윌리엄 1세가
됨(노르만 왕조 성립. ~1154).

구양수

구양수(歐陽修: 1007~1072), 자는 영숙(永叔)이며
호는 취옹(醉翁) 또는 육일거사(六一居士)로서 영풍
(永豊: 강서성) 출신이다. 4세 때 부친을 잃고 편모
슬하에서 가난하게 자랐다. 인종 천성(天聖) 8년
(1030) 진사에 합격하여 서경추관(西京推官)이 되었
고 경력(慶歷) 3년(1043) 태상승(太常丞)에 재직하
면서 범중엄(范仲淹)의 신정(新政)을 도왔다. 신정이
실패한 뒤 범중엄을 변론하다가 척주(滁州)로 폄적
되었다. 지화(至和) 초 한림학사(翰林學士)가 되어
『신당서(新唐書)』등의 역사 편찬에 참여했다. 이후
용도각학사(龍圖閣學士), 추밀부사(樞密副使), 태자
소사(太子少師) 등의 관직에 올랐다. 만년에는 자신

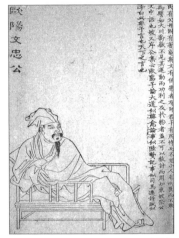

구양수

이 지공거(知貢擧) 시절에 진사에 합격한 왕안석(王安石)의 청묘법(靑苗法)을 반대했
다. 구양수는 정치가이자 역사가로서 자신의 소임을 다했지만 무엇보다 문학가로서
북송 문단뿐만 아니라 중국 문학사에 커다란 족적을 남겼다. 우선 그는 한유의 재도
설(載道說)의 바탕하에서 윤수(尹洙), 매요신(梅堯臣), 석개(石介), 소순흠(蘇舜欽)
등과 더불어 송대 고문운동을 주도했으며, 당시 진사 시험을 관리·감독하는 벼슬인
지공거 시절에 소순(蘇洵)·소식(蘇軾)·소철(蘇轍) 삼부자와 증공(曾鞏), 왕안석 등
역량 있는 신진 문사들과 더불어 호흡하면서 문단의 영수로 자리잡을 수 있었다. 그
리고 무엇보다 그 스스로, 주희가 말한 바대로 심상(尋常) 언어의 자연스러운 구사과
질서정연한 논리로 평이하면서도 내용 있는 산문으로 당대 문단을 압도했다는 점에
서 그를 중심으로 북송의 산문은 크게 발전하였다. 논설문인「붕당론(朋黨論)」「종인
론(縱因論)」등은 평이한 문체에 설득력 있는 논리가 뛰어나며, 변문과 산문을 적당

히 결합시켜 스스로 '여민동락(與民同樂)' 하는 자화상을 그린 「취옹정기(醉翁亭記)」나 '가을의 소리' 라 이름지은 부(賦) 작품 「추성부(秋聲賦)」 등은 천하의 명문으로 지금도 애송되고 있다. 그는 또한 송기(宋祁)와 함께 『신당서』를 편찬했고 『오대사(五代史)』를 편찬하는 등 사학 방면에도 적지 않은 공헌을 했으며, 「시본의(詩本義)」 「춘추론(春秋論)」 등의 경학 관계 저작과 「집고록(集古錄)」 등 금석학과 관련된 글을 쓰기도 했다. 특히 「육일시화(六一詩話)」를 펴내 '시화' 라는 새로운 장르를 개척했다. 시문집으로 『구양문충집(歐陽文忠集)』이 있다.

매요신

매요신(梅堯臣: 1002~1060), 자는 성유(聖兪)이고 호는 완릉 선생(宛陵先生). 부친인 매순(梅詢)이 정3품의 한림학사였기 때문에 고급 관료의 자제는 특채로 관직에 오를 수 있다는 관례에 따라 그 역시 진사 시험을 치르지 않고 관료가 되었다. 그러나 당시는 진사 지상주의라 할 만큼 관료 사회에서 진사 출신만이 후대를 받는 세상이었다. 애석한 일이었지만 그는 지방 관료로 떠돌며 중앙에 오를 수가 없었다. 다섯 살 아래인 구양수가 지공거였을 때 그의 추천으로 과거의 소시관이 되어 소식, 소철, 증공 등을 배출했지만 최후의 관직은 정7품의 상서도관원외랑에 불과했다. 그러나 구양수가 그에게 불우한 삶이 시를 더욱 아름답게 만들었다고 말한 것처럼 불우함이 오히려 시적 성취를 높여주는 역할을 했다. 송초 시단의 주류였던 서곤체(西崑體)에서 탈피하여 일상 생활에서 시적 소재를 구하여 평이하고 담박한 시를 지었던 그는 당대에 이미 두보 사후 200년 동안 이러한 작가는 없었다는 평가를 받았다.

북송 4대 서법가

북송 4대 서법가는 황정견, 미불, 채양(蔡襄), 소동파를 말한다. 이들은 진대(晉代) 이왕(二王: 왕희지王羲之와 그 아들 왕헌지王獻之)과 당대 안진경, 유공권(柳公權)의 서법이 지닌 엄정한 격식을 타파하고 개성 있고 자유로운 서풍을 건립했다. 4대가 가운데 가장 나이가 많은 채양은 선유(仙游: 복건성) 사람으로 관직이 단명전학사(端明殿學士)에 이르렀다. 시문에도 능통한 그는 서체 가운데 특히 초서(草書)에 능했다. 소식은 어려서부터 서법을 배우기 시작하여 특히 행서(行書)와 해서(楷書)에 능했는데, 「난정서첩(蘭亭序帖)」을 입수한 후로 안진경의 서체를 배우기도 했다. 필세가 물결이 이는 듯하면서도 호방함을 잃지 않았다. 황정견은 행서와 초서에 능했으며, 기굴(奇崛)하고 종횡무진 소탈한 서체로 유명하다. 화가이기도 한 미불의 서체는 개성이 강하며 특히 초서는 이왕의 신운(神韻)을 갖추었다고 평가받고 있다.

1069년 ▶ **왕안석**의 **청묘법** 등 개혁 실시.
1070년 ▶ 왕안석, 재상이 됨. 사마광 등 구법당 사직. 보갑법(保甲法) 시행.
1072년 ▶ 구양수 사망. **주돈이**가 『태극도설』을 지음.
1073년 ▶ 주돈이 사망.

■ 그 무렵 외국은…
1072년 이탈리아, 노르만족이 사라센
으로부터 시칠리아를 빼앗아
나폴리 왕국을 건설함.

왕안석

왕안석(王安石: 1021~1086), 자는 개보(介甫)이고 호는 반산(半山), 별칭은 임천 혹은 형공(荊公)이다. 인종(仁宗) 경력(慶歷) 2년(1042) 진사에 급제하여 회남의 판관으로 임명되었다. 가우(嘉祐) 3년(1058) 삼사도지판관(三司度支判官)으로 있으면서 인종에게 「상인종황제언사서(上仁宗皇帝言事書)」를 올려 개혁을 주장했으나 받아들여지지 않았다. 그러나 정치 개혁에 뜻을 둔 신종(神宗)이 즉위하면서 그는 빛을 발하기 시작한다. 희녕(熙寧) 연간에 부총리에 해당하는 참지정사(參知政事)에 임명된 그는 이른바 '신법(新法)'으로 일컬어지는 개혁 정책을 주도하면서 계속하여 농전법, 수리법, 청묘법(青苗法), 균수법(均輸法), 보갑법(保甲法), 방전균세법(方田均稅法) 등의 부국강병책을 적극적으로 추진했다. 그의 신법은 중소 지주층에 기반을 두고 기존의 대지주와 대상인의 횡포를 막는 한편 관료 체제를 정비하고 중앙 집권을 강화하겠다는 데에 중점을 두었다. 그러나 호족 지주계층을 기반으로 하는 구법당의 반발로 정책 시행이 지속화되지 않음으로써 실효를 얻을 수 없었다. 당시 정계와 문단의 거두인 구양수 또한 신법에 반대했는데 14년 연상으로 왕안석 자신에게는 은사이자 후견인에 다름없는 그에게 격렬한 공격을 마다하지 않았다. 공사를 분명히 구분할 줄 아는 강직함이자, 때로 상식의 밖으로 치닫는 우직함이었다. 희녕 7년 재상에서 물러났으며 8년 뒤 복권되었다. 만년에는 은퇴하여 강녕 반산원(半山園)에서 살았다. 신종 원풍(元豊) 2년 형국공(荊國公)으로 봉해졌으며 세칭 왕형공(王荊公)으로 일컬어졌다. 한편 그는 당송팔대가(唐宋八大家)의 한 사람이자 양계초(梁啓超)로부터 '진한 이후 제일의 대

왕안석의 글(위)
왕안석(아래)

문장(秦漢以後第一大文)'이란 칭송을 받은 문학가이기도 했다. 그의 산문은 역시 정론, 학술문 등이 주를 이루지만 은사와 다름없는 구양수에게 바치는 제문「제구양문충공문(祭歐陽文忠公文)」등에서 볼 수 있듯이 서정문에도 능했다. 저작에 자신의 출신지 이름을 딴 『임천집』100권 등이 있다.

청묘법

왕안석의 신법 가운데 하나인 청묘법은 희녕 2년(1069)에 시행되었다. 역대 정권의 가장 큰 문제 중 하나는 지주 세력의 가혹한 농민 착취를 어떻게 방지할 것인가에 관한 것이었다. 이는 송대의 경우도 마찬가지여서 이미 농자유전(農者有田)의 정전법 전통은 사라진 지 오래고 대부분의 토지는 세족 계층의 장원(莊園)에 귀속되어 있거나 향민인 주호(主戶)가 소유하고 있었다. 그러나 주된 경작자는 전호(佃戶)라고 일컬어지는 소작농이었다. 전호는 타향에서 이주하여 지주의 토지를 소작하는 전객(佃客)과 객호(客戶), 그리고 거의 노비처럼 사역된 지객(地客), 전복(佃僕) 등을 일컫는 명칭인데, 토지에 묶여 있는 소작인을 뜻하는 것이다. 때로 자영 농민들도 가난 때문에 자신의 토지를 팔아 전호의 위치로 떨어질 수 있었다. 중앙 정부의 입장에서는 세입의 주된 창구가 주호였기 때문에 그들을 보호하고 안정시키는 것이 무엇보다 중요한 일이었다. 그래서 왕안석은 주호의 안정적 확보를 위해 해마다 1, 2월과 5, 6월에 주현(州縣) 정부가 돈이나 식량을 주호에게 빌려주고 2푼의 이자를 받는 청묘법을 실시했다. 이는 대지주의 고리대금업을 방지하는 한편 안정된 세수원을 확보하기 위함이었지만 6, 7푼의 고리로 막대한 이익을 올리고 있던 대지주와 국가가 대금업(貸金業)을 할 수는 없다고 주장하는 고리타분한 이들의 반대로 끝내 실패하고 말았다.

주돈이

송대 이학(理學)의 비조이자 개산도사라 할 수 있는 염계 선생(濂溪先生) 주돈이(周敦頤: 1017~1073)는 원명이 돈실(惇實), 자는 무숙(茂叔)이다. 만년에 지남강군(知南康軍)으로 있으면서 여산 연화봉(蓮花峰) 아래 염계에서 살았기 때문에 염계라는 호를 얻었다. 그의 주저인 『태극도설(太極圖說)』은 주역의 태극 이론을 토대로 태극도 안에 태극과 음양, 오행, 그리고 만물의 생성 과정을 도표화하고 이에 250자 정도로 해설을 가한 짧은 산문이다. 서두는 '自無極而爲太極'으로 시작되는데 어쩐지 도가 냄새가 물씬 풍긴다. 논자들은 도가의 『태극선천지도(太極先天之圖)』를 표절했다고 의심하기도 한다. 그래서인지 주자는 서두에서 자(自)와 위(爲)는 후인의 가필이라고 하여 삭제했다. 그러나 무엇보다 중요한 것은 송대 이학의 무극(無極)·태극·

주돈이(위)
주돈이의 「태극도」(아래)

1074년 ▶ 왕안석, 재상에서 파면됨.
1075년 ▶ 왕안석, 다시 재상이 되었으나 이듬해 사임. 하동(河東) 땅을 나누어 요에게 줌.
1077년 ▶ **횡거 선생 장재** 사망.
1079년 ▶ 화가 **문동** 사망.
1080년 ▶ 삼사(三司) 폐하고, 당제(唐制) 부활함.
1081년 ▶ 황하에 제방을 축조함.
1082년 ▶ 관제의 대개혁. 소동파(蘇東坡)가 「적벽부(赤壁賦)」를 지음.

■ 그 무렵 외국은…
1075년 프랑스, 스콜라 철학이 전성기를 맞음.
1076년 셀주크투르크, 예루살렘을 정복함.
1076년 신성로마제국, 하인리히 4세가 교황 그레고리우스 7세의 폐위를 선언함. 교황 그레고리우스 7세가 하인리히 4세를 파문함 (서임권 투쟁).

이(理)·기(氣)·심(心)·성(性) 등 중요 개념들이 바로 여기에서 비롯되며, 그를 통해 송대 이학이 시작되었다는 점일 것이다. 정이(鄭頤)와 정호(鄭顥) 형제가 그의 문하에서 배출되었다. 저서에『염계집(濂溪集)』6권이 있고,『주자전서(朱子全書)』22권에 그의 저작이 들어 있다.

횡거 선생 장재

북송 이학가의 한 사람인 장재(張載: 1020~1077)의 자는 자후(子厚)이며, 봉상미현(鳳翔郿縣)의 횡거진(橫渠鎭)에 살았기 때문에 횡거 선생으로 일컬어진다. 신종 희녕(熙寧) 2년(1069) 숭문원교서(崇文院校書)를 제수받았다. 그러나 왕안석과의 견해 차이로 조정에서 추방되어 다시 복직되었으나 사직하고 종남산에서 독서와 강학에 전념했다. 희녕 9년 다시 조정에 불려가 지태상예원(知太常禮院)으로 임명되었으며, 신병으로 사직하고 돌아오는 길에 임동(臨潼)에 이르러 병사하니 향년 58세였다. 당시 신법과 구법 간의 논쟁 속에서는 고대 종법 제도와 예의 제도의 회복을 통해 봉건 사회의 관료 체제와 봉건 통치를 더욱 공고히 해야 한다는 견해를 제기했으며, 경제 면에서는 균평(均平)을 주장하여 고대 정전제의 이상을 실현할 것을 소망했다. 그러나 그는 무엇보다 송대 이학의 토대를 이루었다는 점이 중요하다. 일찍이 정이와 정호가 그를 맹자와 한유에 비긴 것처럼 송대 유가의 기틀은 바로 그를 통해 이루어졌다고 해도 과언이 아니다.

우선 장재는 우주 생성의 근원이자 본체로서 '기(氣)'를 상정했다.『정몽(正蒙)』「태화편(太和篇)」에 보면, 기의 본체인 태허(太虛) 개념을 통해 "태허는 형체가 없고 맑기 때문에 거리낌없이 막히는 데가 없어 신묘한 활동을 한다. 기는 태허에서 한없이 넓다. 공간 속에서 상승, 하강하고 떠다니며 멈추지 않는다. 기가 태허에서 모였다 흩어졌다 하는 것은 얼음이 물이 되었다가 다시 어는 것과 같다"라고 설명했다. 또한 기에는 음양의 이단(二端)이 있다고 하여 동(動)과 정(靜), 허(虛)와 실(實), 취(聚)와 산(散), 청(淸)과 탁(濁)이 상대하면서 결국 만물을 형성한다고 주장함으로써 기를 중심으로 한 우주 본체의 우주관을 성립할 수 있었다. 그의 논의는 주자뿐만 아니라 육구연(陸九淵), 왕수인(王守仁) 등의 심학 계통의 학자들과 왕부지, 대진(戴震) 등 '기'를 중시한 학자들에 의해 계승·발전되었다. 장재는 또한 봉건 도덕의 합리성의 이론적 근거이자 인간과 하늘의 일치성 문제를 세심하게 연구하여 인성을 '천지지성(天地之性: 생득적 선성善性)'과 '기질지성(氣質之性)'으로 구분했다. 이는 송대 유가의 천리(天理)와 인욕(人欲)에 관한 논의의 토대가 되었다. 이정(二程)은 그의 논의를 '이일분수(理一分殊: 우주의 근본이자 최고 경계인 이理는 하나이되 이것이 각종 사물로 변화하니 모든 사물에는 각기 다른 이치가 존재함)'라는 명제로 개괄한 바 있다. 일생 동안 많은 저서를 남겼으나 일부 유실되고 평생 사색한 정수를 모은 『정몽(正蒙)』을 비롯하여 『횡거역설(橫渠易說)』 『경학이굴(經學理窟)』 『장자어록(張子語錄)』 등이 남아 있다. 1978년 중화서국에서 출간된 『장재집(張載集)』에 모두 수록되어 있다.

문동

  문동(文同: 1018~1079)은 북송의 서화가이자 시인이다. 자는 여가(與可)이며 호는 소소(笑笑) 선생, 석실(石室) 선생, 금강도인(錦江道人) 등 여러 가지이다. 재동(梓潼: 사천성) 사람으로 태상박사, 호주태수(湖州太守) 등을 지냈으며 신종 원풍(元豊) 원년(1079) 병사했다. 세칭 문호주로 일컬어졌으며 시문에 능했을 뿐더러 서화에도 뛰어났다. 특히 묵죽도(墨竹圖)로 대표되는 그의 대나무 그림은 소쇄(瀟灑)한 기풍이 있었으며, 서예의 비백법(飛白法)을 활용했다고 한다. 후인들이 그의 수법을 따라 호주죽파(湖州竹派)를 형성했다. 중국 화론 가운데 '흉중성죽(胸中成竹)'론은 바로 문동이 제기한 것이다. 소식과 우의가 깊었으며, 시문으로 화창하기도 했다. 그의 시는 자연 경치 묘사를 위주로 하여 소박하고 생경한 시어로 사경시(寫景詩)를 남겼다. 회화 작품에 「풍우묵죽도(風雨墨竹圖)」 「고목소황도(枯木疏篁圖)」 「풍황소슬도(風篁蕭瑟圖)」 등이 있으며, 저서로 『단연집(丹淵集)』 40권이 있다.

1084년 ▶ **사마광**, 『**자치통감**』 편찬.
1085년 ▶ 신종 죽고 철종(哲宗) 죽위. 사마광, 재상이 되어 왕안석의 신법 폐지. 주돈이를 계승한 유학자 **정호** 사망.
1086년 ▶ 왕안석과 사마광 사망. 십과취사법 세움. 소식, 한림학사가 됨.

■ 그 무렵 외국은…
1085년 교황청, 교황 그레고리우스 7세가 사망함.

사마광

사마광(司馬光: 1019~1086), 자는 군실(君實)이며 섬주(陝州) 하현(夏縣: 섬서성) 속수향(涑水鄕) 사람이다. 세칭 속수 선생이라 했다. 인종 보원(寶元) 2년(1039) 20세의 나이로 진사에 급제하고, 신종 때는 한림학사(翰林學士), 어사중승(御史中丞)에 올랐다. 신법의 대표자가 왕안석이라면 그는 구법의 대표격이었다. 때로 사마광은 왕안석에게 서신을 보내어 신법의 폐지를 강력히 주장하기도 했지만, 일단 신법이 채택되자 그는 영흥군 지사로 물러났다가 낙양에 머물며 편년체 사서의 결정판이라 할 수 있는 『자치통감(資治通鑑)』을 주편했다. 원풍 8년(1085) 철종(哲宗)이 즉위하고 태황태후 고씨(高

사마광

氏)가 수렴청정하게 되었다. 그녀는 신법을 싫어하여 구법당의 영수 사마광을 불러 모든 신법을 폐지토록 했다. 문하시랑(門下侍郞)에 이어 이듬해 상서좌복야(尙書左僕射)로 재상의 반열에 든 사마광은 조정의 전권을 쥐고 신법을 모두 폐지했다. 그해 사망하여 태사(太師), 온국공(溫國公)을 받았다. 시호는 문정(文正)이다. 『온국문정사마공문집(溫國文正司馬公文集)』 80권과 『계고록(稽古錄)』 등의 저작물이 있다.

『자치통감』

『자치통감』은 사마광이 1065년부터 1084년까지 19년에 걸쳐 편찬한 편년체(編年體) 역사서로 전체 294권이며, 줄여서 '통감(通鑑)'이라고 부르기도 한다. 주나라 위열왕(威烈王) 23년(B.C. 403)부터 5대(五代) 후주(後周)의 세종(世宗) 때인 960년까지 전체 1362년간의 역사를 1년씩 묶어 편찬했다. 전체 내용은 주기(周紀) 5권, 진기(秦紀) 3권, 한기(漢紀) 60권, 위기(魏紀) 10권, 진기(晉紀) 40권, 송기(宋紀) 16권, 제기(齊紀) 10권, 양기(梁紀) 22권, 진기(陳紀) 10권, 수기(隋紀) 8권, 당기(唐紀)

81권, 후량기(後梁紀) 6권, 후당기(後唐紀) 8권, 후진기(後晉紀) 6권, 후한기(後漢紀) 4권, 후주기(後周紀) 5권 등 모두 16기(紀) 24권으로 구성되어 있다. '자치통감'이란 책명은 신종(神宗)이 하사한 이름으로 다스림에 보탬이 되며 역대를 두루 살펴 거울이 될 수 있다는 뜻이다. 사마광 자신도 편찬 목적에 대해 "전대의 성쇠를 살피고, 현재의 득실을 고찰하여 능히 옛날의 홍성한 덕을 힘써 살피고, 지극한 다스림을 따르고자 함이다"라고 말하고 있다. 사마광은 사마천의 『사기』와 유사하게 중요한 대목에 '신광왈(臣光曰)'이라는 평론을 붙여 자신의 사관을 밝혔다. 이외에도 그는 『통감고이(通鑑考異)』를 지어 역사적 사실에 대한 고증을 했으며, 『계고록(稽古錄)』을 지어 내용을 보충하였다.

정호와 정이

정호(程顥: 1032~1085)의 자는 백순(伯淳)이고 세칭 명도(明道) 선생이며, 그의 아우 정이(程頤: 1033~1107)의 자는 정숙(正叔)이고 이천(伊川) 선생이라고 불렸다. 이 두 사람은 어려서 주돈이 밑에서 수학하였다. 하남(지금의 낙양) 출신이기 때문에 그들의 학문을 낙학(洛學)이라 칭한다. 두 사람은 『춘추』의 명분론, 『대학』과 『중용』의 수신론을 중시했으며, 종법적 질서를 '덕'의 내실이라고 여겼다. 그들은 천리론(天理論)에서 출발하여 인간의 본성을 기질지성과 천명지성으로 구분하여 기존의 성에 관한 논의를 총결했으며, 격물치지(格物致知)의 논의를 제기하여 도덕 수양 외의 또 다른 방법론을 제시했다. 정호는 인간의 주관적인 정신의 작용을 중시하여 심즉리(心卽理)를 강조하였기 때문에 이후 육왕심학(陸王心學)의 토대를 마련하였으며, 이에 반해 정이는 이학의 사상적 경향을 견지하였다. 특히 정이는 「서명(西銘)」에서 이일분수를 주장했다. 이(理)는 최고 경계로 태극이자 우주의 근본이라는 것이 이일(理一)이고, 그것이 각종 사물로 변화하여 모든 사물에는 각기 다른 이치가 있다는 것이 분수(分殊)이다. 주희는 이를 계승하여 불교의 월인만천(月印萬天)의 비유로 논증한 바 있다.

기사본말체

기사본말체(紀事本末體)는 남송 사람 원추(袁樞)가 고안한 역사 서술 체재로 기존의 『자치통감』을 더욱 편리하게 읽기 위하여 294권의 『자치통감』을 저본으로 하여 『통감기사본말』 42권에 239개의 표제를 부가하고 중요한 역사 사실마다 부류를 세우고 제목을 정했다. 그러나 기존의 사서에 있는 사실을 귀납하되 새로운 사실이나 관점을 넣기가 어렵다는 점에서 한계를 지니고 있다. 그래서 이후 송·원·명 역사의 기사본말체 사서가 편찬되었으나 정사의 편찬은 여전히 기전체가 활용되었다.

A.D.1087~1100년

1087년 ▶ **낙, 촉, 삭 3당의 당쟁 시작.**
1094년 ▶ 신법당 장돈(章惇), 재상이 되어 구법당 추방.
1095년 ▶ **심괄** 사망.
1100년 ▶ 휘종(徽宗) 즉위. 황태후 상씨 섭정하면서 신구 양당의 융화를 도모함.

■ 그 무렵 우리는…
1096년 고려, 의천이 『속장경』을 완성함. 부인사에 보관.

■ 그 무렵 외국은…
1088년 이탈리아, 유럽에서 가장 오래된 대학인 볼로냐 대학이 창립됨.
1090년 잉글랜드, 런던탑을 건립함.
1096년 유럽, 제1차 십자군 원정.

낙(洛), 촉(蜀), 삭(朔) 3당의 당쟁 시작

북송 시대 신종(神宗) 연간은 왕안석의 신법과 그 밖의 구법파가 크게 논쟁하면서 양파의 부침(浮沈)이 지속되기 시작한 때이다. 당시 논쟁은 신법과 구법의 싸움이었지만 더욱 깊이 들어가면 왕안석의 신학에 대항하는 집단으로 소순(蘇洵)과 그의 아들 소식(蘇軾)·소철(蘇轍)의 촉학(蜀學), 그리고 정이·정호의 낙학(洛學)의 싸움이었다고 해도 과언이 아니다.

우선 정호와 정이 즉 이정(二程)은 『춘추』의 명분론, 『대학』과 『중용』의 수신론 및 향리의 혈연 중심의 종법 관계에 바탕을 두고 이른바 '덕'의 내실과 도덕적 지향을 중요시했다. 자연 과거 제도나 왕안석이 제시한 학교 제도보다는 세신(世臣)을 낼 수 있는 종자법(宗子法) 등이 더욱 중시되었다. 그렇기 때문에 오로지 부국강병만을 위해 치달으는 치적 중심주의이자 경제 우선만을 강조하는 왕안석의 신법은 경계의 대상이 아닐 수 없었다. 그러나 그들에게는 원리와 원칙은 있었으되 구체적인 실현 방안과 대책이 없었다. 현실 문제에 직면했을 때 그들은 이를 대처할 답안이 없었던 셈이다. 여기에 비하면 왕안석은 지극히 현실적이었다. 그의 논의는 농전법, 수리법, 청묘법, 균수법, 보갑법 등으로 구체화되었다. 비록 시행에 강제가 뒤따르고 예상치 않은 폐해가 없었던 것은 아니지만, 이는 당시 경제·정치 문제의 핵심이라 할 수 있는 호족 지주 계층의 오랜 내분을 송두리째 뿌리뽑을 수도 있는 것이었다. 그러나 바로 이러한 까닭에 호족의 이익과 요구를 기반에 깔고 그들의 정종(正宗) 사상으로 부각되어 있는 이정의 낙학과 크게 대립했던 것이다. 촉학은 신법에 반대하고 있다는 점에서 구법파에 속한다. 그러나 그들, 특히 소식의 사상은 단순히 유가에만 국한되는 것이 아니라 도가와 불가를 더불어 포용하고 있는 더욱 넓은 바다였다. 따라서 유가

만을 정종으로 삼고 있는 이정의 학문과 크게 대립되는 것은 자명한 사실이었다. 논쟁에 논쟁을 거듭하여 북송은 신법과 구법 파의 당쟁으로 세월을 보냈다. 그러나 논쟁 초기의 양태는 기실 그다지 흉한 것이 아니었다. 그들에게는 우국충정의 본심이 있었고, 강력한 추진력과 고집스러운 학문의 경륜이 있었던 까닭이다. 그러나 논쟁의 당사자가 사라지고 논쟁만 남게 되었을 때는 이미 단순한 정쟁(政爭)으로 이어질 뿐이었다.

심괄

　심괄(沈括: 1031~1095)의 자는 존중(存中), 전당(錢塘: 절강성 항주杭州) 사람이다. 북송 시대 과학자이자 왕안석 변법에 찬동한 정치가이며, 『몽계필담(夢溪筆談)』을 지은 문인이다. 가우(嘉祐) 8년 진사에 합격했으며, 신종(神宗) 초 사천감(司天監)에 임명되어 혼의(渾儀)·경표(景表)·오호부루(五壺浮漏) 등의 기기를 개발했고, 봉원력(奉元曆)을 편찬했다. 희녕 8년(1075) 요나라에 사신으로 갔다 돌아오면서 『희녕사거란국초(熙寧使契丹國鈔)』라는 지리서를 지었다. 그후 한림학사 등을 지냈고 만년에는 윤주(潤州: 강소성 진강鎭江)의 몽계원(夢溪園)에 은거하면서 저술에 힘썼다. 중국 과학사에 관한 필독서인 그의 『몽계필담』은 11세기 세계 과학사에서도 지극히 중요한 일종의 필기체 과학 산문으로 1080년 무렵에 씌어졌다. 전체 26권에 「보필담(補筆談)」 3권, 「속필담(續筆談)」 1권이 따로 편찬되었는데, 지리·천문·수학·화학·생물·기상·의학·문학·음악·미술 등 다양한 내용을 담고 있다. 특히 그 책 권 24에 나오는 석유(石油)에 대한 기록이 자못 흥미롭다. 옛날 사람들이 고노현(高奴縣)에서 지수(脂水)가 나왔다고 말하곤 했는데, 그것이 바로 석유였다. 그 모양은 맑은 칠(漆)과 같았고 태우면 삼대[麻]처럼 연소되고 연기가 많아 장막을 온통 검게 만들었다. 그래서 그 그을음을 모아 먹을 만들었더니 소나무 그을음으로 만든 먹보다 검었기에 더욱 많은 먹을 만들어 '연천의 석액(延川石液)'이라고 표기했다. 이후 세상에 널리 유행하게 되었으니 이는 바로 심괄부터 시작된 것이었다.

송대 이학의 주류

염(濂: 호남성 염계濂溪의 주돈이), 낙(洛: 하남성 낙양의 정호와 정이), 관(關: 섬서성 관중關中의 장재), 민(閩: 복건성 민중閩中의 주희朱熹)의 학문. 주희가 지은 『근사록(近思錄)』은 바로 이 네 사람의 논의와 견해를 모아 자신의 견해를 덧붙인 것이다. 주자학으로 집대성된 송대 이학은 염, 낙, 관, 민의 학문과 소옹(邵雍)으로부터 발원되고 발전하며 완성된다고 말할 수 있다.

A.D.1101~1104년

1101년 ▶ **소식** 사망. 황태후 상씨 사망.
1103년 ▶ 손목이 『**계림유사**』를 편찬함.
1104년 ▶ 왕안석을 공자묘(孔子廟)에 배향함. 과거법을 폐지함.

■ 그 무렵 우리는…
1101년 고려, 원효와 의상을 국사로 추
증하고 비석을 세움.
의천(1055~) 사망함.

소식

사천 미산(眉山)의 가난한 집안에서 문학가인 부친 소순 (蘇洵)의 둘째아들(큰아들은 요절함)로 태어난 소식(蘇軾: 1036~1101)은 송대가 낳은 위대한 문사이자 정치가이며 예술가이다. 자는 자첨(子瞻), 호는 동파거사(東坡居士)이다. 21세에 진사에 급제한 뒤 그 다음해 예부시(禮部試)와 전시(殿試)에 아우 소철(蘇轍)과 동시에 합격하여 이미 문명을 얻고 있던 부친 소순과 더불어 삼소(三蘇)로 일컬어졌다. 당시 문단의 영수이자 진사과 시험의 지공거였던 구양수가 매요신에게 편지를 써서 '이 사람을 위해 자리를 물러나야 되겠다'는 말을 할 정도로 뛰어난 문장 실력으로 신임을 얻어 전도가 양양했다. 그러나 26세에 봉상부(鳳翔府) 첨판(簽判)에서 시작한 그의 정치 행로는 1080년 그의 나이 44세 때 이른바 오대시안(烏臺詩案: 오대〔御史臺〕에서 소식의 시 20여 수를 문책 대상으로 삼아 일어난 사건)이란 필화 사건에 연루되어 어사대에 구금되면서 어그러지기 시작했다. 소식 자신이 의분강개하는 성격도 있었지만 무엇보다 신법에 대한 우려와 그 폐단에 대한 비판이 그의 부침에 결정적으로 작용했다. 황주, 상주, 등주 등을 전전한 제1차 폄적(貶謫) 생활이 끝난 뒤 조정에 복귀한 그는 근 8년 동안 한림학사, 항주지사 등 지방관

소식. 중국 북송 시기의 시인으로, 천성이 자유인이라 기질적으로도 신법을 싫어하였으며 "독서가 만 권에 달하여도 율(律)은 읽지 않는다"고 하였다.

과 병부와 예부 상서 등 중앙 관직을 두루 거쳤다. 그후 섭정 황태후 고씨가 죽고 철종이 친정하면서 신법을 중시하자 소식은 모든 관직을 박탈당하고 혜주(惠州)에서 다시 담주(儋州: 해남도 서북쪽)로 유배당했다. 당시 아우 소철 또한 균주(筠州)에서 뇌주(雷州: 광동성)로 유배되었다. 다시 신법파 철종이 죽고 휘종(徽宗)이 즉위하자 황태후 상씨(向氏)가 섭정을 하면서 신법파와 구법파의 화해를 도모하니, 소식도 해남도를

떠나 중원으로 복귀할 수 있게 되었다. 그러나 강소 상주(常州)에서 더 나가지 못하고 66세로 세상을 떠났다.

『계림유사』

손목(孫穆)에 대한 자세한 생평은 알 수 없으나 고려 숙종(肅宗) 때 봉사고려국신서장관(奉使高麗國信書狀官)으로 개성에 왔다가 『계림유사(鷄林類事)』를 지었다고 알려져 있다. 『계림유사』는 전체 3권으로 토풍(土風), 조제(朝制), 방언(方言) 3부와 부록인 표문집(表文集)으로 구성되어 있는데, 현재는 방언이란 표제 밑에 당시 고려어 353개를 추려 중국어로 표기한 부분과 토풍, 조제의 일부가 남아 있다. 고려시대의 언어 연구에 귀중한 자료가 되는 이 책은 원말(元末) 명초(明初) 사람인 도종의(陶宗儀)가 편찬한 『설부』와 청나라 세종(世宗) 때 편찬된 『고금도서집성(古今圖書集成)』 등에 수록되어 있다.

「적벽도」

「적벽부」

소식의 부(賦)작품이다. 필화(筆禍) 사건에 연루되어 황주(黃州 : 호북성)에 유배되었던 소식이 1082년(원풍5) 가을(7월)과 겨울(10월)에 황주성 밖의 적벽에서 뱃놀이를 하다가 지은 것이다. 7월에 지은 것을 「전적벽부(前赤壁賦)」, 10월에 지은 것을 「후적벽부」라 한다.

소황(蘇黃), 구소(歐蘇), 소신(蘇辛), 북송사대가(北宋四大家), 문호주죽파(文湖州竹派)

이상은 모두 소식과 연관된 이름들이다. 소황은 소식이 황정견(黃庭堅)과 더불어 송시(宋詩)의 새로운 지평을 열었기 때문이며, 구소는 산문에서 구양수와 필적했기 때문에, 그리고 소신은 사(詞)에서 신기질(辛棄疾)과 더불어 호방사파(豪放詞派)를 개창했기 때문에 붙여진 이름이다. 북송사대가는 서예에 능해 황정견, 미불(米芾), 채양(蔡襄) 등과 더불어 거론되었기 때문이고, 문호주죽파는 문동(文同)을 대표로 하는 그림의 일파인데 소식 또한 이에 참여하고 있었다. 이렇듯 소식은 문학뿐만 아니라 서예나 그림에도 조예가 있는 만능 예술가였다고 할 수 있다.

A.D.1105~1107년

1105년 ▶ **황정견** 사망.
1106년 ▶ 백묘(白描) 수법에 능한 화가 이공린(李公麟: 1049~1106) 사망.
1107년 ▶ 정이 사망. 북송 4대 서법가인 화가 **미불** 사망.

■ 그 무렵 우리는…
1107년 고려, 윤관이 여진을 정벌하고
9성 축조.

황정견

소식에게는 황정견(黃庭堅: 1045~1105), 장뢰(張耒), 조보지(晁補之), 진관(秦觀) 등 이른바 소문(蘇門)의 4학사(學士)로 일컬어지는 이들이 있었다. 이들 또한 스승과 마찬가지로 좌천과 유배를 거듭하다 불우하게 유배지에서 죽었지만 시와 문으로 한 세상을 풍미했다. 그 가운데 황정견은 4학사의 대표격이라 할 수 있다. 그의 자는 노직(魯直), 호는 산곡거사(山谷居士) 또는 부옹(涪翁)이라 했다. 강서 분녕(分寧) 사람으로 대대로 시인을 배출한 문사 집안 출신이었다. 23세에 진사에 급제했으나 지방관으로 전전하다가 34세에 소식의 추천을 받고 소문에 들어간 뒤 교서랑, 사인 등을 역임했다. 그러나 구법파의 일원으로 정권에 따라 부침하다 나중에 의주(宜州)로 유배되어 그곳에서 죽었다. 향년 61세였다.

북송 시가의 흐름은 초기의 서곤파(西崑派), 중기의 반서곤파 시기에서 말기의 강서시파(江西詩派)로 넘어간다. 강서시파는 황정견, 진여의, 진사도(陳師道)를 삼종(三宗)으로 꼽는데, 그 시작은 황정견에서 비롯된다. 강서의 이름도 그의 출신지에서 따온 것이다. 그의 시는 때로 난삽하고 전고가 심하여 생경하다는 비판을 받기는 하지만, 이는 그의 시론의 핵심이라 할 수 있는 다음 세 가지에서 연유한다고 할 수 있다. '한 글자도 내원이 없으면 안 된다(無一字無來處).' 이는 학문을 중시함이다. '환골탈태(換骨脫胎)', '점철성금(點鐵成金).' 이는 옛 시인의 시가를 자신의 시어로 재창작하여 새로운 이미지를 얻는 방법이라 할 수 있다. 요체(拗體), 이는 요구(拗句)와 요율(拗律)로 구분되는바, 기존의 조구법(造句法)이나 음률을 달리함으로써 새로운 시체를 창조한 것이라 할 수 있다. 한편 그는 서예에도 능하여 송대 4대 서예가의 한 사람으로 손꼽히고 있다.

미불

미불(米芾: 1051~1107)은 북송의 문인화가이자 미술이론가이며, 시인이자 서예가로도 명성이 높았다. 원명은 불(芾)이며 자는 원장(元章), 호는 녹문거사(鹿門居士) 혹은 화정후인(火正後人) 등이고, 미남궁(米南宮)·대미(大米) 등의 별칭이 있다. 휘종 시절에 은음(恩蔭)으로 벼슬에 올라 태상박사(太常博士), 지회양군(知淮陽軍) 등을 지냈다. 성격이 강직하고 광달하며, 기이한 괴석을 수집하길 즐겼던 그는 또한 자신의 집을 보진재(寶晉齋)라고 부를 만큼 진대의 그림을 많이 소장하고 있었다. 자신이 두루 본 그림의 진위를 감식하고 평론하여 이를 『화사(畵史)』로 정리하였다. 행서와 초서에 능했던 그는 채양, 소식, 황정견 등과 더불어 북송 4대 서법가로 불렸으며, 산수화를 특히 잘 그렸는데 '발묵점염(潑墨點染)'의 방법을 이용하여 강남의 구름 낀 풍경을 생동감 있게 표현하여 후세에 '미법산수(米法山水)'라는 말이 유행하였다. 동원(董源)의 화풍을 계승한 그는 '평담천진(平淡天眞)'과 의취를 중시하고 '속염(俗艶)'과 세공을 반대하였다. 아들인 미우인(米友人) 역시 회화로 이름을 날려 두 사람을 이미(二米)라고 칭하기도 한다. 저서로 『보진영광집(寶晉英光集)』 『서사(書史)』 『화사』 『보장대방록(寶章待訪錄)』 등이 있으며, 그림으로 「해악암도」 「금산도」 등이 있고, 서예로 「초계첩」 「촉소첩」 등이 있다.

백묘법

수묵화의 기법은 몰골법(沒骨法), 구륵법(鉤勒法), 백묘법(白描法) 등으로 나눌 수 있다. 몰골법은 선염(渲染)의 효과로 필선을 숨기며 형태를 나타내는 방법이고, 구륵법은 선묘법(線描法)이라고도 하는데 윤곽을 먼저 그리고 그 다음에 농담(濃淡)을 표현하는 방법이며, 백묘법은 주로 선을 위주로 그리는 기법이다. 특히 백묘법은 붓을 쓰는 속도에서 얻어지는 굵고 가는 기법을 중시한다. 송대 화가인 이공린은 도석(道釋)·인물·안마(鞍馬)·궁실·산수·화조 등 여러 제재로 그림을 그렸는데, 백묘 수법을 활용하여 독창적인 미술 세계를 열었다는 평가를 받았다.

송대 인문주의자들의 승리

왕안석이 죽고 그의 신법이 차례로 폐지되자 구법파에 속한 황정견은 왕안석의 「서태일궁(西太一宮)의 벽에 제함」이라는 시에 차운(次韻)하여 "바람은 급하고 까마귀 울음은 그치지 않는다. 비가 내려 개미 싸움이 한창인데, 진정 어느 것이 시(是)이고 비(非)인가? 인간, 북에서 보면 남쪽이 된다"라고 하여 신법과 구법이 서로 다투어 희비가 엇갈림이란 개미 싸움마냥 하찮은 것이며, 진정한 시비란 과연 있을 것인가라고 회의하고 있다. 일찍이 불가에 입문한 그에게 어쩌면 당연한 발상일 수도 있으나 좌천, 유배, 부활, 승진을 거듭하면서도 논쟁의 상대에게 여유로움을 지닐 수 있었던 것은 과연 송대 인문주의자들 모두의 승리라 할 수 있겠다. 이는 그의 스승인 소식이 서로 정치적으로 대립했는데도 왕안석의 은거지를 찾아 서로 차운하는 아름다움을 보인 것의 연장선상에 있다.

1115년 ▶ **여진, 아골타**가 황제로 칭하고 **금 건국**.
1119년 ▶ 금, 여진 문자 창제.
1120년 ▶ 선화 2년, 선화서보(宣和書譜)·선화화보(宣和畵譜) 완성. 금, 송에 요(遼) 협공 요청. 청계(靑溪)에서 농민 봉기—**방랍의 난**.
1121년 ▶ 송강(宋江) 일파, 관군에 항복.
1122년 ▶ 북송 군대, 요나라 수도 연경(燕京) 공격했으나 실패. 금 군대, 연경 함락.
1123년 ▶ 송과 여진의 제1차 협정. 금나라, 연산 6주를 송나라에 반환. 금나라 태조 사망.

■ 그 무렵 우리는…
1119년 고려, 국학에 양현고를 설치함.

■ 그 무렵 외국은…
1115년 이탈리아, 피렌체 자치도시(콤무네)가 성립됨.

여진

송화강과 장백산맥의 동쪽에 거주했는데, 그 중심지는 송화강의 지류인 알추카(阿勒楚喀: Alcuka) 강 유역이었던 것으로 추측된다. 『금사(金史)』 「지리지」에 의하면 금(金)나라의 별칭은 금원(金源)이었는데, 여진(女眞) 말로 금은 안출호(安出虎)였고 안출호수(安出虎水)가 발원하는 상경로(上京路)가 바로 금의 건국지였기 때문에 왕조 이름을 금이라 불렀다고 한다. 여진족은 언어학적으로 퉁구스(Tungus) 계통에 속하며 생여진, 숙여진으로 구분되기도 한다. 여진족은 건국 이전부터 300호로 모극(謀克), 10모극으로 맹안(猛安)이라고 하는 조직을 가지고 있었다. 이는 행정 단위이자 전투 단위이기도 했다. 비록 많지 않은 숫자로 흩어져 살고 있었지만 일단 결집되면 큰 힘을 발휘할 수 있었던 것은 바로 이 때문이었다.

『삼재도회(三才圖會)』에 묘사된 여진족의 모습

아골타, 금 건국

미개하다 하여 생여진이라 불렸던 동북 퉁구스족에게 아골타(阿骨打)라는 뛰어난 인물이 나타나 부족을 단결시키자 여진은 순식간에 강성해졌다. 아골타는 1114년 거병하여 요나라를 침공하고 그 다음해 정월 황제의 자리에 올랐다. 국호를 금(金)이라 했고, 연호는 수국(收國)이었다. 그는 완안희윤(完顔希尹)에게 명하여 여진 문자를 만들게 하는 등 여진족의 민족 의식을 고취시키기 위해 최선을 다했다. 그는 송과의 화약, 곧 도연(圖燕: 연운 16주를 수복함)의 계획을 돕겠다는 이른바 해상(海上)의 맹(盟)을 끝까지 지킨 신의 있는 지도자이기도 했다.

방랍의 난

선화(宣和) 2년(1120) 10월, 절강의 청계(靑溪)에서 방랍(方臘)의 난이 일어났다. 북송 멸망의 원인이 된 중요한 사건이었다. 방랍은 칠원의 주인으로 당시 항주에는 휘종의 기호를 만족시키기 위해 궁정의 기물을 제조하는 제조국(造作局)이 있었는데, 이곳의 징발은 강제적인데다 지나치게 악랄했다. 방랍은 항주를 함락하여 기세를 부릴 때 성공(聖公)으로 자칭하고 영락(永樂)이란 연호를 사용했다. 그러다가 환관인 동관(童貫)이 총사령관인 관군에 의해 토벌되었다. 그러나 그 관군은 북벌을 위해 동원된 대군이었다. 방랍의 난의 주목적은 화석강(花石綱: 꽃나무와 기석奇石을 운반하는 많은 배의 행렬)의 책임자였던 주면(朱勔)을 주살할 것과 관리 토호를 죽일 것 등이었다. 450일 동안 6주 52현에 걸쳐 15만의 관군과 싸웠다.

개봉

북송은 중원과 강남 지역을 통일하면서 사회 경제적으로 크게 발전했다. 농지의 경우 이전에 비해 거의 두 배 정도 증가한 5억 2400만 무(畝)에 달했으며 한 가구당 토지 점유율 또한 매우 높아졌다. 아울러 수공업이 발달하면서 제철은 당대에 비해 4배나 증가했고, 석탄 생산량도 급증하여 도시의 경우에는 점차 석탄으로 땔감을 대용하기 시작했다. 이외에도 조선업과 제지업, 인쇄업, 방직업, 자기업 등이 크게 발전하여 대외적으로 널리 알려지게 되었다. 상공업의 발전은 도시의 흥성으로 이어져 10만 호 이상의 도시가 40여 개로 늘어났다. 특히 수도인 변경(艾京: 지금의 개봉開封)은 운하에 의해 각지의 산물이 몰려드는 곳으로 자연히 수많은 상공업자들이 활약하면서 정치 중심지이자 경제 중심지로 발돋움했다. 당나라 장안처럼 야간 통행이 금지되지도 않았으며 어느 곳에서든 좌판을 벌이면 그곳이 곧 시장이었다. 야시(夜市)나 귀시(鬼市)가 등장한 것도 이때였

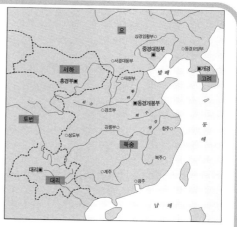

북송·요·서하의 영역

다. 와시(瓦市) 또는 와자(瓦子)라고 일컬어진 시장에는 구란(勾欄), 붕(棚)으로 불리는 연극장이 넘쳐나고 민간 문예가 더할 나위 없이 크게 발전했다. 상업의 발전으로 거추장스러운 동전 대신 교자(交子)라고 부르는 지폐가 사용되기 시작했다. 처음에는 사천 지방의 대상인들이 발행하다가 나중에 정부에서 공식적으로 발행했는데 세계에서 최초로 사용된 지폐라 할 수 있다. 북경 고궁박물원에 있는 「청명상하도(淸明上河圖)」는 북송 말기 장택단(張擇端)이 그린 화권(畵卷: 두루마리로 된 그림)인데 청명절에 개봉의 번화한 모습을 여실히 드러내고 있다.

「상국사교역도(相國寺交易圖)」에 묘사된 개봉의 서민 생활

A.D.1125~1127년

1125년 ▶ 정월 요나라, 금나라에 멸망. 송나라 **휘종** 퇴위하고 흠종(欽宗) 즉위.

1127년 ▶ 금나라, 북송 도읍 동경(東京: 개봉) 함락, 송 휘종과 흠종 납치 ─**정강의 변**. 금, 송나라 사람 장방창(張邦昌)에게 대초국(大楚國)을 세우게 함(35일 만에 멸망). 북송 멸망.

■ 그 무렵 우리는…
1126년 고려, 이자겸의 난 발생.

휘종 ─ 그림을 사랑한 황제

휘종(徽宗: 재위 1100~1125)은 예술적 안목이 높고 실제 창작에도 조예가 깊은 인물이었다. 서예로 말하자면 수금체(瘦金體: 수금은 휘종의 호)라는 독특한 서체가 있을 정도이고, 그림은 특히 화조도(花鳥圖)에서 나름의 일가를 이루었다. 송대에는 당나라 현종 때부터 세워졌던 한림원(翰林院)의 별원인 한림 도화원(翰林圖畵院)을 이어받아 건국 후 궁정 화원을 열고 대조(待詔), 예학(藝學), 지후(祇候) 등의 직책을 설치했다. 이후 화조화와 산수화를 중심으로 화원의 화풍이 크게 융성하여 송대 화원 특유의 '원체화(院體畵)'라는 화풍이 생겨나 후대에까지 하나의 규범으로 자리잡게 되었다. 특히 휘종은 궁정 화가에 대해 각별한 후원을 아끼지 않았는데, 채용과 승진을 위한 시험을 직접 제출하기도 하고 화원 운영에도 직접 참여했다. 미술 학교에 해당하는 서화학을 열고 서화의 대가인 미불을 박사에 임용한 것도 그였다. 또한 미술품 수집에 취미를 두어 청대 건륭제와 더불어 고미술품의 수집가로 유명하다. 수집광 휘종은 동관을 파견하여 각지의 진귀품을 모으기를 즐겼고, 환관인 동관은 전횡을 부릴 수 있어 좋았다. 각지에서 원망의 소리가 들리기 시작했지만, 태호의 물 밑에 있다는 태호석(太湖石)의 아름다움에 반한 휘종에게는 그런 소리가 들리지 않았다. 『수호전(水滸傳)』의 이야기는 이때를 바탕으로 하고 있는데, 이러한 도적들의 발호는 오히려 자연스러운 일이었다. 휘종이 겨우 정신을 차린 것은 금나라 군사에 개봉이 유린당하고 스스로 걸어가 포로가 된 바로 그때였다. 정강(靖康)의 변(變)으로 포로가 된 그는 동북 지방으로 끌려가 54세의 나이로 객사했다.

휘종의 대표적인 그림 「도구도(桃鳩圖)」

정강의 변

요나라 말제(末帝) 천조제(天祚帝)의 70만 대군은 혼동강(混同江)에서 금나라 태조 아골타(阿骨打)의 군대에 대패하여 동경으로 삼았던 요양부(遼陽府)까지 빼앗기는 신세가 되었다. 요나라의 쇠퇴는 곧 송나라의 연운(燕雲) 16주의 실지(失地)를 회복하기 위한 둘도 없는 기회였다. 이에 송나라는 금과 연합하여 요를 치기 위해 거병했다. 그러나 남쪽에서 방납의 난이 일어나 북벌의 군대는 남쪽으로 내려가야만 했다. 그 순간 북방의 금나라 군대는 요의 중경(中京) 대정부(大定府)를 공략하고 연운 16주의 태반을 공략하고 있던 중이었다. 남방의 난을 종식시킨 송군이 요나라를 공격하러 올라간 것은 1123년이었다. 그들의 주요 공격 목표 연경(燕京)에 도달했을 때 요나라 정권은 금군에 쫓겨 협산까지 도망가고 연경에는 망명 정부가 잔존하고 있을 뿐이었다. 그러나 환관인 동관을 총사령관으로 한 송군은 이것마저 처리하지 못하고 금나라 아골타에게 원군을 요청했다. 연경은 쉽게 함락되었다. 송나라는 연경을 달라고 했다. 그리고 아골타는 맹약의 이유로 비록 텅 빈 것이기는 했지만 주었다. 연경 공격에 필요한 전비(戰費)도 요구했다. 이후 금나라 태조 아골타가 죽고 동생인 오걸매(吳乞買: 태종太宗)가 뒤를 이었다. 당시 송나라는 자신의 역량은 생각도 않고 연운 16주를 회복할 일만 생각하고 패주한 요나라와 함께 금나라를 협공할 것을 밀약했으나 이것이 금나라에 발각되어 정강(靖康) 원년 황하를 건넌 금군의 공격을 받았다. '자신의 죄를 말하는 조칙'을 내려 자아 비판을 하고 퇴위하여 상황(上皇)이 된 휘종은 강남의 진강(鎭江)으로 도망가고, 장남 조환(趙桓: 흠종欽宗)은 막대한 양의 배상과 더불어 태원(太原)을 포함한 3진 20주를 양도할 것, 그리고 주전파를 파면하고 재상과 친왕을 인질로 할 것을 받아들였다. 그리하여 재상 장방창(張邦昌)과 휘종의 아홉째아들 강왕(康王) 조구(趙構)가 인질이 되었다. 일단 금군이 포위를 풀고 돌아가자 조정에서는 다시 주전론이 대두하면서 당시 재상은 양도를 약속한 3진의 수비군들에게 금군에 저항할 것을 명했다. 크게 노한 금나라 태종은 대군을 이끌고 다시 개봉을 포위했다. 마침내 개봉이 함락되고 대대적인 살육과 약탈이 시작되었다.

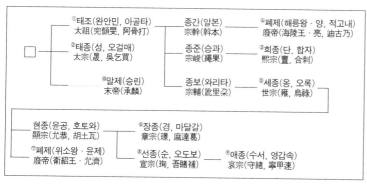

금 왕조 계보도

A.D.1127~1135년

1127년 ▶ 흠종의 동생 조구(趙構), 남경(南京)에서 즉위함으로써 **남송** 성립.
1128년 ▶ 금나라, 남벌군(南伐軍)을 일으킴.
1130년 ▶ 송나라 고종, 온주로 도망함. 종상(鍾相)이 반란을 일으켜 초왕(楚王)으로 자칭. 한세충(韓世忠)·**악비**, 항금(抗金) 투쟁. 금, 송나라 사람 유예를 세워 제나라 황제로 세움.
1131년 ▶ 진회(秦檜), 남송의 재상이 됨. 금군, 화상원(和尙原) 전투에서 남송의 오개(吳玠)·오린(吳璘) 부대에게 대패.
1132년 ▶ 서요(西遼)의 야율대석(耶律大石), 사마르칸트의 전투에서 승리한 후 구르한(葛兒罕)으로 칭하고, 천우황제(天祐皇帝)에 등극.
1133년 ▶ 소흥(紹興) 3년, 종상의 잔당인 양요(楊幺: 양태楊太), 대성천왕(大聖天王)을 자칭하고 종상의 아들 종자의(鍾子義)를 태자로 삼아 재차 반란.
1134년 ▶ 악비, 선인관(仙人關) 전투에서 금군에 대승하여 양양(襄陽) 등 6개군 회복.
1135년 ▶ 양요 피살되고 종자의 투항함으로써 호적(湖賊) 평정됨.

■ 그 무렵 우리는…
1135년 고려, 묘청의 서경 천도 운동.

■ 그 무렵 외국은…
1128년 신성로마제국, 독일기사단을 창설함.
1130년 신성로마제국, 황제당과 교황당 간에 반목이 심해짐.

남송

송나라 흠종의 동생인 강왕 조구(趙構: 고종高宗)가 1127년 지금의 하남성 상구현(商丘縣)에 있는 남경(南京)에서 즉위하여 송나라의 정권을 이었다. 역사는 이를 남송이라 부른다. 1128년 남송은 도읍을 항주(杭州)에 정하고 임안부(臨安府)라 불렀다. 고종은 35년간 재위했는데 동남부 절반의 강토만을 보존하는 데 급급했을 뿐 중원의 수복은 전혀 생각하지 않았다. 그래서 한세충(韓世忠), 악비(岳飛), 장준(張俊) 등 항금(抗金) 장군들이 강남을 약탈하고 철수하는 완안종필(完顔宗弼)의 금나라 부대에 커다란 타격을 입히는 등 전과를 올렸음에도 불구하고 진회(秦檜)를 재상에 앉혀 금과 강화하기에 이른다. 송은 1139년 금나라 왕조의 조서를 받들고 해마다 금 25만 냥, 비단 25만 필을 바치기로 하고 금의 요청으로 악비를 체포 투옥했다. 1141년 겨울, 금나라와의 두번째 강화 조항을 받아들여 광대한 지역을 할양하고 신하의 절개를 지키며 해마다 은과 비단을 바칠 것을 약조했다. 그후 고종의 뒤를 이어 효종이 즉위하여 항전파 장준을 등용하고 악비의 관작을 회복시켜 주는 등 북벌을 준비했으나 금군과의 전투에서 대패하여 1165년에 세번째 강화 조약을 맺어 다시 땅을 할양하고 해마다 20만 냥의 은을 조공해야만 했다. 이렇듯 남송은 금나라의 지속적인 영향하에서 벗어날 수 없었다. 1211년 이후 북방의 새로운 강자 몽고군에 의해 금이 타격을 받으면서 겨우 정신을 차릴 수 있었지만 몽고는 아예 송나라를 멸망시키고 말았다. 1279년 원(元)나라의 군대에 의해 임안이 함락될 때까지 9명의 황제가 153년간을 재위했다.

남송시기의 항주의 번화
한 모습을 묘사한 그림

악비

악비(岳飛: 1103~1141), 자는 붕거(鵬擧)이며 오늘날 하남성에 해당하는 상주(相州) 탕음(湯陰) 사람이다. 고용농 집안에서 태어나 선화(宣和) 4년(1122)에 전공을 세워 하급 군관인 병의랑(秉義郞)이 되었다. 당시 송나라는 북방 금나라의 침공에 속수무책이었는데 그는 적극적으로 항금 투쟁에 나서서 종택(宗澤)과 더불어 개봉을 지켰으며, 건염(建炎) 4년(1130)에는 북으로 철수하는 금나라 올술(兀術)의 군대를 크게 무찔러 건강(建康)을 회복했다. 이후 강서 농민 반란을 진압했으며 소흥(紹興) 4년(1134)에는 위제(僞帝: 유예의 제나라)의 군대를 대파하고 양양군(襄陽郡) 등 6군을 수복했다. 막강한 그의 부대는 악가군(岳家軍)이라 불렸다. 악비는 이러한 공로로 청원군절도사에 올랐고, 다시 태보에 임명되었다. 소흥 9년(1139) 고종이 진회(秦檜)의 말을 들어 금과 화의를 체결하자 반대의 글을 올렸다. 고종은 그를 추밀부사(樞密副使)로 임명하고 병권을 박탈했다. 이후 진회 등의 무고로 '막수유(莫須有: 반드시 없다고 할 수 없다)'라는 죄명으로 아들 악운, 부장 장헌 등과 함께 옥중에서 살해되었다. 남송의 오랜 병폐인 무관에 대한 멸시와 세력 약화 의도가 근본적인 이유 가운데 하나였다. 북벌을 시도한 효종 때 그의 충심을 되살려 무목(武穆)이란 시호가 내려졌으며, 영종(寧宗) 때 다시 악왕(岳王)에 추봉되었다. 현재 절강성 항주시 서호(西湖) 옆에 그의 묘당〔岳王廟〕이 있는데 그 묘 옆에 진회를 비롯한 당시 간신배 4명이 무릎을 꿇은 좌상이 있어 후세 사람들에게 애국과 매국에 대한 역사의 심판을 그대로 보여주고 있다.

악비

A.D.1138~1161년

1138년 ▶ 남송, 임안(臨安)으로 천도.
1141년 ▶ 여류 시인 **이청조** 사망. 진회, 한세충 · 악비 · 장준 등의 병권을 박탈. 악비 옥사(진회에 의한 모살).
1142년 ▶ 송, 금과 화친. 대산관(大散關), 회하(淮河)를 국경으로 함.
1143년 ▶ 유예, 임황부에서 사망. 야율대석 사망, 황후 섭정.
1149년 ▶ 금나라, 완안량(完顔亮: 해릉왕海陵王), 희종(熙宗)을 살해하고 즉위함.
1150년 ▶ 금나라 해릉왕, 술버릇이 지나친 주란(酒亂)으로 종친과 중신들 대량 살해.
1153년 ▶ 금, 연경(燕京)으로 천도. 5경(京)의 이름을 정함.
1159년 ▶ 금나라 해릉왕, 남정 준비.
1161년 ▶ **금나라** 동경유수(東京留守) 완안포(完顔襃: 이후 옹雍으로 개명), 황제를 칭함(**세종**). 해릉왕 피살. 금, 남송과 화의함.

■ 그 무렵 우리는…
1145년 고려, 김부식이 『삼국사기』 50권을 편찬함.
1149년 고려, 연등회 실시.
1154년 고려, 과거법을 제정함.

■ 그 무렵 외국은…
1144년 프랑스, 고딕 양식이 출현함.
1145년 교황청, 교황 에우게니우스 3세가 제2차 십자군 원정을 제창함.
1148년 유럽, 십자군이 다마스쿠스를 포위함.
1150년 잉글랜드, 『아서왕 이야기』 집필을 마침.

이청조 — 송대 여류 사인

중국 문학사에서 여류 작가가 많기로는 당대를 손꼽을 수 있다. 그만큼 개방적이고 여류가 활동하기에 적합한 조건이 성숙된 까닭이었다. 송대로 넘어오면 그 세는 약간 수그러들기는 하지만 그렇다고 여류의 전통이 사라진 것은 아니다. 당시 대표적인 여류는 역시 이청조(李淸照: 1084~1141쯤)라 할 수 있다. 그녀의 호는 이안거사(易安居士), 제남(濟南: 산동성) 출신이다. 유명한 학자인 이격비(李格非)를 부친으로 명문가에서 태어나 18세 때 태학생인 조명성(趙明誠)에게 출가했다. 그녀는 고고학에 일가견이 있던 남편과 더불어 시가와 서화에 몰두했으며, 금석문(金石文)을 수집 · 정리하는 일에 몰두했다.

이청조

그러나 정강의 변으로 강남으로 넘어오면서 귀중한 소장품을 소실하고 1129년 남편이 호주로 부임하던 길에 병사하는 등 우환이 거듭되었다. 남편 사후 강남의 항주, 월주, 금화 등지를 유랑하던 그녀는 재가를 했다고 하나 곧 이혼하는 등 거듭되는 불행에서 벗어날 수 없었다. 만년에는 남편 조명성의 『금석론(金石論)』을 정리하고 금화에서 일생을 마쳤다. 그녀의 사(詞)는 정강의 변 이후 북송의 멸망에 영향을 받아 비장한 시대적 상황을 노래한 호방파의 풍격을 지니고 있으나 한편으로 여인 특유의 여린 정감과 아름다운 정조, 그리고 뛰어난 음률이 조화를 이루어 독특한 개성을 이루었다고 평가된다. 그녀의 사 「성성만(聲聲慢)」은 "尋尋覓覓, 冷冷淸淸, 凄凄慘慘戚戚(찾고 찾고 또 찾건만, 싸늘하고 스산하여, 처참하도록 슬프기만 한데)"으로 시작하여 "到黃昏, 點點滴滴, 這次第, 怎一個愁字了得(황혼이 이슥토록 빗방울 점점 이러한 차에 어찌 '수' 한 자로 끝낼 수 있을꼬?)"로 끝나는데 첫머리의 14개 첩자(疊字)는 누대로 시인과 사인들에게 찬사를 받은 대목이다. 과연 '사'를 '사'답게 한 그녀였다.

금나라 세종

금나라 해릉왕(海陵王)은 죽어서 '폐제해릉서인(廢帝海陵庶人)'으로 강등되어 제왕의 묘소에서 파헤쳐져 민간의 산기슭에 개장되었다. 정신 이상에 지나친 주사(酒邪)가 겹쳐 종친과 공신은 물론 자신의 황후와 비까지 죽였기 때문이었다. 그가 송나라를 정벌하러 갔을 때 동경유수(東京留守)로 있던 해릉왕의 종제 옹(雍)이 즉위하니, 그가 바로 세종(世宗)이다. 세종의 즉위 소식을 들은 해릉왕은 무모한 벌송(伐宋)을 고집하다 휘하의 부장에게 피살되었다. 새로운 황제에 즉위한 세종은 무엇보다 거란족의 반란을 진압하는 것이 중요했다. 이에 남송군에게 화의를 청하고 철수하기 시작했다. 그러나 남송군은 뒤를 추격하여 이전의 실지를 회복했을 뿐더러 국경인 회하를 건너 진군했다. 당시 남송은 고종을 이어 효종이 즉위하면서 조정에서는 주전파가 득세할 때였다. 다행히 1년 반 만에 거란족의 반란이 진압되자 뛰어난 맹장 복산충의(僕散忠義)를 다시 선봉으로 내세워 남송에 빼앗긴 숙주를 되찾고 재차 화의에 돌입했다. 1165년에 맺은 화약(효종의 연호를 따라 건도乾道 화약으로 부른다)은 세공(歲貢)이 세폐(歲幣)로 개칭됨과 아울러 감액되었고, 기존의 신종(臣從) 관계 또한 숙질(叔姪) 관계로 고쳐졌다. 그후 40년간 금과 남송은 평화가 지속되었다. 한편 세종은 자신의 여진족 전통을 회복하고 내부에 공존하고 있는 거란족의 세력을 약화시키기 위해 부단히 노력했다. 이미 한화되기 시작한 여진족에게 여진 문자를 사용하도록 한 것이나 연경으로 천도하여 여진족을 이주토록 한 것, 그리고 거란족과의 통혼과 거란족 관료의 규모를 줄이고 거란 문자 사용을 금지한 것은 모두 이를 위한 것이었다. 그러나 그의 시도에도 불구하고 금나라는 서서히 기울어가고 있었다.

A.D.1162~1190년

1162년 ▶ 송나라 고종, 태상황으로 물러서고 **효종** 즉위.
1165년 ▶ 남송과 금 화의, 이후 40년간 평화 지속됨.
1169년 ▶ **주희**, 사창(社倉)을 세움.
1173년 ▶ 주희,『태극소설』을 저술함.
1177년 ▶ 주희,『**사서집주**』완성.
1183년 ▶ 도학(道學) 금지.
1188년 ▶ 몽고 테무진이 캔[汗]에 오름.
1189년 ▶ 금나라 세종 사망, 장제(章帝) 즉위. 송나라 효종 퇴위, 광종(光宗) 즉위.
1190년 ▶ 도학의 비방 금지.

■ 그 무렵 우리는…
1170년 고려, 정중부가 문신을 대학살하고 무신정권을 수립함.
1176년 공주 명학소에서 망이·망소이의 민란 발생.

■ 그 무렵 외국은…
1176년 잉글랜드, 월터 마프가『아서왕과 원탁의 기사』를 저술함.
1189년 유럽, 제3차 십자군 원정이 시작됨.

효종

금나라에 세종이 있어 치국에 열심일 때, 남송에는 효종(孝宗)이 있어 또한 나라의 안정과 번영을 위해 애썼다. 효종은 북송 태조의 7세손으로 태종계인 고종의 먼 친척이었다. 고종의 아들이 일찍 죽어 황후 오씨의 후원으로 황제가 될 수 있었다. 즉위 후 그는 주전파의 장준(張俊)을 추밀사로 기용하여 북벌을 기획했다. 다행으로 금나라는 국내 거란족의 반란을 수습하느라 겨를이 없었기 때문에 남송군은 어느새 실지를 회복하고 국경을 넘을 수 있었다. 그리고 이후 금나라 세종과의 화약에서 훨씬 좋은 조건으로 화의를 맺게 되었다.

주희

공자와 맹자 이후 동중서를 비롯한 많은 이들이 유가의 학술을 정리하고 이념화시켰다. 그러나 주희(朱熹: 1130~1200)만큼 중국뿐만 아니라 동양 삼국의 지성사에 뚜렷한 발자국을 남긴 사람은 없었다. 휘주(徽州) 무원(婺源: 강서) 사람으로 자는 중회(仲晦), 호는 회암(晦庵), 별호로 자양(紫陽) 등이 있다. 14세에 부친을 잃고 어렵게 생활했으나 학문에서 벗어난 적이 없었다. 19세에 진사에 급제하고, 전체 9년간 지방관 생활과 40여 일의 중앙 관직을 맡았을 뿐 나머지는 학문과 후진 양성에 힘썼다. 당대의 그는 꼬장꼬장한 성격과 당시 정치판의 그릇된 작태들에 의해 오히려 '이학(異學)의 금(禁)'으로 탄압받았고, 그의 학설 또한 이단시되기도 했다. 정이와 정호를 비롯한 북송의 유학가들에게 큰 영향을 받았으며, 유학의 가장 취약점이었던 이기론 중심의 우주론을 비롯하여 인성론, 도덕론, 치학론, 경제론(社倉法: 일종의 농민 보호법)

등을 총괄적으로 체계화하여 이른바 이학을 집대성했다. 특히 정씨 형제의 '이락지학(伊洛之學)'의 이기론 영향을 받아 정주학(程朱學)이라 칭하기도 한다. 주희의 학문과 인격을 흠모한 신기질(辛棄疾)은 "당요(唐堯) 이래로 공과 같은 이는 겨우 두세 사람뿐이다"라고 말한 바 있다. 주요 저서로 『사서집주(四書集註)』『태극도해설』『사서혹문(四書或問)』『주역본의』『초사집주』『시집전(詩集傳)』등이 있다.

주희

『사서집주』 ― 사서의 학문

사서(四書)는 『논어』『맹자』『대학』『중용』네 가지 책을 일컫는 말이다. 물론 선진시대 전적이기는 하지만 북송대 주희에 의해 존중되면서 한 묶음으로 세상에 전해지게 되었다. 주희는 『대학장구(大學章句: 장구는 글의 장과 구)』『중용장구』를 저술하면서 『대학』은 초학 입문에, 그리고 『중용』은 구극(究極)의 서(書)로 간주했다. 그리고 『논어』와 『맹자』를 포함하여 사서로 정하고, 이를 자기 철학 체계의 근간으로 삼았다. 그러나 당시에는 그다지 주목받지 못했으며, 원대에 들어와 과거 시험의 정과(正科)에 포함되었지만 역시 넓게 발현되지는 않았다. 그러던 것이 명대 영락제(永樂帝)의 칙명에 의해 『사서대전(四書大全)』『오경대전(五經大全)』『성리대전(性理大全)』이 간행되면서 마침내 지식인들의 필독서로 등장하였고, 이로써 한당(漢唐) 이래의 주소(注疏)를 통한 경전 공부가 폐지되고 주희의 '사서'가 그 맥을 잇게 되었다.

백록동서원(白鹿洞書院)

송나라의 학교. 지금의 강서성 성자현(星子縣) 북쪽 여산오로봉(廬山五老峯) 밑에 있었는데, 이곳은 당나라 때 문인 이발(李渤)이 은거하여 백록(白鹿)을 기르면서 독서를 하여 즐거운 나날을 보냈기 때문에 백록동이라 부르게 되었다. 오대십국 때에는 이곳에 학교를 설립하여 여산국학(廬山國學)이라 하였으며, 송나라 시기에 서원이 건립되어 지방 자제를 교육하였다. 주희가 남강군(南康軍)의 지사(知事)가 되었을 때 재흥시켜서 스스로 백록동서원 원장이 되어, 삼강오륜(三綱五倫)과 『중용』을 강의하는 동시에 천하의 학자를 초청하는 등 유교의 이상 실현에 힘썼다. 한국에서는 1542년(중종37) 풍기군수(豊基郡守) 주세붕(周世鵬)이 고려 시대의 학자 안향(安珦)을 기리기 위하여, 백록동서원을 본떠 경북 영주시 순흥면에 백운동서원(白雲洞書院: 소수서원紹修書院)을 세웠는데, 이것이 한국 서원의 효시가 되었다.

A.D.1192~1200년

1192년 ▶ **육구연** 사망.
1194년 ▶ 남송의 이적(李迪)이 「홍백부용도(紅白芙蓉圖)」를 그림.
1196년 ▶ 한탁주(韓侂冑), 주자학파 탄압—**위학의 금**.
1200년 ▶ **송대 이학**의 집대성자 주희, 사망.

■ 그 무렵 우리는…
1196년 고려, 최충헌이 이의민을 살해
       하고 집권함.
1198년 고려, 만적이 노비 폭동을 계
       획하나 실패함.

■ 그 무렵 외국은…
1194년 잉글랜드, 리처드 1세 귀국.

육구연

육구연(陸九淵, 1139~1192)의 자는 자정(子靜), 호는 상산(象山), 강서성 금계(金溪) 사람이다. 건도(乾道) 연간에 진사가 되고 국자정(國子正)과 장작감승(將作監丞) 등을 지냈다. 금나라에 항거할 것을 주장하다가 배척을 받고 낙향하여 후학을 가르쳤고, 만년에 지형문군(知荊門軍)을 지냈다. 그의 형인 육구소(陸九韶), 육구령(陸九齡) 또한 학식이 뛰어나 '삼육(三陸)'으로 일컬어졌다. 정호의 천(天)이 곧 이(理)이고 심(心)이라는 관점을 계승한 그는 선종(禪宗)과 유가를 결합시켜 심즉리(心卽理)설을 주장했다. 그에게 마음은 한마음[一心]이고, 이(理)는 하나의 이[一理]이다. 또한 '우주는 곧 나의 마음이고, 내 마음이 곧 우주이다.' 이렇듯 본심을 이해해야만 우주를 이해할 수 있다고 생각했기 때문에 이치를 궁구하는 것보다 마음에 하나인 이를 확립하는 것이 중요하며, 그래야만 모든 것을 관통하는 '하나'의 지당한 법칙으로 돌아갈 수 있다고 여겼다. 그의 학설은 주희의 이학과 달리 심학(心學)이라고 부르는데, 이후 명대 왕수인(王守仁)에게 계승되어 육왕학파(陸王學派)를 형성하였다. 저서로『상산선생전집』(36권)이 있다.

위학의 금

주희라고 하면 때로 답답하고 고집불통의 선비라는 인식이 먼저 들어온다. 이는 주자학(朱子學)이 옛 학문의 정종(正宗)으로 자리한 지 오래여서 옛 것은 곧 왠지 모를 답답함, 고리타분함으로 이어지는 무의식의 연관 고리로 말미암은 것일 터이다. 물론 무식의 소치이다. 주희는 오히려 꼬장꼬장한 성격에 과격할 정도로 현실 비판적인 인물이었다. 지방관으로 봉직하다 중앙에 직책을 얻은 것은 영종(寧宗) 연간으로 그의 나이 65세 때인데, 이미 그때 주자로 존칭되는 대학자였다. 그는 당시 재상이던 조여우(趙汝愚)의 천거로 시강(侍講)의 자리에 올랐다. 이후『송사(宋史)』「간신전」에 이름이 오르는 한탁주(韓侂胄)가 조여우를 몰아내기 위한 암투를 시작하자 이를 황제에게 상서하다 오히려 면직에 이른다. 한탁주 일파는 이를 기화로 주희의 학문을 위학(僞學), 곧 거짓 학문으로 공격하기 시작하여 그의 저작은 전부 금서가 되고 주자학을 배운 이들은 모두 해임되기에 이르렀다. 이것이 바로 위학의 금(禁)이다.

송대 이학

한대 이후 경학은 주로 훈고(訓詁) 위주의 '주소지학(注疏之學)'이었다. 그 속에는 사변(思辨)도 의리(義理)도 존재하지 않았다. 그러나 송유(宋儒)는 유가에서 우주의 질서이자 궁극의 도리인 어떤 것을 찾고자 했다. 주희는 그것이 바로 '이(理)'라 여겼다. 그에게 '이'는 우주에 하나만 존재하는 우주의 근원이자 최고의 범주였다. 그리고 그것은 실유(實有)의 기(氣)로 발현된다. 그럼으로써 비실체적이고 또한 비주체적이다. 그러나 그것은 만물의 양태를 결정짓는 일차적 요인이다. 분명 이는 앞서고 기는 뒤에 서지만 이 양자는 상호 의존하는 이유가 여기에 있다.

이렇듯 최고의 당위적 이념으로 무장된 이학은 일종의 이념주의이자 도덕주의이다. 이기론(理氣論)이 확대되면서 마음의 능동성이 사람의 정감과 욕망을 통제할 수 있다는 성정론과 천리(天理)를 발휘함으로써 상하적 질서를 바로세워야 한다는 정치론 등이 나오게 된다. 이렇게 우주, 사회, 인간 등을 존재론적으로 체계화시키고 사회, 인간의 당위적 존재 방식을 정치·도덕론적으로 논의했기 때문에 지식인들의 지식적 욕구와 관념의 향방에 절대적 영향을 끼칠 수 있었다. 그러나 이학은 멸인욕(滅人欲), 존천리(存天理)를 지나치게 추구함으로써, 그리고 추상적 관념론에 몰두함으로써 그후 적지 않은 폐해를 남긴 것 또한 사실이다.

당송팔대가(唐宋八大家)

당나라의 한유(韓愈)·유종원(柳宗元), 송나라의 구양수(歐陽修)·소순(蘇洵)·소식(蘇軾)·소철(蘇轍)·증공(曾鞏)·왕안석(王安石) 등 8명의 산문 작가의 총칭. 한유·유종원은 육조 이후 4·6변려체의 화려한 문장에 대하여 진한(秦漢) 이전의 고문으로 돌아가 유교적 정신을 바탕으로 간결하며 뜻의 전달을 지향하는 새로운 산문 운동을 전개하였다. 이것이 이른바 고문(古文) 운동이다. 이 운동은 획기적인 성과를 거두었지만 두 사람이 죽은 후에는 점차 기세가 약해졌다. 도덕 지향의 면이 지나치게 강조되어 문학의 원래의 기능을 무시했기 때문이었다. 그 반동으로 당나라 말기에서 오대십국에 걸쳐 탐미적 산문이 부활하였고, 북송(北宋) 시기에 이르러 구양수가 한유의 문집을 규범으로 하여 알기 쉽고 유창한 산문을 만드는 혁신 운동에 앞장서 이 운동으로부터 소순·소식·소철·증공·왕안석 등 우수한 문학가가 배출되었다. 당송팔대가라는 병칭(竝稱)은 송나라의 진서산(眞西山)이 처음으로 주창하였고, 뒤이어 당순지(唐順之)가 당나라와 송나라의 우수한 작가를 이 8명으로 묶어 산문선집『문편(文編)』에 수록하였으며, 다시 명나라의 모곤(茅坤)이『당송팔대가문초(唐宋八大家文鈔)』(160권)를 편집하여 보급하였다.

1205년 ▶ 테무친(鐵木眞) 군대, 제1차 서하(西夏) 침공.
1206년 ▶ 남송의 한탁주, 금나라 침공하여 전쟁. 몽고 부족을 통일한 테무친, 쿠릴타이에서 **칭기즈칸**으로 옹립. **몽고** 제국 성립.
1208년 ▶ 남송과 금, 또다시 화의. 칭기즈칸이 원정을 시작함.
1209년 ▶ 몽고군, 서하 공격(제3차).

■ 그 무렵 외국은…
1209년 잉글랜드, 케임브리지 대학을 설치함(1231년 공인). 런던교를 완성함. 프랑스, 프란체스코 수도회가 성립됨.

칭기즈칸

칭기즈칸

칭기즈칸(成吉思汗: 1162~1227)은 1162년 몽고족의 보르지기드씨에 속한 예쉬게이의 맏아들로 태어났다. 몽고(蒙古) 제국의 초대 황제이자, 원(元)의 시조(재위 1206~1227)이다. 이름은 테무친(鐵木眞), 묘호는 태조(太祖)이고, 시호는 법천계운성무황제(法天啓運聖武皇帝)이며, 칭기즈칸은 호이다.

1188년 몽고족의 부족장이 되어 몽고족을 통일했다. 1206년 오논 강변에서 대쿠릴타이를 열어 9개의 백기를 세우고 몽고의 대칸(大汗)에 즉위하여 칭기즈칸의 존호를 받았다. 그의 나이 44세였다. 그는 종래 몽고의 부족제 사회를 개혁하여 군사 편성의 단위인 백호(百戶), 천호(千戶)에 바탕을 둔 행정 조직을 만들고 통일 국가의 조직 체계를 확정지었다. 1205년부터 1209년까지 서하를 세 차례 공격하여 조공을 받아내고, 이후 송과 연합하여 금을 공략, 중도(中都)를 점령했다. 1218년 서요를 멸망시켰으며, 중앙아시아를 평정하고 유럽 동부와 이란 북부 등을 점령하여 세 아들(차가타이, 오고타이, 툴루이. 장남인 주치는 서방 원정 이전에 사망)에게 분봉했다. 1226년 재차 서하를 공격했으며, 1227년 서하가 항복하기 직전 육반산(六盤山 : 감숙성 청수현)에서 병사했다. 쿠릴타이가 소집되어 그의 셋째아들 오고타이가 카간(可汗 : 몽골어로 일국의 군주인 칸khan의 뜻)을 승계했다. 손자인 쿠빌라이에 의해 원 왕조가 성립된 뒤 태조로 추존되었다. 그후 칭기즈칸 일족은 '황금 씨족'으로 일컬어졌으며, 칸(khan)의 칭호는 그들의 전유물이 되었다. 몽고는 칭기즈칸에 의해 세계사의 전면에 나섰으며, 그 영향력은 지극히 컸다. 칭기즈칸은 몽고의 아들로 세상에 등장하여 세계를 변혁시키는 주역이 되었다.

몽고

몽고인이 중국사의 전면에 나서기 시작한 것은 칭기즈칸이 등장하여 금나라를 공략할 때부터이다. 이전까지 그들은 그저 몽고 고원에 살고 있는 새외(塞外) 민족으로 흔히 북적(北狄)으로 일컬어졌을 따름이다. 당나라 사람들은 그들을 몽올(蒙兀)이라고 불렀고, 돌궐족은 타타르라고 불렀다. 중국인이 말하는 달단(韃靼)이 바로 그들이다. 그들은 역사의 전면에 나서기 이전까지 씨족 사회에 속해 있었다. 계절에 따라 씨족 또는 동족으로 집합, 분산하면서 유목지를 공동으로 사용하여 아직까지 배타적 토지 사유권이나 사유 이익에 대한 관념은 없었다. 그러나 점차 부족제 사회로 발전하면서 강력한 권력 지배자의 존재로 지배 종속의 관계가 형성되고, 사적 소유권의 관념이 형성되기에 이르렀다. 그 첫번째 부족은 타이치우토부였다. 당시 보르지긴씨에 속해 있던 테무친은 타타르족에게 아버지가 독살당하고, 당시 패권을 쥐고 있던 타이치우토 부족에게 포로로 잡히는 등 온갖 고생을 다 하다가 끝내 잠하의 타이치우토부를 공략하여 동몽고를 차지한 뒤 서몽고에 있는 최대 부족 나이만을 멸망시킴으로써 몽고 전역을 통합할 수 있었다. 칭기즈칸은 부족 연맹을 결성하면서 씨족적 종속 관계를 일소하고 새로운 조직을 만들었다. 우선 투르크족의 군사 편성 단위를 바탕으로 10호, 100호, 1000호, 1만 호의 조직을

한족이 묘사한 칭기즈칸의 모습(위)
몽고 기마병의 모습(아래)

만들고, 이를 부족 연맹의 행정 단위이자 군사 편제로 개편했다. 천호의 수는 95개, 이를 지배하는 노얀(諾顏)은 전체 88명으로 새로운 부족 연맹의 유목 귀족의 자리에 올랐다. 한편 지속적인 침략 전쟁을 일으켜 몽고 기병은 아프카니스탄에서 인더스강까지, 카스피해에서 코카스산맥을 넘어 러시아 모스크바까지, 카스피해에서 남쪽으로 바그다드까지 휩쓸었다. 당시 유럽 사람들은 몽고인을 일컬어 타타르(Tatar) 대신에 '지옥'의 뜻인 타르타루스(Tartarus)를 썼다고 하니 그들이 몽고 기병들에 대해 얼마나 공포심을 지녔는지 알 수 있다. 전승으로 얻은 노예와 가축 등은 물론 노얀에게 나누어졌다. 이로써 단순한 행정상의 장이었을 뿐인 노얀은 유목적 봉건 영주가 되었다. 당시 이들이 받은 노예와 영읍은 투하(投下)라고 했다. 이렇게 몽고 제국은 봉건 영주의 집합으로 이루어진 국가가 되었다.

A.D.1210~1227년

1210년 ▶ 애국 시인 **육유** 사망.
1211년 ▶ 몽고 칭기즈칸, 금나라 친정.
1213년 ▶ 몽고군, 산동반도까지 침공.
1214년 ▶ 금나라 선종(宣宗), 몽고와 화의. 금, 개봉으로 천도.
1215년 ▶ 몽고군, 금의 수도 중도(中都: 연경燕京)를 공격하여 함락시킴.
　　　　야율초재, 칭기즈칸에게 투항.
1217년 ▶ 금, 남송 침공, 이후 계속해서 침입.
1218년 ▶ 고려, 몽고에 조공을 약속함.
1219년 ▶ 칭기즈칸, 서방 원정(~1224).
1224년 ▶ 송나라 영종(寧宗) 사망, 이종(理宗) 즉위.
1227년 ▶ 몽고, **서하**를 멸망시킴.

■ 그 무렵 외국은…
1215년 잉글랜드, 마그나카르타(대헌장) 제정. 프랑스, 도미니크 수도회가 정식으로 성립됨(1216년 승인).
1222년 헝가리, 안드레아스 2세가 「황금칙서」를 발표함.

육유

　육유(陸游: 1125~1210), 자는 무관(務觀)이며 호는 방옹(放翁)으로 산음(절강성 소흥紹興) 사람이다. 북송 말년에 태어나 패망하여 남쪽으로 쫓겨난 남송의 지식인이자 시인으로 우국충정의 대표적 인물이다. 소흥(紹興) 24년 진사에 장원 급제했으나 중원 회복을 강력히 주장하다가 당시 재상이던 진회의 미움을 사서 제명당했다. 진회가 죽은 뒤 효종 때 추밀원편수관(樞密院編修官) 등의 관직에 올랐으나 다시 항금(抗金) 상소를 올려 폄적되었다. 건도(乾道) 6년(1170) 기주통판(夔州通判)이 되어 고향 산음을 떠나 백제성이 있는 기주에 닿았는데, 그해 10월 6일부터 27일까지 22일간의 견문을 일기체 형식으로 쓴 『입촉기(入蜀記)』6권은 장강 삼협(三峽)에 관한 기행문의 백미로 일컬어진다. 그러나 역시 그의 주특기는 시가이다. 그는 중국 시인 가운데 가장 많은 시를 남긴 작가로 간주되고 있는데, 『검남시고(劍南詩稿)』85권에 수록된 9300여 수의 시가는 일부 담박한 풍격의 유유자적한 산수·전원 시가 있기는 하지만 현실을 개탄하고 의분을 토로하는 내용이 대부분이다. 임종할 때 자식에게 쓴 시 「시아(示兒)」에서 "죽으면 만사가 헛것임을 알고 있건만 구주(九州: 중국 천하)의 통일을 보지 못함을 비통해한다. 왕의 군대 북진하여 중원을 평정하는 날, 제사에 아비에게 고하는 것을 잊지 말아라" 하고 읊어 그가 애국 시인임을 다시 한 번 상기케 한다. 문학사에서 그는 신기질(辛棄疾)과 더불어 남송 사단(詞壇)의 대표적 인물로 손꼽히며, 황정견(黃庭堅)을 조사로 하는 강서시파(江西詩派)에 속하지만 나름의 독창성을 획득한 이른바 남송 4대가(우무尤袤, 양만리楊萬里, 범성대范成大, 육유)에 속한다.

야율초재

요나라 황족의 자손인 야율초재(耶律楚材, 1190~1244)는 자가 진경(晉卿)이며, 지리·역사·천문·의학 등 모르는 것이 없을 정도로 박학다식했다. 금나라 때 진사에 급제했으나 1215년 몽고군이 중도를 점령한 뒤 칭기즈칸에게 투항하여 그의 휘하로 들어갔다. 칭기즈칸은 오고타이에게 "야율초재는 하늘이 우리 집안에 내려주신 사람이니 모든 국정을 그에게 맡겨라"라고 말했다 할 정도로 신임을 받았다. 당시 몽고 기병은 공격하고 불지르고 도륙하며 약탈한 뒤 떠난다는 말이 있을 정도로 일단 공략한 뒤에는 완전 소탕을 위주로 했다. 또한 유목 생활에 젖어 있었기 때문에 처음 중원에 들어와 경작지를 보았을 때 이를 갈아엎고 목초지로 만들어야 한다고 우길 정도였다. 야율초재는 중원 사람으로 그 문화의 가치와 효용을 정확하게 알고 있었다. 농민을 통한 세수(稅收)가 얼마나 중요한지 오고타이에게 설명하고 호적 조사를 실시하도록 한 것도 그였다. 그는 철저하게 몽고 정권을 위해 중원의 문화를 되살리는 역할을 자임했다. 그럼으로써 몽고는 중원을 지배하는 또 다른 나라, 원을 세워 중국사에 한 획을 그었던 것이다. 원나라의 건국 공신으로 그는 소임을 다했다.

몽고 제국의 창업 공신 야율초재

서하

중국사에서 서하(西夏), 곧 탕구트(唐古特, Tangut)는 티베트계 민족이 세운 나라이다. 그들은 예전부터 사천성의 북부에서 청해성에 걸쳐 살고 있었는데 안사(安史)의 난 이후 토번의 압력으로 영하(寧夏), 감숙, 섬서 지역으로 동천했다. 황소(黃巢)의 난에 수장인 탁발사공(拓跋思恭)이 당나라를 도운 관계로 하국공(夏國公)에 봉해지고 이성(李姓)을 하사받았다. 서하는 고유의 문자를 지니고 있었다. 1036년에서 1038년간에 창제된 서하 문자는 한자의 자형을 모방하고 회의(會意), 형성(形聲) 등 한자의 합성 방법을 취했다. 서하 문자는 15세기 초엽까지 개별적인 지방에서 사용된 바 있다. 이원호(李元昊)는 부친 이덕명(李德明)의 뒤를 이어 탕구트족의 수장에 올라 송나라를 신하의 예로 대하는 것을 폐지하고 요와 우호 관계를 유지했다. 그는 국가 체제를 정비하고 군비를 증강시키는 한편 1034년 개운(開運: 이후 광민廣民으로 개원)으로 연호를 정했다. 하서(河西) 지방으로 진출하여 한나라 무제가 설치한 하서 4군을 판도에 넣고 1038년 황제라 칭하고 국호를 대하(大夏: 서하)로 정했으며, 흥경(興慶)에 도읍을 세웠다. 이후 송나라 변경을 침략하여 전공을 올렸으나 송과 요의 관계가 개선되면서 양국은 화약을 맺고 예전처럼 서하가 신종하는 대신 비단 13만 필, 은전 5만 냥, 차 2만 근 등의 세폐(歲幣)를 받게 되었다.

서하의 능묘에서 출토된 유물. 양(위)과 면구(面具)(아래)

A.D.1227~1234년

1227년 ▶ 몽고 칭기즈칸 사망. 오고타이, 칸 즉위.
전진교 도사 구처기(丘處機) 사망.
1231년 ▶ 몽고군 장수 살리타(撒禮塔), 고려 침입.
1233년 ▶ 남송과 몽고군, 채주(蔡州) 포위.
1234년 ▶ 몽고와 남송 연합군 공격으로 금나라 애종(哀宗) 자살하고 **금나라 멸망**. 남송군, **삼경활롱** 탈환을 위해 개봉·낙양에 입성.

■ 그 무렵 우리는…
1231년 고려, 몽고의 제1차 침입.
1232년 몽고의 제2차 침입.
1234년 고려, 세계 최초 금속활자로
『상정고금예문』 인쇄.

■ 그 무렵 외국은…
1227년 유럽, 제5차 십자군 원정을 시작함.

전진교

전진교(全眞敎)는 몽고 지배하의 원나라에서 크게 흥성한 도교 종파로 그 시작은 구처기(丘處機: 1148~1227)의 칭기즈칸 알현에서 비롯된다. 『원사(元史)』「석로전(釋老傳)」에 보면, 구처기가 18명의 제자들을 이끌고 "10여 국을 지나 수만 리를 걸었다. … 곤륜에서 4년이라는 세월을 걸어 비로소 설산에 도달하였다"고 적고 있다. 구처기가 이토록 험한 고난을 마다 않고 마침내 칭기즈칸을 알현했을 때, 구처기는 그에게 "살생하지 않음으로써 천하를 통일하고" "마음을 깨끗이 하고 욕심을 적게 함으로써 장생의 도를 행하시라"는 말을 전했다고 한다. 칭기즈칸은 구처기를 '구신선(丘神仙)'으로 칭하고, 조서를 내려 구신선이 수행하는 사원에서 경을 읽고 하늘에 고사를 지내는 사람들은 모두 부역과 조세를 면제받을 수 있도록 하였다. 이후 구처기가 연경으로 돌아온 후 몽고 행성(行省)의 청을 받아들여 대천장관(大天長觀: 태극궁. 이후에 장춘궁으로 개칭)에서 거주하게 되었다. 구처기는 이렇듯 든든한 절대 권력의 비호 아래 득의만만하였고, 그의 전진교 역시 기존의 대도교(大道敎)나 태일교(太一敎)를 압도하고 북방 도교의 새로운 정점으로 거듭 태어나게 되었다. 원대 대도(大都)에는 만수궁, 천보궁, 통현궁, 장춘궁 등 52개의 궁과 70개의 관이 있었다. 매년 정월 15일과 7월 15일, 10월 15일(삼원일三元日)에는 도교에서 가장 성대한 황록대초의(黃籙大醮儀)가 거행되어 그 위세를 더하였다고 한다. 그러나 원 왕조가 중국을 통일한 이후에는 남방의 오래된 도교 정일파(正一派)가 갑자기 부상하여 신속하게 늘어나면서 전진파의 기세를 초월하기 시작하였다. 전진교는 천박하고 음란한 풍조에 빠진 기존의 도교에서 완전히 벗어날 것을 주장하는 한편, 청정과욕(淸淨寡慾)과 보정양신(保精養神) 등을 지향하였으며, 엄격한 계율을 신도들에게 요구하여 대체적으로 사대부의 흥취에 부합되었다. 이는 당시 세속 사람들에게 영합한 정일파와 다른 점이다.

금나라 멸망

원나라 태조 칭기즈칸이 즉위 6년(1211)에 금나라 북변 3도에서 남하하여 산동과 하북의 여러 군들을 공략하고 마침내 중도(中都: 북경)에 도달하자, 금나라 선종(宣宗)은 위소왕(衛紹王)의 딸 기국(岐國) 공주와 동남동녀 500명, 말 3000필, 그리고 금과 비단을 보내 강화를 요청했다. 칭기즈칸이 이를 허락하여 잠시 소강 상태가 되자 이 기회를 틈타 금나라 조정은 하남의 변경(汴京)으로 천도하여 군호(軍戶)를 포함한 주민들을 강제로 남방으로 옮겼다. 한편 하북과 하동에는 여전히 지방관이 배치되어 잔류 군대를 통솔하고 의군을 모집하여 몽고군에 대항했다. 그러나 속셈을 알게 된 몽고군이 재차 공략하여 중도는 1년 만에 함락되고 만다. 이렇게 중앙 집권 국가였던 금나라는 각 지역에 여러 세력들이 할거하는 국면을 맞이하게 되었다.

당시 금나라의 촌락은 주로 집촌(集村) 형식이었다. 대략 50호 정도였는데, 자체 방위를 위해 인근의 촌락과 협조했으나 이것만으로 왕조 말기의 심각한 치안 부재의 상황을 타파할 수 없게 되자 점차 지방 행정 구획의 최저 단위인 현에 자진 통합하면서 할거의 기반을 마련했다. 금나라 정권은 지역의 할거 세력을 통합시킬 역량이 없었고, 또한 이들 할거 세력만을 가지고는 정기적으로 가을에 침입하여 봄이면 돌아가는 몽고의 기병을 막을 수 없었다. 이런 상태에서 1217년 목화려(木華黎: 무하리)가 북중국을 지배하는 주둔 사령관에 임용되어 본격적인 중원 경영에 나서자 몽고군에 투항하는 이들이 점차 많아졌다. 게다가 당시 몽고군은 2만 3000여 명으로 절대적으로 부족한 상황에서 투항한 이들의 기반을 인정할 수밖에 없었기 때문에 투항자는 더욱 많아졌다. 이로써 금나라는 더 이상 버티지 못하고 1234년 송나라와 협력한 몽고군에게 멸망하고 말았다.

삼경팔릉 수복전 — 남송과 몽고의 격전 시작

남송에게 금나라는 휘종과 흠종을 포로로 잡고 결국 죽음에 이르도록 한 불구대천의 원수이자, 황릉을 포함하여 자신들의 땅을 무단으로 차지하고 있던 적국이었다. 몽고가 금나라를 침공하자 남송이 이에 협조한 것은 당연한 일이었다. 그러나 불행하게도 남송은 몽고가 어떤 나라인지, 도대체 무슨 생각으로 금나라를 공략했는지도 정확히 모르고 있었다. 그리고 결정적으로 자신들의 힘이 어느 정도인지도 모르고 있었다. 금나라가 멸망했을 때 송나라 조정에는 주자학자가 등용되어 예의 명분론이 중시되면서 주전론(主戰論)이 새삼 고개를 들기 시작했다. 국자학록(國子學錄) 출신으로 이종(理宗)의 고문 역할을 맡았던 재상 정청지(鄭淸之)는 연합군인 몽고와 협약도 없이 무조건 출병하여 삼경팔릉(三京八陵), 즉 변경, 낙양 귀덕(歸德: 송대 응천부應天府,

A.D.1236~1251년

1236년 ▶ 몽고, 중통원보 교초(交鈔) 발행. 회하 이북에서 호구 조사 실시. 다루가치(達魯花赤: 행정 관서의 장관) 제도 일반화. 오고타이(태종), 제2차 서정.
1237년 ▶ 몽고, 역마 제도 통일. 남송의 맹공(孟珙), 몽고군 격파.
1240년 ▶ 『몽골비사(Mongolyn nuuts tovchoo)』가 집필됨.
1241년 ▶ 색목인(色目人)에 의한 징세 청부제 실시. 태종 오고타이 사망.
1245년쯤 ▶ 『창랑시화』의 저자 엄우 사망.
1251년 ▶ 몽케 즉위(헌종). 쿠빌라이, 막남한지(漠南漢地) 대총독이 됨.

■ 그 무렵 우리는…
1236년 고려, 팔만대장경 조판에 착수 (~1251).

■ 그 무렵 외국은…
1237년 이베리아 반도, 알함브라 궁전을 착공함.
1241년 신성로마제국, 한자동맹 성립.

지금의 상구시商丘市. 고종 조구趙構가 이곳에서 즉위했기 때문에 남송의 성역에 속했다)을 수복할 것을 주청했다. 마침내 20만의 대군이 출전하여 이미 몽고군이 휩쓸고 간 개봉에 무혈입성하고 다시 황폐해진 낙양 또한 그저 들어갔다. 그러나 남아 있는 것은 옛 영화의 흔적뿐이었다. 이윽고 맹약을 어기고 개봉과 낙양을 공략했다는 힐책과 함께 몽고군이 남하하기 시작했다. 이후 몽고와 남송은 전쟁 상태로 돌입하게 되며 끝내 남송의 멸망으로 이어진다. 스승 정청지로부터 주자학을 정통적으로 배운 이종, 묘호마저 주자학의 근본 개념인 '이(理)'에서 따온 그는 주자학으로 말미암아 남송의 명맥을 좀더 유지할 수 있는 기회를 놓친 셈이 되었다.

『창랑시화』

『창랑시화(滄浪詩話)』의 저자 엄우(嚴羽: 1195~1245쯤)는 자가 단구(丹丘) 혹은 의경(儀卿), 호는 창랑포객(滄浪逋客)이며, 소무(邵武: 복건성) 출신이다. 평생 벼슬을 하지 않았으며, 30대에 난리를 피하여 동정과 소상 지방으로 피난한 2년과 30대 후반에 오월 지방을 3년간 방랑한 것을 제외하고 평생을 고향에서 보냈다. 그는 148수의 시가를 수록한 『창랑집(滄浪集)』과 송대 시화로 가장 정평이 나 있는 『창랑시화』를 남겼다. 구양수의 『육일시화(六一詩話)』에서 처음으로 명명된 시화는 일종의 시가에 관한 한담(閑談)으로 시작되어 문단의 뒷이야기나 사실에 대한 고증, 교감(校堪) 등이 위주였다. 그러나 북송 중엽부터 학문적인 이론을 전개하는 『석촌시화(石村詩話)』 등이 나타났으며, 남송 중엽부터는 장계(張戒)의 『세한당시화(世寒堂詩話)』나 강기(姜夔)의 『백석도인시설(白石道人詩說)』, 엄우의 『창랑시화』 등 시가의 원론적인 문제와 비평을 다루는 본격적 시화가 등장하기에 이른다.
엄우의 『창랑시화』는 시변(詩辨), 시체(詩體), 시법(詩法), 시평(詩評), 시증(詩證)

등 다섯 부문에 권말 부록으로 「여오경선론시서(與吳景仙論詩書)」가 붙어 있는 최초의 체계화된 시화이다. 그는 시의 도는 '묘오(妙悟)'와 '흥취(興趣)'에 있다고 보고, 논리적이고 구조적인 것을 배제하여 이른바 '이론의 길을 다니지 말고, 말의 통발에 빠지지 말 것(不涉理路, 不落言筌)'을 강조했다. 또한 '텅 빈 공중의 소리, 모습 속의 색, 물 속의 달, 거울 속의 형상(空中之音, 相中之色, 水中之月, 鏡中之象)'과 같은 여운을 중시할 것을 강조했다. 이는 소식, 황정견 이후 이른바 강서시파의 의론 위주의 시풍에 대한 비판을 동반한 것이었다. 이외에 그는 당시(唐詩)를 4분기(초初·성盛·중中·만晩)하여 특히 성당(盛唐)의 시가를 배울 것을 요구했으며, 시를 짓는 데는 별도의 재주가 필요하다는 '시유별재(詩有別才)'설 등을 제시했다. 그의 시론은 명·청대의 격조설(格調說), 신운설(神韻說), 성령설(性靈說) 등에 커다란 영향을 끼쳤다.

몽케

칭기즈칸의 뒤를 이어 오고타이가 1227년 칸의 자리에 올랐다(태종太宗). 그는 1236년의 대규모 러시아 원정 등을 통해 광활한 러시아를 넘어 폴란드와 헝가리 등 동유럽을 유린했으며, 그 와중에 사망했다. 그의 뒤를 이은 장남 구유크(정종定宗)는 재위 3년 만에 죽고, 칭기즈칸의 장남 주치 집안의 가장인 바투(拔都)의 소집으로 쿠릴타이가 열려 몽케(蒙哥)가 칸의 자리에 오른다(헌종憲宗). 몽케는 오고타이가 아닌 태조의 막내아들 툴루이(拖雷)의 아들이었다. 그의 즉위에 대해 태종계, 곧 오고타이 사람들이 언짢게 생각한 것은 당연하다. 이에 그는 자기 가문의 영향력을 확대하기 위해 일단 정종의 황후와 오고타이의 셋째아들 구츠의 아들인 시라문을 살해하는 등 오고타이 가문을 몰락시키는 한편, 자신의 동생들을 최고 책임자로 삼아 대외 원정을 시도했다. 그는 동생 홀라구(旭烈克)를 통해 서아시아의 완전 병합을 위한 원정으로 페르시아를 공략하여 일한국(伊兒汗國)을 세우게 했고, 동생 쿠빌라이(忽必烈)를 '막남한지대총독(漠南漢地大總督)'에 임용하여 토번(吐蕃)으로부터 사천을 공략하고 운남의 대리국(大理國)을 병합시키는 한편 안남을 정벌하여 남송의 포위망을 형성토록 했다. 몽케는 이후 만주에서 고려를 침략한 뒤 다시 남송을 공격하던 중, 1259년 사천성 합천 부근의 조어산(釣魚山)에서 병사했다. 그리고 다시 후계자 문제로 툴루이 가문은 내분이 일어났다. 그의 죽음은 몽고 제국의 분열과 팽창의 중지라는 중요한 의미를 지닌 사건이었다.

A.D.1253~1260년

1253년 ▶ 쿠빌라이, 대리(大理)를 멸하고 티베트 정복.
1254년 ▶ 도교와 불교의 논쟁에서 도교가 물러섬.
1257년 ▶ 금나라 문학가 **원호문** 사망.
1258년 ▶ 몽고, 송나라 침공—헌종은 사천, 쿠빌라이는 호북을 공략.
1259년 ▶ 몽고, 헌종 사망. 가사도(賈似道), 몽고에 굴욕적 화친—**악주 화 약.**
1260년 ▶ 동생 아리크부가(阿里不哥), 카라코룸(和林)에서 칸에 등극하여 서로 갈등을 일으킴으로써 **몽고 제국 분열. 쿠빌라이 칸** 즉위. 상도 (上都)에 도읍.

■ 그 무렵 우리는…
1253년 고려, 삼별초가 전주에서 몽고 격파.
1254년 고려, 몽고의 제5차 침입.
1257년 고려, 몽고의 제6차 침입.

■ 그 무렵 외국은…
1253년 일본, 니치렌(日蓮)이 법화종 (法華宗)을 개창함.

원호문

금나라는 요가 통치한 중원을 이어받아 120년 동안 북방을 통치한 여진족 정권이 었다. 야만스럽다고 하여 생여진이라 불리던 과거가 있었지만 그들이 건국한 금나라 는 중국사에서 어느 이민족 정권보다 찬란한 문화를 꽃피웠다. 그들에게는 그들 고유 의 문자가 있었으며, 무엇보다 원호문(元好問: 1190~1257)이란 문호(文豪)가 있어 더 욱 빛났다. 원호문의 자는 유지(裕之), 31세에 진사에 급제하고 현령을 거쳐 최립이 세운 개봉의 임시 정부에서 잠시 좌우원외랑(左右員外郞)에 올랐다. 그러나 곧 몽고 군이 입성하면서 요성(聊城)으로 유폐되었으며, 그곳에서 금나라의 최후를 맞이했 다. 이후 그는 금나라의 문화 업적을 남기기 위한 작업에 몰두하여 200여 명의 금나 라 시인들의 약전과 시가를 수록한 『중주집(中州集)』을 비롯하여 『임진잡편(壬辰雜 編)』『남관록(南冠錄)』등을 저술했다. 비록 사서의 대부분은 일실되었지만 『금사(金 史)』의 기록은 그에게 의지한 바 적지 않다고 한다. 그가 쓴 「논시절구(論詩絶句)」 30 수는 한위(漢魏) 이래 시가를 체계적으로 논평한 시 형식의 비평인데, 건안(建安) 시 풍을 따를 것을 주장하고 있다.

악주 화약

몽케와 쿠빌라이, 그리고 쿠빌라이의 부장 우량하타이를 주전으로 한 몽고의 벌송 군(伐宋軍)은 서남쪽에서 발진하여 사천을 공략하고 그곳에서 남송의 심장부인 항주 로 진격하기로 했다. 그러나 몽케의 죽음으로 쿠빌라이는 가사도(賈似道)와 화의를 맺고 악주(鄂州)에서 개평부(開平府: 상도上都)로 철수했다. 난데없는 전공에 가사도 는 재상의 자리에 올랐다. 중국 사가들은 악주 화약(和約)을 굴욕적인 것이라 하여 그 책임자로 가사도를 지목하고 그를 「간신전」에 넣었다. 그러나 당시 그는 난데없는 전공으로 재상 자리에 올라 16년간 봉직하면서 내치에 힘쓰는 한편 공전법(公田法) 등을 통해 경제력을 강화시켰다. 공전법은 군량 확보를 위해 200무(畝) 이상 되는 토지의 3분의 1을 정부가 사들여 공전으로 삼고 군량 조달에 활용하기 위함이었다. 정부가 땅값으로 지불하는 회자(會子: 송나라 지폐)의 시세가 하락하여 물가의 인플레이션을 초래하고 특히 대지주들의 강력한 반발이 있었지만 이를 통해 국가 재정이 좀더 튼튼해졌다. 한편 쿠빌라이는 막내동생 아리크부카(阿里不哥, ?~1266)에게 항복을 받아내는 한편 국호와 연호를 제정하는 등 중원 국가로서의 내실을 기하고 있었다. 이제 본격적인 격전을 앞두고 잠시 소강 상태로 마치 태풍의 눈에 있음과 같았다.

몽고 제국 분열 ― 두 개의 태양

태조 칭기즈칸부터 태종, 헌종에 이르기까지 몽고 제국은 칭기즈칸에게 속해 있는 씨족 전체의 재산으로 간주되었고, 당연히 일족은 가산을 분배받을 자격과 권한이 있었다. 이미 몽고 제국은 계속되는 정복 전쟁을 통해 제국의 판도가 극대화되었고, 칭기즈칸부터 이미 토지와 백성을 자신의 자제들에게 나누어주는 관례가 있었기 때문에 몽고는 각기 분봉된 일종의 몽고식 봉건제를 유지하고 있었다. 제국이 이처럼 비대해진 상태에서 정치·경제적인 통합은 불가능했으며, 분봉을 통한 상호 배타적 관계 형성은 특히 칸(汗)의 자리가 가산의 상속·분배 등과 직접적인 연관이 있는 문제로 부각되면서 심각한 내부 갈등과 혼란으로 표출되고 형제간의 권력 다툼이 살육으로 이어지게 되었다. 특히 몽케(헌종)의 죽음 이후 몽고 제국은 심각한 분열의 양상을 보이기 시작했다. 몽케가 사망하자 태종계의 사람들은 그의 막내동생인 아리크부카를 추대하여 몽고 본지의 카라코룸에서 황제 계승을 위한 조치를 취하기 시작했다. 이에 당시 호북성 무창에 있던 쿠빌라이는 남송과 일시 휴전하고 1260년 봄 개평(開平)에서 쿠릴타이를 열어 황제에 즉위했다. 카라코룸의 아리크부카 역시 쿠릴타이를 통해 칸이 됨으로써 몽고 제국은 내전의 소용돌이에 빠지기 시작했다.

1260년 싸움은 싱겁게 쿠빌라이의 승리로 끝났다. 그러나 제국은 분열되었다. 태종계 사람들이 여전히 쿠빌라이를 인정하지 않았기 때문이다. 태종의 손자인 하이두(海都)의 호소로 킵차크한국, 차가타이한국 등이 쿠빌라이에게 등을 돌렸으며, 그들은 각기 독립을 선언했다. 킵차크한국은 모스크바와 키예프, 러시아 대부분의 영토를 차지했으며, 일한국은 동쪽으로 아프카니스탄의 변방에서 서쪽으로 이라크 변방까지, 차가타이한국은 중국의 신강성 일부를 포함한 중앙아시아, 오고타이한국은 그 북쪽 지방을 차지했다. 결국 원조의 쿠빌라이는 중앙아시아 지역을 모두 상실하고 몽고

1264년 ▶ 행중용성(行中庸省), 총제원(總制院) 설치. 과거제 폐지, 천전법
(遷轉法) 실시. 몽고, 연호를 지원(至元)으로 바꾸고 국호를 대원
(大元)으로 정함.
1267년 ▶ 쿠빌라이, 중도(中都)로 천도하고 대도(大都)로 개칭. 이란인 자
말 알딘(札馬剌丁, Jamal al-Din)을 시켜 혼천의(渾天儀), 천성요
기(天星曜器) 등 천체 관측기 제작. 회회사(回回司), 천대관(天臺
官)을 설치. 몽고, 남송과 격전. 행추밀원 설치.
1269년 ▶ 몽고, 몽고신자(蒙古新字: **파스파 문자**) 창제.
1271년 ▶ 몽고, 국호를 원(元)이라 정함. **역참 체계 확립**.

■ 그 무렵 우리는…
1270년 고려, 개경 환도, 삼별초의 대
몽 항쟁.

■ 그 무렵 외국은…
1270년 유럽, 제7차 십자군 원정을 시
작함.
1271년 이탈리아, 마르코 폴로가 동방
으로 여행을 시작함.

와 중국만을 지배하게 되었다. 그리고 그들과의 계속되는 갈등 속에서 몽고 제국은
영원히 분할되었다.

쿠빌라이 칸

칭기즈칸의 손자이자 몽골 제국 제5대 칸으로 중국 원
나라의 시조가 된 그는 재위 기간 36년 동안 원나라 다른
황제들이 결코 할 수 없었던 많은 일을 했다. 중국 공략을
위해 일찍부터 중원의 문화에 관심을 가졌던 그는 휘하에
유병충(劉秉忠), 요추(姚樞), 허형(許衡) 등 성리학에 정통
한 문사들을 통해 한족을 다스리는 데 필요한 예비 지식
을 습득하였다. 그가 1253년 성리학자 왕순(王恂)에게 자
신의 맏아들 친킴(眞金)의 교육을 맡긴 것 역시 같은 의도

쿠빌라이 칸

였다. 그는 형인 몽케 칸이 사망한 후 칸의 자리를 계승하려던 막내동생 아리크부카
와 정권 싸움에서 승리한 후 중국 땅 대도(大都: 북경北京)에 자신의 제국을 건설하고,
중앙집권식 관료 국가를 건설하였다. 그는 1271년 『역경(易經)』의 '대재건원(大哉乾
元)'에서 대원(大元)을 따서 국호를 정하고, 연호를 지원(至元)으로 바꾸었다. 이로써
그는 중원 왕조의 정통성을 잇는 중원의 황제가 된 것이다. 남송을 평정한 그는 이후
고려, 일본, 베트남, 미얀마, 등에 대한 공략을 통해 동아시아 전역을 통치하는 대제
국의 황제가 될 꿈을 버리지 않았다. 쿠빌라이(Qubilai)의 묘호는 세조(世祖: 재위
1260~1294)이다. 이는 그에 의해서 원나라가 새롭게 시작되었음을 뜻함과 동시에 태
조 칭기즈칸의 세계 제국이 아닌 동아시아의 중국 황제로 국한된다는 뜻도 담고 있

다. 그러나 그는 중국을 발판으로 동아시아의 군주로 자리를 잡아가고 있었다. 문화적으로 몽고신자인 파스파 문자를 창제한 것도 그의 치세 기간이었고, 베니스 사람 마르코 폴로가 찾아온 것도 바로 그때였다.

파스파 문자

쿠빌라이는 지원 6년(1269) 자신의 스승인 파스파가 창제한 문자를 '몽고신자(蒙古新字)'로 명명하고 정식으로 반포하였다. 이듬해 몽고자로 개칭된 이 글자는 원조의 나랏말이 되었다. 자모(字母)는 주로 장문(藏文)으로 만들었으며, 소수의 범문(梵文)과 새롭게 만든 자모를 활용하였다. 자모의 형태는 방형(方形)이며, 41개였다가 계속 증가하여 변체자까지 포함하여 57개에 이르렀다. 파스파 문자는 음소(音素)를 표음 단위로 하여 자모를 원음과 보음(補音)으로 나누었으며, 정체(正體)와 전체(篆體) 두 가지로 만들어 전체는 주로 관방 인장에 사용하였다. 원조 관방 문자로 사용되면서 지원 6년 반포된 조서에 따라 모든 문자를 파스파 문자로 번역하는 작업이 대대적으로 이루어졌다. 번역된 언어는 몽고어 이외에도 한어, 장어, 범어 등 많았다.

파스파(八思巴) 문자로 성씨를 기록한 『백가성(百家姓)』. 파스파 문자는 파스파가 원나라 세조 쿠빌라이의 명을 받아 만든 몽골어용 문자.

역참 체계의 확립

원나라는 천하를 통일한 후 광활한 강역을 다스리기 위해 교통망을 확립하는데 심혈을 기울였다. 특히 대도를 중심으로 사통팔달의 역도(驛道)를 건설하여, 동북쪽으로 흑룡강, 서쪽으로 일한국과 킵차크한국, 서남쪽으로 운남, 서장까지 이르렀다. 아울러 전국 각지에 1,500여 곳의 역참(驛站)을 개설하여 군사, 정치적 목적에 이용함으로써 중앙집권 통치체제를 확고하게 다질 수 있었다. 특히 긴급한 문서일 경우에는 보통 10리, 15리, 20리마다 역참을 두고 포졸(鋪卒) 5~16명을 두어 전달했는데, 규정에 따르면 하루에 400리를 가야만 했다고 한다. 주된 교통수단은 말이었으나 이외에 소나 개를 동원하기도 했고, 수참(水站)이라고 하여 배를 이용하는 곳도 있었다.

몽고의 고려 침입

1231년 살리타이가 이끄는 몽고군이 첫번째로 고려를 침략했다. 살리타이는 고려 장군 박서(朴犀)와 귀주에서 접전하여 어려움을 겪었으나 결국 서경을 비롯한 서북 지방 14곳에 다루가치(達魯花赤)를 설치하는 것 등을 주된 내용으로 한 강화 조약을 맺고 철수하였다. 이후 최우(崔瑀)의 무신 정권이 강화도로 천도하고 몽고에 대한 항전태세를 갖추자 다시 침공하여 살리타이가 전사한 후 철수했다. 몽고의 고려 침공은 1273년 삼별초(三別抄) 항쟁이 끝날 때까지 지속적으로 이루어졌으며, 이로 인해 고려는 전국토가 몽고군의 말발굽에 유린되는 참상을 겪어야만 했다. 1271년 원나라가 성립된 이후로 고려는 원의 속방으로 온갖 고초를 겪다가 1369년 원나라 연호를 폐지함과 동시에 공식적인 외교 관계를 정리했다.

몽고 문자(상)와 티베트 문자(하)로 씌어진 『팔천송반야(八千頌般若)』경전

제7장 원(元)

　　1206년 대몽고 제국을 건립한 칭기즈칸은 활발한 해외 정복 전쟁을 통해 아시아와 유럽에 4개의 대한국(大汗國)을 세웠다. 그리고 1271년 손자 쿠빌라이가 오래 전부터 눈독을 들이고 있던 중원 땅을 정복하기 위해 새로운 제국 원(元: 1271~1368)을 세우고, 이듬해 대도(大都)로 천도하였다. 1279년 원나라 군대는 남송을 멸망시킴으로써 오대에서 남송까지 370여 년에 걸친 중원의 혼란을 일시에 종식시켰다.

　　원 왕조는 중앙을 중서성·추밀원·어사대로 나누고, 지방을 10개의 중서성(中書省: 행성)으로 구분하여 통치 체제를 완비하였다. 정복 왕조로서 면모를 그대로 지니고 있었던 원 왕조는 이미 건국 이전에 세 차례에 걸친 서정(西征)을 통해 대리(大理)를 멸망시켰고, 건국 이후에도 서쪽으로 미얀마와 안남을 공략하고, 동쪽으로 고려를 정벌하였으며, 비록 실패로 끝났지만 일본까지 속국으로 만들려는 야욕을 숨기지 않았다. 또한 몽골족의 전통을 그대로 존속시키고자 했던 원 왕조는 인종 구분에 따른 등급 제도를 실시하였으며, 이로써 한족 사인(士人)의 기반을 무너뜨리는 효과를 보았다. 그러나 이는 민족과 계급 간의 첨예한 모순을 낳아 결국 원 왕조 멸망의 도화선이 되었다. 정권의 언저리에서 쫓겨난 한족 지식인들은 자신들의 역량을 발휘할 공간을 잃어버린 셈이었다. 그렇지만 이는 원나라 시기의 새로운 희극인 잡극(雜劇)의 발전을 촉발하는 계기가 되기도 했다. 후기로 넘어오면서 10년간 다섯 명의 황제가 바뀌는 등 혼란을 거듭하다가 홍건적의 난을 포함한 농민 기의(起義)로 중앙의 통제력을 상실한 원 왕조는 결국 주원장(朱元璋)이 건립한 명나라의 군대에 의해 멸망하고 말았다. 원 왕조의 잔존 세력은 자신의 본토로 쫓겨나 명맥을 유지하였다.

A.D.1271~1276년

1271년 ▶ 몽고 쿠빌라이, 국호를 대원(大元)으로 개칭. **원조(元朝) 시작** (수도 대도大都: 지금의 북경)
1274년 ▶ 몽고군, 좌승상 바얀(伯顔)의 통솔하에 수륙으로 남송 공격. 남송, 도종(度宗) 사망하고 공종(恭宗) 즉위. 몽고군, **일본 원정.**
1275년 ▶ **마르코 폴로**, 대도에 도착하여 원 세조 쿠빌라이 알현.
1276년 ▶ 원, 남송의 임안(臨安)을 함락시키고 공종 납치함.

■ 그 무렵 우리는…
1273년 고려, 김방경과 원나라의 장수가 탐라 공격.
1274년 고려, 원나라와 연합한 일본 정벌 실패.

원조

1234년 칭기즈칸의 뒤를 이은 오고타이가 금을 멸망시키고 1253년 몽케 정부가 들어서서 대리(大理)를 멸망시켰다. 1260년 쿠빌라이가 즉위하고 1267년 대도(大都: 칸발리크Khan baliq, 칸의 큰 도시라는 뜻)에 도읍을 정했으며, 1271년 국호를 원(元)이라 정했다. 1206년 칭기즈칸이 몽고 제국을 세운 이후 65년 만의 일이다. 1279년 쿠빌라이는 남송을 멸하고 전국을 통일시켰다. 몽고인 이외에 색목인(色目人: 터키, 이란, 아라비아 등 서역 종족들을 이르던 말)의 역할이 커지면서 이와 반대로 한인, 특히 남송인들은 국토를 빼앗긴 설움을 되새겨야 했다. 그러나 원조를 통해 상업은 더욱 발전하고 일반 시민 계층의 지위도 크게 상승하였다. 순제(順帝) 지정(至正) 11년(1351) 홍건적(紅巾賊)의 난이 발생하는 등 말기에 접어들면서 내부 모순이 격화되다가 지정 28년 주원장(朱元璋)이 대도를 점령하고 명(明)나라를 건국함에 따라 98년간 11명의 황제가 재위했던 중원의 원나라는 사라지고 남은 몽고인들은 막북을 향했다.

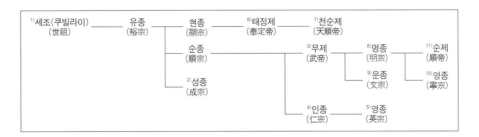

일본 원정

원나라 원정군은 고려군과 함께 1274년 800척의 전함에 2만 5천 명의 병력으로 일본을 쳐들어 갔다. 연안의 작은 섬을 점령한 후 11월 20일 규슈의 하카타(博多)에 상륙하였으나 태풍이 원정군의 함대를 쓸어버려 1만 3000명 이상이 익사하고 결국 후퇴하였다. 남송 멸망 후 1281년 몽고와 고려 연합군 4만, 전함 900척, 남방에서는 송의 항장 범문호(范文虎)가 3500척, 한족의 10만 병사로 절강 주산도(舟山島)에서 출발하여 전투는 6, 7월까지 지속되었고 8월에 다시 태풍으로 전함이 침몰되었다. 하카타 만에 있는 원구총(元寇塚)은 당시의 패배를 증거하고 있다. 해전에 경험이 없는 기병 부대의 무력함이 여실히 증명된 전쟁이었다. 그후 1285년 3차 원정이 계획되었으나 다음해 '백성들의 고통을 줄여준다'는 취지 아래 갑작스런 원정 중지의 조서가 발표되면서 더 이상 원정은 없어졌다.

「몽고습래회사(蒙古襲來繪詞)」. 일본 장수에게 화살을 쏘아 떨어뜨리는 모습을 그린 그림.

마르코 폴로

중통(中統) 원년(1260) 베니스의 보석 상인인 니콜로 폴로와 마테오 폴로 형제가 장사를 목적으로 동방 여행을 떠났다. 그들은 쿠빌라이의 여름 궁전이 있는 상도(上都)에 도착하여 쿠빌라이를 알현했다. 쿠빌라이는 그들에게 유럽의 정세를 물어보는 한편 그들을 몽고 대사의 조수로 삼아 로마 교황청으로 보냈다. 1271년 그들 형제는 아들 마르코 폴로를 데리고 교황청에서 파견한 두 명의 전교사와 함께 다시 몽고로 향했다. 도중에 선교사들은 험한 여정 때문에 중도에 포기하고, 나머지 세 사람만 고대 비단길을 따라 파미르 고원을 넘고 하서주랑(河西走廊)를 거쳐 지원(至元) 12년(1275) 마침내 대도에 도착했다. 마르코 폴로는 원나라에서 17년간 거주하였는데, 총명하고 언변이 뛰어나 쿠빌라이의 신임을 얻어 운남과 강남을 시찰하고, 양주에서 3년간 지방관으로 복무하기도 했다. 1291년 봄 그는 쿠빌라이가 교황과 영국, 프랑스 국왕에게 보내는 서신을 가지고 아르군 칸의 사자(使者)와 함께 배편으로 귀국 길에 오른다. 1295년 베니스에 도착한 그는 옥에 갇히는 신세가 되었으나, 옥중에서 『동방견문록(東方見聞錄)』을 저술하여 유럽 사람들에게 동방의 대국 원나라를 소개함으로써 큰 반향을 일으켰다.

마르코 폴로

A.D.1278~1287년

1278년 ▶ 남송의 단종(端宗) 사망. 말제 조병(趙昺 : 상흥제祥興帝) 즉위.
1279년 ▶ **남송 멸망**—남송, 애산(厓山) 전투에서 패배하고 광왕은 투신자살함. 바얀, 공종을 포함한 황족을 포로로 삼아 연경으로 귀환.
1281년 ▶ 원·고려 연합군, 제2차 일본 원정.
1282년 ▶ **문천상** 옥사. 원, 금각법 실시. 강남미를 나르기 위해 해운 시작.
1283년 ▶ 술·소금의 밀조, 밀매 엄금. 광동·복건에서 민란 발생.
1287년 ▶ 원, 안남(安南) 재차 정벌. 원, 버마의 파간 공격. **지원통행보초
　　　　발행**. 국자감 설치.

■ 그 무렵 우리는…
1279년 고려, 도병마사를 도평의사사
　　　　로 고침.
1282년 고려, 정동행성을 폐지함.

■ 그 무렵 외국은…
1280년 미얀마, 통구 왕조가 성립됨.
1282년 신성로마제국, 한자동맹으로
　　　　노르웨이 경제를 봉쇄함.

남송 멸망

　　남송의 수도 항주(杭州)는 일사천리였다. 1274년 여름 바얀을 총사령관으로 한 원나라 군대는 양양(襄陽)과 그 동쪽에 있는 악주(岳州: 지금의 무창武昌)를 파죽지세로 점령하고 일단 건강(建康: 남경)에 주둔하고 있었다. 이제 남송의 수도 항주는 고립무원의 고도(孤島)일 뿐이었다. 게다가 도종(度宗)이 죽고 네 살 된 황제 공종(恭宗)이 즉위한 남송 조정으로 강남 각지에서 근황(勤皇)의 의군(義軍)들이 종군하려고 몰려들었으나 항주성 동북방에 있는 고정산(皐亭山)까지 진격한 바얀의 군대를 물리치기에는 역부족이었다. 이윽고 중신들은 항복을 결정하고 황제의 상징인 전국(傳國)의 새(璽)를 바얀에게 바쳤다. 요행히 공종의 형인 조시(趙昰)가 탈출하여 온주로 가서 진의중(陳宜中) 등에 의해 옹립되었으나 11세의 나이로 죽고 다시 그의 동생 조병(趙昺)이 옹립되었다. 광동의 애산도에 남송의 마지막 근거지를 마련한 조병과 장세걸(張世傑), 육수부(陸秀夫) 등이 이끄는 남송군은 장홍범(張弘範)의 원나라 군대의 침공에 끝까지 항전하다 죽음을 맞이하였다. 이로써 남송은 완전 멸망하였다.

문천상

　　남송은 이미 멸망하고, 원대가 시작되었다. 그러나 여전히 남송은 건재하고 있었다. 연경(燕京), 이제는 대도로 개칭된 원나라의 수도 병마사(兵馬司)의 지하 감옥에서 남송은 「정기가(正氣歌)」를 통해 마지막 새파란 빛을 발하고 있었다. 그 빛은 남송의 애국 시인 문천상(文天祥: 1236~1282)의 병든 몸에서 나오고 있었다. 문천상은 자가 이선(履善)이며 호는 문산(文山), 강서 길수(吉水) 사람이다. 20

문천상

세에 진사에 장원 급제하여 20여 년 동안 영해군절도판관, 국사관편수관, 장주지사 등 한직을 역임하였다. 『송사(宋史)』「간신전」에 들어 있는 가사도가 재상이던 시절 현직(顯職)에 있음이 오히려 그에게는 이상하다고 할 것이다. 마지막에 우승상(右丞相)이 되었으나 이미 국운이 쇠한 때였다. 남송이 광동의 애산(厓山)에서 멸망할 때, 그는 포로가 되어 대도로 끌려왔다. 쿠빌라이는 그를 귀순시키고자 애를 썼으나 그의 정기를 꺾을 수 없었다. 1282년 4년여 동안 감금된 채 강경과 온건의 여러 회유책을 끝내 물리치고 그는 죽음을 맞이했다. 후세 사람들은 그가 죽은 시시(柴市)라는 곳에 문승상사(文丞相祠)라는 사당을 세워 그의 절의를 기렸다. 두보에게서 큰 영향을 받은 그의 시는 남송 말기의 암울한 분위기에서 충의와 비장함이 짙게 배어나온다. 전체 60행의 「정기가」는 사서에 인용된 절의에 대한 열거에서 시작하여 "바람 부는 처마에서 책을 읽노라니 옛 성현의 도가 내 마음을 비추네"로 끝난다. 과연 맹자의 '호연지기'가 짝을 만난 것이고, 송대 주자학의 이념이 승리하고 있음이다. 그의 재능과 절개를 아껴 끝내 중용코자 애썼던 쿠빌라이가 주자학을 엄금했던 것은 다 이유가 있었다.

지원통행보초 발행

송대와 원대의 동전은 이미 주변 국가에서도 통용되는 국제 화폐였다. 자연 동전은 막대한 양이 해외로 유출되고 그만큼의 동전을 주조하기 위한 동지금(銅地金)과 경비가 필요하게 되었다. 그러나 동지금은 아무 곳에서나 나오는 것이 아니었으며 매장량이 무궁한 것도 아니었다. 이미 송·금대에 동전 유출에 따른 폐해가 심각한 지경에 이르렀다. 이에 원나라는 교초(交鈔)를 발행하여 동전의 해외 유출로 인한 부족 현상을 막는 한편, 옛날 화폐의 유통을 금지시켜 교초를 원나라 유일한 통화로 지정하였다. 중통(中統) 원년(1260)에 발행된 제로통행중통원보초(諸路通行中統元寶鈔)는 조세를 내거나 은과 자유로이 교환할 수 있었으며, 유통 구역이나 기간에 제한이 없었다. 아울러 지원(至元) 19년(1282) 금은의 사사로운 교역을 금지시키고 국가에서 교초와 금은의 교환을 독점하였다. 이른바 금각법(禁榷法)의 시행이 바로 이것인데, 교환할 때 수수료를 받음으로써 국가 재정에 큰 도움을 받았다. 교초의 대표격이라 할 수 있는 중통초(中統鈔)는 2문(文)·3문·5문, 지원초(至元鈔)는 5문, 지대은초(至大銀鈔)는 2리(釐)라는 이초(釐鈔) 등 소액 폐를 발행하였다. 그후 지원 24년(1287)에는 교초의 발행 총액이 1500만 정(錠)에 달하여 이미 가치 하락의 증세를 보이게 된다. 원나라 조정은 전매를 통한 국영 사업과 세금을 증액하여 교초를 회수하였다.

A.D.1289~1307년

1289년 ▶ 회통하(淮通河) 개통.
1290년 ▶ 『동방견문록(東方見聞錄)』의 저자 마르코 폴로, 천주(泉州)에서 중국을 떠남.
1291년 ▶ **행성제** 확정.
1294년 ▶ 세조 사망, 손자인 테무르(鐵穆爾 : 성종成宗) 즉위.
1300년 ▶ **원대 잡극**의 창시자 **관한경** 사망.
1302년 ▶ 혼하제(渾河堤) 축조.
1303년 ▶ 『대원통일지(大元統一志)』 완성.
1305년 ▶ 천수만녕사(千壽萬寧寺) 건립.
1307년 ▶ 무종(武宗) 즉위. **『문헌통고』** 완성.

■ 그 무렵 우리는…
1285년 고려, 일연이 『삼국유사』를 지음.
1287년 고려, 이승휴가 『제왕운기』를 지음.
1290년 성리학이 전래됨.

■ 그 무렵 외국은…
1299년 오스만 투르크, 소아시아에서 발흥.
1302년 프랑스, 삼부회 성립.

행성제

지원 28년(1291) 5월 쿠빌라이는 상서성을 폐지하고 우승상 이하를 모두 중서성에 편입하였으며, 상서성을 행중서성(行中書省: 간칭하여 행성)으로 개칭하라고 명했다. 행성제는 중앙에 중서성을 설치하여 전국의 정무를 관장하고, 추밀원(樞密院)에서 군사를, 어사대(御史臺)에서 감찰을 책임지도록 했으며, 지방에 행중서성을 설치하여 승상 1명이 전체 성의 군정(軍政) 업무를 총괄하고 행성 아래에 노(路)·부(府)·주(州)·현(縣)을 설치하는 것이다. 원나라 때는 전체 10개의 행성이 있었는데, 영북(岭北)·요양(遼陽)·하남(河南)·섬서(陝西)·사천(四川)·감숙(甘肅)·운남(云南)·강절(江浙)·강서(江西)·호광(湖廣) 등이었다. 산동, 산서, 하북, 내몽고 등은 '복리(腹里)'라고 칭하고 중앙 특구로 삼아 중서성에서 직할하였다. 행성제의 확립은 정치적으로 국가의 통일을 견실하게 만들고 중앙 집권 체제를 확립했다는 신호이기도 했다.

원대 잡극의 발전

원대에는 한족 지식인들이 관직에 오를 수 있는 기회가 거의 없었다. 나중에 부활된 과거에 급제해도 예전에 속리(屬吏: 서리胥吏)들이 하는 일이나 할 정도였다. 본래 중국 문인들에게 문학이란 곧 유가의 경전과 시사, 그리고 산문을 뜻하는 것이었을 뿐, 소설이나 희곡 나부랭이는 민간에 떠도는 잡기나 소일거리에 지나지 않았다. 그러나 원대에는 오히려 유가 경전은 말할 것도 없고, 시사나 산문이 소일거리가 될 정도로 문학의 판도가 바뀌게 되었다. 급기야 재주 있는 문인들이 희곡의 대본을 쓰기에 이르렀으니, 그 대표적 인물이 바로 관한경(關漢卿), 마치원(馬致遠), 왕실보(王實甫) 등이다.

관한경

원대 잡극(雜劇)의 토대를 마련한 관한경(關漢卿)은 1220년쯤에 태어나 1300년에 죽었다. 호는 이재(已齋)이며 대도(大都)에서 태어나 그곳에서 주로 활동했다. 평생 60여 종의 잡극을 창작한 그는 영웅에 대한 가송과 순수한 애정 이야기뿐만 아니라 시정(市井)의 무명인들과 여성을 소재로 사회의 암흑과 모순을 비판하였다. 특히 선량한 과부 두아(竇娥)가 무고로 사형을 받게 되는 줄거리를 통해 사회 비판의 목소리를 높인 비극 『두아원(竇娥寃)』이 유명하다. 이외에도 『망강루(望江樓)』 『구풍진(救風塵)』 『배월정(拜月亭)』 등의 명작을 남겼다.

『문헌통고』

『문헌통고(文獻通考)』는 송말 원초의 학자 마단림(馬端臨)이 찬술한 제도와 문물에 관한 백과사전식 저작물인 유서(類書)의 일종이다. 남송 영종(寧宗) 가정(嘉定) 연간(1208~1224)까지 전부(田賦)·전폐(錢幣)·호구(戶口)·직역(職役)·토공(土貢)·국용(國用)·선거(選擧)·학교(學校)·직관(職官)·교사(郊社)·종묘(宗廟)·왕례(王禮)·악(樂)·병(兵)·형(刑)·경적(經籍)·제계(帝系)·봉건(封建)·상위(象緯)·물이(物異)·여지(輿地)·사예(四裔) 등 전체 24류로 분류하여 1307년에 간행하였다. 마단림은 책에서 인용한 고대의 경사(經史)를 '문(文)', 학자들의 의론을 '헌(獻)'으로 보고, 이를 책명으로 삼았다고 한다. 당대 두우(杜佑)의 저작인 『통전(通典)』과 송대 정초(鄭樵)의 저작인 『통지(通志)』와 더불어 3통(三通)이라 불린다.

관한경(위)
몽고의 전통 복장을 입은
인형(아래)

> **충신전과 간신전**
> 사서는 충의열사를 수록한 「충신전」과 더불어 「간신전」을 마련하여 역사적 인물에 대한 분명한 평가를 가한다. 비록 그 평가의 기준이란 것이 승자의 편이거나 주관에 의한 오류일 적도 있겠으나 이 또한 세평에서 크게 벗어나지 않을 것이다. 송대 「간신전」에는 진회(秦檜)를 비롯한 그의 일당과 가사도(賈似道) 등이 포함되어 있다.

A.D.1308~1313년

1308년 ▶ **백련교**를 금함.
1309년 ▶ 지대은초를 시행—원대에 처음으로 동전 주조. 강남부민(江南富民)의 자제를 인질로 삼아 군인으로 함.
1310년 ▶ 차가타이한국, 오고타이한국을 멸함.
1311년 ▶ 무종이 사망하고 인종이 즉위함.
1313년 ▶ **과거 실시** 조칙을 내림(1314년에 실시). **신분 차별—색목인** · 한인 · 남송인 차별 구분.

■ 그 무렵 우리는…
1308년 고려, 전민변정도감(田民辨正都監)을 설치함.

■ 그 무렵 외국은…
1309년 교황, 아비뇽에 유폐됨.

백련교

　남송의 모자원(茅子元)이 창시한 백련종(白蓮宗)에서 기원한다. 아미타정토(阿彌陀淨土)로서 왕생을 염원하는 불교의 일파이다. 세월이 흐르면서 미륵 신앙 등이 가미되면서 교의가 변화하고 미륵불의 가르침을 설파하며, 현실 타파의 사상이 전면에 나서기 시작했다. 이에 기층 백성들의 호응을 받으면서 주로 비밀 결사 형태로 널리 퍼지기 시작했다. 원말 반란의 주된 세력은 최하층의 농민들이었다. 그들은 이미 송대의 생산력 향상 속에서 자아 의식에 눈을 뜨고 점진적으로 사회적 지위를 상승시켜 갔다. 원말에 이르러 천하가 소란해지자 '천하가 소란하면 미륵불이 세상에 나타나 중생을 구제한다'는 유언이 크게 나돌았고, 이에 비밀 결사로 유지되어 오던 백련교가 전면에 나서기 시작했다.

과거 실시

　원대의 한족은 제일 높은 관(官)부터 제일 낮은 개(丐: 거지)까지 10등급으로 나뉘어 있었다. 그 가운데 유(儒) 즉 유생은 아홉번째로 창(娼: 창녀) 아래, 거지 위였다. 이렇게 유생의 등급이 낮은 것은 유학의 가치를 폄하함으로써 한족의 전통을 단절하고 그들의 가치관을 전도시킬 수 있을 것이라고 여겼기 때문이다. 그러나 원대에 과거 제도가 완전히 사라진 것은 아니었다. 원나라 중기 인종(仁宗)의 연우(延祐) 원년 (1314)부터 3년에 한 번씩 시행되었는데, 이는 한인(漢人)과 남인(南人)의 요구에 의한 것이었다. 향시(鄕試), 회시(會試), 어시(御試) 등 3단계의 시험이 치러져 각기 동수의 인원이 선발되었지만 한인은 주로 내임보다는 외임을 맡아 지방관으로 나가는 경우가 대부분이었으며, 당시 분위기에서는 더 이상의 승진을 꿈꿀 수 없었다. 회시는 열세 번이나 치러졌다. 과거 제도가 부활되었으나 한인에 대한 차별은 여전했다. 한인들은 결국 자신의 학식을 써먹을 기회조차 박탈당한 셈이다.

신분 차별

원나라에는 황족인 몽고족 이외에 다양한 민족이 혼합되어 있었으며, 분명한 민족 차별 정책이 실시되었다. 상층은 당연히 몽고족이 자리하였으며, 위구르(畏兀兒)·탕구트(唐兀)·회회족(回回族)·아란(阿速)·킵차크·유럽인 등 몽고인을 제외한 비중국인들이 색목인으로 그 아래에 있었다. 거란인과 여진인을 포함한 옛 금나라 치하의 중국인과 고려인은 한인으로 불렸다. 그리고 남송의 유민들인 남인(南人)은 만자(蠻子)로 불렸던 가장 하층민이었다. 이러한 신분 제도를 규정한 것은 유서(由緒), 즉 조정에 대한 훈구 관계였다. 몽고인과 색목인은 당시 전체 인구의 3퍼센트밖에

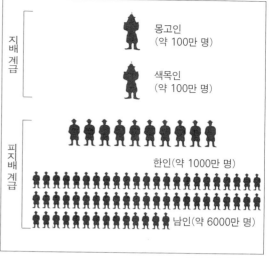

원나라의 사회 구조

되지 않았음에도 관리 등용은 '백관의 장은 몽고인으로 하고 몽고인이 없을 때에는 색목인으로 한다'는 것을 원칙으로 삼았다. 자연 한인이나 남인은 중앙 관직에 등용되기가 거의 불가능하였으며, 설사 관직에 오른다고 해도 하급 행정직에 불과했다. 이외에도 몽고인을 제외하고 민간에서 사사롭게 병기를 휴대하는 것이 금지되었으며, 어떤 목적이든지간에 사사롭게 모이는 것도 불가능했다. 뿐만 아니라 법률 적용은 물론이요 의복, 집기, 수레, 안장 등에 이르기까지 차별을 두었다.

색목인

원래 초목 생활에 익숙했던 몽고인들은 복잡한 조세 체계에 따라 움직이는 물자 수취를 직접 담당할 능력이 없었다. 이에 중개자들이 필요했다. 그래서 선발된 사람들 중에는 페르시아인, 위구르인을 비롯하여 동유럽에서 온 사람들도 있었다. 그들은 각양각색의 눈을 지녔다는 뜻으로 '각색제목(各色諸目)' 즉 색목인(色目人)이라 불렀다. 색목인들은 지리적으로 동서양의 무역 중심지인 중앙아시아에 거주하면서 이(利)에 밝았다. 그래서 일찍부터 몽고족과 손을 잡고 국제 무역에서 큰 역할을 해왔다. 원나라 황제가 재정을 그들에게 맡긴 것은 바로 이러한 이유에서인데, 한편으로 그들을 우대함으로써 한족의 영향을 약화시킨다는 효과 이외에도 세금을 징수하는 등 세리(稅吏)의 악역을 대신하게 함으로써 또 다른 효과를 얻을 수 있었다. 좌승상의 자리에 있었던 아흐메드 베나케티(Benaketi Ahmed)가 부관참시(剖棺斬屍)를 당한 것이나 평장정사(平章政事) 상가(Sangha)가 재정 담당 부승상으로 있으면서 원조의 재정 확보에 큰 역할을 하다가 결국 죽음을 당한 것을 보면 이를 알 수 있다.

A.D.1315~1322년

1315년 ▶ 『농상집요』 출간.
1316년 ▶ 천문학자 **곽수경** 사망.
1317년 ▶ 군현에 의창(義倉) 설치.
1318년 ▶ 강남의 차세(茶稅)를 증수(增收)함.
1320년 ▶ 인종이 사망하고 영종이 즉위함.
1321년 ▶ 시정(時政)에 대한 망언을 금지함.
1322년 ▶ 화가 **조맹부** 사망. 백련교 금함.

■ 그 무렵 우리는…
1318년 고려, 소수서원에 안향의 초
       상화를 제작하여 봉안함.
1320년 고려, 정방을 복구함. 원나라
       에서 충선왕을 토번으로 귀양
       보냄.

■ 그 무렵 외국은…
1321년 단테, 『신곡』을 완성함.

『농상집요』

남송이 임안(臨安: 지금의 항주)에 도읍을 정하고 한족들이 대거 남하하면서 농업 방면의 남북간 교류가 확대되었다. 아울러 면화나 수수 등 곡물이 중국에 소개되어 재배되기 시작했다. 원대에는 수리 관개가 상당히 발전하여 농업 생산이 크게 늘었으며, 『농상집요(農桑輯要)』『농서(農書)』『농상의식촬요(農桑衣食撮要)』등 농업 관계 서적이 계속 출간되었다.

왕정(王禎)이 저술한 『농서』는 북위 사람 가사협(賈思勰)이 찬한 『제민요술(齊民要術)』과 더불어 농업 관계 2대 서적으로 알려져 있는데, 원대까지 농업 생산 경험에 대해 정리하고 있다. 전체 22권인 『농서』는 세 부분으로 나누어져 있다. 특히 편폭이 가장 많은 「농기도보집(農器圖譜集)」속에는 당시 통행하던 농구들이 그림과 더불어 상세하게 설명되어 있다.

『농상집요』는 1315년에 이미 1만 부나 인쇄될 정도로 널리 퍼져 있었다. 이 책에 수록된 농기구 그림은 현재의 모습과 크게 다르지 않다. 이후 농업 관계 서적에 적지 않은 영향을 끼쳤다.

『농상의식촬요』는 원대 위구르족 농학가인 노명선(魯明善)의 저작으로 일종의 농가월령서(農家月令書)인데, 현존하는 가장 오랜 저작이다. 지금의 안휘성에서 감찰관으로 있었던 그는 곡물, 과수, 양잠과 양봉, 심지어는 장을 담그는 방법에 이르기까지 일반 백성들이 참조할 수 있도록 쉽게 저술하였다. 원대는 이처럼 다양한 농업 관계 서적이 출간되면서 이후 농업 발전에 큰 공헌을 했다.

곽수경 — 1년은 365.2425일

원대는 다른 조대와는 달리 당시 세계 최고봉을 이룬 이슬람의 과학과 접하면서 많은 영향을 받은 바 있었다. 쿠빌라이 시대에 자말룻 딘(Jammlud Din)이란 페르시아 천문학자가 북경에 들어와 천체 관측 기구를 만들고 만년력(萬年曆)이란 달력을 제작한 것이나, 아이세(愛薛)라는 이스라엘 역법 학자가 조정의 초빙으로 원나라에 들어온 것 등이 그 예증이라 할 수 있다. 바로 이러한 과학의 개방 시대에 원나라는 곽수경(郭守敬: 1231~1316)이란 뛰어난 천문학자를 배출하기에 이른다. 그는 1231년 하북 형대(邢臺)에서 태어났다. 그의 조부인 곽영(郭榮)은 수학자이자 수리학자로 널리 알려진 인물이었으며, 조부의 친구로 천문학과 지리학에 최고 권위를 자랑하던 유병충(劉秉忠)이 바로 그의 스승이었다. 그는 초기에 서북 지방에 파견되어 도수소감(都水少監)이란 직책을 맡아 수로의 보수 작업 등을 담당하였다. 이후 유병충이 원나라 초기에 답습하고 있던 요와 금의 대명력(大明曆)의 오차가 심한 까닭에 새로운 역법의 개정을 제기하여 그 소임을 맡게 되자, 곽수경도 그 일에 참가하게 되었다. 그는 세밀한 천체 관측 기구를 만들고 북경에 천문대를 축조하였으며, 이슬람 역법을 참고하여 1281년에 새로운 역인 수시력(授時曆)을 만들었다. 그의 수시력에 따르면 회귀년의 수치가 365.2425일인데, 이는 오늘날의 역법, 즉 서방의 카테고리 역법의 회귀년의 그것과 똑같은 것이었다. 300여 년이나 빠른 일이었다.

조맹부

조맹부(趙孟頫: 1254~1322), 자는 자앙(子昻)이며 호는 송설도인(松雪道人), 호주(湖州: 지금의 절강성) 사람이다. 송나라 태조 조광윤(趙匡胤)의 넷째아들인 조덕방(趙德芳)의 10대손으로 송나라 종실이었으나 원나라 때 출사하여 관직이 한림학사승지(翰林學士承旨)에 올랐다. 그는 청록산수(靑綠山水: 삼청三靑과 석록石綠만을 써서 그리는 법)에서 미법산수(米法山水: 수묵산수화법)에 이르기까지 다양한 필법을 구사하여 산수, 인마(人馬), 죽석(竹石) 등 다양한 소재로 그림을 그렸으며 두루 뛰어나지 않은 것이 없었다. 그림을 그리는데 고의(古意)가 있는 것을 귀하게 여기고, 서화(書畫)는 동일한 근원을 지닌 것이라고 주장했다. 당나라 사람의 화의(畫意)를 숭상하고, 운산(雲山: 구름과 산)을 스승으로 삼아야 한다고 주장했으며, 남송 시대 원체화(院體畫: 송나라 한림도화원이나 이후 궁정 화가들이 그린 그림으로 정교하고 세밀하며 풍격이 화려하고 섬세하다)에 반대했다. 그의 서화 예술은 원대에 커다란 영향을 주었다.

A.D.1323~1334년

1323년 ▶ 대원통제(大元通制) 반포. 어사대부 테크치(鐵失), 영종(英宗)을 죽이고 예순테무르(也孫鐵木兒 : 태정제泰定帝) 옹립.
1324년 ▶ 주덕청(周德淸), **『중원음운』** 완성.
1328년 ▶ 태정제, 상도(上都)에서 사망. **원 왕실 내분**으로 남북으로 정권이 나누어짐. 중신인 엘테무르(燕鐵木兒)는 대도에서 무종의 아들 툭테무르(圖帖睦爾 : 문종文宗)를 옹립하였고, 상도의 여러 왕과 대신들은 태정제의 아들 아수기바(阿速吉八 : 천순제天順帝)를 옹립함. 이에 대도의 군대가 상도를 공격했으나 천순제는 행방불명.
1329년 ▶ 문종, 자신의 형에게 양위하였으나 형 명종이 엘테무르에게 살해되어 다시 복위함.
1331년 ▶ 운남(雲南)을 평정함. 『경세대전(經世大典)』을 편찬함. 페스트 만연.
1332년 ▶ 문종 사망.
1333년 ▶ 엘테무르 사망. 명종의 장남 토곤테무르(妥懽帖木兒 : 순제順帝) 즉위(원통元統 원년). 하남·하북·섬서·감숙·강소·절강 등지에 수해와 한해 발생.
1334년 ▶ 염국(鹽局) 대도에 설치하여 정부에서 소금 판매. **황하의 범람** (이후 몇 년간 지속됨).

■ 그 무렵 외국은…
1324년 이탈리아, 마르코 폴로가 사망함.
1333년 일본, 가마쿠라 바쿠후가 멸망함. 남북조 시대가 시작됨.

『중원음운』

중국 음운학사에서 특기할 만한 운서로 송대에 『대송중수광운』, 금대에 왕문울(王文鬱)이 찬한 『평수신간운략(平水新刊韻略)』이 있다면, 원대에는 『중원음운(中原音韻)』이 있다. 주덕청(周德淸)이 찬한 『중원음운』은 원대 북곡(北曲)의 용운(用韻)에 근거하여 곡자(曲子)의 압각(押脚)에 편리하도록 만든 것이다. 원대 북방 언어의 실제를 그대로 반영하면서 근대 북방음을 위주로 한 보통화의 어음을 연구하는 데 중요한 자료가 되고 있다.

원 왕실 내분 — 쿠빌라이 사후의 원나라

쿠빌라이가 죽은 뒤 그의 손자인 티무르(성종)가 즉위하여 13년간 통치하였다. 그리고 그 뒤로 26년간 8명의 황제가 제위를 거쳐갔는데, 특히 영종(英宗)에서 영종(寧宗)까지 대략 9년간은 5명의 황제가 연이어 등극하였다. 이로써 당시 정치 상황이 어떠했는지를 미루어 짐작할 수 있을 것이다. 마지막 황제 순제(順帝)는 35년간 통치하였으나 명군이 쳐들어왔을 때 만리장성을 넘어 북쪽으로 쫓겨갈 수밖에 없었다. 이렇게 보면 원대는 쿠빌라이 시대가 극성기이자 곧 쇠퇴의 시작기라 할 수 있을 듯하다. 쿠빌라이는 역사가들에게 칭송을 받기도 했지만 전면적 개혁이나 제도를 제대로 정착시키지 못했기 때문에 후계자들이 어려움에 봉착할 수밖에 없었다는 점에서 비판을 받고 있기도 하다.

황하의 범람

중국 북부를 서에서 동으로 흐르는 중국 제2의 강이다. 남전원인 유적을 비롯한 채도, 흑도기 문화 및 은나라가 황하 주변에서 발전하였고, 역대 왕조 역시 남조(南朝)나 송(宋) 등을 제외하고 거의 모두 황하를 중심으로 천하를 다스렸다. 그러나 황하는 과거 3,000년간 범람하거나 제방이 파괴된 것이 거의 1,500회가 넘고, 강줄기가 변화한 것도 26회를 상회하여 그 피해가 막대하였다. 그 중에는 고의로 황하의 제방을 붕괴시킨 경우도 있는데, 예를 들어 기원전 332년 조(趙)나라가 제(齊)·위(魏) 연합군과 전쟁을 하면서 수몰 작전을 위해 제방을 붕괴시킨 것이나, 1938년 중일 전쟁 당시 일본군의 추격을 저지하기 위해 국민정부군이 하남성 화원구(花園口: 지금의 정주시鄭州市 부근) 제방을 파괴하여 1,250만 명의 수재민과 9만 명이 넘는 사망자를 낳은 참극이 대표적이다. 황하가 이처럼 범람을 일삼을 수밖에 없는 이유는 '물 1말에 진흙 6되'라는 말이 의미하는 바처럼 강물에 포함된 진흙의 양이 많기 때문이다. 그렇기 때문에 예나 지금이나 황하를 다스리는 일이야말로 역대 통치자들의 숙원이었던 것이다. 그러나 요즘은 오히려 비가 내리지 않아 극심한 가뭄에 강바닥이 드러나는 경우도 있다고 하니, 황하는 이래저래 관심의 초점이 되고 있는 셈이다.

서상기

관한경이 원대 잡극을 창시했다면 원대 잡극을 최고의 수준으로 올려놓은 이는 왕실보(王實甫)라고 할 수 있다. 그의 생평은 대도(大都) 사람이고 이름이 덕신(德信)이라는 것밖에 알려진 것이 없으며, 일설에 관한경과 친구 사이로 그보다 약간 늦게 창작 활동을 시작했다고 한다. 그는 대표작인 『서상기(西廂記)』이외에도 『파요기(破窯記)』, 『여춘당(麗春堂)』 등 14종의 잡극을 창작했으며, 특히 『서상기』는 잡극 가운데 가장 널리 알려진 최고의 작품으로 일컬어진다. 『서상기』의 원본은 당대(唐代)의 원진(元稹)이 쓴 전기(傳奇) 소설 『앵앵전(鶯鶯傳)』의 「회진기(會眞記)」에 나오는 재상의 딸 최앵앵과 백면서생 장생(張生)의 사랑 이야기이다. 『앵앵전』의 주제는 12세기 말에 동해원(董解元)이 『서상기제궁조(西廂記諸宮調)』로 이어받았는데, 왕실보는 이를 전체 5부 21절(折)의 장편 잡극으로 각색하였다. 원본과 달리 장생과 앵앵의 사랑을 해피앤딩으로 마감하고 있는데, 이는 남녀의 자유 혼인에 대한 작가 선언

왕실보의 「서상기」 한 장면. 앵앵(왼쪽)이 시녀 홍낭이 전해준 장생의 편지를 읽는 장면이다.

이자 애정 문제에 대한 당시 사람들의 바람을 반영한 것이라고 평가받고 있다. 문어와 구어를 조화시킨 곡사(曲詞)가 탁월하고 주제가 선명하여, 잡극을 대신하여 남희(南戲)가 득세하던 시절은 물론이고 역대로 지속적으로 상연되고 출판되었다. 김성탄이 『제육재자서(第六才子書)』에 포함시킨 것도 이런 이유 때문이다.

1335년 ▶ 바안(伯顔), 황후 살해하고 독단적 전횡. 과거 폐지.
1340년 ▶ 다시 과거 시행.
1341년 ▶ 호광(胡廣)·산동에서 반란. 원조의 지배권 점차 약화됨.
1343년 ▶ 황하 제방 터짐. 요·금·송 세 나라 정사(正史) 편찬 시작.
1344년 ▶ 황하 지역 수해. 산동에서 염도(鹽徒)의 난 발생.
1351년 ▶ 공부상서 가노(賈魯)에게 황하의 치수 공사를 명하여 성공함.
　　　　홍건적의 난 일어남—한산동(韓山童), 봉기 실패하여 처형됨. 유복
　　　　통(劉福通), 두준도(杜遵道)가 영주에서 반란을 일으킴(홍건의 난
　　　　시작). 서수휘(徐壽輝)가 기주로(蘄州路)에서 반란, 천완국(天完
　　　　國) 건립.
1352년 ▶ 곽자흥(郭子興), 호주(濠州)에서 봉기함. 주원장(朱元璋), 곽자
　　　　흥 군대에 투신함.
1353년 ▶ 장사성, 태주(泰州)에서 봉기, 대주국(大周國) 건립하고 성왕(誠
　　　　王)으로 자칭.
1354년 ▶ 화가 황공망과 오진 사망(**원말 회화 4대가—황공망, 오진, 왕몽,
　　　　예찬**).

■ 그 무렵 우리는…
1342년 고려, 이제현이 『역옹패설』을
　　　　지음.
1352년 고려, 공민왕의 원나라 배격 정
　　　　책, 개혁 정치.

■ 그 무렵 외국은…
1337년 일본, 아시카가 막부 성립.
1339년 영국·프랑스, 백년 전쟁(~
　　　　1453).
1347년 유럽, 유럽 전역에 페스트가
　　　　크게 유행.

홍건적의 난

　　당시 황하 치수 공사가 한창일 즈음 황하의 옛 하도에 눈이 하나인 석인상(石人像)이 발견되었다. 때마침 '외눈박이 석인이 나타나 황하를 요동시키면 천하가 뒤집어지리라' 하는 노래가 뭇사람들의 입에 오른 지 자못 되어 사람들이 동요하기 시작했다. 그때 어떤 이가 소리쳤다. "한산동(韓山童)은 송나라 휘종의 8대손이니 진정한 중국의 주인이 되어야 한다." 마침내 한산동의 휘하에 사람들이 모이기 시작했다. 그러나 아직 봉기를 하기도 전에 관헌에게 체포되어 처형되고 말았다. 이에 유복통(劉福通)을 중심으로 한 나머지 반란 집단은 안휘성 영주(潁州)로 들어가 봉기하였다.

백련교를 중심으로 한 홍건적의 봉기는 원나라 말기 대혼란의 발단이 되었다.

이들의 봉기는 이미 원조에서 벗어난 일반 대중들의 지지 속에서 하남·안휘 일대를 중심으로 확대되었다. 이들 반란군은 붉은 두건을 착용하여 남들과 구별하였는데, 이는 송나라가 금의 공격을 받았을 때 남송의 백성들이 붉은 두건을 쓰고 항전하였다는 데서 유래하였다고 한다. 결국 홍건적의 반란은 몽고인이 세운 원 왕조에 대한 한인들의 민족적 저항의 성격을 강하게 띠고 있다고 볼 수 있다. 바로 이러한 이유로 홍건적과 상호 연관이 없음에도 불구하고 각처에서 홍건의 이름으로 봉기하는 일이 가능했다. 한산동이 죽은 후 유복통은 그의 아들 한림아(韓林兒)를 박주(亳州: 안휘성)로 데리고 와서 송국을 건립하고 그를 황제로 추대하였다. 한편 유복통의 반란에 호응하여 호북의 기수에서 팽영옥(彭瑩玉) 등의 추대를 받은 서수휘(徐壽輝)가 반기를 들어 천완국(天完國)을 수립하였다. 이들은 모두 홍건의 이름으로 봉기하였으며 각기 새로운 무장 세력으로 원조 타도를 목적으로 하였다. 일반적으로 전자는 동계(東系) 홍건자군, 후자는 서계(西系) 홍건군이라 부른다. 이후 명을 건국한 주원장(朱元璋)을 비롯하여 원말의 반란을 주도한 군웅들은 거의 모두 이들 직계에서 배출되었다.

원말 회화 4대가 — 황공망, 오진, 왕몽, 예찬

황공망(黃公望, 대치大痴: 1269~1354), 오진(吳鎭, 매화도인梅花道人: 1280~1354), 왕몽(王蒙, 황학산초黃鶴山樵: 1298~1385), 예찬(倪瓚, 운림雲林: 1301~1374). 이들을 후세 사람들은 원말 회화 4대가라 부른다. 황공망은 『사산수결(寫山水訣)』에서 "그림을 그리는데 사(邪: 부정한 상념), 첨(恬: 달콤한 분위기), 속(俗: 세속화), 뢰(賴: 기존 화풍에 대한 지나친 의뢰)의 네 글자는 마땅히 제거해야 한다"고 하여 산수화의 독창성을 중시하고 세속의 기호에 억지로 맞추는 것을 삼갈 것을 강조하였다. 50세에 본격적으로 붓을 들기 시작한 만학도였던 그의 그림은 창고(蒼古)하다고 평가되는데, 그의 대표작이라 할 수 있는 「부춘산거도(富春産居圖)」를 보면 과연 고아하면서도 조용한 느낌이 든다.

오진은 절강성 태호 주변의 가흥(嘉興) 태생으로 위당진(魏塘鎭)에서 살았다고 하는데 원말 4대가이기는 하지만 생전에 나머지 세 사람과 교제한 흔적은 없다. 그는 만년에 들어서야 비로소 작품을 평가받을 정도로 거의 알려져 있지 않았으며, 그 자신 또한 세속에 영합하지 않았다. 그에게 그림은 그저 사대부의 여가에 불과한 것이었다. 그러나 그는 이를 통해서 오히려 세속과의 철저한 싸움을 한 셈이다. 그의 그림은 '심수(深邃)'하다고 평가되는데, 깊고 아득하여 세속에서 벗어난 듯한 그의 삶을 투영하는 것이라 할 수 있다.

왕몽은 조맹부(趙孟頫)의 외손으로 집안 사람들 가운데 화가의 길을 가는 이가 적

A.D.1355~1358년

1355년 ▶ 소명왕(小明王) 자칭한 한림아(韓林兒), 유복통과 함께 대송국
(大宋國) 건립.
1356년 ▶ 주원장, 집경로(集慶路) 공략하여 응천부로 개칭하고 본거지로
삼았으며, 오국공(吳國公)으로 칭함.
1358년 ▶ 홍건군, 상도(上都) 점령. **금원 4대가 주진형 사망.**

■ 그 무렵 우리는…
1355년 고려, 3년상을 폐지함.

■ 그 무렵 외국은…
1356년 신성로마제국, 황금문서 발표.
교황 승인 없이 황제 선출.

지 않은 집안에서 태어났다. 그는 정치적인 야망도 결코 숨기지 않아 원대에 출사하여 관직을 얻었고, 소주에서 장사성(張士誠)이 군사를 일으켰을 때에도 이에 참가하였다. 뿐만 아니라 명나라가 건국된 후에는 60여 세의 나이로 출사하여 태산 옆에 있는 태안의 지사가 되었다. 그러나 전혀 의외로 호유용(胡惟庸)의 집에 출입했다는 죄로 호유용의 옥(獄)에 연루되어 체포당했다가 옥사하였다. 이렇듯 세속적 명예와 권력에 매달렸던 그였지만 그의 그림은 오히려 인간의 접근을 거부하는 자세를 보였다. 왕몽이 먹을 아낀 것과는 정반대로 아낌없이 먹을 쓴 그의 그림은 자연 수윤(秀潤)하다는 평을 받았는데, 이 역시 전대의 화풍과는 차이가 있는 또 다른 세계였다.

예찬은 대부호의 자제로 무석(無錫)에서 태어났다. 결벽증이 있었다고 할 정도로 자신에게 철저했으며, 그의 그림 역시 주인을 닮아 쓸데없는 데 먹질이 행해지는 일이 없었다. 그는 운림이란 아호로 더 유명한데, 예운림의 그림은 산수화에 사람이 없기로 또한 유명하였다. 단지 한 점만이 예외라고 하는데, 이는 일반적인 산수화와 특히 구별되는 일이었다. 엉뚱하게 세금이 체납되었다는 이유로 잠시 투옥되기도 했던 그는 이후 가산을 정리하여 친척과 도사에게 나누어주고 강호를 유람하면서 은사로 자처하였다. 그의 그림은 간원(簡遠)하다고 평가되니, 실제 산수에 얽매이지 않고 마음을 그리는 데 능했던 것에 대한 적절한 평이라 할 수 있다.

이들은 각기 독특한 풍격을 구사하면서 솔직한 시정을 산수에 기탁하고자 노력했다. 특히 남송대 원체(院體) 산수화의 변각(邊角) 구도나 수묵화의 준법(皴法)이 아니라 부드러운 선묘(線描)를 통해 산수도를 그려 남종파 문인화의 전통을 확립했다고 평가받고 있다. 옛말에 '송대 그림은 물체의 본성을 그리고, 원대 그림은 뜻을 그린다' 는 말이 있는 것과 같이 원대의 그림은 작가 개성적인 기운을 표현하는 데 그림의 목적을 두었다고 말할 수 있다. 이들 네 사람을 통해 이후 명·청대 문인산수화(文人

山水畵)의 터전이 마련되었다고 해도 결코 과언이 아니다.

금원 4대가

　과학 기술을 중시했던 송·원·금대에는 일반 사대부들도 의술에 깊은 관심을 가질 정도였다. 이러한 시대적 분위기 속에서 의학은 새롭게 발전하였다. 금·원 시대에 유명한 의학가로 유완소(劉完素: 1120~1200), 이고(李杲: 1180~1251), 장종정(張從正: 1156~1228), 주진형(朱震亨: 1281~1358) 등이 있는데 이들을 일러 금원(金元) 4대가라고 칭한다. 유완소(별호 하간거사河間居士)는 북방에 유행한 열병을 치유하는 과정에서 화열(火熱)이 상한(傷寒)으로 인한 병의 주요 원인이라고 보았다. 주로 냉한 약물을 사용하여 한량파(寒凉派)라고 일컬어졌다. 동원노인(東垣老人)으로 불렸던 이고는 『황제내경(黃帝內經)』의 비위(脾胃)를 중시하는 전통에 입각하여 모든 질병은 비위가 손상되면서 생긴다고 주장했다. 비위는 토(土)에 속하기 때문에 '보토파(補土派)' 또는 '비위파'로 불렸다. 장종정(자는 자화子和, 호는 대인戴人)은 유완소의 제자로 모든 질병은 사기(邪氣)에 의한 것이기 때문에 한량한 약물로 땀을 내거나 배변, 또는 토하는 방법을 써서 병을 다스려야 한다고 주장했다. 단계에서 살았기 때문에 단계옹(丹溪翁)이라 불렸던 주진형은 유완소의 재제자(再弟子)에게 배웠으며, 상화론(相火論)을 제창하여 양(陽)은 항상 남지만 음(陰)은 항상 부족하기 때문에 자음강화법(滋陰降火法)을 써야 한다고 주장했다. 이는 유완소의 화열론을 한층 발전시킨 것이라 할 수 있다.

청화 기술의 흥기

청화(靑花)는 산화코발트 안료를 이용하여 도자기 표면에 문양을 그린 뒤 투명한 유약을 발라 구운 도자기로 흰 바탕에 푸른 문양이 특징적이다. 청화 기술은 당나라 삼채(三彩) 기술을 바탕으로 삼고 서아시아 이슬람 지역의 청화 기술을 익혀 응용한 것으로 원나라 중엽에 크게 성행하였다. 청화 도자기는 향로·병·그릇 등 다양한 형태가 있으며, 문양은 주로 원대의 복식(服飾)에서 응용한 것이나 국화나 모란·연꽃·파초·원앙·기린 등 상서로운 동물을 소재로 한 것이 많다. 안료의 착색력이 강해서 쉽게 퇴색하지 않고 온도에 민감하지 않으며, 맑고 순정한 느낌을 주기 때문에 국내는 물론이고 국외에서도 크게 인기를 끌어 수출되기도 했다.

청화

이슬람계 의원

원나라 몽고 정권은 실리를 중시하여 서방의 과학과 기술을 도입하는 데 열심이었다. 색목인들이 거주하면서 그들의 문화도 아울러 중국에 뿌리를 내렸다. 당시 북평(北平)에는 이슬람식 의원이 있었는데, 1270년에 설치된 광혜사(廣惠司)는 황제를 위해 이슬람계 약재를 만들었던 궁정 의원이었다.

1359년 ▶ **진우량**, 서계 홍건군의 수령 서수휘를 강주(江州)로 쫓아내고 한
　　　왕(漢王)이라 자칭. 홍건적, 고려 침입.
1360년 ▶ 진우량, 서수휘를 죽이고 대한국(大漢國) 건립.
1361년 ▶ 홍건적, 고려 개경 함락.
1363년 ▶ 명옥진(明玉珍), 하제(夏帝)로 자칭. 주원장, 파양호(鄱陽湖)에서
　　　진우량과 격전. 진우량 사망. **장사성**, 고우(高郵)에서 오왕(吳王)
　　　이라 자칭.
1364년 ▶ 유복통 피살. 한림아, 주원장에게 투항.
1367년 ▶ **주원장**, 평강(平江)에서 장사성을 멸함. **방국진**, 주원장에게 투항.

■ 그 무렵 우리는…
1359년 고려, 홍건적의 침입으로 서경
　　　함락.
1363년 고려, 문익점이 목화를 원나라
　　　에서 전래.

■ 그 무렵 외국은…
1358년 프랑스, 파리 삼부회가 분열됨.
1367년 오스트리아, 빈 대학을 창설함.

장사성 · 진우량 · 주원장 · 방국진— 반란군의 수뇌들

원말에 반란군이 흥기하여 군웅이 할거할 때 가장 강력한 세력을 지니고 있었던 것은 남경(南京)의 주원장(朱元璋), 소주(蘇州)의 장사성(張士誠), 강주(江州: 강서성)의 진우량(陳友諒)이었다. 소주의 장사성은 관염(官鹽) 중개인으로 소주라는 비옥한 지방에 근거하여 자체적 독립에 유념하였으며, 원조 타도에는 소극적이었다. 뿐만 아니라 그는 해운업자로 역시 봉기를 일으킨 방국진(方國珍)과 마찬가지로 홍건군과는 적대 관계에 있었으며, 자신의 이익에 따라 원조와 손을 잡는 등 기회주의자의 모습을 보이기도 했다. 이들은 송대 이후 상업의 발달을 반영하는 하나의 예로 기존의 반란군과는 구별되는 근대적 특징을 지닌 반란군이라 할 수 있다. 장사성과 방국진은 모두 주원장에게 패해 죽고 만다. 한편 진우량은 서계(西系) 홍건군의 일원으로 서수휘를 죽이고 천완국을 멸한 후 독립하여 한국(漢國)을 건국, 스스로 황제가 되었다. 그는 주원장과 파양호(鄱陽湖)에서의 결전에서 져서 끝내 죽고 말았다.

주원장

명나라의 개국 황제가 된 주원장은 1328년 안휘성 호주(濠州) 종리(鍾離: 봉양鳳陽)의 가난한 농부의 아들로 태어났다. 17세 되던 해 기근과 역병으로 가족을 모두 잃은 그는 황각사(皇覺寺)에 들어가 승려가 되었으나 여전한 식량난으로 백련교도의 터전이었던 회하(淮河) 주변에서 걸식승 생활로 연명하였다. 원 지정(至正) 12년(1352) 호주에서 기의한 곽자흥(郭子興)의 홍건군에 가담하여 그의 딸 마씨(馬氏: 효자황후孝慈皇后)와 혼인할 정도로 신임을 얻었다. 곽자흥이 전사하자 새로운 지도자로 부상하였다. 주원장의 군대는 당시 강북에 대송국(大宋國)이 원조 공략에 정신이 팔려 있는 틈

을 타서 강소·안휘·절강 일대의 요지를 계속 점령하여 세력을 키워갔다. 아울러 '오랑캐〔胡虜〕를 쫓아내고 중화를 회복한다'는 명분을 고수함으로써 대다수 민중들의 염원에 부응하는 한편, 지주와 전호(佃戶) 간의 계급 모순이 첨예화되어 있던 강남 지역에서 원의 무기력에 실망하면서 새로운 지지 기반을 찾고 있던 지주 계층과 일부 지식인 등에 대해서는 유교주의를 표방하는 등 적극적인 수용 태세로 그들의 지지를 얻을 수 있었다. 당시 지주들의 입장에서는 반체제적 성격이 비교적 적은 주원장을 원조를 대신할 자신들의 호위 세력으로 선택한 셈이다. 이로써 기존의 농민군이 지닌 편협성과 종교적 비밀 결사의 폐쇄성에서 벗어나 다른 기의군과는 전혀 다른 차별성과 독창성을 획득하였다. 기존의 동향 집단으로 서달(徐達), 이선장(李先長) 등 24인 무장 세력에 송렴(宋濂), 유기(劉基) 등 강남 지주 집단의 성원들이 수뇌부의 일원으로 참가하면서 그의 군대는 엄격한 규율로 통제가 잘 이루어졌으며 대다수 민중들의 당면한 요구를 수용하여 민심을 끌어들일 수 있었다. 이리하여 그는 원말의 혼란상을 틈타 기의한 여러 군웅들 중에서 가장 열세에 놓인 후발 주자임에도 불구하고 최후의 승리를 쟁취할 수 있었던 것이다.

장사성. 오왕(吳王)이라 칭했던 장사성은 주원장과의 전투에서 패했다.

원나라 말기의 4대 남희
남희는 남송 초엽 온주(溫州: 절강)에서 발달한 남곡(南曲)으로 설창(說唱)에 응용한 일종의 강창(講唱) 예술이다. 초기에는 온주잡극 또는 영가잡극(永嘉雜劇)이라고 칭했으며, 곡조가 맑고 아름다운 것이 특징이다. 원나라 시기에 북방에 잡극이 유행하면서 잠시 소강 상태에 들었으나 잡극이 쇠퇴하면서 다시 유행하기 시작했다. 원말에 특히 성행하였는데, 당시 유명한 작품 네 가지, 즉 가단구(柯丹邱)의 『형차기(荊釵記)』, 필명이 영가서회재인(永嘉書會才人)인 어떤 이의 작품 『유지원백토기(劉知遠白兔記)』, 시혜(施惠)의 작으로 알려진 『배월정(拜月亭)』, 작가 미상인 『살구기(殺狗記)』를 일러 4대 남희라고 한다.

『형차기』　　　　『유지원백토기』　　　『배월정』　　　『살구기』

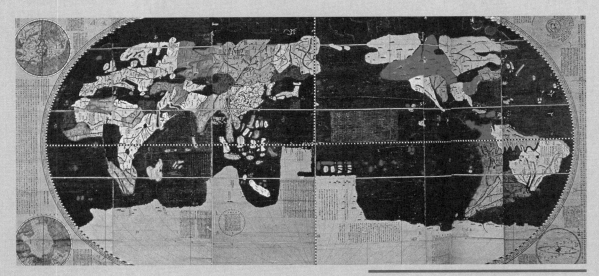

「곤여만국전도」. 마테오 리치가 명나라 학자 이지조와
함께 목판에 새겨 인쇄한 지도

제8장 명(明)

　명 왕조(1368~1644)는 주원장이 남경에서 건립한 후 영락제(永樂帝 : 성조成祖) 연간인 1421년 북경으로 천도하여 1644년 멸망할 때까지 16명의 황제가 277년간 통치한 통일 왕국이다. 명 왕조는 창업자인 홍무제 때 승상제를 폐지하는 등 황권 강화를 바탕으로 전제군주제를 향한 내적 기반을 다졌고, 이후 그의 넷째아들인 영락제 시절에 전성기를 구가하였다. 홍무제 시절부터 황권 강화를 위해 개국공신들에 대한 피의 숙청이 자행되었다. 그러나 황권을 강화한 만큼 신권(臣權) 또한 만만치 않아 명나라는 역대로 가장 대표적인 관료 사회로 평가받았다.

　1435년 선종(宣宗)이 사망한 후 아홉살의 주기진(朱祁鎭 : 영종永宗)이 등극한 이후 환관의 전횡이 시작되면서 당시 사회·경제적 발전과 반비례하여 정치적 혼란이 가중되기 시작했다. 급기야 영종이 오이라트의 에센에게 포로가 되는 변을 당했고, 이후 쇠락의 길로 접어들기 시작하더니 1644년 이자성(李自成)이 이끄는 반란군에게 북경이 점령되어 결국 망하고 만다.

　명나라는 중국 봉건 사회의 문화와 경제가 지속적으로 발전하던 시대였다. 그러나 지구 반대편의 서구는 이미 자본주의로 진입하여 과학 기술이 크게 발달하고 있었으며, 그 여력으로 중국의 문을 두드리기 시작했다. 그러나 아직까지 명나라 사람들은 그것이 무엇을 의미하는지 모르고 있었다. 명나라 시기는 시민 사회가 성숙하면서 그들의 문화적 욕구를 만족시키기 위한 문학, 특히 소설이 크게 발전하였으며, 주자학에 뿌리를 두었으되 또 다른 출구를 가진 양명학이 발흥하기도 했다. 명나라 중반에 들어서면서 여진인들이 새롭게 세력을 집결하기 시작했지만, 만력 연간에 거병한 누르하치를 다음 왕조의 시작이라고 믿는 이는 아직 없었다.

1368년 ▶ 주원장(太祖, **홍무제**: 재위 1368~1398), 금릉(金陵)에서 명 건국. **일세일원 제도 확립**. 대도(大都) 함락됨. 원나라 멸망. 대도, 북평부(北平府)로 개칭. 원의 황제, 몽고 고원으로 물러나 북원(北元) 건국하고 카라코룸을 수도로 정함.
1369년 ▶ 명군(明軍), 상도 점령. 태조, 황자와 종손 등 25명을 번왕(藩王)으로 삼아 각지에 분봉함.

■ 그 무렵 우리는…
1369년 고려, 원의 연호 사용을 중지함. 명에 사신을 보냄.

■ 그 무렵 외국은…
1369년 중앙아시아, 티무르제국을 세움.

홍무제

1368년 주원장이 원나라를 멸망시키고 명(明)을 건국했다. 명 태조 주원장은 유방 이후 평민 출신으로 황제가 된 두번째 인물이었다. 도읍은 남경(南京)이며, 연호는 홍무(洪武)였다. 이민족의 통치를 종결시킨 그의 치적은 눈부실 정도였다. 우선 강토의 확장을 들 수 있으니 북으로 카라코룸을 넘어 거의 바이칼호까지 닿았으며, 만주 지역은 송화강(松花江: 만주어로 송아리 강)을 손에 넣었다. 남서로 사천 · 귀주 · 운남을 복속시켰으며, 현재의 신강(新疆) 지역인 합밀(哈密)에 이르는 중앙아시아 접경 지역까지 판도를 넓혔다. 아울러 국제적 지배권을 다시 획득하여 각 지역에서 조공이 잇달았다. 다음 내적으로는 고도로 중앙화한 정치 체제를 수립하여 황제가 전권을 독점하도록 만들었고, 자급자족의 세습 군대로 막강한 상비군을 조성했다. 이제 누구도 사사로이 군사를 육성할 수 없었다. 막강한 황권의 확립은 신하들로 하여금 더 이상 황제와 동등하게 설 수 없도록 만들었다. 조정 신하들은 황제의 어전에서 엎드려 조서를 받들고, 나중에는 어전에서 모든 신하들이 보는 앞에서 아랫도리를 내린 채 매를 맞는 일도 왕왕 있었다. 이렇게 황권이 강화되었지만 주원장은 오히려 자신의 출신과 성격적 결함에서 야기되었을 의심증(疑心症)으로 모반의 죄명을 씌워 개국공신을 포함한 10여 만 명의 사람들을 희생시켰다. 이른바 4대 의옥사건(疑獄事件)이나 문자(文字)의 옥(獄)으로 전해지는 식자층에 대한 무분별한 탄압은 그 극에 달했다고 할 수 있다. 비록 강남 지방을 견제하기 위한 어쩔 수 없는 일이었다고 할지라도 이는 결국 독재 군주의 전횡이었을 따름이다.

일세일원(一世一元) 제도 확립

명나라 태조는 건국 후 홍무(洪武)라는 연호를 사용하면서 다시 바꾸지 않았다. 원래 한대부터 시작된 연호는 어떤 일이 있을 경우 그 다음해부터 사용할 새로운 연호를 발표하는 것이 관례였다. 특히 나라에 좋은 일이 있을 경우에는 더욱 그러하여 황제마다 재위 기간에 서너 번씩 연호를 바꾸는 경우가 많았다. 그러나 명나라 태조를 시작으로 연호는 대체적으로 치세 기간과 동일하게 되었다. 일반적으로 연호는 두 글자가 보통이나 무측천(武則天)의 '천책만세(天冊萬歲)'나 '만세통천(萬歲通天)', 송나라 태종의 태평흥국(太平興國) 등 네 글자로 된 것도 있다.

묘호는 황제가 사망한 후 붙인다. 창업을 한 황제의 경우는 '조(祖)'를 붙이고 일반적으로 '종(宗)'을 붙이는 것이 관례이다. 그러나 원의 세조나 청의 세조·성조의 경우와 같이 정복 왕조로서 중국에서 왕조를 개창한 경우나 특별히 이에 상응하는 황제의 경우에는 '조'를 붙인다. 명대 성조(영락제)의 경우가 이에 해당한다.

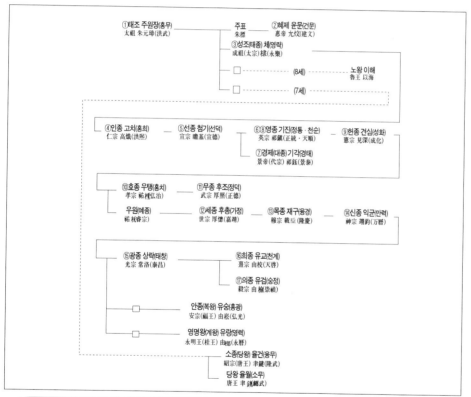

명왕조 계보도

명나라 개괄

1368년 주원장이 남경에 도읍한 이후, 성조(成祖) 영락제(永樂帝: 재위 1402~1424)는 19년(1421) 북경으로 천도했다. 1644년까지 276년 동안 12대에 16명이 재위하였으며, 명조가 멸망한 후 1661년까지 4명의 종친이 선후하여 남경 등지에 남명(南明)을 수립하고 청조에 대항하였다. 영락제로 칭해진 3대 성조 시절은 명대에서 가장 강성했으며 이후 환관들이 득세하면서 쇠퇴하기 시작했다.

A.D.1370~1375년

1370년 ▶ 과거 제도 정함. 손길박(孫吉朴), 산동에서 봉기. 티무르, 사마르칸트에 왕조를 세움. 『**수호전**』의 저자 **시내암** 사망.
1373년 ▶ **대명률** 갱정(更正).
1375년 ▶ 대명통보(大明通寶: 대명보초大明寶鈔) 발행. 금·은·동의 유통 금지. 전국에 사학을 세우고, 경성에 최고 학부인 국자학(1382년 **국자감**으로 개칭)을 설치함.

■ 그 무렵 우리는…
1370년 고려, 명에서 고려 왕을 책봉함. 이성계 등이 원의 동녕부를 공격함.
1371년 고려, 신돈이 실각함.

■ 그 무렵 외국은…
1375년 이탈리아, 보카치오 사망(1313 ~).

시내암의 『수호전』

시내암(施耐庵: 1296쯤~1370), 원명은 이(耳) 또는 자 안(子安)이며 원적은 소주, 이후 강소 흥화에서 살았다고 전해진다. 중국 문학 최초로 농민 봉기를 내용으로 한 장 편 소설『수호전(水滸傳)』의 작가이다. 이 작품은 북송 말 년인 1120년에 일어난 송강(宋江)의 기의에 역사적 근거 를 두고 있다.『송사(宋史)』「장숙야전(張叔夜傳)」에 보면 장숙야가 송강을 항복시킨 일을 기록하고 있는데, 송강은 나중에 송조에 투항하여 절강에서 일어난 방납(方臘)의 난을 토벌하는 데 동원되기도 했다고 한다. 이외에 송말 원초에 이미 수호의 이야기는 민간 연예인들에 의해 연창 되거나 강술되었다. 당시에 나온『대송선화유사(大宋宣和 遺事)』는 수호 이야기를 담고 있는 가장 빠른 화본이다.

「구문룡 사진(九紋龍史進)·도간 호 진달(跳澗虎陳達)」. 일본 풍속 화가 우타가와 쿠니요시(歌川國芳) 그림.

원대에 들어오면 이 내용이 잡극으로 공연되기도 했다. 수호전의 호걸이 108명인 것 이나 양산박을 근거지로 한 것은 모두 이때부터이다. 이러한 토대 아래 시내암은『수 호전』을 쓸 수 있었다. 현재 가장 빠른 판본은 만력(萬曆) 연간에 나온 100회본짜리 『천도외신서본(天都外臣序本)』인데 만력 말년에는 양정견(楊定見)의 120회본도 나왔 다. 그러나 1641년 전후로 김성탄(金聖嘆)이 71회 이후부터 전부 삭제하는 한편 봉건 계급에 대한 원망과 비판의 부분을 지우고 자신의 평어를 달았다. 그리고 70회 마지 막에 노준의의 악몽 속에서 수호의 호걸들이 모두 죽는 것으로 묘사하였다. 그럼에도 불구하고 비교적 세련된 문장으로 씌어진 김성탄의 판본이 가장 유행하였다.

대명률

홍무제 주원장은 죽기 전 해인 홍무 30년(1397)에 태조 원년(1368)부터 시작하여 홍무 6년(1373)에 갱정한 대명 제국의 법률을 반포하였다. 첫머리에 명례율(明例律)을 신설한 뒤 이·호·예·병·형·공 각 부의 율을 정하여 전체 7편 30권 460조로 되어 있다. 당대에 완성되어 원대에까지 영향을 준 당률에 기반하였으나, 지배 계급과 피지배 계급 간의 종속 관계를 약화시킨 반면 집권 통치 기반은 강화하고, 형벌도 세분화하여 더욱 엄격하게 적용했다는 점에서 구분된다. 하극상을 방지하기 위한 금령(禁令)이 많고, 연좌제의 범위를 확대하고 붕당의 결성에 대해서도 용서하지 않았다. 심지어는 조정에서 대신들을 곤장으로 다스릴 수 있는 조항도 있었다. 태조는 대명률(大明律)을 제정함과 동시에 연속해서 범죄 사례집이라고 할 수 있는 4편의『대고(大誥)』를 편찬하여 학교에 보급하고 과거 시험 과목으로 집어넣기도 했다. 대명률은 조선과 일본 등의 법률에도 큰 영향을 끼쳐, 조선의 경우 이를 번역한『대명률직해(大明律直解)』가 간행되었다. 이후 명 홍치(弘治) 10년(1497) 서부(徐溥) 등이 칙명을 받아『대명회전(大明會典)』을 간행했는데, 본래 명칭이『정덕회전(正德會典)』인 이 법전 역시 6부를 중심으로 각 행정 기구의 직분, 사례 및 관복 의례 등에 대해 밝히고 있다. 명대의 전장 제도를 가장 상세하게 설명한 책이다.

국자감

명대의 학교는 중앙의 국학과 지방의 향학, 서원(書院), 사학(社學)을 둔 원대의 제도와 유사하게 중앙의 국학, 지방의 부(府)·주(州)·현(縣) 학으로 구분된다. 국학은 처음에는 국자학(國子學)으로 불렸다가 나중에 원대와 같은 이름인 국자감(國子監)으로 개칭되었으며, 학생은 감생(監生)이라 불렀다. 국자감에 입학할 수 있는 자격은 동시(童試: 부·주·현 학의 입학 시험)에 합격한 생원(生員)이었으며, 집안의 품계와 상관없이 입학할 수 있었다. 명대 학교 체계(생원-감생-관료)의 특징은 과거 체계(생원-거인擧人-진사-관료 또는 생원-거인-관료)와 밀접하게 연관되어 있다는 점이다. 향시(鄉試)는 생원이 되어야만 응시할 수 있었으며, 일단 생원이 되면 요역(徭役)을 면제받는 등 종신 특권을 얻어 경제적인 이익뿐만 아니라 사회적 지위도 상승하였다. 송대의 경우 거인이 성시(省試: 진사시進士試)에 단 1회 응시할 자격만을 지닌 한시적 자격에 불과했던 것이나, 당·송의 태학생이 단지 학생으로서의 자격밖에 없었음을 생각하면 명초부터 과거 제도와 학교 제도가 결합하면서 큰 변화가 있었음을 알 수 있다. 한편 국자감에는 '감규(監規)'가 있어 학생들이 정치 활동을 하는 것을 엄격하게 감시했다. 이는 당시 전제 군주 체제의 반영이라고 할 수 있다.

A.D.1376~1382년

1376년 ▶ 행중서성 폐지하고 **포정사사** 설치. 어사대 설립. **공인의 안.**
1380년 ▶ 태조의 마지막 승상 호유용(胡惟庸)의 옥(獄). 중서성(中書省) 폐지, **승상제 폐지**(이후 승상 제도는 사라짐). 황제의 권한 강화.
1381년 ▶ 부역황책(賦役黃冊)을 만들어 이갑제(里甲制) 실시. 부우덕(傅 友德), 호원(胡元)의 양왕(梁王)을 멸하고 운남을 평정함.
1382년 ▶ 황제의 자문 기구인 전각대학사(殿閣大學士) 설치. 경사(京師) 의 방위군인 금의위(錦衣衛) 확대 개편.

■ 그 무렵 우리는…
1376년 고려, 최영이 왜구를 정벌함.
1377년 고려, 최무선의 건의로 화약 무 기 제조.
1380년 고려, 이성계가 남원 운봉에서 왜구 격파.

■ 그 무렵 외국은…
1381년 영국, 와트 타일러의 반란.

지방 행정의 분할 — 삼사(승선포정사사, 제형안찰사사, 도지휘사사) 설치

명초 지방 행정의 핵심은 중앙의 중서성에 속해 있는 행중서성(行中書省: 약칭 행성行省)이었다. 원대 황제의 직속 기관으로 중서성과 함께 최고 통치 기구 역할을 했던 이 기관은 명대 초기 민정과 군정을 동시에 관할하고 있어 그 세력이 막강했다. 태조는 우선 행중서성을 폐지하고 새롭게 승선포정사사(承宣布政使司: 약칭 포정사사)를 설치하여 부·주·현의 3급 행정 기관을 총괄한 지방의 민정과 재정만을 맡도록 하고 황제의 직속에 두었다. 이는 지방 세력의 분권화를 막음과 동시에 중앙 중서성의 수족을 잘라 그 권한을 축소시키는 일이었다. 지방의 군권은 도지휘사사(都指揮使司)가 맡았으며, 중앙의 6부와 5군도독부(五軍都督府)의 통제를 받았다. 장관은 정2품인 도지휘사(都指揮使)였다. 아울러 지방의 감찰과 사법 업무는 제형안찰사사(堤刑按察使司)가 담당하고 6부와 도찰원(都察院)의 통제를 받았으며, 장관은 정3품인 안찰사(按察使)였다. 이렇게 지방 행정은 삼사(三司)로 분권화되어 상호 협력·견제할 수 있게 되었다. 그러나 후대로 넘어가면서 점차 협조 체제가 이완되어 행정상 허점이 속출하고 몽고의 위협으로 변경이 위태로워지자 총독(總督)과 순무(巡撫)를 파견하여 군사 업무를 맡도록 했다. 양자는 일시적인 권한을 가지고 있었다. 그러나 성화(成化) 6년(1470) 오주(梧州)에 정식으로 총독부가 설치된 이후로 고정적으로 총독이 배치되었으며, 순무 역시 선덕(宣德: 1426~1435) 연간에 지방의 업무가 복잡해지면서 고정 배치되었다. 총독과 순무는 청대에도 존속하여 권한이 막강해졌다.

공인의 안 — 행정 조직 대수술의 신호탄

일단 정권을 잡으면 그 정권을 유지할 유형·무형의 조치들이 뒤따르게 마련이다. 명나라 초기 조정은 개국공신이자 동향 세력이 중서성의 좌승상 관직을 독점하였고,

강남의 지주 세력을 대표하는 일단의 지식인들이 호부(戶部) 등을 비롯한 각 요직에 자리잡고 있었다. 자연히 황권을 강화시키기 위해서는 이에 대해 적절한 견제와 때를 틈탄 완전 타파가 급선무가 되었다. 일단 북방의 방위에 여유가 생기자 태조는 구체적인 내정 정비로 들어갔다. 당시 호부에서 지방 재정을 수지결산(收支決算)하고 나면 호부와 지방 관청이 인정한다는 도장을 찍게 되어 있었다. 그러나 왕래가 번거롭기 때문에 지방에 미리 인인(認印)을 찍은 서류를 휴대하는 것이 관례였다. 그런데 갑자기 이를 문제삼아 개국 초에 임명된 관료들이 대거 처벌을 받게 되었다. 이것이 바로 공인(空印)의 안(案)인데, 이를 통해 강남 지역 관료의 대교체가 이루어진 것은 당연한 일이었다.

승상제 폐지 — 전제군주제의 도래

승상(丞相: 재상)은 황제의 권한을 이어받아 실질적인 행정을 담당하는 수반이자 중추이다. 따라서 무엇보다 중요하다. 그러나 황권이 약세일 경우는 자칫 권신들이 전횡을 일삼는 폐단이 생기기 쉽다. 명나라 초기에는 원조의 제도를 답습하여 중서성을 설치하고 좌·우 승상이 백관을 통솔하고 황제를 보좌하여 전국 행정을 총괄하였다. 당연히 승상의 권한은 막강하였다. 개국 이후 동향의 개국공신들인 이선장(李先長), 서달(徐達), 왕광양(汪廣洋) 등이 중서성 좌승상의 관직을 독점하였다. 게다가 그들 뒤를 이은 태조의 마지막 승상 호유용(胡惟庸)은 지나치게 권세욕을 지닌 인물이었다. 1380년 어느 날 그는 자신의 집에 예천(醴泉: 물이 단 샘)을 파놓고 황제를 초청했다. 예부터 '하늘에 감로가 내리고 땅에 예천이 솟는 것'은 국가의 상서로운 조짐이라는 말을 들은 태조가 그의 집으로 가려던 찰나 내막을 안 운기(雲奇)라는 태감(太監: 환관)의 고발로 호유용의 집에 병갑이 숨겨져 있음을 알게 되었다. 그리하여 모반죄로 그를 처형했으며, 이와 연루시켜 1만 5000명을 처형시켰다. 이를 계기로 태조는 며칠 후 중서성을 철폐하고 승상제를 없애면서 직접 통치를 통한 왕권 강화를 시도하였다. 전국 행정은 이·호·예·병·형·공 등 6부가 승격되어 분담하였는데, 각 부에는 상서(尙書)를 두었다. 그러나 당·송과는 달리 상서 위에 장관을 두지 않고 상서가 직접 황제에게 책임을 지도록 했다. 이로써 중국 역사에서 승상 제도는 사라지고 절대 군주의 시대가 도래한 것이다. 태조는 또한 1382년 전각대학사(殿閣大學士: 내각대학사)를 두어 황제의 고문 역할을 맡아 문서 작성을 돕도록 했으며, 사법 사건은 형부(刑部)·도찰원(都察院)·대리사(大理寺) 등 이른바 3법사(三法司)가 처리하도록 했다. 이외에 상주하는 문건이나 밀고장을 접수하는 통정사(通政司)를 두었고, 황제 직속의 감시·특무 기관인 금의위(錦衣衛)를 설치하여 관리와 백성들을 사법

A.D.1384~1391년

1384년 ▶ 탕화(湯和), 왜구 방어책을 올림. 1396년까지 문자(文字)의 옥(獄)이 빈번하게 일어남.
1385년 ▶ 진사를 한림으로 간주하기 시작함.
1386년 ▶ **웅천 건설 시작.**
1387년 ▶ **『어린도책』 편찬.**
1388년 ▶ 명, 전국 통일을 완성함.
1391년 ▶ 한국공(韓國公) 이선장(李先長)의 옥.

■ 그 무렵 우리는…
1388년 고려, 이성계가 위화도 회군으로 정권 장악.
1389년 고려, 박위가 대마도를 정벌.

기관을 거치지 않고 투옥·처형할 수 있는 길을 열었다. 군사 방면으로는 병부(兵部)가 군사 행정을 맡아보고, 원대의 대도독부(大都督府)를 좌·우·중·전·후 군 등 5군도독부로 세분화하여 군대 내 도독의 권한을 축소하고 황제가 직접 군권을 장악할 수 있도록 했다. 이로써 황제의 권한은 무소불위로 막강해졌다. 그러나 일종의 경찰 국가식으로 통치가 가혹해지면 질수록 백성들은 더욱더 소리를 지르고 몸부림치게 되었다.

도읍지 웅천 건설 시작

태조는 웅천에 도읍지를 정한 다음 대규모 도성 건설을 시작했다. 1366년부터 1386년까지 원래 있던 도성터에 황성과 부성(府城), 그리고 외성(外城) 등을 건설했다. 황성은 성의 동쪽에 위치하고 있는데 방형(方形)이며, 내부에 궁성인 자금성(紫禁城)이 자리하고 있다. 황성의 남북 주축선을 중심으로 봉천(奉天), 화개(華蓋), 근신(謹身) 등 삼전(三殿)과 건청(乾淸), 곤녕(坤寧) 이궁(二宮)을 지어 황제가 대전을 거행하거나 조정의 일을 처리하고 거주하는 곳으로 삼았다. 성의 중심에는 종루와 고루(鼓樓)를 세웠고, 계롱산(鷄籠山)과 취보산(聚寶山)에 각기 관상대(觀象臺)를 건설했다. 고루 동남쪽에 있는 국자감은 당시 전국 최고의 학부로 자리했다. 이로써 원래부터 영곡사(靈谷寺), 보은사(報恩寺), 천녕사(天寧寺) 등 오래된 사찰 건물을 비롯한 고대 건축물이 잔존하고 있던 웅천은 명대 초기의 도읍지로 제 모습을 갖추게 되었다.

『어린도책』

『어린도책(魚鱗圖冊)』은 홍무 10년(1387)에 완성한 일종의 토지대장이다. 조세(租稅)를 징수하는 데 편의를 도모하기 위한 행정 문서로 토지 관계 소송에 증거로 사용되기도 했다. 『어린도책』은 송나라 때부터 시작하여 명나라와 청나라까지 이어졌는데, 전국의 토지를 일정하게 나누고 토지마다 번호를 매겨 크기와 위치, 지형과 지질, 소유주 등을 기록했다. 세분된 지적도의 모양이 물고기 비늘과 비슷하기 때문에 '어린도(魚鱗圖)'라는 이름이 붙었다.

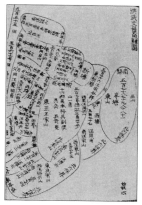

『어린도책』

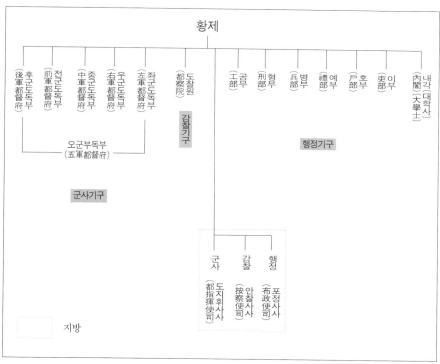

명나라의 중앙 · 지방 행정
계통 간략도

신사

명대의 진신(縉紳) 지주는 관료 지주를 일컫는 말이다. 명초의 문무 관원은 대략 2만 4000명 정도였는데 100년 후에는 8만 여 명으로 불어났으며, 말엽에는 50만 명에 육박했다. 이들은 봉건 제도하의 여러 가지 특권을 향유했으며, 지주로서 향리의 전답을 거의 모두 소유하고 있었다. 15세기 30년대에 들어서면서 전체 인구의 10분의 1인 600만 명이 지주의 핍박과 자연 재해 때문에 고향을 잃고 떠돌아다니는 지경에 이르렀다. 신사(紳士)라는 말은 명대 말기에 관직을 지녔거나 학위를 소지한 이들을 뜻한다. 물론 이들 역시 진신 지주의 일원이었다.

A.D.1393~1399년

1393년 ▶ 백성들에게 **육유 반포**(부모에게 효순할 것, 윗사람을 공경할 것, 향리에서 화목할 것, 자손을 교훈할 것, 생업에 만족할 것, 비위(非違)를 만들지 말 것).

1397년 ▶ 구우(瞿佑), **『전등신화』** 간행.

1398년 ▶ 윤 5월 태조, 71세로 사망. 손자인 주윤문(朱允炆), 22세에 즉위 (혜제惠帝: 건문제建文帝).

1399년 ▶ 연왕(燕王) 주태(朱棣), 거병하여 **정난의 변** 일으킴.

■ 그 무렵 우리는…
1392년 조선, 태조 이성계가 조선을 건국함.

■ 그 무렵 외국은…
1397년 콘스탄티노플, 오스만 투르크에 항복.
1399년 영국, 랭커스터 왕조 시작.

육유 반포 ─ 주자학을 관학으로

태조가 선포한 육유(六諭)는 주자학의 교육 지침을 그대로 따른 것이며, 당시 측근의 유기(劉基), 송렴(宋濂), 방효유(方孝儒) 등은 모두 주자학의 신봉자들이었다. 이제 송유(宋儒)를 비방한다거나 그들의 이론에 시비를 건다는 것은 곧 관학, 성학(聖學)에 대한 모욕과 같았다. 영락제가 『오경대전(五經大全)』121권, 『사서대전(四書大全)』30권, 『성리대전(性理大全)』70권 등을 간행토록 하여 정호 · 정이 · 주희 학파의 이학에 관한 자료들을 종합적으로 필사하도록 한 것 역시 주자학이 국가의 지도 이념으로 군주권과 밀접하게 연관되어 있음을 증거하는 것이다. 효제(孝悌)는 종법 사회에서 필연적으로 사람들에게 요구되는 품덕이며, 사람의 사회적 가치를 재는 준칙이자 가족 내부 관계 및 가족과 국가 관계를 연결하는 정감적 유대다. 그것은 곧 인의 근본(爲仁之本)인 셈이다. 이러한 효제의 원칙이 국가 사회로 확대된 것이 바로 충군애국(忠君愛國)이다. 다시 말해 부모를 포함한 종족의 어른에게 효도하는 것이 곧 국가와 조정에 충성하는 일이고, 효를 실행하는 것이 곧 위정(爲政)이며 인을 실천하는 기본적 요구인 것이다. 종법 제도의 이념적 토대가 바로 충과 효였기 때문이다. 유가는 바로 이러한 점을 사상적으로 지향하고 고취시키는 것을 특질로 삼고 있다. 그렇기 때문에 유가는 집권층의 기호에 부합될 수 있었던 것이다.

『전등신화』

『전등신화(剪燈新話)』는 명나라 구우(瞿佑)의 작품집으로 4권 20편과 부록 1권으로 이루어져 있다. 당나라 전기(傳奇) 소설 형태를 본딴 단편 문언(文言) 소설집이며, 고금의 괴담기문(怪談奇聞)을 엮어 만들었다. 명나라 때의 유일한 문어체(文語體) 소설집이다. 『전등신화』의 뒤를 이어 이창기(李昌祺)의 『전등여화(剪燈餘話)』, 소경첨(邵景詹)의 『멱등인화(覓燈因話)』 등이 나왔는데, 이 세 작품집을 일러 '삼등(三燈)'이라고 한다. 우리 나라 매월당(梅月堂) 김시습(金時習)의 『금오신화(金鰲新話)』 역시 이를 모방한 작품으로 알려져 있다.

정난의 변

　명나라 태조 65세 때, 황태자가 죽고 말았다. 이에 16세의 장손 주윤문(朱允炆)이 황태손이 되었다. 그가 바로 혜제(惠帝)이다. 1398년 태조가 붕어하자 황제에 오른 그는 왕권을 강화하기 위한 제태(齊泰), 황자징(黃子澄)의 건의에 따라 번왕(藩王)의 세력을 제거하는 조치를 취하기 시작했다. 당시 북평을 관할하고 있던 주원장의 넷째 아들 주태(朱棣)에게도 체포의 명이 떨어졌다. 그러나 이미 사전에 이러한 사실을 알고 있던 주태는 거병하여 남하하기 시작했다. 거병의 명목은 조정의 간신들이 변란을 일으키매 이들을 제거하고 군왕을 돕는다는 것이었다. 그래서 '난리를 평정한다' 는 의미의 '정난(靖難)' 이라 이름지었고 자신의 군대를 정난군이라 하였다. 건문(建文: 혜제의 연호) 황제는 오히려 '짐이 숙부를 살해했다는 오명을 받지 않게 하라' 고 조령(詔令)을 내려 긴급한 상황일 때면 여지없이 뭇 장수들의 앞에 서서 시위하는 주태에게 활 한 번 쏘지 못하는 지경에 이르렀다. 4년에 걸친 싸움은 응천성(應天城: 남경성)이 돌파되면서 끝났다. 문약한 혜제는 불타는 궁성에서 스스로 몸을 던졌다고 하는데, 또 다른 일설로는 피신하여 사방을 중으로 떠돌다가 나라 밖으로 나갔다고 전해진다. 그래서 사가들은 정화(鄭和)의 해상 원정 목적 가운데 하나가 바로 혜제를 찾기 위함이었다고 해석하기도 한다. 여하튼 혜제는 사라지고 주태는 남아 1402년 제위에 올랐다. 주태는 자신의 정변을 미화하기 위해 '정난' 이라고 하였지만 그 스스로 탄식한 대로 자기 아버지가 발탁하여 명초의 기반을 마련했던 공신들이 이 난리로 모두 죽고 말았다. 당시 대유학자 방효유의 죽음은 이를 웅변적으로 보여준다.

홍무의 사옥

명나라 태조는 황권을 강화하기 위해 독단적으로 관제를 개혁했을 뿐만 아니라 여러 가지 극단적이고 야만적인 방법을 동원하여 관료들을 얽어매었다. 특히 만년에 들어서면서 그의 탄압은 극에 달하여 누차 대옥(大獄)을 일으켰다. 그 중에서 대표적인 것이 이른바 '사대안(四大案: 네 가지 사건으로 일명 사옥四獄이라고 부른다)' 이다. 첫번째는 홍무 9년(1376)에 일어난 '공인안(空印案)' 이고 두번째는 18년(1385)에 일어난 호부시랑 곽환(郭桓)의 탐오안(貪汚案: 부정부패에 관한 사건)이다. 이 사건은 주로 부정부패를 시정하기 위한 옥사(獄事)였으나 연루된 인원이 지나치게 많아 많은 희생이 따랐다. 세번째는 홍무 13년(1380)에 시작된 승상 호유용(胡惟庸) 사건과 26년(1393)에 발생한 대장군 남옥(藍玉)의 사건인데, 연루되어 살해된 이가 5만을 넘을 정도로 참혹한 사건이었다. 연이은 옥사로 인해 황권은 더할 나위 없이 강화되었으나 개국공신을 비롯한 여러 신하들은 억울하게 불귀의 객이 되고 말았다.

A.D.1400~1403년

1400년쯤 ▶ **나관중** 사망.
1402년 ▶ 연왕의 군대, 응천(應天) 공략. **영락제** 즉위, 제태·황자징·**방효유** 등 살해됨.
1403년 ▶ 북평부(北平府)를 북경(北京)으로 개명. 만리장성 수축.

■ 그 무렵 우리는…
1402년 조선, 호패법 실시.

■ 그 무렵 외국은…
1402년 프랑스, 파리에 최초의 상설 극장을 개관함.

나관중

나관중(羅貫中: 1330~1400쯤)의 본명은 본(本), 자는 관중이며 호는 호해산인(湖海散人)이다. 태원(太原: 산서성) 사람으로서 원말 명초의 뛰어난 소설가로 『삼국연의(三國演義)』의 저자이다. 전하는 바에 따르면 시내암(施耐庵)의 제자였으며 원말 농민 기의의 수령이었던 장사성의 수하에서 막객(幕客)을 했다고 하는데, 구체적이지 않다. 그의『삼국연의』는 진수(陳壽)의 『삼국지』와 배송지(裴松之)의 주해본, 범엽(范曄)의 『후한서(後漢書)』 이외에

『삼국지평화』 상권 제1회 본문(왼쪽) 원나라 지치(至治) 연간에 발행된『삼국지평화』의 속표지(오른쪽)

도 원나라 때 유행했던 화본『삼국지평화(三國志平話)』와 민간에 떠도는 전설을 가미하여 완성한 것이라고 본다. 현존하는『삼국연의』의 가장 오래된 판본은 가정(嘉靖) 원년(1522)에 '진평양후진수사전, 후학나관중편차(晉平陽侯陳壽史傳, 後學羅貫中編次)'라고 제(題)한『삼국지통속연의(三國志通俗演義)』24권이며, 현재 통용본은 청초 모윤(毛綸)과 모종강(毛宗崗) 부자가 가감하여 윤색한 120회본이다.

영락제

홍무(洪武) 연간에 연왕(燕王)에 봉해져 북평(北平)을 관할하고 있던 주원장의 넷째아들 주태가 정난의 변을 일으켜 혜제를 폐하고 1402년 제위에 올랐다. 그가 바로 영락제(永樂帝: 재위 1402~1424) 성조(成祖)이다. 그는 즉위 후 자신의 지지 기반이 있는 북평을 북경(北京)으로 개칭하고 천도를 결심하였다. 이는 한편으로 나라의 안위를 위해 북방의 군사력을 직접 통치할 필요가 있었기 때문이고, 다른 한편 공급과 수요가 일치하는 남경에 계속 도읍할 경우 자연 화북 지방을 소홀하게 대함으로서 통일 국가 체제를 완비하는 데 부족하다는 인식이 들었기 때문이다. 영락제는 새로운

궁전을 조영하기 위한 계획을 발표하고 영락 15년에 착공하여 18년에 궁전을 완성했다. 그리고 19년(1421) 초에 정식으로 천도하였다. 한편 북경으로 좀더 수월하게 물자를 공급하기 위해 영락 9년 회통하(會通河)를, 13년에는 청강포(淸江浦)를 개착하는 등 북경 천도를 위한 만반의 대비를 끝냈다. 명대 전성기의 황제 영락제의 치세는 문치와 무공을 두루 겸하고 있다. 먼저 『영락대전(永樂大典)』의 편찬은 문치의 대표적인 예라 할 수 있고, 20여 년에 걸쳐 다섯 차례나 지속된 북방 정벌과 정화의 해상 원정으로 대표될 수 있는 남방에 대한 위무(威武) 정책으로 안남(安南: 지금의 베트남) 등을 합병한 것은 무공의 예라 할 수 있다. 또한 내치의 측면에서 영락제는 즉위 초 해진(解縉), 양영(楊榮), 양사기(楊士奇), 호광(胡廣) 등 7명을 문연각(文淵閣)에 입직시켜 기무(機務)에 참여하도록 하였고, 영락 14년부터 전각대학사를 겸임토록 하여 자신을 보필하게 했다. 다른 한편으로 영락제는 환관을 중용하여 군대를 통솔하고 변경을 수비하는 등의 중요한 직책을 부과하였다. 영락제는 이렇듯 내외적으로 강력한 전제 군주로서의 면모를 확실하게 과시하였다.

명나라 제3대 황제 영락제

방효유의 죽음

방효유(方孝孺), 유가의 충정은 어떠해야 한다는 것을 극명하게 보여준 인물이다. 절강성 영해(寧海) 출신으로 자는 희직(希直), 일명 정학 선생(政學先生)으로 불렸다. 대유학자 송렴(宋濂)에게 배웠으며, 홍무 연간에 중부교수(中府敎授), 건문(建文) 연간에 혜제의 시강학사(侍講學士) 겸 한림문학박사로 있었다. 혜제에게 번왕의 세력을 약화시킬 것을 건의하여 채택되었다. 그러나 연왕 주태가 응천부에 들어온 후 그의 노력은 수포로 돌아가고 강제로 연행되기에 이르렀다. 연왕 앞에 선 방효유는 땅에 엎드려 울기 시작했다. 건문제를 애도하기 위함이었다. 이에 그를 투옥시킨 연왕은 제위 등극을 위한 조서를 쓰는데 군신들이 방효유를 천거하자 다시 그를 불렀다. 조서 작성을 거부하다 강제로 붓을 들게 된 방효유는 '연적찬위(燕賊簒位)'라고 적었다. 이에 극도로 분노한 연왕이 죽음도 두렵지 않느냐고 소리치자 머리가 잘리고 피가 흐를지언정 조서는 절대로 쓸 수 없다고 매서운 목소리로 답하였다. "죽음이 두렵지 않다면 설마 구족(九族)을 멸한다면 어쩔 것이냐." "구족은커녕 설사 십족을 멸한다고 해도 두렵지 않다." 크게 노한 연왕은 칼을 빼어들고 방효유의 입을 쑤시고 귀를 잘랐다. 그리고 그의 친족들을 체포할 것을 명하였다. 예부터 구족은 있었으되 십족은 없었다. 이에 그의 친구와 문하생들을 모두 체포하여 십족으로 채우고 모조리 죽였다. 한 사람씩 참수하기에 앞서 방효유에게 보도록 했으나 끝내 그는 얼굴을 돌리지 않았으며 마침내 그 역시 죽고 말았다. 이렇게 참수된 이가 전체 873명이다.

영락제를 매도했던 방효유

A.D.1404~1406년

1404년 ▶ 티무르, 중국 공략을 위해 사마르칸트 출발.
1405년 ▶ **티무르** 사망. 환관 **정화**, 제1차 남해(南海) 원정. 환관·복건·
설강·광동의 시박사(市舶司) 장악.
1406년 ▶ 영락제, 대월국(大越國) 침략.

■ 그 무렵 우리는…
1404년 조선, 경복궁을 준공함. 한양을
도읍지로 정함.

■ 그 무렵 외국은…
1404년 티무르, 티무르가 중국 원정길
에 오름.

티무르 — 제2의 칭기즈칸을 꿈꾼 이슬람교도

　　원나라의 몰락으로 몽고족은 중원에서 쫓겨나 막북(漠北: 고비사막의 북쪽)으로 후퇴할 수밖에 없었다. 그러나 칭기즈칸의 둘째아들 차가타이의 후예들은 지금의 중국 신강에서 소련의 중앙아시아에 이르는 광대한 지역에 거점을 확보하고 있었다. 그리고 칭기즈칸의 장남 주치의 후예들이 지배한 킵차크 역시 건재하고 있었다. 그러나 차가타이한국은 거대한 제국에 몽고, 오스만 투르크, 이란 등 여러 종족으로 구성되어 있었기 때문에 지역과 인종의 차이가 생활 양식과 종교의 차이로, 그 다음에는 차이로 인한 상호간의 멸시 단계로 넘어가면서 마침내 동서로 분열된다. 뿐만 아니라 칭기즈칸의 후예들이 쥐고 있던 실권 역시 귀족의 손으로 넘어가 이제 새로운 지배자를 애타게 기다릴 뿐인 그러한 상황이었다. 이때 등장한 것이 바로 티무르(帖木兒)라는 새로운 영웅이었다. 그는 물론 칭기즈칸의 혈통을 지닌 이른바 황금 씨족이 아니었다. 그런 까닭인지 그는 칸의 자리를 다른 인물에게 넘기고 자신은 이슬람교의 군주를 뜻하는 술탄이나 귀족의 뜻인 아미르, 또는 칸의 사위를 뜻하는 크레겐으로 칭했다. 그는 자신의 귀순을 받아주고 사마르칸트의 고향 근처에 토지까지 준 투글루크 티무르를 배반하여 그의 아들과 싸워 이기고 자신의 동지였던 후사인을 타도한 후 예전의 칭기즈칸의 길을 밟기로 작심하고 그대로 실행에 옮기기 시작하였다. 우선 그는 동쪽(몽고의 입장에서 볼 때)으로 이란을 공략하였다. 이때 또 한 명의 영웅, 1380년 킵차크를 통일하고 그 2년 후 러시아의 모스크바를 함락하여 이후 1세기 동안 통치를 하게 되는 발판을 만든 톡타미시가 후미를 치고 들어왔다. 이에 양국은 전쟁 상태로 들어가 1395년 테레크 강가에서 벌어진 최후의 일전에서 티무르가 승리함으로써 종식된다. 1398년 티무르는 인도 공략에 나서서 역시 성공하고 수도 사마르칸트에 개선하였다. 이제 그에게 남은 것은 오직 하나 중원뿐이었다. 1404년 티무르는 20만의 원정군을 이끌고 사마르칸트를 출발하였다. 그러나 70이 가까운 나이에 또 한 번의 원정은 무리였다. 그리고 그것은 명나라 영락제의 행운이었다. 친정하여 어느 작은 지방에 이르렀을 때, 그는 더 이상 숨을 쉴 수 없었다. 그의 사후 그 일족은 군력 투쟁으로 세월을 보내고, 티무르의 영광은 서서히 사라져갔다.

정화

1405년에서 1433년까지 정화(鄭和)는 명대 성조(영락제)의 명을 받아 2만 7800여 명의 군사와 대량의 금, 견직물 등 화물을 실은 보선(寶船) 62척과 그 밖의 배 100여 척으로 이루어진 선단을 이끌고 서태평양과 인도양을 전후 일곱 차례 출항하였다. 그는 어린 시절에 원나라 잔존 세력이 차지하고 있던 운남성 곤양에서 자랐는데, 명군의 공격으로 포로가 되어 적의 아들이란 이유로 거세되었고, 당시 연왕으로 있던 주체에게 인도되어 그의 시중을 들었다. '정난의 변'으로 황제가 된 영락제는 거사에 도움을 준 환관을 조신들보다 더 믿었으며, 정화의 사람됨과 재능을 알고서 그를 태감(太監)에 발탁하고 다시 항해의 총책임자로 등용하게 된 것이다. 당시 영락제의 정화 파견은 단순히 외국의 사치품에 대한 황제의 기호나 우호 사절의 이유에서 기인한 것이 아니다. 당시 중국은 남양의 여러 나라와 통상을 재개하고자 했으며, 무엇보다 일본의 방해(해적)를 제거해야만 했다. 또한 이전에 중국의 지배를 받았던 남방의 여러 지방에서 중국의 권위를 내세우는 일도 중요한 목적 가운데 하나였다. 정화는 인도양을 거쳐 페르시아까지 진출하였는데, 소수 민족인 회족(回族) 출신으로 그는 중국 회교도의 일원이었기 때문에 그 누구보다 중국과 중동의 회교도들 간의 협력 관계를 형성하는 데 적격인 인물이었다. 이처럼 다양한 목적을 지닌 정화의 대원정은 전후 7차에 걸쳐 실시되었고, 1409년부터 1411년까지 이란 북부의 샤루크 왕국에서 통상 사절이 오는 등 실질적인 효과가 드러나기 시작했다. 뿐만 아니라 이를 통해 중동과 페르시아의 문화(동화童話를 포함한)가 중국으로 들어올 수 있었고, 중국의 세계에 대한 이해 역시 이를 통해 더욱 확대될 수 있었다.

1621년에 출판된 『무비지(武備志)』에 묘사된 정화의 항해도. 남사제도(南沙諸島) 부근을 묘사한 것이다.

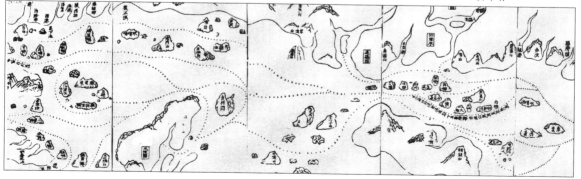

1407년 ▶ 『영락대전』 완성. 정화, 제2차 남해 원정.
1409년 ▶ 흑룡강 하구 멜린(特林: Tyr)에 군사 행정 기관 누르간도지휘사사(奴爾干都指揮使司) 설치함.
1410년 ▶ 오논 강변의 전투—영락제, 몽고 지역의 타타르(韃靼) 공략.
1411년 ▶ 왜구, 명의 연해 침략.
1412년 ▶ 건주좌위(建州左衛) 설치. 정화, 제3차 남해 원정.
1414년 ▶ 영락제, 서북방 몽고 지역의 오이라트(瓦剌部) 정벌.
1416년 ▶ 정화, 제4차 남해 원정. 실질적 내각제 실시. **북경 건설 시작.**
1420년 ▶ 황제 직속 특무 기관으로 **동집사창** 신설함. 산동성 포대현(蒲臺縣) 출신 여성 당새아(唐塞兒), 산동성 익도(益都) 사석책채(卸石柵寨)를 근거지로 하여 봉기함.

■ 그 무렵 우리는…
1413년 조선, 전국을 8도로 나눔.
1419년 조선, 이종무가 대마도를 정벌함.
1420년 조선, 집현전 설치.

■ 그 무렵 외국은…
1415년 포르투갈, 엔리케 왕자가 카나리아 제도에 탐험대를 파견함.

『영락대전』

　영락제는 다양한 분야의 지식을 총괄하는 유서(類書: 일종의 백과 사전)를 간행함으로써 한편으로 사상의 지배라는 『성리대전』의 근본 목적과 상응하면서 다른 한편 자신의 문치와 명 제국의 문화적 역량을 한꺼번에 보여주고 싶어했다. 그러나 처음에 해진(解縉)에게 명하여 만든 『문헌대성(文獻大成)』은 영락제가 보기에 너무 간략한 것이 흠이었다. 그리하여 요광효(姚廣孝)와 해진 등에게 중수할 것을 명하여 1407년 마침내 완성을 보았는데 영락 연간의 업적임을 분명히 한다는 의도하에 『영락대전(永樂大全)』이라 이름붙였다. 연인원 2169명이 동원되고 천문지리, 제자백가, 삼교구류 (三教九流: 삼교는 유儒 · 도道 · 불佛, 구류는 『한서』 「예문

영락제의 문화 사업의 하나인 『영락대전』

지」에 나오는 십가十家 가운데 소설가小說家를 뺀 나머지), 왕조별 전제(典制), 평화(平話: 소설)와 희곡, 농업, 의학, 잡기 등 가히 무소불유(無所不有)의 내용을 7, 8천 종에 달하는 각종 전적을 참고하여 편찬하였다. 전체 2만 2937권에 1만 1095책으로 워낙 방대하였기 때문에 명 · 청 양대에도 채 각판(刻版)되지 못했다. 정본은 명나라가 망하면서 훼손되었고, 청대에는 부본이 북경의 문연각(文淵閣)에 있었다고 하는데, 1900년 8국 연합군이 침입하면서 일부 훼손되고 도난당하여 현재 중국 내 잔본은 110여 책뿐이라 한다. 흥미롭게도 『영락대전』의 편찬을 주관했던 인물은 영락제가 총애했

던 도사 도연(道衍: 1338쯤~1418)이었다. 그는 몽고 시대에 임천 지방에서 생겨난 도교 집단 정일교(正一敎)의 영향을 받은 사람이다.

북경 건설 시작

경제가 발전하고 사회가 안정되었으며, 남북을 잇는 대운하가 새롭게 소통되자 북경을 건설하여 천도하기 위한 물질적 조건이 무르익게 되었다. 영락 14년(1416) 11월 주태는 조서를 반포하여 북경 건설을 위한 시동을 걸었다. 건설에 필요한 목재와 양식을 비축함과 동시에 전국의 목공을 비롯한 노동력을 대거 동원하였다. 북경은 크게 내성과 황성, 그리고 자금성 세 부분으로 나뉘어 건설되었다. 내성과 황성은 원나라 대도의 위치와 크게 차이가 없었으며, 궁전은 남경의 것을 모방했으되 더욱 웅장했다. 원나라 궁궐은 이미 소실된 상태였기 때문에 중건(重建)이라고 말할 수 있다. 영락 18년(1420)에 북경 궁궐이 완성되었고, 이듬해 정월 초하루에 정식으로 천도가 거행되었다. 이로써 북경은 명 왕조의 도성으로 자리하게 된 것이다.

동집사창 — 환관의 출세

명나라 태조는 환관의 정치 개입을 엄금하여 문자를 가르치지 않도록 했다. 그러나 영락제는 환관에게 진 빚이 있었다. 혜제의 번왕 탄압 때 그에게 정보를 제공해준 이가 바로 환관이었던 까닭이다. 게다가 그는 찬위(篡位)의 오명에서 벗어날 수 없었다. 그렇기 때문에 더욱 측근 중의 측근인 환관을 중용하지 않을 수 없었다. 영락제 당시 환관은 1만여 명으로 이전에는 이부에서 관할하였으나 사례감(司禮監)의 관할로 넘어와 12감(監), 4시(寺), 8국(局)의 24아문(衙門)에 소속되어 있었다. 특히 영락 18년(1420) 황제 직속의 특무 기관으로 동집사창(東緝事廠: 약칭 동창)이 설치되고 이를 사례감의 우두머리 사례태감(司禮太監)이 맡게 되자 특무를 위해 전국으로 파견된 환관들의 위세는 이미 황제의 그것과 마찬가지였다. 본래 환관은 중하층민 출신으로 출세를 위해 스스로 거세한 자궁환관(自宮宦官)이 많았다. 그러한 그들이 기존의 궁중에서 필요한 물자 구매 이외에 군대 감독, 세역 징수를 관할하고 감찰 업무까지 맡게 되었으니 과연 출세를 한 것이었다. 환관들의 전횡은 갈수록 심해졌다. 특히 헌종(憲宗, 성화제成化帝: 재위 1465~1487) 때 태감 왕직(汪直)은 성화 12년 '요사한 여우가 밤에 출현했다(妖狐夜出)'는 사건을 빌미로 서창(西廠)이란 별개의 특무 기관을 설치하여 전횡을 일삼았다.

A.D.1421~1435년

1421년 ▶ 북경으로 천도하고 응천을 남경으로 개칭. 정화, 제5차 남해 원정.
1422년 ▶ 영락제, 제2차 타타르 친정―살호원의 전투.
1424년 ▶ 영락제, 제3차 타타르 친정―진중(陣中)에서 사망. 홍희제(洪熙帝, 인종仁宗: 재위 1424~1425) 즉위. 정화, 제6차 남해 원정.
1425년 ▶ 선덕제(宣德帝, 선종宣宗: 재위 1425~1435) 즉위. **내서당**을 세워 환관 양성.
1428년 ▶ 행정 기구 개편하여 포정사사를 13개로 늘이고 **행정 구역** 가운데 직예 지구를 남경의 남직예, 북경의 북직예로 확정함.
1431년 ▶ 정화, 제7차 남해 원정.
1435년 ▶ 정통제(正統帝, **영종英宗**: 재위 1435~1449) 즉위. 환관 **왕진**, 사례태감이 됨. 환관의 전횡이 시작됨. 명 제국, 쇠퇴기로 돌입.

■ 그 무렵 우리는…
1423년 조선, 금속화폐 조선통보를 주조함.
1425년 주자소(鑄字所)에서 『장자』를 간행함.
1430년 조선, 『농사직설』을 반포함.

■ 그 무렵 외국은…
1429년 프랑스, 잔 다르크가 오를레앙에서 영국군을 격파함.
1434년 이탈리아, 메디치 가가 피렌체를 지배(~1494).

내서당 ― 환관 학교

선덕(宣德) 원년(1426) 7월, 선덕제는 10세 안팎의 소년 환관 2, 3백 명을 골라 한림관으로 하여금 글을 가르치도록 했다. 본래 환관은 황궁에 거하기 때문에 기밀 문서 등을 볼 기회가 적지 않았다. 그래서 처음부터 문맹인 상태로 두어야만 혹시 있을지 모를 기밀 누설 등의 화를 예방할 수 있었다. 명나라 태조가 황실의 환관은 100명이 넘어서는 안 되며, 공부를 해서도 안 된다고 유훈을 내린 것 역시 이러한 관례와 연관된다. 그러나 이러한 철칙은 영락제가 환관의 도움으로 등극한 후 즉시 깨어지기 시작하여 마침내 선덕제의 내서당(內書堂) 설치로 완전히 깨어지고 이후 환관들의 득세를 돕는 발판이 되기에 이른다.

행정 구역

선종(宣宗: 선덕제) 3년(1428) 지방 행정 조직으로 13군데 포정사사와 2군데 직예 지구가 확정되었다. 공식적인 명칭이 승선포정사사인 포정사사는 보통 기존의 행중서성의 약칭인 행성(行省) 또는 성(省)으로 불렸다. 현재 행정 구역을 성으로 부르는 것은 여기에서 기원한다. 당시 2직예 지구는 남경의 남직예와 북경의 북직예였으며, 13포정사사는 산동·산서·하남·사천·절강·강서·복건·광동·운남·귀주·호광·섬서·안휘 등이었다. 청초에 호광이 호북·호남성으로, 섬서가 섬서·감숙성으로 나뉘었다. 물론 현재는 지역적으로 확대되어 동북 3성과 5자치구를 비롯하여 청해와 해남에 이르기까지 더욱 많은 성이 있지만 명대에 나누어진 기존의 행정 구역은 지금까지 크게 변하지 않았다.

영종과 왕진

제6대 정통제. 아우인 제7대 경태제가 병들자 복위하여 제8대 천순제가 되었다.

선덕제가 38세의 나이로 죽었을 때, 황태자는 겨우 아홉 살이었다. 등극한 이듬해 정통(正統)으로 개원했다. 유조(遺詔)에 따라 태황태후인 홍희제(洪熙帝)의 황후 장씨가 수렴청정하도록 되어 있었으나, 그녀는 직접 정무를 보는 일은 삼가고 충실한 각신 삼양(三楊: 양사기楊士奇, 양영楊榮, 양부楊溥)의 도움을 얻고자 하였다. 그러나 그들은 늙었고, 어린 황제는 그들보다 황태자 시절부터 자신을 보필하면서 스승으로 가르침을 받기도 한 왕진(王振)에게 더욱 믿음이 갔다. 황제에 오른 영종이 그를 환관의 우두머리인 사례태감에 임용한 것은 당연한 일이었다. 일단 권력의 비호하에 환관으로 최상의 자리에 오른 왕진은 그 순간부터 전횡을 일삼아 환관의 가장 중요한 일 가운데 하나인 전지(傳旨: 내각의 의지擬旨, 즉 내외의 장주章奏에 대한 내각의 견해는 황제가 직접 듣고 답지를 내리게 되어 있으나 선덕 연간부터 황제가 구두로 전하면 태감이 기록하여 내각에 전달하였다)가 직접 전달되지 않고 자신의 손을 거친다는 점을 악용하여 함부로 자기 의견을 집어넣는 등 제멋대로 날뛰었으며, 황성 동쪽에 사사로이 대저택을 짓고 지화사라는 절을 조영하는 등 권세 부풀리기에 여념이 없었다. 게다가 자신을 탄핵하는 무리에게는 어떤 형태로든지 가혹한 보복을 가하였다. 이런 상태에서 오이라트의 에센(也先)이 자신들의 사절단이 조공한 말 값과 인원수에 따라 내리는 은상(恩賞)을 깎았다는 이유로 산서의 대동을 공격하였다. 이에 하늘 높은 줄 모르고 있던 영종의 유일한 참모 겸 스승인 왕진은 친정(親征)을 주청하였다. 병부상서 광야(鄺埜)와 시랑 우겸(于謙) 등이 이를 반대했으나 영종은 왕진을 따랐다. 그리고 자신은 포로가 되었으며, 왕진은 죽었다. 구금되어 있다가 귀국한 후 '탈문(奪門)의 변'으로 제위에 복귀한 그는 다시 천순(天順)으로 개원하였다. 그리고 왕진의 상을 만들어 지화사에 공양하는 일을 잊지 않았다.

12감(監)		4사(司)	8국(局)	
사례감(司禮監)	내궁감(內宮監)	석신사(惜薪司)	병장국(兵仗局)	은작국(銀作局)
어용감(御用監)	사설감(司設監)	종고사(鐘鼓司)	완의국(浣衣局)	건모국(巾帽局)
어마감(御馬監)	신궁감(神宮監)	보초사(寶鈔司)	철공국(鐵工局)	내직렴국(內織染局)
상선감(尙膳監)	상보감(尙寶監)	혼동사(混同司)	주혹면국(酒醋麴局)	사원국(司苑局)
인수감(印綬監)	직전감(直殿監)			
상의감(尙衣監)	도지감(都知監)			

궁중 내부의 일을 돌보는 환관 기구 24아문(衙門)

A.D.1436~1449년

1436년 ▶ 금화은(金花銀)을 시행—전부(田賦)의 은납(銀納).
1440년쯤 ▶ 2만여 명의 승려에게 도첩을 발행함. 북아시아에 오이라트의 에센 칸(汗) 활약.
1445년 ▶ 활자 인쇄술을 유럽에 전파함.
1446년 ▶ 왕진 등에게 금의위세직(錦衣衛世職)을 줌. 환관의 세습이 시작됨.
1447년 ▶ 광산 노동자 종유(宗留), 관의 박해에 저항하여 거병하고 대왕(大王)으로 자칭.
1448년 ▶ 강서의 등무칠(鄧茂七), 복건에서 민란을 일으킴.
1449년 ▶ 광동의 요족(瑤族)·귀주의 묘족(苗族), 반란을 일으킴. 오이라트 에센군, 명나라 침공하자 정통제가 친정하였으나 포로가 됨— **토목보의 변**.

■ 그 무렵 우리는…
1441년 조선, 측우기 설치. 양수표 세움.
1446년 조선, 훈민정음 반포. 직전법 실시.

■ 그 무렵 외국은…
1438년 신성로마제국, 합스부르크가 신성로마제국 황제를 세습함.
1446년 포르투갈, 『알폰소 법전』을 완성함.
1449년 잉글랜드·프랑스, 백년전쟁이 재개됨.

토목보의 변 — 앉아서 포로가 된 황제

칭기즈칸과 티무르가 사라지고 난 막북의 몽고족은 타타르와 오이라트가 세력을 분할하고 있었다. 오이라트(瓦剌部)에서 토곤이란 수장이 나온 뒤 오이라트가 득세하여 패권을 차지하면서 타타르는 수세에 몰리게 된다. 토곤이 죽은 뒤 그의 아들 에센(也先)이 아버지의 유업을 이어받아 대통일을 이룩한다. 당시 오이라트는 명나라와

영종이 에센 군의 포로가 되었던 것을 기록한 『몽고원류(蒙古源流)』

조공의 형식으로 교역을 하여 주로 말을 주고 조공에 따른 은상을 받았다. 그러나 앞서 말한 이유로 오이라트가 대동을 공격하자 영종은 친정을 도모한다. 원래 친정은 명분상 북경에 가까운 북서쪽 관문 거용관(居庸關)을 벗어나면 되는 것이었으나 왕진의 고집으로 대동까지 나갔다. 군사 지식이 전혀 없는 왕진의 말만을 믿고 출진한 영종의 50만 대군은 이미 양화 전투에서 오이라트군에게 패한 적이 있는 이들의 이야기를 듣고 속절없이 일단 후방으로 후퇴할 것을 결정한다. 그리고 되돌아가는 길에 명군의 움직임을 간파하고 있던 에센군에게 후미를 지키던 군사들이 몰살을 당하고, 본진은 토목(土木)이란 곳의 자그마한 성채〔堡〕에서 병참 부대를 기다리고 있었다. 그리고 다음날 성채를 에워싼 오이라트의 에센군에게 완전한 참패를 당해 패전의 수훈갑 왕진은 죽고 영종은 앉은 채로 포로가 되었다. 야전에서 포로가 된 첫번째 황제

였다.

토목보(土木堡)의 변으로 에센의 포로가 되었던 영종은 다행히 귀국했으나 이미 황제의 자리는 자신의 이복 동생 주기옥(朱祁鈺) 성왕(郕王 : 대종)이 차지하고 있었다. 영종은 태상황(太上皇)이 되어 자금성 남궁에 연금되었다. 그러나 성왕은 황태자인 외아들이 죽은 뒤 후사를 지명하지 않은 상태에서 죽고 만다. 기회가 왔다고 여긴 환관 조길상(曹吉祥)과 무청후(武淸侯) 석형(石亨) 등은 재빨리 연금된 상황을 데리고 와서 황제에 등극시켰다. 바로 영종의 재등극이었다. 그후 조길상은 역시 재등극에 한몫을 한 각신 이현(李賢)과 각축하다 황제의 총애를 잃자 천순(天順) 4년 군사 정변을 계획했다가 주살되었으며, 석형은 옥사했다. 다만 이현은 대학사에 등용하여 영종과 독대하면서 정치 현안을 해결하는 등 활약을 했다.

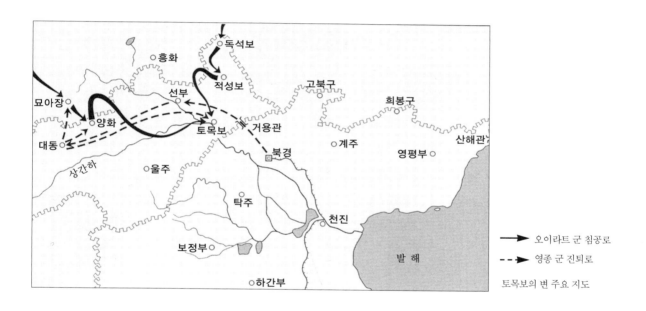

토목보의 변 주요 지도

명나라의 과거 제도

홍무 3년(1370) 5월 국가를 관리할 인재가 필요했던 주원장은 과거에 관한 조령(詔令)을 내려 그 해 8월 과거 시험을 실시하고 천하의 선비를 모았다. 명나라의 과거는 문과와 무과로 두 종류로 나뉘며, 향시(鄕試)·회시(會試)·전시(殿試)로 구분했다. 향시에 합격한 사람은 거인(擧人)이라 불렸으며, 경사의 회시에 합격한 사람은 전시에 참가할 자격을 주었다. 3년에 한 번씩 시행된 전시는 황제가 직접 참가하였으며, 전시에 합격한 이를 통칭하여 진사(進士)라고 불렀다. 문과 고시의 내용은 주로 사서오경으로 제한했으며, 문체는 팔고문(八股文)을 택해 내용보다 형식을 중시하였다. 무과는 기예와 용맹을 중시하였는데, 시험 내용은 때에 따라 변하였다. 6년에 한 번 대과(大科)를 실시했으며, 여기서 합격한 이를 장원(壯元)이라고 불렀다.

A.D.1450~1509년

1450년 ▶ 명군, 선부(宣府)에서 에센 격파. 영종 귀국하였으나 이미 대종(代宗)이 등극하였기 때문에 남궁(南宮)에 들어가 외부와 격리됨.
1451년 ▶ 에센, 칸에 올라 대원천성대가한(大元天聖大可汗)이라 칭함.
1454년 ▶ 에센, 부하에게 살해됨. 오이라트 쇠하고, 타타르 흥성함.
1458년 ▶ 『대명통일지(大明統一志)』 편찬.
1461년 ▶ 조길상과 그의 아들 조흠(曹欽), 모반 실패하여 피살됨.
1462년 ▶ 절파(浙派)의 대표적인 화가 **대진** 사망.
1487년 ▶ 헌종이 사망하고 효종이 홍치제(弘治帝)로 즉위함.
1488년 ▶ **균요법** 전국적으로 시행.
1493년 ▶ 북경과 산동에 대기근으로 260여만 명 사망.
1495년 ▶ 다얀칸(達延汗, Dayan Khan)에 의해 내몽고를 통일한 타타르족, 재차 요동 침입.
1502년 ▶ 『대명회전(大明會典)』 완성.
1505년 ▶ 효종(孝宗: 홍치제弘治帝)이 죽고, 무종(武宗: 정탁제正德帝)이 14세에 황제 등극. 무종, 유근(劉瑾)을 우두머리로 한 8명의 환관 총애.
1509년 ▶ **오파**의 대표적인 화가 심주 사망.

■ 그 무렵 우리는…
1452년 조선, 김종서가 『고려사 절요』를 편찬함.
1453년 조선, 수양대군이 정권을 장악함(계유정란).
1456년 조선, 사육신이 처형됨.
1458년 조선, 『고려사』 완성.
1474년 조선, 경국대전 반포.
1478년 조선, 서거정이 『동문선』을 편찬함.

■ 그 무렵 외국은…
1455년 잉글랜드, 장미전쟁이 시작됨(~1485).
1468년 구텐베르크 사망. 서구의 금속 활자 발명.
1492년 에스파냐, 콜럼버스가 아메리카를 발견함.

대진

화가 대진(戴進, 1388~1462)은 자가 문진(文進), 호는 정암(靜庵)·옥천도인(玉泉道人)이며, 전당(錢塘: 절강성 항주) 사람이다. 명나라 시기 원체화의 대표적 화가로 당시에 '항가제일(行家第一)'이라고 칭해졌다. 영락, 선덕 연간에 입궁하여 화원에 들어갔으나 화원화가인 예단(倪端)·석예(石銳) 등의 시기를 받아 기교는 뛰어나지만 품위가 없다는 비판을 받았다. 결국 낙향하여 빈한한 삶을 영위할 수밖에 없었지만, 그의 화풍은 제자 오위(吳偉) 등에 의하여 발전하여 절파(浙派)라는 하나의 화풍을 형성하였다. 절파는 주신(周臣)·당인(唐寅) 등 이른바 세교파(細巧派)와 더불어 명대 화원을 양분하였다. 초기에는 주로 이당(李唐)·마원(馬遠)·하규(夏珪) 등 남송의 원체(院體) 전통을 따랐으나 범관(范寬)·곽희(郭熙) 등 북송 화가들의 장점과 원대 화가들의 분위기를 익혀 점차 독자적인 예술 세계를 구축하였다. 산수화 이외에도 인물·화조·달리는 동물 등 거의 모든 소재에 능하지 않음이 없었다. 중요 작품으로 「춘동산수도(春冬山水圖)」, 「춘유만귀도(春遊晩歸圖)」, 「규석협접도(葵石蛺蝶圖)」 등이 있다.

균요법

　명나라의 차역(差役 : 백성들에게 노역을 시키는 것) 제도는 기본적으로 원나라와 마찬가지로 정역(正役)과 잡역(雜役)으로 구분되며, 구체적으로 부역(賦役) 황책(黃冊)에 따라 민호(民戶)를 3등(等) 9급(級)으로 나누어 편제했다. 특히 잡역의 경우는 내용이 다양해지면서 그만큼 백성들의 부담도 가중되어 적당하게 조정할 필요가 있었다. 이에 등장한 것이 바로 균요법(均徭法)이다. 이 법은 정통(正統) 2년(1437) 강서 첨사(僉事)인 하시(夏時)가 입안하여 강서(江西)에서 처음 시작되었으며, 중간에 폐지되고 다시 이어지면서 홍치(弘治) 원년(1488)에 전국적으로 시행되었다. 균요책(均徭冊)을 마련하고, 인정(人丁)과 세량(稅糧 : 정량丁糧)의 다과(多寡)를 기준으로 호(戶)를 설정하여 잡역을 적절하게 배분하였다. 처음에는 주로 역역(力役)을 부과했으나 전부(田賦)의 은납화(銀納化)가 시행되면서 균요 역시 은납할 수 있게 되었다. 그러나 균요법은 제대로 운용되지 않아 이후 일조편법(一條鞭法)이 시행되면서 기존의 폐해가 시정되기에 이른다.

오파

　선종 시절에 크게 발전한 대진의 절파가 점차 쇠퇴하면서 정덕(正德), 가정(嘉靖) 연간(1521~1566)부터 오파(吳派)가 득세하기 시작했다. 오파는 창시자인 심주(沈周, 1427~1509)와 계승자인 문징명(文徵明, 1470~1559)이 강소성 오현(吳縣) 출신이기 때문에 붙인 이름이다. 오파는 이들 두 사람을 지나 당인(唐寅, 1470~1523)과 구영(仇英, 1505~1552)으로 이어졌는데 이들 네 사람을 일러 오문사가(吳門四家)라고 한다. 오파는 북종화의 전통을 이어받은 절파와 달리 원말 사대가인 황공망(黃公望)·예찬(倪瓚)·왕몽(王蒙)·오진(吳鎭) 등의 화풍을 답습한 남종화 계통을 이었다. 명나라 말기에 동기창(董其昌)과 진계유(陳繼儒) 등 오파를 계승한 이들에 이르러 크게 발전하였다.

장편 소설의 발흥

명대는 도시 경제가 발전하고 시민 계층이 성장하면서, 특히 가정(嘉靖) 연간부터 자본주의가 싹트기 시작했다. 시민 계층이 확대되면서 점차 그들의 문화적 욕구에 부응하는 새로운 형태의 통속문학이 등장하기 시작했다. 통속문학 가운데 선두주자는 장편소설이었다. 송, 원대의 설화(說話)문학 가운데 강사(講史)나 설경(說經) 등이 발전한 명대의 장편 소설은 원, 명 교체기에 나온 나관중의 『삼국연의』에서 명말에 나온 『금병매』에 이르기까지 다양한 소재를 다루면서 시민들의 사랑을 받았다.

A.D.1510~1529년

1510년 ▶ 홍치(弘治) 10년(1497) 서부(徐溥) 등이 칙명을 받아 5년 후에 완성한 『대명회전』 간행. 유육(劉六)과 유칠(劉七), 문안(文安: 하북성)에서 농민 봉기.

1515년 ▶ 시인 이동양(李東陽: 1447~1515) 사망.

1517년 ▶ 포르투갈인, 광동 부근에 침입. 남안(南安)·대여(大餘) 등지에서 농민 봉기.

1519년 ▶ 영왕(寧王) 신호(宸濠), 남강(南康)·구강(九江)에서 거병하였으나 43일 만에 왕수인에 의해 평정됨.

1521년 ▶ 세종(世宗: 가정제嘉靖帝: 재위 1521~1566) 즉위.

1522년 ▶ 남기(南畿)·절강·강서·호광·사천 등지에 한발(旱魃). 나관중의 『삼국지통속연의』를 간행함.

1523년 ▶ 요동 지방에 기근 발생.

1527년 ▶ 광서의 전주(田州)에 민란 발생, 왕수인이 평정함.

1528년 ▶ 단등협(斷藤峽)의 요족 반란, 왕수인이 평정함. 트루판 침입. 명, 합밀 포기. **왕수인** 사망.

1529년 ▶ **전칠자**의 대표인 이몽양(李夢陽, 1473~) 사망.

■ 그 무렵 우리는…

1510년 조선, 삼포 왜란이 일어남.

1512년 조선, 일본 사신과 임신약조를 체결함.

1519년 조선, 기묘사화가 일어남.

1522년 조선, 비변사를 설치함.

■ 그 무렵 외국은…

1517년 신성로마제국, 루터의 종교 개혁.

1519년 포르투갈, 마젤란이 세계 일주를 함(~1522).

1524년 독일, 농민 전쟁이 시작됨.

왕수인

왕수인

왕양명(王陽明: 1472~1528)으로 더 잘 알려진 왕수인(王守人)은 성화(成化) 8년에 태어났으며, 자는 백안(伯安)으로 절강성 여요(余姚) 사람이다. 그의 어록인 『전습록(傳習錄)』에 따르면, 어린 시절부터 주자학에 심취하여 나이 스물에 이르러 친구와 함께 대나무를 보면서(觀竹), 그 '이(理)'를 찾기 위해 애썼으나 결국 실패하였다. 이후 여요의 양명동(陽明洞)에 돌아와 유·불·도를 포함한 여러 가르침을 공부하면서 마침내 인간의 감정이 자기 실현의 토대가 된다는 것을 크게 깨닫게 되었다. 깨달음의 핵심은 '이'란 외부의 사물에서 구하는 것이 아니라 양지(良知), 즉 도덕적 본성에서 찾을 수 있다는 것이었다. '치양지(致良知)', 즉 자신의 본성을 발휘해야 한다는 그의 학설은 근본적으로 '만물이 모두 나에게 갖추어져 있다'는 맹자의 이론을 출발점으로 삼아 명대에 이미 교조화되기 시작한 주자학의 폐해를 타파할 수 있었다. 그에게 양지란 누구에게나 있는 것이었으며, 또한 단순한 지식이 아니라 '행위'과 합일된 참된 앎이었다. '앎의 진지하고 독실한 것이 행(行)이고, 함을 명확히 깨달아 자세히 살핀 것이 앎이다'라는 그의 말은 바로 지행합일(知行合一)의 근본 뜻을 표명하고 있다. 이러한 관점에서 그는 공자의 말이라도 무조건 추종할 수 없으며, 육경(六經) 역시 역사에 불과하다는 새로운 견해를 제기할 수 있었다. 내심의 양지를 중시한 그의 논의는 채종태(蔡宗兌), 주절(朱節), 서애(徐愛) 등에 의해 전해졌으며, 좀더 비판적 계승자인 왕간(王艮)과 이지(李贄)를 비롯한 태주학파(泰州學派: 양명학陽明學 좌파)에 의해 계승되었다. 이후 왕학은 주로 심성 방면에 치중하여 허무주의를 고취하는 등 왕학의 선종화(禪宗化)가 가속화되면서 명말 청초의 사상가들에게 비판을 받았고, 마침내 '경세치용(經世致用)'의 실학(實學) 사상에 밀려 사라지게 되었다.

전칠자와 후칠자

명나라는 초기부터 표현의 자유를 억압하고, 정주이학(程朱理學)을 지도 이념으로 삼아 지식인들이 적극적으로 활동하는 데 어려움이 많았다. 그런 까닭인지 소설이나 희곡 등 통속문학은 크게 발흥한 대신 전통적인 아문학(雅文學)의 대표격인 시가는 창신 대신 복고를 택해 겨우 명맥을 유지하였다. 홍치(弘治), 정덕(正德) 연간에 이르러 이몽양(李夢陽)과 하경명(何景明)을 중심으로 변공(邊貢) · 서정경(徐禎卿) · 강해(康海) · 왕구사(王九思) · 왕정상(王廷相) 등이 '산문은 진한(秦漢)의 작품을 시가는 성당(盛唐)의 작품을 배워야 한다'고 주장하면서 복고를 통한 시가의 부흥을 노렸다. 그들을 일러 '전칠자'라고 하는데 그들의 노력을 통해 5언시와 7언시가 잠시 부흥하였으나, 다른 한편으로 형식상의 아류나 표절의 폐단이 이어져 문단에 폐해를 낳고 말았다. 이후 가정(嘉靖) 연간에 이반룡(李攀龍)과 왕세정(王世貞)을 필두로 사진(謝榛) · 종신(宗臣) · 양유예(梁有譽) · 서중행(徐中行) · 오국륜(吳國倫) 등이 등장하여 또다시 복고 운동을 시작하였는데 그 폐해가 전칠자 때보다 심했다. 천편일률적인 시문을 양산하던 시단은 이후 원종도(袁宗道) · 원굉도(袁宏道) · 원중도(袁中道) 삼형제가 주축이 된 공안파(公安派)가 오로지 성령(性靈)을 표현해야만 한다고 주장하고, 뒤를 이어 종성(鍾惺)과 담원춘(譚元春)의 경릉파(竟陵派)가 등장하면서 변화하게 된다.

감합무역(勘合貿易)

명나라와 조선이 일본 · 여진 등과 행한 무역 형태로, 왜나 여진의 발호를 제도 무역을 통해 억제하는 데 목적이 있었다. 원래는 14세기 말 이래 전근대 동아시아에서 중국을 중심으로 주변국과 이루어진 조공 무역을 지칭한다. 여기서 '감합'이란 입국을 확인하는 일을 뜻하며 그 문서를 감합부(勘合符)라 한다. 이러한 무역 형태는 1404년부터 150여 년 간 지속된 명나라와 일본 사이에서 두드러진다. 중국 황실은 일련번호가 붙은 감합부를 준비해서 그것을 장부에서 떼어 장부는 보관해두고 일본의 막부(幕府)에 보냈다. 사절단이 공물을 가지고, 또는 교역을 하려고 지정된 중국 항구에 들어올 때는 그 선박의 수와 화물과 인원이 법에 의해 한정되었다. 그들은 장부와 대조해서 증명할 수 있는 일련번호로 된 감합부에 기록되어 있었다. 반대로 해외로 파견된 중국 사신들에게도 동일한 제도가 적용되었다.

A.D.1530~1557년

1530년 ▶ 북경에 천단(天壇) · 일단(日壇) · 월단(月壇) · 방구(方丘) 건설.
1536년 ▶ 세종이 원나라 시기에 만든 불전(佛殿)을 파괴함.
1540년 ▶ 세종, 신선술(神仙術)에 몰두함.
1544년 ▶ 북경성의 외성(外城) 완성.
1547년 ▶ 타타르 알탄칸의 입공 요구를 거절함.
1550년 ▶ 다얀칸의 손자 알탄칸(俺答汗, Altan Khan)의 타타르 군대, 남하하여 대동을 우회하여 북경성까지 공략─**경술의 변**.
1555년 ▶ **왜구** 발호. 척계광(戚繼光: 1528~1587), 절강 참장(參將)에 임명되어 왜구 방비에 힘씀.
1557년 ▶ 호종헌(胡宗憲), 왜구의 수령 왕직(王直)을 투항시킴. 1553년부터 거주하고 있던 포르투갈인들의 마카오 거주 허용.

■ 그 무렵 우리는…
1537년 조선, 군포법을 실시함.
1543년 조선, 주세붕이 백운동 서원을 세움. 인삼 재배 시작.
1545년 조선, 을사사화가 일어남.
1554년 조선, 비변사를 설치함.
1555년 조선, 을묘왜변이 발생함.

■ 그 무렵 외국은…
1532년 잉카 제국 멸망.
1536년 스위스, 칼뱅의 종교 개혁.
1555년 신성로마제국, 아우크스부르크 협정으로 루터파 인정.

경술의 변

가정 29년(1550) 7월 달단부(韃靼部) 알탄칸이 10만의 대군을 이끌고 남하하여 대동(大同)까지 쳐들어왔다. 선대총병(宣大總兵)인 함녕후(咸寧侯) 구난(仇鸞)은 당황한 나머지 알탄칸에게 뇌물을 주면서 다른 곳을 공략할 것을 요청하였다. 그 해 8월 알탄칸은 계속 남하하여 고북구(古北口)에 이르러 명나라 군대와 대치했다. 정예 기병이 무너진 성 뒤편을 공략하자 명나라 군대는 협공을 받아 궤멸하고 말았다. 알탄칸의 대군은 창평(昌平)에 있는 천수산(天壽山) 지역의 명 황릉을 유린하는 한편 북경을 공략할 준비를 했다. 한편 세종은 구난을 '평로대장군(平虜大將軍)'에 임명하였으나 당시 수보(首輔)였던 엄숭(嚴嵩)은 장병들에게 경거망동하지 말 것을 당부했다. 결국 평로대장군 구난이 북경성 동직문(東直門)에서 '관망(觀望)'하는 가운데 알탄칸의 군대는 성밖에서 8일간 자기들 마음대로 약탈하고 살상하다가 9월에 물러났다. 구난이 뒤를 따랐으나 대패하고 돌아오는 길에 일반 백성들을 죽여 수급을 베어 자신들의 공으로 삼았다. 외적의 침입을 제대로 대처할 능력이 없는 무능한 군신이 연출한 참극이었다. 역사는 이를 경술의 변이라고 칭한다.

왜구

북쪽 오랑캐인 몽고의 침입과 남쪽 왜구의 약탈을 일러 북로남왜(北虜南倭)의 화(禍)라 하고 이를 명나라가 쇠망한 원인으로 들기도 한다. 과연 중국 동남 연해에 들

『왜구도권(倭寇圖卷)』에
묘사된 명나라 군대와 전
투하는 왜구의 모습

끓었던 왜구들은 그 잔인성과 지속된 약탈욕으로 연안 백성들뿐만 아니라 명나라 조정의 가장 큰 두통 거리 가운데 하나였다. 그들은 원말부터 시작하여 명초에 잠시 정식 무역 관계가 성립되고 일본의 아시카가 다카우지(足利義滿)이 자신들의 이익을 위해 단속을 강화하여 잠시 주춤했으나, 이후 자국 내 상권 쟁탈의 싸움이 격화되면서 공식적인 통로를 차단하자 다시 창궐하였다. 가정(嘉靖) 42년(1563) 유대유(兪大猷)와 척계광(戚繼光)이 복건(福建)에서 왜구를 격퇴한 후 점차 사라졌다고 하나 완전 소멸된 것은 아니었다. 왜구가 약탈을 일삼은 이유는 무엇보다 자신들의 이익 때문이었다. 정약증(鄭若曾)은 『주해도편(籌海圖編)』에서 당시 왜구들이 민간에 쳐들어와 자행한 작태에 대해 다음과 같이 쓰고 있다. "영아를 기둥에 묶어 이에 끓는 물을 붓고, 그 아기가 울부짖는 것을 보고 웃으면서 즐긴다. 임산부를 붙잡으면 태아의 성별을 내기에 걸고 배를 갈라 확인하는데, 술내기였다. 마음대로 음탕한 짓을 하니 더럽고 악독하여 입에 담지 못할 일이 일어난다." 임진왜란 때 조선인의 귀를 잘라 전승 기념으로 삼고, 남경 대학살을 자행하고도 짐짓 부인하고 있는 이들의 진면목이다.

명말 3대 소설

난릉소소생(蘭陵笑笑生)의 『금병매(金甁梅)』, 풍몽룡(馮夢龍: 1574~1646)의 삼언(三言), 즉 『유세명언(喩世明言)』
『경세통언(警世通言)』『성세항언(醒世恒言)』의 단편 소설집, 능몽초(凌濛初: 1580~1644)의 화본(話本) 소설집 이박
(二拍), 즉 『초각박안경기(初刻拍案驚奇)』『이각박안경기(二刻拍案驚奇)』 등이 명말 3대 소설이다.

A.D.1558~1578년

1558년 ▶ 감숙 지방에 타타르 3만 기병이 침입함.
1565년 ▶ 사천(四川)에서 백련교도(白蓮敎徒)의 난 일어남.
1566년 ▶ 해서(海瑞), 상소문과 관련되어 투옥됨. 포르투갈인, 마카오 시 건설. 가정제 사망. 목종(穆宗) 융경제(隆慶帝) 즉위.
1568년 ▶ 일조편법(一條鞭法), 강서에서 본격적으로 시행됨.
1572년 ▶ 융경제 사망. 신종(神宗) **만력제** 즉위.
1573년 ▶ 수보(首輔)인 **장거정**, 정치 개혁 주도함.
1575년 ▶ 에스 파냐인이 광동에 상륙함.
1578년 ▶ 이시진, 『**본초강목**』 완성.

■ 그 무렵 우리는…
1559년 조선, 임꺽정이 활동을 시작함 (~1562).
1560년 조선, 이황이 도산서원을 건립함.
1561년 조선, 이지함이 『토정비결』을 지음.

■ 그 무렵 외국은…
1558년 영국, 엘리자베스 1세 즉위.
1572년 프랑스, 성 바르톨로메오 축일(祝日)의 학살.

만력제

융경(隆慶) 6년(1572) 5월 목종(穆宗)은 병이 위급해지자 당시 대학사(大學士)였던 고공(高拱), 장거정(張居正), 고의(高儀) 등 고명대신들에게 후사를 부탁하고 재위 6년 만에 세상을 뜨고 말았다. 뒤를 이어 목종의 셋째아들인 주익균(朱翊鈞)이 등극하였으나 아직 열 살밖에 되지 않았기 때문에 양궁(兩宮)의 황태후가 보정(輔政)하였다. 양궁의 황태후는 안으로 태감인 풍보(馮保), 밖으로 내각수보(內閣首輔)인 장거정에 의지하여 정치를 안정시켰다. 만력제(萬曆帝)는 장거정의 개혁 정책을 지지하여 국정을 일신하였

만력제

다. 그러나 장거정이 죽은 후 온갖 비리가 노출되자 삭탈 관직은 물론이고 그의 모든 재산을 몰수하였다. 이후 만력제는 근 20년간 조신들을 알현하지 않는 등 국정을 내던지고 주색에 몰두하였다. 점차 국운이 쇠하는 가운데 자신의 능묘인 건릉(乾陵) 건설에 국가 재정의 대부분을 낭비한 그는 명나라에서 가장 긴 48년간을 재위하다 세상을 떠났다. 묘호는 신종(神宗)이다. 그의 재임 시절 조선에 임진왜란이 일어나 명나라 원군을 파병하였기에 우리에게 낯설지 않은 인물이다.

장거정

장거정(張居正: 1525~1582), 자는 숙대(叔大)이며 호는 태악(太岳), 호광(湖廣) 강

릉(江陵) 사람이다. 명대 가정 26년(1547) 진사로 시작하여 융경 초년(1567) 입각하여 대학사가 되었고, 신종 만력 원년(1573)에 태감 풍보(馮保)와 함께 고홍(高拱)을 몰아내고 수보(首輔: 수석대학사)가 되었다. 서서히 쇠락해가는 명조의 현실 사회에 문제가 있음을 간파한 그는 어린 신종(만력제)을 대신하여 10년간 국정을 이끌면서 본격적으로 개혁을 주도하기 시작했다. 관리의 치적을 정돈하고 척계광과 같은 명장을 천거하여 변경의 안정을 도모하는 한편, 토지를 새로 측정하여 실제 납세 가능한 전답을 조사하였다. 그리고 이를 바탕으로 1531년 어사 부한신(傅漢臣)이 제창하여 국지적으로 시행된 일조편법(一條鞭法)을 전국 단위로 시행하였다. 전답의 면적을 기준으로 하여 전답세, 부역, 잡세 등을 모두 합해 은량(銀兩: 당시 통용되던 본위 화폐)으로 납부하게 만든 이 법은 전통적인 부역 제도(부세賦稅는 밭을 대상으로 하세夏稅와 추량秋糧으로 구분하여 밭 주인에게 징수하고, 역역은 인정人丁을 대상으로 호戶에 따라 역을 징발하는 제도)를 완전히 변혁시킨 것으로 이후 은량의 유통을 확대함은 물론이고, 상품 경제를 발전시키는 데 커다란 작용을 했다. 서서히 쇠퇴기로 접어들기 시작한 명대에 그의 개혁 정치는 마지막으로 타오른 불꽃이었다. 그의 혁신 정치는 명나라 조정의 재정에 큰 도움이 되었지만 지나치게 엄격하여 저항이 많았다. 사후 장성 등의 무고로 탄핵받았으나 희종(熹宗) 때 작위를 되찾았다. 저서로 『장문충공전집』이 있다.

장거정

『본초강목』

　『본초강목(本草綱目)』은 전체 52권의 약학서로 이시진(李時珍: 1518~1593)이 27년 간의 각고 끝에 만력 6년(1578)에 완성한 본초학의 명저이다. 전체 16부, 60류, 50권으로 구성되어 약물 1892종을 수록하고 있다. 이 책은 『신농본초경』 이후 역대 본초학 관계 이론을 수집·정리하고, 본초의 강목을 체계화시킴으로써 중국 현대 약물학의 기초를 다졌다는 평가를 받고 있다. 약물의 명칭〔釋名〕부터 산지나 형태〔集解〕, 제조 과정〔修治: 포제炮制〕, 맛〔氣味〕, 효능〔主治〕 등으로 구분하여 설명하면서 자칫 오용할 수 있는 것을 「변의(辨疑)」나 「정오(正誤)」 등을 통해 바로잡았다. 「부방(副方)」에서는 고대 의학자 및 민간에서 약물을 제조하는 방법 1만 1096가지를 소개하고 그림을 그려 해설하였다. 중국 본초학의 경전이라 할 수 있다.

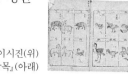

이시진(위)
『본초강목』(아래)

A.D.1582~1600년

1582년 ▶ **마테오 리치**, 마카오에 상륙.
1585년 ▶ 누르하치의 공격으로 동가성(棟嘉城) 등을 잃음.
1583년 ▶ **여진인** 누르하치 거병함.
1587년 ▶ 만력 15년 장거정 등이 중수한 『만력중수회전(萬曆重修會典)』완성.
1589년 ▶ 누르하치, 건주(建州)의 5부(五部)를 통일함.
1592년 ▶ 조선에 임진왜란 발발하여 구원군을 보냄.
1593년 ▶ 내각과 청의파(淸議派) 대립. 누르하치, 해서구부(海西九部) 연합군 격퇴.
1594년 ▶ 고헌성(顧憲成), 동림서원 부흥시킴—고반룡(高攀龍), 전일본(錢一本) 등과 학술·정치 의논함.
1599년 ▶ **만주 문자** 창제.
1600년 ▶ 명군, 조선에서 철병.

■ 그 무렵 우리는…
1589년 조선, 정여립 모반 사건이 일어남.
1592년 조선, 임진왜란 발발. 이순신의 한산대첩.
1593년 조선, 권율의 행주대첩.

■ 그 무렵 외국은…
1588년 잉글랜드, 스페인 무적함대 격파.
1590년 갈릴레오, 물질 낙하 법칙 발견. 일본, 도요토미 히데요시의 일본 통일.
1600년 잉글랜드, 동인도 회사 설립.

마테오 리치

마테오 리치(Matteo Ricci: 1552~1610)는 이탈리아 출신의 예수회(Jesuit order) 신부로서 중국 이름은 이마두(利瑪竇)이다. 1582년 마카오에 상륙한 후 이듬해 광동성으로 들어와 남경을 거쳐 1601년 북경에 도착했다. 고관들과 친분을 유지하여 서광계(徐光啓)와 이지조 등을 개종시켰으며, 명나라 신종을 알현하여 성모상·십자가고상(十字架苦像)·자명종·『곤여만국전도(坤興萬國全圖)』등을 바쳤다. 이에 신종이 1601년 선무문 안에 남천주당(南天主堂)을 세우고 포교할 수 있도록 허가하였다. 이외에도 그는 『곤여만국전도』『기하원본(幾何原本)』등 지리·수학·천문에 관한 서양

마테오 리치(왼쪽)와 서광계. 정치가이자 천문학자인 서광계는 41세 때 남경에서 예수교에 입신하였다. 다음해 과거에 합격하고부터는 마테오 리치와 함께 천문·수학·역법 연구를 하였다.

학술서를 소개하였으며, 『천주실의』를 통해 천주교 전래에 이바지하였다.

여진인

명나라 때 여진(女眞)은 크게 요동의 건주여진(建州女眞), 현재의 하얼빈과 장춘 등에 살고 있는 해서여진(海西女眞), 그리고 흑룡강 동부에 살고 있는 야인여진(野人女眞) 등 셋으로 나누어졌다. 이 가운데 건주여진이 중국의 영향을 가장 많이 받았는데, 누르하치(努爾哈赤)는 바로 이 집단에서 생장하여 여진 각 부를 통일하여 만주족을 형성하기에 이른다.

명나라에 있어 여진은 한편으로 막북(漠北)으로 추방한 몽고 세력의 남하를 막는 완충제 역할을 담당할 만큼 어느 정도의 세력을 유지하면서도 다른 한편으로는 지나친 세력 배양은 견제해야 하는 미묘한 존재였다. 그래서 한편으로 어느 정도 세력을 지닌 여진 일파를 지원하여 친명 세력을 만들고, 다만 그들이 커다란 세력을 형성하지 못하도록 견제만 하는 것이 주된 입장이었다. 당시 여진 세력의 맹주는 예혜부(葉赫部), 하다부(哈達部), 호이화부(輝發部), 우라부(烏拉部) 등 4부족으로 나누어진 해서여진에서 지니고 있었다. 그러나 친명적인 하다부와 몽고계에 속하는 예혜부의 갈등이 심화되고 있었다. 당시 건주여진의 누르하치는 이러한 틈을 타서 자신의 세력을 확장하는 기회로 삼았다.

만주 문자

지금은 이미 사어화(死語化)한 만주 문자는 중국 마지막 제국 청나라의 나라말로 공문서는 물론이고 일반에도 널리 통용되던 문자였다. 명나라 만력 27년(1599) 누르하치가 액이덕니(額爾德尼)와 갈개(噶蓋)에게 명하여 기존에 사용하고 있던 몽고 자모(字母)를 토대로 만주 글자를 창제토록 하고, 이를 국내에 반포하였다. 이 글자는 권점(圈點)이 없는 만주글로 '옛 만문〔老滿文〕'이라고 부른다. 후금 천총(天聰) 6년(1632) 홍타이지(皇太極: 태종)가 만주 글자가 아래위가 붙어 있어 구별하기 어렵고, 특히 인명이나 지명을 잘못 쓰기 쉬워 달해(達海)에게 명하여 적당히 권점을 찍도록 하였다. 이를 유권점만주문자(有圈點滿洲文字)라 한다. 이로써 만주 글자의 형태나 소리 등이 상당히 갖추어지게 되었다. 만주글이 창제된 후 광범위하게 한문을 번역하여 만주족과 한족의 문화 교류를 촉진시켰다.

A.D.1601~1605년

1601년 ▶ 마테오 리치, 북경에 교회당 개설. 네덜란드 무장 상선, 광동성 광주에 도착. 소주에서 직용(織傭)의 난이 일어남. 누르하치, 자연 발생적 조직을 군사 직제로 개편하여 300명 단위의 니르(牛泉)를 조직하고, 다시 니르 몇 개를 통합하여 황·백·홍·남의 사기(四旗)를 조직함. 이는 이후 팔기(八旗)의 모태가 됨.

1602년 ▶ **이지** 사망. 마테오 리치, 『**곤여만국전도**』 간행.

1605년 ▶ 마테오 리치와 **서광계**가 유클리드의 『기하원본』을 한역(漢譯) 간행.

■ 그 무렵 우리는…
1602년 조선, 포로로 잡아두었던 왜군 229명을 송환함.

■ 그 무렵 외국은…
1602년 네덜란드, 동인도 회사 설립.

이지

이지(李贄: 1527~1602)의 자는 굉보(宏甫), 호는 탁오(卓吾)이며 별호는 온릉거사(溫陵居士)이다. 천주(泉州) 진강(晉江: 복건성) 사람으로 회교도 집안에서 태어났으며, 가정 연간에 거시(擧試)에 합격하여 휘현교유(輝縣敎諭)를 제수받았다. 운남요안지부(雲南姚安知府)를 끝으로 54세에 관직을 그만두고 호북 황안(黃安)의 친구 경정리(耿定理)의 집에서 살다가 그가 죽은 후 호북 마성(麻城)의 사찰 지불원(芝佛院)으로 들어갔다. 그곳에서 남녀 불문하고 그의 명성을 듣고 찾아온 숱한 제자들에게 강학하면서 그 내용을 『분서(焚書)』라는 이름으로 묶어 간행하였고, 자신이 역대 인물들을 품평한 문장을 엮어 『장서(藏書)』라는 이름으로 간행하였다. 이외에도 그는 명대의 사료를 모아 만든 『속장서(續藏書)』『사강평요(史綱評要)』『속분서(續焚書)』등을 편찬하였다. 그의 사상은 왕양명의 수제자 왕용계(王龍溪, 왕기王畿: 1498~1583)와 왕심제(王心齊, 왕간王艮: 1483~1540) 이래 왕양명학의 좌파인 태주학파에 경도되었다. 이미 관방 이데올로기로 자리를 잡은 주자학 중심의 송·명 이학에 반대하여 그들이 주장하는 삼강오상(三綱五常)은 사람들을 속이는 말에 불과하며, 사람이 먹고 입는 것이 바로 인륜의 핵심이라고 주장하였다. 뿐만 아니라 주희가 "하늘이 중니(仲尼: 공자)를 낳지 않았다면 만고 세월이 밤과 같았을 것이다"라고 말한 것에 대해 "알고 보았더니 하늘이 공자를 내리지 않았다면 세상이 암흑이 될 뻔했다더군. 어쩐지 공자 이전 사람들은 한낮에도 초를 들고 걸어다녔다며!"라고 비꼬아 예전의 경전이란 것은 그저 도학의 구실에 불과할 뿐이라고 통박했다. 그의 논의는 이학(理學)의 군권지상(君權至上), 남권지상(男權至上)의 도덕 규범의 위선을 질타한 것이자 인간 본연의 모습을 되찾자는 외침이었다. 어린아이의 마음을 지킬 것을 주장한 동심설(童心說) 또한 이러한 관점에서 제기된 것이고, 문학 예술에서 희곡이나 소설의 중요성을 깨우치도록 한 것 역시 이와 연장선상에 놓여 있다. 결국 그는 명대 살벌한 이학 이념의 강압에 맞서 풍자하고 통탄한 것이니, 그가 1599년 지불원이 훼손되어 북경 동쪽의 통주에 있는 친구 집으로 이사하자, 지레 겁먹은 조정과 저명하신 유학자들께옵서 그를 '감히 도를 어지럽히고 혹세무민(惑世誣民)' 한다고 억지 주장하여 투옥시킨 것도 이해할 수 있다. 옥에 갇힌 그는 머리카락을 자르겠다는 구실로 삭도를 달라고 하여 자진함으로써 또 한 번 송·명 이학이 절대적 교리로 삼았던 '신체발부(身體髮膚)는 수지부모(受之父母)라 불감훼상(不敢毀傷)이 효지시야(孝之始也)'를 조롱하며 세상을 떠났다.

북경 교외에 있는 이지의 묘(위)
이지의 만년의 저서인 『분서』(아래)

『곤여만국전도』

『곤여만국전도(坤輿萬國全圖)』는 마테오 리치가 1584년에 간행한 한자로 기록된 최초의 세계 지도이다. 목판으로 6폭 병풍 형태인데, 오르텔리우스 도법을 써서 전세계를 타원형으로 나타냈다. 지도의 중앙에 중국을 배치하고, 북경을 경도 0으로 삼았다. 물론 우리나라도 조선이란 국호로 표기되어 있다. 지도 밖에는 천문에 대한 설명이 실려 있고, 간단한 세계 지지(地誌)가 기록되어 있다. 북경을 왕래하던 조선 사신들도 이 지도를 얻어 조선에 소개하였다.

서광계

서광계(徐光啓: 1562~1633)의 자는 자선(子先), 상해(上海) 사람이다. 1603년 남경에서 선교사인 마테오 리치 등을 만나 서구의 과학에 관심을 지니게 되었다. 당시는 서구의 자연과학이 크게 발전하여 중국을 능가하던 시절이었다. 서광계는 마테오 리치와 더불어 1606년부터 『기하원본(幾何原本)』의 번역에 착수하여 최초로 유클리드의 기하학을 중국에 소개했다. 비록 전체를 모두 번역한 것은 아니지만 그가 번역하면서 새롭게 만든 개념인 기하, 선, 점, 면, 둔각(鈍角), 예각(銳角), 삼각형 등은 현재까지 사용되고 있다. 그는 서양 과학을 받아들여 중국의 전통적인 내용을 보완하고자 했다. 그러나 그는 중국의 전통 과학에 대해 경시하는 듯한 태도를 보였다. 이후 명말 청초에 매문정(梅文鼎)은 『방정론(方程論)』(1672), 『평삼각거요(平三角擧要)』 등을 저술하여 삼각함수를 비롯한 각종 공식이나 정리를 중국의 수학과 비교하면서 소개했다. 또한 청대 옹정(雍正) 연간에 『수리정자(數理精藉)』가 편찬되어 서양 수학을 전체적으로 정리하였고, 아울러 서양 수학에 대한 반발로 건륭(建隆)·가경(嘉慶) 연간에는 산경(算經) 10서를 중심으로 한 산학(算學) 연구가 본격화되기 시작했다. 청말의 수학자로는 이선란(李善蘭), 화형방(華衡芳) 등이 유명하다.

유클리드 기하학을 번역한 『기하원본』

A.D.1608~1615년

1608년 ▶ 왕기(王圻), 『삼재도회(三才圖會)』를 편찬함.
1611년 ▶ **동림·비동림 간의 당쟁 심화.**
1614년 ▶ **만주 팔기의 군제 정비**—4기에서 8기로 확대.
1615년 ▶ 황태자 주상락(朱常洛)에 대한 암살 미수 사건 일어남—정격 (挺擊)의 안.

■ 그 무렵 우리는…
1607년 조선, 일본과 국교를 회복함.
1608년 조선, 광해군이 경기도에 대동 법 실시.
1613년 조선, 허준의 『동의보감』이 간 행됨.

동림·비동림 간의 당쟁 심화

만력기의 중진이라 할 수 있는 장거정은 치적이 많은 만큼 적 또한 많았다. 강력한 권한으로 일을 추진하면서 그에게 절대적으로 필요한 것은 어쩌면 구구절절 합당한 듯하되 실제와는 동떨어진 '말(언론)'에 대한 입막음이었을는지도 모른다. 언관에 대해 장형을 내리고, 전국 서원을 폐쇄한 것은 바로 이와 유관한 예증이라 할 수 있다. 일단 장거정이 살아 있을 때에는 어쩔 수 없이 입을 막고 있었지만 그가 죽자 마치 벌떼처럼 시비가 일어났다. 우선 장거정의 죄목으로 지적된 것은 부친이 사망했을 때 직을 떠나 복상(服喪)하지 않았다는 점이었다. 그리고 온갖 상소가 뒤를 이었고, 장거정은 죽어서 모든 관등을 빼앗기고 재산을 몰수당했으며, 가족들 역시 화를 면할 수 없었다. 자신들을 청의파(淸議派)라 불렀던 동림(東林) 집단은 이후 본격적인 언론 활동을 하게 되는데, 고헌성(顧憲成)·고윤성(顧允成) 형제가 고향인 무석(無錫)에 동림서원(東林書院)이란 사학을 세워 거점을 만들면서 동림당이란 이름을 얻었다고 한다. 이들은 주자학의 입장에서 양명학을 비판하였는데, 이후 실무에 입각한 내각의 견해와 사사건건 충돌하면서 그들의 청의의 깃발을 높이 들었다. 그렇다면 누가 내각에 들어가 실제 행정을 맡을 것인가? 이제 까딱하면 청의파의 언론에 질식되고 말 텐데. 만력제 내각에 각료는 단 한 사람 방종철 그뿐이었다. 그 역시 홍환(紅丸)의 안에 탄핵을 받았다. 내각과 청의파 간의 싸움은 모든 일의 실마리가 되었다. 특히 명나라 말기에 일어난 세 가지 대사건 즉 삼안(三案: 정격挺擊의 안, 홍환의 안, 이궁移宮의 안) 역시 그러하였다. 특이한 점은 이를 통해 동림당의 비판 대상이 환관 쪽으로 바뀌는 계기가 생겼다는 점이다. 그 매개는 이진충(李進忠: 후에 위충현魏忠賢으로 개명)이었다.

시정 무뢰배로 스스로 생식기를 잘라 환관이 된 이진충이 천계(天啓) 3년(1623) 동창(東廠)의 장관이 된 후 동림당에 대한 철저한 탄압이 이루어졌다. 이듬해 좌부도어사(左副都御史) 양련(楊璉)이 위충현을 탄핵했으나 천계제 앞에서 울음으로 호소하고 동창의 장관직을 사임하여 죽음에서 벗어난 위충현은 더욱 잔인한 방법으로 보복을 가하였다. 이후 양련, 첨도어사(僉都御史) 좌광두(左光斗) 등 육군자가 체포되어 참살되었고, 천계 6년(1626)에는 좌도어사 고반룡(高攀龍), 이부원외랑(吏部員外郎) 주순창(周順昌) 등 칠군자가 참살되었다. 그리고 무석의 동림서원을 비롯하여 전국의 서원이 파괴되었다. 이때 누르하치는 요양과 심양을 함락하고 다시 명군과 싸워 대승하여 산해관을 앞에 두고 있었다. 그것을 넘으면 바로 북경이었다.

만주 팔기의 군제 정비 — 4기에서 8기로 확대

여진어로 '니르(牛彔)'는 큰 화살을 뜻한다. 이는 오랜 수렵 생활에서 관습적으로 지켜온 기본적인 단위 명칭이기도 했다. 누르하치는 이 수렵 단위를 전투 단위로 편성하여 300명을 1니르로 하는 군사 편제를 만들었다. 그리고 5니르를 1자란(甲喇), 5자란을 1구사(固山)로 조직하였는데, 구사가 바로 '기(旗)'의 의미였다. 초기 구사

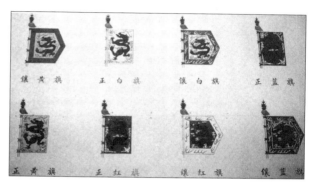

만주 팔기

는 네 개였는데, 누르하치가 즉위하기 직전인 1615년 8구사 즉 8기로 확대 개편되었다. 이것이 바로 만주 팔기(滿洲八旗)의 시작이다. 기는 색깔로 나누어 구분하였으며, 최초의 4기는 황(黃)·남(藍)·홍(洪)·백(白)을 상징으로 하였고, 이후 기존의 색에 가장자리에 테두리를 한 별도의 4기를 덧붙였다. 전자는 정황(正黃)·정남(正藍)·정홍(正紅)·정백(正白)이라 불렀고, 후자는 양황(鑲黃)·양남(鑲藍)·양홍(鑲洪)·양백(鑲白)으로 불렀다. 당시 모든 만주사람들은 이 팔기 가운데 어느 하나에 소속되어 있어 정황기(正黃旗) 사람, 양홍기(鑲紅旗) 사람 등으로 호칭하였다. 만주 사람들을 기인(旗人)이라 부르는 것은 바로 여기에서 기인한다. 그러나 팔기에 순수한 만주 혈통만 포함된 것은 아니었다. 그 속에는 몽고 사람이나 투항한 포로가 포함된 한족도 들어 있었다. 팔기병은 청 왕조의 개국에 절대적인 역할을 한 무장 역량으로 청군이 산해관을 넘은 이후 크게 경사(京師)와 주방(駐防) 지역으로 나뉘어 주둔하였다. 경사에 주둔하고 있던 경영팔기(京營八旗)는 황궁과 경사의 안전을 책임지는 금군(禁軍)과 유사한 역할을 지니고 있었으며, 중요 지역에 주둔하는 주방팔기(駐防八旗)는 전국의 대도시와 군사 요충지에 파견되어 해당 지역의 치안과 방어를 맡았다. 순치(順治) 17년(1660) 팔기의 각급 관원들의 한어(漢語) 명칭이 정해졌는데, 우록액진(牛彔額眞)은 좌령(佐領), 갑나액진(甲喇額眞)은 참령(參領), 매륵액진(梅弸額眞)은 부도통(副都統), 고산액진(固山額眞)은 도통(都統)이라고 했다.

A.D.1616~1618년

1616년 ▶ **누르하치**, 독립 선언하고 즉위(태조太祖). 국호를 대금(大金)으로 칭하고 홍경(興京)에 도읍. 후금 천명(天命) 원년. 장무순(臧懋循), 『원곡선(元曲選)』 편집.

1617년 ▶ 만력 45년 『**금병매**』의 가장 빠른 판본 『금병매사화(金瓶梅詞話)』 출간.

1618년 ▶ 누르하치, '칠대한(七大恨)'의 명분으로 명나라 토벌 개시하여 요동의 요충인 무순(撫順) 공략.

■ 그 무렵 우리는…
1618년 조선, 대북(大北) 정권이 인목대비를 유폐시킴.

■ 그 무렵 외국은…
1618년 독일, 30년 전쟁 시작(~1648).

누르하치, 칸에 오름

모국어인 만주어 이외에 한어와 몽고어에도 능통했던 누르하치는 국제적 감각을 지닌 맹장이었다. 그는 여진족의 후예로 그 혈통을 자랑스럽게 여겼던 민족주의자이기도 했다. 건국하면서 대금(大金: 후금後金)이란 국호를 사용한 것은 바로 잊혀진 여진의 찬란한 과거를 다시 살리겠다는 의도를 강하게 내비치고 있다. 금은 비록 신흥 몽고에 의해 멸망하기는 했지만 한족의 송나라를 빈사 상태로 만들고 중원을 지배했던 영광을 지닌 나라였다. 누르하치가 건국한 것은 한족

누르하치

정권의 변방국으로 억울한 조공 관계를 벗어나 상호 대등한 선린 관계를 요구하면서 자존과 독립을 유지하기 위함이었다. 그가 만주어를 만들고자 했던 것도 바로 이 때문이다.

누르하치는 건주좌위(建州左衛)에 속하는 수장 집안 출신으로, 부친은 타쿠시(塔克世)였다. 성은 동씨(佟氏)였는데, 이후 애신각라(愛新覺羅: 아이신교로)로 바뀌었다. 1583년 건주여진의 수장 왕고(王杲)가 명나라 군사와 해서여진 하다부의 배신으로 죽자, 그의 아들 아타이(阿臺)가 하다부를 공격하였다. 이에 요동 총병 이성량(李成梁: 조선 출신으로 임진왜란 때 참전한 이여송李如松의 부친)은 하다부를 도와 출병하였는데, 이때 친명 세력이었던 누르하치의 조부와 부친 역시 동행하였다. 조부가 반란군 아타이의 부인인 자신의 손녀를 구하기 위해 구레성으로 들어가 억류되자 다시 들어간 타쿠시마저 억류된 후 총공격을 감행한 명조의 군사에 의해 오인되어 억울하게 죽음을 당했다. 비록 이성량의 주선으로 누르하치는 좌도독(左都督), 용호장군(龍虎將軍)에 올랐으며, 은 800냥의 세폐까지 받았으나 억울한 조부와 부친의 죽음은 잊지 않았다. 그가 명나라와 싸울 때 내세운 개전의 이유, '일곱 가지 한〔七大恨〕'에 바로

그 죽음에 대한 것이 들어가 있음은 당연한 일이었다.

　일단 명나라의 도움으로 건주여진의 5부를 통일한 그는 막강한 해서여진이 내전으로 인해 명나라와의 교역 중심지였던 개성이 거의 폐쇄지경에 이르자 자신의 땅 건주를 통해 명나라와 교역함으로써 막대한 군자금을 마련하였다. 이에 정신이 든 해서여진의 예혜부가 여진의 다른 부족들과 연합하여 만주를 공격하자 이를 격퇴한다. 이런 상황에서 도요토미 히데요시(豊臣秀吉)가 조선을 침범하였고, 명은 출병하느라 만주를 신경 쓸 겨를이 없었다. 1599년 왜군이 조선에서 철수한 이듬해 해서 하다부는 만주에 항복하고, 1607년에는 호이화부가 멸망했으며, 그 6년 후 우라부 역시 멸망하였다. 이제 예혜부만 남아 있었다. 예혜부의 요청으로 원군을 보낸 명나라는 이제 어쩔 수 없었다. 만력(萬曆) 44년(1616) 정월 누르하치는 칸으로 즉위하였다.

『금병매』

　총 100회에 달하는 장편 장회 소설(章回小說) 『금병매(金瓶梅)』는 대략 1568년에서 1602년에 씌어졌다. 만력 45년(1617)에 나온 『금병매사화(金瓶梅詞話)』와 천계(天啓) 연간(1621~1627)에 나온 『원본금병매』가 가장 빠른 판본으로 알려져 있는데, 『금병매사화』에 보면 작가가 난릉소소생(蘭陵笑笑生)으로 나온다. 난릉은 지금의 산동성 창산현(蒼山縣) 서남쪽에 있는 곳인데, 작품에 산동 방언이 많이 나오는 것을 보면 작가가 산동 사람임을 확인할 수 있다. 그러나 소소생이 누구인지는 알 수 없다.

　『금병매』는 『수호전』에 나오는 「무송이 형수를 죽이다(武松殺嫂)」에서 이야기를 끌어내어 악질 토호이자 천하의 난봉꾼인 서문경(西門慶)과 그의 처첩을 중심으로 협잡과 매수, 간통과 모살, 투기와 모함 등의 복잡한 이야기를 조리 있게 엮었으며 생생한 일상 언어로 세세하게 잘 묘사하였다. 후대 평자들은 이 소설이 당시 명대 사회의 어두운 면을 폭로하였으며, 서문경이 주색에 빠져 있다가 결국 급살을 맞고 죽는 것을 강조하면서 이를 본받지 말 것을 권고한 것이라고 주장하였다. 그러나 제재 자체뿐만 아니라 음란한 생활에 대한 색정적 묘사가 극에 달한 것을 보면, 과연 그럴 것인가 의문이 든다. 그 명성만큼이나 세상에 널리 알려져 청대에는 금서(禁書)가 되었다. 그러나 『금병매』는 기존의 소설이 주로 민간에서 떠도는 이야기를 개작한 것이 대부분인 데 반하여 문인 개인이 창작한 첫번째 장편 소설이라는 점과 역사 이야기나 신화·전설에서 따온 것이 아닌 일상 가정 생

만주어로 번역된 『금병매』(왼쪽)와 한어 『금병매』

A.D.1619~1629년

1619년 ▶ 명과 조선 연합군, 사얼후(薩爾滸)에서 누르하치 군대에 의해 패퇴―**사얼후 전쟁**.

1620년 ▶ 만력제 사망하여 **명십삼릉** 가운데 하나인 정릉(定陵)에 안장됨. 주상락 즉위(광종光宗: 태창제泰昌帝). 재위 1개월 만에 광종 붉은 환약을 먹고 급사(홍환洪丸의 안). 광종이 총애했던 이(李)선시(選侍: 선발된 궁중의 시녀)가 어린 황제(천계제)를 건청궁(乾淸宮)에 숨기는 사건 발생(이궁移宮의 안). 광종의 장남 주유교(朱由校, 희종熹宗: 천계제天啓帝) 즉위.

1621년 ▶ 누르하치, 심양과 요양을 점령함.

1622년 ▶ 네덜란드, 마카오 점령. 산동에서 백련교도의 난 발생.

1627년 ▶ 후금, 조선 침략. 명, 천계제 사망하여 동생인 주유검(朱由檢, 의종毅宗: 숭정제崇禎帝) 즉위.

1629년 ▶ 후금, 국어 학습과 만주 문화의 교양을 높이기 위해 중국 서적 번역 시작.

■ 그 무렵 우리는…
1623년 조선, 인조반정.
1625년 조선, 호패법 실시를 전국에 공포.
1627년 조선, 정묘호란 발생.
1628년 조선, 벨테브레(박연)가 제주도에 표착함.

■ 그 무렵 외국은…
1620년 잉글랜드, 메이플라워호로 매사추세츠에 상륙.
1628년 잉글랜드, 의회에서 찰스 1세에게 권리 청원 제출.

활을 제재로 하여, 노신(魯迅)이 말한 바 인정 소설(人情小說)의 남상이 되었다는 점에서 그 가치가 높다고 할 수 있다.

사얼후 전쟁

무순(撫順)이 함락되자 명나라는 병부시랑(兵部侍郎) 양호(楊鎬)를 요동경략(遼東經略)에 임명하는 한편 산해관(山海關) 총병(總兵) 두송(杜松) 등의 장군을 파견하여 누르하치를 토벌토록 하였다. 그러나 명군은 살이호(薩爾滸: 사얼후는 중국어 발음)의 싸움으로 불린 이 전투에서 크게 패하고 말았다. 이후 웅정필(熊廷弼)이 요동경략의 책임자로 임명되어 만력제의 신임을 얻었으나, 만력제가 죽은 후 태창제(泰昌帝: 광종)가 급서하고 천계제(天啓帝: 희종)가 즉위하면서 그를 모함하는 무리들의 탄핵을 받아 사직하고 다시 원응태라는 인물이 후임으로 들어섰다. 그러나 오히려 누르하치의 공격으로 심양(瀋陽)과 요양(遼陽)이 함락되고 말았다. 대세가 기울고 있었으나 당시 조정은 환관 위충현(魏忠賢)의 득세로 제대로 정치가 이루어지지 않는 형편이었다. 오히려 위충현의 후광을 얻고 있던 왕화정(王化貞)이 광녕순무가 되어 역전의 맹장으로 다시 기용된 웅정필과 함께 출전하였으나 결과는 패배였으며, 그 대가로 웅정필은 자신의 목숨을 내놓아야만 했다. 요양에서 심양으로 도읍을 옮긴 누르하치는 그곳을 성경(盛京: 후에 봉천부奉天府로 개칭)이라 이름짓고 산해관을 넘보고 있었다. 그러나 그는 산해관 앞에 있는 영원성(寧遠城)의 맹장 원숭환(袁崇煥)의 군대를 함락시키지 못하고 죽음을 맞이하게 된다. 이 싸움은 군사의 승리가 아닌 화포의 승리, 즉 포르투갈에서 수입한 홍이대포(紅夷大砲)에 의한 승리라 할 수 있다. 홍이대포와 난공불락의 산해관, 그리고 관외 금주 · 송산 · 행산 · 탑산의 네 성이 버티고 있는 상태에서 비록 맹장 원숭환이 역시 모함으로 책형(磔刑)을 당해 죽기는 하였지만, 후임 손숭종(孫承宗)도 결코 만만한 인물이 아니었다. 누르하치가 죽고 즉위한 홍타이지(皇太極: 태종)는 한편으로 자신들의 후방에 자리잡고 있는 친명의 조선을 공략하는 한편 산해관 이외의 길을 통해 명과 접전하여 크게 승리하였다. 마침내 1642년 숭덕(崇德) 7년(명나라 숭정崇禎 15년) 태종이 진두지휘하는 청군은 송산성에 집결한 총독 홍승주(洪承疇)와 순무 구민앙(邱民仰)의 명나라 13만 대군을 격파한다. 총독 홍승주가 투항하자 망연자실한 명나라는 2년 후 멸망하고, 산해관을 지키던 오삼계(吳三桂)는 청나라 도르곤(多爾袞)에게 스스로 문을 열어주고 만다.

명십삼릉

　명대 성조 주태(朱棣)가 북경으로 천도한 후 마지막 황제 숭정 주유검(朱由檢)에 이르기까지, 경제(景帝) 주기옥(朱祁鈺)을 북경 서쪽 외곽 금산(金山)에 안장한 것을 제외하고 모든 황제의 능묘는 북경 서북 교외인 창평현(昌平縣) 안에 두었다. 장(長), 헌(獻), 경(景), 유(裕), 무(茂), 태(泰), 강(康), 영(永), 소(昭), 정(定), 경(慶), 덕(德), 사(思) 능이 모두 포함되는데, 이후 이를 통칭하여 '명십삼릉(明十三陵)'이라고 했다. 정릉(定陵)은 명나라 신종(神宗) 만력(萬曆) 황제인 주익균(朱翊鈞: 1563~1620) 및 효단(孝端) · 효정(孝靖) 황후의 능묘로 대욕산(大峪山) 아래 자리하고 있다. 처음 만력 12년(1584)에 건설하기 시작하여 6년 후에 완공되었다. 주익균은 만력 48년(1620)에 안장되었는데, 백은 800만 냥이 소모되었다. 이 능묘는 1956년부터 1958년까지 고고학적 발굴이 진행되었으며, 능묘 안에서 2000여 점의 수장품이 발견되었다. 1959년 대외에 개방되어 명십삼릉을 대표하는 관광지가 되었다.

고문사파(古文辭派)
명나라 중기와 말기에 시문(詩文)의 의고(擬古)를 주장한 사람들로, 전반기의 이몽양 · 하경명 등 전칠자와 후반기의 이반룡 · 왕세정 등 후칠자로 대표된다. 문장에서는 진한(秦漢), 시(詩)는 한위(漢魏) · 성당(盛唐)을 이상으로 삼아 『좌전(左傳)』『사기(史記)』 등의 고문의 법(法)과 사(辭) 및 두보나 이백 등 성당시(盛唐詩)의 격조를 중요시하여 격조파라고 하였으며, 성령설(性靈說) · 신운설(神韻說)과 함께 명 · 청 시론을 대표하였다.

A.D.1631~1636년

1631년 ▶ **이자성**과 공유덕(孔有德), **난**을 일으킴.
1633년 ▶ 후금, 여순(旅順) 함락.
1635년 ▶ 이자성, 장헌충(張憲忠)과 합세.
1636년 ▶ 홍타이지, 국호를 대금에서 대청(大淸)으로 개명하고 황제로 칭함. 건주여진(建州女眞)을 만주로 개칭(이때부터 **만주**라는 명칭이 사용되기 시작함). 화가 **동기창** 사망.

■ 그 무렵 우리는…
1631년 조선, 정두원이 명에서 서양 문물 전래함.
1634년 조선, 처음으로 상평통보 사용.
1636년 조선, 병자호란 발발. 인조가 남한산성에 피신함.

이자성의 난

한족은 이자성(李自成: 1606~1645)을 통해 명대를 이을 새로운 한족의 국가를 탄생시킬 수 있는 호기를 놓쳤다. 놓쳤다기보다는 어쩌면 불가능한 바람이었는지도 모른다. 이자성의 본명은 홍기(鴻基), 섬서성 연안부(延安府)에 있는 이계천(李繼遷: 서하西夏 정권의 건립자로 당항족黨項族이다)의 집단 출신으로 전직은 역부(驛夫)였다. 청대 이민족의 통치에 반발한 사가나 문인들에 의해 때로 높이 평가받기도 했지만 그는 당시 천하를 제대로 보지 못했으며, 스스로 천자의 자리에 올랐으나 수성(守城)할 수 없었다. 숭정(崇禎) 11년(1638) 동관(潼關) 전투에서 패배한 후 잠시 피신하다가 재기하여 낙양을 점령하였을 때 그는 거인(擧人) 이암(李巖), 우금성(牛金星) 등의 건의로 '귀

화북 반란의 지도자 장헌충

천에 관계없이 땅을 고루 갖게 하고 3년 동안 일체의 조세를 면제하며 백성을 죽이지 말라' 고 명하여 각처에서 호응을 받았다. 숭정 17년(1644), 그는 서안을 장안으로 개명하여 도읍으로 삼고 서경(西京)으로 칭하고 국호를 대순(大順)이라 정했다. 1644년 음력 3월 18일 이자성의 군대는 북경의 외곽성을 점령하였다. 다음날 새벽 숭정제 의종(毅宗)은 매산에서 자살함으로써 명조는 멸망되었다. 일단 명나라 수도에 진격하여 승전했지만 농민이 주축인 이자성의 군대는 보수적 편협성으로 말미암아 도시 주민들에게 고립되고 자체적으로 분열되는 양상을 보였다. 물론 천운도 따라주지 않았다. 새로운 세력, 청의 예친왕(睿親王) 도르곤이 호시탐탐 기회를 노리고 있을 때에도 북경의 이자성은 새로운 정치 기구를 구성하고 옥새를 만들며 연호를 새긴 영창전(永昌錢)을 주조하는 등 황제에 등극하는 일을 서둘렀다. 그의 휘하 모사들인 우금성과 이과(李過) 등도 예전의 그들이 아니었으며, 과격하기 이를 데 없는 장군 유종민(劉宗敏)은 그 짧은 시간에 각료를 포함한 대관들을 살육하느라 정신이 없었다. 당시

산해관을 지키고 있던 명나라의 마지막 맹장 오삼계를 공략하러 친정하였으나 이미 청나라 도르곤에게 투항하여 그의 철기병(鐵騎兵)의 도움을 받고 있던 오삼계와 도르곤의 연합군에게 패퇴하여 북경에서 밀려나 자신의 옛 근거지인 서안으로 퇴각할 수밖에 없었다. '살인, 탐욕, 간음을 금지하고 공정한 거래로 부를 균등히 하며 이로써 가난을 구제한다'는 기치 아래 봉기한 그의 농민 군대는 이렇게 사라졌다. 또 한 번의 농민 반란이었다.

만주

만주족은 중국의 동북 지역에서 기원했기 때문에 봉천(奉天: 지금의 요녕遼寧), 길림(吉林), 흑룡강(黑龍江) 3성을 만주(滿洲)라고 칭한다. 명대나 조선의 관방 문서는 물론이고 개인 저술에도 만주라는 명칭은 보이지 않는다. 당시에는 주로 건주(建州), 여진(女眞), 여직(女直)이라고 불렀다. 만주족의 관방 문서를 보면 만력 41년(1613)부터 '만주국'이라는 명칭이 나오는데 일반적으로 여직, 제신(諸紳), 숙신(肅愼)이라고 자칭하였다. 1636년 홍타이지(皇太極)가 청을 건국하면서 만족을 일률적으로 만주라고 칭하도록 했다. 이로부터 청대에는 만주가 종족의 명칭이 되어 한족, 몽고족, 회족, 장족 등과 더불어 통용되었다. 만주라는 글자의 함의가 무엇인가에 대해서는 아직까지 중설이 분분하여 정론이 없는 상태이다.

동기창

동기창(董其昌: 1555~1636)의 자는 현재(玄宰)이며 호는 사백(思白), 화정(華亭: 상해 송강松江) 사람이다. 남경예부상서(南京禮部尙書)에 올랐으나 환관의 횡포와 당쟁 때문에 사임하고, 이후 태자태보(太子太保)를 역임하였다. 명대 후기를 대표하는 서화가이자 감식안이 뛰어난 서화 수장가로 당시 화단에 큰 영향을 끼쳤으며, 이후 오파(吳派) 문인화가들에게 심대한 영향력을 발휘하였다. 동원(董源)과 거연(巨然)을 스승으로 송·원대 화가들의 장점을 수용한 그는 심석전(沈石田), 문징명(文徵明) 등 오파문인화(吳派文人畵)의 남종화풍을 계승 발전시켜 '고아수윤(古雅秀潤)'한 수묵 산수화를 잘 그렸다. 저서인 『화선실수필(畵禪室隨筆)』에서 원체(院體) 산수화와 문인화를 북종화와 남종화로 분류하여, 남종화를 숭상한다는 상남폄북론(尙南貶北論)을 주장하기도 했다.

동기창의 「방동원청병산도(倣董源靑幷山圖)」

A.D.1637~1643년

1637년 ▶ 장헌충은 안경(安慶)에, 이자성은 사천(四川)에 침입. **송응성, 『천공개물』** 간행.

1638년 ▶ 청군, 명나라 공격하여 명나라 덕왕(德王)을 포로로 함.

1639년 ▶ 『흠정보민사사전서(欽定保民四事全書)』 완성.

1641년 ▶ 이자성, 낙양 점령하여 복왕(福王) 살해. 장헌충, 양양(襄陽) 점령하여 양왕 살해. **아담 샬** 등, 『숭정역서(崇禎曆書)』 완성.

1642년 ▶ 송산(松山) 전투에서 청나라 대승. 청, 명나라 사람으로 한군(漢軍) 팔기 조직.

1643년 ▶ 이자성, 승천(承天)을 점령하고 양양을 양경(襄京)으로 개칭하여 궁전 건축. 청나라 태종 사망, 복림(福臨)이 세조(世祖: 순치제 順治帝)에 즉위.

■ 그 무렵 우리는…
1637년 조선, 인조가 삼전도에서 청나라 태종에게 항복함.

■ 그 무렵 외국은…
1642년 잉글랜드, 청교도 혁명 시작 (~1649).

송응성의 『천공개물』

송응성(宋應星: 1587~1648쯤)의 자는 장경(長庚)이며, 향시(鄉試)에 합격한 후 지방 교육 행정에 참여했다. 그의 대표적인 저술인 『천공개물(天工開物)』은 기술 관련 저서로 명나라 숭정 10년(1637)에 간행되었다. 주로 중국 재래의 산업 기술에 관한 내용을 삽화를 곁들여 소개하였는데, 전체 3권 18편으로 병기 · 화약 · 방

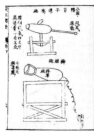

『천공개물』의 화각본(和刻本). 그림은 조총(오른쪽)과 백자연주포(百子連珠砲) · 신연포(神烟砲). 병기(兵器) 항목에는 당시 중국에 전해진 서양의 신기술도 소개되고 있다.

직 · 염색 · 제염 · 채광 · 종이 · 유황 · 도자기 · 전와(磚瓦)에 이르기까지 농업과 수공업에 관련된 생산 기술에 대해 기술하고 있으며 200폭의 삽화를 곁들였다. 『상서』 「고도(皐陶)」에서 '천공' 을, 그리고 『주역』 「계사」에서 '개물' 을 따온 것으로 자연을 인공적으로 개발하여 유용한 물건을 만들 것을 주장한 것이다.

아담 샬

아담 샬(Adam Schall von Bell, Johann: 1591~1666)은 독일 예수회의 신부로 중국 이름은 탕약망(湯若望)이다. 1622년 서안에서 포교하다 1630년 북경으로 초빙되어 천문 관측 기구를 만들고 서양 천문학서를 번역하였으며, 『숭정역서(崇禎曆書)』를 완성

하기도 했다. 당시 명나라는 전통적인 대통력(大統曆)을 사용하고 있었는데, 그가 소개한 서양력을 채용하자는 논의도 있었으나 실현되지는 못했다. 그의 포교로 많은 신자들이 탄생했고, 명나라가 멸망한 후 청조에서 벼슬길에 올라 1644년 흠천감(欽天監)에 취임하였다. 강희제(康熙帝) 때 수구파 천문학자 양광선 등의 무고로 1665년 투옥되었으며 순치제(順治帝) 모후의 비호로 사형은 면했으나 끝내 사면되지 않은 상태로 북경에서 사망했다.

아담 샬. 아담 샬은 많은 천체 관측 기구를 제작하였다.또한 천문학 이외에도 뛰어난 능력을 발휘하여 명나라 황제를 위해 많은 화포를 제조했다.

황책호적 제도

황책호적(黃册戶籍)은 명나라 시기에 호구와 부역 징발을 관리하기 위한 제도이다. 호(戶: 호구)를 기준으로 정(丁: 성인 남자)이 있는 경우와 없는 경우 두 가지로 나누었으며, 도책을 4부 만들어 한 부는 호부(戶部)에 두고, 나머지 3부는 포정사와 부(府), 현에 비치했다. 호부에 보내는 도책의 겉표지를 누런 종이로 만들었기 때문에 '황책'이라고 한다.

마카오의 역사

마카오(한문으로는 오문澳門)는 중국 남해(南海) 주강(珠江) 삼각주 서쪽에 있는 도시이다. 원래는 광동성 향산현(香山縣)에 속해 있었는데, 1553년 포르투갈 인들이 물에 젖은 화물을 말린다는 구실로 처음 발을 들여놓은 후 1557년 중국 관리자들에게 뇌물을 주고 마카오 반도의 거주권을 획득하였다. 그 후 마카오는 포르투갈의 대(對)아시아 진출을 위한 거점이 되는 동시에 1841년 영국이 홍콩에 식민지를 개설하기까지 중국과 서양의 유일한 교류 기지가 되었다. 마카오를 거쳐 중국으로 전해진 문물은 그리스도교 외에 서양에서 발달한 천문학, 유클리드 기하학, 근대적인 지도 투영법, 대포 주조 기술 등이 있고, 특히 동·서양의 지리적 지식 교류에 커다란 역할을 한 마테오 리치도 마카오를 거쳐서 중국에 발을 들여놓았다. 1966년 중국에서 문화혁명이 일어나 마카오 정청(政廳)과 현지의 중국인 간에 분쟁이 일어났다. 1973년 3월 '자치령'이 되고, 1979년 중국·포르투갈 간에 국교가 수립되어 1986년 북경에서 마카오 반환 협정을 체결하고, 1999년 12월 20일 중국은 마카오에 대한 주권을 회복하였다.

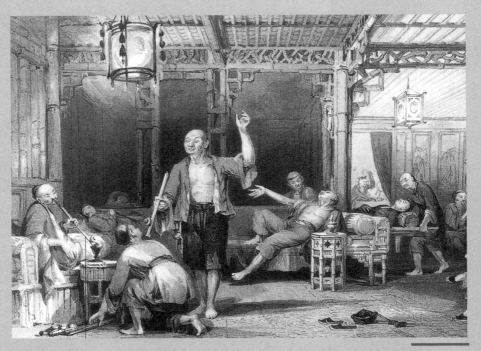

중국의 아편굴

제9장 청(清)

청 왕조(1644~1911)는 만족(滿族)이 세운 중국 최후의 봉건 왕조이다. 1616년 누르하치가 독립을 선언하고 금을 이은 또 하나의 여진 제국이란 뜻에서 후금(後金: 대금大金)이라고 국호를 정한 후 명 왕조에 공개적으로 도전장을 내밀었다. 이후 1644년 청나라 군대가 입관(入關: 산해관 안으로 들어옴)하면서 1636년에 청(清)으로 개칭한 여진족 정권은 중원의 주인이 되어 1912년 선통제(宣統帝)가 퇴위할 때까지 268년간 10명의 황제가 천하를 다스렸다.

청 왕조는 강희·옹정·건륭제 등이 연속 등극하면서 전성기를 맞이하였다. 정권은 공고했고, 사회는 안정되었으며, 생산력이 크게 신장되었고, 문화적으로도 크게 발전하였다. 대만, 외몽고, 서장, 신강 등지에 대한 중국의 지배권을 확보함으로써 근대 중국 강역의 토대를 잡은 것도 바로 청 왕조였다. 그러나 가장 강성했던 시절인 건륭제 때 이미 서서히 쇠퇴하는 기미가 보이기 시작했다. 더군다나 여전히 우물 안 개구리였던 천하의 중심 중국은 서구에 비해 경제나 과학 기술 방면에서 크게 낙후되었으나 전혀 눈치 채지 못하고 있었다. 1940년 아편전쟁이 일어나자 그때서야 정신이 들었지만 이미 서구 열강의 중국 침탈은 본격화 단계에 돌입한 상태였다. 나날이 가중되는 총체적 위기에 대해 청 조정은 별 다른 대처 방안을 마련하지 못하고 있었다. 다행히 조야(朝野)의 뜻있는 지식인들을 중심으로 양무자강 유신변법이 주장되었으나 끝내 완성하지 못하고 실패로 돌아가면서 청 왕조의 위기는 더욱 짙어만 갔다. 14년에 걸친 태평천국의 난 등 청 왕조는 끊임없이 내우외환에 시달리다 결국 1911년 손문이 이끄는 신해혁명이 성공한 그 이듬해 황제의 퇴위를 통한 망국 선언으로 조종(弔鐘)을 울렸다.

A.D.1644~1645년

1644년 ▶ 이자성, 서안에서 즉위(신순왕新順王), 국호는 대순(大順), 연호를 영창(永昌)으로 함. 이자성의 동정군(東征軍), 거용관에서 북경으로 공격. 명 숭정제(의종), **매산에서 자살**. 명조 패망. 오삼계(吳三桂), 청에 투항. 청군, 이자성을 산해관(山海關)에서 격파. **애신각라씨**의 청나라, 북경으로 천도. 명나라 복왕(福王) 주유숭(朱由崧: 홍광제弘光帝), 남경에서 즉위. 장헌충, 사천에서 대서국왕(大西國王)으로 하고, 연호를 대순(大順)으로 함.

1645년 ▶ 청, 한인 체발령(剃髮令) 반포하여 **변발**하지 않을 경우 사형시킬 것을 공포함. 청, 남경 공략하여 남경 정부 몰락. 이자성 자살. 연해 농민들 해외로 이민 사태(~1795). 양주와 가정성 함락.

■ 그 무렵 외국은…

1644년 잉글랜드, 올리버 크롬웰이 마스턴 무어 전투에서 왕당군을 격파함(청교도 혁명). 밀턴, 언론의 자유를 주장함.

매산의 자살

막강한 전제 왕권을 확립하고 막강한 군사력(해군력을 포함한)에 국제적 지배권을 확보하고 있던 명나라는 후기로 넘어오면서 나약하고 고립된 황제들로 인해 점차 약화되기 시작했다. 마침내 왕권의 도덕성과 효율성에 치명적인 약점이 노출되고 경제적 불황에 잇따른 농민 기의가 심화되면서 17대 황제인 숭정제(崇禎帝: 재위 1627~1644) 의종(毅宗)은 북경으로 진격해오는 반란군 이자성의 군사를 막을 재간이 없었다. 3월 18일 마지막 남은 혈통 태자와 영왕, 정왕 등 어린 왕자들을 외척 집안(이후 외척 주규周奎가 그들을 받아주지 않아 이자성의 포

매산의 전경

로가 된다)으로 보낸 그는 황후와 빈비를 자진토록 하고 공주를 불렀다. "어쩌다 짐의 집안에 태어났느냐?" 길게 탄식하던 의종은 자신의 패도를 빼어들고 장평(長平) 공주를 내리쳤다. 그녀는 왼팔이 잘려나가면서 힘없이 쓰러졌다. 여섯 살 난 소인(昭仁) 공주도 아비의 칼에 맞아 죽었다. 19일의 태양이 떠오르고 있었다. 그는 종을 쳐서 신하들을 불렀다. 그러나 아무도 오는 이가 없었다. 마침내 의종은 만세산(萬歲山: 일명 매산煤山으로 지금의 경산景山 공원)에 올라 홰나무[槐樹]에 목을 매어 자살하고 말았다. 그의 곁에는 환관 왕승 한 명밖에 없었다. 그 역시 죽었다. 재위 17년간 각료 50여 명, 총독 7명에 순무 11명을 파면하거나 죽일 수밖에 없었던 지극히 신하의 운도 없고 의심 많으며 성미가 급했던 황제 의종은 이렇게 죽었다. 그리고 노예 제도를 폐지하는 등 사회적 평등화의 기반을 마련한 명대는 이렇게 종말을 고했다.

애신각라씨

애신각라(愛新覺羅)는 청나라 왕조 황실의 성(姓)으로 황족만 전유할 수 있었다. 애신이란 애성(愛星)·애신(愛紳)으로 쓰기도 하는 만주어인데, 한자로 금(金)의 뜻이다. 각라는 만주어로 별다른 뜻이 없으며, 아마도 만주족이 거주하던 곳의 지명이기 때문에 성에 붙인 것으로 여겨진다(각라를 족族의 의미로 해설하는 견해도 있다). 청나라 법제에 따르면, 현조(顯祖) 선황제 탑극세(塔克世: 일반적으로 '타크시'로 부르는 그는 누르하치의 부친이다)의 직계는 종실로서 황색 띠를 허리에 차고, 방계는 각라로 붉은 띠를 허리에 찬다. 만청 황실의 조상들이 산해관 밖 만주에 있을 때에 본래 성은 동(佟 혹은 동童)씨였는데, 누르하치가 칸에 오른 뒤 애신각라로 성을 바꾸었다.

변발

변발(辮髮)은 남자 머리의 주변을 모두 깎고 중앙에 있는 머리카락만 남겨 등뒤로 길게 내려뜨린 모발 형태를 말한다. 거란·여진·몽고족의 경우 약간씩 차이는 있으나 남은 머리카락을 딴 후 아래로 길게 내려뜨린 형태라는 점에서 모두 변발이라고 할 수 있다. 청조는 북경을 점령한 후 1644년 체발령(剃髮令)을 내려 모든 이들에게 변발할 것을 강요했으며, 아울러 호복(胡服)을 입도록 했다. 한인들의 반발이 심하자 재차 체발령을 내려 복종치 않을 경우 사형에 처했다. 태평천국(太平天國)의 난 때 만주족에 대한 저항을 이유로 변발 대신 장발을 하기도 했으나 신해혁명(辛亥革命) 이후 폐지될 때까지 대부분의 한인들 역시 변발에 익숙해졌다.

변발을 해주는 순회하는 이발사

양주십일(揚州十日) 가정삼도(嘉靖三屠)

순치 2년(1645) 4월 남명의 예부상서 겸 동각대학사인 사가법(史可法)이 양주에서 청나라 병사의 남하를 저지하기 위한 전투를 준비하고 있었다. 얼마 후 예친왕 다역(多繹)이 이끄는 청군이 강회(江淮) 방어선을 돌파하고 양주로 쳐들어왔다. 18일간의 포위 공격으로 양식이 떨어진 양주성 관민은 구원병도 없이 결사 항쟁을 했다. 24일 청군은 홍의대포(紅衣大砲)로 양주성을 집중 공격하여 마침내 성문을 열었다. 포로가 된 사가법은 투항을 강요받았으나 끝내 거절하여 살해되고, 부장인 유조기(劉肇基)는 남은 군사를 이끌고 마지막까지 싸웠다. 양주를 점령한 청군은 입성하기 무섭게 대규모 살육전을 감행하여 10일간 수십만의 관민을 학살했다. 사서는 이를 일러 양주십일이라고 한다. 7월 8일 청군은 가정성(嘉靖城)을 공략하면서 관민을 학살하고 시체를 강물에 빠뜨려 온통 붉게 물든 강물이 제대로 흐르지 못할 정도였다고 한다. 사서는 이를 '가정삼도'라고 칭한다. 청나라가 건국한 뒤에도 한족 지식인은 물론이고 민중들 역시 마음속 깊은 곳에 양주십일과 가정삼도의 참혹한 기억을 끝내 버릴 수 없었다.

1646년 ▶ 과거 실시. 정지룡(鄭芝龍), 청에 항복. 아들 **정성공**, 청에 저항.
청, 명률을 수정한 대청률(大淸律) 제정. 소설가 **풍몽룡** 사망.

1648년 ▶ 한만통혼(漢滿通婚) 정책, 통혼상유(通婚上諭)에 명시되어 본격
적으로 실시함.

1649년 ▶ 러시아인 하바로프, 흑룡강 지방 탐험(~1652).

1651년 ▶ 북해(北海) 라마탑 완성됨. 중량 1전 2푼 5리의 동전을 주조하
고 전(錢) 1천 문(文)이 은 1량이라는 가격 비교의 기준 제정.
순치제 친정 돌입.

1652년 ▶ 이정국(李定國), 계림(桂林) 함락. 공유덕 자살. 청, 러시아와 송
화강(松花江)에서 충돌.

■ 그 무렵 외국은…

1648년 베스트팔렌조약 체결.

1649년 잉글랜드, 찰스 1세를 처형하
고 공화정을 선포함.

1651년 잉글랜드, 크롬웰이 항해 조례
를 발표.

1652년 네덜란드, 케이프타운 식민지
를 건설함.

정성공

정성공(鄭成功: 1624~1662)은 명말 유신이었던 정지룡
(鄭芝龍)과 일본 여자 사이에서 태어났다. 아버지 정지룡
은 당시 금지되었던 해상 밀무역을 통해 재력을 쌓은 후
복주에서 당왕(唐王) 주율건(朱聿鍵: 태조의 8대 손자)을 황
제로 옹립하였으나 사리사욕에 눈이 멀어 오히려 청조와
내통하다가 1646년 청에 투항하였다. 그러나 그의 아들 정
성공은 아버지와 결별하고 광동의 남오(南澳)로 가서 청에
저항하였다. 그후 그는 노왕(魯王)을 받드는 장황언(張煌
言)과 연합하여 절강성의 연해와 장강 하류까지 공략하였
다. 1661년 그는 청과의 장기전을 도모하기 위해 대만으로

정성공

들어갔다. 정성공, 그는 명조의 남은 충신이었지만 청조의 입장에서 본다면 남중국에
남은 가장 큰 골칫거리 가운데 하나였을 뿐이다. 1662년 명조의 마지막 저항이 종식
되고, 1681년 8년간이나 지속된 삼번(三藩)의 난이 분쇄된 이후 청조는 대만에 대해
대대적인 정벌을 시작했다. 이리하여 네덜란드인들을 몰아내고 정치 · 경제 · 문화 방
면의 건설을 추진중이던 대만은 1683년 정극상(鄭克塽: 정성공의 손자)의 통치를 끝으
로 함락되고 말았다.

풍몽룡의 삼언과 능몽초의 이박

명대의 단편 소설은 장편에 비해 상당히 늦게 시작되었다. 그러나 가정(嘉靖) 연간
에 『청평산당화본(淸平山堂話本)』처럼 송대와 원대 화본을 정리한 문집이 발간되면서

화본의 형식을 본딴 단편 소설 창작이 크게 유행하였다. 특히 문인들이 단편 소설 창작 대열에 가세하면서 명대 단편 소설은 새로운 면모를 나타내기 시작했다. 그 대표적인 작가가 바로 풍몽룡과 능몽초이다. 풍몽룡(馮夢龍, 1574~1646)의 자는 유룡(猶龍), 호는 용자유(龍子猶)이며 장주(長洲: 강소성 소주) 사람이다. 50여 세에 과거에 합격하여 공생(貢生) 자격을 얻었다. 61세에 지현(知縣)이 되었을 때 후금(後金)의 군대와 맞서 싸운 일이 있었다. 임기를 끝내고 고향에 돌아와 송·원·명대 화본을 정리하여 윤색하고, 자신의 의작(擬作)을 한데 모아 『유세명언(喩世明言)』·『경세통언(警世通言)』·『성세항언(醒世恒言)』의 '삼언(三言)'을 편찬했다. 전체 120편의 단편 소설이 실려 있는 삼언은 일반 백성들의 삶을 주요 소재로 삼아 그들의 가치관과 생활상을 그대로 반영하고 있다는 점에서 명대 단편 소설을 대표한다고 말할 수 있다. 풍몽룡의 뒤를 이어 통속 문학을 선도한 능몽초(凌濛初, 1580~1644)는 자가 현거(玄居), 호는 초성(初成)으로 오정(烏程: 절강성 오흥吳興) 사람이다. 그 역시 55세의 늦은 나이에 과거에 급제하여 상해현승(上海縣丞)·서주통판(徐州通判) 등을 역임하였고, 65세에 농민 의병을 일으켰다가 비명에 죽고 말았다. 그가 남긴 『박안경기(拍案驚奇)』, 『이각박안경기(二刻拍案驚奇)』, 즉 '이박(二拍: 또는 양박兩拍)'은 전체 40편의 단편 소설을 통해 주로 명나라 말기의 시민들의 삶을 소재로 하여 그들의 욕구와 의식을 반영하고 있다.

순치제

순치제(順治帝, 1638~1661)는 청나라 제3대 황제로 1643년부터 18년간 재위했다. 태종의 아홉번째 아들로 본명은 복림(福臨)이며 묘호는 세조(世祖), 시호는 장황제(章皇帝)이다. 연호가 순치이기 때문에 순치제라고 한다. 태종이 후계자를 정하지 않고 죽자 제왕회의(諸王會議)에서 추대되어 즉위하였다. 즉위 당시는 겨우 6세밖에 되지 않았으므로 최대 실력자인 예친왕(睿親王) 도르곤(多爾袞: 누르하치의 14번째 아들)과 정친왕(鄭親王) 지르하란(濟爾哈朗: 누르하치의 동생인 슈르가치의 6번째 아들)이 보정왕(輔政王)이 되었다. 1644년 북경에 입성하여 만주족 최초의 천하 제왕의 자리에 올랐는데, 이 역시 도르곤의 도움에 의한 것이었다. 1653년 도르곤이 사망하자 친정을 펴면서 도르곤을 추벌(追罰)하였다. 여러 왕들의 세력을 약화시키는 한편 1659년 영명왕(永明王)을 중심으로 한 명나라 잔존 세력을 대부분 평정하였다. 유교를 선양하고 한인을 등용하는 등 인심을 안정시키면서 만주족의 중국 지배에 토대를 닦았다.

1653년 ▶ 정성공, 청군 격파—해등(海登) 전투. 청, **달라이 라마** 책봉.
1657년 ▶ 과장안(科場案) 발생. 오삼계, 운남 공격. 손가망(孫可望), 청에
　　　　항복.
1660년 ▶ 결사 집회 금지. 프랑스 배가 처음으로 광주(廣州)에 정박함.
1661년 ▶ 청나라 성조(聖祖) **강희제** 즉위. 대만에 천계령(遷界令: 해금海
　　　　禁) 발포. 정지룡 피살. **김인서** 피살. 정성공, 네덜란드인 항복시키
　　　　고 대만에 거점(~1683).
1662년 ▶ 오삼계, 미얀마에 침입하여 영명왕을 죽임으로써 명의 세력을
　　　　완전 소멸함. 정성공, 사망함.

■ 그 무렵 우리는…
1653년　조선, 네덜란드인 하멜이 표류
　　　　하여 제주도에 도착.
1657년　조선, 송시열이 「시정 18조」를
　　　　상소함.

■ 그 무렵 외국은…
1660년　네덜란드, 렘브란트가 「자화
　　　　상」을 완성함.

달라이 라마

　　달라이 라마(達賴喇嘛: Dalai Lama)는 서장(西藏: 티베트) 불교의 대표적인 종파인 황
모파(黃帽派: 겔루그파)의 수장인 법왕의 호칭이자 역대 전생활불(轉生活佛)의 속칭이
기도 하다. 이 호칭은 달라이 라마 3세인 소남 갸초(1543~1588)가 몽고족 알탄칸의
초청을 받고 청해(靑海) 지역에 갔을 때부터 불려지기 시작했다. 달라이는 갸초에 해
당하는 몽골어로 '바다'를 뜻하며, 라마는 티베트어로 '스승'의 뜻이다. 달라이 라마
가 중국과 관련을 맺고 서장의 종교적 수장이자 정치적 지도자로 인정을 받게 된 것
은 달라이 라마 5세 때의 일이다. 달라이 5세는 명 숭정(崇禎) 10년(1637)에 재위에 오
른 후 당시 청의 도읍지였던 성경(盛京)에 서적 등 예물을 보내고 청 역시 이에 상응
하였다. 청 조정은 입관(入關)한 후 수차례 서장에 사신을 파견하여 달라이 5세를 초
청한 바 있었다. 순치 10년(1653) 순치제는 예부상서를 파견하여 달라이 5세에게 '달
라이 라마'의 금책(金冊)과 금인(金印)을 전달하고 '서천대선자재불, 소령천하석교보
통와적라달라달뢰라마(西天大善自在佛, 所領天下釋敎普通瓦赤喇怛喇達賴喇嘛)'로 봉했
다. 이는 서장에서 달라이 5세의 정치적 종교적 지위를 인정한 것이다.

강희제

　　유일하게 이민족의 통치자로 황제의 자리에 올랐으며, 본명은 애신각라 현엽(愛新
覺羅 玄燁: 1654~1722)이다. 강희제(康熙帝: 1661~1722) 현엽은 원래 황제에 오를 수
있는 처지가 아니었다. 1661년 전후로 유행하던 천화(天花: 천연두)는 황제에 오른 순
치제(順治帝)에게도 예외는 아니었다. 이에 죽음을 앞둔 순치는 이미 마마를 겪은 현
엽에게 자리를 넘겨줌으로써 황권의 안정을 바랄 수밖에 없었다. 이로써 현엽은 8세

에 황제의 자리에 오르고 다음해 연호를 개칭하여
강희라 하였다. 관례에 따라 어린 황제를 위해 만
족의 대신들이 정치를 보좌하였다. 그 중에 구배
(龜拜)라는 인물이 있어 마치 대권을 잡은 양 전횡
을 저질렀다. 그를 죽일 것을 작심한 강희 앞에서
구배는 윗옷을 벗고 오랜 상처(전쟁의 와중에서 태종

홍타이지를 구출할 때 생긴 상처)를 보임으로써 겨우 목숨을 유지할 수 있었다. 이후 친
정에 들어간 강희제는 우선 강남의 삼번의 난을 종식시키고 대만을 평정하여 명실상
부한 천하 통일을 이루었다. 한족뿐만 아니라 원을 세운 몽고족에게도 강희제는 무
력으로 천하를 차지한 정복 군주였을 뿐이었다. 따라서 절개를 중시한다는 사대부들
이 청조에 입각한다는 것은 무리였다. 이에 강희제는 박학홍사과(博學鴻詞科)를 활
용하여 숨은 인재를 찾기에 주력하였고, 이학 명신들을 중용하는 한편 『성리대전(性
理大全)』을 재간행하고 『주자전서(朱子全書)』와 『성리정의(性理正義)』를 편찬하였

다. 그러나 다른 한편 학술과 문화에 관한 통제를 강화하여 서적을 검열하고 청조에
불리한 불온 책자들을 금지시켰으며, 또한 문자의 옥을 일으켜 문인들의 창조성을
억압한 바 있기도 하다. 그의 강력하고 광범위한 치세로 말미암아, 사가들은 그로부
터 건륭제(乾隆帝)에 이르는 시기를 강건성세(康乾盛世)라 이르고 한나라 초기의
'문경지치' 와 당나라 초기의 '정관지치' 에 견주고 있다.

강희제가 정벌 중에 북경
으로 보낸 서한. 자필의
만주 문자로 기록되어 있
다.(위)
강희제(아래)

김인서

김인서(金人瑞: 1608~1661), 원래 이름은 채(采)였으나 명나라가 멸망한 후 인서로
개명하였다. 자는 성탄(聖嘆)이며 강소성 오현(吳縣: 지금의 소주蘇州) 사람이다. 본성
이 광달하여 얽매임을 싫어한 그는 벼슬길에 뜻을 두지 않았으며, 명나라가 멸망한
후 관화당(貫華堂)에서 독서와 저술을 일삼으며 역(易)과 불교에 심취했다. 특히 그
는 『이소(離騷)』『장자(莊子)』『사기(史記)』두시(杜詩),『수호지』,『서상기(西廂記)』
등의 작품을 숭상하여 이를 '여섯 가지 재자의 책(六才子書)' 이라고 칭하고, 아울러
이에 대해 상세한 평점을 가했다. 그의 평론은 사상적 내용을 중시하는 한편 작품에
대한 예술적 분석이 뛰어나다는 점에서 중국 고전 문학 평론에 일가를 이루었다고 평
가된다. 특히 소설과 희곡의 문학적 지위를 격상시킨 것도 그의 공이라고 할 수 있다.
순치(順治) 18년(1661) 곡묘안(哭廟案)에 참가하여 지현(知縣) 임유초(任維初)의 탄핵
을 요구하다 하옥된 후 지금의 남경에서 참살되었다.

A.D.1663~1672년

1663년 ▶ 강희 2년 조칙을 내려 향시(鄕試)와 회시(會試)에서 **팔고문** 사용하지 못하도록 했으나 이후 반발이 심해 다시 사용되다가 1905년에 완전 폐지됨.
1664년 ▶ 장헌충 피살. **전겸익** 사망.
1667년 ▶ 역시(逆詩)의 옥 일어남. 성조의 친정(親政).
1669년 ▶ 건청궁을 건립함.
1671년 ▶ **방이지** 사망. **오위업** 사망.
1672년 ▶ 성론(聖論) 16조(條). 명나라와 청나라 두 조정에서 벼슬한 오위업이 변절을 후회하며 자살함.

■ 그 무렵 우리는…
1666년 조선, 하멜이 일본으로 도망함.

■ 그 무렵 외국은…
1665년 잉글랜드, 뉴턴이 중력의 법칙을 발견함.
1671년 프랑스, 왕립 건축 아카데미를 설립함.

팔고문

팔고문은 시·부·론 등 기존의 문체와는 달리 오로지 과거 시험에만 사용되었던 문체로 의도적으로 만든 것이다. 그 연원은 분명치 않지만 남송대의 경의(經義: 경전에서 낸 문제의 뜻을 풀이하는 과거 시험으로, 주로 사서에서 출제하였다) 시험에 파제(破題)·소강(小講)·대강(大講)·여의(餘意)·결미(結尾) 등 일정한 격식이 갖추어졌고, 대략 명나라 중기 성화(成化) 연간에 이르러 정형화되었다. 팔고문은 문장의 처음을 파제(破題)와 승제(承題)로 시작하고 이어서 기강(起講)·영제(領題: 입수入手)·제비(提比: 기고起股)·중비(中比: 중고中股)·후비(後比: 후고後股)를 지나 속비(束比: 속고束股)로 끝난다. 특히 제비부터 속비까지는 각기 대구로 쌍을 이루어 글자 수나 글자의 의미가 유사한 대련(對聯)처럼 썼기 때문에 이를 일러 팔고라 칭하게 되었다. 팔고문의 제목은 사서에서 출제되었으며, 자신의 견해를 성현의 말을 빌려 논의하도록 규정되어 있었다. 명·청대 시험은 세 번으로 나누어져 있었는데, 처음에 보는 팔고문 시험이 가장 중요했으며, 그 중에서도 맨 처음에 나오는 파제가 특히 중요했다. 수많은 시험지를 앞에 둔 시험관이 도저히 전체를 읽을 시간도 정력도 없었기 때문이었다. 『사고전서(四庫全書)』에 유일하게 수록된 팔고문으로 강희제 때 장원급제한 한담이란 이의 글을 보더라도 과연 무엇을 말하고자 하는지 모를 정도로 그저 좋은 말씀에 귀한 내용이 담겨 있을 뿐, 세상이 어떻게 돌아가고 무엇이 이 사회에 도움이 될 것인가에 관한 의론은 찾아볼 수 없다. 팔고문은 이처럼 엄격한 격식에 얽매여 500여 년이란 세월 동안 지속되었기 때문에 지식인들의 사상적 자유를 크게 속박했을 뿐만 아니라 국가의 정책을 입안하고 실질적 행정을 담당할 인재를 뽑는 과거의 본래 의도도 퇴색되고 말았다. 물론 대구나 쌍성(雙聲), 첩운(疊韻) 등 한자의 독특한 성질을 부각시켜 미묘하고 색다른 한자 문학의 면모를 보여주고 있다는 점은 있으나 이는 한부(漢賦)에서 이미 충분히 발휘되었으며, 과거 문체로 적합한 것이 결코 아니었다. 청말 변법운동(變法運動)을 주창한 이들이 무엇보다 과거 제도 혁신을 주장한 것은 인재의 선발이 바로 선발 제도로 말미암아 저해되고 있다는 인식 때문이었다.

전겸익과 오위업

전겸익(錢謙益, 1582~1664)은 자가 수지(受之), 호는 목재(牧齋)·목옹(牧翁) 등이 있다. 상숙(常熟: 강소성) 사람이다. 오위업(吳偉業, 1609~1671)·공정자(龔鼎孳, 1615~1673) 등과 함께 명말 청초의 시인으로 본적이 양자강 왼쪽에 위치하고 있기 때문에 강좌삼대가(江左三大家)로 칭해졌다. 명대 만력 때 진사가 되어 예부시랑을 거쳐 남명(南明) 때 예부상서를 역임했다. 청나라가 남명을 공략할 때 투항하여 예부시랑으로 비서원(秘書院)의 업무를 맡았으며, 『명사』편찬관의 부총재를 지냈다. 일반적으로 두 왕조를 섬기는 일을 수치로 여기는 상황에서 전겸익은 충성 대신 변절을 택한 셈이다. 건륭제 시절 사가(史家)는 그를 '이신전(貳臣傳)'에 삽입하여 비판했고, 그의 저작은 금서가 되고 말았다. 이러한 전겸익의 변절은 같은 강좌삼대가인 오위업과도 구분된다. 오위업의 자는 준공(駿公), 호는 매촌(梅村)이며, 태창(太倉: 강소성) 사람이다. 그는 명이 망한 후 은거했으나 억지로 청 조정에 불려나와 국자감좨주를 맡았다. 그러나 3년 만에 모친상을 이유로 귀향하여 시화(詩畵)는 물론이고 잡극 『임춘각(臨春閣)』과 전기(傳奇) 『말릉춘(秣陵春)』 등을 창작한 희곡가로 여생을 보냈다. 이처럼 두 사람은 삶의 형태나 인격에서 차이가 있지만 공히 청초 시단을 대표하는 시인이라는 점에서 공통점을 지닌다. 우선 전겸익은 두보와 한유를 중심으로 한 당대 시인은 물론이고 소식, 육유, 원호문(元好問) 등의 장점을 취해 명대의 복고주의를 벗어남과 동시에 청초 시단의 영수가 되었다. 오위업은 이에 비해 절충적인 입장에서 명대의 시학을 고찰하는 한편 독특한 자신만의 시가를 창조해냈다.

방이지

방이지(方以智: 1611~1671)는 청초 시인이자 과학사상가이다. 『물리소식(物理小識)』이라는 저작이 있다. 그의 저서는 광학, 천문학, 해부학, 광물학, 식물학 등에 관하여 기존의 여러 사람들이 서술한 것을 인용하면서 자신의 논의를 덧붙인 짧은 글들로 이루어져 있다. 그는 기존의 나열식 필기와는 달리 계통적 분류를 시도하였으며, 기존의 통념에 대한 회의를 통해 나름의 설명을 가했다는 점에서 특기할 만하다. 제자 게훤(揭暄)과 아들 방중통(方中通)이 그의 뒤를 이어 과학적 탐구에 열중하였다.

A.D.1673~1682년

1673년 ▶ **삼번의 난** 일어남—오삼계, 운남에서 거병.
1674년 ▶ 정남왕(靖南王) 경정충(耿精忠)의 반란 일어남.
1675년 ▶ 영국, 아모이 무역 시작.
1676년 ▶ 상지신(尙之信), 반란 일으킴.
1677년 ▶ 청군, 정성공의 아들인 정경(鄭經) 공략하여 복건(福建) 평정함.
1678년 ▶ 오삼계, 형주(衡州: 호남성 형항현)에서 국호를 주(周)로 정하고 칭제한 후 사망. 손자인 세번(世璠)이 계승.
1680년 ▶ 영국 동인도회사와 무역을 시작함.
1681년 ▶ 삼번의 난 진압됨.
1682년 ▶ **경세치용을 위한 경사학**을 주장한 **고염무** 사망.

■ 그 무렵 우리는…
1678년 조선, 금속화폐의 전국 유통 선포.

■ 그 무렵 외국은…
1675년 잉글랜드, 그리니치 천문대를 설치함.
1682년 잉글랜드, 에드먼드 핼리가 혜성의 주기를 연구하여 핼리혜성이라고 이름 붙임.

삼번의 난

삼번(三藩)의 난은 청대 초 오삼계(吳三桂), 경정충(耿精忠), 상지신(尙之信) 세 번왕(藩王)이 일으킨 난이다. 청의 군대가 산해관에서 명나라 마지막 군대와 대치하기 이전부터 청의 통치자들은 스스로 억압적인 정복자보다는 혼란으로부터의 해방자로 보이길 바랐다. 게다가 오랜 내홍(內訌)으로 재기할 수 없을 지경에 빠진 명나라 조정에 반발한 세력이 존재하고 있었기 때문에 청의 천하 제패는 좀더 수월할 수 있었다. 그들 반란 세력은 크게 두 가지로 나눌 수 있는데, 하나는 농민 기의군을 포함한 반명(反明) 세력이고 다른 하나는 명조를 배반하고 청을 도운 일파의 세력이다. 삼번의 난을 일으킨 주체들은 모두 후자에 속하는 이들이다. 오삼계는 부친의 후광으로 도독지휘(都督指揮)에 오른 후 요동총병으로 산해관을 지키던 장수였다. 명나라 최고의 맹장으로 명이 멸망한 후에도 여전히 산해관을 지키고 있었다. 이자성이 투항을 권고했으나 오히려 청나라에 붙어 청군과 함께 이자성의 군대를 물리치고 북경에 진입하였다. 이 공로로 평서왕(平西王)에 봉해졌으며 이후 운남 일대를 다스리게 되었다. 경정충과 상지신은 명대 무장 집안 출신으로 자신들은 압록강 부근의 피도(皮島)에 근거를 둔 모문룡(毛文龍)의 부장이었다. 이들은 청나라에 공헌한 공로로 평남왕(平南王)과 정남왕(靖南王)에 봉해진 후 이를 세습하여 광동 및 복건 일대를 다스리고 있었다. 1673년 성조 강희제가 번을 철폐하는 조치를 취하자 이들은 청에 항거하여 반란을 일으켰다. 그러나 이들은 역설적으로 새로운 세대의 청조를 도운 중국인 장수들에 의해 무너졌다.

경세치용을 주장한 학자들

　명말부터 극성하던 동림, 복사(復社) 등 재야 신사(紳士)들의 결사에 의한 공개적이고 집단적인 반정부적 활동은 청나라로 들어와 정권이 안정되면서 더 이상 진척될 수 없었다. 청나라 초기의 '반청복명(反淸復明)' 희망도 이제는 사라졌다. 지식인들은 어쩔 수 없이 관계로 들어가 『명사(明史)』 『대청회전(大淸會典)』 『대청일통지(大淸一統志)』 등 각종 편찬 사업에 참여하거나, 아예 은일(隱逸)의 세계에 침잠하여 시와 술로 풍류를 노래하고 불교·의업·훈고·회화 등에서 자신들의 넘쳐나는 재주를 드러내는 경우도 있었다. 한편 재야에 은거하면서 저항적 학문을 통해 자신의 반청 의식을 토로하고 아울러 이를 통해 경세치용(經世致用)을 위한 경사학(經史學)을 창출한 일단의 지식인들이 있었다. 그들은 반청 의식이 강했던 절강(浙江)의 황종희(黃宗羲)와 그의 제자들을 비롯하여 절서(浙西)의 고염무(顧炎武), 왕부지(王夫之) 등 이른바 삼유로(三遺老) 및 비밀(費密), 방이지(方以智), 만사동(萬斯同), 염약거(閻若璩), 호위(胡渭) 등이 있다. 이들의 경사학은 관념적인 송·명이학의 폐해를 비판하면서 고전과 현실이라는 객관적 외부 세계의 탐구와 실천을 유지하는 동시에 민본주의적 현실 정치 개혁을 주된 목적으로 삼았다. 이것은 청대에 들어선 새로운 학문 사조였다. 그러나 청조의 의도적인 탄압을 통해 후기에 들어가면서 고증학(考證學) 중심으로 나아가게 된다.

고염무

　고염무(顧炎武, 1613~1682), 자는 영인(寧人)이고 호는 정림(亭林)으로 강소성 곤산(崑山) 사람이다. 명말 당시의 양명학(陽明學)이 공리공론을 일삼는 데 환멸을 느끼고 경세치용의 실학(實學)에 뜻을 두었으며, 명나라가 망한 후 벼슬길에 들지 않고 재야에서 학자들과 교유하며 저술에 힘썼다. 청대 경세학, 또는 실학의 개념과 고증 방법을 성립시키는 데 실질적인 영향을 끼친 학자로 알려져 있다. 그는 명말 청초의 엄청난 재난에 접하여 망국〔易姓改號〕보다는 망천하(亡天下)가 더 중대한 문제라고 생각했다. 보국(保國)은 군신의 책임이지만, 보천하(保天下)는 필부를 포함한 만민의 책임이라고 보았기 때문이다. 이는 후세 선비들의 경세 의식을 대표하는 말로 널리 쓰이게 되었다. 저서는 경학(經學)·사학(史學)·문학 각 분야에 걸쳐 있는데, 대표작으로 『일지록(日知錄)』 『천하군국이병서(天下郡國利病書)』 등이 있다.

고염무

A.D.1683~1690년

1683년 ▶ 대만 정성공 일파, 완전 토벌됨. **명(남명) 완전 멸망**.
1684년 ▶ 청 조정, 해금령(海禁令) 해제하여 외국와의 교역 활발해짐.
1688년 ▶ 홍승의 『장생전』을 간행함.
1689년 ▶ **네르친스크조약**─청과 러시아 간의 조약. 양국의 국경 정함. 강
희제, 이리(伊犂) 지방의 애르트(厄魯特), 몽고의 갈단(噶爾丹: Galdan)
이 외몽고에 침입하자 친정하여 공략.
1690년 ▶ 『**대청회전**』 간행.

■ 그 무렵 우리는…
1689년 조선, 세자 책봉 문제로 노론이
실각하고 남인 집권(기사환국).
1690년 장희빈이 왕비에 책봉됨.

■ 그 무렵 외국은…
1688년 잉글랜드, 명예혁명이 성공함.
1689년 잉글랜드, 윌리엄 3세가 「권리
장전」에 승인함.

남명의 완전 멸망

매산(煤山)에서 의종(毅宗)이 자살함으로써 공식적으로 명조는 종말을 고했다. 그러나 명조의 유신들은 여전히 남아 각지에서 청조에 반기를 들었다. 남명의 유신인 장군 장황언(張煌言)과 사가법(司可法), 장헌충의 부하였던 이정국(李定國), 이자성의 부하였던 학요기(郝搖旗)를 비롯하여 강음(江陰)에서 항청의 기치를 높이 든 염응원(閻應元), 진명우(陳明遇) 등은 모두 항청에 나선 인물들이다. 특히 17세의 나이로 죽을 때까지 항청을 위해 싸운 하완순(夏完淳: 1631~1647)의 영웅적 항쟁은 춘추에 남아 오늘날에도 많은 이들이 기리고 있다. 이들을 통해 남명 조정은 비록 18년(1644~1662)이란 짧은 세월이기는 했으나 홍광(弘光), 융무(隆武), 영력(永曆) 세 황제가 등극하면서 명의 마지막 숨통을 이어갔던 것이다. 청조는 이에 한족으로 구성된 녹기병(綠旗兵)을 동원하여 한족을 통한 한족의 제압 정책으로 대치해 나갔다. 우선 1645년 남경을 공략하여 신종의 손자인 주유숭(朱由崧: 홍광제弘光帝)을 황제로 옹립한 첫번째 남명 정권을 몰아냈다. 이후 오삼계를 평서왕으로 봉하여 섬서 · 사천 · 운남을, 공유덕(孔有德)을 정남왕으로 삼아 호남 · 광서를, 상가희(尙可喜: 상지신의 부친)를 평남왕으로 삼아 광동을, 경중명(耿仲明: 경정충의 조부)을 정남왕(定南王)으로 삼아 복건을 공략하도록 하였다. 이렇게 청초 남명의 시기는 명조의 충성스러운 유민과 청조에 투항한 자들의 대치로 충절과 변절이 극명하게 드러난 때였다. 결국 남명의 마지막 황제 영력제는 면전(緬甸: 미얀마)까지 도망갔다가 오히려 그들에게 붙잡혀 오삼계에게 넘겨지고 1662년 죽음을 당하였다. 이로써 대만의 정성공을 제외하고 만명 세력은 완전히 제거되었다.

네르친스크조약 — 서구와 맺은 최초의 근대적 조약

명말 청초 중국이 전란에 빠져 있을 때, 제정러시아는 흑룡강 상류 일대에 흑심을 품고 있었다. 1650년 카자크(Cossack)인들이 야크사(雅克薩)를 강점한 뒤 알바진(阿勒巴金: Albazin)에 성을 쌓았다. 계속해서 1658년에는 니포초하(尼布楚河) 하구의 네르친스크(涅爾琴斯克: Nerchinsk)에 성을 쌓고 강점하였다. 이 상태에서 이제 막 강남의 삼번의 난을 평정한 강희제는 막강한 군사력을 대동하여 친히 성경(盛京: 요녕성 심양시)까지 나아가 정세를 살피고 1685년 마침내 4년간에 걸친 대러시아 전쟁에 돌입하게 된다. 빼앗고 빼앗기는 격전을 거쳐 피터 대제가 통치하던 제정러시아의 군대는 패배하고 강화를 요청하였다. 네덜란드인의 주선으로 이루어진 러시아와의 강화를 통해 중국과 러시아는 1689년 네르친스크조약을 맺고 양국의 국경을 법적으로 규정지었다. 이 조약은 근대적 의미에서 중국이 최초로 서구와 맺은 국제 조약이었다.

『대청회전』

『대청회전(大淸會典: 강희회전康熙會典)』이란 탁진(托津) 등이 칙령을 받들어 편찬한 『흠정대청회전(欽定大淸會典)』을 말한다. '회전'이란 전장 제도의 발전 과정과 손익(損益) 정황에 대해 기술한 관방 사서로 일종의 일반 행정 규정을 총괄한 전적이다. 청나라 강희, 옹정(雍正), 건륭(乾隆), 가경(嘉慶), 광서(光緖) 조에 전체 다섯 차례에 걸쳐 『대청회전』을 수정 편찬하였다. 전칙(典則)과 사례를 구분하여 정리했기 때문에 '회전' 또는 '회전사례(會典事例)'라고 칭하기도 했다. 전칙을 날실로, 사례를 씨실로 삼았으며, 문류를 분별하고 연도에 따라 순서대로 배열했기 때문에 찾아보기 편리하다.

청나라 시기의 대외 무역

청대 초기 통치자들은 내정을 안정시키는 데 주력하여 일시적으로 해금(海禁) 정책을 취했다. 이후 강희 23년(1684) 해금 정책을 폐지하고, 이듬해 광주 · 장주(漳州) · 영파 · 운대산(雲臺山: 연운항連雲港) 4곳을 대외 무역 창구로 개설하는 한편 월(粤) · 민(閩) · 절(浙) · 강(江) 4곳에 해관(海關)을 설치하였다. 이로부터 1천 년 넘게 대외 무역을 담당해온 시박사 제도는 끝나고 새로 설치된 해관이 업무를 맡게 되었다. 이와 동시에 청 조정은 대외 무역의 제한을 완화하였으나 엄격한 심사를 실시하여 철기나 곡식, 서적 등을 수출하는 것을 금지시켰다. 건륭 22년(1757) 청 조정은 민 · 절 · 강 해관을 취소하고 광주만 개방하여 대외 무역을 제한하는 한편 광주의 13행(行)을 대표로 하는 행상(行商)이 대외 무역을 담당하도록 했다. 이런 상황은 아편전쟁이 시작되기 직전까지 지속되었다.

A.D.1695~1704년

1695년 ▶ **황종희** 사망. 자금성의 대화전(大和殿)을 준공함.
1699년 ▶ 영국의 광동 무역 허가함.
1703년 ▶ **열하행궁** 건설 시작.
1704년 ▶ **청대의 회곡**인 전기(傳奇) 작가 홍승(洪昇) 사망.
　　　　 납석(拉錫) 등이 황하의 근원을 탐험하고 지도를 작성함.

■ 그 무렵 우리는…
1697년　조선, 장길산의 농민 봉기.

■ 그 무렵 외국은…
1701년　에스파냐, 왕위 계승 전쟁 시작
　　　　 (~1714).

황종희의 『명이대방록』

　　명말 청초 진보적 사상가였던 황종희(黃宗羲: 1610~1695)의 자는 태충(太沖), 호는 이주(梨洲)로 절강성 여요(余姚) 사람이다. 명말 청초 항청 3유로(抗淸三遺老) 가운데 한 사람이다. 학문적으로 왕양명과 유종주(劉宗周)의 뒤를 이었으되 경사의 학술에 널리 통달하였고, 특히 역법에 능통하였다. 명나라 멸망 후 노왕(魯王)을 따라 항거하였고, 이후 지속적으로 반청 운동을 전개했다. 계왕(桂王)이 패한 후 절동에 은거하며 학문에 전념하였다. 주된 저서로 양명의 학설을 중심으로 명대 유학 사상을 조리 있게 평가 · 논술한 『명유학안(明儒學案)』과 『명이대방록(明夷待訪錄)』이 있다. 특히 『명이대방록』은 「원군(原君)」편에서 「엄환(奄宦)」편까지 전체 13개의 제목하에 21편으로 찬술한 저작으로 강희 2년(1663)에 완성되었다. 그러나 곧 금서가 되었다. '명이' 란 『역경(易經)』에 나오는 괘사(卦辭)에서 따온 말이다. 그 단사(彖辭)에서 말하길 "빛이 어두워짐. 역경 속에서 더욱 참아야 한다"고 하였다. '대방' 역시 방문을 기다린다는 뜻이니, 전체적으로 밝음이 가려진 상태에서 역경을 참고 좋은 시기가 오기를 기다린다는 뜻이라 할 수 있다. 주된 내용은 전제군주제에 대한 원론적 비판과 반전제를 위한 법제 개혁의 이론에 관한 것이다. 그렇기 때문에 이 책은 명대 이래로 동림에서 복사로 전개되어 간 실천 운동 속에서 앙양된 정치 의식을 가장 집약적으로 총괄하고 이론화한 책으로 평가된다.

열하행궁

　　열하행궁(熱河行宮)은 청나라 때 조성된 황가의 원림으로 피서산장(避暑山莊)이라고 부르기도 한다. 강희 42년(1703)에 처음 건설되기 시작했다. 처음에는 36경(景: 풍경이 아름다운 곳)이 있었는데 건륭 연간에 다시 36경을 증설했다. 강희 50년(1711) 현엽(玄燁: 강희제)이 행궁의 대문에 '피서산장' 이란 편액을 하사하여 그후 피서산장으로 불리기 시작했다. 또한 승덕의 북쪽에 있다고 하여 '승덕리궁(承德離宮)'으로 부

르기도 한다. 청나라 때 황제가 피서
하면서 정사를 보던 중요한 장소였
다. 전체 면적은 564만㎡이고 120채
의 건축물이 세워져 있으며, 궁을 에
워싸고 있는 담장의 길이는 20리이
다. 내부는 크게 궁전 지역과 원유(苑
囿) 지역으로 나뉘며, 원유 지역에는
호수와 평원, 동산 등 아름다운 풍광
을 지닌 곳이 많다. 궁전의 배치가 엄

만리장성 밖 승덕(承德)
의 피서산장에서 몽고의
왕공(王公)을 인견(引見)
하는 강희제

밀하고, 풍격이 소박하면서도 단아하다. 원유는 중국 남북 지방의 공원 조영 예술의
정화를 종합하여 뛰어난 아름다움을 지니고 있다. 산장 밖 동북쪽에 11군데 사묘(寺
廟)가 있는데 속칭 외팔묘(外八廟)라고 불리는 이곳의 경관도 대단히 뛰어나다. 현재
모든 곳이 개방되어 관람할 수 있다.

청대의 희곡 — 전기

청대에는 명대의 전통을 이은 전기(傳奇) 중심의 희곡이 유행했다. 18세기에 들어
서 피황(皮黃)이라는 악곡과 결합하여 북경을 중심으로 무대에 올려지게 되었다. 이
것이 바로 경극(京劇)이란 이름으로 정착되어 지금에 이른다. 청대의 전기 작품에 관
해 '남홍북공(南洪北孔)'이란 말이 유행하였는데, 남홍은 『장생전(長生殿)』을 지은
작가 홍승(洪昇: 1645~1704)을, 북공은 『도화선(桃花扇)』의 작가 공상임(孔尙任: 1648
~1718)을 말하는 것이었다. 당나라 현종(玄宗) 이융기(李隆起)와 양귀비의 애정 이야
기를 소재로 한 『장생전』과 남명 시대 후조종(侯朝宗: 본명은 후방역侯方域, 조종은 자字
이다. 동림당의 일원으로 청대 고문 3대가 중 한 명)이란 명사와 기생 이향군(李香君)의
애정 이야기를 중심으로 남명의 흥망사를 은연중에 드러낸 『도화선』은 명·청대 전
기의 압권으로 평가된다.

『장생전』

전체 50막으로 구성된 『장생전(長生殿)』은 홍승(洪昇)의 작품이다. 백거이(白居易)의 「장한가(長恨歌)」에서 소재를
얻어 당나라 현종과 양귀비의 애정사를 다루었는데, 제목도 「장한가」 속의 한 구절인 "칠월 칠일 장생전(七月七日長
生殿)"에서 딴 것이다. 가곡이 아름답고 유려하며, 매 글자마다 곡조에 벗어난 것이 없다고 일컬어졌다. 특히 양귀비
가 죽은 뒤 현종의 사모의 정을 그린 대목은 전기 작품 가운데 걸작으로 알려져 있다.

1705년 ▶ **팔대산인 주탑** 사망. 한림원(翰林阮)에서 외국어를 가르치기 시작함.
1711년 ▶ 『패문운부(佩文韻府)』 완성. 성세자생인정(盛世滋生人丁)을 제정함. **강희제 시기의 행정 구역**—전국을 18성으로 나눔.
1714년 ▶ 음서(淫書)를 금함.
1715년 ▶ 영국 동인도회사가 광동에 상관(商館) 설치. 『요재지이』의 저자 **포송령**(1640~) 사망.
1716년 ▶ 『**강희자전**』 완성.
1717년 ▶ 크리스트교의 포교 금지. 「황여지도(皇輿地圖)」 완성. 서장(西藏), 청나라에 복속—청, 서장에 주장대신(駐藏大臣)을 두고 통치함.

■ 그 무렵 우리는…
1708년 조선, 대동법의 전국적인 시행.
1711년 조선, 북한산성 축성 시작.
1712년 조선, 백두산정계비 건립.

■ 그 무렵 외국은…
1707년 영국, 대영제국을 수립함(잉글랜드와 스코틀랜드 병합).
1715년 아메리카, 버지니아의 흑인 노예가 인구의 24%에 이름.

팔대산인 주탑

명조가 멸망하고 만주족이 중원을 차지하자 유민(遺民)을 자처하는 이들이 많았다. 그 가운데 출가하여 화가로 이름을 날린 팔대산인(八大山人: 1626~1705), 석도(石濤), 곤잔(髡殘), 홍인(弘仁) 네 사람의 화상을 일러 청초사승(淸初四僧)이라 한다. 이들은 개성이 강한 열혈남으로 앞의 두 사람은 명조 황실의 후예였고, 나머지 역시 명조에 충성을 바친 집안 출신이었다. 이들은 그림을 통해 울분을 발산하였는데, 특히 팔대산인의 그림이 탁월했다. 그는 주원장의 열여섯번째 아들인 강서 영왕 주권(朱權)의 9세손으로 이름은 탑(耷), 자는 설개(雪個)이며, 팔대산인은 청상노인(淸湘老人)·고과화상(苦瓜和尙)과 더불어 그의 호이다. 화상이 된 후 이름도 도제(道濟)로 바꾸었다. 그의 그림은 기존의 화법에서 벗어나 파격적인 것으로 유명한데, 간소한 필치로 적막한 가운데 강건한 기운이 감돌며 탈속적인 분위기를 자아낸다고 평가받고 있다. 화훼(花卉)·조어(藻魚)·조수(鳥獸)·산수 등 다양한 소재를 사용했으며, 특히 수묵화 소품이 뛰어나다. 작품집으로 『산수화조화책(山水花鳥畵冊)』이 있다.

강희제 시기의 행정 구역

청나라 초기에는 명나라 15성(省) 체제를 그대로 유지하다가 북직례를 직례성, 남직례를 강남성으로 바꾸었다. 또한 강희조 초기에 섬서성을 섬서와 감숙으로, 호광성은 호북과 호남으로, 강남성은 강서와 안휘성으로 나누었다. 이상 직례, 강남, 섬서, 감숙, 호북, 호남, 강서, 안휘성에 기존의 산동, 산서, 하남, 사천, 절강, 복건, 광동, 광서, 운남, 귀주성을 합하면 모두 18성이다. 광서조에 신강, 대만, 봉천, 길림, 흑룡강을 성으로 승격시키니 전체 성의 숫자는 23개로 증가했다. 그러나 여전히 청나라 때 성의 총칭은 18성이라고 부르기도 한다. 현재 중국은 흑룡강, 길림, 요녕, 하북, 하남, 산동, 산서, 강소, 안휘, 절강, 강서, 복건, 광동, 귀주, 호북, 호남, 섬서, 사천, 청해, 감숙, 운남, 해남, 대만 등 23개의 성에 내몽고 자치구, 광서 장족 자치구, 서장 자치구, 신강 위구르 자치구, 영하 회족 자치구 등 5개의 자치구와 북경, 천진, 상해, 중경 등 4개의 직할시, 그리고 특별 행정구 홍콩과 미카오 그곳으로 행정 구역이 구분된다.

포송령

『요재지이(聊齋志異)』의 저자 포송령(蒲松齡, 1640~1715)의 자는 유선(留仙), 호는 유천(柳泉), 별호는 유천거사(柳泉居士)이다. 1658년 19살의 나이로 수재(秀才)가 되었으나 끝내 향시(鄕試)의 벽을 넘지 못하다가 72세에 겨우 공생(貢生)이 되었다. 불우한 일생 속에서 대표작인『요재지이』를 비롯한『혼가전서(婚嫁全書)』,『농상경(農桑經)』등의 저작과 희문(戲文)과 이곡(俚曲)의 작품을 통해 자신의 고분(孤憤)을 기탁함과 동시에 현실 사회의 어두운 면을 고발하였다. 특히 포송령이 거의 일생에 걸쳐 완성한 단편소설집『요재지이』는 귀신이나 여우 등의 입을 빌어 당시 사회를 비판한 내용으로 청대 문언소설의 백미로 일컬어진다.

포송령

『강희자전』

강희제의 명을 받은 장옥서(張玉書)와 진정경(陳廷敬) 등이 명대 매응조(梅膺祚)의 『자휘(字彙)』와 장자렬(張自烈)의『정자통(正字通)』을 참고하여 편찬한 전체 42권의 사전이 바로『강희자전(康熙字典)』이다. 강희 55년(1716)에 완간되었기 때문에 '강희자전'이라 하였다. 이 자전은 전체 12집으로 분류하여 12지지(地支)에 따라 배열했으며 각 집은 상중하 3권으로 나뉘어 있다. 12집 214개 부수로 짜여진 것은『정자통』과 동일한 체계이다. 책 앞머리에「자모절운요법(字母切韻要法)」과「등운절음지남(等韻切音指南)」을 삽입하여 독자들로 하여금 반절음(反切音)을 쉽게 이해할 수 있도록 했고,「검자(檢字)」를 실어 어려운 글자를 찾아보기 쉽도록 했으며,「변사(辨似)」를 실어 필획이 흡사하여 혼동하기 쉬운 글자를 한눈에 식별할 수 있도록 했다. 각 글자의 밑에는『광운(廣韻)』『집운(集韻)』『고금운회(古今韻會)』등 운서의 반절과 아울러 직음(直音)을 달아놓았으며, 주로 경사자집(經史子集)에서 따온 문구를 통해 글자의 뜻을 풀이하였다. 총 4만 7035자(고문자 1995자 제외)를 수록하고 있다. 그러나 인용문에 착오가 적지 않아 도광(道光) 11년(1831) 왕인지(王引之)가『자전고증(字典考證)』30권을 저술하여 오류 2588개를 바로잡았다.

강희제의 옥인(玉印)

1718년 ▶ 공상임(孔尙任) 사망.
1719년 ▶「황여전람도(皇輿全覽圖)」 완성. 러시아 사절 이스마로프가 북
경에 도착함.
1720년 ▶ 광동에 공행(公行) 창립. **천주교 금지령**을 내림.
1721년 ▶ 대만에서 주일관(朱一貫)의 난 발생.
1722년 ▶ 세종(世宗: **옹정제**) 즉위.
1723년 ▶ 복건에서 크리스트교 박해 사건 발생—크리스트교 금지, 선교사
마카오로 추방함.
1724년 ▶ 청해(靑海)의 난 평정. **탄정입무**를 전국적으로 시행함.

■ 그 무렵 우리는…
1720년 조선, 숙종이 사망함. 경종이
즉위함.
1722년 조선, 목호룡(睦虎龍)의 고변
이 발생함(신임옥사).

■ 그 무렵 외국은…
1719년 영국, 디포의 『로빈슨 크루소』
출간.

천주교 금지령

명말에 천주교가 본격적으로 전파된 이래로 중국에서 포교 활동은 주로 포르투갈
의 지지를 받고 있는 야소회(耶蘇會: 예수회)가 맡았다. 야소회 소속 선교사들은 중국
의 전통과 문화에 대한 이해를 통해 신도들이 집이나 관에서 조상이나 공자에 대해
제사를 올리는 것에 대해 관용적인 입장을 취했다. 그러나 17세기 중엽부터 다른 교
파의 선교사들이 중국으로 들어오면서 예의(禮儀) 논쟁을 야기하는 경우가 적지 않았
다. 이에 로마 교황청은 천주교도가 제천(祭天) 의식에 참여하거나 공자묘에 참배하
는 것 등을 금지시켰다. 이 소식을 들은 강희제는 격분하여 1707년 천주교를 금지하
는 정책을 실시했다. 1720년 로마 교황청은 북경에 특사를 파견하여 재차 중국 천주
교도는 조상이나 공자에게 참배할 수 없다는 금령을 전달했다. 이에 강희제는 분개하
여 서양인의 포교는 더 이상 필요없다는 뜻을 밝히고 천주교에 대한 금지령을 내렸
다. 이리하여 야소회 소속 선교사들의 수십 년 간에 걸친 포교 활동은 벽에 부딪치게
되었다.

옹정제

강희 61년(1722) 11월 20일 강희제의 넷째아들 윤진(胤禛, 옹정제雍正帝: 재위 1722
~1735)이 태화전에서 황제의 자리에 올랐다. 천지, 종묘, 사직에 제를 올려 등극을
아뢴 후 천하에 공포한 후 이듬해를 옹정 원년으로 삼았다. 강희제 만년에 후사 문제
로 다툼이 심했으나 어린 시절부터 강희제 밑에서 자란 그는 황제의 사랑과 신임을
얻어 불리한 상황에서도 마침내 제위를 이을 수 있었다. 이후 그는 후사 문제로 더 이

상 다툼이 없도록 하기 위해 후계자의 이름을 친히 써서 밀봉한 후 건청궁에 있는 순치제(順治帝) 친필의 '정대광명(正大光明)'이란 편액 뒤에 숨겨놓기로 하였다. 이로써 비밀리에 후사를 정하는 제도가 확립되었다. 그는 옹정 원년(1723) 직례(直隷) 순무인 이유균(李維鈞)의 건의를 받아들여 지정합일제(地丁合一制)를 시행하여 부역 제도를 일신했고, 7년 군기방(軍機房: 군기처軍機處)을 설치하여 내각 및 의정왕(議政王) 대신들의 권력을 약화시켰다. 또한 서남 각지를 상대로 개토귀류(改土歸流) 정책을 펼쳐 기존의 토사(土司) 세력을 약화시키고 국가의 통일을 더욱 촉진시켰다. 아울러 대외적으로 청해와 티베트 지역을 평정했다. 묘호는 세종(世宗)이다.

옹정제

탄정입무

옹정 원년(1723) 직례성 순무인 이유균(李維鈞)의 요청으로 직례에서 탄정입무(攤丁入畝)의 법을 시행하다가 이듬해 전국적으로 시행하였다. 탄정입무는 탄정입지(攤丁入地), 지정합일(地丁合一), 지수정기(地隨丁起) 등으로 부르기도 하는데, 각 성에서 정구(丁口: 장년의 남자를 뜻한다)의 조세를 지세나 인두세로 할당하는 것을 통칭한다. 이로써 세금을 일괄 징수하고 요역을 면제시켰다. 세금의 종류나 징세의 수속이 간단해졌고, 지주들이 정부(丁賦)를 모면할 수 있는 특권도 취소되었다. 이로써 땅이 없거나 적은 농민들은 부담을 줄일 수 있었다. 이는 청나라 부역 제도의 중대한 개혁으로 중국 부역사에서도 중요한 위치를 차지한다.

『대의각미록』

청나라는 한족(漢族)과 문화 풍습이 크게 다른 만주족(滿洲族) 왕조였기 때문에 입관(入關)한 후 변발 등 만주인의 풍습을 강요하는 한편 엄격한 사상 통제를 통해 한인들의 양이(攘夷) 사상을 꺾으려는 노력을 게을리 하지 않았다. 특히 강희·옹정·건륭 연간(1662~1795)에 자주 일어난 필화 사건 및 금서(禁書)에 대한 통제는 청 왕조의 한인 통치가 그만큼 어려웠다는 것을 반증하는 일이자 만주족 황권이 통치권 확립을 위해 얼마나 노력했는가를 말해주는 대목이다. 특히 유교 군주로서의 일면과 정복자 만주인으로서의 다른 일면을 동시에 지니고 있던 옹정제는 『대의각미록(大義覺迷錄)』을 저술하여 자신의 등극이 결코 찬탈이 아니며 정통성에 입각한 것임을 주장하는 한편, 이를 통해 반만(反滿)의 정서를 잠재우고자 했다. 이 책은 송대 이학의 영향을 받은 여유량(呂留良)의 저서에 고무된 증정(曾靜)이란 젊은 사인(士人)이 천섬총독(川陝總督)인 악종기(岳鍾琪)를 종용하다 붙잡힌 사건을 계기로 편찬된 것으로 이후 관료 및 사인들은 이를 필독해야만 했다.

A.D.1725~1728년

1725년 ▶ 『고금도서집성』 완성. 옹정 시대의 자기(瓷器)로 정요(正窯)와 분채(粉彩) 유행함. 북경에서 **옹화궁** 완성됨.
1726년 ▶ **개토귀류 정책** 실시.
1727년 ▶ 러시아와 캬흐타조약 체결—몽고와 시베리아 경계 결정. 천민의 해방이 진점됨.
1728년 ▶ 안남과 국경 확정. 티베트의 반란 평정함. 복건성 광동에 관어 학습을 목적으로 정음(正音) 서원 개설. 프랑스, 광주에 상관(商館) 설치.

■ 그 무렵 우리는…
1725년 조선, 영조의 탕평책 실시.

■ 그 무렵 외국은…
1727년 영국, 뉴턴 죽음(1642~).

『고금도서집성』 — '유서'의 결정판

강희 연간에 집필된 『고금도서집성(古今圖書集成)』이 옹정 3년(1725)에 출간되었다. 모두 1만 권으로 여섯 개의 대류(大類), 32문(門), 6109개의 자목(子目)으로 구성되어 『영락대전(永樂大全)』 이후에 나온 가장 방대한 유서(類書)였다. 이른바 '유서'란 일종의 백과 전서로 여러 가지 사항들을 종목별로 구분하여 쉽게 참고할 수 있도록 만든 책이다. 특히 당·송대처럼 과거 시험에서 시부를 지을 경우 무엇보다 대구(對句)가 중시되었는데, 이를 위해서는 더욱 많은 사물에 대해 알아야만 했다. '유서'는 바로 이러한 목적에 부응하면서 더욱 많이 간행되었다. 『영락대전』과 『고금도서집성』 이외에 송대 이방(李坊)이 주편한 『태평어람(太平御覽)』 역시 유서 가운데 하나이다.

옹화궁

강희 33년(1694) 강희제의 넷째아들 윤진(胤禛: 옹정제)이 북경성 안 동북쪽에 명대 태감의 관방(官房)터에 옹친왕부(雍親王府)를 건축했다. 이후 황제에 오른 윤진은 옹정 3년(1725) 자신의 옛집에 옹화궁(雍和宮)을 건설하여 특무위서(特務衙署)인 '점간처(粘杆處)'로 사용했다. 1735년 옹정제가 서거하자 영구(靈柩)를 옹화궁에 모셨기 때문에 옹화궁의 중요 건물의 기와를 황색 유리기와로 바꾸는 한편 옹정제의 화상을 모신 영우전(永佑殿)을 신어전(神御殿)으로 개명했다. 이후 옹화궁은 청대 황제들의 조상을 모시는 장소로 활용되고, 뭇 라마승들이 망자를 위해 경전을 외웠기 때문에 건륭 9년(1744) 정식으로 라마교 사원으로 삼아 청 정부의 라마교 사무를 관리하는 중심지가 되었다.

개토귀류 정책 — 소수 민족의 설움

서남 지구에는 묘족(苗族), 요족(瑤族), 이족(彝族) 등 소수 민족이 살고 있었다. 이들은 해당 지역 수령들이 관례적으로 관직을 세습하여 한족 정권의 통치와 무관하게 생활할 수 있었다. 그러나 1726년 청나라 옹정제는 개토귀류(改土歸流)를 통해 기존의 관례를 폐지하고 동시에 주와 현을 설치하여 조정의 관리를 파견했으며 직접 통치하였다. 이로써 변방의 안정을 도모할 수 있었지만 소수 민족의 입장에서 보면 참담하고 성가신 일이 아닐 수 없었다. 소수 민족에 대한 직접 통치는 이때부터 시작된다고 할 수 있다. 그후 묘족의 봉기가 일어난 것은 이와 무관하지 않다.

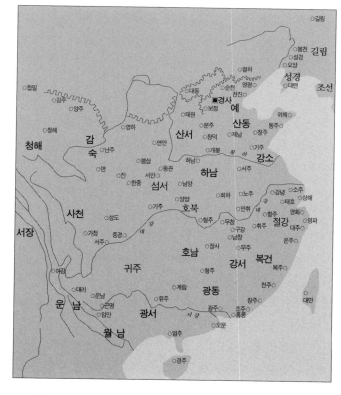

청나라 시기 주요 지도
■ 국도　　○ 주요 도시　⊓⊔⊓ 만리장성

사대진

청나라 시기에 들어와 시(市)와 진(鎭)이 크게 발전하였는데, 특히 유명한 '사대진(四大鎭)'으로 경덕진(景德鎭), 주선진(朱仙鎭), 한구진(漢口鎭), 불산진(佛山鎭) 등이 있었다. 경덕진은 당시 최대의 도자기 생산지이자 집산지였으며, 주산진은 개봉으로 가는 수운의 중간 지점으로 상업 중심지였다. 또한 한구진은 양자강과 한수(漢水)가 만나는 교차 지점에 위치하여 '구성통구(九省通衢)'라고 불릴 정도로 붐볐던 곳으로 양자강 중·하류에서 가장 큰 항구였다. 마지막으로 불산진은 영남에서 가장 규모가 큰 진으로 거의 1만여 호가 자리하고 있었다.

1729년	▶ 군기방(軍機房)을 독립시켜 판리군기사무처(辦理軍機事務處)로 개칭(약칭 **군기처**). 아편 판매를 금지하고 영국 등 여러 나라와 무역을 시작함.
1733년	▶ 『대청회전(大淸會典)』을 간행함.
1735년	▶ 고종(高宗: **건륭제**) 즉위.
1736년	▶ 크리스트교에 대한 박해 극심해짐.
1740년	▶ 호남에서 묘족(苗族)의 난 발생. 회적령(回籍令) 실시하여 한인의 만주 이주 금지시킴. 전체 47권, 260문(門)의 대청률례(大淸律例) 제정.
1741년	▶ 각 성에 명하여 원·명 이후의 서적을 수집함.
1742년	▶ 강남의 쌀 수출 금지.

■ 그 무렵 우리는…
1729년 조선, 오가작통법과 이정법을 개정해 통제 강화.

■ 그 무렵 외국은…
1739년 영국, 흄이 『인성론』을 지음.
1740년 오스트리아, 왕위 계승 전쟁 시작(~1748).
1742년 영국·프랑스, 인도에서 식민지 쟁탈전을 벌임.

군기처

군기처(軍機處)는 판리군기사무처(辦理軍機事務處)의 약칭이다. 청대에 황제를 위해 중요한 정사를 처리하거나 황제를 도와 국가의 정책이나 책략을 결정하는 중추 기구였다. 언제 설치되었는가에 대해서는 중설이 분분하지만 일반적으로 옹정 7년(1729) 서북 지구의 군대를 효율적으로 운용하기 위해 설치했다고 본다. 처음 이름은 군기방(軍機房)이었으며 옹정 10년(1732) 군기처로 개칭되었다. 건륭(乾隆) 초년에 총리사무처(總理事務處)에서 군기처 업무를 대신 처리한 적이 있으나 건륭 2년(1737) 다시 군기처가 설치되었고, 광서(光緖) 27년(1901) 별도로 독판정무처(督辦政務處)를 설치하여 업무를 분담하다가 선통(宣統) 3년(1911) 청 조정에서 책임내각제 성립을 선포한 이후 폐지되었다. 군기처는 정식 관공서가 없었고, 내정의 융종문(隆宗門) 안에 사무실을 두고 그곳에서 당직을 섰다. 또한 전문적으로 일을 맡은 관원이 따로 있는 것이 아니며 모든 일을 군기대신(軍機大臣)이 주관하고, 군기장경(軍機章京: 장경은 만주어로 장응獐鷹이라고 쓰기도 하는데, 직책을 지닌 문무 관원을 뜻한다)을 두어 일체 업무를 처리토록 했다. 군기대신은 군기처대신상행주(軍機處大臣上行走)의 줄인 말로서 속칭 대군기(大軍機)라고 부르기도 했다. 만한(滿漢) 대학사, 상서, 시랑, 총독 등이 어지를 받들어 입직(入直)했으며 대부분 겸직하는 관계로 일정한 정원이 있는 것도 아니고 임기가 정해진 것도 아니었다. 그 가운데 황제가 만주족과 한족 각 한 명씩을 선발하여 책임자로 삼았는데, 이들을 규수(揆首) 또는 영수라고 불렀다. 군기장경은 속칭 소군기(小軍機) 또는 사원(司員)이라고 했으며, 처음부터 정해진 인원이 없었고 군기대신이 내각중서(內閣中書) 등 관원 가운데 선발하다가 건륭 연간에 내각, 육부, 이번원(理藩院) 등의 관공서에서 선발했다. 가경(嘉慶) 4년(1799) 처음으로 군기장경을 만주족과 한족으로 구분하여 문무 관원 각각 8명씩 전체 32명을 선발하였다. 군기처는 원래 황제의 어지(御旨)를 받들어 군사 업무를 처리하는 곳이었는데, 이후 국가의 모든 주요 업무를 처리하는 것으로 확대되어 내각의 권력과 동등한 위치로서 군주의 전제 독제를 강화시키는 데 한몫을 했다.

건륭제

옹정 13년(1735) 8월 23일 자시(子時), 옹정제가 원명원(圓明園)에서 돌연 병사하였다. 이미 비밀리에 후계자의 이름을 써넣은 유조(遺詔)를 개봉한 결과 윤진의 넷째아들인 홍력(弘曆)이 제위에 오르게 되다. 황제의 자리에 오른 그는 이듬해를 건륭 원년으로 삼고 이른바 '건륭성세(乾隆盛世)'의 시작을 알렸다. 건륭제(乾隆帝: 재위 1735~1795)는 대외적으로 서남 각지를 평정하여 국가의 강역(疆域)을 넓혔으며, 학문을 중시하여 박학홍사과(博學鴻詞科)를 열었고, 『명사(明史)』『사고전서(四庫全書)』『대청일통지(大淸一統志)』『대청회전(大淸會典)』 등을 편찬하였다. 그러나 말년에 들어서 반청(反淸) 봉기가 끊임없이 일어나자 무력으로 반란을 진압하는 한편, 보갑법(保甲法)을 정비하여 백성들에 대한 통제를 강화하였다. 다른 한편 막대한 비용이 드는 순유(巡遊)에 재미를 들여, 강희제 때 착공했던 승덕(承德)의 이궁(離宮: 별궁) 건설을 계속하여 1790년 마침내 피서산장 72군데를 완성했다.

건륭제

1796년 건륭제는 황제의 자리를 황태자에게 넘기고 자신은 태상황제로 물러났다. 그러나 여전히 군국(軍國)의 중요한 사무나 인사, 행정에 관한 일은 자신이 직접 주지하여 제위를 이은 가경제(嘉慶帝)는 허수아비일 뿐이었다. 그러나 그 역시 1799년 정월, 89세의 나이로 끝내 세상을 뜨고 말았다. 법천륭운지성선각체원립극부문비무효자신성순황제(法天隆運至誠先覺體元立極敷文備武孝慈神聖純皇帝)라는 긴 시호가 붙었고, 묘호는 고종(高宗)이었으며, 유릉(裕陵)에 묻혔다.

청대의 사학 연구

청대의 사학 연구는 주로 고증과 훈역(訓譯)에 중점을 두었다. 황종희(黃宗羲)에서 시작되어 만사동(萬斯同, 1638~1702), 전조망(全祖望, 1705~1755)으로 이어졌으며, 장학성에 의해 집대성되었다. 이들을 절동사학파라고 부른다.

A.D.1743~1761년

1743년 ▶ 『대청일통지(大淸一統志)』완성. 『흠정의종금감(欽定醫宗金鑑)』
완성. 구전법(區田法) 시행.
1744년 ▶ **원명원** 건설.
1747년 ▶ 원명원(圓明園)에 서양식 분수 연못 만듦. 금천(金川: 대금천大
金川 · 소금천小金川)의 난 발생(~1749).
1749년 ▶ 몽고 유목지의 사육(飼育) 금지. 방포(方苞, 망계望溪: 1668~1749)
사망.
1754년 ▶ **오경재** 사망.
1757년 ▶ 외국 무역을 광동 1개 항으로 제한.
1758년 ▶ 『어비통감집람(御備統鑑集覽)』칙찬.
1761년 ▶ 부노아, 대세계 지도 제작. 감숙성 회족 출신 마명신(馬明新),
이슬람 새 교파 창립하여 이후 이슬람 신 · 구 교파로 분리됨.

■ 그 무렵 우리는…
1744년 조선, 속대전 편찬.
1750년 조선, 균역법 실시.
1760년 『일성록(日省錄)』을 기록하기
시작함.

■ 그 무렵 외국은…
1748년 프랑스, 몽테스키외가 『법의 정
신』을 출간함.
1749년 아메리카, 프랭클린이 피뢰침
을 발명함.

원명원

청 조정은 북경 서북 교외에 삼산오원(三山五園), 즉 향산(香山)의 정의원(靜宜園), 옥천산(玉泉山)의 정명원(靜明園), 만수산(萬壽山)의 청의원(淸漪園), 원명원(圓明園), 창춘원(暢春園) 등을 건설하였다. 그 가운데 건륭 9년(1744)에 완성된 원명원은 전체 면적 320ha로 가장 크며, 호수가 많아 전체 면적의 35%를 차지한다. 원명원은 명대 개인의 원림이었으며, 1709년 강희제가 네번째아들 윤진에게 하사한 후 현재의 이름 으로 개칭했다. 윤진이 즉위하여 옹정제가 된 후 원명원을 황실의 정원으로 조성했으 며, 이후 건륭제가 바로크식 건축 양식을 더하여 전체 부지를 확장했고, 1749년 원명 원 남쪽에 장춘원(長春園)을 세웠고, 1772년 장춘원 남쪽의 작은 공원 몇 군데를 합쳐 기춘원(綺春園)을 새로 지었다. 원명삼원(圓明三園) 가운데 맨 뒤쪽에 자리한 원명원 은 호수 주위에 9개의 섬을 만들었고, 구주(九州) · 청연(淸宴)을 비롯한 9동의 부속 건물이 있다. 특히 복해(福海) 호수에는 신선이 살고 있다는 봉래(蓬萊), 방장(方丈), 영주(瀛州)를 상징하는 작은 섬을 조성했다. 또한 장춘원에는 프랑스 로코코 양식의 영향을 받은 유럽식 건물 서양루(西洋樓)가 세워져 있기도 하다. 원명삼원은 청대 황 가원림(皇家園林)을 대표하는 '만원지원(萬園之園)'으로 예찬되었으나 함풍 10년 (1860) 제2차 아편전쟁 때 영국과 프랑스 연합군에 의해 불타버리고 지금은 폐허만 남아 뼈아픈 역사의 현장을 그대로 보여주고 있다.

오경재의 『유림외사』

청대는 문학 갈래 중에 특히 소설이 매우 발전하고 그 성과 또한 컸다. 특히 풍자 소설로 오경재(吳敬梓: 1701~1754)의 『유림외사(儒林外史)』가 유명하다. 오경재의 자는 민헌(敏軒), 안휘성 전초(全椒) 출신이다. 대대로 관료를 지낸 집안 출신인 그는 18세에 수재가 되었으나 향시(鄕試)에서 번번이 낙방하는 바람에 친족들의 멸시를 받아 남경으로 이주하였다. 그후 과거를 볼 기회가 있었으나 포기하고 양주에서 객사하고 말았다. 그가 지은 『유림외사』는 유림, 즉 봉건 사회의 지식인들이 부와 명성만을 위해 과거(팔고문八股文과 주희朱熹 주석본 사서를 중심으로 이루어진 과거 시험)에 매달리는 모습 등을 통해 그들의 이면에서 볼 수 있는 추악한 면모와 봉건 사회의 추악한 본질을 파헤치고 있다. 자신의 절절한 경험과 느낌을 바탕으로 한 이 소설은 현실에 대한 비판과 고발 정신으로 충만하여 이후 『관장현형기(官場現形記)』 『이십년목도지괴현장』 등 청말의 견책

오경재

소설(譴責小說: 청대 현실 사회를 견책하는 것을 목적으로 한 소설로 노신魯迅이 처음 말했다)이라 부르는 일련의 사회 비판 소설에 큰 영향을 주었다.

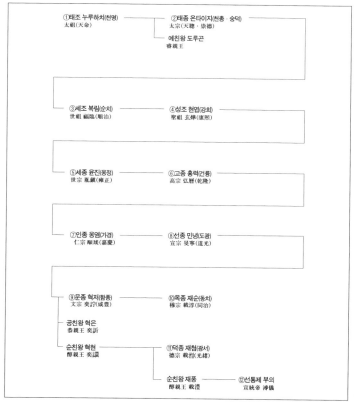

청 왕조 계보도

A.D.1763~1773년

1763년 ▶ 『홍루몽』의 작가 조설근 사망.
1764년 ▶ 양주팔괴 가운데 한 사람인 정섭, 김농 사망.
1765년 ▶ 버마군, 운남에 침입함.
1767년 ▶ 『속문헌통고(續文獻通考)』완성.
1771년 ▶ 공행(公行) 폐지, 건륭제, 크리스트교를 금지함.
1773년 ▶ 사고전서관(四庫全書館) 설치. 『사고전서』편찬을 시작함.

■ 그 무렵 우리는…
1763년 조선, 통신사 조엄이 대마도에
　　　　서 고구마 종자를 가지고 옴.
1769년 조선, 유형원의 『반계수록』 간
　　　　행.

■ 그 무렵 외국은…
1762년 프랑스, 루소가 『사회 계약론』
　　　　·『에밀』 등을 발표함.
1773년 아메리카, 보스턴 차(茶) 사건
　　　　이 발생함.

『홍루몽』

　『홍루몽(紅樓夢)』은 중국 장회 소설 가운데 최고 걸작으로 일컬어지는 청대 조설
근(曹雪芹)의 작품이다. 원명은 석두기(石頭記)이며 일명 금옥연(金玉緣)이라고 부르
기도 한다. 전체 120회로 전 80회는 조설근이 썼고, 이후 40회는 고악(高鶚)이 이어
썼다. 선조 때부터 황제의 은총으로 영화를 누려온 가부(賈府)라는 가문과 사(史)·
왕(王)·설(薛) 씨 가문을 배경으로 삼아 풍류남 가보옥(賈寶玉)과 임대옥(林黛玉),
설보채(薛寶釵)라는 두 여성 간의 애정 비극을 통해 가씨 집안의 영국부(榮國府: 가보
옥의 증조부 형제는 무훈으로 영국공榮國公과 영국공寧國公으로 봉해졌다)와 영국부(寧國
府)가 몰락하는 과정을 묘사한 장편 소설이다. 순수한 북경어를 바탕으로 구어, 즉 백
화(白話)를 사용하여 생동적이며 사실적 묘사가 뛰어나다. 또한 남자 235명과 여자
213명 등 다양한 형태의 등장 인물을 중심으로 방대한 스케일에 세밀한 구성을 가함
으로써 소설의 예술적 성취를 높였을 뿐더러 당시 귀족들의 생활상과 사회상을 여실
히 보여준다는 점에서 중국 소설 문학의 백미라 할 수 있다. 일찍이 이어(李漁: 이입
옹李笠翁)는 중국 소설의 4대 기이한 책으로 『삼국지연의』『수호전』『서유기』『금병
매』를 꼽았는데, 사람들은 여기에 『홍루몽』을 첨가하여 5대 기서 또는 『삼국지연의』
를 빼고 4대 기서로 부르고 있다. 『홍루몽』이 출간된 후 계속해서 『후홍루(後紅樓)』
『홍루보(紅樓補)』 등이 나와 대단원(大團圓: 해피 엔딩)으로 이야기를 끝냈으나 이는
본래의 의도와 다른 것이었다. 현재는 『홍루몽』만을 연구하는 홍학(紅學)이 있을 정
도로 세계적으로 전문적인 연구가 이루어지고 있다.

조설근

『홍루몽』의 저자인 조설근(曹雪芹, 1715쯤~1763)의 본래 이름은 점(霑)이며 설근은 자이다. 그의 집안은 증조 때부터 3대 4명에 걸쳐 어용품의 구매를 관장하는 벼슬인 강녕직조(江寧織造)를 지내면서 강희제의 총애를 받아 부귀와 영화를 누렸다. 그러나 옹정 연간에 부친 조부(曹頫)가 죄를 지어 면직당하면서 가운이 기울어 몰락의 길을 걸었다. 그는 소년 시절의 호강과 목전의 빈곤 속에서 이 소설을 쓰게 되었다. 그후 사랑하는 아들의 죽음으로 끝내 슬픔 속에서 40세의 나이로 세상을 떠나고 말았다. 『홍루몽』 연구가의 한 사람인 호적(胡適)은 이 작품을 조설근의 자전적 소설로 보고 있다.

양주팔괴

중국 청나라 중기 양주(揚州)에서 활약한 8인의 화가를 일러 양주팔괴(揚州八怪)라고 한다. 그 8인이란 왕사신(汪士愼, ?~1759), 황신(黃愼, 1687~1768), 김농(金農, 1687~1764), 고상(高翔, 1688~1753), 이선(李鱓, 1682~?), 정섭(鄭燮, 1693~1764), 이방응(李方膺, 1695~1755), 나빙(羅聘, 1733~1799)을 말한다. 그들은 전통에 얽매이거나 남의 간섭을 받기 싫어한 중·하층의 지식인들로 자신들의 실의(失意)와 불평(不平)을 필묵(筆墨)에 기대어 표출하였다. 그들을 일러 괴(怪)라고 한 것에서 알 수 있듯이 전통적인 화법이나 기교에 구애됨이 없이 독창적이고 개성적인 표현을 즐겼던 그들은 매(梅)·난(蘭)·죽(竹)·송(松)·석(石) 등을 중요 소재로 삼아 자신들의 청고(淸高), 고오(高傲), 탈속(脫俗)의 이미지를 표현하고자 했다. 그들의 작품은 단순히 대상에 대한 묘사에서 끝나는 것이 아니라 당시 백성들의 질곡과 관가의 부패에 대한 깊은 불만의 표출이었으며, 불우한 자신들의 바람을 드러낸 것이라는 점에서 중국의 전통적인 사의화(寫意畵)의 맥을 잇고 있다고 말할 수 있다. 그들의 화풍은 이후 청나라 말기의 조지겸(趙之謙)과 오창석(吳昌碩) 등에게 큰 영향을 끼쳤다.

A.D.1774~1787년

1774년 ▶ 산동에서 **백련교도의 난 발생**. 금서령을 내려 배만(排滿) 사상을 금지함.
1777년 ▶ **고증학**에 정통한 유학자 대진(戴震) 사망.
1781년 ▶ 『사고전서총목제요(四庫全書總目提要)』완성. 감숙에서 이슬람교도의 난이 발생함.
1782년 ▶ 『**사고전서**』완성.
1784년 ▶ 감숙에서 또 이슬람교도의 난이 발생함. 미국과 처음으로 통상을 함.
1785년 ▶ 만주 변역관을 둠.
1786년 ▶ 시암(타이)을 복속함.
1783년 ▶ 황하 제방에 버드나무 심음. 『개국방략(開國方略)』완성.
1787년 ▶ 복강안(福康安), 대만 토벌. 양광(兩廣: 광동·광서) 총독 손사의(孫士毅), 안남 토벌.

■ 그 무렵 우리는…
1776년 조선, 규장각 설치.
1784년 조선, 이승훈이 천주교를 전래함.

■ 그 무렵 외국은…
1776년 미국, 독립 선언.
1783년 영국, 파리 평화 조약으로 미국의 독립을 승인함.
1789년 프랑스 혁명. '인권 선언' 을 발표함.

백련교도의 난

백련교(白蓮敎)는 불교의 아미타정토(阿彌陀淨土)를 신앙으로 삼는 종교적 비밀결사로 처음 창시된 남송 때부터 이미 사교로 지목받았으며, 명청 시대에도 탄압의 대상이 되었다. 그러나 민간에 뿌리깊게 박힌 신앙으로 무장한 교도들은 때로 천리교, 의화권, 팔괘교 등 이름을 바꿔가며 존속하여 지속적으로 반란의 주동이 되었다. 그러나 백련교가 반란의 주체가 된 것은 교도들이 주로 농민들인데다 역대로 관청과 지주들의 가렴주구가 극성을 부렸기 때문이지, 백련교의 교리에 반정치적 의도가 담겨져 있기 때문은 아니었다. 청대 백련교도의 난 가운데 대표적인 것은 가경(嘉慶) 시절에 연속적으로 이루어진 일련의 사건들이다. 1775년(건륭40) 안휘성 사람 유송(劉松)이 만주 왕조의 멸망을 예고하자 청조가 그를 체포하여 처형하는 한편 백련교에 대한 탄압에 나섰다. 이에 유송의 제자인 유지협(劉之協)·송지청(宋之淸) 등이 사천, 섬서, 호북성 등으로 잠행하여 적극적으로 포교 활동을 하면서 교세를 확대시켰다. 이들은 마침내 1796년 호북 양양(襄陽)에서 반란을 일으켜 각지의 교도들이 호응하였다. 당시 조정의 군대가 '이주자를 내쫓고 옛 땅을 회복하자' 는 기치하에 무장 봉기를 일으킨 묘족(苗族)의 반란을 진압하기 위해 이동한 상태였기 때문에 치안이 공백인 상태였다. 지주들은 촌락의 자위형태인 단련(團練)을 창설하여 반란군에 대항했으나 역부족이었다. 이후 청조는 만주에 주둔하고 있던 군대를 동원하여 1801년 유지협 등을 체포하고, 1804년 겨우 진압할 수 있었다. 청조는 이번 반란을 진압하기 위해 1억 2천만 냥(兩)이란 거금을 지출해야만 했고, 당연히 재정이 극도로 악화되었다.

고증학의 발전

고증학(考證學)이란 음운(音韻), 훈고(訓詁), 교감(校勘) 등의 방법을 통해 고대 서적을 고증하고 교정하는 것을 주된 목적으로 삼는 학문이다. 청대에는 이른바 경사고증학(經史考證學)이 크게 발전하였는데, 이는 청대 문화 정책의 일환이었던 경세치용의 학풍에 대한 고사(枯死) 정책의 결과였다. 강희제 시대에 염약거(閻若璩: 1636~1704)와 호위(胡渭: 1633~1714)는 『상서(尙書)』와 『우공(禹貢)』을 고증 방법으로 연구하여 성과를 올렸다. 건륭제에 이르면 고증학은 오파(吳派)와 환파(皖派)로 분리되어 발전하였다. 오파는 강소성 오현(吳縣) 사람인 혜동(惠棟: 1697~1758)을 중심으로 발전하였으며, 환파는 안휘성 휴녕(休寧) 사람인 대진(戴震: 1723~1777)을 중심으로 발전하였다. 이후 고증학의 발전은 여러 차례 발생한 문자옥으로 인해 현실 문제보다는 과거의 문헌 중심의 연구에 몰두하게 된 학자들에 의해 더욱 깊이 발전됨과 동시에 현실과 더욱더 멀어져 갔다.

『사고전서』

『사고전서(四庫全書)』는 1772년 건륭제의 명으로 편찬 작업에 착수하여 10년에 걸쳐 완성되었다. 총 3503(3457)종 7만 9337(7만 9070)권의 책이 수록되어 있으며, 경(經: 경서) · 사(史: 역사서) · 자(子: 제자백가서) · 집(集: 개인 문집) 등 4부로 분류하여 44류로 나누었다. 사고(四庫)라는 명칭은 4부 분류법에 따라 책을 넣는 네 곳의 서고를 뜻한다. 정본을 동일한 책을 7부씩 필사하여 북경 황궁 안에 있는 문연각(文淵閣), 원명원의 문원각(文源閣), 열하행궁(熱河行宮)의 문진각(文津閣), 봉천 배도(陪都)의 문소각(文溯閣), 항주 서호(西湖)의 행궁에 있는 문란각(文瀾閣), 진강(鎭江) 금산(金山)의 문종각(文宗閣), 양주(揚州) 대관당(大觀黨)의 문회각(文匯閣) 등에 분장하였다. 이 가운데 문연각, 문진각, 문소각 등 3부가 현존한다. 『사고전서』 편찬 이후 채 수록하지 못한 책 6766종(9만 3556권)에 대해 해제를 하여 기존 『사고전서』의 해제와 합하여 1만 223종(17만 2626권)에 관한 해제 200권을 만들었는데 이것이 바로 『사고전서총목제요(四庫全書總目提要)』이다.

중국 최대의 총서인 『사고전서』는 『고금도서집성』과 마찬가지로 문헌 자료를 대량으로 수집하여 당시 경세사상의 유행을 약화시킨다는 목적을 지니고 있었다. 또한 이를 통

『사고전서』

1790년	▶ **경극**의 모태가 된 양주 삼경(三慶)의 휘반(徽班), 고종 홍력(弘歷)의 생일 축하 잔치에 초청되어 북경 진출함.	■ 그 무렵 우리는…
1792년	▶ 서장에서 일어난 반란 평정.	1791년 조선, 호남 진산군의 천주교도 처형.
1794년	▶ 네덜란드 사절이 도착함.	1794년 조선, 수원성 축조 시작.
1795년	▶ 건륭제 퇴위하고 인종(仁宗) 즉위함. 귀주 묘족(苗族)의 반란 발생(~1798).	1801년 조선, 천주교 탄압(신유박해). 정약용, 강진으로 귀양.
1796년	▶ 아편 수입 금지. 백련교도 봉기.	1804년 조선, 안동 김씨 세도 정치 시작(~1860).
1797년	▶ 백련교도의 난 등을 평정하고자 향용(鄕勇)을 모집함.	
1798년	▶ 귀주와 호남에서 백련교도의 난 진압.	■ 그 무렵 외국은…
1800년	▶ 백련교의 수령 유지협(劉之協)의 피살로 교세가 쇠퇴함.	1798년 프랑스, 나폴레옹의 이집트 원정.
1801년	▶ 사학자 **장학성** 사망.	
1804년	▶ 백련교도의 난 진압. 해적 채견(蔡牽), 복건·대만의 해안 침략—정도의 난. 고증학자 전대흔(錢大昕: 1728~1804) 사망.	

해 배만사상(排滿思想)을 근절하겠다는 의도도 있었다고 보여진다. 그렇기 때문에 도서 편찬의 이유로 대대적으로 민간에서 떠도는 전적을 수집하여 청조에 불리한 내용이나 불온한 내용을 담은 것은 소각하는 우를 범했으며, 명·청 시대를 포함한 여러 조대의 역사적 사실을 임의로 수정하여 본래 면모를 훼손시켰다는 비판을 받게 되었다.

경극 활성화

안휘성 특히 안경(安慶) 지역을 중심으로 한 예인 집단인 휘반(徽班)은 이황(二簧), 곤곡(崑曲), 방자(梆子) 등의 곡조로 유명했는데, 1790년 양주 삼경(三慶)의 휘반이 고종 홍력의 생일 축하 잔치에 초청되면서 처음 북경으로 진출하였다. 이후 다른 휘반도 연속해서 북경으로 진출하여 북경 관중들의 호평을 받았다. 그들은 명랑한 이황조(二簧調)의 노래와 풍부한 동작, 그리고 곤강(崑腔)·취강(吹腔) 등의 곡조를 통해 기존의 진강(秦腔)을 압도하였고, 이후 진강의 연희자들을 흡수하면서 북경에서 주도적인 위치를 차지하였다. 도광 연간에 호북 배우 왕홍귀(王洪貴)와 이륙(李六) 등이 입경하여, 호북의 서피조(西皮調)와 안휘에서 시작된 북경의 이황조를 결합시켰다. 경극(京劇)을 피황희(皮簧戲)라고 통칭하는 것은 바로 이 때문이다. 그후 광서(光緒)·선통(宣統) 연간에 북경의 피황반(皮簧班)이 상해에서 공연을 하게 되었는데, 듣기 좋은 경조(京調)가 안휘의 기존 피황반을 대신하게 되자 사람들이 이를 경희(京戲)라고 부르기 시작했다. 이후 경희 또는 경극은 중국의 대표적인 희곡으로 자리잡게 된다. 피황희에서 경극으로 자리잡기까지 정장경(程長庚), 장이규(張二圭), 여삼승(余三勝) 등 이른바 노생삼걸(老生三杰)이 삼대 유파를 형성하였으며, 이후 담흠배(譚鑫培), 왕요경(王瑤卿) 등이 경극의 내용과 형식을 크게 발전시켰다. 근대에 여자 배역의 남자 배우 매란방(梅蘭芳)의 등장으로 경극은 한층 빛을 내었다. 경극의 주요 작품으로 「팔선과해(八仙過海)」「손오공」「타어살가(打魚殺家)」「백사전(白蛇傳)」「패왕별희(霸王別姬)」「귀비취주(貴妃醉酒)」 등이 있다.

경극의 명배우 두근방(杜近芳, 1932~)이 분한 『양가장(楊家將)』의 주인공 목계영(穆桂英). 왼손에는 장수의 깃발, 오른손에는 말채찍, 등에는 삼각기(三角旗)를 꽂고 있는데, 이는 군대를 상징한다. 또 관(冠)에 붙어 있는 꿩의 꼬리 깃털은 여장군의 아름답고 용맹한 모습을 표현한 것이다.

장학성

장학성(章學誠: 1738~1801), 자는 실재(實齋)이고 호는 소암(少岩)이며, 회계(會稽: 절강성 소흥紹興) 출신이다. 벼슬에 뜻이 없어 국자감 전적에 머물렀으며, 정주(定州)의 정무(定武)서원, 보정(保定)의 연지(蓮池)서원, 귀덕(歸德)의 문정(文正)서원 등에서 강학하였다. 호광총독(湖廣總督) 필원(畢沅)의 막후에서 『속자치통감(續自治通監)』『호북통지(湖北通志)』 등의 편찬에 참가했다. 그는 자신의 대표작이자 중국 사학 이론의 최고봉으로 평가받고 있는 『문사통의(文史通義)』이외에도 『교수통의(校讐通義)』 등의 저서를 통해 문화과 역사에 대한 자신의 독특한 견해를 밝혔다. "육경이 모두 역사(六經皆史)"라고 강조한 그는 '사의(史意)'의 관점을 제시하였는데, 그의 사상은 첫째로 대도(大道)를 밝히고, 둘째로 고금의 변화를 통달하며, 셋째로 가학(家學)을 중시하고, 넷째로 독창을 귀하게 여긴다는 것으로 개괄할 수 있다. 절동사학파(浙東史學派)의 후계자로 알려져 있다.

동성파

안휘성 동성현에서 명대 귀유광의 주장을 따라 당송팔대가의 고문을 따라야 한다고 주장한 방포(方苞)가 등장했다. 그는 문장의 도리나 내용인 의(義)와 문장의 수사나 형식을 뜻하는 법(法)을 합친 의법(義法)을 제시하여 송대 이학에 바탕을 둔 유가의 내용을 미사여구가 아닌 순통하고 청담한 언어로 써야만 한다고 주장했다. 그의 주장을 계승하고 아울러 대명세(戴明世, 1653~1713)의 신리설(神理說)을 보충한 유대괴(劉大櫆)는 산문의 수사와 음절, 그리고 신기(神氣)가 조화를 이루어야 한다고 주장했다. 이들 두 사람의 산문 이론과 풍격은 이후 유대괴의 제자인 요내(姚鼐)에게 계승 발전되었다. 이들 세 사람은 고향이 모두 동성이기 때문에 동성파라고 불렸는데, 그들의 글은 화려한 수사 대신 실질적인 내용을 고담(枯淡)하고 간결하게 표현하여 당시 여러 문사들의 환영을 받았다. 이후 방동수(方東樹)나 증국번(曾國藩) 등이 후계자로 등장하여 청말 산문의 대단원을 장식하였다.

A.D.1805~1815년

1805년 ▶ 서양인의 포교와 서적 인쇄 금지. 영국인 퍼어슨, 종두법(種痘法)
을 전함. 학자 **기윤** 사망.
1808년 ▶ 영국, 향산현(香山縣)에 정박하고 마카오 포대(砲臺) 점령.
1810년 ▶ 아편 반입 금지.
1811년 ▶ 서양인의 내지(內地) 거주 및 크리스트교 포교를 금지함.
1813년 ▶ 백련교의 한 지파인 천리교도(天理教徒)의 난, 북경궁성에 침입.
아편 판매를 금하고 관민복식죄(官民服食罪)를 정함.
1814년 ▶ 서양 상인의 호시상정(互市商程)을 정함.
『성경』 중국어 완역본 출간.
1815년 ▶ 『설문해자주(說文解字註)』를 쓴 **단옥재** 사망. 문인 **요내** 사망.

■ 그 무렵 우리는…
1811년 조선, 홍경래의 난 발생.
1813년 조선, 제주도 농민 봉기.

■ 그 무렵 외국은…
1814년 오스트리아, 빈 회의를 시작함
(~1815).

기윤

기윤(紀昀, 1724~1805)은 하북성 헌현(獻縣) 출신으로 1754년 진사에 급제하여 한림원 편수(編修), 시독학사(侍讀學士)를 역임하다 기밀누설죄로 적화(迪化: 신강성 우루무치)로 유배되었고, 다시 한림원에 복직되어 1773년부터 고종의 칙명으로 『사고전서』 편집을 위한 총찬관(總纂官)으로 종사하였다. 『사고전서』 책임 편찬자이며, 예부상서와 태자태보(太子太保) 등의 관직에 있으면서도 통속 문학, 그것도 신괴 소설(神怪小說), 괴이 소설(怪異小說)이라 칭해지는 단편집 『열미초당필기(閱微草堂筆記)』를 편찬한 점이 매우 흥미롭다. 물론 당대 전기(傳奇)의 작가들이 시문으로 유명한 문인들인 경우는 있었지만 기윤처럼 당대 최고의 학자가 '소설'을 쓰는 경우는 흔치 않았다. 기윤의 서재 이름인 열미초당을 책 제목으로 삼은 『열미초당필기』는 전체 24권으로 가경(嘉慶) 5년(1800)에 간행되었으며, 『여시아문(如是我聞)』, 『괴서잡지(槐西雜志)』, 『고망청지(姑妄聽之)』 등 5종의 책을 제자인 성시언(盛時彦)이 합간한 것이다. 내용은 기괴한 이야기가 중심이며, 이국의 물산이나 작가의 추억담도 포함되어 있다. 포송령의 『요재지이』와 더불어 청대 지괴 소설의 대표 작품이다.

『성경』 중국어 완역본 출간

숭덕(崇德) 원년(1636), 엠마누엘 디아스(Emmanuel Diaz, Jr, 1574~1659)가 『성경』을 중국어로 번역하여 『성경직해(聖經直解)』라는 이름으로 출간했다. 그러나 주로 4대 복음서 내용만을 옮긴 것으로 완역은 아니었다. 19세기에 들어와 영국 선교사 매리슨이 『성경』을 완역했는데, 신약 부분은 가경(嘉慶) 19년(1814)에 출간하고, 구약은 윌리엄 밀란(William Milan)과 합작하여 1819년에 출간했다. 이후 도광(道光) 3년(1823),

신구약 통합본이 『신천성서(神天聖書)』라는 이름으로 출간되었는데, 이것이 중국 최초의 완역본 『성경』이다.

단옥재

단옥재(段玉裁, 1735~1815)는 자가 약응(若膺), 호는 무당(懋堂)이며 금단(金壇: 강소성) 사람이다. 건륭 25년에 거인(擧人)이 되었으며, 건가(乾嘉) 고증학파 가운데 환파(晥派)의 대표인 대진(戴震)에게 고증학을 배웠으며, 왕염손(王念孫)과 더불어 대씨(戴氏)의 2대 제자라는 뜻으로 '단왕이가(段王二家)'라고 칭해졌다. 청대에 고증학이 발전하면서 특히 한(漢)나라 허신(許愼)이 지은 『설문해자(說文解字)』에 대한 연구가 본격적으로 이루어져, 현재까지 저작이 남아 있는 학자만도 203명에 이른다. 그 가운데 대표적인 학자를 일러 '청대 설문학의 4대가'라고 하는데, 단옥재를 비롯하여 계복(桂馥, 1736~1805) · 왕균(王筠, 1784~1854) · 주준성(朱駿聲, 1788~1858) 등이 그들이다. 특히 단옥재는 거의 30여 년에 걸친 노력 끝에 『설문해자주(說文解字注)』 30권을 완성하여 가경 17년(1812)에 간행하였다. 그의 역저 『설문해자주』는 허신의 『설문해자』를 철저하게 교감(校勘)하고 정리하였으며, 철저한 주석 작업을 통해 한어 음운학, 문자학, 훈고학 등과 관련된 여러 가지 문제를 정확하게 제시하고 이를 해결하고자 했다는 점에서 탁월한 성과를 이룩했다고 평가받고 있다. 단옥재는 이외에도 『고금상서찬이(古今尚書撰異)』, 『춘추좌씨경(春秋左氏經)』, 『시경소학(詩經小學)』 등을 저술하였다.

요내

요내(姚鼐, 1731~1815)는 자가 희전(姬傳), 호는 석포선생(惜抱先生)이며, 안휘성 동성현 사람이다. 1763년 진사에 급제하여 형부낭중(刑部郎中), 사고전서찬수관(四庫全書纂修官) 등을 역임하였다. 송대 정주 이학의 이념에 근거한 의법설을 주장한 방포(方苞, 1668~1749)의 후계자인 유대괴(劉大櫆, 1698~1780)에게 문장을 배웠다. 그는 두 사람의 논의를 종합하여 의리(義理) · 고증 · 문장으로 설명하고, 산문의 표준을 신(神) · 이(理) · 기(氣) · 미(味), 격(格) · 율(律) · 성(聲) · 색(色)으로 정리하였는데, 전자 네 가지는 산문의 정신을 후자 네 가지는 산문의 형식에 관한 것이다. 그는 이를 통해 동성파의 산문 이론을 집대성하여 후세에 적지 않은 영향을 끼쳤다. 고금의 모범적인 문장과 비평문을 모아 편찬한 『고문사류찬(古文辭類纂)』과 문집인 『석포헌전집(惜抱軒全集)』을 남겼다.

A.D.1818~1830년

1818년 ▶ 금문학자 **옹방강** 사망.
1819년 ▶ 기인(旗人)이 한인이나 하인을 양육하여 자손으로 삼는 것을 금함.
1820년 ▶ 선종(宣宗, 도광제道光帝: 재위 1820~1850) 즉위. 신강(新疆)에서 회교도 쟈한기르의 난(~1827).
1821년 ▶ 서송(徐松), 『신강식략(新疆識略)』을 찬상(撰上).
1822년 ▶ 광동·복건·절강 등의 서양 도둑 단속. 조창(鳥槍)·화기(火器) 소지 금함.
1823년 ▶ **임칙서**, 강소 안찰사가 됨. 양귀비 재배와 아편 제조 금지. 최초로 중국어 성서를 편찬함.
1826년 ▶ 대만에서 황문윤(黃文潤)의 난 발생.
1827년 ▶ 만주인의 한족화(漢族化)를 금지함.
1828년 ▶ 차(茶)의 밀무역 엄금. 외국 돈의 사용을 금지함. 오송강(吳淞江)의 굴착 완공.
1829년 ▶ 동판화 「평회득승도(平回得勝圖)」 완성. 외국과 통상을 금지함.
1830년 ▶ 아편의 국내 매매 금지. 소설가 **이여진** 사망.

■ 그 무렵 우리는…
1818년 조선, 정약용이『목민심서』를 완성함.
1825년 조선, 로마 교황에게 편지를 보내 조선 천주교도의 고난을 알림.
1830년 조선 | , 익종이 사망하고 헌종이 즉위함.

■ 그 무렵 외국은…
1823년 미국, 몰몬교가 탄생함.
1825년 러시아, 데카브리스트 반란.
1830년 프랑스, 7월 혁명.

옹방강

　금석학과 첩학의 대가이자 서예가이기도 한 옹방강(翁方綱, 1733~1818)은 자가 정삼(正三), 호는 담계(覃溪)이며, 대흥(大興: 북경) 사람으로 1752년 진사가 된 후 광동, 호북 등지에서 학정(學政)을 거쳐 북경으로 돌아온 후『사고전서』의 찬수관을 지내고 내각학사를 역임했다. 서예는 당인(唐人)의 해서와 행서, 한비(漢碑: 한나라 비석)의 예서를 배웠고, 탁월한 감식력으로 수많은 제발(題跋)과 비첩(碑帖)을 고증하였다. 그래서 유용(劉墉), 왕문치(王文治), 양동서(梁同書) 등과 함께 청나라 법첩학(法帖學)의 4대가로 알려져 있다. 소동파를 추존하였던 그는 시문에도 조예가 깊었으며, 특히 시론 분야에서『석주시화(石洲詩話)』를 통해 왕사정(王士禎)의 신운설(神韻說)과 심덕잠(沈德潛, 1673~1769)의 격조설(格調說)을 반박하는 한편 의리와 문사를 결합할 것을 주장한 기리설(肌理說)을 내세웠다. 그러나 그의 기리설은 신운설과 격조설을 비판적으로 융합한 것이라는 평가를 받고 있다. 주요 저서로『양한금석기(兩漢金石記)』,『한석경잔자고(漢石經殘字考)』,『초산정명고(焦山鼎銘考)』,『소미재난정고(蘇米齋蘭亭考)』,『복초재시문집(復初齋詩文集)』 등이 있다. 추사 김정희가 24세 때 연경(燕京)에 갔을 당시 그와 완원(阮元) 등을 만나 교유한 것으로 유명하다.

임칙서

임칙서(林則徐: 1785~1850), 자는 무무(無撫) 또는 소목(少穆)이며 복건성 후관(候官: 복주福州) 사람이다. 진사에 합격하여 동하하도총독(東河河道總督)을 거쳐 강소순무(江蘇巡撫)를 지냈고, 도광 17년(1837) 호광총독을 역임했다. 도광제(道光帝)에게 아편 흡입 금지령을 상주한 그는 이후 흠차대신(欽差大臣)으로 광동 지역에 파견되어 아편 무역을 단속하게 되었다. 영국 상인들이 계속해서 아편을 밀매하자 그들의 상관(商館)까지 폐기시키고 2만여 상자의 아편을 압수하여 폐기시켰다. 이후 아편전쟁이 발발하자 필사적으로 저항하였으나, 천진까지 쳐들어간 영국군에게 밀린 청 조정의 명령으로 면직되고 대신 기선(琦善)이 그의 자리를 대신하였다. 그후 도광 25년 재차 흠차대신으로 기용되어 태평천국의 난을 진압하다가 조주(潮州)에서 병사하였다.

임칙서

이여진의 『경화연』

이여진(李汝珍, 1763~1830)은 자가 송석(松石)이며 직예(直隸) 대흥(大興: 北京) 출신이다. 20세 때 형을 따라 해주(海州)로 이사한 후 음운학을 연구하여 『이씨음감(李氏音鑑)』과 『자모오성도(字母五聲圖)』, 그리고 바둑 기보(棋譜)인 『수자보(授子譜)』 등을 저술하였다. 그러나 역사에 그의 이름이 남은 것은 역시 기이하면서도 풍자성이 돋보이는 소설 『경화연(鏡花緣)』 때문이다. 당나라 무측천 시대를 배경으로 당오(唐敖)가 처제인 임지양(林之洋)과 배를 타고 해외로 유람을 떠난 후 그의 딸 소산(小山)이 아비를 찾는 내용이 주된 줄거리인 이 책은 전체 100회로 구성되어 있으며, '백과사전식 기서(奇書)'라고 할 만큼 기이한 소재가 많이 등장한다. 예를 들어 내장이 없어 밥을 먹어도 소화를 시킬 수 없는 사람들이 사는 무장국(無腸國)이나 인어처럼 상반신은 여자 몸이고 하반신은 물고기 모양인 사람들이 사는 어인국(魚人國)을 비롯하여 군자국(君子國), 양면국(兩面國) 등이 나오기도 한다. 그런가 하면 100명의 재녀들이 여인들만을 위한 과거 시험을 본다든지, 여아국(女兒國)의 경우 황제나 관원이 모두 여자이고 남자는 요리나 살림을 한다고 이야기하고 있는 것을 보면 은연중에 사회에 대한 비판과 남녀평등을 주장하고 있음을 엿볼 수 있다. 이렇듯 『경화연』은 뛰어난 상상력과 적절한 구성을 통해 당시 사회의 모순을 반영하고 예리하게 비판한다는 점에서 청나라 소설의 우량한 전통을 잇고 있는 작품이라 할 수 있다.

『경화연도책(鏡花緣圖冊)』. 『경화연』의 장면을 묘사한 그림.

A.D.1831~1842년

1831년 ▶ 신강에 둔전(屯田) 시행. 영국 선박의 아편 밀매를 엄금함.
1834년 ▶ 영국 사절 네이피어(Charles James Napier, 광동 방문. 영국 선박 영정양(零丁洋), 대서산(大嶼山)에 정박하여 아편 밀매. 도광제 14년, 중국 인구 4억 명 돌파(1800년 초 유럽 인구는 약 1억 9300만명).
1835년 ▶ 광동에 기독교 의원 개설.
1836년 ▶「대역청한자식(對譯淸漢字式)」반포.
1837년 ▶ 영국인, 아편 3만 4000상자 반입.
1838년 ▶ 임칙서, 흠차대신으로 임명되어 광주에서 아편 단속.
1839년 ▶ 임칙서, 영국 상인의 아편 2만여 상자 몰수 소각. 영국인, 광동에 침입.
1840년 ▶ **제1차 아편전쟁**(~1842. 8)—영국군, 청을 공격하여 영파(寧波)·하문(廈門) 등을 함락하고 천진까지 쳐들어감. 임칙서, 전쟁 도발자라는 이유로 면직됨.
1841년 ▶ 경학자 공자진(龔自珍: 1792~1841) 사망.
1842년 ▶ 도광 22년 7월 영국군, 상해 함락. 청, 영국군에 항복하고 영국 군함 콘월리스(Cornwallis) 호에서 **남경조약** 조인함.

■ 그 무렵 우리는…
1831년 조선, 천주교가 조선 교구 설치.
1834년 조선, 각지에 민란 발생.
1839년 조선, 기해박해.
1840년 조선, 풍양 조씨의 세도 정치 시작.

■ 그 무렵 외국은…
1832년 영국, 1차 선거법 개정.
1837년 영국, 차티스트 운동.
1840년 영국, 리빙스턴이 아프리카 탐험을 시작함. 이탈리아의 음악가 파가니니가 사망함.

제1차 아편전쟁

청나라 조정은 1836년 10월 이후로 광동에서 아편 수입을 금지시키는 한편 이듬해 임칙서를 흠차대신으로 파견하여 아편 문제를 해결하도록 했다. 1839년 7월 구룡(九龍)에서 만취한 영국 수병이 중국인을 때려죽인 사건이 발발하였다. 임칙서는 즉각 범인 인도를 주장했으나 영국이 거부하자 상선에 대한 식량 공급을 중지시키고 마카오를 무력으로 봉쇄하였다. 이에 양국간에 포격전이 있었다. 당시 영국은 아편 무역으로 대중국 무역의 적자를 만회하고 있는 상태였기 때문에 상하 양원은 아편 무역을 탄핵하는 결의안을 철회시키는 한편 영국군을 파견하기로 의결하였다. 마침내 1840년 5월 29일 영국군이 광주 주강(珠江) 입구를 봉쇄하면서 제1차 아편전쟁이 발발하였다. 영국군은 방비가 삼엄한 광주 대신 북상하여 하문(廈門)을 포격했으며, 연이어 정해(定海)를 함락하고 영파(寧波) 및 장강 입구를 봉쇄하면서 천진 입구까지 쳐들어갔다. 이에 놀란 청 조정은 직례총독인 기선(琦善)을 파견하여 대고(大沽)에서 영국측과 교섭에 들어갔다. 그 결과 영국군은 광동으로 철수하고, 청나라 조정의 주전파인 임칙서 등은 면직되었다.

당시에 사용된 아편 흡음용 담뱃대

흠차대신 겸 양광총독으로 부임한 기선은 다시 영국측과 회담을 열어 예전처럼 광동 무역을 실시하며 홍콩을 영국에 할양하고, 3년 후에 아편 무역을 금지한다는 등의 천비(川鼻) 가조약을 맺었다. 그러자 이에 격노한 청나라 조정은 기선을 면직시키고 전쟁을 불사했다. 또 한 번의 전투에서 광동이 함락될 지경에 이르자 서둘러 광동 협정을 맺고 전쟁을 끝냈다. 그러나 당시 무역 감독관으로 중국과 회담을 주도한 엘리엇 대신 부임한 포팅거는 재차 전쟁을 일으켜 하문, 영파, 상해 등을 함락시키고 남경까지 진격하였다. 그 결과 강화 교섭이 진행되어 2주 만에 영국함의 갑판에서 굴욕적인 남경조약이 조인됨으로써 제1차 아편전쟁은 완전히 막을 내렸다.

남경조약

도광 22년(1842) 8월, 중국 흠차대신 기영(耆英)과 이리포(伊里布)는 영국 전권 대표인 육군 대령 헨리 포팅거(Pottinger)와 영국 군함 코온월리스호 갑판에서 남경조약을 조인하였다. 남경조약은 전체 13조로 주요 내용은 다음과 같다. 첫째, 광주·복주·하문·상해·영파 등 다섯 군데를 통상 지역으로 개항하며, 영국 영사관 등을 개설한다. 둘째, 홍콩(香港島)을 영국에 할양한다. 셋째, 아편 배상금 600만 은원(銀元), 전쟁 비용 1200만 은원, 중국 상인의 빚 300만 은원 등 도합 2100만 은원을 영국에 지불한다. 넷째, 공행의 무역 독점을 폐지한다. 다섯째, 영국 상인의 수출입 세액은 양국의 협의를 거쳐 결정한다. 이후 도광제의 비준을 거쳐 남경조약이 발효되었으며, 이듬해 8월 15일 기영과 포팅거 간에 오구통상부점선후조약(五口通商附粘善後條約), 일명 호문조약(虎門條約)이 체결되어 다섯 항구의 통상 장정과 세율표가 첨부되고, 영국을 최혜국으로 지정하는 등 남경조약의 추가 조약이 체결되었다. 남경조약은 중국 근대사에서 첫번째 불평등 조약이었다.

홍콩 할양 이후 대체적인 역사

아편전쟁에 패전한 청 조정은 남경조약과 제 1, 2차 북경조약으로 홍콩섬과 구룡반도, 신계와 부속 도서를 영국에 넘겨주었다. 이미 오래전부터 거주민들이 살고 있던 작은 항구 홍콩은 이제 새로운 시대를 맞이하게 된 것이다. 구룡에서 광동을 잇는 철도가 1905년에 개통되자 홍콩은 물산의 집산지이자 해외로 진출하는 화교들의 거점이 되었다. 인구는 1939년 이미 160만 명을 넘어섰으며, 신해혁명을 비롯한 중국 본토의 변혁과 공산주의를 비롯한 새로운 사조가 그대로 전달되었다. 1941~1945년까지 일본군에게 점령되었으며, 일본이 패망한 후 1946년 5월부터 다시 영국 식민지가 되었다. 본토에서 내전이 심화되자 많은 피난민들이 넘어와 새로운 삶을 찾았다. 1967년 5월의 '반영폭동(反英暴動)'처럼 영국에 대한 반발도 적지 않았으나 영국 여왕이 임명하는 총독 밑에 정청(政廳)을 둔 체제에는 큰 변화가 없었다. 특히 1970년대 가공무역과 자유무역항으로서 외자 도입이 확대되면서 공업화도 가속되었다. 1997년 7월 1일 155년에 걸친 식민지 역사를 청산하고 중국에 반환되었다.

1843년 ▶ 호문(虎門)에서 영국을 최혜국으로 대우하는 호문조약을 체결함. 학자 엄가균(嚴可均: 1762~1843) 사망. 홍수전, **배상제회**를 결성함.
1844년 7월 ▶ 청, 미국과 망하(望廈)조약 체결. 청, 프랑스와 황포(黃埔)조약 체결. 청, 오구통상대신(五口通商大臣) 신설.
1845년 ▶ 영국, 「상해조지장정(上海租地章程)」 체결하고 조계(租界) 설정.
1846년 ▶ 운남에서 회교도의 난 발생. 운귀 총독 이성원(李星沅)이 토벌. 광동의 민중, 영국인 거류지 습격.
1847년 ▶ 스웨덴·노르웨이와 통상 조약 체결.
1848년 ▶ 청, 러시아 상인의 상해 무역 불허. 마르크스, 『공산당 선언』 발표.
1849년 ▶ 광서성에 대기근. **포르투갈이 마카오를 강점**함.
1850년 ▶ 도광제 사망, 문종(文宗, 함풍제咸豊帝: 함풍 원년) 즉위. 12월 10일 **객가인** 홍수전(洪秀全), 광서성 금전촌(金田村)에서 거병, **태평천국의 난**(~1864) 발생.

■ 그 무렵 우리는…
1845년 조선, 영국 군함이 제주도와 전라도의 해안을 측량함.
1846년 조선, 김대건의 순교. 프랑스 해군이 천주교 탄압을 구실로 침입함.

■ 그 무렵 외국은…
1848년 프랑스, 후기 인상파 화가 고갱(~1903)이 태어남. 프로이센, 마르크스와 엥겔스가 『공산당 선언』을 발표함.

배상제회

과거 시험에 몇 차례나 떨어지고 서당 선생으로 호구를 이어가고 있던 광동성 화현(花縣)의 객가인 홍수전(洪秀全, 1813~1864)이 열병에 걸려 혼수 상태에 있을 때 꿈 속에서 어떤 노인이 나타나 그에게 계시를 전했다. 그리고 6년의 세월이 흐른 어느날 그는 우연히 서양 기독교 선교사들이 뿌린 기독교 입문서 『권세양언(勸世良言)』을 읽고, 자신이 꿈속에서 만난 노인이 바로 천부(天父)이자 상제(上帝)인 여호와이며, 중년 남자는 천형(天兄), 즉 예수 그리스도이고, 자신은 천부의 둘째아들이자 예수의 동생으로 모세와 예수의 뒤를 이어 세상을 구원하라는 명을 받은 구세주라는 것을 알게 되었다. 그리하여 상제교, 즉 배상제회(拜上帝會)를 창시한 그는 자신과 같은 객가인들을 중심으로 빈농, 유민, 광산 노동자 등을 포교하면서 우상숭배를 금지하고, 미신과 아편을 배격하며, 모세의 십계(十戒)를 본받아 금욕적인 생활을 하도록 가르쳤다. 그는 청 왕조를 악마로 단정짓고 악마 타도의 혁명을 전개하였다. 그것이 바로 태평천국의 난이었다.

포르투갈이 마카오를 강점

도광 29(1849), 포르투갈이 출병하여 중국 영토인 오문마카오를 강점하였다. 포르투갈은 명나라 때 이미 마카오를 침략하여 공관을 설치하고 외국 상인과 마카오에 거주하는 외국인들을 관할하고 있었다. 그러나 당시에는 주권이 중국에 있는 상태였다. 도광 29년 4월 3일, 마카오 포르투갈 관리 아마레이가 청의 양광(兩廣) 총독이 마카오에 세관을 허가하고, 광주에 영사관을 설립해달라는 요청을 거절했다는 구실로 청 왕조의 관원을 내쫓고 세관을 봉쇄했다. 또한 중국인들의 재물을 약탈하는 한편 16세기부터 포르투갈이 마카오를 빌린 댓가로 매년 납부하던 지세도 더 이상 내지 않겠다고 버텼다. 그러던 차에 청나라 관병이 아마레이를 살해하는 사건이 벌어졌다. 이에 영국 함선이 마카오에서 시위를 벌이고, 영국·프랑스·미국 세 나라의 중국 주재 공사가 청나라 정부에 항의하는 등 공개적으로 포르투갈의 침략 행위를 지지하였다. 결국 포르투갈은 영국이 홍콩을 할양받은 방식 그대로 중국 영토인 마카오를 강점하게 된 것이다.

객가인

4세기부터 19세기에 이르기까지 북방 이민족들의 침입, 왕조 교체기의 전란, 정치적 억압, 기근, 자연 재해 등으로 경제·사회적 불안이 겹쳐 고향을 등지고 남쪽으로 이동한 이들이 광동, 강서, 복건 등의 3성 경계선 일대에 정착하게 되었다. 이들은 송대에 호적을 만들기 시작했는데, 그 과정에서 기존 주민을 주적(主籍)이라고 부르고, 이후 유입된 이들을 객적(客籍)이라고 불렀다. 객가(客家) 또는 객가인(客家人)은 여기에서 나온 말이다. 그들은 자신들만의 생활권을 형성하고 전통 문화를 고수하였으며, 용감하고 진보적이며 또한 독립심이 강하다. 그들은 때로 지하 비밀 조직을 운영하여 반정부 운동을 전개하기도 했다. 1644년 만주족 누르하치가 청조를 세울 때에도 '부명멸청(扶明滅淸)'의 구호로 반정부 운동을 했으며, 태평천국의 난을 일으킨 홍수전(洪秀全) 역시 객가 출신이었다. 태양이 있는 곳에 중국인들이 있고, 중국인들이 있는 곳에 객가가 있다고 할 정도로 객가인은 해외 도처에 뿌리를 내려 화교의 다수를 점유하고 있기도 하다. 싱가포르의 이광요 수상을 비롯하여 중요 정치가들 가운데 객가인이 적지 않다.

태평천국의 난

아편전쟁 이후 집권 세력의 부패와 가렴주구로 인해 백성들은 더욱 궁핍해졌고, 청조의 위신 또한 날로 떨어지고 있었다. 이때 광동성 출신의 홍수전(洪秀全: 1813~1864)이 도광 23년(1843) 배상제회(拜上帝會)를 중심으로 지역 농민들을 규합하여 반청 활동을 벌이기 시작했다. 이후 종교적 집회를 통해 세력을 확대한 홍수전이 인솔하는 태평군은 1853년 6월 광서성 계평현(桂平縣) 금전촌(金田村)에서 봉기하여 계속 북진하면서 2년 3개월 만에 남경을 함락하였다. 태평군은 남경을 태평천국의 수도로

A.D.1851~1853년

1851년 ▶ 홍수전, 국호를 태평천국으로 정하고 천왕(天王)으로 자칭함. 하남·호북·안휘·강소 등지에서 **염군 봉기**.

1852년 ▶ 태평군, 계림에서 북상하여 한양(漢陽)·무창(武昌) 점령. **중국 번**, 향용(鄕勇), 민간 의용군: 단련團練)을 조직하여 태평군 토벌에 나섬. 처음으로 전초(錢鈔) 제조.

1853년 ▶ 태평군, 남경을 점령하고 천경(天京)으로 개명, 수도로 삼음. 태평군, 「천조전묘제도(天朝田畝制度)」 반포.

■ 그 무렵 우리는…
1851년 조선, 안동 김씨의 세도 정치 재개.
1853년 조선, 러시아 함대가 영일만까지 남하해 동해안을 측량함.

■ 그 무렵 외국은…
1851년 미국, 멜빌이 『백경』을 발표함.
1852년 미국, 스토우 부인이 『엉클 톰스 캐빈』을 출간함.
1853년 이탈리아, 베르디가 「춘희」를 초연함.

정하고 천경(天京)이라 개칭하였다. 1850년부터 1864년 멸망할 때까지 홍수전의 대군은 전국 18개 성을 휩쓸며 청조를 압박했고, 전통 사회의 기존 질서를 타파하면서 대외적으로 외세에 저항하였다. 그들은 경제적으로 천조전묘제도(天朝田畝制度)를 반포하여 태평천국의 정치·경제·사회 생활에 관한 일련의 제도를 마련하였다. 특히 토지 제도를 개혁하여 농민들의 욕구를 만족시켰고, 분산된 농민들을 군사 조직으로 개편하였다. 또한 매매혼, 축첩, 노비, 창기, 전족 등을 금지시키고 과거 제도를 폐지하였다. 그러나 거점 확보를 통한 통치 실패 등 군사 전략상의 모순과 지도 계층의 부정부패와 분열, 종교주의의 쇠퇴 등으로 말미암아 서서히 몰락해갔다. 특히 증국번(曾國藩)이 이끄는 호남성 중심의 상군(湘軍)의 거센 저항을 받았으며, 제2차 아편전쟁이 끝난 후 이홍장(李鴻章)의 회군(淮軍)과 미국인이 조직한 양창대(洋槍隊)를 재편한 상승군(常勝軍)의 공격에 끝내 진압되고 말았다.

염군 봉기

'염(捻)'은 회북(淮北: 회수 이북, 특히 안휘성 북부를 가리킨다) 방언으로 집단을 뜻한다. 소념자는 소수의 사람 또는 수십 명의 사람을 뜻하고, 대념자는 1, 2백 명의 사람을 뜻한다. 강희 연간에 비수(淝水)와 와하(渦河) 유역에 살고 있는 빈궁한 농민과 수공업자들이 결사를 맺어 염당(捻黨)을 만들고 안휘, 강소, 산동, 하남, 호북 등지에서 사염(私鹽)을 밀매·운반하는 일을 했다. 그들은 청나라 중엽 태평천국의 난에 영향을 받아 함풍(咸豊) 원년(1851) 기의하여 청나라에 항거하기 시작했는데, 이때부터 그들을 염군(捻軍)이라고 불렀다. 동치(同治) 5년(1866) 가을, 염군은 동서로 나누어

태평천국군에 점령된 남경을 공격하는 영국·프랑스 연합군

졌다. 동념군은 서북 지방에서 회교도들과 연합했고, 서념군은 중원에서 전투를 치렀다. 동치 7년(1868), 동념군과 서념군은 이홍장의 회군(淮軍)과 좌종당(左宗棠)의 초군(楚軍)에게 토벌되었다. 염군은 장강 북쪽에 있는 태평천국 군대의 유력한 동맹군이었다. 염군의 난은 18년 동안 지속되었고, 그들의 활동 범위는 거의 10개 성에 달하였다.

증국번

증국번(曾國藩: 1811~1872), 원명은 자성(子城)이며 자는 백함(伯涵), 호는 척생(滌生)으로 호남 상향(湘鄕) 출신이다. 진사에 급제한 후 1852년 함풍제의 명을 받아 고향에서 단련(團練)을 조직하였고, 그후 이를 상군(湘軍)으로 개편하였다. 한족 출신인 그는 청조의 '오랑캐로 오랑캐를 제압한다(以夷制夷)'는 전통적인 방법에 따라 태평천국의 난을 진압하는 데 절대적인 공헌을 하여 양강총독, 직례총독을 거쳐 일등후작(一等侯爵)까지 올랐다. 이는 이후 한인 관료의 정치적 입지를 강화하는 계기가 되었다. 이후 이홍장 등과 함께 양무운동(洋務運動)에 몰두하였다. 고문과 주자학에도 조예가 깊었던 그는 1872년 병사했으며, 무공이 혁혁하여 동치중흥(同治重興)의 명신(名臣)이자 호남(湖南) 삼걸(三杰) 가운데 한 사람으로 받들어졌다.

증국번

> ### 청방과 홍방
> 1644년 만주족 누르하치가 청조를 세울 때 객가인들 일부가 '부명멸청(扶明滅淸)'의 구호로 반정부 운동을 벌였다. 그들의 중요 지하 조직이 바로 '홍방(紅幇)'이었으며, 청조는 이에 대응하여 '청방(淸幇)'을 만들었다. 홍방과 청방은 아편전쟁을 전후한 시기에 민족적 대립이 사라지고 깡패 조직으로 변했다. 이때 이름도 홍방(紅搗)과 청방(靑幇)으로 바뀌었다.

1854년 ▶ 승려 격림심(格林沁), 북상하는 태평군 격파. 중국번의 **상군**, 상담(湘潭)에서 태평군을 격파하여 무창·한양 탈환. 태평군, 남경 함락.

1855년 ▶ 관군, 상해 회복. 태평군 북벌 실패. 운남에 회교도의 난.

1856년 ▶ 태평군, 1차 강남대영(江南大營) 격파. 10월 애로호 사건(**제2차 아편전쟁**)―영국의 광동 영사 해리 스미스 파크스, 광주 공격 개시.

1857년 ▶ 영국 총리 파머스턴(Henry John Temple Palmerston, 재위 1855~1865), 애로호 사건을 위해 엘긴 백작을 전권 대사로 임명하여 광동에 파견. 12월 영국·프랑스 연합군, 광동 점령. 귀주에 백호교(白號敎)의 난. **『해국도지』**를 저술한 **위원** 사망.

1858년 ▶ 청, 러시아와 애혼(愛琿)조약 체결―우수리강 동쪽을 청·러가 공동 관리하기로 약정. 6월 천진(天津)조약 체결―제2차 아편전쟁에서 패배하여 러시아·미국·영국·프랑스와 체결. 귀주에서 황호교(黃號敎)의 난 발생.

1859년 ▶ 영국·프랑스 연합군, 대고(大沽) 포대 공격. 러시아와 천진조약 체결.

■ 그 무렵 우리는…

1856년 조선, 프랑스 군함이 충청도 장고도에서 가축을 약탈함.

1859년 조선, 서원 신설을 금지함.

■ 그 무렵 외국은…

1855년 영국, 브라우닝이 『남과 여』를 저술함.

1856년 영국, 선교사이자 탐험가인 리빙스턴이 아프리카를 횡단함.

1857년 프랑스, 보들레르가 『악의 꽃』을 출간함.

1858년 인도, 무굴 제국이 멸망함.

상군

청조의 군사 역량은 팔기군(八旗軍)과 녹영(綠營)이 대표한다. 그러나 아편전쟁에서 참패하고 태평천국의 난을 제대로 진압하지 못하자 청조의 군사 제도는 거의 붕괴 조짐을 보이게 되었다. 이에 크게 각성한 청조는 각 성에 영을 내려 대규모 단련을 시행하도록 했다. 1853년 예부시랑으로 있던 증국번이 칙명을 받고 호남에서 단련을 조직하였다. 그는 기존 녹영의 폐단을 면밀하게 조사한 후 상군(湘軍) 창설에 착수했다. 상군의 기본 방침은 서생(書生)이 향민(鄕民)을 영도한다는 것이었다. 증국번은 호남에서 '충의혈성(忠義血誠)'을 갖춘 지식인들을 장령(將領)으로 선발하는 한편 기존의 세병제(世兵制) 대신 모병제(募兵制)를 실시하였다. 이를 통해 그는 1854년 관병 1만 7000명을 모집하여 육사(陸師) 15영(營), 수사(水師) 10영을 편성하고 본격적으로 태평군과 전투를 벌였다. 증국번의 상군은 중국의 전통적인 병제를 한층 발전시킨 것이기는 하지만 지방 장관의 세력을 증강시키는 반면에 중앙의 세력을 약화시키는 역할을 함으로써 근대 국가의 건군 원칙에 위배되었으며, 이후 군벌이 횡행하는 화근을 낳고 말았다.

제2차 아편전쟁

함풍(咸豊) 6년(1856) 10월 광주 부근에 정박하고 있던 중국인 소유의 서양식 선박 애로(Arrow)호에서 중국 관헌이 영국 국기를 강제로 끌어내리고 해적 혐의로 중국인 선원 12명을 체포하는 이른바 애로사건이 벌어졌다. 양국간의 교섭이 결렬되자 영국은 그 즉시 광주를 공격하였다. 영국은 당시 협력 관계를 유지하고 있던 프랑스에 공동 출병을 요청했다. 이에 프랑스는 자국의 천주교 신부가 교수형에 처해진 사건을 기화로 공동 출병하였다. 양국 군대는 미국과 러시아에 협력을 요청하는 한편 광주·대고(大沽)를 공격했으며, 천진까지 진군하였다. 이에 놀란 청나라 조정은 계량(桂良)을 파견하여 양국 및 러시아, 미국

아편전쟁 초기의 해전을 묘사한 그림

등 4개국과 천진조약을 맺을 수밖에 없었다. 함풍 9년(1859) 영국과 프랑스에 천진조약 파기를 통고하고, 대고에서 북경으로 가는 영국·프랑스 양군의 공사가 탄 군함에 승려 격림심(格林沁)이 포격을 가하자, 1860년 8월 재차 천진과 북경으로 진격해왔다. 영국·프랑스 연합군에 의해 원명원이 철저하게 파괴되고 있을 무렵 열하(熱河)로 몽진(蒙塵)한 함풍제 대신 공친왕(恭親王) 혁흔(奕訢)이 북경에 남아 교섭을 맡았고, 러시아의 중재로 기존의 천진조약을 비준하는 한편, 배상금의 증액과 천진 개항을 내용으로 한 새로운 북경조약을 체결하였다. 이것이 제2차 아편전쟁의 시말이다.

위원의 『해국도지』

위원(魏源, 1794~1857), 자는 묵심(默深)이며 호남 소양(邵陽) 사람이다. 누차 과거에 떨어진 후 강소 포정사 하장령(賀長齡)의 막부에 있으면서 『황조경세문편(皇朝經世文編)』을 편찬했다. 아편전쟁 당시 양강총독 유겸(裕謙)의 막부에서 전쟁에 참여하였다. 그가 1842년에 쓴 『해국도지(海國圖志)』와 『성무기(聖武記)』는 아편전쟁에서 겪은 경험을 토대로 저술한 책이다. 전자는 세계의 지리로부터 각국의 연혁, 서양의 정세와 기기(器機), 서양의 종파, 역법의 차이, 연대기, 회교와 천주교, 지구 천문 등의 항목을 기술하여 당시 해외에 대한 잡다한 지식을 망라하고 있다. 또한 후자는 청조 개국 이래의 무공(武功)에 대해 기술한 것이다. 『해국도지』의 주장은 '오랑캐의 장점을 배워 오랑캐를 제어하자(師夷之長以制夷)'는 것이었다. 그가 제시한 오랑캐의 장점은 전함·무기·연병(練兵) 세 가지였으며, 이와 아울러 중국인의 각성과 인재 등용, 그리고 서양의 함선과 무기를 수입할 것 등을 주장하였다.

A.D.1860~1861년

1860년 ▶ 영국 · 프랑스 연합군, 천진 · 북경 점령―원명원 소실. 청, 영국 · 프랑스와 **북경조약** 체결. 러시아와 북경 추가 조약.
1861년 ▶ 문종 병고(病故), 목종(穆宗, 동치제同治帝: 재위 1861~1875) 즉위. **동치중흥**. 양궁 황태후 수렴청정. 서태후(西太后), 공친왕(恭親王) 정권 장악―**신유정변**.

■ 그 무렵 우리는…
1860년 조선, 최제우가 동학을 창시함.
1861년 조선, 「대동여지도」를 간행함.

■ 그 무렵 외국은…
1861년 미국, 남북 전쟁 시작(~1865).

북경조약

제2차 아편전쟁의 결과로서 1860년 10월 영국 · 프랑스 · 러시아 등 3개국과 개별적으로 체결한 3개의 조약을 일러 북경조약이라고 한다. 청조와 영국, 프랑스 간의 조약은 1858년의 천진조약을 보충 · 수정한 것이다. 주요 내용은 공문서에 오랑캐를 뜻하는 이(夷)자를 사용하지 않음, 외교 사절의 북경 주재권 확보, 800만 냥을 배상, 천진 개항, 기독교 포교권 확대, 영국에 구룡(九龍) 할양, 프랑스 카톨릭 재산 반환 등이었다. 그해 11월 러시아와 체결한 북경조약은 러시아가 청조와 영국, 프랑스 간의 강화를 알선했다는 이유로 맺은 것인데 주요 내용은 다음과 같다. 첫째, 1858년 '애혼(愛琿: 아이훈은 중국어 발음)' 조약으로 국경이 확정될 때까지 양국이 공유한 우수리강 동쪽 연해 지방을 러시아 영토로 정한다. 둘째, 국경 교역을 인정하고 세금을 면제하며, 장가구(張家口) · 카슈카르 등지를 무역 지역으로 인정한다. 북경조약을 계기로 청나라 조정은 대외 강경파인 보수파가 물러나고 조약 체결에 앞장선 공친왕 중심의 대외 화친파가 등장하였다. 이후 외교 전문 기관인 총리아문(總理衙門)이 설립되었고, 양무운동이 기지개를 켜게 되었다.

동치중흥

동치제(同治帝)는 청 왕조의 제10대 황제로 다섯 살에 즉위한 후 동치 12년에 겨우 친정을 시도하다가 이듬해 병사하고 만 비운의 황제였다. 그가 재위했던 1861년부터 1874년까지 자안태후(慈安太后: 동태후)와 자희태후(慈禧太后: 서태후)가 수렴청정하였기 때문에 그는 명목상의 황제로 있었을 뿐이었다. 그가 황제로 있었던 동치 연간에 대외 타협을 주장하던 공친왕(당시 의정왕議政王의 칭호를 받고 군기대신으로 군기처와 총리아문을 주재하였다)을 중심으로 태평천국의 난으로 파행을 일삼던 정치 체제에 대한 재편성 작업이 진행되었다. 그 기간이 동치 연간에 속하기 때문에 이를 일러 동치중흥(同治重興)이라 한다. 동치중흥의 핵심은 자강(自强)이다. 자강의 첫번째 작업은 서양의 현대식 무기의 수입과 생산이었다. 이는 외국을 통해 새로운 것을 배우고 이를 통해 국가를 부강하게 만들자는 이른바 양무운동의 시작이기도 했다.

신유정변

영국 · 프랑스 연합군이 북경으로 진입하자 함풍제는 열하로 도망가고 결국 그곳에서 죽고 말았다. 그는 사망하기 직전 유조(遺詔)를 구술하여 여섯 살인 재순(載淳)을 황태자로 삼아 제위를 물려주고, 아울러 이친왕(怡親王) 재원(載垣)과 정친왕(鄭親王) 단화(端華), 숙순(肅順) 등 8명을 찬양정무왕대신(贊襄政務王大臣)으로 삼아 보필하도록 했다. 재순은 동치제로 즉위하여 연호를 기상(祺祥)으로 삼았으며, 자신의 생모인 엽혁나랍씨(葉赫那拉氏)를 황태후로 봉했다. 황태후가 된 자희태후는 정권욕이 팽배하여 8명의 찬양정무왕대신들과 알력을 빚었다. 1861년 9월 30일 그녀는 함풍제의 배다른 동생인 공친왕 혁흔과 양심전에서 여러 신하를 소집한 가운데, 8명의 대신들이 저지른 전횡과 황상을 속인 죄목을 날조하여 밝혔다. 이어 재원과 단화 두 사람에게 정대(頂戴)를 떼도록 한 다음 종인부(宗人府)에 구금하였으며, 숙순이 재궁(梓宮: 황제의 관곽)을 호송하여 밀운(密雲)에 도착한 날 밤, 다른 이들을 체포하였다. 8명의 대신들은 변방 군대로 추방되거나 관직을 박탈당하여 더 이상 정사에 관여할 수 없게 되었다. 이것이 바로 신유년에 일어난 신유정변(辛酉政變)으로 기상정변(祺祥政變) 또는 북경정변이라고 부르기도 한다.

동치중흥의 주역

동치중흥은 청조 말년인 동치제 시절의 재기를 위한 몸부림이었지만 그 주역은 동치제가 아니라 도광제의 여섯째아들이자 함풍제의 동생인 공친왕(恭親王) 혁흔(奕訢, 1823~1898)이었다. 그의 호는 낙도주인(樂道主人)이며, 형인 함풍제가 제위에 오르자 공친왕에 봉해졌고, 1853년 군기대신에 임명되었다. 이는 옹정제가 황친의 권한을 제한한 이래로 한 명도 임명된 적이 없는 자리였다. 1860년 영국과 프랑스 연합군이 북경에 침입했을 당시 함풍제가 열하로 몽진한 후 연합군과 타협하여 북경조약을 체결한 것도 바로 그였고, 외교를 전담하는 총리각국사무아문을 설치하여 열강과 화친을 꾀한 것 역시 그였다. 1861년 함풍제가 죽고 동치제가 즉위하자 동 · 서태후와 연합하여 동치제의 측근이자 주전파인 이친왕(怡親王) 등을 제거하고, 동태후 · 서태후의 섭정하에 의정왕대신(議政王大臣)에 임명되었다. 이후 군기처(軍機處) · 총리아문의 대신으로 내치와 외교의 최고 권력을 장악한 후 증국번 등을 채용하여 태평천국의 난 등을 진압하였다. 서태후에게 미움을 사서 1865년 의정왕대신에서 쫓겨나고 모든 관직에서 손을 뗐으나 1894년 청일전쟁이 일어나자 군기처대신으로 복귀하여 전쟁을 수행하였다. 이렇듯 혁흔은 어린 황제 치하의 청 왕조에서 실질적인 외교 책임자였으며, 특히 동치중흥의 보이지 않는 손이었다.

A.D.1862~1874년

1862년 ▶ 증국번, 안경(安慶)에 군기처 설치. 남창교안(南昌敎案). 서양 수학, 학교 정식 과목으로 채택. **양무운동** 일어남.『상해신보(上海新報)』창간.

1863년 ▶미국, 상해에 조계(租界) 설치, 영국과 공동 조계로 됨.

1864년 ▶ 영국 군인 고든(1833~1885), 상승군(常勝軍)을 지휘하여 태평군을 상주에서 격파하고 상승군 해산. 6월 홍수전 음독 자살. 7월 천경 함락되고 태평천국 멸망함. 홍콩에 **상해은행(上海銀行: 회풍은행) 설립**.

1866년 ▶ 회군(回軍) 지도자 야쿱벡, 신강에서 겨더사르 한국(汗國) 세움. 청, 이탈리아와 통상 조약 체결. 염군, 동·서로 분열.

1868년 ▶ 회신장정(會訊章程). 각지에서 교안(敎案) 발생.

1869년 ▶ 복건 기기국(機器局) 설립. 러시아와 육로 통상 조약, 오스트리아와 통상 항해 조약 체결.

1870년 ▶ 천진의 그리스도 교회 방화하고 프랑스인 학살—천진사건. 흠차대신 숭후(崇厚), 진사 사절로 프랑스로 떠남.

1871년 ▶ 청·일 통상 천진조약(신미조약辛未條約). 홍콩—상해 해저 전선 부설 완료.

1872년 ▶ 증국번 사망. 미국에 제1차 유학생 30명 파견. 영국인 E. 메이어, 상해에서『신보(申報)』창간.

1873년 ▶ 목종 동치제(同治帝) 친정 시작. 외국 사신 알현 허락. 철로국(鐵路局) 설치.

1874년 ▶ 일본, 대만 출병(「대만번지처분요략臺灣蕃地處分要略」이 국회에 제출됨). 청과 일본, 대만 문제에 관한 천진조약 체결. 상해, 일본 인력거 수입.

■ 그 무렵 우리는…

1863년 조선, 고종 황제의 즉위. 흥선군 이하응의 정국 장악.

1864년 조선, 동학 교주 최제우를 처형함.

1866년 조선, 미국 상선 셔먼 호가 평양에 정박함. 프랑스 함대가 경기도 앞바다에 도착(병인양요).

1871년 조선, 신미양요. 서원 철폐 단행.

1873년 조선, 고종의 친정 선포. 대원군 실각.

■ 그 무렵 외국은…

1863년 미국, 링컨의 노예 해방 선언.

1866년 프로이센·오스트리아 전쟁(7주 전쟁)이 시작됨.

1867년 미국, 러시아로부터 알래스카 구입.

1868년 일본, 메이지 유신.

1869년 이집트, 수에즈 운하 개통.

양무운동

양무(洋務)는 서양과 관계되는 통상 사무, 서양의 기계나 기술 도입 문제, 기독교 문제 등에 대한 총칭이다. 그러나 동광신정(同光新政) 또는 자강신정(自强新政)으로 부르는 양무운동은 1860년대부터 1890년대까지 양무파 관료들이 자강(自强)과 부강(富强)을 표방하면서 군사·정치·경제·교육·외교적 방면의 혁신 운동을 뜻한다. 함풍(咸豊) 11년(1861), 청나라 정부는 총리아문을 설치하여 양무운동을 총괄케 하였으며, 공친왕 혁흔, 대학사 계량(桂良), 호부좌시랑 문상(文祥) 등을 총리아문 대신으로 임명하였다. 이들과 달리 증국번, 이홍장, 좌종당(左宗棠), 양광총독(兩廣總督) 장지동(張志洞) 등 선

5세에 즉위한 동치제

각자들 또한 지방에서 청 정부가 설립한 남북 통상대신 등으로 활약하면서 실질적인 양무운동을 벌여나갔다. 초기의 양무운동은 무기 제조, 함선 제작, 유학생 파견, 외국어학관 설립 등 자강 운동을 중심으로 이루어졌으며, 이후 70년대와 80년대는 부강을 강조하면서 광업과 철도 개설 등 운수업에 주력하였다. 전국적인 범위에서 전개된 양무운동은 중국의 군사·경제·과학 기술·문화·교육 등 여러 방면에 큰 성과를 이룩하였고, 중체서용(中體西用)의 기치 아래 중화 문명이 세계 문명과 조우하는 계기를 마련하였다. 그러나 중앙의 양무파들은 전통적인 관념이 바뀌지 않은 상태에서 양무운동을 제대로 전개할 수 없는 상황이었고, 지방의 양무파들은 역부족을 실감하지 않을 수 없는 상태였다. 청일전쟁에서 양무운동에 의해 마련된 북양(北洋)해군이 일본군에 의해 궤멸되자 끝내 양무운동도 쇠퇴하고 말았다.

외교 문제의 처리를 전담한 공친왕

회풍은행 설립

개항이 본격화되면서 외국 금융 세력들이 중국으로 들어와 각기 은행을 설립하기 시작했다. 그 가운데 영국·미국·독일 상인들이 공동으로 발기한 영국계 회풍은행(匯豊銀行 : HSBC HOLDINGS)이 중국에 가장 큰 영향을 주었다. 회풍은행은 '홍콩 상해은행'이라고 부르기도 하는데, 동치 3년(1864) 홍콩에 본점을 설치한 후 이듬해부터 본격적인 영업에 돌입했다. 이후 상해, 북경, 천진, 한구(漢口), 하문(廈門), 복주(福州), 광주, 청도, 하얼빈, 대련(大連), 심양, 산두(汕頭) 및 일본과 동남아 각지에 분점을 세웠다. 경영 규모가 확대됨에 따라 자산 및 행정 관리권이 점차 영국 상인의 손에 집중되었고 아울러 중국 주재 영국인들의 경제적 권익을 대표하게 되었다. 1936년, 중국 내 자본만 해도 1억 5천만 달러에 달하여 은행의 전체 총자산치의 44%를 차지했다. 회풍은행은 중국 주재 외국 세력들의 가장 막강한 은행 그룹으로 중국에 대한 영국 제국주의의 경제 침략 기구였다.

시박사

시박사(市舶司)는 당대부터 명대까지 해상 무역을 관리하던 관청으로 지금의 세관에 해당한다. 무역세의 징수, 품목 허가, 선박의 송영(送迎) 등을 맡아 관리했다. 당대 현종 연간에 광주(廣州)와 양주(揚州) 설치했으며, 남해(南海) 무역이 본격화되기 시작한 송대에는 광주 이외에도 천주(泉州)·온주(溫州)·명주(明州)·항주(杭州) 등지에 개설되었다. 원대는 기존의 장소 이외에 상해(上海)를 포함한 7곳에 시박사를 개설하여 1백여 나라와 국제 무역을 하였다. 명초에는 해금(海禁)을 시행하여 일체의 대외 무역을 중지하였으나 곧 해금하여 영파(寧波)·천주·광주 등지에 시박사를 개설하고 전문적으로 외국인 상인을 접대하는 빈관(賓館)을 건설하기도 했다. 청대에 들어와 해관(海關)이 생기면서 시박사의 업무를 대신하게 되었다.

A.D.1875~1881년

1875년 ▶ 동치제 사망. 덕종(德宗, **광서제**: 재위 1875~1908) 즉위. **서태후**의 수렴(垂廉) 정치 시작. 마카오의 쿠리(苦力) 무역 금지. 『만국공보(萬國公報)』 창간.
1876년 ▶ 청·영 연대(燃臺)조약. 송호(淞滬) 철도(상해─오송) 개통.
1877년 ▶ 가로회(哥老會) 수령, 최화운 참수.
1878년 ▶ 좌종당과 유금당(劉錦棠), 회부(回部)의 난 진압. 개평광무국(開平鑛務局) 설립. 상해에 기기직포국(機器織布局) 설치.
1879년 ▶ 러시아와 이리 반환 조약(리와디아조약). 대고─천진 전신 개통.
1880년 ▶ 이홍장, 해군 창설. 미국과 이민조약 체결. 천진수사학당(天津水師學堂) 개설─과학 기술자 양성 목적.
1881년 ▶ 러시아와 제2차 **이리조약**(이리 회복).

■ 그 무렵 우리는…
1875년 조선, 일본 군함 운요 호의 강화도 침입.
1876년 조선, 조·일 수호 조규(강화도 조약) 체결, 개항.
1879년 조선, 원산항 개항. 지석영의 종두 실시.
1881년 조선, 일본에 신사유람단 파견. 청나라에 영선사 파견.

■ 그 무렵 외국은…
1876년 미국, 벨의 전화기 발명.
1877년 미국, 에디슨의 축음기 발명.
1878년 유럽 열강의 베를린 회의.

광서제

애신각라·재첨(愛新覺羅·載湉). 순친왕 혁현(奕譞)의 아들이며, 자희태후의 생질이다. 청 왕조가 중원으로 들어온 후 아홉번째 황제로 연호는 광서, 묘호(廟號)는 덕종(德宗)이다. 동치 13년(1874) 때 동치가 병으로 세상을 뜬 후 후사가 없자 자희는 자신이 섭정하는 데 편리하도록 어린 재첨을 황제로 옹립하였다. 당시 재첨은 겨우 4살로 자연 동태후와 서태후가 수렴청정하지 않을 수 없었다. 1887년 광서제 친정 체제로 들어갔으나, 실권은 여전히 서태후 자희에게 있었다. 1894년 중일전쟁에서 패배하고, 열강들의 강점과 국토 분할이 가속화되자 광서제는 망국의 군주가 되지 않기 위해 변법에 뜻을 두고 1898년 6월 무술정변을 일으켰다. 그러나 자희태후에 의해 무산되고 광서제는 영대(瀛臺)에 구금되는 신세가 되고 말았다. 1900년 8국 연합군이 북경에 침입하자, 태후를 따라 서안으로 도피하였다. 광서 34년(1908), 재위 34년만에 병사했다.

서태후 자희

1835년 만주 기인(旗人) 혜징(惠徵)의 딸로 태어난 엽혁나랍(葉赫那拉)은 함풍(咸豊) 2년(1852) 입궁하여 난귀인(蘭貴人)에 봉해졌고, 4년 뒤인 1856년 아들 재순(載淳)을 낳아 의귀비(懿貴妃)에 올랐다. 함풍제가 죽고 자신의 아들 재순(동치제)이 즉위하자 황태후로 봉해져 함풍제의 정실인 동태후와 더불어 수렴청정하였다. 이때부

터 그녀를 서태후(西太后)라고 부르게 되었다. 조정의 실권을 장
악한 그녀는 증국번, 이홍장 등 태평천국의 난을 진압한 한족의
지방 인재들을 중용하였으며, 이로 인해 청조는 잠시 안정세를
구가할 수 있었다. 그러나 그후 여전히 권력욕에서 벗어나지 못
한 그녀는 섭정을 지속하면서 광서 24년(1898) 무술정변(戊戌政
變)을 일으켜 광서제를 유폐시키고 담사동(譚嗣同)을 비롯한 유
신파 6명을 처단하고 신정을 폐지했으며, 1900년 의화단(義和團)
의 난이 발생하자 열강의 압력에 굴복하여 그들을 진압하도록 허
락했다. 황제가 아니었음에도 황제의 권력과 부귀를 누리고자 했
던 그녀는 중·일전쟁이 발발하여 백성들이 갈 곳을 잃고 기아에

여관(女官)에 둘러싸인 서태후

굶어죽은 시체가 천지에 깔리는 상황이었음에도 불구하고, 이화
원(頤和園)에서 60세 생일 축하연을 펼치지 못한 것을 안타까워
했을 뿐이다. 그후 그녀는 청대 황제들의 능묘(동릉과 서릉)인 동
릉에 자신의 능묘인 정동릉(定東陵)을 재건하라고 명령했다. 죽어서도 황제의 위치에
오르고자 했던 까닭이다. 1908년 74세의 자희태후는 자신이 죽기 바로 전날 세상을
하직한 덕종 황제를 대신하여 두 살바기 부의(溥儀)를 제위에 올려놓고 마침내 세상
을 떴다. 그러나 정동릉에 안치되어 사후 세계에서도 복락을 누리고자 했던 그녀의
꿈은 도굴 장군 손전영(孫殿英)에 의해 산산히 부서졌다.

이리조약

　이리조약(伊犁條約)은 1881년 페테르스부르크에서 중국 신강성(新疆省) 이리 지방
을 둘러싼 청나라와 러시아 간의 국경 분쟁을 해결하기 위한 조약이다. 러시아가 병
력을 동원하여 이리 지방을 점령하자 청 조정은 숭후(崇厚)를 파견하여 1879년 리와
디아 조약을 체결하였다. 그러나 이 조약은 청나라에 불리한 내용을 담고 있어 청 조
정은 영국과 프랑스의 중개로 조약을 수정하기 위해 1881년 증국번의 아들인 증기택
(曾紀澤)을 파견하여 상트 페테르스부르크에서 조약을 체결하였다. 이것이 바로 이리
조약, 또는 페테르스부르크조약이다. 조약에 따라 러시아는 이전의 불평등 조약을 파
기하고, 이슬람 교도의 반란이 있었던 이후 러시아가 점령하고 있었던 이리를 반환하
는 데 동의하였다. 이 조약을 통해 중국은 신강성에 대한 통치권을 확보할 수 있었다.

A.D.1882~1891년

1882년 ▶ 정여창(丁汝昌), 천진진(天津鎭) 총사령관 임명됨. 신강성(新疆省) 신설. 청·일 양국 조선에 출병함.
1884년 ▶ 프랑스군, 대만 기융(基隆)과 복주(福州) 공격하여 복건 함대 섬멸. 홍콩 노동자 반(反)프랑스 파업. 베트남, 캄보디아 프랑스 보호령이 됨. 일본과 천진조약을 조인함.
1885년 ▶ 이홍장, 개평(開平) 철로 공사 설립. 대만성(臺灣省) 설치.
1886년 ▶ **총리각국사무아문** 설치. 프랑스와 월남 변경 통상 조약(코골단 조약). 청·영 버마조약 체결. 이홍장, 천진 무비학당(武備學堂) 설립.
1888년 ▶ 청, 미국과 이민 조약. 당산(唐山)─천진 철도 개통. 이궁(離宮) **이화원**의 만수산(萬壽山) 완성.
1889년 ▶ 광동에 직포국(織布局) 설립. 서태후, 섭정에서 물러나고 광서제(光緖帝) 친정 체제 돌입. 제2인터내셔널 성립.
1890년 ▶ 영국과 장인계약(藏印界約: 일명 시킴조약) 체결. 호남 풍주(澧州) 가로회(哥老會) 기의(起義). 천단(天壇) 기년전(祈年殿) 완성.
1891년 ▶ 중경 개항. 열하반도(熱河反徒), 교회 방화. **강유위**, 『대동서(大同書)』 『신학위경고(新學僞經考)』 완성. 노공장(盧贛章), 최초의 병음 문자인 절음신자(切音新字) 창제.

■ 그 무렵 우리는…
1882년 조선, 임오군란 발생. 대원군 재집권. 미국·영국·독일과 통상 조약 체결.
1883년 조선, 태극기를 국기로 결정. 최초의 신문 『한성순보』 발간.
1884년 조선, 우정총국 설치. 갑신정변 발생. 김옥균 일본으로 망명.
1886년 조선, 노비 세습제 폐지.
1887년 조선, 언더우드가 최초의 조직 교회(새문안 교회)를 설립함.

■ 그 무렵 외국은…
1887년 독일·러시아, 재보장 조약. 프랑스, 프랑스령 인도차이나 연방 성립.
1890년 네덜란드, 화가 고흐 사망 (1853~).

총리각국사무아문

총리각국사무아문(總理各國事務衙門)은 간칭하여 총리아문(總理衙門), 총서(總署) 또는 역서(譯署)라고 불렀다. 함풍 10년 12월 10일(1886년 1월 20일) 외국 관련 업무 및 외교, 그리고 통상 업무를 처리하기 위해 공친왕 혁흔 등이 주청하여 황제의 허가를 받아 군기처를 모방하여 설립한 중앙 기구이다. 청나라 말기에는 실질적인 내각의 역할을 했으나 각 성의 독무(督撫)를 지휘할 수 있는 권한은 없었다. 각 성의 독무 역시 총리아문에 대해 직접적인 책임을 지고 있는 것은 아니었다. 광서(光緒) 27년 (1901) 「신축조약(辛丑條約)」의 규정에 따라 총리각국사무아문을 외무부(外務部)로 바꾸면서, 육부(六部)의 가장 중요한 부서로 부상했다.

이화원

청대의 유명한 황가 원림(園林)이다. 이화원(頤和園)의 전신은 건륭 15년(1750)에 세워진 청의원(淸漪園)이다. 함풍 10년(1860) 영국·프랑스 연합군군이 침입하여 불태웠다. 광서 12년(1886) 자희가 북양 해군의 군비를 유용하여 재차 중건하고, 자신이 기거하며 사무를 보거나 휴식을 취하는 곳으로 삼았으며 이때 이화원이란 이름을 붙였다. 현재 북경 서쪽 외곽에 있는 이곳의 전체 면적은 290여 ha이며, 만수산(萬壽山: 원래 이름은 옹산甕山으로 건륭 16년 황태후의 육순을 기념하여 이름을 바꾸었다)과 곤명호(昆明湖: 원래 이름은 옹산박甕山泊 또는 서호西湖였으며, 건륭제가 원림을 지으며 이름을 바꾸었다) 등으로 나뉜다. 전체 3000여 개의 크고 작은 건축물로 이루어져 있으며, 전체 면적의 4분의 3에 해당하는 호수는 주로 만수산 남쪽에 있다. 현재 중국 고대 황실 원림의 전범(典範)으로 외부에 개방되어 많은 이들이 참관하고 있다.

강유위

강유위(康有爲: 1858~1927)의 원명은 조치(祖治)이고 자는 광하(廣廈), 호는 갱생(更生) 또는 장소(長素)이며, 광동성 남해(南海) 사람이다. 유학에 바탕을 둔 고전학자이자 변법(變法)을 주장한 사상가이다. 새로운 사상이 새로운 행동을 가져올 것이라고 확신한 그는 1886년 『공자개제고(孔子改制考)』를 통해 공자 역시 사회적 변혁을 거부하지 않았다는 주장을 하여 학계에 커다란 반향을 일으켰으며, 철저한 제도개혁을 통해 위기에 찬 나라를 구하고자 했다. 1888년 최초로 황제에게 상서를 올려 변법을 주장했으며, 1895년 북경 회시(會試)에 참가하여 광서제에게 이른바 공거상서(公車上書)를 올렸다. 장지동(張之洞: 1837~1909)의 중체서용(中體西用)의 사상에 동조하던 그는 자신의 제자인 양계초(梁啓超)와 함께 북경에서 강학회(强學會)를 조직하여 10일에 한 번씩 집회를 가져 연설을 하고 『중외기문(中外紀聞)』 등 잡지를 통해 유신변법(維新變法) 운동을 확산시키고자 노력했다. 이후 보국회(保國會)를 조직한 그는 광서제의 신임을 얻어 본격적인 변법을 시행했다. 그러나 무술년(戊戌年)에 행해진 변법은 서태후를 중심으로 한 보수파의 무술년 정변으로 말미암아 끝내 실패로 끝나고, 그는 양계초와 함께 일본으로 망명하고 말았다. 광서제를 도와 무술년의 유신변법을 주도한 이래로 입헌군주제를 확신하고 있던 그는 해외 망명중에도 캐나다에서 보황회(保皇會)를 조직하여 광서제의 복위를 도모하였고, 이후 장훈(張勳)을 도와 선통제(宣統帝) 부의의 복벽(復辟)을 시도하기도 했으며, 죽을 때에도 궁중 예복을 가지런히 정돈하고 생애를 마칠 정도로 철저한 마지막 군주제의 신하였다. 공교회(孔教會)의 회장을 맡기도 한 그는 『대동서(大同書)』 등을 남겼다.

강유위(상)
강유위의 저술인 『공자개제고』(중)와 『신학위경고』(하)

A.D.1892~1895년

1892년 ▶ 국적법(國籍法) 반포.
1893년 ▶ 북경－산해관 철도 개통.
1894년 ▶ **청일전쟁**(~1895. 4) 발발. 일본군, 청군을 격파. 손문, 하와이에
　　　　서 흥중회(興中會) 창립. 손문, 이홍장에게 부국강병책 건의.
1895년 ▶ 북양 함대, 일본에 패함. **마관조약**(일명 시모노세키조약, 요
　　　　동반도·대만 등을 일본에 할양). 4월, 삼국 간섭(干涉)—러시아·독
　　　　일·프랑스, 일본의 요동반도 영유에 반대. 5월, 일본 요동반도 반
　　　　환. 강유위·양계초, 황제에게 **공거상서**를 올림. 이후 강학회(强學
　　　　會) 조직하고, 상해에서 『**강학보**(講學報)』 발간. 흥중회, 광주 봉기
　　　　실패. 손문, 일본 망명.

■ 그 무렵 우리는…
1893년 조선, 동학교도가 보은 집회와
　　　　금구 집회 개최.
1894년 조선, 동학 농민 전쟁. 갑오경장.
　　　　청일 전쟁.
1895년 조선, 일본 낭인들이 민비 시해
　　　　(을미사변). 태양력 사용. 단발
　　　　령 시행.

■ 그 무렵 외국은…
1893년 미국, 에디슨이 활동사진 발명.

청일전쟁

　　조선의 농민과 동학 교도들이 봉기하여 1894년 5월 전주(全州)를 점령하자 조선 왕조는 청나라 원세개(袁世凱)에게 원병을 요청하였다. 이에 일본 정부 역시 조선에서 청·일 양국의 세력 균형을 요구하면서 6월 초에 출병을 결정하였다. 청·일 양국군이 파견될 즈음에 농민군은 정부군과 화의를 맺고 전주에서 철수한 상태였다. 이에 중국측 원세개와 일본측 오오토리가 공동 철병하기로 협정을 맺었으나 일본 정부는 청·일 양국 공동으로 조선 내정의 개혁 실시를 요구하였다. 중국이 거부하자 일본은 단독으로 실시할 것을 결정하였다. 아울러 조선 조정을 무력으로 억압하여 조선의 청에 대한 복속 관계를 파기하고

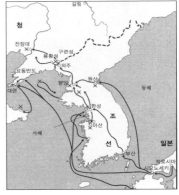

청일전쟁 주요 지도
　　　　→ 일본군의 주요 진로
　　　　✕ 주요 전쟁터

청국군 철병을 요청하는 한편, 7월 25일 풍도(豊島) 앞바다에서 청국 순양함에 포격을 가했으며, 29일 아산 근처에 있는 성환(成歡)에서 청국군을 격파하였다.

　　광서 20년(1894) 8월 평양 전투에서 청국 군대는 조선 내 거점을 완전히 잃고 말았으며, 그 다음날 시작된 황해 해전에서도 중국의 해군 제독 정여창(丁汝昌)이 이끄는 북양 함대가 일본 함대에게 크게 패하고 말았다. 북양 함대는 기함인 정원호(定遠號)를 포함한 16척, 일본은 송도호(松島號)를 포함한 12척이었으나 패배를 면할 수 없었다. 그후 우세를 확보한 일본은 계속 진격하여 위해위(威海衛: 지금의 위해시威海市)를 공격, 유공도(劉公島)를 점령했으며, 여순(旅順)·봉천(奉天) 일부까지 진출하였다.

아울러 대만을 점령하기 위해 팽호도(澎湖島) 작전에 돌입했다. 결국 청나라는 이듬해 3월 이홍장(李鴻章)을 전권대사로 파견하여 4월 17일 시모노세키(下關)에서 강화 조약에 조인하였다.

마관조약

일본 시모노세키에서 중국의 이홍장과 일본의 이토 히로부미(伊藤博文)가 모여 휴전 협정을 체결하고, 그 기간 동안 강화 협상을 진행하여 4월 17일 전문(全文) 11개 조항의 강화 조약 및 3개 조항의 의정서(議政書)와 별약(別約), 2개 조항의 추가 휴전 협정 등을 조인하였다. 이것이 바로 일명 마관조약(馬關條約)인 시모노세키조약이다. 조약의 주요 내용은 다음과 같다. 첫째, 청국은 조선국이 완전한 자주 독립국임을 인정한다. 둘째, 청국은 요동반도와 대만 및 팽호도를 일본에 할양한다. 셋째, 청국은 일본에 배상금 3천만 냥을 지불한다. 넷째, 사시(沙市)·중경(重慶)·소주(蘇州)·항주(杭州)의 개항과 일본 선박의 양자강 및 부속 하천의 자유로운 항해를 보장한다. 다섯째, 일본인의 거주·영업·무역의 자유를 승인한다. 마관조약은 남경조약 이후 두번째 매국적인 조약으로 외국 자본주의의 경제 침탈이 상품 수입에서 자본 수출 단계로 발전했음을 상징적으로 보여준다.

공거상서

광서 21년(1895) 갑오전쟁(甲午戰爭)이 끝난 후 청나라 조정은 이홍장을 일본으로 파견하여 마관조약을 체결토록 하였다. 이에 전국적으로 많은 백성들이 격분하였다. 3월 28일 사제지간인 강유위와 양계초 역시 크게 놀라 불평등 조약의 철회를 주장하는 청원서를 돌리는 한편 「만언서(萬言書)」 세 장을 작성하여 황제에게 올렸다. 내용은 황제가 유조를 내려 천하의 기를 고취시키고, 천도하여 천하의 근본을 바로잡으며, 병사를 훈련시켜 천하의 세를 강화하고, 변법으로 천하의 다스림을 이룩하라는 것이었다. 아울러 그들은 부국(富國), 양민(養民), 교민(敎民) 등 세 가지 항의 변법을 건의하였다. 당시 회시(會試)를 보기 위해 북경에 모인 거인(擧人)들은 송균암(松筠庵)에 모여 강유위와 양계초의 주장에 동조하고 약 1300여 명이 연대 서명하였다. 4월 8일 강유위와 양계초 두 사람은 18성(省)에서 온 거인들과 시민 수천 명을 이끌고 도찰원 정문에 모여 계속해서 상주(上奏)해줄 것을 요청했다. 이것이 바로 '공거상서(公車上書)'이다. 비록 도찰원에 의해 거절당했지만 이로써 사인(士人)의 정치 참여를 불허한 청 조정의 금령이 타파됨과 동시에 전국적으로 큰 영향을 끼치게 되었으며, 이후 광서제가 직접 읽게 됨으로써 유신변법을 실시하는 계기가 되었다.

1896년 ▶ **양계초** · 황준헌(黃遵憲), 상해에서 『시무보(時務報)』 창간. 러시아와 동청(東淸) 철도 밀약. 『서학부강총서(西學富强叢書)』 간행.

1897년 ▶ **상무인서관** 설립. 『농학보(農學報)』 창간. 러시아, 여순(旅順) · 대련(大連) 점령.

■ 그 무렵 우리는…

1896년 조선, 전국에서 의병 봉기. 독립 협회 결성. 고종이 러시아 공사관으로 거처를 옮김(아관 파천).

1897년 조선, 대한 제국 선포.

■ 그 무렵 외국은…

1896년 그리스, 제1회 근대 올림픽 개최.

양계초

양계초(梁啓超: 1873~1929), 자는 탁여(卓如)이고 호는 임공(任公)이며, 광동성 사람이다. 스승이자 동료인 강유위와 마찬가지로 금문학파에 속하는 유학자였던 그는 북경 회시에 참가하여 스승과 더불어 공거상서를 올렸으며, 이후 유신변법에 참가하여 『시무보(時務報)』 『청의보(淸議報)』 등을 주관했다. 그러나 광서 24년 무술정변으로 인해 유신변법이 실패로 돌아가자 일본으로 망명하여 『신민총보(新民叢報)』를 발행하는 등 새로운 근대적 정치 공동체를 세우는 데 주력하였다. 그는 강유위와 마찬가지로 황권이 존속하는 상태에서 입헌주의를 실시할 것을 주장하여

양계초

손문(孫文) 등의 혁명론에 반대했으며, 신해혁명(辛亥革命) 이후에는 입헌파 중심의 소수 정당인 진보당을 조직하였으나 이후 원세개 밑에서 사법총장을 역임했다. 그러나 원세개가 제정(帝政)을 부활시키려고 기도하자 격분에 찬 탄핵문을 쓰기도 했다. 1899년 이후 고문인 동성파(桐城派)의 산문 대신 신문체를 적극 주창한 그는 소설계(小說界)와 시계(詩界)의 혁명을 통해 문체 개혁을 비롯한 개량 운동에 참여하였다. 마르크스주의에 반대했던 그는 5 · 4운동 이후에도 적극적으로 신문화 운동에 참가하고자 했으나, 중국의 신문화 운동을 비롯한 개혁 운동은 더 이상 그의 몫이 아니었다. 말년에 북경도서관 관장을 맡았으며, 문집으로 『음빙실합집(飮氷室合集)』이 있다. 역사는 그를 청말 저명한 자산 계급 개량주의 정치가로 규정짓고 있다.

상무인서관

　상해에서 1897년 창립된 상무인서관(商務印書館)은 1911년에 설립된 중화서국(中華書局)과 함께 중화민국 초기의 대표적인 출판사이다. 신간 발행이 1920년에만 773종에 이를 정도로 다양하고 방대했으며, 고전 영인에도 관심을 기울여 『사부총간초편(四部叢刊初編)』(전체 2112책)을 간행하기도 했다. 『소설월보』·『동방잡지』·『교육잡지』·『소년잡지』·『학생잡지』·『부녀잡지』 등 다양한 잡지를 발행했으며, 5·4운동이 발발한 이후 문학연구회의 기관지로 개편되었다.

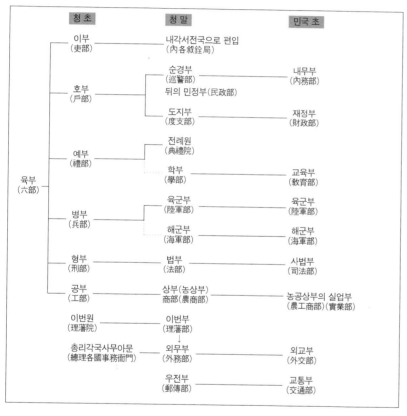

청나라 시기 6부 관제의 변천 상황

공거

청나라 관서(官署) 명칭으로 위위(衛尉)에 예속되었으며, 공거령(公車令)을 두어 궁전 사마문(司馬門)의 경비 업무를 관장토록 했다. 관원과 백성들이 글을 올리거나 부름에 응하는 경우 공거에서 접대하였다. 한나라 때는 국가 기관의 거마(車馬)로 효렴(孝廉)에 선발된 이들을 호송하였는데, 당나라와 송나라 이후 과거를 열어 선비를 뽑거나 거인(擧人)이 회시에 참가할 경우 해당 성 정부에서 직접 그들을 수송하거나 여비를 발급했다. 그래서 '공거'는 거인이 입경하여 과거에 응시하는 것을 칭하는 말을 대신하게 되었다.

A.D.1898년

1898년 ▶ 강유위, 북경에서 월학회(粵學會) 조직. 과거에 경제특과(經濟特科) 신설. 경사대학당(京師大學堂: 최초의 국립 대학) 설립. 독일 교주만(膠州灣) 조차, 러시아, 여순·대련 조차. 프랑스, 광주만(廣州灣) 점령. 복건·운남·광서 불할양 조약. 백일유신(百日維新)—광서제, 명정국시(明定國是) 내리고 강유위를 통해 **변법자강운동**. 영국, 구룡반도·위해위(威海衛) 조차. 무술정변—강유위의 변법자강운동에 대한 쿠데타. 서태후, 광서제를 유폐시키고 변법파를 투옥하여 무술육군자를 처형함. 담사동(譚嗣同: 1865~1898) 사망. **엄복**, 『천연론(天演論)』 번역.

■ 그 무렵 우리는…
1898년 한국, 만민 공동회 개최. 『황성신문』 창간.

■ 그 무렵 외국은…
1898년 미국·스페인 전쟁.

변법자강운동

양무운동이 실패한 후 강유위, 담사동(譚嗣同), 양계초, 엄복(嚴復) 등이 중심이 되어 변법자강(變法自强: 일명 유신운동維新運動)을 주장하기 시작했다. 주된 내용은 서구 열강의 침탈에 맞서 국가를 보존하기 위하여 제도를 개선하고 부국강병을 이룩해야 한다는 것이었다. 재차 올린 상서를 직접 본 광서제가 강유위의 건의를 받아들여 그를 공부주사(工部主事)에 임명하는 한편 명정국시(明定國是)의 조령을 발표하고 변법을 시행했다. 팔고문(八股文) 철폐와 국립 대학(경사대학당) 설립, 지방 서원을 학당으로 개편, 농업과 상업을 진흥시키기 위한 노광총국(路鑛總局)·상무국(商務局) 등의 설립 등이 주된 내용이었으며, 이러한 정책을 시행하기 위해 33세의 담사동을 비롯한 젊은 개혁가들을 받아들였다. 그러나 변법자강운동은 경향 각지에서 구관료들의 심한 저항에 직면하였고, 급기야는 서태후를 중심으로 한 수구 세력들의 무술정변으로 103일 만에 실패로 끝나고 만다. 황제는 궁중에 연금되었고, 핵심 인물인 강유위와 양계초 등은 해외로 망명하였다. 그러나 연금된 황제를 구하고자 했던 담사동은 강유위의 동생인 광인(廣仁)을 비롯한 유광제(劉光第), 양예(楊銳), 양심수(楊深秀), 임욱(林旭) 등과 더불어 북경 야채 시장에서 처형되고 말았다. 이들을 일러 무술육군자(戊戌六君子)라고 한다. 무술년에 본격 시행된 무술변법은 비록 실패로 끝나고 말았지만, 중국 근대사에서 처음 시도된 사상 해방 운동이자 봉건 제도에 대한 대담한 개혁을 통해 중국 근대 정치의 물꼬를 튼 사건이었다.

엄복

엄복(嚴復: 1853~1921), 자는 우릉(又陵)이며 복건성 후관(侯官) 출신이다. 복주 선정학당(船政學堂)을 졸업하고 영국으로 건너가 해군 군사학을 배웠다. 귀국 후 이홍장의 배려로 천진수사학당(天津水師學堂)의 총판(總辦)을 맡았으며, 청·일전쟁에서 패배한 후 당시 위기의 원인과 그 해결 방법에 관한 의견을 제시하는 글들을 발표하면서 유신변법을 주장하였다. 그가 주장한 이론의 바탕은 인류 역사에서 사상의 힘의 작용의 중요성이었다. 그는 허버트 스펜서의 사회진화론을 통해 서양 문명의 역동적인 힘은 바로 사상의 힘이며, 진화론자들이 자신들의 세력을 자유롭게 발휘함으로써 당대의 서구 사회가 발전할 수 있었다고 보았으며, 이에 반해 중국은 진화의 구조와 이치를 제대로 파악하지 못했기 때문에 발전할 수 없었다고 주장했다. 그래서 군사·재정·외교 등의 외적 개혁과 인재 양성, 습관의 변화, 인간 정신의 개조 등을 중심으로 한 내적 개혁이 있어야만 하며, 무엇보다 이를 위해 교육이 중요하다고 여겼다. 엄복은 서구 자본주의 사상과 진화론에 관계되는 서적을 번역하여 『천연론(天演論)』 『원부(原富)』 『법의(法意)』 등의 이름으로 출간하였으며, 1902년에는 경사대학당 부설 번역국의 장관을 역임하였다. 그러나 신해혁명 이후 원세개를 받드는 중요한 지지 그룹인 주안회(籌安會)의 중요 회원으로 가담했으며, 부의(溥儀)의 상담역을 맡는 등 보수적인 색채를 띠었다.

엄복

19세기 신강성의 운명

19세기 중엽 이후 신강성은 영국, 러시아 등이 각축을 벌이던 전쟁터로 언제라도 분할 점령될 위험성이 있었다. 광서(光緖) 원년(1875) 3월, 청 조정은 좌종당(左宗棠)을 흠차대신(欽差大臣)에 명하여 신강 지역의 군사 업무를 감독하도록 했다. 광서 2년(1876) 2월, 좌종당은 유금당(劉錦棠)을 전적통령(前敵統領)에 임명하고, 청군을 이끌고 신강 지역으로 들어갔다. 청군은 신강 지역의 할거 세력을 평정하는 한편 이듬해(1877) 투루판을 공격하여 전역을 수복하였다. 당시 이슬람교도의 반란을 이용하여 카슈가르를 점령하고 영국 및 오스만투르그와 연합하려고 했던 야쿠스벡(阿古柏)이 자살하고, 광서 4년(1878년) 화전(和闐)을 수복함으로써 이리(伊犁)를 제외한 신강 영토 전역이 수복되었다. 광서 10년(1884) 청 조정은 신강을 성(省)으로 지정하고 첫번째 신강 순무(巡撫)로 유금당을 임명하였다

양무기업 - 윤선초상국·기기직포국·개평광무국

양무자강운동 초기, 서구 열강의 부강한 이유가 막강한 군사력에 있다고 생각한 청 조정은 군사 개혁을 통해 군대를 근대화시키고, 군수 공장을 건설하여 군사력을 강화하는 데 총력을 기울였다. 양무운동의 주체 세력이었던 증국번과 이홍장, 좌종당 등은 자신들이 인솔하고 있던 군대를 합쳐 용영(勇營)이란 새로운 군대를 만들었으며, 1876년 영국에서 포선(砲船) 4척을 사들여 북양함대를 창설하기도 했다. 그러나 신식 군대를 양성한다고 서구 열강의 침탈을 막아낼 수 있는 것은 결코 아니었다. 청 조정과 양무운동가들은 1884년 청불전쟁에서 패한 후 단순한 군사력 배양만으로는 서구를 당할 수 없다는 것을 뼈저리게 느끼게 되었다. 이후 그들은 군사력 배양 이외에도 제조업을 육성하고 교통과 통신을 근대화하여 산업화를 이룩해야만 서구처럼 부강할 수 있을 것이라고 생각했다. 이에 청 조정과 양무운동가들은 양무기업(洋務企業)을 육성하여 산업화를 위한 새로운 목표를 정하고 나아가기 시작했다. 그래서 등장하기 시작한 것이 윤선초상국(輪船招商局), 상해기기직포국(上海機器織布局), 개평광무국(開平鑛務局) 등 항운업, 광산업, 방직업과 관련된 관립 회사들이었다. 그러나 양무자강운동이 실패로 돌아가면서 중국의 산업화는 좀더 시간을 기다려야만 했다.

A.D.1899년

1899년 ▶ 미국, 대(對)청 문호 개방 선언. 프랑스 광주만 조차. 안양(安陽)에서 갑골 문자 발견. 강유위·양계초, 일본에서 **보황회** 조직. 산동에서 **의화단의 난** 발생. 의화단, 영국 선교사 살해. 임서(林紓), 『파려다화여유사(巴黎茶花女遺事)』 번역.

■ 그 무렵 우리는…
1899년 한국, 서대문과 청량리 사이에 전철 개통.

■ 그 무렵 외국은…
1899년 러시아, 톨스토이가 『부활』을 발표함.

보황회

무술변법이 실패로 돌아간 후 강유위와 양계초 등 변법유신의 주체 세력들은 일단 해외로 망명하여 죽음을 면할 수 있었다 그들은 해외 화교들 중심으로 보황회(保皇會)를 조직하고, 이를 통해 국내와 연계하여 서태후를 반대하고 광서제를 옹호하였다. 1907년 당시 청 조정은 입헌(立憲)을 위한 준비를 하고 있었는데, 강유위는 이에 호응하여 기존의 보황회를 국민헌정회(國民憲政會)로 명칭을 바꾸고 도쿄를 기반으로 정문사(政聞社)를 조직하여 국회 설립, 사법부의 독립, 지방 자치의 확대 등을 주장하였다. 그들은 국내 활동을 재개하고자 했으나 청 조정은 그들의 입국을 허용하지 않았다. 결국 보황회는 이렇게 정리되었다.

의화단운동

아편전쟁 이후 서양의 천주교와 예수교, 제정러시아의 동방정교회 등에서 파견한 전교사(傳敎士)들이 거의 3000여 명을 넘었다. 그들은 중국 각지에서 교회를 세우고 교도를 모집하여 교세를 확장하는 한편 자신들의 본국과 연계하여 정보를 제공하고 이권에 개입하는 등 열강의 중국 침략에 앞잡이 노릇을 했다. 이에 크게 저항한 중국인들이 마침내 무기를 들고 일어선 것이 바로 의화단운동(義和團運動)이다.

당시 산동 지방은 독일이 교주만(膠州灣)을 강점한 이후 열강의 경제 침탈이 강화되고 외국 전교사들이 매우 증가하면서 민족 모순이 격화되고 있었

무술을 단련하는 의화단 병사

의화단을 진압하기 위해
협력한 독일군과 영국군

다. 당시 민간에서 반청(反淸) 비밀 결사의 하나로 무술을 단련하던 이들의 모임이었
던 의화권(義和拳)이 급부상하면서 농민, 수공업자들과 함께 반제(反帝) 투쟁의 기치
를 높이 들었다. 1898년 청 정부 공식 문서에서 의화단으로 명명된 그들은 부청멸양
(扶淸滅洋)을 주장하며 교회나 철도를 파괴하는 등 대규모 폭동을 일으키며 급기야
북경에 있는 외국인 조계지까지 공격하기에 이르렀다. 당시 광서제를 폐위시키고자
했으나 열강의 반대에 부딪힌 자희태후는 의화단의 봉기를 이용하고자 했다. 그러나
열강의 지속적인 강요를 이길 수 없었던 그녀는 의화단 진압을 요청하지 않을 수 없
었다. 1900년 5월 각국 공사는 연합군을 결성하여 의화단의 난을 진압하기로 결정하
고, 그해 8월 8개국 연합군이 북경을 점령하면서 의화단의 난을 종식시켰다. 이후 청
정부는 각국에 4.5억 량을 배상하고, 북경에 중국인이 들어올 수 없는 사관구(使館區)
를 설립하는 등을 주요 내용으로 하는 굴욕적인 신축조약(辛丑條約)을 체결할 수밖
에 없었다. 이로써 중국은 열강의 군사 식민 통치를 수용하는 반식민 상태로 빠지고
말았다.

> **월남이란 국명**
>
> 월남(越南)은 중국에서 현재 베트남 사회주의공화국(Socialist Republic of Vietnam)을 부르던 국명이다. 월남의 옛
> 국명은 안남(安南)인데, 이는 679년 중국이 하노이에 안남도호부(安南都護府)를 둔 데서 시작된다. 가경 7년(1802)
> 완복영(阮福映: 구엔푹완)이 안남을 통일하고 중국에 입공(入貢)하여 책봉과 더불어 국호를 개칭하기를 요청하자 가
> 경제가 이에 응해 월남으로 바꾸게 된 것이다.

A.D.1900~1901년

1900년 ▶ 영·미·독·프 4국 공사, 청 정부에 2개월 이내 의화단 토벌을 요청. 연합군이 북경으로 진군. 의화단, 북경에 침입, 교회 방화하고 각국 공사관 포위. 청 정부, 열국에 선전 포고. 연합군, 천진 점령. **8개국 연합군 북경 점령**. 서태후, 광서제를 데리고 서안(西安)으로 몽진. 러시아, 만주 점령—청·러 협정. 장지동·유곤일(劉坤一) 등, 상해 각국 영사들과 동남호보(東南互保) 협정 체결. 손문, 혜주(惠州) 의거 실패. 연합군, 북경관리위원회 설립. 『마씨문통』의 저자 **마건충** 사망.

1901년 ▶ 변법(變法)의 조(詔). 동아동문서원(東亞同文書院) 설립. 손문, 일본 망명. 북경 의정서(議定書: 신축조약辛丑條約) 조인. 이홍장(1823~1901) 사망. 서태후·광서제, 북경으로 돌아옴. 양계초, 『신민총보(新民叢報)』 창간. 이백원(李伯元), 『관장현형기(官場現形記)』 발간.

- ■ 그 무렵 우리는…
1900년 조선, 활빈당이 활동을 시작함. 경인선 개통. 서울 인천 사이 장거리 전화 개통.

- ■ 그 무렵 외국은…
1900년 독일, 철학자 니체(1844~)의 사망. 오스트리아, 프로이트가 『꿈의 해석』을 발표함.

8개국 연합군 북경 점령

　의화단의 난이 고조되면서 의화단원들은 선교사나 외국인들을 위협하고, 철도나 전선을 비롯한 서구적인 것들을 모두 파괴하는 등 배외(排外)의 성격을 분명하게 밝혔다. 그들은 천진의 조계(租界)와 북경의 외교가를 공격하기 위해 행진을 계획했다. 이에 놀란 영국·미국·독일·프랑스 4개국 공사들은 즉각 청 조정에 의화단을 평정하지 않을 경우 자신들이 공동으로 출병하겠다고 통보하였다. 그러나 청 조정은 아무런 해결책도 내놓을 수 없었다. 그런 와중에 일본공사관의 서기관과 독일공사가 북경 거리에서 피살되고 공사관이 포위되는 사건이 발생했다. 이에 일본·영국·미국·독일·프랑스·오스트리아·이탈리아 등 8개국은 천진의 길목에 있는 대고항(大沽港)을 거쳐 공사관을 보호한다는 명목으로 해병대를 북경으로 파견하였다. 당시 서태후는 열강이 광서제를 복권시키고자 한다는 잘못된 소식을 듣고 6월에 열강에 대해 선전포고를 했다. 이후 의화단원들은 철도나 전선을 파괴하는 것은 물론이고 성당과 교회를 불태웠으며, 선교사들을 죽이기도 했다. 이에 다시 출병한 연합군은 1900년 7월 천진을 함락시키고 다음달 북경까지 쳐들어왔다. 일단 각국 공사관의 직원들을 구출한 그들은 광서제를 데리고 서안으로 몽진한 서태후 대신 북경을 공동으로 관리하였다. 서태후는 양무파인 이홍장을 직예총독 겸 북양대신으로 임명하여 열강 8개국과 교섭하도록 했다. 1년이 넘는 지루한 협상 끝에 신축조약(辛丑條約: 북경의정서北京義定書라고 부르기도 한다)이 체결되었고, 청나라 조정은 총 4억 5천만 냥의 배상금을 30년 동안 분할 상환하는 것은 물론이고, 공사관 보호를 위해 북경 외교가인 동교민항

(同交民巷)은 물론이고 북경에서 산해관까지 철도를 따라 외국 군대가 주둔할 수 있게 해주었다. 이로써 청나라는 열강 앞에서 완전히 무장해제를 당한 셈이었다.

마건충의 『마씨문통』

마건충(馬建忠, 1845~1900), 자는 미숙(眉叔)이며 강소 단도(丹徒) 사람이다. 유년 시절부터 라틴어, 그리스어, 영어, 불어 등을 학습했다. 1876년 이홍장의 추천을 받아 낭중(郎中) 자격으로 프랑스에서 공부하면서 당시 주 프랑스 공사의 통역원으로 일했다. 귀국 후 양무파(洋務派)의 일원으로 활동했으며, 한어(漢語) 어법 연구를 했다. 그는 한어를 사류(詞類)에 따라 분석하는 한편 실사(實辭)와 허사(虛辭)를 구분하고, 아울러 구법 구조를 체계적으로 분석하였다. 이로써 한어 어법 체계에 대한 토대가 마련되었다. 그 연구의 결과물인 『마씨문통(馬氏文通)』은 현대 한어 어법 연구의 토대를 마련한 저서라고 평가받고 있다.

공행

공행(公行)은 서양과 무역을 독점할 수 있는 특허 상인 조합을 말한다. 주로 광동에서 이루어진 대외 무역에서 중국 측을 대표하여 관세를 징수하고 이를 국가에 상납했다. 그러나 아편전쟁 이후 자유 무역이 강제됨에 따라 폐지되었다.

금석학

금석학(金石學)은 고대 청동기나 석각(石刻) 등에 새겨진 명문(銘文)을 연구하는 학문으로 송나라 때 처음 시도되었다. 금석학은 첫째 유물을 근거로 삼는다는 점에서 고고학(Archaeology)에 속하며, 적혀 있는 명문을 연구한다는 점에서 명각학(Epigraphy)에 들어간다. 특히 고문자학을 연구하는 데 금석학은 필수불가결한 자료를 제공한다. 물론 금문(金文)에 대한 연구가 시작된 것은 이미 진한(秦漢) 시절로 거슬러올라가지만, 고대 청동기가 본격적으로 연구 대상이 된 것은 그 이후의 일이었다. 특히 청대에는 고대 청동기물이 대량으로 발견되고, 학자들 역시 청동기의 명문이 육서(六書)의 조리에 통하게 하며, 육경(六經)의 보조 날개가 된다는 인식을 하고 있었기 때문에 보다 체계적인 연구가 가능했다. 금석학은 이렇듯 사료에 대한 방증 자료를 제공할 뿐 아니라 글자 해독과 더불어 서법 연구에도 지대한 영향을 미쳤다. 청대 금석학은 특히 고문자학 방면에서 오대징(吳大澂), 손이양(孫詒讓)을 거쳐 갑골문 연구에 탁월한 성과를 보여준 나진옥(羅振玉)과 왕국유(王國維)에 이르러 집대성된다.

A.D.1902~1905년

1902년 ▶ **전족 금지**. 러시아와 동북 3성 조약 체결. 원세개(袁世凱), 직례 (直隷) 총독 겸 북양대신에 임명됨. 영국과 매케이 통상 조약. 상해 에서 광복회(光復會) 결성.

1903년 ▶ 러시아, 재차 남하(봉천 점령). 영국 원정대, 라사(喇薩) 점령 (~1904). 유악(劉鶚), 청말 **견책소설**의 대표작『노잔유기』지음.

1904년 ▶ 산동 철도 개통. 황흥(黃興) 등, 장사(長沙)에서 화흥회(華興會) 결성.『동방잡지(東方雜誌)』창간. 러·일전쟁 발발하자 중국은 중 립을 선언함. 채원배 등, 광복회 결성. 제2인터내셔널, 암스테르담 회의.

1905년 ▶ 상해 총상회, 미국의 화교 배척에 항의하여 미국 상품 보이콧 결 의. 손문, 일본 동경에서 중국혁명동맹회(中國革命同盟會) 결성. **과거제도 폐지**. 내정 개혁. 호부은행(戸部銀行) 설립. 경한(京漢) 철도 개통. 유학생 취체(取締 : 단속) 규칙에 항의하여 재일 유학생 2000여 명 귀국. 일본, 여순·대련 조계 지역에 관동도독부 설치.

■ 그 무렵 우리는…
1903년 한국, YMCA 창립.
1904년 한국, 한·일 의정서 강제 체결. 러일 전쟁 시작.
1905년 한국, 을사조약 강제 체결. 경 부 철도 개통.

■ 그 무렵 외국은…
1902년 영국·일본 동맹 체결.
1903년 미국, 라이트 형제가 최초의 비 행에 성공.
1905년 러시아, 피의 일요일 사건이 일 어남.

전족 금지

전족(纏足)의 습관은 대략 송나라 때부터 시작되었다고 보는 것이 일반적이다. 초 기에는 주로 궁중에서 유행하였으나 북송 중기 이후에는 귀족 부녀자들도 전족을 하 기 시작했다. 전족은 발의 발육을 막아 기형화시키는 흉측한 관습으로, 큰 고통이 따 르는 일이었음에도 불구하고 지속적으로 유행했던 것은 무엇보다 부녀자를 일종의 애완물로 보던 봉건 사회의 사회 심리와 봉건 사대부들의 병태적인 심미관 때문이라 는 것이 정설이다. 청나라 초기에는 만주인들에게 전족의 습관이 없다는 이유로 전족 을 금지시켰으나 오랜 관습을 막을 수 없었으며, 태평천국의 난 때에도 전족 금지를 주장하였으나 철저하게 시행되지 못했다. 부녀자의 전족이 완전히 타파된 것은 신해 혁명 이후라고 할 수 있다.

전족에 신는 신발(왼쪽)
전족을 한 여성(오른쪽 위)
전족을 해서 기형이 된
발(오른쪽 아래)

견책소설

　양무운동이 실패하게 된 가장 큰 원인 가운데 하나는 관료의 부패였다고 할 정도로 청나라 말기 관료 사회는 부정부패와 무책임, 그리고 비능률로 얼룩져 있었다. 이처럼 더러운 사회 현실에 가장 첨예하게 다가서서 고발과 질타를 마다하지 않은 것은 역시 문인의 글이었다. 특히 1900년부터 1910년 즈음까지 소설은 현실 비판과 고발의 창구 역할을 했다. 노신은 이러한 소설들을 일러 견책소설(譴責小說)이라고 불렀다. 청말 견책소설 가운데 내용이나 형식면에서 모두 예술적 성취를 이룩한 작품은 유악(劉鶚, 1857~1909)의 『노잔유기(老殘遊記)』, 이백원(李伯元, 1867~1906)의 『관장현형기(官場現形記)』, 오견인(吳趼人, 1866~1910)의 『이십년목도지괴현상(二十年目睹之怪現狀)』, 증박(曾朴, 1872~1935)의 『얼매화(孽海花)』 등 네 가지이다. 『관장현형기』는 자가 백원(伯元)인 이보가(李寶嘉)가 쓰다가 병사한 후 그의 친구인 석추생(惜秋生)이 쓴 단편 소설 60편으로 청말 관료 사회의 온갖 추악한 몰골에 대한 기록이며, 『노잔유기』는 방울을 흔들며 강호를 떠돌아다니는 의사 노잔이 보고 들은 이야기를 통해 당시 사회상을 반영하고 있는 소설이다. 그리고 『이십년목도지괴현상』은 1903년부터 1909년까지 양계초가 주관하고 있던 『신소설』 잡지에 발표한 소설로 '구사일생(九死一生)'이란 주인공(작가의 분신)이 20여 년 동안 보고 들은 것을 이야기하면서 당시 사회의 추악한 모습을 그대로 드러내고 있다. 마지막으로 『얼매화』는 다른 세 작품과 달리 실제 주인공과 실제 일을 통해 청조 황제를 직접 겨냥하여 비판의 화살을 던졌을 뿐더러 민주주의와 민족주의를 표방한 계몽주의적 성격을 강하게 드러냈다. 이상 네 가지 견책소설을 포함하여 청말의 소설계는 당시 사람들에게 크게 인기를 끌면서 중국 전통 소설의 대미를 장식하였다.

과거제도 폐지

　1905년 청나라 조정이 조칙을 내림으로써 마침내 과거제도가 사라졌다. 청나라 초기에는 3년마다 정기적으로 식년시(式年試)가 실시되었고, 황제가 조(詔)를 내려 인재를 구하는 조거(詔舉)가 있었다. 조거에는 강희제가 시행한 박학홍사과(博學鴻詞科)를 위시로 효렴방정과(孝廉方正科)·직언과(直言科)·산림은일과(山林隱逸科) 등이 있었는데, 이는 역량 있는 한족의 문사들을 영입하기 위한 하나의 책략이었다. 이외에 청조의 황족 출신을 위한 종실과(宗室科)와 팔기인(八旗人)들을 위한 기과(旗科)·번역과 등이 실시되었고, 말기에는 경제특과(經濟特科)가 신설되어 당시의 수요를 짐작할 수 있다. 청대에도 다른 조대와 마찬가지로 반드시 과거를 통해야만 관리가 되는 것은 아니었다. 금전으로 관직을 얻는 연납(捐納), 군공에 의한 방법, 고관

A.D.1906년

1906년 ▶ 상해 화신사창(華新絲廠) 노동자, 공장을 일본인에게 매도하는 것에 반대하여 파업. 남창교안(南昌敎案). 중앙 관제 대개혁(육부六部 폐지). 영국인 **슈타인** · 프랑스인 **펠리오**, 감숙 · 신강 지역을 탐험 조사(~1908) 이후 **막고굴의 고문서** 발견.

■ 그 무렵 우리는…
1906년 한국, 통감부 설치(초대 통감 이토 히로부미). 손병희가 동학을 천도교로 개칭함.

귀족의 자제로서 황제의 은상(恩賞)으로 관직에 오르는 임음(任蔭), 하급 관리인 서리가 정부의 선발로 승진되는 이선(吏選) 등이 있었다. 광서 말년 강유위와 양계초 등의 유신파가 유신변법을 통해 과거제 폐지를 주장하기 이전부터 과거제는 이미 자기 몫을 제대로 하지 못하고 있었다. 일단 1898년 무술개혁을 통해 기존의 팔고문을 폐지하고 책론으로 시험을 보도록 했으나 유신파가 무너지면서 시행되지 못했다. 그러나 대세를 거역할 수 었었던 청 조정은 마침내 1905년 8월 4일 과거제 폐지의 조칙을 내릴 수밖에 없었다. 역대로 유능한 인사의 등용문으로 자리잡았던 과거제는 이처럼 근대화의 물결을 타고 사라지고 만 것이다.

슈타인과 펠리오의 도적질

1900년 자칭 도사 왕원록(王圓錄)이 현재 제16호로 지정된 당나라 말기 석굴에 거처를 정하고 있었다. 그는 여름이면 시원하고 겨울이면 추위를 막을 수 있는 이 동굴의 한켠에서 작은 밀실이 있음을 발견하였다. 그리고 그 속에서 획기적인 유물들을 목도하였다. 난잡하게 흩어져 있던 유물 속에는 약 10세기 이전의 불전과 문학 작품을 포함한 고문서와 불화류가 되는 대로 섞여 있어, 그 옛날 어떤 사태에 직면하여 의도적으로 숨겨놓은 것이라는 추측이 가능했다. 1035년 티베트계 당항족인 서하(西夏)의 조원호(趙元昊)가 돈황(敦煌)을 점령하였다는 사실과 연계하여 그들이 쳐들어올 때 당시 수도승들이 이 유물들을 숨겨놓은 것이라는 견해가 타당한 것은 이 때문이다. 갑골문의 발견에 비길 수 있는 엄청난 일이었지만 발굴과 조사를 주도할 정부는 의화단사건으로 8개국 연합군에 의해 수도 북경을 빼앗기고 광서제와 서태후가 서안으로 몽진한 상태였다. 그리고 그저 그렇게 세월이 흘렀다. 1907년 당시 삼장법사(三藏法師) 현장(玄奘)의 『대당서역기(大唐西域記)』를 좇아 실크로드를 탐사하고 있던 헝가리 출신 유태인으로 영국 국적을 가지고 있던 오렐 슈타인(Stein, Aurel: 1862~1943)이 엄청난 양의 고문서를 발견했다는 소식을 듣고 왕씨를 찾아왔다. 그는 왕씨에게 삼장법사 운운하면서 마제은(馬蹄銀) 4매를 건네주고 1만 점이 넘는 고문서와 화번(畫幡: 늘어뜨린 장막처럼 족자 형태에 그림을 그린 것)을 손에 얻었다. 그리고 재빨리 영국으로 귀국하여 대영박물관에 기증하였으며, 자신은 그 덕으로 경(卿)의 호칭을 얻었다. 사기 매매에 문화재 도둑질이 곁들여져 귀족이 된 사내였다. 다음해 역시 신강 지역에 있던 프랑스 사람 펠리오(Peliot, Paul: 1878~1945)도 소문을 듣고 돈황으로 달려와 5000여 점의 유물을 입수하였다. 펠리오의 소개로 깜짝 놀란 북경에서 새삼스럽게 돈황으로 사람을 보냈지만 현재 제17호로 지정된 '잊었던 문물의 보고'는 이미 슈타인과 펠리오의 손에 의해 텅 비고 '장경동(藏經洞)'이란 칭호만 남기게 되었다. 이제 사람들은 돈황의 보물을 보기 위해 대영박물관의 슈타인 수집관이나 그 일부가 소장된 인도 뉴델리 국립박물관, 그리고 펠리오의 수집품이 소장된 파리의 기메 미술관을 가야만 한다.

막고굴의 고문서

돈황에서 발견된 고문서는 약 2만여 권으로 대부분 필사본이며 약간의 목판본이 있다. 종류는 불경을 중심으로 경(經)·사(史)·자(子)·집(集)·시(詩)·사(詞)·곡(曲)·의서(醫書)·역서(曆書) 등 다종다양하다. 특히 문학류는 문학사를 다시 써야 할 정도로 새로운 것들이 다량 발굴되었다. 예를 들면, 당대 시가 총집이라 할 수 있는 『전당시(全唐詩)』에 수록되지는 않았지만 당시에 대단한 인기를 끌었다고 전해지던 위장(韋莊)의 장편 서사시 「진부음(秦婦吟: 장안의 패망을 읊고 있다)」, 왕범지(王梵志)의 5언 백화시, 송사(宋詞)의 발생과 밀접한 연관을 맺고 있다고 주목받는 민간 가사(歌辭: 곡조가 있어 노래를 부를 수 있는 가사), 당대 민간 강창(講唱) 문학의 중요한 형식으로 주로 불교의 교리에 대한 이야기를 소재로 삼았던 변문(變文), 당대 민간에 유행하던 화본 소설(話本小說: 돈황의 화본 소설이 발견되기 전까지는 화본이 송대에 시작된 것으로 여겨졌다) 등이다. 돈황에서 이처럼 새로운 문학 자료가 발굴됨으로써 기존의 문학 연구에 새로운 전기가 마련되었다. 이는 회화의 경우도 마찬가지여서 돈황의 중국 중원 지방에서는 전혀 볼 수 없었던 8세기에서 10세기 불화(佛畫)의 모습을 최초로 보여주고 있으며, 특히 화본의 경우는 길이 8m를 넘는 대형 작품을 비롯하여 다양한 형태의 것이 발견되었다. 비록 1972년 호남성 장사(長沙)의 마왕퇴 한묘에서 최고(最古)의 화본이 출토되어 최고의 타이틀은 상실되었지만 양적인 풍부함과 다양성으로 말미암아 그 가치는 여전히 유효하다.

A.D.1907~1910년

1907년 ▶ 양계초, 동경에서 정문사(政聞社) 설립. 원세개, 군기대신에 임명. 광복회 안경(安慶) 의거. 흠렴(欽廉) 의거. 진남관(鎭南關) 봉기. 만주를 봉천·길림·흑룡강 3성으로 나눔. 전국 22성.

1908년 ▶ 광서제 사망. 제2차 진마루(辰丸)호 밀수 사건—광동 각지에서 일본 상품 보이콧 운동. 헌법대강 발표. 안휘(安徽) 신군(新軍) 의거. 서태후 사망, **선통제 부의**(재위 1908~1912)가 **자금성**에서 즉위.

1909년 ▶ 군정(軍政) 통일의 조(詔). 원세개 실각. 간도 문제에 대한 청·일 조약 체결. 북경·천진·동북 등지에서 안봉(安奉) 철도 문제로 일본 상품 보이콧 운동 전개.

1910년 ▶ 광동 신군 의거. 은본위제로 화폐 제도 개혁. 북경에 자정원(資政院) 설치. 중국에 대한 4국 차관단(對中四國借款團) 결성. 『민립보』『소설월보(小說月報)』 창간.

■ 그 무렵 우리는…
1907년 한국, 국채 보상 운동. 헤이그 특사 파견. 고종 황제 퇴위. 군대 해산. 신민회 설립.
1909년 한국, 안중근이 이토 히로부미 사살. 나철이 대종교 창시함.
1910년 한일 합방 조약 체결(경술국치).

■ 그 무렵 외국은…
1907년 네덜란드, 헤이그 국제 평화 회의 개최.

선통제 부의

광서제의 아우인 순친왕(醇親王) 재풍(載灃)의 아들로 태어난 부의(溥儀: 1906~1967)는 만 두 살이 되던 해 10월, 청조 제12대 황제에 즉위하여 선통제(宣統帝)가 되었다. 1908년 즉위식을 하면서 집에 가겠다고 울었던 그는 6세 때 신해혁명으로 퇴위를 강요받아 황제의 자리에서 물러났으나, 1922년까지 황제의 대우를 받으며 의모인 황태후(동태후東太后) 및 세 명의 태비와 함께 자금성(紫禁城)에서 살았다. 그들을 위해 환관 1137명이 더불어 자금성에 거주하였다. 1917년 장훈(張勳)이 복벽(復辟)을 시도하였으나 실패하였고, 1924년 마침내 자금성을 떠나야

마지막 황제 부의

만 했다. 1930년 일본 군부에 의해 만주로 거처를 옮겨 만주국의 초대 집정(執政)이 된 그는 다시 2년 만인 1932년 3월 황제로 승격되었다. 1908년, 1917년에 이어 세번째로 황제의 자리에 오른 것이었다. 그러나 1945년 일본이 무조건 항복을 한 후 이듬해 일본으로 도망치다가 소련군에 체포되어 1950년 중화인민공화국 정부에 넘겨졌다. 1959년 사상 개조 끝에 특사로 석방되었으며, 1964년 전국 정치협상회의 위원에 임명되었다.

자금성

자금성은 명나라와 청나라 시대 황궁으로 북경 황성 내의 궁성을 말한다. 성벽이 삼엄하다. 지금의 북경은 원나라 시대에 대도(大都)라고 불렸으며, 명나라 홍무(洪武) 초기에 북평부(北平府)로 개칭되었고, 영락(永樂) 원년(1403) 다시 순천부(順天府)로 개칭되어 경사(京師)가 되었다. 자금성은 영락 4년(1406)부터 건설되기 시작하여 영락 18년(1420)에 기본적인 건설이 끝나 북경성의 중심에 자리하게 되었다. 남북 961m, 동서 753m의 장방형으로 전체 면적은 72만m²이며, 건축 면적은 15만m²에 달하고 모두 9000여 개의 방이 있다. 주위를 감싸고 있는 성벽의 전체 길이는 약 3km이고, 전체 높이는 9.9m이며, 아래쪽 두께는 8.6m, 위쪽 두께는 6.6m이다. 성벽 상부의 바깥쪽에는 치첩(雉堞: 요철 형태의 담장)을 쌓았고, 타구(垜口: 성벽이나 요새의 성가퀴에서 凹형으로 되어 있는 총안銃眼)를 만들어놓았다. 그리고 안쪽에는 사람의 가슴 높이까지 오는 낮은 담장(여아장女兒牆으로 불리기도 한다)을 쌓고 황색의 유리 기와를 덮었다. 담장은 안에 흙을 다져넣고 벽돌로 외장하였으며, 가파르고 튼튼하게 만들었다. 성벽에는 네 군데 문이 있는데, 남쪽은 오문(午門), 북쪽은 신무문(神武門: 원래 현무문玄武門이었으나 청나라 때 강희제 현엽玄燁의 이름을 피휘避諱하기 위해 바꾸었다), 동쪽은 동화문(東華門), 서쪽은 서화문(西華門)이라고 불렀다. 각 문마다 문루를 세우고, 성벽의 네 모서리에 바깥 세상을 조망할 수 있는 각루(角樓)를 세워 외부의 공격을 방어하는 역할과 더불어 예술적인 장식미를 살리고 있다. 성벽 바깥쪽에는 너비 52m의 하천과 호성하(護城河)를 만들고, 그 사이에 금위군(禁衛軍)이 숙직하는 처소와 창고를 만들어놓았다. 자금성 안은 외조(外朝)와 내정(內廷)으로 구분되는데, 전자는 조정의 성대한 의식을 행하거나 사무를 보는 곳이며, 후자는 황제가 정무를 처리하고 황제와 황후를 비롯한 황실 사람들이 생활하는 곳이다. 자금성은 역대 궁전 건축의 집대성이라고 칭할 만큼 기세가 웅혼하고 구조가 엄밀하다. 중국에 현존하는 궁전 가운데 가장 규모가 크고 가장 완전하게 보존되고 있는 건축물이자 세계적으로도 진귀한 문화 유산이다.

자금성

「유민도(流民圖)」, 1942년~1943년 사이의 작품. 전쟁
으로 인한 민중의 참상을 사실적으로 묘사한 그림.

제10장 중화민국 · 중화인민공화국

1911년 신해년에 후베이성(湖北省호북성) 우창(武昌무창)에서 혁명당 사람들이 기의했다. 이에 전국적으로 호응하여 독립 선언의 열풍이 불기 시작했다. 그 해 12월 17개 성의 대표자들이 난징(南京남경)에 모여 임시정부 성립을 결정하고, 쑨원(孫文손문)을 제1대 임시 대총통으로 선출했다. 이듬해인 1912년 1월 1일, 마침내 중국 최초로 백성이 주인이 되는 민주 정부인 중화민국(中華民國)이 탄생했다. 중화민국은 우여곡절 끝에 국민당이 주체가 되어 이끌게 되었으며, 1925년 제1기 전국대표대회의 결의에 따라 국민정부(國民政府: 약칭 국부國府)가 수립되었다. 국민정부는 군벌을 공략하기 위한 북벌을 위해 국공합작(國共合作)을 이룩했으나 채 2년이 되지 않아 다시 분열되었다. 이후 항일전쟁을 위한 제2차 국공합작이 이루어졌지만, 다시 결렬되면서 중국은 전면 내전 상태로 들어가게 된다. 4년간에 걸친 내전을 통해 국민정부의 군대는 끝내 괴멸 상태에 빠져 1949년 타이완(臺灣대만)으로 건너가 국민정부를 재건했다.

대류을 석권한 중국공산당의 주체들은 1949년 10월 1일 중화인민공화국의 성립을 정식으로 공포했다. 마오쩌둥(毛澤東모택동)을 정점으로 한 중국공산당은 중국 인민들이 한 번도 경험하지 못한 사회주의 체제로의 전환을 위한 대장정에 돌입했다. 반우파 투쟁, 정풍 운동을 비롯한 사상 · 노선 투쟁이 벌어졌고, 사회주의 건설을 위해 대약진, 인민공사를 주요 내용으로 한 삼면홍기가 채택되기도 했다. 그러나 그 와중에 10년간에 걸친 문화대혁명이 발발하여 숱한 인명이 희생되었고, 유물과 유적들이 낡은 것을 타파하자는 구호 아래 쓰레기가 되기도 했다.

1976년 마오쩌둥의 죽음과 4인방의 몰락으로 새롭게 시작된 중국의 현대는 개방과 개혁이란 이름을 달고 시작했다. 마오쩌둥과 저우언라이(周恩來주은래) 사망 이후 13억 인구의 중국을 맡게 된 부도옹(不倒翁) 덩샤오핑(鄧小平등소평)은 개혁 개방을 진두지휘하여 현재의 중국을 만드는 견인차 노릇을 했다. 그 덕분에 중국은 2000년 이후 매년 10%가 넘는 경제 성장을 하였고, 마침내 2010년 국내총생산 기준으로 세계 2위(G2)에 오르게 되었다. 그러나 급속한 개방 정책과 공업화 정책은 빈부 격차 등 여러 가지 문제를 낳았다. 이에 덩샤오핑의 뒤를 이은 장쩌민이 "2020년까지 전면적인 샤오캉(小康소강) 사회를 달성하겠다"고 말한 이후, '샤오캉'은 중국 발전의 상징어로 자리 잡고 있다. 시진핑의 신시대 중국 특색의 사회주의라는 '중국의 꿈(中國夢)' 역시 샤오캉 사회 건설의 다른 표현이다. 이제 중국은 잠자는 용으로 '도광양회(韜光養晦: 자신을 드러내지 않고 실력을 기른다)' 하는 것이 아니라 저 멀리 구름 위로 승천하고 있는 용으로 '대국굴기(大國崛起)'의 모습을 보이고 있다.

한편 타이완으로 물러난 중화민국 국민정부는 중국의 유일한 합법 정부로서 대류을 실지(失地)로 간주하고 본토 수복을 노렸지만, 국제 사회는 타이완 국민정부 대신 중화인민공화국을 택했다. 국제연합은 1971년 총회에서 중화인민공화국을 유일한 합법 정부로 인정하여 유엔에 가입시키고 타이완을 추방할 것을 결의했다. 그러나 국제적인 고립에도 불구하고 타이완의 중화민국은 안정된 경제력을 바탕으로 굳건히 자신들의 자리를 지키고 있다. 장제스(蔣介石장개석) 사망 후 정치 개혁을 달성하여 국민당 일당 독재를 종식시켰으며, 현재 민진당 출신으로 타이완 최초 여성 총통인 차이잉원(蔡英文채영문)이 타이완을 이끌어가고 있다. 중화민국 국민정부와 중화인민공화국 정부 양자 모두 두 개의 중국을 인정하지 않지만, 양안간(兩岸間) 교류 협력을 통해 계속해서 새로운 미래를 준비하고 있다.

A.D.1911년

1911년 ▶ 황화강(黃花岡) 봉기. 사국폐제(四國幣制) 개혁 차관. 청나라 정부, 쓰촨-한커우(川漢천한) 철도 국유화 선포. 쓰촨 보로(保路: 철도 국유화 반대) 동지회 결성. 우창 신군 봉기(우창봉기: 신해혁명)―혁명군, 우창·난징 점령. 각 성(省) 신군 봉기, 독립. 독립한 각 성의 대표, 상하이에 모여 각 성 도독부 대표연합회 결성. 혁명군, 난징을 점령. 각 성 대표, '중화민국 임시정부 조직대강' 공포. 외몽고 독립 선언. 쑨원, 영국에서 귀국.

■ 그 무렵 우리는…
1911년 한국, 항일 의병 운동.

■ 그 무렵 외국은…
1911년 노르웨이, 아문센의 남극 탐험.

신해혁명

1905년 중국 최초의 정당으로 탄생한 중국혁명동맹회는 청나라 조정을 타도하기 위한 무장 봉기를 일으켰으나 번번이 실패하고 말았다. 한편 청나라 정부는 중앙 집권 체제를 강화하기 위한 신정운동(新政運動)을 벌이는 한편 신군(新軍)을 통해 봉기 진압에 열을 올렸다. 1911년 5월 청나라 정부는 철도 국유령을 발표하여 열강의 차관단에게 거액의 자금을 빌려 재정난을 타파하고자

신변의 위험을 느껴 군의 호위를 받으며 열차를 이용해 상하이로 탈출하려는 청나라의 고관들. 우창에서 일어나 혁명의 불길은 전중국으로 확대되었다.

했다. 이로 말미암아 후난(湖南호남)·후베이·광둥(廣東광동) 등지에서 대규모 반대 운동이 일어났으며, 특히 쓰촨(四川사천)에서는 대규모 무장 투쟁으로 발전하였다. 이에 청나라 정부는 쓰촨 폭동을 진압하기 위해 호북신군(湖北新軍)을 동원했다. 당시 후베이성에서 활동하던 문학사(文學社)와 공진회(共進會) 등 혁명파는 세력을 결집하는 한편, 신군 내부의 동조자들을 포섭하여 마침내 1911년 10월 10일 우창에서 무장 봉기를 일으켰다. 봉기가 성공하고 호광총독(湖廣總督: 현재의 후난성과 후베이성을 합친 지방 장관)이 도망치자 며칠 후 산시(山西산서), 장시(江西강서) 등지에서 연이어 무장 봉기가 일어나면서 독립을 선언하였다. 결국 더 이상 혁명군에 맞설 수 없음을 알게 된 조정은 위안스카이(袁世凱원세개)의 북양신군에게 의존할 수밖에 없었고, 이로써 위안스카이는 다시 정치 일선에 복귀하였다. 영악한 위안스카이는 자신의 몸값을 한껏 높여 기존 내각을 일괄적으로 파면하고 신내각의 일체 권한을 한 손에 쥐게 되었다. 이후 융유태후(隆裕太后)를 강요하여 선통제의 폐위를 이끌어낸 그는 청

나라 왕조의 보황파(保皇派)에서 공화파(共和派)로 변신하고, 자신의 군사력과 구세력의 지지를 통해 쑨원을 압력함으로써 난징정부를 인수하는 한편 혁명군 측 임시정부와 참의원들을 협박하여 마침내 대통령의 자리에 올랐다.

이렇듯 우창 무장 봉기로 시작된 신해혁명(辛亥革命)은 '죽 쑤어 개 준 꼴'이 되고 말아 미완의 혁명으로 끝났다. 그래서 제1차 혁명이란 말이 붙었는데, 이후 제2차(1913. 7)·제3차(1915. 12) 혁명이 지속되었으나 이 역시 실패하고 신해혁명의 주체인 쑨원은 일본으로 망명하고 만다. 그러나 창장(長江장강) 중류 지역의 대도시로 사통팔달의 교통 요지인 우창에서 쑨원이 영도하는 동맹회의 주도로 일어난 신해혁명은 청나라 왕조를 멸망시켜 2000여 년 간 지속된 전제 정치를 종식시키고, 새로운 중화민국을 탄생시켜 공화정의 토대를 이룬 엄청난 사건이었다. 그래서 중화민국은 지금도 10월 10일을 쌍십절이라고 하여 건국 기념일로 삼고 있다.

외몽고 독립 선언

칭기즈칸의 후예 몽골인들이 사는 나라의 정식 명칭은 몽골 인민공화국(Mongolian People's Republic)이며, 수도는 울란바토르이다. 건국하기 이전부터 외몽고라고 불렸는데, 이는 몽골인들의 일부가 중국 내몽고 자치구에서 생활하고 있기 때문이다. 고비 사막 남쪽의 내몽고는 1636년, 그리고 외몽고는 1691년 청나라에게 복속되었는데, 행정상의 필요에 의해 당시부터 내몽고와 외몽고로 불렸다. 청나라가 멸망하게 되자 몽골인들은 1917년 사회주의 혁명을 성공시킨 러시아의 지원을 받아 1921년 와이멍구(外蒙古외몽고)로부터 독립하였다. 몽골이 아시아 최초의 사회주의 국가가 된 것은 바로 이 때문이다. 이후 우여곡절을 겪으면서 네이멍구(內蒙古내몽고)는 1947년부터 중국 행정 구역의 하나인 네이멍구 자치구가 되었다. 네이멍구 자치구의 중심지는 후허하오터(呼和浩特호화호특)이다.

베이징성

베이징(北京북경)은 다른 중국의 도시와 마찬가지로 성으로 둘러싸여 있는 성이다. 이름하여 베이징성인데, 이 성 안에는 황성(皇城) 구역이 있어 종묘와 사직단, 그리고 중요 관청과 천자가 기거하는 쯔진청(紫禁城자금성)이 자리하고 있다. 자성(紫星), 즉 작은 곰자리 성좌의 북극성은 예로부터 황제의 별이었다. 또한 황성을 금성(禁城)이라 부르기도 했는데, 자금성이란 명칭은 바로 여기에서 기원한다. 자금성은 다시 성벽과 호로 둘러쌓여 있으며, 성의 정문은 우먼(午門오문)이고 황성의 정문은 톈안먼(天安門천안문), 그리고 뒤편에 황성의 후문격인 디안먼(地安門지안문)이 있다. 자금성이 지금의 기본적 구도를 갖춘 것은 명나라 성조(成祖) 영락제(永樂帝) 때의 일이다. 금(金)나라 시기의 연경(燕京)은 중도(中都)라고 불렸으며, 쿠빌라이가 중도의 동북쪽에 도읍을 건설하여 대도(大都)라고 칭했다. 대도, 즉 북경은 이때부터 역사의 전면에 나서기 시작한다. 명나라 태조(太祖) 주원장(朱元璋)은 대도를 북평부(北平府)라 칭했는데, 이후 영락제가 천도하면서 다시 도성으로서 역할을 하기 시작했다.

A.D.1912년

1912년 ▶ 중화민국 난징 임시정부 성립. **쑨원, 중화민국 임시 대총통** 취임(중화민국 원년). 선통제 퇴위. 쑨원, 대총통 사임. **위안스카이**, 베이징에서 임시 대총통 취임. 쑹자오런 등이 중국혁명동지회를 개조하여 **국민당** 결성.

■ 그 무렵 우리는…
1912년 한국, 토지 조사 사업 시작(~1918).

■ 그 무렵 외국은…
1912년 발칸동맹·터키, 제1차 발칸전쟁.

중화민국 임시 대총통 쑨원

쑨원(孫文손문: 1866~1925), 자는 덕명(德明)이고 호는 일선(逸仙), 광둥성 샹산(香山향산: 중산中山) 사람이다. 광서 23년(1897) 중산차오(中山樵중산초)로 이름을 바꾼 뒤로 중산이란 이름으로 널리 알려졌다. 가난한 농촌 출신인 그는 형이 있는 하와이로 건너가 영국인 학교에서 수학하면서 기독교와 민주주의, 그리고 공화정에 대해 이해하게 되었다. 1886년 광저우(廣州광주)로 되돌아온 후 다시 홍콩에서 서양 의학을 배워 의술을 베푸는 한편 중국이 처한 현실을 목도하면서 만주 왕조를 쓰러뜨

쑨원

리는 것이 중국이 강해지기 위한 첫 번째 순서라고 생각했다. 1894년 하와이에서 흥중회(興中會)라는 조그마한 혁명 조직을 결성한 그는 1895년 흥중회 회원들과 홍콩에 기반을 둔 비밀 결사 지도자들의 도움으로 광저우에서 10월 폭동을 도모했다. 그러나 사전에 정보가 새는 바람에 일부는 붙잡혀 처형당하고, 쑨원은 홍콩을 거쳐 일본과 하와이를 전전하는 신세가 되었다. 이후 샌프란시스코 등지에서 혁명 자금과 인력을 끌어 모은 그는 1905년 중국혁명동맹회를 결성하고 총리에 선출되었다. 동맹회는 끊임없이 봉기를 일으키는 한편 『민보(民報)』 등 혁명적인 신문을 발행하였다. 우창봉기(신해혁명)가 성공리에 완수된 후 유럽을 거쳐 대대적인 환영을 받으며 상하이로 귀국한 그는 1912년 1월 1일 난징에서 중화민국(中華民國) 임시정부를 건립하는 한편 임시 대총통에 취임했다.

위안스카이

위안스카이(袁世凱원세개: 1859~1916), 자는 위정(慰庭)이고 호는 용암(容菴)이다.

허난성(河南省하남성) 샹청(項城항성)의 시골집에서 태어났다. 리훙장(李鴻章이홍장)을 등에 업고 1882년 조선 주재 총리교섭통상대신으로 파견된 그는 조선의 임오군란(壬午軍亂)을 진압하는 한편, 1894년 청·일전쟁에 참가하기도 했다. 귀국 후 직례안찰사(直隷按察使)가 되어 톈진에서 신식 군대를 양성했으며, 1899년 산동순무서리(山東巡撫署理)에 올라 무술정변(戊戌政變)에 가담함으로써 서태후의 총애를 받고 의화단의 난을 진압했다. 그 후 직례총독 겸 북양대신을 역임했다. 1911년 신해혁명이 발발한 후 황실을 압박하여 내각총리대신에 올랐으며, '책임내각'을 통해 청나라 정부의 군정(軍政) 대권을 탈취하였다. 그는 이를 통해 혁명파와 타협하여 황제를 퇴위시켰고, 쑨원 대신 임시 대총통 자리에 올랐다. 중국 봉건 역사상 마지막으로 절국(竊國)한 신하가 된 셈이다. 1914년 이후 제제(帝制)를 시도하여 민국 4년(1915) 12월 12일 황제의 자리에 올라 통치 연호를 홍헌(洪憲: 위대한 헌정의 기원이란 뜻)으로 삼았다. 그러나 격렬한 반대에 직면하여 83일 만에 자리에서 물러나고 말았다. 그리고 2개월 뒤인 6월 6일 사망하였다.

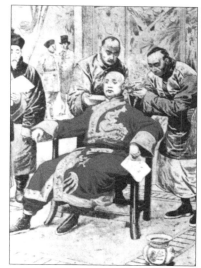
변발을 하고 있는
위안스카이

국민당

중국 현대 정치사에서 최초의 의회는 자정원(資政院)이다. 아직까지 청나라 조정이 남아 있는 상태에서 자정원은 말 그대로 정치에 자문을 하기 위한 단원제 의회였다. 의원들은 있었지만 의원들의 집합체로서 정당은 아직 설립되지 않은 상태였다. 1912년 중화민국이 성립되자 쑨원은 기존의 중국동맹회를 중앙집권적인 민주주의 정당으로 개혁하고 '국민당'이란 명칭을 붙였다. 그리고 탁월한 정치 조직가인 쑹자오런(宋教仁송교인)을 통해 그 해 12월로 예정된 선거를 준비하도록 했다. 국민당은 그 선거에서 량치차오(梁啓超양계초)가 주도하는 진보당(進步黨)과 위안스카이의 어용 정당인 공화당(共和黨) 등 수백 개나 되는 정당과 싸워 중의원과 참의원에서 거의 반수에 해당하는 의석을 차지하는 대승을 거두었다.

이로써 국민당은 명실공히 중국 정계를 대표하는 정당으로 자리 잡을 수 있는 첫 번째 기회를 얻게 되었다. 그러나 국민당은 무력이 없었다. 결국 수구주의자인 군벌 장쉰(張勳장훈)의 무력과 열강의 지지를 얻은 위안스카이에 의해 쑹자오런이 암살되고, 국민당 자체가 반역 조직으로 해체되는 비운을 맞게 된다. 일본으로 망명한 쑨원은 또다시 재기하여 중화혁명당을 조직했으며, 1919년 상하이로 돌아온 후 중국국민당으로 개칭하였다. 이로써 두 번째 국민당이 탄생하게 된 것이다. 이후 국민당은 중

A.D.1912~1916년

1912년 ▶ **군벌**, 득세하기 시작함.
1913년 ▶ 국회 선거에서 국민당 대승. 쑹자오런, 암살당함. 제1회 국회 개회. 위안스카이, 국회를 무시하고 열국과 차관 조인. 강서도독 (江西都督) 리레쥔(李烈鈞이열균), 토원군(討袁軍) 일으키고 강서의 독립 선언. 제2혁명 개시, 실패. 쑨원·리레쥔, 일본 망명. 위안스카이, 정식 대총통 취임. 위안스카이, 국민당 해산.
1914년 ▶ 위안스카이, 독재 권한 부여. 쑨원, 도쿄에서 중화혁명당 결성. 중국 정부, 국외 중립 선언. 일본, 산둥 철도 점령, 중국 항의. 일본, 칭다오(靑島청도) 점령. 제1차 세계대전 발발.
1916년 ▶ 5월, 위안스카이 대통령, 제정을 취소하고 돤치루이에게 책임내각(~1917)을 조직하게 함. 6월, 위안스카이 사망. 리위안훙(黎元洪여원홍)이 대총통, 돤치루이가 국무총리로 취임함.

■ 그 무렵 우리는…
1914년 한국, 대한 광복군 정부 수립.
1916년 한국, 박중빈이 원불교를 설립함.

■ 그 무렵 외국은…
1913년 미국, 윌슨이 미대통령에 취임.
1914년 제1차 세계 대전. 파나마, 파나마 운하를 개통함.
1916년 프랑스, 베르댕 요새 전투.

국공산당과 연합하여 1924년 국민당 제1기 전국대표대회를 통해 중국공산당과 힘을 합쳤으며, 이로써 중국을 대표하는 정당으로 새롭게 태어나게 된다. 그러나 쑨원이 사망한 이듬해부터 국민당 내부는 좌파와 우파로 대립되기 시작했으며, 1927년 장제스의 상하이 쿠데타를 시발로 장제스 중심의 난징정부와 공산당과 좌파의 연합정권인 우한정부로 대립하기에 이른다. 이후 1936년의 중일전쟁과 시안 사건을 계기로 또 한 번의 국공합작(國共合作)이 이루어졌으나 국민당과 공산당은 더 이상 합당의 여지가 없는 상태였다. 그리고 1949년 대륙이 공산당의 수중에 들어가자 장제스를 중심으로 한 국민당 정부는 타이완으로 자리를 옮겨 철저한 반공·반소 정책을 취하며 본토 수복을 노리게 된다.

군벌

1912년 청나라 선통제가 퇴위하면서 청나라 왕조는 공식적으로 멸망하였다. 그러나 그해 1월에 신생한 중화민국은 전 중국을 통치할 수 있는 상황이 아니었다. 이처럼 중앙 정부의 통제 기능이 마비된 상태에서 돤치루이(段祺瑞단기서: 안후이파安徽派안휘파), 펑궈장(馮國璋풍국장: 즈리파直隷派직예파), 장쉰 등 청나라 왕조의 장군들은 여전히 자신들이 지배하고 있던 지역에서 휘하의 군대를 통해 지배권을 행사하고 있었다. 그들은 유교적 가치와 배경을 지닌 이들로서 자기 영토에서 토지세를 포함한 세금을 통해 자신들의 독자적 통치를 강화하였다. 때로 전족을 금지하거나 학교를 설립하는 등 진보적인 개혁 정책을 펼치기도 했으나, 그 본질은 오로지 군사적 힘에 의

지한 철권 통치에 불과했다.

1920년대에 들어서면서 펑위샹(馮玉祥풍옥상: 즈리파), 리쭝런(李宗仁이종인: 광시파 廣西派광서파), 천중밍(陳炯明진형명: 광둥파廣東派광동파), 우페이푸(吳佩孚오패부: 즈리파), 차오쿤(曹錕조곤: 즈리파), 옌시산(閻錫山염석산: 산시파山西派산서파), 장쭤린(張作霖장작림: 펑톈파奉天派봉천파) 등이 등장하면서 군벌 세력은 각기 지역별로 할거하여 이해 관계에 따라 복잡하게 이합집산을 거듭하였다. 군벌들은 위안스카이가 사망한 1916년부터 1928년까지 전체 12년간에 걸쳐 베이징의 중앙 정부를 무대로 각축을 벌였는데, 당시 총통이 8번, 내각이 24번, 헌법이 4번씩이나 바뀌었던 것은 바로 이 때문이었다.

당시 대표적인 군벌로 돤치루이의 안후이파, 펑궈장의 즈리파, 장쭤린의 펑톈파가 있는데, 안후이파와 즈리파는 위안스카이 휘하의 북양군 출신 장군들로 구성되어 있었다. 군벌 간의 대표적 전쟁으로 1920년에 일어난 안직전쟁(安直戰爭)과 1922년, 24년에 일어난 봉직전쟁(奉直戰爭)을 들 수 있다. 안직전쟁은 즈리파가 장쭤린의 펑톈파와 연합하여 베이징의 안후이파를 추방하기 위해 벌인 것이고, 봉직전쟁은 즈리파와 펑톈파가 벌인 전쟁으로 펑톈파가 득세하는 계기가 되었다.

『신청년』

1915년 9월 15일 상하이에서 천두슈가 창간하였다. 발행 초기 1000부를 찍은 『청년잡지』는 1년이 지나 『신청년』으로 개칭하고 최고 1만 5000부가 팔리는 인기 잡지로 부상하였다. 자주적·진보적·세계적·과학적인 새로운 청년상을 고취시킨 『신청년』은 이후 민주와 과학의 기치를 높이 치켜들었다. 민주와 과학, 그리고 다윈의 진화론에 바탕을 둔 사회진화론을 발전시켜 중국의 전통 문화에 반대하는 한편 입센, 도스토예프스키, 톨스토이 등의 작품을 번역하거나 소개함으로써 서구의 문화를 수용하고자 노력했다.

후스의 「문학개량주의」, 천두슈의 「문학혁명론」, 루쉰의 「광인일기」 등이 『신청년』을 통해 독자들에게 알려졌다. 러시아 10월혁명이 성공한 후 리다자오의 「서민의 승리」나 차이위안페이의 「노동자는 신성하다」 등이 실리기 시작하면서 『신청년』은 편집 방향이 급선회하여 주로 마르크스주의를 연구하고 선전하는 데 주력하였다. 이에 후스와 저우쭤런 등이 결별을 선언했으며, 1922년 7월 제9권 6호를 마지막으로 폐간되었다. 그 후 1923년 공산당 기관지로 복간되었으며, 1926년 마지막으로 정간되었다.

A.D.1917년

1917년 ▶ **차이위안페이**, 베이징대학 총장으로서 업무 시작(1916년 취임). 돤치루이 파면. 장쉰, 국회 해산시키고 복벽(復辟) 단행. 돤치루이, 토벌군 일으켜 복벽파 축출. 8월, 쑨원을 대원수로 하는 광둥군(廣東軍광동군) 정부 수립. **후스**, 「문학개량추의(文學改良芻議)」 발표. 하얼빈 소비에트 성립(러시아 10월혁명). **천두슈**, 「문학혁명론」 발표.

■ 그 무렵 외국은…
1917년 러시아, 2월 혁명. 미국, 독일에 선전 포고. 러시아, 10월 혁명.

차이위안페이

차이위안페이(蔡元培채원배, 1868~1940)의 자는 학경(鶴卿)이며 호는 혈민(孑民), 저장성(浙江省절강성) 사오싱(紹興소흥)에서 태어났다. 1889년 진사가 되어 한림원(翰林院) 편수(編修)를 지냈으나, 1898년 무술정변을 계기로 관계를 떠나 교육을 통한 혁신 운동에 뜻을 두었다. 1904년 광복회(光復會) 회장으로 있으면서 쑨원의 동맹회에 가입하였다. 신해혁명 이후 난징 임시정부 교육총장이 되었으나 위안스카이가 정권을 잡자 1907년 독일에 유학하여 철학과 윤리학을 공부했다. 귀국한 후 장빙린(章炳麟장병린)이 주관하는 『소보(蘇報)』에 참여하여 혁명 사상을 고취하였으며, 1916년 12월 26일 베이징대학 총장이 되었다. 총장으로 재직하면서 천두슈(陳獨秀진독수)를 문과대학장으로, 후스·리다자오(李大釗이대조)·루쉰(魯迅노신)·저우쭤런(周作人주작인) 등을 교수로 초빙하였다. 당시 베이징대학 도서관 주임은 리다자오였는데, 그 밑에서 내외 신문을 관리하던 보조원이 바로 마오쩌둥이었다. 신문화를 주도한 『신청년(新靑年)』의 집필진이 대부분 베이징대학 교수들인 것에서 알 수 있다시피 베이징대학은 중국 신문화 운동의 전위대였으며, 그 가운데 바로 차이위안페이가 있었던 것이다. 중·일전쟁의 와중에 홍콩에서 병사하였다. 저서로 『중국윤리학사』 등이 있다.

후스

후스(胡適호적, 1891~1962), 원명은 사미(嗣穈), 학명(學名)은 홍성(洪騂), 자는 희강(希疆)이다. 안후이성(安徽省안휘성) 지시(績溪적계) 사람으로 지주 겸 상인의 부유한 집안에서 태어나서, 1911년 미국 코넬대학을 거쳐 콜럼비아대학에서 실용주의 철학자인 존 듀이의 가르침을 받고 철학 박사 학위를 취득하였다. 1917년 귀국한 후 베이징대학 교수로 재직하면서 중국의 정치를 개선하기 위해 노력하였다. 미국에서 배운 실용주의를 학계에 소개하는 한편 자신이 간여하고 있던 『신청년』을 통해 1917년 「문학 개량에 관한 작은 의견(文學改良芻議)」을 발표했고, 이듬해 「건설적인 문학혁명론」을 발표하여 처음으로 백화문(白話文)을 제창하였으며, 최초의 신시집 『상시집 (嘗試集)』을 냈다. 또한 알퐁소 도데의 『마지막 수업(最後一課)』을 번역하여 최초로 서양의 희곡 양식을 소개하였다. 그의 문학 운동은 진화론적 문학관을 바탕으로 했기 때문에 혁명적인 방식과 달랐다. 그래서 천두슈와 함께 신문학 운동을 주도하였지만 당시 문단의 주도 세력과 별도의 길을 모색할 수밖에 없었다. 마르크스주의에 대한 반대의 입장을 분명히 한 그는 "문제는 많이 연구하되 주의(主義)는 적게 말해야 한다"고 말하여 은연중에 좌익 문단을 비꼬았고, 좌익 작가들을 '유성기'와 같다고 말하기도 했다. 1922년 그는 『노력주간(努力週刊)』 『독서잡지(讀書雜誌)』를 창간하였고, 계속해서 『국학계간(國學季刊)』과 『현대평론(現代評論)』을 출간하였다. 대륙이 통일되자 타이완으로 도피하여 그곳에서 71세를 일기로 세상을 떠났다. 1954년 대륙에서 위핑보(兪平伯유평백)의 『홍루몽연구』에 대한 비판이 거세어진 이후 후스 사상 역시 된서리를 맞아 대대적인 후스 사상 추방 운동이 벌어졌다. 『백화문학사(白話文學史)』를 비롯하여 서양 철학사의 기술 방식을 통해 새롭게 제자백가의 학설을 정리한 『중국철학사대강』, 『후스문존(胡適文存호적문존)』, 『국어문학사』 『대동원의 철학(戴東原的哲學)』 등의 저작이 있다.

후스

천두슈

천두슈(陳獨秀진독수, 1879~1942)의 자는 중보(仲甫), 안후이성 화이닝(懷寧회녕) 사람이다. 부유한 집안에서 태어나 반청 혁명가로 활동하며 신해혁명에 참가했다. 1913년 일본으로 망명했다가 귀국한 후 1915년 『청년잡지(靑年雜誌)』(2권 1호부터 『신청년』으로 개칭했다)를 창간하고 "청년은 자주적 · 진보적 · 세계적 · 과학적이어야 한다"고 주장한 「청년에게 고함(警告靑年)」을 발표하였으며, 1917년부터 1919년까지 베이징대학 문과학장을 역임하였다. 1918년, 러시아 10월혁명의 영향으로 리다자오 등과 『매주평론(每周評論)』을 창간하여 신문화와 사회주의를 선전하였다. 아울러 후스의 백화문 주장에 동조하여 「문학혁명론」 등의 진보적인 문장을 썼다. '문학 혁명'은 그가 최초로 언급한 구호였다. 1920년 상하이 공산주의 소조를 조직할 것을 발의한 그는 이듬해인 1921년 중국공산당이 성립되자 당총서기로 피선되었다. 그러나 1927년 장제스의 4 · 12쿠데타 이후 그의 우경기회주의 사상이 당내에 투항주의 노선을 형성하고, 농민과 도시 소자산 계급 및 중산 계층의 영도권을 포기하도록 유도하였으며, 무장 폭동의 역량을 포기하여 혁명을 실패로 이끌었다는 이유로 혹심한 비판과 함께 당의 '8 · 7회의' 석상에서 총서기직을 박탈당하였다. 1931년 상하이에서 국민당 비밀 경찰에 체포된 후 국민당과 공산당 사이에 항일 연합 전선이 구축됨으로써 1937년 가석방되었으며, 1942년 병사하였다. 저작으로 『두슈문존(獨秀文存독수문존)』 4권이 있다.

천두슈

A.D.1918년

1918년 ▶ 5월, 쑨원, 대원수직을 사임. 중화혁명당을 중국국민당으로 개
칭하고 당을 재건. 제3차 돤치루이 내각 성립. **루쉰, 「광인일기」**
발표. **리다자오**, 『서민의 승리』『볼셰비즘의 승리』 등 발표. 제1차
세계대전 종결.

■ 그 무렵 외국은…
1918년 미국, 윌슨이 14개조 평화 원
칙을 발표함.

루쉰

루쉰(魯迅노신, 1881~1936)은 저장성의 작은 도시 사오싱(紹興소흥)에서 태어났다.
루쉰의 원명은 저우장소우(周樟壽주장수)이나 후에 저우수런(周樹仁주수인)으로 개명
했고, 자는 예재(豫才)이다. 필명은 100여 개나 되는데, 모친의 성을 딴 루쉰(「광인일
기狂人日記」에서 처음 썼다)이 가장 많이 알려져 있다. 1902년 의학을 배우기 위해 일본
에 유학했으나 중도에 포기하고 문학으로 자신의 길을 바꿨다. 이는 제국주의 열강과
봉건주의에 예속되어 있는 중국인의 정신을 깨우쳐주는 데 문학이 가장 좋은 수단이
될 것이라는 인식 때문이었다. 1909년 귀국한 후 1918년 『신청년』에 「광인일기」를 발
표한 이래로 「아큐정전(阿Q正傳)」 「축복」 「고향」 「공을기(孔乙己)」 「약(藥)」 「하나의
작은 일(一件小事)」 「풍파」 「내일」 등 단편을 주로 발표하였다. 작품집으로 『납함(吶
喊)』(1923년 8월)과 『방황(彷徨)』(1926년 8월)이 있다. 이외에도 『마라시력설(摩羅詩力
說)』 『과학사교편(科學史敎編)』 『문화편지론(文化偏至論)』 등 문화와 문학 관련 저서를
출간하기도 했다. 루쉰의 문학에서 특기할 만한 것은 역시 그의 전투적 산문인 잡문
이다. 그는 당시 험난한 사회 상황에서 문학은 '비수이자 창이어야 하며 독자와 더불
어 혈로를 개척할 수 있는' 창검이어야 한다고 주장했다. 그의 잡문은 바로 그 비수
인 셈이다. 1927년 이전까지 『무덤(墳)』 『열풍(熱風)』 『화개집(華蓋集)』 『화개집속편
(華蓋集續編)』 등 4권의 잡문집을 출판하였고, 이후 9년간 『집외집(集外集)』 『이이집
(而已集)』 『이심집(二心集)』 『위자유서(僞自由書)』 『남강북조집(南腔北調集)』 등을 연이
어 출간하였다. 문학가이자 철저한 민족주의자로서 한평생을 보낸 루쉰은 1936년 10
월 19일 병석에 누운 채 끝내 일어나지 못하고 세상을 떠났다. 사후 그는 중국 현대
문학가의 가장 중요하고 저명한 문인으로 추앙받기에 이르렀다.

「광인일기」와 「아큐정전」

1918년 5월 『신청년』에 발표된 「광인일기」는 피해망상증에 사로잡힌 주인공의 일
기 형식을 빌려 구사회의 가족 제도와 그 토대가 되는 유교 도덕의 위선과 비인간성

을 고발하는 작품이다. 구사회를 식인의 사회로 단정 지은 루쉰은 아직 낡은 봉건 사회의 습속에 물들지 않은 "어린아이를 구하라"는 말로 글의 마지막을 장식하고 있다. 구어체 문장으로 중국 사회가 지닌 병폐에 대한 예리한 비판을 한 중국 근대 문학의 첫 번째 작품으로 계몽주의적 색채가 농후하다.

「아큐정전」은 신해혁명을 전후한 10여 년 간의 중국 사회와 생활을 배경으로 최하층에 속하는 날품팔이 농민 아큐(阿Q)의 전기(傳記) 형식으로 씌어진 소설이다. 1921년 말부터 이듬해 초까지 베이징 『신보부간(晨報副刊)』에 연재되었으며, 1923년에 첫 번째 단편집인 『납함』에 수록되었다. 소설 전체는 9장으로 구성되어 있는데, 보수적이고 맹목적이며 이단을 배척하는 등 성격적 결함을 지닌 아큐와 반봉건·반식민지하에 있는 중국의 농촌 사회와 그 본질을 상징하는 미장(未莊)이란 사회의 인물군 등을 통해 당시 중국 사회의 무력하고 나약한 현실을 그대로 드러내고 있다. 루쉰은 「아큐정전」을 쓴 목적에 대해 "현대 중국인들의 영혼을 묘사하여 침묵하는 국민의 혼을 그리려고 했다"고 말한 바 있다.

리다자오

리다자오(李大釗이대조, 1889~1927)는 허베이성(河北省하북성) 러팅(樂亭악정) 출신으로 자는 수상(守常), 필명은 명명(明明)·상(常), 호는 고송(孤松)이다. 1913년 일본으로 가서 와세다대학에 입학하여 정치학과 경제학을 전공하였다. 유학하면서 신주학회(神州學會)를 조직하여 위안스카이에 반대하는 운동을 벌였으며, 1916년 귀국한 후 베이징 『신보』의 주필을 맡아 반제·애국 사상을 고취시켰다. 10월혁명 이후 혁명민주주의자에서 공산주의자로 변신하여 「프랑스 혁명과 러시아 혁명의 비교관(法俄革命之比較觀)」, 「서민의 승리」, 「볼셰비즘의 승리」, 「신기원」 등 사회주의 혁명의 승리를 찬양하는 글을 발표하여 중국도 사회주의 혁명을 해야 한다고 주장하였다. 1918년 베이징대학에서 경제학 교수 겸 도서관장을 역임하였다. 『신청년』 편집을 맡았고 천두슈와 더불어 『매주평론』을 창간하였다. 이러한 그의 활동은 5·4운동의 사상적 맹아의 역할을 하였다. 1919년 리다자오가 발표한 「나의 마르크스주의관」은 당시에 마르크스주의의 기본 원리를 소개하는 첫 번째 논문이었다. 1920년 3월 베이징대학에 마르크스학설 연구회를 조직하고, 9월에는 베이징에서 공산주의 소조(小組)를 설립하여 중국공산당을 창시한 사람 가운데 한 사람이 되었다. 중국공산당이 정식으로 성립된 이후, 당의 북방구 위원회 서기, 중국노동조합서기부 북방부 서기를 겸임하였다. 1922년 여름, 당의 제2차 전국대표대회에 참가하여 중앙위원에 선출되었으며, 그해 공산당의 위탁을 받아 쑨원과 국공합작 문제를 상담하여, 쑨원이 국민당을 개혁하

1919년 ▶ 광둥정부, 호법정부(護法政府)로 개칭. 5월, 베이징에서 **5 · 4운 동** 발발. 상하이 파시(罷市) · 파공(罷工) · 파과(罷課). 중화혁명 당, 중국국민당으로 개칭(모스크바 코민테른 창립대회) 10월, 중 국에 대한 일본 · 영국 · 미국 · 프랑스의 신차관단 성립.

1920년 ▶ 천두슈, 상하이에서 중국사회주의 청년단 결성. 쑨원, 광둥군 정부 재조직. 후스, 『상시집(嘗試集)』 발간.

■ 그 무렵 우리는…
1919년 한국, 3 · 1독립 운동. 임시 정부 수립.
1920년 한국, 김좌진의 청산리 대첩. 조선일보 동아일보 창간.

■ 그 무렵 외국은…
1919년 독일, 스파르타쿠스단 봉기. 바이마르 헌법 공포. 프랑스, 파리 강화 회의. 소련, 코민테 른 창립 대회.
1920년 국제 연맹 성립. 폴란드 · 소비 에트 전쟁.

여 "소련과 연대하고, 공산당과 제휴하며, 농민과 노동자를 돕는다"는 3대 정책을 제 정하고, 혁명을 위한 통일 전선을 형성하도록 촉진시켰다. 1926년에는 베이징에서 3 · 18 시위를 주도하였으며, 1927년 4월 6일 체포되어 봉계군벌 장쭤린에 의해 살해 되었다. 리다자오는 이렇듯 중국 초창기 마르크스주의자이자 학자로 치열한 삶을 살 다가 갔다. 1959년 인민출판사에서 『리다자오선집(李大釗選集이대조선집)』이 출간되 었다.

5 · 4운동

중국 현대사에서 반제 · 반봉건 혁명의 새로운 기원을 이룩했으며, 중국 신민주주 의 혁명의 출발점으로 간주되고 있는 5 · 4운동은 1919년 5월 4일 베이징에서 학생들 의 시위로 시작되었다. 그날 정오 톈안먼에 집결한 베이징 대학생 3000여 명은 파리 강화회의에서 패전국 독일이 중국 산둥 지역에서 차지했던 권익을 일본에 양도한다 는 결정에 반대하는 시위를 시작하였다. 당시 시위 학생들은 이미 신문화 운동의 세 례를 받았고, 1915년 1월 18일 일본 정부가 위안스카이에게 제기한 21개조 비밀 요 구에 대한 반대 시위를 경험한 바 있기 때문에 단순히 애국 운동이 아니라 매국적 군 벌 정부에 대한 반대와 아울러 반봉건 · 반제의 기치를 높이 들고 과학과 민주주의를 제창하는 등 문화 운동의 색채를 띠게 되었다. 북양 군벌 정부는 "베이징의 학생 1만 5000명의 행동에 대한 모든 죄는 베이징대학이 져야만 하고, 베이징대학의 죄는 차 이위안페이 총장 한 사람이 져야 한다"고 주장하면서, "차이위안페이를 살해하는 자에게는 300만 금을 포상한다"는 현상 수배를 내리는 한편 대규모 탄압을 감행했다. 그러자 학생들은 동맹 파업으로 대항했고, 톈진·상하이·난징·우한(武漢무한) 등지의 학생들까지 가담했다. 이에 정부는 6월 3일 학생 1000여 명을 체포하는 등 탄압을 강화했지만 오히려 이 사건은 민중의 분노를 일으켜 상하이를 비롯한 여러 도시의 노동자 파업과 철시(撤市)로 맞섰다. 결국 군벌 정부도 파리 평화회의의 조인을 거부하지 않을 수 없었고, 구속 학생들을 석방하고 3명의 친일 분자들을 면직시켰다. 이렇게 5·4운동은 마무리되었지만, 그 파급 효과는 지속적으로 이어져 전반적인 사회 변혁의 불씨로 남게 되었다.

5·4운동 중에 학생 단체가 붙여놓은 벽보를 보는 시민들(상)
5월 4일 베이징대학 학생들의 시위 행렬(하)

삼민주의

1905년 쑨원은 중국 혁명파의 역량을 한데 모으기 위해 흥중회, 화흥회, 광복회 등 각지의 혁명 단체를 통일된 혁명 조직으로 만들어 전국의 민주 혁명 운동을 영도하고자 했다. 이로써 일본 도쿄에서 1905년 8월 20일 중국혁명동맹회가 정식으로 성립되고 "몽고의 오랑캐를 내쫓고 중화를 회복시키며, 민국을 창립하여 토지 소유권을 균등하게 하자(驅除韃虜, 恢復中華, 創立民國, 平均地權구제달로, 회복중화, 창립민국, 평균지권)"는 강령 하에 쑨원이 총리로 추대되었다. 그해 10월 중국혁명동맹회는 16자 강령의 내용을 민족·민권·민생으로 귀결시켜 삼민주의(三民主義)로 명명했다. 민족이란 만족(滿族)의 정치적 지배에서 벗어나 한족(漢族) 국가를 건설한다는 것이고, 민권은 군주 독재의 정치 체제를 타파하여 공화정체(共和政體)를 수립한다는 것이며, 민생은 토지공유제를 실현하여 농지의 경작자 소유와 대기업의 국유화를 실현한다는 뜻이다. 삼민주의는 1924년 제1차 국공합작에 의해 국민당이 개편되었을 때 통일 전선의 강령으로 채택된 바 있으며, 이후 장제스는 윤리는 민족주의에, 민주는 민권주의에, 과학은 민생주의에 속하기에 윤리·민주·과학이 삼위일체인 동시에 삼민주의의 건국 대본이라고 하였다. 삼민주의는 현재 중화민국의 정치 이념이다.

마링

레닌은 "아시아 각 민족의 제국주의에 대한 태도와 그들의 혁명 운동이 현재 가장 중대한 의의를 지닌다"고 하였으며, 아직 중국에 공산당이 없기 때문에 적당한 인물을 뽑아 파견하여 코민테른 중국 지부를 건설할 것을 생각하고 있었다. 그때 그의 눈에 띈 사람이 바로 마링(Maring)이다. 스네프리트, 마린(馬林마림), 닥터 시몬, 니궁칭(倪恭卿예공경), 쑨둬(孫鐸손탁) 등의 필명을 썼던 그는 1883년 네덜란드에서 태어나 사회민주당에 입당한 후 네덜란드령 동인도의 혁명 공작을 맡았다. 그는 동인도 총독부에서 추방된 후 인도네시아 공산당 대표의 신분으로 코민테른 제2차 대표대회에 참가했다가 그곳에서 레닌을 만난다. 이후 코민테른 집행위원회 위원과 민족과 식민지 위원회 비서로 선출되어 코민테른의 중국 대표가 되었다.

A.D.1921년

1921년 ▶ **문학연구회** 결성. 쑨원, 광둥정부 비상 대총통 취임(코민테른 제 3회 대회). 7월 1일, 상하이에서 중국공산당 창당. 7월 23일, **중국공 산당 제1차 전국대표대회** 개최(상하이, ~30일). **창조사** 결성. 『소 설월보』개조. 궈모뤄, 『여신(女神)』, 위다푸, 『침륜(沈淪)』발표.

■ 그 무렵 외국은…
1921년 소련, 신경제정책 채택. 미국, 워싱턴 회의(해군 군축).

문학연구회

　1921년 1월 4일 정전둬(鄭振鐸정진탁), 선옌빙(沈雁水심안빙 : 마오둔茅盾의 원명), 저우쭤런, 왕퉁자오(王統照왕통조), 쉬디산(許地山허지산), 예사오쥔(葉紹鈞엽소균) 등 12명의 문학가들이 베이징 중앙공원에 모여 중국 현대 문학사상 최초의 문학 사단 성립을 정중하게 선언하고 있었다. "문예를 기쁠 때 유희나 실의했을 때 소일거리로 삼던 시대는 지났다. 우리는 문학이 일종의 공작(工作)이라고 믿는다"고 선언한 그들은 문학을 '인생의 거울'로 간주했으며, 문학은 인생에 도움이 되어야 하며 "응당 사회의 현상을 반영하고 인생과 유관한 여러 가지 문제를 표현하고 토론해야 한다"고 주장했다. 따라서 그들은 예술을 위한 예술을 표방하는 유미주의나 영웅을 지나치게 미화하는 낭만주의에 대해 반대의 입장을 분명히 했기 때문에 같은 해 7월에 도쿄에서 성립하여 낭만주의를 표방한 창조사(創造社)와 대립하였다. 문학연구회는 세계 문학을 소개하고 중국의 구문학을 정리하며 새로운 신문학을 창조한다는 종지에 따라 선옌빙이 편집하던 『소설월보』(상하이 상무인서관 발행)를 기관지로 하고 『문학주보(文學周報)』『시(詩)』등을 간행하면서 러시아 · 프랑스 · 일본 · 인도 등의 명작을 소개하는 한편 루쉰, 바진(巴金파금), 딩링(丁玲정령), 라오서(老舍노사) 등의 작품을 실어 중국 현대 문학 발전에 견인차 노릇을 했다. 1932년 1 · 28사변 때 일본군의 포화로 상무인서관이 전소됨으로써 『소설월보』가 정간되고, 문학연구회도 사실상 해체되고 말았다.

중국공산당 제1차 전국대표대회

　중국공산당 제1차 전국대표대회, 즉 '일대(一大)'는 1921년 7월 1일 코민테른 대표인 마링을 비롯한 각지 공산주의 소조(小組)의 대표자 13명이 모여 상하이 망지로(望志路) 108호에서 열렸다. 이 대회에서 천두슈를 초대 총서기로 선출하고 중국 노조 서기부를 설치하여 노동자 계급의 조직화에 힘쓸 것을 결의하였다. 당시 문건은 수고(手稿)로 전해졌기 때문에 정확한 내용을 알 수 없었으나, 1960년 미국 컬럼비아대학의 마틴 윌버(C. Martin Wilbur) 교수가 대학 도서관에서 천궁보(陳公博진공박 :

1892~1946)의 석사 논문 「The Communist Movement in China」 안에 「중국공산당 제1강령」을 비롯하여 「중국공산당이 당의 목표와 관련해 내린 제1결의안」「중국공산당 선언」 등의 영역본이 실려 있는 것을 발견함으로써 세상에 알려지게 되었다. 당원 50여 명으로 시작한 중국공산당은 중국 역사상 최초로 노동자 계급을 정치 운동의 전면에 내세워 봉건 군벌을 비롯한 매판적 자본가들과 계급투쟁을 시작하는 한편 그 원흉인 제국주의에 대한 투쟁도 병행하였다. 그 결과 계급투쟁과 민족 투쟁에서 동시에 승리함으로써 공산당은 1949년 마침내 중국 대륙을 차지할 수 있었던 것이다.

창조사

1921년 7월 궈모뤄(郭沫若곽말약), 청팡우(成仿吾성방오), 장즈핑(張資平장자평) 등 일본 유학생들이 도쿄에 모여 현대 문학사에서 두 번째 문학 사단인 창조사(創造社)를 조직했다. 구성원 모두 오랜 외국 생활을 하면서 자본주의의 결점이나 반식민지 상태에 있는 중국의 현실에 모두 실망하고 있었던 그들은 당시 일본 사상계의 이지주의(理知主意)가 실패하고, 문학에서 자연주의가 파산하는 것을 목도하면서 반이지주의적 낭만주의를 목표로 삼았다. "내심의 요구를 모든 문학 창조의 원동력으로 삼는다"는 청팡우의 말이나 "오로지 내심의 요구에 따라 문학 활동을 할 뿐"이라는 궈모뤄의 말에서 알 수 있다시피 자아 표현을 위한 예술을 추구하였다. 그러나 그들의 기관지인 『창조계간』이나 『창조주보』 등에 발표한 그들의 작품 속에는 사회의 암흑에 대한 비판과 개성 해방에 대한 추구가 담겨 있어 서구의 유미주의자들처럼 예술만을 위한 예술을 추구하며 무병신음(無病呻吟)한 것이 아니었음을 알 수 있다. 1923년 궈모뤄가 일본으로 떠나는 등 주된 구성원들이 흩어지자 이듬해 『창조계간』이 정간되면서 창조사 역시 저절로 해산되고 말았다. 이후 저우취안핑(周全平주전평)과 니이더(倪貽德예이덕) 등이 『홍수(洪水)』를 창간하고, 이어 1926년 3월 『창조월간』을 창간하자 제1기 창조사 동인들이 다시 모여들었다. 이때가 창조사 제2기로 예전과 달리 사회 문제를 다룬 작품들을 쓰기 시작했다. 1927년 4·12사건을 계기로 창조사 동인들 사이에 혁명에 대한 의견 차이가 분명해지면서 위다푸(郁達夫욱달부) 등이 창조사를 떠나자 창조사는 이전과 크게 바뀌게 된다. 궈모뤄, 청팡우, 정보치(鄭伯奇정백기) 이외에 일본 유학생 출신의 펑나이차오(馮乃超풍내초)와 리추리(李初梨이초리) 등이 합세한 제3기 창조사는 무산 계급 혁명 문학의 기치를 내걸고 『문화비판』『유사(流沙)』『신사조(新思潮)』 등의 기관지를 통해 태양사(太陽社) 및 루쉰 등과 혁명 문학 논쟁을 벌이기도 했다. 창조사는 좌련이 성립될 때까지 지속되었으며, 중요 동인들은 좌련은 물론이고 공산당에 가입하기도 했다.

A.D.1924년

1924년 ▶ 1월, 광저우에서 **국민당 제1회 전국대표대회** 개최—연소(聯蘇) · 용공(容共) · 부조농공(扶助農工)의 3대 정책을 결정하고 국공합작을 결의함(**제1차 국공합작**). 5월, 중 · 소협정 조인. 황푸군관학교 개교. 쑨원, 제2차 북벌 선언. 9월 16일, 제2차 봉직전쟁(장쭤린과 우페이푸의 전쟁). 우페이푸의 부하 펑위샹, 베이징에서 쿠데타 일으켜 베이징을 점령함. 돤치루이, 임시 집정에 취임. 몽고인민공화국 성립. 『어사(語絲)』 창간.

■ 그 무렵 외국은…
1924년 소련, 레닌(1870~1924)이 사망함.

국민당 제1회 전국대표대회

1912년에 중화민국(中華民國)이 탄생한 후 총통에 취임한 쑨원은 얼마 후 북양 군벌과 열강의 후원에 힘입은 위안스카이에게 자리를 빼앗기고 만다. 이후 쑨원은 위안스카이의 어용 정당인 공화당에 대항하여 국민당(國民黨)을 결성하였다.

1913년 2월 선거에서 국민당은 다수당이 되었지만 위안스카이의 쿠데타로 해산되고, 쑨원은 일본으로 망명하여 1914년 중화혁명당(中華革命黨)을 조직했으며, 1919년 5 · 4운동을 계기로 당 거점을 도쿄에서 상하이로 옮기고 기존 국민당을 중국국민당(中國國民黨)이라 개칭하였다. 이후 쑨원은 군벌과 완전히 손을 끊고 대중과 결합하는 방침을 세웠으며, 공산당과 합작하기로 마음먹었다. 마침내 1924년 1월 국공(國共) 양당 및 코민테른의 의견이 합쳐져 국민당 제1회 전국대표대회가 광저우에서 개최되었다. 대회에서 국민당 이념은 삼민주의라는 것을 확인하는 한편 이를 실현하는 방법으로 연소(聯蘇: 소련과 연합) · 용공(容共: 공산당과 제휴) · 부조농공(扶助農工: 농민과 노동자를 도움) 등 세 가지를 제창하였다. 이 대회를 통해 반제 · 반봉건의 민주주의 혁명이란 목표가 분명해졌고, 그 구성원들도 민족 자산 계급 · 노동자 계급 · 농민을 모두 포함하는 전국적 규모로 확대되었다. 대회에서 선출된 국민당 중앙집행위원 가운데 리다자오를 포함한 3명과 후보 위원 17명 중에서 마오쩌둥을 포함한 7명이 공산당원이었다. 대회의 결의에 따라 국민혁명군의 간부를 육성하기 위한 황푸군관학교(黃興軍官學校황포군관학교)가 설립되었으며, 교장에 장제스가 취임하였다. 그러나 이 대회에서 결의된 국공합작은 쑨원이 사망하자 곧 깨지고 만다.

제1차 국공합작

국공합작은 중국 국민당과 공산당이 합작하여 협력한 것을 말한다. 1924년부터 27년까지, 1937년부터 45년까지 두 차례에 걸쳐 이루어졌다. 제1차 국공합작은 코민테른 대표 마링(H. S. Maring)의 주도로 이루어졌다. 그는 광둥정부를 수립하고 북벌을 기도하고 있던 쑨원과 만나 국민당을 개조하여 광범위한 사회 계층과 연합할 것과 무력 확보를 위한 사관 학교(이후 황푸군관학교로 구체화됨) 건립, 그리고 공산당과 협력할 것을 요청하였다. 또한 1922년 8월 항저우에서 공산당 중앙집행위원회를 소집하여 국민당 가입을 주장하였다. 그 결과 공산당은 제2차 전국대표대회(2전대)를 개최하여 '민주주의 연합 전선'의 결성을 당의 기본 방침으로 삼았다.

이후 쑨원은 재차 방문한 마링에게 국공합작 건의를 수락할 뜻을 비췄다. 그때 중국 주재 소련 대사 요페(A. A. Joffe)가 쑨원과 군사 문제를 협의하면서 중국의 국민 혁명을 돕겠다는 소련의 제의를 설명했다. 소련에 대한 의구심이 사라진 쑨원은 마침내 1923년 1월 26일 정식으로 공동 성명을 발표하였다. 공산당 역시 제3차 전국대표대회(3전대)를 통해 국공합작을 정식으로 채택하고, 삼민주의와 쑨원의 정치 지도에 복종할 것과 국민당의 당헌을 준수하고 국민 혁명에 참여할 것, 국민당을 공산당으로 만들지 말 것, 개인 자격으로 국민당에 가입할 것 등에 동의하였다. 그 후 보로딘의 권고로 쑨원은 국민당 조직을 재편하여 국민당 임시중앙집행위원회를 조직하였으며, 소련공산당의 조직을 모방한 민주집정제를 당장(黨章)으로 채택하였다. 공산당은 보로딘의 비호 아래 자신들의 세력을 확장시킬 수 있었다. 그 결과 쑨원이 사망하자 국민당은 좌·우로 분열되어 1927년 4·12사건을 정점으로 좌파가 패배하고, 국공합작도 완전 결렬되었다.

송가황조

중국 현대사에 특이한 존재들인 쑹아이링(宋靄齡송애령), 쑹칭링(宋慶齡송경령), 쑹메이링(宋美齡송미령) 세 자매는 하이난다오(海南島해남도) 출신의 부호 찰리 송(Charlie Song: 본명은 쑹자수宋嘉樹송가수)의 자녀들이다. 미국으로 건너가 전도사를 하다가 귀국한 후 성경 출판과 방직 사업으로 큰 돈을 번 그는 쑨원의 친구이자 후원자로 재정적 지원을 아끼지 않았다. 그의 첫째 딸 쑹아이링은 공자의 75세손이자 대부호인 쿵샹시(孔祥熙공상희)와 결혼하였고, 둘째 쑹칭링은 쑨원, 그리고 셋째 쑹메이링은 장제스과 결혼하였다. 세 자매는 모두 미국에 유학하여 공부했으나 각기 다른 인생관에 따라 각자의 길을 걸었다. 송가 세 자매 가운데 가운데인 쑹칭링(1892~1981)은 미국 웨슬리 대학을 졸업한 후 1912년 난징 임시정부 대총통인 쑨원의 비서가 되었다. 쑨원이 1913년 일본으로 망명하자 함께 따라갔다가 이듬해 일본에서 쑨원과 결혼하였다. 그녀는 쑨원이 사망한 후 국민당 좌파의 입장에서 제부(弟夫)인 장제스와 대립하였다. 중국 대륙에서 중화인민공화국 건립 후 국가 부주석까지 올랐다가 1981년 사망했다., 그녀의 동생 쑹메이링은 남편을 따라 타이완으로 떠난 후 장제스가 사망하자 미국에서 말년을 보냈다. 장완팅(張婉婷장완정) 감독의 「송가황조(宋家皇朝)」는 바로 그녀들의 이야기를 영화화한 것이다.

쑹칭링

A.D.1925년

1925년 ▶ 1월 20일, 상하이에서 중국공산당 제4차 대회 개최(~23일). 3월 12일, **쑨원**, 베이징에서 **사망**(59세). 칭다오의 일본 방직 공장에서 시발된 파업 확대됨. **5 · 30사건**—상하이에서 경찰이 학생들에게 발포. 7월 1일, 광저우 국민정부 수립(왕징웨이汪精衛왕정위가 주석이 됨) 10월, 국민혁명군, 제2차 동정(東征). 11월, 국민당 우파, 시산(西山서산: 베이징)에서 회합(시산회의파).

■ 그 무렵 외국은…

1925년 스위스, 유럽 국가들이 로카르노 조약 체결. 소련, 스탈린의 일국 사회주의론 채택.

쑨원 사망

1912년 쑨원은 중화민국의 임시 대총통에 취임하였다. 그러나 베이징에는 만주 조정이 건재했고, 또한 실질적인 세력가인 위안스카이가 청나라 조정에 국회를 소집할 것을 요청하고 있는 중이었다. 결국 세 세력이 협상한 결과, 1912년 2월 12일 만주 정권이 퇴진함과 동시에 그 다음날 쑨원은 임시 대총통직에서 물러나 동맹회를 개칭한 국민당의 이사장에 추대되었고, 2월 15일 위안스카이가 난징 참의원에서 임시 대총통으로 선출되었다. 쑨원의 지지 세력은 총통 대신 총리에게 국가의 최고 권한을 부여하는 임시 약법을 공포하여 위안스카이를 견제하였다. 국민당은 쑹자오런(宋敎仁송교인)의 노력으로 중의원과 참의원에서 절대 다수 의석을 차지하였으나, 쑹자오런은 30세의 나이로 위안스카이에게 피살되고 말았다. 이를 계기로 쑨원은 위안스카이를 토벌하기 위한 2차 혁명을 일으켰으나 실패하고 일본으로 망명하여 1914년 중화혁명당을 결성했다.

1919년 당명을 중국국민당으로 바꾼 쑨원은 국민당 재건을 위해 노력하는 한편 광저우를 미래 통일 국가를 위한 발판으로 삼았다. 또한 민족주의, 민권주의, 민생주의에 대한 이론 체계를 확고하게 만들어 이후 국민당의 이데올로기가 된 삼민주의를 정립하였다. 1922년 공산주의자의 국민당 입당을 허락한 후 1924년 중국공산당과 제1차 국공합작을 체결한 그는 황푸군관학교를 통해 군사력을 강화하면서 북벌을 준비했다. 1924년 베이징의 군벌이 개최한 국가재건회의에 참석해달라는 초청을 받아들인 그는 부인과 왕징웨이 등을 대동하고 베이징으로 가기에 앞서 일본 여행을 하다가 갑자기 발병하여 서둘러 베이징에 도착했다. 그러나 1925년 1월 쑨원을 수술한 의사들은 그가 이미 간암 말기라는 것을 발견하였다. 그해 3월 12일 쑨원은 59세를 일기로 베이징에서 숨을 거두고 말았다.

5·30사건

1925년 5월 15일 상하이 일본 상인들이 개설한 '내외면사창(內外棉紗廠)'이 문을 닫으면서 노동자들의 임금을 지불하지 않았다. 또한 일본인 직원이 구정홍(顧正紅고 정홍 : 1905~1925)이란 노동자를 총으로 쏴죽이고 그 외 10여 명의 노동자를 폭행한 사건이 발생했다. 급기야 상하이 각계 대중들이 이에 분노하고 학생들도 가두 시위를 통해 항의하기 시작했다. 그런 와중에 30일 오전 영국 순포(巡捕)가 조계 안에서 노동자 운동을 선전하고 성원하는 100여 명의 학생들을 체포했으며, 이에 학생들을 석방할 것을 요구하는 군중들에게 발포하여 10여 명이 죽고 수십 명이 부상당하는 불상사가 일어났다. 이것이 바로 5·30참안이다.

상하이 시민들은 즉각 파업·파시(罷市)에 돌입했고, 학생들 역시 동맹 휴학으로 호응하였다. 시민들은 주범 색출, 손해 배상, 영사재판권 취소, 외국 주둔군의 영구 철수 등 17개 조항의 교섭 조건을 내걸었다. 이외에 다른 지역의 군중들도 파업·파시·동맹 휴학 등의 방식으로 상하이 시민들의 항거를 지지하였다. 이로 인해 전국적인 반제국주의 운동으로 확산되었다. 6월 23일 상점들이 문을 열기 시작했고, 8월 하순에 파업 노동자들 역시 자본가 측에서 일정한 조건을 승낙하는 조건하에 파업을 철회하였다.

코민테른

코민테른(Comintern)은 제3인터내셔널인 공산주의 인터내셔널(Communist International)을 지칭하는 것으로 제1차 세계대전으로 제2인터내셔널이 와해된 후 레닌의 지도하에 각국 노동운동 내의 좌파가 모여 1919년 모스크바에서 창립했다. 프롤레타리아 독재를 통한 사회주의의 달성이라는 노선에 입각하고 있다는 점에서 제2인터내셔널과 구별된다. 1920년 초엽 소련과 코민테른의 의도에 따라 코민테른 극동부장인 보이딘스키가 중국에 파견되어 리다자오, 천두슈 등과 접촉하면서 중국공산당을 창당하는 데 영향을 끼쳤다.

장제스와 4대 가족

난징정부의 경제적 기반은 상하이 경제계였다. 당시 상하이 재벌들은 은행 자본과 상업 경영을 중심으로 외국 자본의 매판적 역할을 수행하면서 막대한 돈을 벌었고, 그 일부가 정치 자금으로 흘러 들어갔다. 난징정부는 막대한 양의 공채를 팔아 군사비에 충당했고, 할인율 56%에 공채를 사들인 은행은 앉은자리에서 돈을 쓸어 담고 있었다. 재벌 가운데 장제스와 특별한 연고가 있는 이들이 있었는데, 그들이 바로 4대 가족으로 장제스 본인과 쑹즈원(宋子文송자문: 장제스의 부인인 쑹메이링의 오빠), 쿵샹시(孔祥熙공상희: 쑹메이링의 언니인 쑹아이링의 남편), 천궈푸(陳果夫진과부: 동생인 천리푸陳立夫진립부와 함께 장제스 휘하의 특무 기관 책임자를 맡음) 등이다. 당시 쑹즈원은 중앙은행 초대 총재였으며, 쿵샹시가 그 뒤를 이었다. 중국은행과 교통은행도 그 두 사람의 지배하에 있었고, 농민은행은 장제스와 천궈푸가 차지하고 있었다. 또한 쑹즈원이 1936년에 만든 중국 면업공사(綿業公司)는 전국의 면화와 면사, 면포(綿布)의 구입과 판매 독점권을 가지고 있었으며, 그가 1937년에 이사장이 된 화남미업공사(華南米業公司)는 외국 쌀 구입의 독점 조직이었다.

A.D.1927년

1927년 ▶ 3월 10일, 한커우(漢口한구)에서 국민당 제2기 3중전회, 장제스 불참. 4월 12일, 상하이 노동자, 무장 봉기. 장제스, 상하이에서 반공 쿠데타(4·12사건). 4월 18일, **장제스**, 난징정부 수립. 4월 27일, 우한에서 **중국공산당 제5차 전국대표대회**. 7월 15일, 우한국민당, 공산당과 결별. 8월 1일, 난창(南昌남창)에서 중국공산당 무장 봉기 —저우언라이·허룽(賀龍하룽) 등 주도함. **홍군** 탄생. 8월 7일, 중국공산당 긴급회의 소집(한커우)—천두슈, 비판받음. 10월, 마오둔(茅盾모순)의 『환멸(幻滅)』, 딩링(丁玲정령)의 『몽가(夢柯)』 발표.

■ 그 무렵 우리는…
1927년 한국, 신간회 조직.

■ 그 무렵 외국은…
1927년 미국, 린드버그가 대서양 무착륙 횡단 비행에 성공함.

4·12사건

장제스의 영도하에 북벌이 성공적으로 수행되고 있을 때, 상하이서 1926년 10월 23일 첫 번째 폭동 이후 두 차례에 걸쳐 노동자들의 무장 봉기가 발발하였다. 5·30사건 이후 침체된 노동 운동이 거세어지면서 상하이 총공회가 다시 조직되었으며, 국민당 상하이 당지부의 좌익도 이에 합세하였다. 1·2차 폭동이 실패하고, 다시 1927년 3월 21일 세 번째 노동자 봉기가 일어났다. 공산당은 노동자들의 무장과 조직화에 주력하였고, 일반 시민과 소자본가들을 끌어들이는 데 성공하였다. 그 결과 노동자들은 상하이를 지배하던 군벌들을 몰아내고 조계를 제외한 상하이 전 지역을 장악할 수 있었다. 국민당계 지도자들과 자본가도 이에 합세하여 상하이에 임시정부가 수립되었다.

그러나 장제스는 공산당과 노동자들의 세력 확대에 촉각을 곤두세우고 국민당 내 공산당 색출과 검거를 지시하였으며, 대자본가들과 결탁하여 공산당 추방을 대가로 5000만 원의 돈을 받았다. 이때 장제스의 정적(政敵)인 왕징웨이가 유럽에서 상하이로 돌아왔다. 국민당 좌파와 고문 보로딘을 주축으로 한 우한정부는 왕징웨이와 내통한 상태에서 장제스를 혁명군 총사령직에서 면직시켰다. 이에 장제스는 숙당(肅黨)을 결심하고 우선 난징에 진주하였다. 이후 4월 12일 상하이를 중심으로 광둥·푸젠(福建복건)·저장성 등의 좌익 노동조합에 대한 탄압을 개시하였다. 이것이 바로 4·12상하이사건이다. 당시 상인과 금융업자들은 청방, 홍방이라는 폭력 단체를 만들어 무장 규찰대를 공격하였다. 4월 18일 장제스는 우한정부와 별도로 난징정부를 설립하였다.

장제스

장제스(蔣介石장개석: 1887~1975), 본명은 중정(中正)이며 자가 개석(介石)이다. 저장성 펑화현(奉化縣봉화현)에서 태어나 1906년 바오딩(保定보정)군관학교에 입학한 그 이듬해 일본으로 건너가 육군사관학교를 다녔다. 1918년 쑨원의 신임을 받아 군사 방면에서 활약하는 한편 1923년 소련을 방문하여 적군(赤軍)에 대해 연구하였다. 쑨원이 사망한 후 국민당의 지도자가 된 그는 1926년 국민혁명군 총사령에 취임하여 북벌을 수행하는 한편, 우한정부와 대립하여 난징정부를 설립하고 상하이 쿠데타를 일으켜 공산당을 탄압하였다.

장제스

1928년 베이징을 점령한 그는 난징 국민정부 주석과 육해공군 총사령에 취임하여 당과 정부의 통치권을 확립했으며, 펑위샹·옌시산 및 광둥과 광시(廣西광서)의 대소 군벌들을 몰아냈다. 1930년부터 다섯 차례에 걸친 대규모 포위전을 통해 공산당 토벌에 나섰으며, 이는 만주사변(滿洲事變)으로 일본이 중국을 침략했을 때까지 계속되었다. "내전을 중지하고 일치단결하여 항일전쟁에 나서라"는 여론이 높아지는 가운데 1936년 독전(督戰)을 위해 시안에 갔다가 장쉐량(張學良장학량)에게 감금당했다. 공산당과 합작하여 항일전쟁을 수행한다는 조건으로 석방된 그는 1937년 제2차 국공합작을 통해 총사령에 올라 전면적인 항일전에 돌입했다. 그러나 제2차 세계대전이 끝난 후 또다시 공산당과 결별하고 재차 내전에 돌입했다. 미국의 지원으로 초반 우세를 지켰으나 이미 등을 돌린 인심을 돌이킬 수 없었다. 결국 패배한 그는 1949년 12월 타이완으로 건너가 중화민국 총통과 국민당 총재를 역임하며 '자유중국' 타이완을 지배하였다.

중국공산당 제5차 전국대표대회

1927년 4월 27일 우창에서 중국공산당 제5차 전국대표대회가 열렸다. 당시 천두슈는 형편없는 정치 보고를 하여 많은 사람들을 실망시켰으며 취추바이(瞿秋白구추백)는 『중국혁명에서 쟁론할 문제』라는 소책자를 대표들에게 나누어주고 천두슈의 가부장적인 통치 방식과 당내 우경기회주의 노선을 비판하였다. 당시 그는 중국의 사회경제적 상황과 계급 관계에 대한 분석에 기초하여 중국 혁명은 제국주의와 군벌 통치를 타도하는 데 온 힘을 기울여야 한다고 주장하였다. 결국 그의 주장이 주효하여 그는 계속해서 당 중앙위원에 피선되었다. 이후 8월 7일 한커우에서 열린 중공 중앙 긴급회의에서 천두슈의 정치 노선을 우경기회주의로 몰아 비판하고 다시 국민당에 대한 무장 항쟁과 토지 혁명을 주요 내용으로 하는 당의 방침이 새롭게 세워짐과 동시에 취추바이는 중국공산당 중앙서기에 피선되었다.

홍군

중국공산당은 1927년부터 항일 전쟁을 시작하기 전까지 10년간 소비에트 권력을

A.D.1928~1930년

1928년 ▶ 4월 28일, 마오쩌둥, 후난을 떠나 징강산에 근거지 확보함. 4월 30일, 국민혁명군, 북벌 개시하여 지난(濟南제남) 입성. 5월 3일, 일본군, 지난 침공하여 대량 학살—**지난참안**. 6월 3일, 장쭤린, 펑톈에서 폭사. 6월 18일, 모스크바에서 중국공산당 제6회 대회. 장쉐량, 국민정부에 합류. 장제스, 북벌 완료. '혁명문학 논쟁' 시작됨. 10월 8일, 장제스, 국민정부의 주석이 됨(~1931). 문학단체 태양사 성립.

1929년 ▶ 난징 국민당 제3차 대회. 6월, 일 · 독 · 이, 중국 국민정부를 승인. 7월, 소련과 중국 국교 단절. 8월, 펑위샹 등 군벌, 반장제스 운동 일으킴. 11월, 국민당, 천두슈 제명함.

1930년 ▶ 2월, 중국 자유대동맹 결성. 3월, **좌익작가연맹**(상하이에서 루쉰 · 마오둔 등 문인 50여 명이 모여 결성). 옌시산, 펑위샹, 리쭝런 등이 반장군(反蔣軍) 결성하여 장제스와 전쟁(중원대전)에 돌입. 4월, 홍삼군 · 홍사군 · 홍십이군을 통합하여 홍일군단(紅一軍團) 창설(주더, 총사령관. 마오쩌둥은 정치위원). 6월 11일, 중국공산당 중앙정치국, '새로운 혁명의 고조와 한 성 또는 몇 개의 성에서 우선적 승리'(6 · 11결의) 채택—리리싼(李立三이립삼) 노선. 7월, 창사(長沙장사)에 소비에트 성립. 9월 24일, 제6기 3중전회 개최(~28일). 12일, 장제스, 소비에트에 대한 공격(위초圍剿). 타이완에 무사(霧社)사건 일어남.

■ 그 무렵 우리는…
1928년 한국, 홍명희가 『조선일보』에 『임꺽정』을 연재함.
1929년 한국, 광주 학생 항일 운동.
1930년 한국, 이동녕과 김구 등이 한국독립당을 창당함. 이난영이 손목인 작곡의 「목포의 눈물」을 발표함.

■ 그 무렵 외국은…
1928년 소련, 사유 금지법 성립.
1929년 세계 대공황 시작.
1930년 미 · 영 · 일 · 독 · 이, 런던 군축 회의. 인도, 간디의 소금 행진(비폭력 불복종 운동).

수립하기 위한 혁명 운동(제2차 국내 혁명 전쟁 시기라고 말하기도 한다)에 돌입하였다. 그 구체적인 정책 가운데 하나가 바로 공농홍군(工農紅軍)을 조직하여 당의 핵심 무장 세력을 삼는다는 것이었다. 공농홍군의 뿌리는 1927년 8월 1일에 일어난 난창 봉기 세력이었다. 난창 봉기군은 국민당 군대에게 패하여 주더(朱德주덕)와 천이(陳毅진의)의 인솔하에 징강산(井岡山정강산)으로 들어가 마오쩌둥의 부대와 합류하였는데, 이것이 바로 홍군의 시작이었다. 현재 중국에서 건군 기념일이 8월 1일인 것은 이로 말미암는다. 홍군은 항일 전쟁 시기에 팔로군(八路軍)과 신사군(新四軍)으로 개칭되었다가, 47년 이후 다시 인민해방군으로 명칭을 바꿔 현재에 이르고 있다.

지난참안

지난참안(濟南慘案제남참안), 중국은 5 · 3참안이라고 칭한다. 일본 정부는 만주 군벌 장쭤린(張作霖장작림)을 지원하여 국민혁명군의 북벌을 막기 위해 세 번에 걸쳐 산둥으로 출병했으며, 이어 1928년 4월 일본은 교민을 보호한다는 구실로 지난으로 출병했다. 1928년 5월 3일, 일본 관동군은 지난에서 약탈과 강간을 일삼고 중국 병사와 일반인 1만여 명을 학살했다. 심지어 난징 국민정부가 교섭을 위해 산둥으로 특파한 차이궁스(蔡公時채공시: 1881~1928)의 귀와 코를 자르고, 나머지 17명의 외교 관련 인사들과 함께 살해하기도 했다. 그럼에도 불구하고 일본은 장쭤린 군대의 패배를 어찌할 수 없는 상황이었다. 결국 일본 관동군은 1928년 6월 3일 패주하는 장쭤린를 폭사(爆死)시키고, 만주 지배를 위한 새로운 발판을 마련하고자 했다. 그러나 장쭤린의 아들인 장쉐량은 일본 대신 난징 국민정부와 손을 잡고 자신의 근거지인 만주에 국민당의 청천백일기(靑天白日旗)를 내걸었다.

베이징에서 육해군 대원수에 취임한 장쭤린(상)
지난사건의 중국인 포로(하)

좌익작가연맹

1928년 10월 난징 국민정부 주석에 취임한 장제스는 반공을 위한 특무 기관인 남의사(藍衣社)를 통해 공산당 및 좌익 문예계에 대한 탄압을 강화하고 있었다. 한편 좌익 문예계는 혁명 문학을 전면 부정하는 신월파(新月派)의 도전에 대응해야만 하는 상황에서 혁명 문학 단체를 표방한 창조사와 태양사가 루쉰과 마오둔을 프티 부르주아 문학가라고 비판하면서 적대감을 표출하자, 이에 대한 반론이 제시되어 이른바 '혁명 문학 논쟁'이 시작되는 등 내부 모순이 격화되고 있었다. 이런 상황에서 중국공산당은 창조사와 태양사의 주장을 비판하는 한편 좌익 문예계의 단결을 종용하였다. 마침내 루쉰, 첸싱춘(錢杏邨전행촌), 펑쉐에펑(馮雪峰풍설봉), 샤옌(夏衍하연) 등 12명의 준비위원회가 마련되고, 몇 차례 모임 끝에 1930년 3월 2일 상하이에서 좌익작가연맹(약칭 좌련左聯)의 결성 대회가 열렸다. 이 대회에서 좌련의 이론 강령과 실천 강령이 채택되었으며, 주석단에 루쉰, 첸싱춘, 샤옌 등이 선출되었다. 산하에 마르크스주의 연구회, 문예대중화 연구회 등을 설치하였으며, 『맹아(萌芽)』 『척황자(拓荒者)』『문학월보(文學月報)』 등 기관지를 발행했다.

이후 좌련은 신월파를 비롯한 민족주의 문학파나 논어파(論語派) 등과 논전을 벌이는 한편 문예대중화를 비롯한 자체 문예 사업을 벌여나갔다. 당시 일반 대중들이 문맹의 수준에서 크게 벗어나지 못한 상황에서 좌련만의 문예대중화 운동은 처음부터 난관에 부딪혔고, 좌편향의 오류와 종파주의의 한계에서 벗어나지 못했다는 지적을 받기도 했다. 그러나 '좌련 오열사(五烈士)' 사건이 발생하는 등 어려운 여건 속에서도 아이칭(艾靑애청), 장톈이(張天翼장천익), 어우양산(歐陽山구양산) 등 신인 작가들을 배출했으며, 루쉰과 취추바이에 의해 마르크스주의 문예 이론이 번역되어 널리 소개되었다. 1935년 장정(長征) 중이던 중국공산당 중앙위원회는 항일 구국을 위한 일치단결을 호소하는 8·1선언을 발표함과 동시에 좌련을 해산하고 '국방 문학'이란 기치하에 중국문예가협회를 결성했다. 당시 루쉰과 후펑(胡風호풍)은 혁명적 열기를 식히는 처사라고 반박했지만 공산당원 문학가 그룹의 일원인 저우양(周揚주양) 등은 공산당의 지도력을 강조할 뿐이었다.

A.D.1931년

1931년 ▶ 1월 7일, 국민당 특무, 좌련 5열사 체포(1. 27, 처형). 5월, 왕징웨이, 장제스에게 반대하여 광둥에 국민정부 수립. 7월, 만보산(萬寶山) 사건. 9월 18일, **만주사변**(류타오거우柳條溝유조구 사건— 일본군이 만주 철도를 폭파하고 펑톈을 점령). 11월 7일, 중국공산당, 장시성(江西省강서성) 루이진(瑞金서금)에서 제1회 소비에트 대표대회를 개최하고 **중화소비에트 공화국** 임시 중앙정부 수립. 11월 19일, 시인 **쉬즈모徐志摩서지마** 사망. 12월 15일, 장제스, 하야 선포. 광둥·난징 합작의 신난징국민정부 수립(주석 린썬林森임삼, 행정원장 쑨커孫科손과·취추바이·우위장吳玉章오옥장. 잡지 『북두(北斗)』창간.

■ 그 무렵 우리는…
1931년 한국, 신채호가 지은 『조선상고사』를 간행함.

■ 그 무렵 외국은…
1931년 미국, 후버 대통령이 모라토리엄을 선언함.

만주사변

1931년 9월 18일 밤 10시경 펑톈(奉天봉천: 현재의 선양瀋陽심양) 류타오거우(柳條溝유조구)의 만주 철도가 폭파되었다. 일본 관동군은 이를 중국군의 도발 행위라고 규정짓고 장쉐량의 북대영(北大營)을 비롯한 여러 군사 기지를 공격하기 시작했다. 19일 새벽까지 펑톈성, 펑톈 병기창, 비행장 등이

만주국의 수도 신징(新京신경)에서 일본기와 만주국기인 오색기를 흔들며 푸이(溥儀부의)의 집정 취임을 축하하는 만주인 소녀들

일본군의 수중에 들어갔다. 관동군은 여기에서 그치지 않고 안둥(安東안동), 잉커우(營口영구), 지린(吉林길림), 창춘(長春장춘), 랴오둥(遼東요동), 톄링(鐵嶺철령) 등을 점령하였다. 이후 밝혀진 바에 따르면, 이다가키(板垣征四郎) 대좌와 이시하라(石原莞爾) 중좌를 중심으로 한 관동군 고위 참모들이 꾸며낸 음모로, 폭파를 지시한 자는 장쉐량의 고문인 이마다(今田新大郎) 대위였고, 류타오거우 파견 대원들이 저지른 일이었다. 당시 일본은 완바오산(萬寶山만보산) 사건과 나카무라(中村震大郎) 대위 사건 등으로 중국과의 관계가 격화된 틈을 타서 단번에 만주를 차지하려는 계획을 세웠고, 이는 일본 군부대 극우 세력의 욕구를 만족시키는 일이기도 하였다.

사건이 일어난 후 일본 정부는 이를 기정 사실로 받아들이고 이후 만주 경영을 본격화하여 만주국 건설로 이어지게 된다. 한편 장쉐량은 전쟁이 확대되면 휘하의 동북군이 괴멸될 것이 두려워 무저항을 명령했으며, 난징의 장제스 정부 역시 충돌을 회피하고 국제연맹에 제소한다는 방침을 정했다. 이로써 일본은 만주의 대부분 도시를

점령하고 만주 지배를 본격화할 수 있었다.

중화소비에트 공화국

1927년 8월 1일 국민 혁명의 진원지인 광둥을 회복한다는 명분으로 난창에서 봉기하였다. 이를 계기로 홍군(紅軍)이 탄생하였고, 이들 가운데 일부가 해륙풍의 농민 운동과 결합하여 중국 최초의 소비에트(노동자 농민 평의회)인 해륙풍 소비에트(1927년 11월~1928년 2월)가 건설되었다. 이는 리리싼(李立三이립삼)이 주장한 '하나 또는 몇 개의 성에서의 승리' 노선에서 탈피하여 농촌을 중심으로 근거지 노선으로 나아간다는 것을 의미했다. 1928년 코민테른이 이를 승인한 후 중국공산당은 장시·푸젠 소비에트 근거지를 설립하였다. 이후 1931년 11월 7일 중앙소비에트의 수도인 루이진(瑞金서금)에서 거행된 전국 소비에트 대표대회의 결과, 임시 혁명정부의 성격을 띤 중화소비에트 공화국으로 개칭하였다. 전체 390명의 대표가 참석한 이 대회에서 정강, 헌법, 토지법, 노동법 등에 관한 문제와 홍군에 관한 논의가 이루어졌고, 중앙집행위원에 마오쩌둥, 장궈타오(張國燾장국도), 저우언라이, 주더, 취추바이, 왕밍(王明왕명), 펑더화이(彭德懷팽덕회), 허룽(賀龍하룡), 린뱌오(林彪임표), 류사오치(劉少奇유소기) 등을 선출하였으며, 주석에 마오쩌둥, 부주석에 샹잉(項英항영: 1898~1941)과 장궈타오를 선출하였다. 이로써 중국공산당은 일정한 근거지에서 자신들의 정부를 통해 더욱 체계적이고 구체화된 정책을 계획하고 실천할 수 있게 되었다. 그러나 해방구의 확대를 최우선 목적으로 삼고 있었던 중화소비에트 공화국은 1930년 10월 100만 대군과 200대의 비행기를 동원한 장제스의 국민당 군대에 밀려 루이진을 뺏기고 2만 5000리 대장정(大長征)을 떠나게 된다.

쉬즈모

쉬즈모(徐志摩서지마, 1896~1931)는 저장성 하이닝현(海寧縣해녕현) 출신으로 자는 우신(又申), 필명은 곡(谷)·시철(詩哲)·남호(南湖)·황구(黃狗) 등이 있다. 1920년 영국 런던 케임브리지대학에서 정치, 경제를 연구하여 석사학위를 취득하였다. 1921년부터 시를 창작했는데, 영국의 귀족화된 사회와 유미주의, 인상주의의 영향을 받아 특히 영국 유미파 시인들에게 깊이 경도되어 있었다. 1922년 귀국한 이후, 베이징대학과 칭화대학(淸華大學청화대학) 등에서 가르치면서 베이징과 상하이 일간지에 시를 발표하기 시작했다. 1923년 베이징에서 신월사(新月社)가 성립되자 중요 일원으로 활동하였다. 1926년, 후스 등과 신월서점을 내고 『신월』 월간을 출판하였으며, 이를 통해 무산계급 혁명 문학을 주장하는 좌익 작가들과 논전을 벌였다. 1931년 11월 19일

1932년 ▶ 1월 28일, 상하이사변. **만주국** 건국 선언(푸이 집정, 연호는 대동大同, 창춘을 신징으로 개명). 8월, 국민당, 수도를 뤄양(洛陽낙양)에서 난징으로 옮김. 차이위안페이·쑹칭링·루쉰 등, '중국민권보장동맹' 조직. 중·소 국교 회복. 12월, 관동군, 러허(熱河열하) 작전 개시. 장쉐량, 하야 성명.

1933년 ▶ 펑위샹 등, 장자커우(張家口장가구)에서 항일 동맹군 결성. 7월, 장제스, 루산회의(廬山會議여산회의) 개최—대일항전 완화 결정. 장제스, **제5차 공산당 포위 공격. 라오서**의 『이혼(離婚)』, 마오둔의 『한밤중(子夜)』, 바진의 『가(家)』, 아이칭의 『대언하(大堰河)』 발표.

■ 그 무렵 우리는…
1932년 한국, 이봉창·윤봉길 의거.
1933년 한국, 한글 맞춤법 통일안 제정.

■ 그 무렵 외국은…
1932년 미국, 루스벨트가 미대통령에 당선됨.
1933년 독일, 히틀러가 총리가 됨. 미국, 뉴딜 정책 실시. 일본, 국제 연맹 탈퇴.

난징에서 베이핑(北平북평)으로 가다가 비행기 추락 사고로 사망했다. 시집 『즈모의 시(志摩的詩지마의 시)』, 『맹호집』, 산문집 『낙엽』, 『자부집(自剖集)』 등이 남아 있다. 자본계급 출신으로 자산계급의 정서를 반영하였다는 점에서 대륙에서의 그의 평가는 그다지 좋지 않았다. 그러나 주쯔칭(朱自清주자청)은 그를 일러 신시(新詩) 시단(詩壇)에서 가장 괄목할 만한 성과를 거둔 시인이라고 칭찬을 아끼지 않았다. 때로 감상적이고 퇴폐적인 분위기를 연출하기도 하지만, 서양시의 율격을 수용하여 운율과 형식의 조화를 이룬 신시를 썼다는 평가를 받았다.

만주국

일본 관동군(關東軍)은 1931년 9월 '만주사변'을 일으켜 중국 만주 일대를 차지한 후 청나라 왕조의 마지막 황제 푸이(溥儀부의)를 집정(執政)에 앉히고 1932년 3월 1일 '만주국' 성립을 선언하였다. 수도는 신징(新京신경: 지금의 창춘長春장춘)이며, 연호는 대동(大同)이었다. 그 해 9월 일본은 일만의정서(日滿議政書)에 조인하여 자신들이 날조한 '만주국'을 승인하였다. 1934년 3월부터 제정(帝政)으로 바꾸면서 연호를 강덕(康德)으로 고쳤다. 만주국은 형식적으로 만주족의 청나라를 잇는 것으로 되어 있지만, 실제는 일본이 세운 괴뢰 정권이었다. 일본은 이를 통해 만주를 중국 정복의 근거지로 삼고자 했으며, 개발 사업을 독점하여 경제적인 이득을 추구하였다. 1945년 8월 일본이 항복하면서 만주국은 사라지고, 푸이 역시 포로 신세가 되고 말았다.

국민당의 5차에 걸친 포위 공격

1930년 겨울, 국민당은 10만여 명의 병력으로 장시성(江西省강서성) 중앙해방구에 포위 공격(위초圍剿)을 시작했다. 실패로 끝나자 이듬해 3월, 20만 대군을 동원하여 재차 공격했다. 그러나 이번에도 패배하고 말았다. 제3차 공격은 장제스가 토비(討匪) 총사령관이 되어 1931년 7월에 시작했으나 이 역시 홍군이 승리하였다. 당시 홍군은 정규군 10만에 수십만 명의 민병을 거느린 대규모 부대로 성장한 상태였다. 이후 제4차 공격도 무위로 끝나자 1933년 10월 장제스는 100만의 병력과 200대의 비행기를 동원하여 대규모 공세를 펼쳤다. 마침내 국민당 군대는 근거지를 공략하는 데 성공했다. 홍군은 어쩔 수 없이 중앙해방구를 포기하고 서북방으로 이동할 것을 결정했다.

라오서

라오서(老舍노사, 1899~1966), 본명은 수칭춘(舒慶春서경춘)이며 자는 사여(舍予)이다. 만주족 출신이다. 베이징 사범학교를 졸업하고 베이징 제17소학교 교장, 톈진시 난카이(南開남개)중학교 국어 교사를 역임하였으며, 5·4신문학운동의 영향을 받아 백화문으로 창작을 하기 시작했다. 1924년 영국 런던동방학원에서 중국어문을 가르치면서 『소설월보』에 시민 생활을 제재로 한 장편 소설 「장씨의 철학(老張的哲學)」 「조자왈(趙子曰)」 「마씨네 부자간(二馬)」 등을 발표하면서 문단에 알려졌다. 1930년 귀국 후 제로대학(濟魯大學)과 산둥대학 등에서 교수로 재직했으며, 장편 소설 『묘성기(猫城記)』 『이혼』을 썼다. 1937년 대표작인 『낙타샹즈(駱駝祥子낙타상자)』를 발표했다. 항일전쟁이 발발하자 지난에서 우한으로 가서 중화전국문예항적협회에 참가했으며, 연이어 극본 『잔무(殘霧)』 등을 집필하는 한편 장편 소설 『화장(火葬)』, 단편집 『화차집(火車集)』 『빈혈집(貧血集)』 등을 연이어 출간했다. 1944년부터 47년까지 또 하나의 대표작인 『한 집에 사는 네 세대(四世同堂)』를 출간했다. 1949년 저우언라이의 초청으로 미국에서 돌아와 신중국 건설에 적극적으로 참여했다. 중국작가협회 부주석, 베이징시 문련 부주석을 역임하는 한편 1950년 5막극 『방진주(方眞珠)』와 3막 6장의 『용수구(龍鬚溝)』를 창작하였는데, 『용수구』로 베이징시에서 수여하는 인민예술가상

> ### 『낙타샹즈』와 『한 집에 사는 네 세대』
> 『낙타상자』는 중국의 1930년대를 배경으로 군벌이 통치하는 베이핑의 암울한 현실을 '샹즈(祥子상자)'라는 인력거꾼의 생활을 통해 고발하고 있다. 베이핑 사투리를 적절하게 구사하고 인물 형상을 탁월하게 묘사함으로써 당시 현실 생활의 진면목을 여실히 드러내고 있으며, 구사회의 치부를 정확하게 그려냈다는 평가를 받았다. 『한 집에 사는 네 세대(四世同堂)』는 「황혹(惶惑)」 「투생(偸生)」 「기황(飢荒)」 3부로 나누어져 있는데, 일제 치하의 베이핑을 배경으로 하고 있다. 기(祁)씨네 집안의 네 세대를 중심으로 한 골목 안에 사는 수많은 사람들이 등장하며, 일본이 점령하고 있는 당시 생활상과 사람들의 의식을 묘사하여 그들이 지닌 불굴의 항적(抗敵) 의지를 반영했다는 평가를 받았다.

A.D.1934~1935년

1934년 ▶ 1월 18일, 중국공산당, 제6기 5중전회 개최(루이진, ~18일). 장
제스, 새생활운동 시작. 상하이에서 쑹칭링 등 중국 민족무장자위
위원회 준비회 발족, 「대일작전의 기본 강령」 발표. 3월 1일, 푸이,
만주국 황제로 즉위. 10월 15일, 공산당 홍군(紅軍), 루이진을 탈
출하여 **대장정** 개시(~1935)─홍군 제1방면군, 국민정부군의 토벌
을 피해 장시성을 출발하여 산시성(陝西省섬서성) 북부로 이동함.
12월, 국민당 제4기 5중전회 개최.

1935년 ▶ 1월 15일, 중국공산당 중앙정치국 확대대회(**쭌이회의**遵義會議
준의회의) 개최(구이저우貴州귀주, ~17일). 중국공산당 중앙 · 중
화소비에트정부, 「8 · 1선언」 발표. 6월, **취추바이** 사망. 10월 10
일, 홍군 제1방면군 산베이(陝北섬북) 홍군과 합류, 장정 종료. 11
월 1일, 국민당 제4기 6중전회 개최(난징, 개회식 후 왕징웨이 피
격됨). 11월 12일, 국민당 제5차 전국대표대회 개최─국민정부, 화
폐 제도 개혁. 중화소비에트 공화국 중앙정부와 중국공농군혁명
위원회, '항일구국선언' 발표.

■ 그 무렵 우리는…
1934년 한국, 진단 학회 조직.
1935년 한국, 심훈의 『상록수』가 『동
아일보』 창간 15주년 현상 공
모 소설에 당선됨.

■ 그 무렵 외국은…
1934년 독일 · 폴란드 불가침 조약.
1935년 독일, 재군비 선언. 이탈리아,
에티오피아 침공.

을 받았다. 그러나 문화대혁명 기간에 홍위병들의 난동을 참지 못하고 집 근처에 있는 호성하(護城河)에 몸을 던져 자살하고 말았다. 1978년 6월 3일 베이징 바바오산(八寶山팔보산) 혁명열사 묘지에서 라오서의 유골을 안치하는 의식이 거행되었다.

대장정

1934년 10월부터 1년에 걸친 대장정
은 1만 2500km를 주파한 엄청난 여정
이었다. 대장정 초기에는 지도부의 오
류로 커다란 손해를 입었다. 그 결과
1935년 1월 구이저우성(貴州省귀주성)
쭌이(遵義준의)에서 중앙정치국 확대
회의가 개최되어 정치국 책임자의 극
좌적 지도 노선이 비판되었으며, 마오
쩌둥 노선이 옳았다는 것이 인정되어

대장정 종료 후 당 중앙과 홍군 총사령부가 있는 옌안(延安연안)에서 촬영. 왼쪽부터 마오쩌둥, 립(UP기자), 주더(1937년 이후 팔로군 총사령), 허쯔전(賀子珍하자진: 마오쩌둥의 두 번째 부인).

그의 지도적 지위가 확립되었다. 홍군의 제1방면군은 11개 성을 지나 54개 도시를 점령하고, 1935년 10월 산시성(陝西省섬서성) 북부의 작은 해방구 옌안(延安연안)에 도착했다. 하루에 한 번씩 전투를 하고 평균 24마일을 걸었으며, 만년설이 뒤덮인 5개의

산을 포함한 18개의 산맥을 넘었다. 그리고 24개의 강과 6군데 소수 민족 거주지와 사막을 건너 비로소 달성한 말 그대로 대장정이었다. 대장정이 끝난 홍군의 병력은 30만에서 3만으로 줄었지만 그들은 결국 장정에 성공했다. 장정이 성공적으로 끝난 후, 마오쩌둥은 "장정은 진실로 선언서이며, 선전대이고, 파종기(播種機)였다. … 결국 장정은 우리들의 승리와 적의 실패라는 결과를 초래하게 하고 끝이 났다"고 말한 바 있다.

쭌이회의

장정 초기 단순히 작전상 후퇴라고 생각하고 있었던 중국공산당 지도부는 홍군 병력이 절반이나 감소했으나 마땅한 대처 방안이 없었다. 그런 와중에 마오쩌둥은 홍군 제2군과 제6군이 합세한다는 기존의 계획 대신 적군의 세력이 약한 구이저우로 진격할 것을 주장하여 중앙정치국의 허락을 받았다. 홍군이 구이저우로 진입하여 쭌이를 점령한 뒤인 1935년 1월 공산당 중앙정치국 확대회의가 개최되었다. 이 회의에서 코민테른에서 파견한 군사고문인 오토 브라운(중국명 리더李德이더)의 오류와 장정 초기의 잘못에 대한 비판이 있었다. 마오쩌둥은 중앙정치국 상무위원으로 선출되었으며, 아울러 그를 중심으로 한 지도 체제가 뿌리를 내리기 시작했다. 이로써 중국공산당은 소련 유학파인 왕밍(王明왕명: 본명 천사오위陳紹禹진소우), 보구(博古박고: 본명 친방셴秦邦憲진방헌), 뤄푸(洛甫낙보: 본명 장원톈張聞天장문천) 등이 영도권을 쥐고 있던 기존의 코민테른 중심의 지도부 대신 서서히 마오쩌둥 중심의 지도 체제로 옮겨가게 된다.

취추바이 사망

1934년 2월 취추바이(瞿秋白구추백: 1899~1935)는 중앙소비에트의 중심지였던 루이진에 도착하여 중화소비에트 인민공화국 중앙위원회 위원 겸 인민교육위원회 교육부장을 맡았다. 그리고 이와 동시에 교육부 소속의 예술국에서 주도적인 활동을 하였다. 10월 홍군의 주력이 근거지를 빠져나가 이른바 장정을 시작했을 때 취추바이는 잔여 세력으로 남아 1935년 국민당 보안군에 체포되었다. 감옥에 수감되어 「불필요한 말(有餘的話)」을 집필하였으며, 6월 18일 오전 8시 마지막 술잔을 들고 사진을 찍은 후에 큰 소리로 국제가(國際歌)와 홍군가를 부르며 형장으로 걸어가 총살당했다. 한 시대를 풍미한 공산당 지도자이자 마르크스주의 문예 이론의 탁월한 연구자로서 취추바이는 이렇게 생을 마감했다. 장쑤성(江蘇省강소성) 창저우(常州상주) 출신으로 1920년 『베이징신보(北京晨報북경신보)』 모스크바 주재 기자로 생활하면서 사회주의 사상에 흠뻑 빠진 그는 1922년 중국공산당에 입당하고, 소련에서 개최된 극동민족대표대회 및 코민테른 제4차 세계대회에 참석하였다. 1927년 국공합작이 결렬된 후 코

A.D.1936~1937년

1936년 ▶ 1월, 네이멍구 자치정부 성립. 홍군, 산베이에서 산시성으로 이동. 10월 19일, 루쉰 사망. 12월 12일, **시안사변**—장쉐량이 장제스를 체포하여 국공합작의 계기를 마련함(12.25, 장제스 석방).
1937년 ▶ 2월, 난징에서 국민당 제5기 3중전회 개최. 중국공산당, 국민당에 국공합작 제의. 3월 27일, 중앙정치국 확대회의 옌안에서 개최(~30일)—장궈타오 비판당함. 7월, 마오쩌둥, 『실천론』『모순론』저술. 7월 7일, 루거우차오(蘆溝橋노구교)에서 중·일 양군 충돌하여 **중·일전쟁** 발발. 9월 22일, 장제스, 중국공산당의 국공합작 선언 수용(**제2차 국공합작**). 11월, 일본군, 상하이 점령.

■ 그 무렵 우리는…
1937년 한국, 일제의 한국 민족 말살 정책 시작.

■ 그 무렵 외국은…
1936년 프랑스, 인민 전선 내각 조직. 스페인, 내란 발생.

민테른의 지시에 따라 중국공산당 중앙 8·7 긴급회의에서 천두슈를 '우경기회주의'로 비판하고, 중국공산당 총서기로 취임하고, 다시 이듬해인 1928년 모스크바에서 개최된 중국공산당 제6차 전국대표대회에서 '좌경 모험주의자'라는 비판과 함께 중앙 총서기직을 박탈당할 때까지 그는 중국공산당의 지도자로 바쁜 삶을 살았다. 1931년 '조화주의자'라는 비판을 받고 당 정치국에서 물러난 후 좌익작가연맹의 실질적인 후원자이자 이론가로서 활동하다 루이진으로 들어갔다. 저서에 러시아 기행문인 『아향기정(餓鄕紀程)』과 모스크바에서 느낀 것을 기록한 『적도심사(赤都心史)』를 비롯하여 러시아 문학 작품과 관련된 번역서와 이론서 및 정치 논문이 1986년 간행한 『취추바이문집(瞿秋白文集구추백문집)』에 수록되어 있다.

시안사변

장제스는 1935년 말 만주에서 철수한 동북군(東北軍)과 펑위샹계의 서북군(西北軍)에 명하여 홍군을 압박하고 있었지만, 이미 대세는 항일 연합으로 돌아서 있었다. 정세를 눈치 챈 장제스는 12월 시안(西安서안)에 도착하여 장쉐량에게 내전을 계속할 것을 요구하는 한편, 전국 각계 구국연합회 지도자들(선쥔루沈鈞儒심균유, 장나이치章乃器장내기 등을 비롯한 칠군자七君子)을 체포했다. 그러나 내전보다 항일전을 갈망하고 있던 장쉐량은 자신의 친위대를 보내어 장제스를 감금했다. 그들은 이를 병간(兵諫)이라고 칭하고, 다음 8항목의 요구를 전 중국에 선언했다.

첫째, 난징 정부를 개조하고 각당 각파를 받아들여 구국의 중임을 맡는다. 둘째, 일체의 내전을 중지한다. 셋째, 상하이에서 체포된 구국 지도자를 석방한다. 넷째, 모든 정치범을 석방한다. 다섯째, 민중의 애국 운동을 자유롭게 하도록 한다. 여섯째, 민중의 집회 결사 등 정치적 자유의 권리를 보장한다. 일곱째, 쑨원의 유지(遺志)를 실행한다. 여덟째, 즉각 구국회의를 소집한다. 그 후 공산당은 저우언라이를 시안으로 파견하여 장제스를 만나 항일을 한다면 그들과 협력하겠다는 약속을 했다. 한편 국민당은 친일반공 노선의 허잉친(何應欽하응흠)과 장제스를 구하는 것이 급선무인 쑹쯔원(宋子文송자문)과 쑹메이링 간에 심각한 대립이 생겼으나, 마침내 1937년 2월에 중앙위원 총회(3중전회)에서 중공(中共) 문제를 토의, 중공을 비난하면서도 내전 정지를 결정하였다.

장쉐량에 의해 감금되었다가 석방된 장제스(오른쪽)와 마중 나온 부인 쑹메이링(중앙) · 행정원장 쿵샹시. 시안사건에 의해 중국의 항일 운동은 통일로 나아갔다.

중 · 일전쟁

1931년 류타오거우(柳條溝유조구) 사건 이후 만주를 점령하고, 이듬해 1월 만주 점령에 대한 국제적 시각을 돌리기 위해 거류민 보호의 명목으로 3000명의 육전대(陸戰隊)를 상하이 공동 조계로 진격시킨 일본은 그해 5월 정전협정을 맺는 한편 톈진의 일본 조계에 있던 푸이를 만주로 데리고 와서 1932년 3월 1일 '만주국'의 건국을 알렸다. 이후 일본은 재차 중국 공략의 야욕을 불태우며 1937년 7월 7일, 루거우차오 사건을 시작으로 전면적인 공격에 들어갔다. 이것이 바로 중 · 일전쟁의 시작이다.

루거우차오 동쪽 언덕에 있는 노구효월(蘆溝曉月) 석비 앞에 있는 일본군

8월 4일 베이징이 함락되자, 시안사변으로 항일자위 선언을 발표한 장제스 군대와 함께 중국공산당 역시 홍군을 국민혁명군으로 개편하고 주더를 총사령관으로 하는 팔로군(八路軍)과 대장정을 할 때 남방에 남아 유격전을 벌인 부대를 재편성한 신사군(新四軍)을 중심으로 항일 전쟁에 돌입하였다. 당시 국민당 지도부는 대일투항(對日投降)과 망국론(亡國論)이 대두되었으며, 국민당 부총재인 왕징웨이는 1938년 12월 충칭(重慶중경)을 빠져나와 일본 점령 지구인 난징에서 국민정부를 수립하여 괴뢰 정권의 수반이 되기도 했다. 이에 마오쩌둥은 1938년 5월 「지구전론」을 발표하여 망국론과 필패론(必敗論) 및 속승론(速勝論)의 오류를 비판하고 장기전에 의한 중국 항전의 승리를 분명히 했다. 중 · 일전쟁은 제2차 세계대전이 발발하면서 더욱 가열되었으며, 1945년 일본의 무조건 항복으로 끝나게 된다.

제2차 국공합작

시안사변으로 궁지에 몰린 장제스는 어쩔 수 없이 공산당과 협력하여 일본에 대

A.D.1937~1941년

1937년 ▶12월 13일, 난징 점령—난징대학살. 국민정부, 충칭으로 천도. 12월, 일본군 치하에서 베이핑에 중화임시정부 성립.

1938년 ▶ 팔로군, 제18집단군으로 개칭. 국민당 정치부에 제3청(문화 전담) 설치—청장 **궈모뤄**. 3월 28일, 일본 치하 난징에 중화민국 유신정부 성립. 9월 29일, 옌안에서 중국공산당 중앙확대 제6기 6중전회 개최(~11. 26). 마오쩌둥, 「신단계론」 보고. 11월, 왕징웨이, 충칭에서 하노이로 탈출.

1939년 ▶ 1월, 충칭에서 국민당 제5기 5중전회. 2월, 국방최고위원회(위원장 장제스) 조직. 옌시산군 산서신군, 팔로군 공격(12월 사건. 다음 해 3월까지 제1차 반공(反共) 고조. 9월 1일, 제2차 세계대전 발발.

1940년 ▶ 1월, 마오쩌둥, 『신민주주의론』 발표. 3월, 일본 원조로 왕징웨이, 난징에 국민정부 수립(신중공정부). 8월 20일, 팔로군, 화베이(華北화북)에서 '백단대전(白團大戰)' 개시(~12. 5). 매판 문학자들 일본과 결탁하여 난징·상하이에 중일문화협회 결성. 장제스 정부, 좌익 문학인에 대한 경계 강화.

1941년 ▶ 1월 7일, 안후이성 남부에서 신사군, 국민당 정부군에 의해 공격받음(신사군사건, 환남사변(皖南事變). 12월, 국민정부, 일·독·이에 선전 포고. 12월 8일, 태평양전쟁 발발.

■ 그 무렵 우리는…

1938년 한국, 일제가 우리 동포를 전선에 끌어넴.

1940년 한국, 광복군 결성. 일제의 한국 민족 말살 정책 강화.

1941년 한국, 임시 정부가 대일 선전 포고함.

■ 그 무렵 외국은…

1938년 독일, 오스트리아 합병. 유태인 대학살을 시작함.

1939년 제2차 세계 대전 시작.

1940년 프랑스, 독일군에게 파리 함락. 일·독·이, 삼국 군사 동맹.

1941년 일·소, 불가침 조약 체결. 독일, 소련 기습. 일본, 진주만 기습. 태평양 전쟁 시작.

항할 것을 약속하지 않을 수 없었다. 이를 계기로 공산당 중앙위원회는 국민당 3중전회에 무장 폭동 중지, 국민혁명군으로 홍군 개명, 지주 토지 몰수정책 포기 등을 내용으로 하는 네 가지 보증안과 내전을 중지하고 외세에 항거할 것, 정치범 석방 등을 내용으로 하는 다섯 가지 요구 조건을 제시하였다. 1937년 중·일전쟁이 본격화되면서, 그해 9월 22일 제2차 국공합작의 협정안이 발표되었다. 그러나 주적(主敵)인 일본이 패망하자 국공합작도 붕괴되고 다시금 내전이 발발하게 되었다.

난징대학살

1938년 10월 일본은 전국 10개 성과 베이징·한커우·광저우를 포함한 대도시와 공업 도시 대부분을 점령한 상태였다. 일본군 증원 부대가 항저우만에 상륙하면서 상하이 배후를 공격하자,

난징 함락 축하 깃발이 걸려 있는 일본 긴자 거리

12월 난징도 함락되고 만다. 난징을 점령하면서 일본군에 의해 이루어진 대규모 학살이 바로 난징대학살이다. 이후 극동 군사 재판의 기록에 따르면 남녀노소 가릴 것 없이 30여 만 명이 학살되었고, 9세부터 76세에 이르는 여성들에 대한 윤간과 강간이 저질러졌으며, 유아들 역시 교살(絞殺) 대상에서 벗어날 수 없었다고 한다. 그 후 일본군의 전투 역시 이른바 삼광(三光) 전략에 따라 모든 것을 빼앗고, 태우며, 죽이는 것을 기본으로 삼았다.

궈모뤄

궈모뤄(郭沫若곽말약, 1892~1978)는 쓰촨성(四川省사천성) 사람으로, 본명은 궈카이전(郭開貞곽개정), 모뤄는 필명이다. 어려서 고전을 공부한 그는 린수(林紓임서)가 번역한 소설을 읽으며 서양 문학에 입문하였고, 반제·애국 운동에 적극적으로 참여하기도 했다. 1913년에 중학을 졸업한 이듬해 일본으로 건너가 도쿄 제일고등학교 예과를 다닌 후 1918년 큐슈(九州) 제국대학 의학부에 입학했다. 1919년부터 첫 번째 시집 『여신(女神)』을 쓰기 시작했으며, 일본에서 귀국한 후 위다푸(郁達夫욱달부)·청팡우(成敦吾성방오) 등과 창조사를 결성했다. 1924년 또다시 일본으로 건너간 그는 일본의 유명한 마르크스주의 경제학자인 카와카미 하지메(河上肇, 1879~1946)가 쓴 『사회조직과 사회혁명』을 번역하면서 많은 영향을 받은 한편 기존의 범신론(汎神論)에서 탈피하여, 문학도 하나의 사회 현상이라는 점에 동의하면서 문예와 혁명의 불가분성을 인식하기 시작하였다. 1927년 저우언라이·주더·허룽 등과 같이 8·1난창봉기에 참가하였다. 이때 저우언라이의 소개로 중국공산당에 가입했다. 국민당의 탄압이 심해지자 다시 일본으로 도피하여 이때부터 중국 고대사에 대한 연구에 몰두했다.

근 10년간의 일본 망명 생활 중에 『중국고대사회 연구』·『갑골문자 연구』·『복사(卜辭) 연구』·『은주청동기 명문(銘文) 연구』 등을 썼다. 항일전쟁이 벌어지자 다시 귀국하여 저우언라이가 영도하는 항일 군사위원회 정치부 제3청 청장직을 맡아 항전 문예 작업을 하였다. 중화인민공화국이 성립된 이후에는 중앙인민정부 위원, 정무원 부

미국 『중국백서』의 결론

"공산군은 10년간의 내전과 7년간의 일본군의 공격을 견뎌냈다. 그들은 실제로는 일본군과의 중국군 전투의 70%를 담당했으며 고난의 과정 속에서 성장했다. 이러한 경이로운 생명력과 힘의 원천은 아주 단순하고 기본적인 것이다. 그것은 민중의 지지와 민중의 참여이다. 공산당군과 공산당은 근래 중국 역사상 최초로 능동적이고 광범위한 대중적 지지를 누리는 정부이고 군대이다. 그들이 민중의 지지를 얻게 된 것은 그 정부와 군대가 진정으로 민중의 정부이고 민중의 군대이기 때문이다." 『중국백서』는 이렇게 결론을 내리고 있다.

A.D.1942~1946년

1942년 ▶ 2월, 옌안정풍운동(延安整風運動연안정풍운동)이 전면적으로 전개됨. 5월, 중국공산당 중앙선전부, 문예좌담회 개최(마오쩌둥, 「옌안문예강화」 발표). 일본군, 팔로군 기중(冀中) 근거지에 대한 소탕 작전 개시(삼광三光 작전). 국민정부 '국가총동원령' 실시.

1943년 ▶ 국·공 관계 악화(제3차 반공 고조). 8월, 국민정부 주석 린썬 사망. 9월, 국민당 제5기 11중전대회에서 장제스, 정부 주석 취임. 10월, 마오쩌둥의 「옌안문예강화」, 충칭의 『신화일보(新華日報)』에 게재. 11월 22일, 미·영·중 대표, 카이로회담(~26일. 카이로 선언 발표).

1944년 ▶ 만주 진격 개시. 10월 9일, 유엔(UN) 결성 결의(중·미·영·소).

1945년 ▶ 4월 12일, 제6기 7중전회 개최(옌안, ~20일). 「약간의 역사적 문제에 관한 결의」 채택. 4월 23일, 중국공산당 제7차 전국대표대회 개최(옌안, ~6. 11). 5월 5일, 국민당, 제6차 전국대표대회 개최(충칭, ~21일). 쑹즈원, 행정원장 취임. 8월, 일본, 무조건 항복. 8월 28일, 장제스와 마오쩌둥, 충칭 회담. 충칭에서 루쉰제(魯迅祭노신제) 열림. 11월, 국·공내전 시작. 12월 1일, 쿤밍(昆明곤명)에서 내전 반대, 민주정부 수립을 주장하는 학생들에게 발포함(12·1사건).

1946년 ▶ 1월 10일, 충칭에서 정치협상회의 개최(~31일). 5월 1일, 국민정부, 충칭에서 난징으로 수도 이전. 7월 12일, 국민당과 공산당 간의 내전(국·공내전, 제3차 혁명내전) 본격화. 10월, 국·공 회담 재개(난징).

■ 그 무렵 우리는…
1942년 한국, 조선어 학회 사건.
1943년 한국, 일제 조선 징병령 실시.
1945년 한국, 8·15 광복.
1946년 한국, 미·소 공동위원회 개최.

■ 그 무렵 외국은…
1942년 미드웨이 해전.
1943년 카이로 회담.
1944년 연합군, 노르망디 상륙. 파리 해방. 미국, 일본 본토 공습 시작.
1945년 알타 회담. 독일, 히틀러 자살. 베를린 함락. 미·영·프·소, 4개국 협정. 독일을 동서로 분할. 미국, 원자 폭탄 실험 성공. 포츠담 선언. 미국, 히로시마에 원폭 투하. 세계 제2차 대전 종결. 국제 연합(UN) 발족. 모스크바 3상 회의.
1946년 미국, 처칠이 '철의 장막' 연설. 일본, 토쿄에서 극동 국제 군사 재판 시작. 프랑스·베트남, 인도차이나 전쟁 시작.

총리 겸 문화교육위원회 주임, 중국과학원 원장, 중국과학기술대학교 교장, 전국문련 제2·3대 주석을 연임하였으며, 중국공산당 제9·10·11차 대표대회에서 중앙위원에 피선되었다. 이후 문학과 정치를 포함한 문화 전반에 걸쳐 정열적으로 활동하던 그는 1978년 86세의 나이로 죽었다. 덩샤오핑은 그를 추모하면서 "루쉰과 더불어 우리나라 현대 문화사에서 박학다식하고 탁월한 재질을 지니고 있던 저명한 학자였다. 그는 루쉰을 이어 우리나라 문화 전선에서 가장 빛나는 깃발이었다"라고 말했다.

「옌안문예강화」

1937년 항일전쟁 이후 내적 팽창을 거듭한 중국공산당은 1942년 무렵 당원 수가 거의 80만에 이르렀다. 특히 옌안에 몰려든 문학가를 비롯한 많은 지식인들은 주로 도시 생활에 익숙한 이들로 노동자·농민·병사들의 생활에 익숙하지 않았으며, 예술 형식이나 언어 표현에서 크게 이질감을 느끼고 있었다. 이에 중공 중앙은 학습 태도상의 주관주의, 당내 활동상의 종파주의, 문장 형식상의 당팔고(黨八股: 중국 봉건 시대 팔고체 문장처럼 혁명적 용어를 나열할 뿐 내용이 없는 문장) 등을 시정하기 위한 삼풍정돈(三風整頓) 운동을 시작했다. 이는 이미 마오쩌둥의 논문을 통해 제기된 문제들이기도 했다. 특히 문예정풍 운동을 위해 마오쩌둥은 1942년 5월 2일 옌안에서 문예좌담회를 개최했다.

마오쩌둥은 정풍 운동에 대해 자신의 견해를 밝혔는데, "문예는 정치에 복종한다"는 기본 원칙 아래 "문예는 노동자·농민·병사를 위해 복무해야 한다"는 혁명 문예의 방침을 제시했으며, "보급의 토대 하에 제고(提高)를, 제고 향상의 지도 아래 보급해야 한다"고 주장했다. 그의 제의는 1943년 루쉰 서거 7주년을 기념하여 『해방일보』에 「옌안 문예좌담회에서의 강화(講話)」라는 제목으로 발표되었다. 1949년 해방 이후 베이핑에서 개최된 중화전국문학예술공작자대표대회에서 「옌안문예강화」는 신중국 문예 방향으로 확정되었으며, 자오수리(趙樹理조수리)의 『소이흑(小二黑)의 결혼』 등이 「옌안문예강화」의 방침에 입각한 작품으로 인정받았다. 그러나 문화대혁명이 끝난 후인 1979년 10월에 개최된 중국문학예술공작자대표 4차 대회에서 「옌안문예강화」의 철칙이 깨지고, "문예는 인민과 사회주의, 그리고 4개 현대화의 건설을 위해 복무한다"는 새로운 방침이 제시되었다.

국·공내전

국민당과 공산당 간의 내전은 크게 세 차례에 걸쳐 이루어졌다. 특히 일본이 항복한 이후 1946년부터 49년까지 이루어진 내전은 이른바 제3차 혁명내전으로 공산당의 승리와 국민당의 패배를 확정지어 대륙과 타이완에 각기 다른 정부가 들어서게 되었다는 점에서 중요하다. 일본이 항복한 이후 공산당은 이미 19개의 해방구와 100만의 군대를 보유하고 있었다. 물론 수적으로나 질적인 면에서 강대국의 전폭적인 지지를 받고 있던 국민당 군대와 비교할 수는 없었다. 그러나 주로 후방에서 적을 교란하는 방어적 기동전과 유격전을 중요 전략으로 활용한 공산당의 홍군은 막강한 화력의 국민당 군대에게 자신들의 해방구를 빼앗기면서도 큰 피해 없이 지속적으로 국민당 군대의 전력을 약화시킬 수 있었다. 게다가 국민당이 지도층과 군부 내의 개인적 암투로 지휘권이 분열되고 막대한 재정 지출로 국가 재정이 불안정한 틈을 타서 반정부 운동이 일어남과 대조적으로 공산당은 자신들이 지배하는 해방구의 농민들과 밀접한 유대 관계를 바탕으로 홍군의 전력을 강화할 수 있었다.

1947년부터 수세에 있던 홍군이 역공세로 나서면서 린뱌오의 군대가 만주를 점령

A.D.1947~1948년

1947년 ▶ 1월 1일, 국민당 정부, 중화민국 신헌법 공포. 2월 28일, 타이완에서 반정부 폭동 일어남(2·28사건). 7월, 장제스, 국가총동원령 선포. 9월 12일, 중공군, 총반격 선언. 10월, 인민해방군총부, 마오쩌둥의 정치선언(중국인민해방군선언, 별칭 '쌍십선언雙十宣言') 발표. 중국공산당 중앙, 「토지법 대강」 발표. 국민대회 대표의 선거 실시(공산당 불참). 12월, 중국인민은행 설립(각 해방구의 화폐 제도 통일, 인민은행권 발행).

1948년 ▶ 1월 1일, 마오쩌둥이 극동코민포럼 창설을 제창함. 3월 2일, 난징에서 제1회 국민대회 개최(총통에 장제스 취임). 악성 인플레 속에서 화폐 개혁. 6월 15일, 『인민일보』가 중공 중앙기관보의 역할을 담당함. 9월부터 12월까지 인민해방군의 총공격(삼대전역三大戰役: 랴오선遼沈요심·화이하이淮海회해·핑전平津평진). 미국 대외 원조법, **마셜 플랜**에 의해 대중국 원조 4억 6300만 달러 가결. 12월, 인민해방군, 베이징에 무혈입성. 상하이에 황색문학과 미국 잡지의 범람(이를 홍고 자紅袴子의 시대라고 한다). 딩링, 『태양은 상건하를 비춘다』 발표.

■ 그 무렵 우리는…
1948년 한국, 5·10 총선거 실시. 대한민국의 정부 수립.

■ 그 무렵 외국은…
1947년 미국, 트루먼 대통령이 의회에서 트루먼 독트린(Truman Doctrine) 발표.
1948년 인도, 간디 피살. 유엔 총회, 대한민국 정부 승인.

하기 시작했고, 계속해서 산시와 산둥, 그리고 허베이 등 화중 평원으로 밀고 나갔다. 1948년은 국·공내전에서 군사적 전환점을 이룬 해였다. 홍군은 동북을 완전히 장악하였으며, 뤄양과 카이펑(開封개봉), 옌안과 지난을 손에 넣었다. 다음해인 1949년 4월에 난징이 함락되자 국민당은 충칭과 청두(成都성도)로 수도를 옮겼으며, 끝내 그해 12월 타이완으로 패주하였다. 국·공내전은 이렇게 공산당의 승리로 끝났다.

2·28사건

일본이 항복하자 타이완은 50년간에 걸친 일본 통치에서 벗어나 국부(國府: 국민정부)의 통치 체제로 들어갔다. 그러나 국민정부의 타이완 통치는 식민지 통치 시절과 변한 것이 별로 없었다. 장제스의 국민정부 통치자들은 일본인들이 남기고 간 모든 재산을 국유화하는 한편 타이완의 물자를 대륙으로 대량 송출하여 경제 공황이 일어나기 직전이었으며, 정복자의 입장에서 타이완인들에 대한 멸시의 감정을 숨기지 않았다. 결국 타이완인들의 불만은 1947년 2월 27일, 밀수 담배를 단속하던 경찰이 길가에서 담배를 팔던 노파를 총으로 쏴 죽인 사건에서 촉발되어 전국적인 민중 항쟁으로 번지게 된다. 당시 헌병 및 경찰 업무를 책임지고 있던 천이는 오히려 관중들이 몰려들었기 때문에 어쩔 수 없는 자위(自衛) 행위였다고 발표하였다. 이에 격분한 타이베이(臺北대북) 시민들은 2월 28일 용산사(龍山寺) 광장에 집결하여 책임자 문책과 전매국(專賣局) 폐지 등을 요구하며 시위에 돌입하였다. 그러나 이미 무장 태세에 들어간 헌병과 경찰은 타이완성 장관공서(長官公署: 지금의 총통부)에 모인 시위 군중을 향해 기관총으로 대응했다. 이른바 '광장참안(廣場慘案)' 소식은 전국적으로 알려져 대규모 민중 항쟁을 야기시켰다. 그러나 난징 국민정부는 3월 8일 헌병단을 급파하여 또다시 대규모 학살을 시작했다. 이어 국방장관이 직접 타이완으로 와서 의법(依法) 처리의 미명하에 타이완인들에 대한 체포, 구금, 학살을 병행하였다. 이는 국민정부가 타이완으로 도피한 1949년까지 지속되었으며, 이후에도 계엄 체제하에서 이른바 50년대 백색 공포(白色恐怖: 백색테러)가 타이완 전역을 억누르고 있었다.

마셜플랜

일본의 무조건 항복을 끝으로 제2차 세계대전이 끝났다. 이후부터 1949년까지 미국의 대중국 정책은 마셜(G. C. Marshall) 장군에 의해 주도되었다. 미국은 소련의 공산주의가 중국을 공산화하여 태평양 연안까지 세력을 확대하는 것을 방지하는 것을 최우선 목적으로 삼았다. 따라서 중국이 주권과 영토를 보전한 통일 국가로서 소련과 대항할 수 있는 든든한 우방이 되는 것이 중요했다. 이를 위해 미국은 국민당에 대한 전폭적인 지원과 아울러 내전 방지를 위한 국·공 협상을 제안하였다. 1945년 2월 장제스에 의해 공산당에 대한 정치협상회의안이 발표되었으나, 양측은 자신들의 영역 확대에 관심이 있을 뿐이어서 진척되지 않았다. 소련군이 만주로 진주하면서, 공산당은 일본군을 무장 해제시키고 그들의 무기와 장비를 얻게 되었다. 다시 내전이 격화되자 미국은 마셜에게 민주헌정의 통일 중국을 실현하고, 만주에 대한 국민당의 주권을 확보하라는 임무를 부여하였다. 대규모 국민정부군이 만주로 수송되었으며, 군사원조법 등을 통해 13억 달러의 원조가 이루어졌다. 아울러 마셜은 충칭에서 국·공 양측의 협상을 시도하였다. 국민당 정부 대표인 장췬(張群 장군)과 공산당 대표인 저우언라이 사

포모사의 비극

1590년 포르투갈 사람들이 타이완에 처음 발을 내딛었다. 그들은 '아름다운 섬'이란 뜻으로 대만을 포모사(Fomosa)라고 불렀다. 이후 아름다운 섬 포모사는 1624년 네덜란드 사람들의 공략 대상이 되었으며, 스페인 역시 1626년 기룽(基隆)을 시작으로 대만에 진출하기 시작했다. 그리고 1661년 명나라의 유신인 정성공(鄭成功)이 네덜란드 사람들을 몰아내는 한편 대만을 거점으로 항청복명(抗淸復明)의 기치를 높이 들었다. 그러나 그의 대만 지배는 23년 만에 종식되고, 1684년 청나라 복건성에 속하는 대만부(臺灣府)가 되었다. 대만이 하나의 성으로 독립한 것은 1885년이었다. 그러나 그것도 잠시, 청일전쟁(淸日戰爭) 이후 맺은 1895년의 하관조약(下關條約)에 따라 대만은 213년간의 청나라 통치를 끝으로 일본의 첫 번째 해외 식민지가 되었다. 그리고 1945년 제2차 세계대전이 끝나면서 일본 통치에서 51년 만에 벗어났다. 그러나 1949년 중국공산당에게 패한 국민당의 장제스 정권이 이주하면서 타이완(대만)은 또 한 번의 외부 세력에 의한 지배를 받게 되었다.

A.D.1949년

1949년 ▶ 1월 8일, 국민정부, 미·영·불·소 4대국에 국·공내전 조정 요청했으나 거부당함. 1월 14일, 마오쩌둥, 8개항 평화 조건 제시. 1월 21일, 장제스, 총통직 사임, 리쭝런이 대리. 중국공산당 제7기 2중 전회 개최. 공작 중심을 농촌에서 도시로. 베이징에서 국·공 화평 회담 결렬. 4월 21일, 인민해방군, 창장을 건너 난징을 점령(4. 23)하고 연이어 상하이를 함락함. 제1회 문대대회(文代大會) 개최. 9월 21일, 베이징에서 **중국인민정치협상회의** 개최. 10월 1일, **중화인민공화국 성립**. 10월 2일, 소련, 중국 정부 승인. 11월 30일, 인민해방군, 충칭 점령. 장제스 충칭에서 청두로 피신. 12월 8일, **장제스 정권, 타이베이로 천도** 결정(12. 10, 타이베이 도착). 중화전국문학 예술연합회의 결성─궈모뤄는 중화인민공화국의 부총리, 마오둔은 문화부장으로 선출됨. 월간 『인민문학』 창간. 『문예보』 창간.

■ 그 무렵 우리는…
1949년 한국, 남로당 국회 프락치 사건이 발생함.

■ 그 무렵 외국은…
1949년 소련, 원자 폭탄 보유 발표.
미국, 트루먼 대통령이 페어딜 정책을 발표함.
소련, 베를린 봉쇄를 해제함.

이에 정전협정이 체결되었다. 그러나 1946년 3월 소련군이 만주에서 철수하면서 국·공간에 다시 무력 충돌이 일어났다. 그 후 잠시 정전이 있었으나 마오쩌둥과 장제스는 미국 대통령 트루먼의 내전 중지 호소를 무시했다. 1947년 3월 19일 공산당의 수도인 옌안이 국민정부군에 의해 점령되면서 국·공내전은 전면전이 되었다. 마셜은 이미 국·공 조정의 실패를 자인하고 국무장관직에 취임하기 위해 귀환한 후였다.

중국인민정치협상회의

1949년 9월 21일 베이징에서 당파 대표·지방 대표·군대 대표·인민 단체 대표·특별히 초대받은 개인들로 이루어진 6천여 명의 대표자들이 중국인민정치협상회의를 개최하였다. 그들 중에는 쑨원의 미망인 쑹칭링과 국민당 진영의 요인으로 최후에 장제스와 결별한 장즈중(張治中장치중), 부쭤이(傅作義부작의) 등 민족자산계급 등이 포함되어 있었다. 30일까지 10일간의 회의에서 신중국의 대헌장이라 불리는 '중국인민정치협상회의 공동강령'을 비롯하여 인민정부 조직법과 국기(오성홍기五星紅旗) 및 국가가 제정되었다. 또한 중앙인민정부 위원회 주석에 마오쩌둥을 비롯하여 부주석 6명과 정부위원 56명을 선출했다.

중화인민공화국 성립

1949년 10월 1일 톈안먼 단상에는 마오쩌둥, 류사오치, 저우언라이를 비롯한 중국 공산당 지도부가 자리했다. 마오쩌둥은 아직 정리되지 않은 톈안먼 광장에 운집한 인민들을 향해 "중국은 더 이상 다른 나라에 예속되지 않을 것이다. … 중국은 여기서부터 일어선다"고 선언했다. 중화인민공화국의 성립 공포였다. 신중국이 탄생한 이날은 새로운 국가〔起來〕와 국기〔五星紅旗〕가 정해진 날이기도 하며, 무엇보다 지난 시절 열강의 각축장이자 내전의 소용돌이에 휘말렸던 중국 대륙이 통일된 국가로 세계에 자신을 드러내기 시작한 첫째 날이었다. 신해혁명이 일어난 후 37년 만에, 그리고 22년에 걸친 혁명 전쟁의 귀결로서 중국 대륙의 통일은 1949년 4월 23일 인민해방군이 국민당의 수도인 난징을 함락했을 때 이미 결정되었다. 중국공산당은 자신들의 정권이 중국인에게 새로운 세상을 주었다는 점을 강조하기 위해 '신중국' '해방' 이라고 부른다.

톈안먼 누대 위에서 중화인민공화국의 성립을 선언하는 마오쩌둥

장제스 정권, 타이베이로 천도

1948년 말 동북 지방의 국민당 군대는 인민해방군에 의해 완전히 무장 해제되었다. 그들의 미국제 장비는 고스란히 해방군의 수중으로 들어왔다. 1948년 1월 인민해방군은 마침내 베이징과 톈진으로 입성했고, 4월 21일 창장 도하 작전에 성공했다. 며칠 뒤 난징과 상하이가 함락되자 다급해진 장제스는 5월 50만의 병력을 이끌고 타이완으로 철수하기 시작했다. 미국 『중국백서』의 결론대로 공산당은 능동적이고 광범위한 대중적 지지를 받은 민중의 정부이자 민중의 군대였던 반면에 국민당과 그 군대는 철저하게 민중과 유리되었다. 그 결과 그들은 완패하여 타이완으로 도망칠 수밖에 없었다. 베이징과 난징 등지의 박물관에 소장된 엄청난 국보급 보물과 은행에 있던 금괴를 잔뜩 지니고 그들은 타이완으로 넘어갔다. 타이완은 이미 국민당 군대에 의해 사전 정리된 상태였다. 잠시 이양했던 국민당 정권을 되찾은 장제스는 패전의 근본적인 이유를 당·군·정 내부의 부정부패에서 찾았다. 그 후 타이완 정치의 핵심은 바로 이 부정부패에 대한 단속이었다. 아울러 본토 수복이라는 대명제 아래 비상계엄을 유지하면서 국민당 독재를 강화시켰다.

인민해방군

인민해방군은 창설부터 공산당에 소속된 군대였다. 중국공산당은 인민해방군을 통해 중화인민공화국을 수립할 수 있었다. 이후 인민해방군은 국군(國軍)이 되었으나 실질적으로 여전히 공산당의 군대였다. 따라서 당내에서 정권을 차지하는 데 무엇보다 중요한 것이 바로 군대를 장악하는 것이었다. 그러나 1982년 헌법이 개정되면서 인민해방군은 당의 중앙군사위원회에서 벗어나 국가 아래로 소속되어 이른바 진정한 인민의 군대로 탈바꿈하게 되었다. 현재 18세 이상의 중국 남자는 모두 병역의 의무를 가지고 있다. 그렇지만 모든 이들이 공산당원이 될 수 없는 것처럼 아무나 군인이 될 수는 없다.

A.D.1950~1951년

1950년 ▶ 1월 6일, 영국, 중국 승인. 2월 14일, 중·소 우호동맹 상호원조 조약 체결—창춘 철도, 리수이(麗水려수) 및 다롄(大連대련)에 관한 협정, 소련으로부터 차관공여협정(3억 달러) 조인. 4월 13일, 중앙인민정부위원회 제7차 회의, 중화인민공화국 혼인법 통과(5.1 공포). 6월 6일, 중공 제7기 3중전회(~6.9), 국민 경제 회복 시기 전략 노선 결정. 6월 28일, 정무원, 중화인민공화국 **토지개혁법** 통과(6.30 공포). 6월 29일, 중화인민공화국 노동조합법 공포. 10월 7일, 중국군, 티베트 공격(~10.21). 10월 25일, 중국 인민지원군, 한국전쟁에 참여(**항미원조**). 12월부터 반혁명진압 운동 시작.

1951년 ▶ 2월 4일, 중앙정부, 전범·한간(漢奸)·관료·자본가·반혁명분자의 재산 몰수 지시. 5월 20일,『무훈전(武訓傳)』비판 시작. 5월 23일, 중국·**티베트** 정부,「티베트의 평화적 해방에 관한 결의」체결. 12월 1일, 중공중앙,「'삼반(三反)' 투쟁에 관한 지시」발표. 인민해방군, 티베트의 라사에 진주.

■ 그 무렵 우리는…
1950년 한국, 6·25 한국 전쟁.
1951년 한국, 맥아더가 38선 이북으로 진격을 명령함.

■ 그 무렵 외국은…
1950년 미국, 국무 장관 애치슨, 애치슨 라인 선포. 유엔 안보리, 한국 원조를 결의.

토지개혁법

중화인민공화국이 성립되기 이전 중국공산당은 해방구에서 '5·4지시(指示)' 와 '중국토지법대강' 에 근거하여 다양한 방식으로 토지개혁을 실시하였다. 건국 이후 토지개혁은 1950년 6월 28일, 중앙정부 인민위원회 제8차 회의에서 통과된 '중화인민공화국 토지개혁법' 에 근거하여 이루어졌는데, 시기별·지역별로 나누어 진행되었다. 그 결과 1953년 봄, 약간의 소수민족 거주지를 제외한 전국의 토지에 대한 개혁이 완성되었다. 토지개혁을 통해 1950년 기준으로 3억 명의 농민이 기존의 지주와 부농이 차지하고 있던 전체 토지의 90%에 해당하는 7억 무(畝)의 토지를 소유하게 되었다. 토지개혁이 시행된 뒤 중국은 스탈린식 개혁 방식을 통해 농업집단화를 진행시켰으며, 이 과정에서 호조조(互助組)라는 초급 농업 생산 합작사(간칭 초급사)를 만들었다.

1951년 12월 중국공산당 중앙은 '농업생산호조합작에 관한 결의(초안)' 를 통과시켜 호조합작을 가속화시켰다. 초급 형태의 농업 생산 합작사는 1955년 전체 농가의 63% 이상이 가입하는 등 괄목할 만한 추세를 보였으며, 이후 고급 농업 생산 합작사(간칭 고급사)가 본격화되면서 점차 사라지게 되었다. 고급사는 초급사와 달리 개인소유였던 토지나 가축 및 대형 농기구를 집단 소유로 귀속시켰으며, 초급사를 대신하여 점차 전국적으로 확대되어 1956년 말 전체 참가 농가가 87%를 넘었다. 고급합작사는 농업집단화의 마지막 단계인 인민공사 체제로 전환하면서 제 몫을 다하고 사라졌다. 1958년 8월 17일부터 8월 30일까지 열린 중앙정치국 베이다이허(北戴河북대하) 회의에서 '농촌에 인민공사를 건립하기 위한 문제에 관한 결의'가 통과된 후 전국적으로 인민공사화 운동이 고조되었다. 그 결과 1958년 인민공사는 전국적으로 2만 6천여 개가 생겨났으며, 전체 농가의 99% 이상이 참가하게 되었다.

항미원조

중국은 한국전쟁을 항미원조(抗美援朝), 즉 미국에 대항하고 조선을 원조하는 전쟁으로 정의하였다. 소련의 스탈린이 전쟁이 발발하기 이전부터 깊숙이 개입하고 있었던 것과는 달리 중국 정권은 사전에 연락받은 바가 없었다. 그러나 인천상륙작전이 성공리에 끝나고 북진이 지속되는 가운데, 조선의 원조 요청이 있자 중국은 펑더화이를 총사령관으로 하는 인민지원군 50만을 파병하기에 이른다.

중공군의 개입은 한국이나 미국으로서는 전혀 예상치 않았던 일이었다. 열악한 장비로 인해전술을 감행한 인민해방군은 마오쩌둥의 아들인 마오안잉(毛岸英모안영)을 비롯하여 거의 절반에 가까운 인명을 희생시켰다. 일단 전시 체제로 돌입한 중국공산당 정권은 한국전쟁을 통해 자본주의적 요소를 제거하고 반혁명 활동을 진압·처벌하는 한편 경제 건설을 가속화할 수 있는 계기로 삼고자 했으며, 인민민주주의 독재를 강행할 수 있는 호기로 삼고자 했다. 한국전쟁의 한 당사자로서 그들은 정전회담에 참여하였고, 그 후 이에 관한 모든 사안에 개입할 수 있는 발판을 마련하였다.

티베트

티베트는 고유의 언어와 라마교라는 독특한 불교를 발전시킨 문화국이다. 그러나 1950년 중국이 침공한 후 이듬해 5월 '평화적 해방에 관한 합의'에 의해 중국의 지배가 공식화되었다. 자치와 종교의 자유가 인정되었으나 이미 대외 교섭도 불가능한 식민지가 된 셈이었다. 중국은 티베트의 수도 라사(Lhasa)에 군대를 진주시키고 달라이 라마(Dalai Lama)와 판첸 라마(Panchen Lama)를 통해 통치와 통합을 시도하였다. 이후 중국 정부의 티베트 행정 조직 개편과 각료 해임, 인신의 구속, 중국인의 이주 등을 통해 지배를 가속화하면서 티베트인들의 반발에 부딪히게 된다. 1955년 3월 시짱자치구(西藏自治區서장자치구) 수립을 위한 준비위원회를 결성하고 달라이 라마로 하여금 주석을 맡게 하였으나 실질적 권한은 중국 주둔군 사령관에게 있었다. 이에 달라이 라마는 3월의 합의를 부인하고 인도로 망명하였다. 그리고 이틀 후 반란이 일어났으며, 수일 만에 진압되었다. 중국 정부는 판첸 라마를 임시 주석으로 시짱자치구 설립준비위원회에 티베트 정부의 권력을 이양하였다. 중국은 시짱(西藏: 티베트)을 자치구로 티베트인들의 지위를 인정하고 있다고 하지만 시짱의 긴장은 그칠 줄 모르고 있다.

A.D.1952~1953년

1952년 ▶ 1월 5일, 중앙정부, 「오직(汚職)·낭비·관료주의 반대 투쟁에 관한 지시」발표(삼반운동 시작). 1월 26일, 오반운동 시작. 6월 20일, **삼반·오반 운동** 종결. 8월 9일, 중앙정부, 민족 구역 자치 실시 요강 공포. 8월 17일, 중국 정부 대표단(단장 저우언라이), 소련 방문(~9. 15). 10월 2일, 베이징에서 아시아 태평양 지역 평화회의 개막(~10. 13). 중공중앙 대표단(단장 류사오치), 소련공산당 제19차 대표대회에 참석(~1953. 1. 11). 딩링의 『태양은 상건하를 비춘다』, 저우리보(周立波주립파)의 『폭풍취우(暴風驟雨)』, 스탈린 문학상 수상. 라오서에게 인민예술가의 칭호.

1953년 ▶ 1월 1일, 『인민일보』 사설—3대 임무(항미원조, **제1차 5개년 경제 계획 실시**, 헌법과 국가건설 계획) 명시. 1월 5일, 중공중앙, 새로운 '삼반' 운동 지시(관료주의, 명령주의, 위법교란 반대). 4월 23일, 중공중앙, 간부 교육 신지침 발표—소련 모델 중시하고 레닌·스탈린 독서 강화 지시. 문학계에서도 마르크스·레닌주의의 학습과 소련 문학 이론의 소개가 본격화되기 시작함. 9월 23일, 전국문예작업자 제2차 대표대회 거행, 중국문학예술계 연합회 장정 통과.

■ 그 무렵 우리는…
1952년 한국, 평화선 선포.
1953년 한국, 휴전 협정 조인. 한미 상호 방위 조약. 제1차 통화 개혁 실시.

■ 그 무렵 외국은…
1952년 미국, 수소 폭탄 실험 성공을 발표.
1953년 소련, 스탈린 사망. 공산당 서기장에 흐루시초프 취임.

삼반·오반 운동

1957년 반우파 투쟁의 과정에서 마오쩌둥은 "1947년 우리의 군대가 양쯔강(揚子江 양자강)을 건넜지만 우리의 이념은 양쯔강을 건너지 못했다"고 하여 국민당의 갑작스러운 패배가 남부의 대도시를 포함한 여러 지역에 정치적 진공 상태를 만들었다고 밝힌 바 있다. 일단 해방이 되었으나 해결해야 할 문제는 여전히 첩첩산중이었다.

1949년 정치협상회의에서 채택된 공동 강령에 따르면, 사회주의 건설보다 노동자·빈농·중산층·민족자본가 등 네 부류의 혁명 계급이 공동의 이상을 실현할 수 있는 과도기 사회의 건설을 우선하였으며, '개인과 공공 이익, 자본가와 노동자의 이익에 모두 관심을 두고 경제와 생산을 발전·번영시키기 위해 도시와 농촌 간의 협조, 국내외 간의 교역을 장려하는 정책'을 통해 질서와 번영을 회복할 것을 단언한 바 있었다. 아울러 봉건제하의 토지를 몰수하는 토지 개혁이 기본적인 정책으로 채택되었다. 특히 공산당 이외의 계층에 대한 긍정적 포용은 공산당 내에 국가 건설에 필요한 인재가 부족하다는 점과 공산주의와 연관이 없는 대다수 지식인들을 활용하지 않을 수 없는 현실적 제한으로 말미암은 것이었다. 다른 한편 중공중앙은 삼반(三反)·오반(五反) 운동을 시작하여 구체적인 정리 작업을 시작하였다.

삼반은 관료주의·오직(汚職)·낭비 등 세 가지 폐해를 반대함으로써 공무원을 숙청하는 운동이었으며, 오반은 탈세·횡령·뇌물·원료 속임·국가 경제 정보 누설 등 다섯 가지 독소에 반대하는 민간인, 특히 사영 상공업자들에 대한 숙청 운동이었다. 물론 이는 지배 체제를 강화하기 위한 것이었다.

제1차 5개년 경제 계획 실시

토지개혁도 종료되지 않고 공업의 재건이 급선무였던 1953년 신중국 지도자들은 향후 어떻게 사회주의로 나아갈 것인가에 대해 고민했다. 그리고 그해 국경절에 "사회주의 공업화를 한걸음 한걸음 실현하고, 국가의 공업·수공업·사영 공상업에 대한 사회주의적 개조를 실현하기 위해 분투하자"고 발표하였다. 이는 기존의 자본주의 경제를 사회주의 경제로 전환하겠다는 말이었다. 농업은 협동화로 자본주의 경제는 유상으로 국유화하는 것이 그 골자인데, 특히 국영 경제의 비중과 지도력을 강화하기 위해 중공업 우선 정책을 실시하고자 했다. 이는 소련의 경제 정책을 본뜬 것이다. 이러한 사회주의적 개조를 위한 기본 방침은 제1차 5개년 경제 계획과 결부되었다. 이를 위해 농업 면에서 초급합작사를 계획했고, 공업 면에서는 기존의 소부르주아지나 민족자본가들의 현대적 기술을 활용하기 위해 백화제방 백가쟁명을 방침으로 삼았다. 정치적인 측면에서 장기공존 상호감독으로 공산당과 기타 정당들의 공존을 도모했고, 정풍(整風) 면에서는 하방(下放)을 통해 사회주의식 개조와 개조 후 복귀라는 일련의 장치를 마련하였다. 이로써 대규모 공업 발전에 따라 자동차, 대형 공작 기계 등을 자력 생산하는 등 효과가 있었으나 다른 한편 농업과 중소기업의 위축이라는 폐해를 낳았다. 그래서 1958년부터 시작된 제2차 5개년 계획은 총노선에서 대약진운동을 주장하면서 특히 농촌 부흥을 강조하기에 이른다.

톈안먼

중화인민공화국 국장(國章)을 보면, 다섯 개의 별이 빛나는 가운데 톈안먼이 그려져 있다는 것을 알 수 있다. 이렇듯 톈안먼은 현대 중국을 상징하는 건축물이다. 1919년의 5·4 운동이나 1949년 10월 1일의 중화인민공화국 선포식 역시 톈안먼에서 시작되었다. 명청 시대 황성의 정문이자 남문인 천안문은 명나라 영락 15년(1417)에 세워졌다. 강소성 오현(吳縣) 사람인 괴상(蒯祥)이 책임자였으며, 원래 이름은 승천문(承天門)이었다. 청나라 순치 8년(1651)에 중건하면서 천안문이라고 개칭하였는데, 이는 하늘(天)에서 명을 받고, 나라와 백성을 평안(安)하게 다스린다는 뜻에서 따른 것이다. 1988년 정월 초하루, 개혁·개방의 방침에 따라 일반에게 공개되었다. 톈안먼 앞에 있는 톈안먼 광장은 원래 중앙 부분은 황가(皇家)에 속했기 때문에 일반인들이 출입할 수 없는 곳이었으며, 좌우는 육부(六府)와 도독부(都督府) 등 군사와 행정 관청이 자리하고 있었다. 베이징 내성(內城)은 바로 이곳을 에워싸고 있는 성곽으로 전문(前門: 정양문正陽門)이 그 중앙에 있는 출입구였다. 일반인들이 천안문과 그 일대를 자유롭게 통행하게 된 것은 1911년 신해혁명 이후의 일이며, 지금처럼 톈안먼 앞에 광장이 생긴 것은 1949년 건국 이후의 일이다.

A.D.1954년

1954년 ▶ 2월 6일, 중공 제7기 4중전회, 당의 단결 강화에 관한 결의 채택. 4월 27일, 덩샤오핑, 중공중앙 비서장에 임명됨. 6월 25일, 저우언라이 · 네루 회담—**평화 5원칙**에 대한 공동 성명 발표. 7월, 후펑, 당의 문예 정책을 비판한 의견서 제출. 9월 15일, 제1기 **전국 인민대표대회(전인대)** 제1회 회의, 중화인민공화국 헌법 채택(9. 21 공포). 정무원을 국무원으로 개편. 국가 주석(마오쩌둥), 국무원 총리(저우언라이) 취임. 9월 29일, 정부대표단(흐루시초프 · 불가닌), 베이징 방문. 중 · 소 공동성명 발표. 9월, 중국군, 진먼다오(金門島금문도) 포격 시작. 10월 16일, **마오쩌둥, 「홍루몽 연구문제에 관한 편지」에서 후스에 대한 비판 제기.** 11월 1일, 국가통계국, 전국 인구 약 6억 193만 명으로 발표. 12월 2일, 중국과학원, 후스 사상 비판. 12월, 미국과 타이완, 미 · 중 상호 방위조약 조인.

■ 그 무렵 우리는…
1954년 한국, 학술원 설립.
         정비석의 소설 『자유부인』이
         사회 문제화 됨.

■ 그 무렵 외국은…
1954년 일본, 자위대를 발족함.
         프랑스, 인도차이나 휴전 협정
         에 조인함.

평화 5원칙

1950년대 세계는 미국과 소련을 양대 세력으로 자본주의와 사회주의로 나누어져 있었다. 미국은 유럽과 대서양조약을 체결하였고, 라틴 아메리카는 친서방 정책을 택했다. 한편 아프리카와 아시아의 인도 · 버마 · 실론 · 인도네시아 등지에서 반식민운동이 급격히 가열되었고, 베트남 역시 민족해방전쟁으로 소란스러웠다.

신생 중화인민공화국은 기존의 세계 질서에서 자신들의 길을 찾아야 했다. 그 첫 번째 걸음이 1954년 저우언라이 총리와 인도 네루 수상이 공동으로 발표한 평화 5원칙이었다. 주권존중, 불침략, 내정불간섭, 호혜평등, 평화공존을 주요 내용으로 하는 대외 교류의 원칙은 그 후 중국 외교의 기본 정책이 되었다.

전국인민대표대회(전인대)

중국의 국가 기관은 크게 다섯 가지로 나누어진다.

첫째, 중국공산당은 모든 정치 권력의 핵심으로 최고 의결 기구인 전국대표대회와 당중앙위원회, 정치국, 정치국 상무위원회 등으로 위계화되어 있다. 산하에 당기관지인 『인민일보』와 『광명일보』를 두고 있다. 둘째, 형식적으로 국가의 최고 권력 기관은 전국인민대표대회, 즉 전인대(全人代)이다. 전국인민대표대회 상무위원회가 상설되어 있으며, 국가의 입법권을 행사한다. 성 · 자치구 · 직할시 · 군대 등에서 선출된 대표로 구성되며, 우리나라의 국회와 같은 성격을 지닌다. 셋째, 국무원(國務院)은 1954년 기존의 정무원(政務院)을 개칭한 최고 국가 권력 기관의 집행 기관이자 행정 기관이다. 국무원은 총리 이하 약간 명의 부총리, 국무위원과 각 부의 부장(장관과 동일) 등으로 구성되어 있으며, 성급·현급·향급 인민정부와 직접적으로 연결된다. 산하에 신화통신과 중국과학원, 사회과학원 등을 두고 있다. 넷째, 중국 인민해방군은 1927년 난창봉기 때 처음 결성된 이후로 현대화된 막강한 군사력을 지니고 있다. 인민해방군의 통수 체제는 당중앙위원회와 국가중앙군사위로 이원화되어 있고 실질적으로 같은 기관이며, 당·국가 주석이 겸임한다. 다섯째, 사법 체제는 공안기관, 국가안전기관, 인민법원, 사법행정기관으로 구성된다. 아울러 문화대혁명 기간 동안 기능을 상실하고 있다가 1987년 수정헌법을 통해 부활된 국가의 법률 감독 기관으로 인민검찰원이 있다.

『홍루몽』 비판

『홍루몽』에 대한 연구는 '홍학(紅學)'이라고 하여 근대에 들어서기 전부터 크게 유행하였다. 5·4시기에 후스, 구제강(顧頡剛고힐강), 위핑보(兪平伯유평백) 등이 기존의 홍학을 비판하면서 당시 후스에 의해 크게 발흥한 실증주의적 방법론을 통해 새로운 연구 결과를 내놓았다. 특히 위핑보의 연구는 『홍루몽변(紅樓夢辨)』(1923)이란 이름으로 처음 나온 후 1952년 『홍루몽 연구』로 개칭하여 개정판이 나왔다.

위핑보는 『홍루몽』을 작가의 자전적 소설로 간주하면서 핵심적인 관점은 색(色)과 공(空)이라고 주장하였다. 그러자 신예 비평가인 리시판(李希凡이희범)이 산동대에서 발간하는 『문사철(文史哲)』과 『광명일보』에 이에 대한 비판 문장을 실어 위핑보의 연구는 자산계급 유심론자의 관점에 입각한 것이며, 『홍루몽』은 봉건 지주계급의 전형을 형상화한 위대한 사실주의 문학이라고 주장하였다. 사실 여기까지는 학자들 간의 비판 수준을 크게 벗어나지 않았다. 그러나 1954년 마오쩌둥이 「홍루몽 연구에 관한 편지」라는 제목의 글을 중앙정치국에 보내면서, 리시판 등의 글은 기존의 『홍루몽』 연구자들이 지니고 있는 잘못된 관점을 최초로 공격한 포화와 같다고 추켜세우며 지금까지 청년들에게 해악을 끼친 후스파(胡適派)의 자산계급 유심론과 투쟁하자고 하였다. 결국 위핑보는 물론이고, 리시판의 주장에 소극적인 태도를 취했던 『문예보』의 편집주간 펑쉐펑(馮雪峰풍설봉, 1904~1976)까지 어쩔 수 없이 자기비판을 하게 되었다.

이후 『홍루몽』 비판은 하나의 사상 운동이 되어 전국적으로 파급되었으며, 작가협회 주석단과 문련의 확대회의에서 궈모뤄와 저우양(周揚주양, 1908~1989)이 문장을 발표하면서 일단락을 지었다.

A.D.1955~1956년

1955년 ▶ 1월 18일, 타이완해협, 긴장 고조. 중국, 일부 도서 점령. 1월부터 전국에서 후펑에 대한 비판 전개. 2월 7일, 병역, 지원제에서 의무병역제로 개정. 2월 8일, 중국 인민해방군 군관복역조례 공포, 군대의 계급 제도 처음으로 제정. 3월 21일, 중공 전국대표회의, 「제1차 5개년 계획 초안에 관한 결의」「가오강(高崗고강)·랴오수스(饒漱石요수석)의 반당동맹에 관한 결의」 채택(가오강의 자살 공표). 4월 4일, 중공 제7기 5중전회, 린뱌오·덩샤오핑, 정치국원으로 임명됨. 7월 4일, 제1기 전인대 제2차 회의—리푸춘(李富春이부춘)의 제1차 5개년 계획에 관한 보고 등을 가결함. 10월 1일, 신장 위구르자치구 탄생(신장성 폐지). 10월 4일, 중공 제7기 6중전회 개최(~10. 11). 12월, 러허성 폐지, 랴오닝(遼寧요녕)·허베이·네이멍구에 분할.

1956년 ▶ 1월 14일, 중공중앙, 지식인에 관한 회의 개최(~1. 20). 저우언라이, 「지식인 문제에 대하여」 보고. 1월 25일, 마오쩌둥, 중공중앙 정치국 확대회의 소집, 「1956~1957년의 전국 농업발전 요강」 초안 토의, **'백화제방, 백가쟁명'** 제기. 1월 29일, 국무원, 한자 **간체자**화 방안 공포. 2월 8일, 국무원 제24차 전체회의—사영 기업의 사회주의적 개조 결정. 4월 5일, 『인민일보』, 「프롤레타리아 독재의 역사적 경험에 대하여」(스탈린 비판) 보도. 9월 15일, 중공 제8전대회—국내 주요 모순의 변화에 대한 류사오치의 정치 보고, 덩샤오핑의 당규약 개정 보고, 신당장(新黨章) 채택. 10월 10일, 홍콩 주룽(九龍구룡)에서 폭동 발생.

백화제방, 백가쟁명

기존의 자본주의 체제를 사회주의 체제로 변환시키는 한편 국가 경제를 더욱 효율적으로 발전시키기 위해서는 무엇보다 더 많은 민족자본가나 기술자, 소시민들의 기술과 지식이 절대적으로 필요하였다. 이를 위해 마오쩌둥

베이징에서 열린 '일본상품전람회'를 참관하는 마오쩌둥

이 소집한 중공중앙 정치국 확대회의는 1956~1957년의 전국 농업발전 요강 초안을 토의하면서 '백화제방(百花齊放), 백가쟁명(百家爭鳴)'을 제기하였다. 백 가지 꽃이 가지런히 피고, 백 가지 학설이 자신의 주장을 펼친다는 뜻의 이 방침은 이미 1952년 대

명대방(大鳴大放)이란 이름으로 실시된 바 있다. 당시 농공민주당 주석 장바이쥔(章伯鈞장백균)과 민주동맹 주석 뤄룽지(羅隆基나융기) 등은 노골적인 개혁 불만을 쏟아냈으며, 『인민일보』가 이에 대해 비판한 바 있었다. 백화제방, 백가쟁명이 발표되자 또 다시 민주당파들의 공산당 지도 노선에 대한 비판이 쏟아지고, 급기야 사회주의 제도 자체에 대한 공격으로 이어졌으며, 지식인들 역시 공산당에 대한 비판을 주저하지 않았다. 이에 위기를 느낀 공산당 지도부는 반우파 투쟁을 통해 진압에 나선다.

간체자

한자는 갑골문, 금문, 전문(대전大篆 · 소전小篆), 예서, 해서, 행서 등에 이르기까지 지속적으로 자체(字體)가 변화하였다. 1956년 1월 29일 국무원은 한자의 간체자(簡體字)를 정자로 규정하는 간체화 방안을 공포하였다. 1964년 중국문자개혁위원회는 간체자를 확정 발표하여 상용자 3500자, 통용자 7000자로 결정하였으며, 1055자를 폐기시켰다. 간체자는 일반인들이 쓰기에 용이하고 경제적 간편성이 돋보인다. 그러나 한자 본연의 상형성이 약화되고, 번체자(繁體字)에 대한 교육이 미비한 상태에서 전통과 단절될 수도 있을 것이다.

중국과 타이완 관계

장제스가 이끄는 국민당이 타이완으로 천도한 후 계엄 체제를 유지하면서 본토 수복을 꾀한 것과 마찬가지로 중국 역시 타이완을 흡수 통일하려는 의지를 굽히지 않았다. 당연히 양안(兩岸)의 국민당과 공산당은 푸젠성(福建省복건성) 바로 앞에 있는 진먼다오와 마쭈다오(馬祖島마조도)를 사이에 두고 첨예하게 대립하고 있었다. 그러나 중국이 문화대혁명을 끝내고, 1979년 미국과 수교하는 등 대외 개방을 하면서 점차 타이완과의 관계를 개선하려는 노력을 하기 시작했다. 1979년 중국 전인대 상무위원회는 「타이완 동포에 고하는 글」을 발표하여, 이른바 '삼통사류(三通四流) 정책'을 제시했다. 3통은 통상(직교역), 통우(通郵: 우편물 교환), 통항(通航: 항공기나 선박의 직항로 개설), 4류는 경제 · 문화 · 과학기술 · 체육 등의 교류를 의미하는 것이었다. 그러나 타이완 정부는 중국의 일련의 제의를 일축하고, '삼불정책(三不政策: 불접촉 · 불담판 · 불타협)'을 견지해왔다.

이후 덩샤오핑은 1981년 일국양제(一國兩制)라는 타이완 정책의 기본 방침을 제시하였다. 1987년 타이완은 계엄령을 해제함과 동시에 대륙 정책을 조정하여 타이완인의 대륙 친척 방문을 허용하였고, 1988년 중국의 일국양제에 대응하여 일국양부(一國兩府)의 통일 방안을 제시하였다. 1990년 리덩후이(李登輝이등휘) 총통은 중국의 정식 명칭을 공식적으로 부르는 한편, 일국양구(一國兩區)라는 새로운 통일 방안을 제시하였고, 국가통일위원회 · 행정원대륙위원회 · 해협교류위원회 등 대륙 정책을 집행하는 기구를 마련하여 민간 차원의 교류를 확대하기 위한 준비 작업에 들어갔다. 물론 공식적으로 삼불정책을 포기한 것은 아니지만 중국이나 타이완 모두 양자 간의 교류를 확대하기 시작했다. 2000년 타이완 총통이 된 민진당(民進黨)의 천수이볜(陳水扁진수편)은 타이완 독립의 의지를 지니고 중국이 요구하는 '하나의 중국' 원칙은 수용하지 않았지만 상호 교류를 포함한 양안간의 관계 개선을 추구했다.

A.D.1957~1958년

1957년 ▶ 5월 30일, 『인민일보』 사설, 반우파 투쟁 시작. 6월 7일 국무원, 닝샤(寧夏영하) 회족(回族) 자치구 · 광시 장족(壯族) 자치구 설치를 결정. 6월 18일, 민주동맹 · 구삼학사(九三學社) · 중국민주촉진회 · 민주건국회, **반우파 투쟁과 정풍운동** 결정(~6. 25). 9월 20일, 중공 제8기 확대 3중전회(~10. 9)—마오쩌둥, 제8전대회의 국내 주요 모순 규정을 부정. 덩샤오핑, 정풍운동 확대에 관한 보고, 1956년의 반모진(反冒進)을 비판. 10월 15일, 우한 창장대교 개통. 11월 1일, 국무원, 중국어의 라틴문자화 방안(초안) 공포 결정. 11월 2일, 중국대표단(단장 마오쩌둥), 소련 10월혁명 40주년 기념식 참가를 위해 모스크바 방문(~11. 20).

1958년 ▶ 2월 1일, 제1기 전인대회 제5차 회의—저우언라이 외교부장 사임, 천이 후임. 저우언라이 · 천이, 평양 방문, 중국 인민의용군 철수 결정. 3월, 마오쩌둥, 중앙정치국 확대회의(청두회의)에서 대약진의 구체화와 연속 혁명에 대해 연설. 4월 15일, 마오쩌둥, 경제 대약진의 전개 지시. 4월 20일, 허난성에 확대합작사 설립, **인민공사** 첫 번째 설립. 5월 5일, 중공 제8전대회 제2차 회의—「사회주의 건설의 총노선」(류사오치의 정치 보고) 채택. 대약진운동 시작. 6월 1일, 중공 이론기관지 『홍기(紅旗)』 창간. 7월 31일, 마오쩌둥, 흐루시초프 회담. 11월 28일, 중공 제8기 6중전회(~12. 10)—대약진의 위대한 승리 선언. 마오쩌둥의 차기 국가 주석 사퇴 제안을 승인(12. 17 공식 발표). 12월 6일, 마오쩌둥 · 김일성 회담.

■ 그 무렵 우리는…
1957년 한국, 우리말 큰 사전 완간.

■ 그 무렵 외국은…
1957년 미국, 주한 미군의 핵무장 착수 발표. 소련, 인공위성 스푸트니크 1호 발사.
1958년 프랑스, 드골 대통령 당선.

반우파 투쟁과 정풍운동

백화제방, 백가쟁명은 본래 지식인층의 지식과 기술을 공업화에 활용하기 위해 채택한 것이었다. 그러나 본래의 의도에서 벗어나 반사회주의 세력과 결탁하여 반혁명의 조짐이 보인다고 판단한 중공중앙은 1942년 삼풍정돈운동의 경험을 토대로 1957년 4월부터 정풍운동(整風運動)에 관한 지시를 통해 마르크스주의 사상의 수준을 높이고 당원의 관료주의 · 파벌주의 · 주관주의를 개선할 것을 요구했다. 이는 1956년에 일어난 헝가리 반공 시위에 편승한 일부 계층의 경거망동에 대한 주의의 성격을 띠고 있는 것이기도 했다. 당시 대자보를 활용한 비판 방식이 도입되었고, 도시의 간부들이 하방되어 육체 노동에 종사하면서 자신의 사고 방식을 개선할 것을 요구받았다.

인민공사

대약진운동을 위해 농업생산 협동조합을 결성하는 과정에서 다음 세 가지 문제점이 도출되었다. 첫째, 농업생산 협동조합은 규모가 작아 자금 면에서 고전을 면할 수 없었다. 둘째, 수리(水利) 공사를 계획함에 한계가 있었다. 셋째, 규모가 작기 때문에 큰 사업을 수행하는 데 노동력이 부족했다. 그래서 각지에서 자신들의 필요에 의해 협동조합이 합병하는 경우가 생겨났다. 당은 여기에 관심을 지니게 되었으며, 허난성의 한 조합을 방문한 마오쩌둥은 이를 인민공사(人民公社)로 부르자고 제의했다.

그 후 1958년 8월 29일 중앙위원회는 「농촌에 인민공사를 설립하는 문제에 관한 결의」를 채택하고 "인민공사의 취지는 사회주의 제도를 공고히 하고 점차로 공산주의 제도에 이행하는 조건을 조성하는 데 있다"고 했다. 인민공사는 농·공·상·학(學)·병(兵)의 합작을 특징으로 하는 농촌 조직체를 만들어 대규모 노동력을 활용하는 한편 군사 조직화, 행동의 전투화를 추구했다. 모든 사유 재산은 인민공사 공동의 소유로 변했고, 개인은 약간의 가축과 농기구만을 소유할 수 있었다. 분배는 "각자 능력에 따라 노동하고 노동 성과에 따라 분배를 받는다"고 규정지었다. 규모는 대략 2000호로 향(鄕)에 하나씩 두는 것으로 정했으며, 공사관리위원회와 최고 의결 기관으로 인민대표대회를 두었다. 1958년까지 거의 모든 조합이 인민공사로 개편되었으며 전 농가의 98%가 여기에 포함되었다. 그러나 세기의 실험으로 지칭되기도 한 인민공사는 1959년부터 3년간 지속된 자연 재해와 효율성 저하, 그리고 경공업 발전과 농업 생산의 불일치 속에서 실패로 끝나고 만다.

삼면홍기

삼면홍기(三面紅旗)란 3개의 붉은 깃발로 사회주의 건설을 위한 총노선, 대약진, 인민공사를 주요 내용으로 한다. 대약진운동은 1957년 10월 9일 제8기 확대 3중전회에서 "많고, 빠르고, 훌륭하고, 유익한 사회주의를 건설한다"는 방침을 채용하면서 제기된 것으로 다음해 5월의 제8회 중공 8전대회에서 확인되었다. 특히 1958년부터 60년 사이에 15년 내 영국의 철강 산업을 따라잡는다는 구호 아래 전개된 농공업의 대중산운동으로 특징지어진다.

총노선은 1958년 5월 중앙당 제8기 5중전회에서 통과된 「더 많이, 더 빨리, 훌륭하게 사회주의를 건설하자」를 말하는 것이며, 인민공사는 1958년 8월 정치국 확대회의에서 통과된 것으로 농촌에 인민공사를 건설한다는 인민공사화 운동이다. 제1차 5개년 계획이 오히려 농업과 경공업의 경시로 모순과 부작용만 남긴 채 끝난 후, 경제 난국을 타개하기 위해 제2차 5개년 계획을 실시했다. 그러나 소련의 경제 원조 요청이 무산되면서 자력갱생으로 난국을 타개할 수밖에 없는 상황에 직면하였다. 이에 마오쩌둥은 군중운동 방식으로 난국을 타개하기 위해 삼면홍기를 내세웠다. 그러나 삼면홍기는 처참한 실패로 끝났다. 식량과 강철을 동일시하여 전국 곳곳에 소형 용광로를 건설하고 강철을 생산토록 하였으나 생산된 선철(銑鐵)은 품질이 떨어져 아무데도 쓸 수 없는 것이었으며, 이상적인 집단 생활로 선전된 인민공사는 인민들의 생산 의욕만 저하시키는 꼴이 되었다. 게다가 1959년 하반기부터 3년 연속 대흉작이 겹치면서 실패로 끝나고 만 것이다. 이에 대해 마오쩌둥은 1959년 7월 정치국 확대회의에서 실책을 인정하고 이에 대한 조정 정책을 류사오치와 덩샤오핑에게 넘겨주었다. 그러나 마오쩌둥이 정치적 욕망을 완전히 비운 것은 물론 아니었다. 이후 중국의 중앙 정계는 당권파와 마오쩌둥의 권력 투쟁 성격이 짙은 대립과 갈등으로 얼룩지게 되었다. 문화대혁명의 잠재 요인은 바로 이것이었다.

A.D.1959~1960년

1959년 ▶ 2월 27일, 중앙정치국 확대회의(제2차 정저우회의鄭州會議정주회의), 인민공사의 3급 소유제 실시 결정. 2월, 저우언라이, 소련공산당 제21회 대회 참석, 모스크바에서 50억 루블의 중·소 원조협정 조인. 3월 10일, 티베트 독립운동. 달라이 라마, 인도로 망명. 4월 18일, 제2기 전인대 제1차 회의(~4. 28), 국가 주석에 류사오치 선출(~1968). 대약진운동의 계속 진행 결정. 7월 2일, 중앙정치국 확대회의(**루산회의**), 대약진·인민공사 정책에 대하여 마오쩌둥과 펑더화이 논쟁(~7. 30). 8월 2일, 중공 제8기 8중전회—경제계획 생산 운동의 감퇴 인정, 절약 운동 추진. '우파 반당 집단' 숙청(펑더화이 포함). 9월 24일, 인민대회당 건립. 9월 30일, 흐루시초프, 중국 방문(~10. 3). 마오쩌둥·흐루시초프 회담. 중·소 의견 대립 격화. 3년 연속 자연 재해 발생.

1960년 ▶ 6월, 흐루시초프, 부카레스트 회의에서 중국을 **교조주의·극좌 모험주의**로 비판. 중·소 대립의 표면화. 설비 공급 정지. 8월, 저우언라이 총리, 아시아·태평양 지역의 비핵무장화 불가침 조약을 제창. 9월 14일, 린뱌오, 중앙군사위원회에서 '4개의 제일' 제기. 군대에서 마오쩌둥 사상 학습운동 개시. 11월 3일, 중공중앙, 「농촌 인민공사의 당면 정책문제에 관한 긴급 지시」(12개조) 결정(3급 소유제 확립). 12월, 자연 재해로 중국 전역의 농경지 가운데 반 이상이 피해를 입었다는 보도. 식량 위기 발생.

■ 그 무렵 우리는…
1960년 한국, 4·19 혁명, 제2공화국 수립.

■ 그 무렵 외국은…
1959년 쿠바, 카스트로가 바티스타 정권 타도. 일본, 재일 교포의 북송을 결정.
1960년 미·일, 신안보 조약 조인. 미국, 케네디가 대통령에 당선됨. 베트남,민족 해방 전선(베트콩) 결성.

루산회의

삼면홍기의 인민공사와 대약진운동의 실패로 마오쩌둥은 1959년 국가 주석 자리를 류사오치에게 넘기고 정치 일선에서 물러났다. 류사오치·덩샤오핑 등은 농민의 사적 토지 소유, 자유 시장 부활, 임금제 부활 등 개인의 욕구를 자극하여 생산력을 증대시키기 위한 여러 방안들을 제시하였다. 그러나 마오쩌둥의 입장에서 볼 때, 이는 당의 기본 노선인 사회주의 건설에 반하는 것이자 자본주의적 잔재와 반사회주의적 이데올로기를 부활시키는 것에 다를 바 없었다. 그의 반격은 바로 루산회의(廬山會議여산회의)에서 이루어진다. 마오쩌둥은 이 회의를 통해 다시 정치의 전면에 나섰으며, 이후 절대적 권력을 행사하게 된다. 그 이면에는 린뱌오와 장칭(江靑강청)이 있었다. 루산회의에서 치명타를 받은 이는 류사오치와 덩샤오핑이 아니라 대타인 펑더화이였다. 펑더화이의 실각은 그 후 중국공산당 원로들의 시련과 고통을 예견하는 하나의 신호탄이자, 마오쩌둥의 신격화·우상화의 시작이었다.

교조주의와 수정주의 — 중 · 소 대립의 표면화

류사오치(중앙)

쑨원이 소련과 손을 잡기 이전에 소련은 극동 전략의 하나로 중국의 공산화에 비상한 관심을 가지고 있었다. 중국공산당의 성립은 분명 소련의 영향력에 힘입은 바 컸다. 그러나 중국공산당에게 소련은 언제나 친한 벗이 아니었다. 1927년 국민당과 동맹할 것을 혁명 전략으로 삼은 소련은 이후 장제스의 태도 변화에 전혀 대처할 수 없었다. 또한 1931년과 35년 사이에 모스크바는 28명의 볼셰비키를 파견하여 마오쩌둥과 그의 동료들을 대신하도록 하였는데, 그것은 중국식 소비에트를 파괴시킨 결과를 낳았다. 1945년 8월 일본과의 전쟁에서 중국공산당이 주도적 위치에 오르는 순간 소련은 국민당과 평화 조약을 조인했다. 게다가 스탈린은 공산당이 중국 전역을 장악한 것에 대해 공개적인 적개심을 드러냈으며, 마오쩌둥에 대해서도 결코 찬사를 보내지 않았다. 그러나 신생 사회주의 공화국인 중국은 소련의 지원이 절대적으로 필요한 상황이었으며, 경제 발전의 모델 역시 소련을 따르지 않을 수 없었다.

스탈린이 사망한 후 소련의 지도자로 등장한 흐루시초프는 소련공산당 제20차 대회에서 미국을 중심으로 한 제국주의와 적대적 투쟁 관계 대신 평화 공전을 유지할 것을 주장하였다. 제국주의 내부에 국가가 경제에 개입하는 등의 사회주의적 요소가 성장함으로써 혁명적 방법이 아닌 개량적 방법으로 사회주의로 변화할 것이라고 전망했기 때문이었다. 그는 여러 분야에서 원조를 해주고 있던 중국공산당 역시 자신들의 견해에 동의할 것이라고 생각했다. 그러나 중국은 이를 수정주의(修正主義)라고 비판하였다. 마오쩌둥은 프롤레타리아가 주체가 되는 영구 혁명을 통해 하부 구조뿐만 아니라 상부 구조 역시 혁명을 계속 추진해야 한다고 생각하고 있었으며, 이는 제국주의와의 관계에서도 마찬가지였다. 제2회 대회에서 유고슬라비아 공산주의자 동맹의 강령 비판이 전개되면서 수정주의 비판이 시작되는데, 이는 소련에 대한 비판이었다. 이제 소련의 모델에서 벗어날 시간이 된 것이다. 이에 중공중앙 군사위원회에서는 핵의 자력 개발, 독자적 군사 노선 채용 등을 결정했으며, 수정주의로 전락하고 있는 소련을 대신하여 자본주의 제국에 대항하겠다는 의지를 표명한 것이다. 소련에 대한 비판은 곧 양국 간의 결별로 구체화되었다. 1960년 흐루시초프는 중국 내 소련 기술자들을 철수시키고 기존의 계획을 백지화한다고 발표하였다. 당시 중국은 마오쩌둥이 인민공사와 대약진운동의 실패로 국가 주석 자리를 류사오치에게 넘겨주고, 류사오치와 덩샤오핑이 국가 경제를 만회하고자 애쓰던 시절이었다.

A.D.1961~1963년

1961년 ▶ 1월 14일, 중공 제8기 9중전회, 국민 경제의 8자 방침 결정(조정·강화·충실·향상)(~1. 18). 1월, 베이징시 부시장 우한(吳濞오함), 『해서파관』 발표. 3월, 덩퉈(鄧拓등척), 『베이징만보』에 「연산야화」 발표 시작. 7월 1일, 중국 혁명박물관과 역사박물관 개막.

1962년 ▶ 1월 11일, 중공중앙, 확대 중앙작업회의(7천인대회) 소집. 류사오치, 대약진 시기의 당 작업의 결점에 대해 지적, 당중앙에 서한 보고(~2. 7). 2월, 후스 사망. 4월 16일, 신장 이리(伊犁이리) 지방에서 중·소 국경 분쟁. 위구르족 수만 명 소련으로 도망. 8월 15일, 레이펑(雷鋒뇌봉: 1940~1962) 사망. 9월 24일, 중공 제8기 10중전회—마오쩌둥, 계속혁명론(계급투쟁론) 제시, 사회주의 교육의 철저화 지시(~9. 27).

1963년 ▶ 1월부터 **레이펑 학습 운동** 시작. 2월, 국무원, 우파 분자 100명의 명예 회복 발표. 5월 20일, 중공중앙, 「당면 농촌공작의 몇 가지 문제에 관한 결정」(전편 10조) 제정, 계급 투쟁의 강화 지시. 사회주의 교육운동 시작. 9월 5일, 전국대외무역계획회의 개최—자본주의 시장의 특징에 적용할 필요성 제출(~9. 27). 11월 17일, 제2기 전인대 제4차 회의—경제조정·자력갱생 강조(~12. 3). 12월 13일, 저우언라이, 아프리카 순방(~1964. 2. 5), 아프리카 처리 5원칙, 대외원조 8원칙 발표.

■ 그 무렵 우리는…
1961년 한국, 5·16 군사 쿠데타.
1962년 한국, 제1차 경제 개발 계획.
1963년 한국, 제3공화국 성립.

■ 그 무렵 외국은…
1961년 미국, 쿠바와 단교. 동독, 베를린 장벽 구축. 알바니아, 소련과 단교.
1962년 미국, 대쿠바 금수 조치 발표. 프랑스·알제리 임시 정부, 정전 협정 조인. 미국, 쿠바 해상 봉쇄 선언.
1963년 미국, 워싱턴의 흑인 10만 명이 인종 차별 반대 시위 전개. 케네디가 달라스에서 피살됨.

『해서파관』

해서(海瑞, 1368~1644)는 명나라 때 청렴한 관리로 고통 받는 백성들을 위해 황제에게 간언했다가 관직을 몰수당하고 유배되었다. 사학도이자 극작가이며 당시 베이징시 부시장이었던 우한(吳晗오함)은 그를 주제로 『해서파관(海瑞罷官)』이란 극을 창작했다. 마오쩌둥은 이 작품에 대해 찬사를 보냈다. 그러나 얼마 후 이 작품이 자신의 정책에 반대한 전 국방장관인 펑더화이를 비유하고 있다는 의심이 들자 곧 비판하기 시작했다.

1964년 39명의 예술가, 작가, 그리고 학자들이 '반동적 부르주아 세력'이라는 죄명으로 탄압하고자 했다. 그 중에는 우한뿐만 아니라 산아 제한을 주장한 당대 최고의 경제학자 마인추(馬寅初마인초) 교수도 포함되어 있었다. 그러나 베이징 당위원회나 중앙공무부에서는 우한을 비난하거나 해고하는 것을 거부함으로써 마오쩌둥에게 반기를 들었다. 이에 마오쩌둥은 더욱 근원적이고 대대적인 숙청을 구상하기 시작했다. 베이징에서 우한의 희곡을 비판하는 기사가 실리지 않자 마오쩌둥은 상하이의 추종자들을 동원했다.

'문화혁명'이라는 어휘가 나오기 시작한 것은 바로 이때였다. 당시 저우언라이 등은 순수 학문적인 논의가 정치적 비판으로 이어지지 않도록 노력했다. 그러나 마오쩌 둥은 이미 자신에게 반기를 든 이들을 정리하고자 작심한 상태였다. 이후 역사는 '문 화대혁명' 이라는 이름으로 전개되었다. 『해서파관』의 작가이자 베이징시 부시장이었 던 우한은 끝내 처형되고 말았으며, 그의 처와 양녀(養女) 역시 불귀의 객이 되고 말 았다.

「연산야화」

덩튀(鄧拓등탁, 1912~1966)가 지은 잡문집이다. 1961년 작가는 『베이징만보』와 계약 하여 "독서를 제창하고 지식을 풍부하게 하며 시야를 넓히고 정신을 진작시킨다"는 의도 하에 「연산야화(燕山夜話)」칼럼을 시작하여 전체 150여 편의 단문을 발표하였 다. 전체 5집으로 나뉘어 1963년 베이징출판사에서 합집으로 출간되었다. 대부분 단 편인 「연산야화」는 고적(古籍) · 전고(典故) · 신화(神話) · 전설(傳說) · 자연과학 · 역 사 사실 · 천문지리 등 다양한 방면을 포함하고 있으며, 희망과 풍자, 철리와 소개 등 을 위주로 하고 있다.

레이펑 학습 운동

레이펑(雷鋒뇌봉, 1940~1962)은 1940년 후난성(湖南省호남성)의 작은 마을에서 태어 났다. 어려서 소년단에 참가했고, 초등학교를 졸업한 후 철광산 개발과 웨이하(渭河 위하) 치수 등의 작업에 열심이었던 그는 인민해방군에 들어간 후 '타의 모범'을 보 여 '오호전사(五好戰士)' 라는 칭호를 얻었다. 1960년 중국공산당에 가입하고, 이듬해 랴오닝성(遼寧省요녕성) 푸순시(撫順市무순시) 인민회의 대표자가 되었다. 그리고 이 듬해인 1962년 8월 교통사고로 트럭에 치어 사망하였다.

그가 죽은 후 일기가 발견되었다고 하는데, 그 내용에 따르면 그는 오로지 혁명 · 국가 · 동지에 대한 애정을 끊임없이 강조했으며 특히 마오쩌둥 주석에 대한 변함없 는 충성을 다짐하였다고 한다. 과연 그 일기가 그가 쓴 것인지는 확인할 수 없다. 그 러나 분명한 것은 그가 단순히 삼호학생(三好學生: 신체, 학습, 활동이 모두 좋은 모범학 생)처럼 자신의 일에만 충실했던 사람이 아니라 조국과 공산당, 특히 마오주석을 위 해 헌신한 인물로 사후에 새롭게 조명 받았다는 사실이다.

그를 배우자는 전국 규모의 학습 운동이 대대적으로 일어나게 된 것은 린뱌오가 주동이 되어 군대의 이념을 강화시켰던 시기와 맞물리며, 일기의 표지를 자신의 필체 로 장식한 마오쩌둥의 "인민해방군에게 배우자"라는 구호로 그가 인민 영웅으로 새 롭게 태어날 수 있었기 때문이었다. 마오쩌둥과 린뱌오가 그를 통해 인민들에게 보여

A.D.1965~1966년

1965년 ▶ 1월 14일, 중공중앙, 「농촌 사회주의 교육운동에서 제기된 몇 가지 당면 문제」(23개조) 제시. **'자본주의 길을 걷는 당내 실권파'** 를 공식 언급. 1월, 마오둔, 문화부장, 해임, 후임은 루딩이(陸定一육정일). 9월 18일, 중공중앙공작회의, '국방 건설 제일, 3선 건설 가속, 공업 배치의 점진적 개혁'의 제3차 5개년 계획 방침을 승인. 11월 10일, 상하이 『문회보(文匯報)』, 야오원위안(姚文元요문원)의 「신편 역사극 '해서파관'을 평함」 게재하여 베이징시 부시장 우한 비판─문화대혁명의 기점.

1966년 ▶ 2월, **장칭**, 상하이 부대의 문예좌담회를 개최(~2. 20). 2월 7일, 문화혁명 5인 소조 확대회의(조장 펑전彭眞팽진), 「문화혁명 5인 소조의 당면한 학술토론에 관한 보고 요강」(「2월 요강」)을 기초함 (2. 12 중공중앙 승인).

■ 그 무렵 우리는…
1965년 한국, 한·일 조약 비준.

■ 그 무렵 외국은…
1965년 베트콩, 사이공 주재 미 대사관 폭파. 미국, LA와 시카고에서 흑인 폭동.

주고자 했던 것은 자력갱생과 희생정신이었다. 그들은 이를 통해 마오주석과 공산당에 대한 절대적인 신뢰와 봉사를 얻을 수 있을 것이라고 믿었다. 1980년 톈안먼 사태가 발생한 이후에도 "레이펑 동지를 따라 배우자"라는 구호가 되살아난 것 역시 이 때문이다. 중국공산당은 상징적인 영웅을 만들어 전국민이 따라 배우도록 하는 데 탁월한 솜씨를 가지고 있는 듯하다.

자본주의 길을 걷는 당내 실권파

주자파(走資派)는 자본주의를 지향하는 일단의 무리들이란 뜻이다. 마오쩌둥이 주도한 삼면홍기가 실패로 끝나면서 정치 지도자들은 당시 중국에서 가장 중요한 것은 경제 회복을 통해 인민 생활을 안정시키는 것이라고 여겼다. 그래서 1959년부터 국가주석 겸 당 부주석을 맡고 있던 류사오치 등에 의해 농민의 사적 토지 소유, 농촌 자유 시장의 부활 및 확대 등에 의한 개인 소유제 우선 정책, 소비 수요의 충족을 위한 공업 생산의 대체, 생산고 임금제 부활 등이 제시되었다. 이는 개인의 욕구를 자극하고 생산력을 증대시킨다는 목적으로 제시된 것이지만, 당의 기본 노선인 사회주의 건설 노선과는 대립되지 않을 수 없었다. 문화대혁명은 바로 이 주자파 공격을 위한 대중 동원이자 운동이었던 셈이다.

문화대혁명 초기에 그 누구도 마오쩌둥이 말한 주자파가 구체적으로 누구를 지목하는 것인지 알 수 없었다. 그저 주자파를 타도하자고 구호를 외쳤을 뿐이었다. 기실 마오쩌둥이 지목한 주자파는 바로 류사오치와 덩샤오핑이었던 것이다. 그래서 이른바 "사령부를 폭격하라"는 구호가 튀어나오고, 그들 두 사람은 실각하게 된다. 문화대혁명은 정치 우위를 주장하는 문혁파[紅]와 기술과 능률을 중시하는 실무파[專]의 권력 투쟁이었다고 해도 과언이 아니다.

장칭과 4인방

상하이를 중심으로 활동하다가 마오쩌둥의 비호하에 문화대혁명을 주도하고 중앙 정치 무대에서 저우언라이와 덩샤오핑 등 실용주의파와 권력 투쟁을 벌였던 장칭(江靑강청), 장춘차오(張春橋장춘교), 왕홍원(王洪文왕홍문), 야오원위안(姚文元요문원) 등을 '네 명의 도둑떼'라는 뜻으로 4인방(四人幫)이라 부른다. 4인방은 문화대혁명을 통해 기술과 능률을 중시하는 실용주의 노선의 덩샤오핑과 저우언라이 등을 수정주의·자본주의라고 공격하고, 마오쩌둥을 중심으로 한 정치 우선의 원칙을 주장하였다. 그들은 문화대혁명의 도화선이 된 『해서파관』 비판과 이후 '비림비공(非林非孔)' 운동 등 끊임없는 사상 투쟁을 통해 자신들의 권력 기반을 다지고자 했다. 그러나 마오쩌둥이 사망한 후 한 달도 되지 않은 10월 7일, 장칭을 비롯 제1부수상 장춘차오, 당 제2부주석 왕홍원, 당중앙위원회 정치국원 야오원위안 등은 4인방이란 이름으로 제거되기에 이른다. 마오쩌둥의 지시와 유언을 날조하여 당과 국가의 권력을 탈취하는 쿠데타를 시도하다가 체포되었다는 것이 그들의 숙청 이유였다.

4인방의 숙청은 군의 개입이 결정적이었다. 그래서 이후 정치 무대에 당시 국방부장이었던 예젠잉(葉劍英섭검영)이 크게 부상하였으며, 아울러 그와 친교가 두터웠던 덩샤오핑도 자연스럽게 복권되었다. 4인방의 대표격인 장칭은 종신형을 받고 수감 중 자살로 생을 마감하였다.

주음 부호와 한어 병음 방안

1912년 베이징에서 개최된 중앙임시교육회의에서 「주음자모 방안」 채택에 관한 제의가 있었다. 이듬해 교육부 주체로 독음통일회가 개최되어 주시쭈(朱希祖주희조), 쉬서우상(許壽裳허수상) 등과 당시 교육부에 근무하고 있던 저우수런(周樹仁주수인: 루쉰) 등이 제의한 「기음자모(記音字母)」가 발의되었으며, 마침내 이를 바탕으로 「주음자모 방안」이 탄생하게 되었다. '주음자모'는 우여곡절 끝에 1918년 교육부에 의해 공포되었으며, 1930년 '주음부호(注音符號)'로 개칭되었다. 「한어 병음 방안(漢語洞音方案)」은 중국문자개혁위원회가 기존의 한어 병음 방안과 논의를 종합하여 논의한 후 1년간의 심의 과정을 거쳐 1958년 전국적으로 시행되었다. 「한어 병음 방안」은 물론 병음 문자는 아니지만 한자에 주음을 달아줌으로써 한자를 배우고 가르치는 데 획기적인 역할을 하게 되었다.

A.D.1966년

1966년 ▶ 5월 29일, 칭화대학에서 최초로 **홍위병** 조직 성립. 6월 1일, 『인민일보』 사설, 「일체의 요괴 변화를 일소하자」 게재, '프롤레타리아 문화대혁명' 이란 명칭 사용됨. 7월, 『인민일보』·『홍기』, 문화대혁명의 강령적 4문헌 선정(「옌안문예강화」「신민주주의론」「건국선전공작회의 마오쩌둥 강화」「인민 내부의 모순을 바르게 처리하는 문제」). 8월 1일, 중공 제8기 11중전회(~12일), **문화대혁명**의 전면적 전개 결의—「프롤레타리아 문화대혁명에 관한 결정 16조」 채택, 정치국 대폭 개조(린뱌오를 당내 유일한 마오쩌둥 후계자로 임명). 8월 18일, 톈안먼광장에서 문화대혁명을 축하하는 100만 인 집회, 마오쩌둥 홍위병 접견. 홍위병 운동 전국에 확대. 8월 19일, 베이징의 홍위병, 사구타파(四舊打破) 운동. 8월 24일, 라오서, 홍위병에 의해 피살. 10월 23일, 중공중앙공작회의, 홍위병 운동의 확대 결정. 류사오치·덩샤오핑의 자기 비판. 11월 9일, 상하이시 노동자 혁명조반 총사령부 성립. 11월, 홍위병 250만 명 집회, 마오쩌둥 제8회 접견. 중공중앙, 문혁소조 구성 발표(고문 타오주陶鑄도주, 제1부 조장 장칭, 부조장 왕런중王任重왕임중·류즈젠劉志堅유지견·장춘차오). 12월, 펑전·톈한(田漢전한)·완리(萬里만리) 등 홍위병에게 체포됨.

■ 그무렵 우리는…
1966년 한국, 과학기술연구소(KIST)를 발족함.

■ 그무렵 외국은…
1966년 아시아·아프리카·라틴 아메리카(AALA) 인민 연대 회의 개최(아바나 선언 채택).

홍위병

『인민일보』는 "학생들을 적처럼 취급하는 시험 제도는 부르주아 지식인들의 악랄한 계략의 일부이므로 철폐되어야 한다"고 주장했고, 이에 동조한 많은 학생들은 자신들의 교사를 축출하고 학교를 지배하기 시작했다. 그리고 마오주석의 발언록인 소홍서(小紅書)를 한 손에 높이 들고 모든 우상과 적을 찾아 좌충우돌하기 시작했다. 그들은 스스로를 홍위병(紅衛兵)이라고 불렀다.

그들은 오로지 마오쩌둥의 어록에 의지했으며, 그들만이 중국을 새롭게 바꿀 수 있을 것이라고 확신했다. 1966년 6월 초 베이징에 있는 칭화대학 부설 중학교에서 고관의 자녀들인 몇몇 학생들이 모임을 갖고 자신들의 전투에 대해 모의를 하고 자신들을 '마오주석의 홍위병' 이라고 부르기로 한 후 베이징과 지방의 수많은 학생들이 홍위병의 대열에 참가하기 시작했다.

이미 홍위병의 대두에 찬사를 보낸 바 있는 마오쩌둥은 8월 18일 톈안먼광장에서 100만 이상의 홍위병이 참가한 대규모 집회를 지시했다. 마오의 충실한 추종자 린뱌오가 등장하여 "과거의 생각, 과거의 문화, 과거의 관습, 과거의 버릇으로 정의되는 네 가지 구습을 퇴치하라(사구타파四舊打破)"고 요구하는 연설을 했다. 이에 고무된

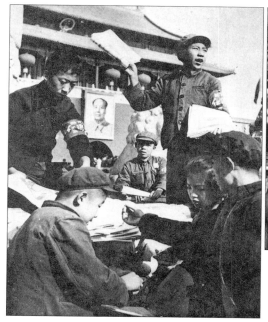

『홍위병보(紅衛兵報)』를 읽고 있는 베이징시의 홍위병(왼쪽)
하얼빈 시의 비판 대회에서 '주자(走資)' 실권파로서 삼각 모자를 쓰고 홍위병에게 규탄 받고 있는 런중이(任仲夷임중이) 헤이룽장성(黑龍江省흑룡강성) 당위원회 제1서기(오른쪽)

홍위병들은 시설물이나 건물 등을 프롤레타리아 독재에 걸맞은 이름으로 고치거나 현지 견학과 경험 교류를 위해 이른바 대관련(大串連)을 시작했고, 그들의 발길이 닿는 곳마다 파괴와 폭력이 난무하였다. 홍위병의 난리는 이후 마오쩌둥의 군대 동원으로 종식되고, 당사자들은 자의로 하방(下放)하여 문혁이 끝난 후 돌아온다. 그러나 그들은 나이에 맞는 교육도 정서도 잃은 세대로 표류하지 않을 수 없었다.

문화대혁명

현대 중국 정치가들은 자신들의 정당성을 입증하기 위해 상호 비판과 노선 투쟁을 통해 성장했다. 그것은 이데올로기 투쟁이나 권력 투쟁으로 여실히 드러났는데, 그 극단적 형태가 바로 문화대혁명이었다. 1960년대 초 공산당 지도부는 계급 투쟁과 사상 혁명을 중시하는 좌파와 경제 위기 수습을 중시한 실용주의파가 서로 대립하고 있었다. 이러한 대립 상태는 마오쩌둥의 후계자 문제와 맞물리면서 심각한 양상을 보이게 되었다.

1965년 말 마오쩌둥이 당내 수정주의자들을 숙청하겠다는 의도를 구체적으로 표출한 계기는 야오원위안의 우한 비판이었다. 상하이시 당위원회 기관지인 『문회보(文匯報)』 11월 10일자에 야오원위안이 「신편역사극 '해서파관'을 평한다」라는 논평이 게재되었는데, 이것이 문화대혁명의 도화선이 되었다. 이후 『인민일보』 등에 게재

A.D.1967년

1967년 ▶ 1월 3일, 상하이 『문회보』, 조반파에게 탈권당함. 상하이 '1월 혁명' 시작. 1월 9일, 상하이 32개 조반 조직, 상하이 전 인민에게 「긴급통고」를 발표(중공중앙, 지지 축전). 2월 24일, 상하이시 혁명위원회 성립(주임 장춘차오). 천이·탄전린(譚震林담진림)·예젠잉 등, 문혁 및 탈권 투쟁 비판(이른바 '2월 역류'), 중앙정치국의 활동이 정지되고 **중앙문혁소조**가 대신함. 4월 1일, 『인민일보』 사설—류사오치를 '당내 최대의 실권파' '중국의 흐루시초프'로 비판. 6월 17일, 수소폭탄 실험 성공. 7월 20일, 우한사건 발생, 세푸즈(謝富治사부치)·왕리(王力왕력) 등 '백만웅사(百萬雄師)'에 의해 감금됨. 8월 22일, 홍위병 시위대, 베이징의 영국대사관 사무군에 난입하여 방화. 8월부터 류사오치·왕광메이(王光美왕광미)·덩샤오핑·타오주 등을 비판하는 100만 인 집회.

■ 그 무렵 우리는…
1967년 한국, 제2차 경제 개발 계획.

■ 그 무렵 외국은…
1967년 아랍국들과 이스라엘, 전면전 시작(제3차 중동 전쟁).

되면서 중국 전역으로 확산된 우한 비판은 삼가촌(三家村) 비판으로 확대되면서 문예 정풍운동으로 본격화되었다. 이에 호응하여 『해방군보』는 "마오쩌둥 사상의 위대한 홍기를 높이 받들고, 사회주의 문화대혁명에 적극적으로 참가하자"라고 하여 최초로 '문화대혁명'이란 용어를 사용하면서 문예정풍을 통한 인간과 사회 개조를 강조하였다. 한편 이에 대해 이른바 당권파는 펑전(彭眞팽진)을 중심으로 문화혁명소조를 조직하여 1966년 2월 7일 「문화혁명 5인 소조의 당면한 학술 토론에 관한 보고 요강」(이른바 「2월 요강」)을 제시하여 점진적인 방법을 택할 것을 주장하였다. 그러나 그해 5월 23일에 열린 당중앙위원회 정치국 확대회의에서 「중앙공산당 중앙위원회 통지」(이른바 「5월 통지」)가 채택되면서 「2월 요강」이 전면적으로 배척되고 문예 정풍운동이 정치 투쟁으로 변화하기 시작하였다. 「5월 통지」에서 당·정부·군대·문화계 내부에 잠재하고 있는 자산 계급의 대표자들이 권력을 탈취하여 무산 계급 독재를 자산 계급 독재로 바꾸려고 한다고 말한 것은 곧 류사오치를 지목한 것이었다.

또한 정치국 확대회의는 펑전·루딩이(陸定一육정일)·뤄루이칭(羅瑞卿나서경)·양상쿤(楊尙昆양상곤)을 반당(反黨) 집단으로 규정하고, 중앙서기처 서기 및 후보 서기의 직무를 전격적으로 정지시켰다. 6월 3일 중국공산당 중앙위원회는 베이징시 당위원회의 개편을 발표하며 제1서기 펑전의 해임을 발표했다. 이는 류사오치와 덩샤오핑을 중심으로 한 당권파의 몰락을 예시하는 것이었다. 이른바 당권파에 속하는 당중앙은 각지로 공작대를 파견하여 문화대혁명의 불길을 잡기 위해 애썼다. 그러나 8월 1일 공산당 제8기 11중전회가 소집되고 며칠 후 마오쩌둥은 「사령부를 포격하라」는 대자보를 직접 써서 혁명을 선도하였다. 1965년 가을부터 1969년 4월 중국공산당 제9

차 전국대표대회까지를 협의의 문화대혁명이라 부른다. 그러나 1976년 9월 9일 마오쩌둥이 죽고 4인방이 몰락하면서 비로소 문혁은 끝이 난다.

중앙문혁소조

1966년 5월 베이징에서 개최된 중공 중앙정치국 확대회의에서 루딩이 등에 대한 파면과 문혁 5인소조의 해산과 더불어 중앙문혁소조를 설립한다는 결정이 내려졌다. 그리고 그 결정은 5월 16일 '5·16 통지'라는 이름으로 공표되었다. 이것으로 문화대혁명의 서막이 올랐다.

중앙문혁소조는 기존의 문화혁명 5인소조 대신 등장한 새로운 지도 세력으로 천보다(陳伯達진백달)가 조장, 캉성(康生강생)이 고문을 맡았고, 장칭과 장춘차오·류즈젠(劉志堅유지견)이 부조장을 맡았으며, 이외에 조원으로 야오원위안·왕리(王力왕력)·관펑(關鋒관봉) 등이 포함되어 있었다. 명목상 중앙문혁소조는 중앙정치국 상임위원회 소속이지만 점차 중공 중앙 서기처와 정치국의 권력을 대신하게 된 무소불위의 조직으로 바뀌게 되었다. 중앙문혁소조가 활동을 시작하면서 문화대혁명을 시작한 마오쩌둥의 의도도 구체적으로 실천에 옮겨졌다. 문혁소조원들은 류사오치나 덩샤오핑을 완전 배제한 채 자신들 멋대로 '문화의 혁명'을 시도하였는데, 그 가운데 하나는 전국 대학의 신입생 모집을 자그마치 6년간씩이나 중지한 일이었다. 이외에도 어린 홍위병을 앞장세워 주자파에 대한 공격과 더불어 모든 영역에서 지도권을 탈취하라는 명령을 내린 것도 그들이었으며, "네 가지 낡은 것을 깨버리자"는 구호 하에 베이징에서만 두 달 사이에 1천여 명이 몽둥이에 맞아 죽도록 만든 것도 바로 그들이었다. 이렇게 문화대혁명은 사회 혼란을 넘어서 전면 내전의 수준으로 빠져들고 있었다.

제수반·봉자수
문화대혁명 시기 혁명파들은 습관적으로 타도할 대상을 구호화하여 비판을 가함으로써 사기를 진작시키고 대오를 순화시키고자 했다. 제수반(帝修反)과 봉자수(封資修)는 그 대표적인 타도 대상으로, 전자는 제국주의·수정주의 반당, 반사회주의를 뜻하며, 후자는 봉건주의·자본주의·수정주의를 말한다.

우귀사신
중국 공산당은 악독하다고 지목된 인물에 대해 생소한 명칭을 붙이기를 잘했다. 예를 들어 우파분자, 수정주의분자, 오류분자(五類分子), 팔류분자(八類分子) 등이 그것인데, 성격을 규정하기 힘들지만 분명 악독한 인물이라고 지목한 이들, 특히 지식인들에 대해 '우귀사신(牛鬼蛇神)'이란 칭호를 붙였다. 우귀사신은 본래 잡귀, 잡신을 뜻하는 말이었다.

A.D.1968~1969년

1968년 ▶ 2월부터 허베이성·후베이성·광둥성 혁명위원회 등에서 덩샤오핑에 대한 비판 시작. 5월, 『인민일보』·『홍기』 등, 수정주의자 최고 간부 10명 명단 발표(류사오치·덩샤오핑·타오주·펑더화이·펑전·탄전린·루딩이 등). 10월 1일, 중공 제8기 확대 12중전회—국가 주석 **류사오치**의 제명 결의(~10. 31).

1969년 ▶ 3월 2일, 중·소 군대, 우수리강 전바오섬(珍寶島진보도: 다만스키섬)에서 충돌. 4월 28일 중공 제9기 1중전회, 중앙지도부 선출(중앙위원회 주석 마오쩌둥, 부주석 **린뱌오**). 9월 23일, 중국 최초로 지하 핵실험. 10월 11일, **삼가촌**의 작가 우한(1909~1969) 사망. 11월 2일, 류사오치 옥사.

■ 그 무렵 우리는…
1968년 한국, 1·12사태, 향토 예비군 창설.

■ 그 무렵 외국은…
1969년 미국, 아폴로 11호가 달에 착륙. 닉슨 독트린 발표.

류사오치

　류사오치(劉少奇유소기, 1898~1969)는 후난성 닝상현(寧鄕縣영향현)의 명문가 출신으로 5·4운동에 참가한 후 1921년 모스크바로 가서 코민테른이 세운 쑨이셴(孫逸仙손일선)대학에서 공부하던 중 공산당에 가입하였다. 귀국 후 소련파의 일원으로 마오쩌둥 반대파에 섰으나 이후 마오쩌둥 쪽으로 돌아섰다. 중화인민공화국 성립 후 국가 부주석, 인민혁명군사위 부주석이 되었다. 1954년 전국인민대표대회 상무위원장의 자리에 올랐으며, 1959년 마오쩌둥의 뒤를 이어 국가 주석 겸 국방위원회 주석에 올랐다. 그러나 그는 마오쩌둥처럼 절대적인 권력을 지닌 실권자는 아니었다. 문화혁명이 발생하자 린뱌오와 장칭은 그를 자본주의의 길을 걷는 반혁명 수정주의자로 지목하였으며, 홍위병들은 국가 지도자들이 살고 있던 중남해로 쳐들어와 그와 그의 처 왕광메이(王光美왕광미)에게 집단 폭행을 하고 고문을 가했다. 그러나 린뱌오와 함께 중남해를 떠나 항저우로 가 있던 마오쩌둥은 전혀 모르는 척하고 있었다. 그러나 그는 여전히 국가 주석이었다. 1968년 10월 11일 공산당 제8기 12중전회가 갑작스럽게 개최되고 그는 당에서 정식 축출되었다. 문혁 희생자들을 베이징 이외의 곳으로 소개하라는 린뱌오의 명령으로 그는 카이펑으로 옮겨졌고, 그곳 지하 감옥에서 사망했다. 사후 명예가 회복되었다.

린뱌오

　린뱌오(林彪임표, 1906~1971)는 후베이성 황강(黃崗황강)에서 출생하여 1926년 황푸군관학교를 졸업하고 중국공산당에 가입한 이후로 중국공산당의 맹장으로서 활약하였다. 1927년 난창 폭동에 참가한 이후로 주더, 마오쩌둥과 더불어 활동하면서 공농홍군(工農紅軍) 제4군장, 항일군정대학 교장, 팔로군 115사단장 등을 역임했으며, 1947

년 중국공산당 제7기 중앙위원에 피선되었다. 동북 인민해방군 조직에 큰 역할을 했으며, 중공정권 수립 후 중앙인민정부 위원, 중앙인민혁명군사위원회 위원, 중국인민정치협상회의(정협) 전국위원회 상무위원, 중남군(中南軍) 군정위원회 주석을 지냈다.

6·25전쟁이 발발하자 중국 인민지원군 총사령관으로서 참전하였다. 1954년 국무원 부총리, 국방위원회 부주석을 시작으로 1959년 국무원 부총리, 국방위원회 부주석을 연임하고 펑더화이의 뒤를 이어 국방부장(국방부 장관)이 되었다. 1959년부터 군 내부에 마오쩌둥 사상 학습 운동을 전개하여 마오쩌둥 숭배의 기치를 높이 들었으며, 1967년 마오쩌둥과 장칭의 편에 서서 문화대혁명을 옹호하고 적극적으로 추진했다. 1969년 중국공산당 제9기 전국대표대회에서 마오쩌둥의 후계자로 당 규약에 명시되었다. 그러나 린뱌오를 전면에 내세워 당 고참 간부들에 대한 숙청과 조사를 지휘해온 마오쩌둥은 갑자기 린뱌오를 공격하기 시작했다. 1970년 류사오치가 체포된 후 공석으로 남아 있던 국가 주석직을 폐지하기로 결정했는데, 이는 린뱌오에게 약속된 자리이기도 했다. 그렇다면 린뱌오의 자리는 총리인 저우언라이 밑으로 가는 셈이었다. 결국 그는 1971년 9월 실각하였고, 반마오쩌둥 쿠데타를 음모하다 발각되어 비행기를 타고 소련으로 탈출 도중 추락하여 가족과 함께 사망하였다고 공산당은 발표했다.

삼가촌

삼가촌(三家村)이란 우한, 덩퉈(鄧拓등척), 랴오모사(廖沫沙요말사) 등 세 문인이 1961년 10월부터 이듬해 7월까지 우난싱(吳南星오남성)이란 가명으로 베이징시 당위원회 기관지인 『전선』에 「삼가촌찰기(三家村札記)」라는 세태 풍자의 글을 연재한 것에서 비롯된다. 이들 세 사람의 작품 내용은 당시 류사오치, 덩샤오핑 등의 조정·완화 정책에 크게 고양 받아 이전의 마오쩌둥이 주창한 혁명 투쟁이나 사회주의 건설을 소재나 제제로 삼은 사회주의 문예, 특히 「옌안문예강화」의 주장과 대치하는 순수 문예에 가까운 내용이었다. 게다가 이러한 견해는 1961년 중국공산당 중앙위원회 선전부의 이른바 「문예 10조」를 통해 당의 견해이자 방침으로 결정된 상태였다.

당시 이 문건을 작성한 이는 저우양이었으며 당 선전부장은 루딩이이었다. 이러한 일련의 사태에 대해 마오쩌둥은 자신의 관점과 다르다는 점을 주목하고, 구체적인 반격에 나섰다. 그 첫 번째가 장칭을 통한 경극(京劇) 형식의 현대화라는 미명하에 이루어진 혁명 경극이며, 그 다음이 바로 야오원위안에 의한 우한 비판이었다. 사태는 급진전하여 삼가촌에 대한 공격이 본격화하였다. 그들의 죄상은 '마오쩌둥과 당중앙을 중상·비방하고 당의 총노선을 공격하였다'는 등으로 심각한 양상을 띠면서 정풍운동으로 확산되기 시작하였다. 이후 문화대혁명의 전조는 이렇게 시작된 것이다.

1970년 ▶ 1월 5일, 윈난(雲南운남 쿤밍에서 지진 발생. 3월 17일, 중공중앙 작업회의, 마오쩌둥의 국가 주석을 설치하지 않는 안을 승인(~3. 20). 4월 24일, 인공위성 발사 성공(세계 다섯번째). 8월 23일, 중공 제9기 2중전회―국회, 주석 문제로 갈등, 1970년 국민경제계획 승인(~9. 6). 11월 16일, 중공중앙, 천보다 비판, 비진(批陳) 정풍운동 전개.

1971년 ▶ 4월 9일, 미국 운동팀이 처음으로 중국 방문(핑퐁 외교). 7월 9일, 미대통령 보좌관 키신저, 비밀리에 중국 방문. 9월 13일, 린뱌오(1906~1971), 쿠데타 실패하자 비행기로 국외로 도망가다 추락사. 10월 25일, 유엔 총회에서 **중화인민공화국의 유엔 가입**과 타이완의 추방을 결의.

1972년 ▶ 2월 21일, 닉슨 미국 대통령, 중국을 방문하여 중·미 정상회담. 중·미 공동성명(상하이 공동성명) 발표. 4월 24일, 『인민일보』 사설―「병을 고쳐 사람을 구하자」 발표(과오를 범한 간부의 재기용을 강조함). 7월 30일, 창사 교외의 **마왕퇴**에서 전한 시대 묘 발굴. 9월 25일, 다나카(田中) 일본 수상, 중국 방문(~9. 30). 중·일 공동성명 조인으로 중국과 일본 국교 회복. 12월 17일, 마오쩌둥, 린뱌오를 '극우'로 규정.

■ 그 무렵 우리는…
1970년 한국, 새마을 운동 시작.
1972년 7 · 4 남북 공동 성명.

■ 그 무렵 외국은…
1970년 동서독 정상 회담 개최.
1971년 비틀즈 해체. 인도, 파키스탄 침공.

세계 다섯 번째 인공위성 발사를 축하하는 베이징 시민들

중화인민공화국의 유엔 가입

1969년 7월 25일 닉슨 대통령은 미국의 향후 아시아 정책을 밝힌 '닉슨 독트린'을 발표했다. 닉슨 독트린은 제2차 세계대전 이후 냉전체제를 불식하고 데탕트라는 새로운 국제 질서를 수립하는 계기가 되었다. 1970년 11월 21일 유엔 총회에서 기존의 타이완 대신 중화인민공화국을 유엔의 대표로 하는 안이 표결에 붙여졌다. 이듬해 10월 25일 유엔 총회 본회의에서 중국을 회원국으로 받아들임과 동시에 안전보장이사회의 상임이사국으로 추대하였으며 타이완은 유엔을 탈퇴하였다.

제26회 UN총회에서 기조연설을 한 후 각국 대표로부터 축하 인사를 받는 차오관화(喬冠華교관화) 중국 UN대표단 주석 대표. 연설에서 "미국 정부와 사토(佐藤) 내각이 획책한 2개의 중국 음모는 실패했다"고 발언했다.

중·미 정상회담

당시 중국은 소련이 핵공격을 할지도 모른다고 우려할 정도로 소련과 관계가 좋지 않았다. 그러나 미국에 대한 입장은 과거에 비해 훨씬 달라졌다. 키신저와 저우언라이가 비밀리에 만나 양국의 관계 개선을 다짐한 이후 1972년 2월 닉슨 대통령이 전격적으로 중국을 방문하여 마오쩌둥 주석, 저우언라이 총리와 정상 회담을 가졌다. 당시 마오주석은 이미 병세가 악화되어 있는 상황이었다. 상하이에서 체결된 공동 성명을 통해 양국 간에 공식적인 외교 관계가 성립되었으며, 중국의 평화 5원칙을 수용함과 동시에 타이완이 중국의 일부임을 법적으로 확인하였다. 이 회담은 22년에 걸쳐 적대 관계에 놓여 있던 양국의 관계가 정상화되었음을 뜻하는 것이었다. 이후 미국의 카터 대통령은 타이완의 국민당 정부에 대한 승인을 취소했다. 이로써 미국 주재 타이완대사관이 철수하고 1954년 미국과 체결한 상호방위조약도 폐기되었다. 타이완은 국제 사회에서 국가의 지위를 인정받지 못하는 상태가 되었다. 그러나 미국은 1979년 타이완관계법(The Taiwan Relation Act)을 통해 타이완의 방위 문제를 책임질 것을 다짐하였다. 중국 당국이 이에 대해 국제법 위반이라고 비난한 것은 당연했다. 그러나 타이완에 무기 제공까지 허락하고 있는 이 법안을 통해 타이완은 미국의 핵우산 아래에서 안정을 보장받을 수 있었다.

닉슨 대통령과 저우언라이 수상이 베이징에서 건배하는 모습. 미국과 중국은 이로써 관계 정상화가 실현되었다.

마왕퇴 한묘 발굴

후난성 창사(長沙장사) 교외인 마왕퇴(馬王堆)에서 중소(中蘇) 분쟁이 한창이던 1971년 12월 전쟁을 대비하여 부상병을 후송할 수 있는 대형 동굴을 파다가 서한 시대 대후(軟侯) 이창(利蒼)과 그의 부인 및 아들의 무덤을 전혀 도굴되지 않은 상태로 발견하였다. 제1호 고분을 발굴한 결과 3중 목관에서 채색의 T자형 백화(帛畵: 비단에 그린 그림)와 매미 허물처럼 얇은 소사선의(素紗蟬衣), 나무에 검은 옻칠을 한 운문칠정(雲紋漆鼎) 등 전체 1천여 점의 부장품이 수습되었으며, 목관 속에서 50세 가량으로 추정되는 부인의 유해가 발견되었다. 특히 하늘과 인간, 그리고 지하의 세 부분으로 나뉘어 중간에 부인이 지팡이를 짚고 걸어가는 듯한 모습을 그린 백화는 찬란한 색채 그대로 발견되어 현존하는 백화 예술의 걸작품으로 평가받았으며, 시신의 외형이 온전한 형태인 것은 물론이고 얼굴색이 살아있는 듯하고, 관절이 자유롭게 굽어지고 펴졌으며, 피부가 여전히 탄력을 유지하고 있는 채로 발견된 이창 부인의 유해는 세상을 경악시킨 고고학적 발견이었다.

1973~1974년에 걸친 2호분과 3호분의 발굴 결과, 2호묘에서는 '대후지인(軟侯之印)'의 동인(銅印)과 '이창(利蒼)'의 옥인(玉印)이 출토됨으로써 무덤의 주인이 확인되었으며, 3호묘에서 『역경(易經)』·『노자(老子)』·『전국책(戰國策)』 등 20여 종의 백서(帛書)와 죽간(竹簡)이 출토되어 또 한 번 세상을 놀라게 하였다. 특히 『노자』는 일반적으로 '도경(道經)'이 앞에 있고, '덕경(德經)'이 뒤에 있는데, 3호묘에서 발견된 『노자』는 '덕경'이 앞에 있었다는 점에서 많은 논란을 불러일으켰다.

착의시녀용(着衣侍女俑). 마왕퇴에서 발굴된 옷을 입은 시녀의 인형이다.

A.D.1973~1975년

1973년 ▶ 3월 18일, 중공중앙, 덩샤오핑의 당조직 생활과 국무원 부수상의 직무 회복을 결정. 8월 30일, 중공 제10기 1중전회, 중공중앙위원회 주석에 마오쩌둥, 부주석에 저우언라이·예젠잉·리더성(李德生이덕생)·왕훙원·캉성, 정치국 위원 장춘차오·장칭·야오원위안 피선됨.

1974년 ▶ 1월 18일, 중공중앙, 「린뱌오와 공맹의 도」 배포. **비림비공** 운동 시작. 1월 20일, 시사군도(西沙群島서사군도) 사건. 2월 22일, 마오쩌둥, '3개의 세계론'을 제시. 4월 3일, 『홍기』, 「공구라는 인물」 게재하면서 저우언라이 비판. 4월부터 진시황 평가 문제 거론. 6월 7일, 산둥성 감기(監沂), 은작산(銀雀山)의 전한 시대 묘에서 『손자병법』과 『손빈병법』의 죽간 발견. 6월 14일, 장칭, 저우언라이를 '당내의 대유(大儒)'라고 비판. 이후 '평법비유(評法批儒)' 추세가 고조됨. 7월 17일, 마오쩌둥, 당정치국회의에서 사인방의 파벌 행동 비판. 10월 17일, 사인방, 당정치국회의에서 덩샤오핑 비판. 11월 10일, 리이저(李一哲이일철)의 대자보 「사회주의의 민주와 법제」, 광저우에 게시. 11월 29일, **펑더화이**, 감금중 베이징 병원에서 사망.

1975년 ▶ 1월 5일, 덩샤오핑, 중앙군사위원회 부주석 겸 총참모장에 임명. 1월 8일, 중공 제10기 2중전회, 덩샤오핑을 당부주석, 정치국 상무위원에 선출. 1월 13일, 제4기 전인대 제1회 회의(~1. 17). 저우언라이, 정부 활동 보고(금세기 내 4개 현대화 실현 목표 제시). 덩샤오핑, 제1부수상. 2월 9일, 프롤레타리아 독재 이론 학습운동 시작. 3월 1일, 『인민일보』, 야오원위안의 「린뱌오 반당집단의 사회적 토대에 대하여」 게재, 저우언라이 등의 경험주의 비판. 4월 2일, 둥비우(董必武동필무: 1885~1975) 사망. 4월 5일, 장제스 사망. 5월 3일, 마오쩌둥, 당정치국회의에서 사인방의 분파 활동 비판. 9월 2일, 덩샤오핑, 「공업발전을 가속화시키는 것에 관한 몇 가지 문제」(공업 20조) 제정. 공업과 기업의 정돈을 제기. 9월 4일, 『인민일보』 사설—마오쩌둥의 지시에 따라 『수호전』 비판 전개를 강조. 11일, 덩샤오핑, 문혁에 대한 잘못 지적하자 마오쩌둥은 이를 수용하지 않음. 중앙정치국, 덩샤오핑의 작업을 정지시킴.

■ 그 무렵 우리는…
1973년 한국, 6·23 평화 통일 선언.
1974년 한국, 남북한 불가침 협정 제의, 평화 통일 3대 기본 원칙 천명, 북괴 땅굴 발견.
1975년 한국, 민방위대 조직.

■ 그 무렵 외국은…
1973년 베트남 평화 협정 조인. 이집트와 시리아, 이스라엘 공격(제4차 중동 전쟁). 석유 파동 시작.
1974년 인도, 핵실험 실시. 미국, 닉슨 대통령이 워터게이트 사건으로 사임.

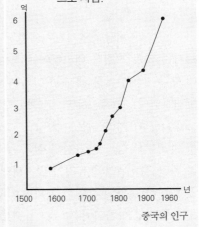

중국의 인구

비림비공

　1974년 1월 18일, 장칭의 책임 하에 칭화대학과 베이징대학의 비판조가 작성한 「린뱌오와 공맹(孔孟)의 도」란 문서가 마오쩌둥의 승인 하에 당중앙 1호 문건으로 배포되었다. 그 내용은 몰락한 노예주 계급의 이념인 공맹의 도는 후퇴·보수·복고를 주장하는 대신 진보·혁신·혁명에 반대한다는 전제하에, 린뱌오의 수정주의가 바로 이 공맹의 도를 바탕으로 삼고 있다는 것이었다. 결국 공자를 통해 린뱌오를 비난하는 것인데, 사실은 실무파인 저우언라이를 비판하는 것이 본래 목적이었다. 그해 1월

24일과 25일에 장칭 등의 명으로 인민해방군과 당·정 기관에 비림비공(批林批孔) 대회가 열리면서 『인민일보』와 『홍기』 등에 저우언라이를 비판하는 기사가 실렸다. 사인방이 주도한 비림비공은 이후 마오쩌둥에 의해 거부되면서 오히려 왕홍원이 배제되고 덩샤오핑을 군사위원회 겸 인민해방군 총참모장에 임명함으로써 끝이 난다.

펑더화이

펑더화이(彭德懷펑덕회, 1900~1974)는 후난성 샹탄(湘潭상담) 출신으로 강무당(講武堂)을 졸업하고 국민혁명에 참가하였다. 1928년 중국공산당에 입당하여 핑장(平江평강) 폭동을 일으켜 공농홍군 제5군을 조직하여 군장(軍長)이 되었으며, 1934~1935년 대장정에 참가하였고, 1936년 제1방면 군사령관이 되었다.

항일전쟁 때는 주더의 밑에서 부총사령관을 지냈고, 1945년 중국공산당 중앙위원에 피선되었으며, 중공정부 수립 후 중앙인민정부위원회 부주석·서북군정위원회 주석 등의 요직을 맡았다. 1950년 북한 주둔 중국군 총사령관으로 6·25전쟁에 참가했고, 이후 국방부장에 임명되어 인민해방군의 현대화 작업을 주도했으며, 1955년 원수의 반열에 올랐다. 그러나 1959년 7월 장시성 루산에서 제2차 5개년 계획의 핵심인 삼면홍기 정책, 특히 대약진 운동의 극단성 및 비현실성에 대해 사심 없이 비판했다가 마오쩌둥에게 '우파기회주의자 모임'을 결성하여 '원칙없는 분파적 행동'을 했다는 비난을 들었고, 결국 그 해 9월 국방부장에서 해임되었다. 이후 모든 공직에서 물러났으며, 1974년 11월 66세로 세상을 떠났다.

베이징대학과 칭화대학

1898년 7월 캉유웨이(康有爲강유위), 량치차오 등 유신파가 주동이 되어 청나라 조정이 설립한 경사대학당(京師大學堂)은 관리가 되고자 하는 귀족, 고급 관료의 자제들이 다니는 학교였다. 그러나 학생들은 자신의 노복을 대신 학교에 보내는 등 학생으로서 기본적인 자세를 갖추지 못했다. 그들에게 대학은 그저 높은 자리에 올라가 돈을 많이 벌 수 있도록 해주는 곳일 따름이었다. 이러한 베이징대학이 바뀌기 시작한 것은 1916년 12월 차이위안페이가 학장에 취임하여 기존의 관직에 올라 돈을 버는 '승관발재(升官發財)'의 기풍을 쇄신하고 사상적 자유에 입각한 학문 연구를 추진하기 시작할 때부터였다. 그는 천두슈, 리다자오, 후스, 첸쉬안퉁(錢玄同전현동), 루쉰 등 당대 최고의 인물을 교수로 초빙하여 신문화 운동의 중심으로 키워나갔다. 이후 베이징대학은 1919년 5·4운동은 물론이고 중국 학생 운동의 중심지 역할을 자임했으며, 중국 최고의 명문으로 자리하게 되었다. 1952년의 옌징대학(燕京大學연경대학)과 칭화대학 학과 조정을 하면서 문과와 이과를 두루 갖춘 종합대학으로 개편되었다.
칭화대학은 1911년 청나라 조정이 설립한 칭화학당(淸華學堂)에서 시작한다. 이 학당은 1900년의 의화단 사건의 결과 서구 열강에게 지불할 배상금 명목으로 미국이 조차하던 지역에 세운 것이었다. 1928년 국립칭화대학으로 개명했으며, 1931년 공과대학이 추가되었다. 1949년 이후 시작된 대대적인 교육 개혁으로 특히 공과 계통을 중심으로 한 대학으로 특성화되었으나 80년대 중반부터 인문학과를 증설하여 명실공히 중국 최고의 종합대학으로 발전하고 있다.

A.D.1976년

1976년 ▶ 1월 8일, 저우언라이 총리 사망. 4월 5일, 저우언라이 총리 추모를 위해 톈안먼광장에 모인 군중들의 시위(**제1차 톈안먼사건**). 4월 6일, 덩샤오핑, 이 사건의 배후로 해임. 7월 6일, 주더(1886~1976) 사망. 7월 28일, 허베이 탕산(唐山당산)에 대지진. 8월 23일, 『인민일보』사설─'3개의 대독초(덩샤오핑이 작성한 3개의 문건)'에 대해 비판. 9월 9일, 중국공산당 마오쩌둥 주석 사망. 10월 6일, 장칭을 비롯한 4인방 체포됨.

■ 그 무렵 우리는…
1976년 한국, 제4차 경제 개발 5개년 계획.

■ 그 무렵 외국은…
1976년 아르헨티나, 쿠데타로 페론 정권 붕괴.

저우언라이

저우언라이(周恩來주은래, 1898~1976), 자는 상우(翔宇)이고 본적은 저장성 사오싱(紹興소흥)이며, 장쑤성 화이안(淮安회안)의 부유한 집안에서 태어났다. 톈진 난카이대학(南開大學남개대학)에 재학 중 5·4운동에 참가하여 투옥되고 퇴학당했다. 이후 파리로 건너가 파리대학에서 정치학을 공부하는 한편 공산당에 가입하여 중국 사회주의 청년단 유럽 유학생 지부 서기로 활동하였다. 1927년 상하이 무장봉기 및 난창 폭동을 지도했고, 1936년 혁명군사위원회 부주석으로 장정에 참가했으며, 시안사변 당시 중국공산당을 대표하여 장

저우언라이

제스를 만나 제2차 국·공합작을 성사시켰다. 중화인민공화국 성립 후 초대 총리 겸 외교부장을 시작으로 27년간 총리직을 맡았으며, 외교 방면에 탁월한 성과를 이룩하였다. 실무 관료층과 온건파의 중심 인물로 국가 경영의 실무를 담당했지만 마오쩌둥이란 1인자 앞에서 항상 2인자로서 자신의 소임에 만족했다. 그런 까닭에 마오쩌둥의 혁명 동지들이 하나씩 제거될 때에도 그는 살아날 수 있었고, 문화대혁명을 주도한 4인방의 첫 번째 타도 대상이었음에도 불구하고 끝내 자리를 보전할 수 있었다.

1976년 암으로 세상을 떠났다. 그의 죽음을 애도하는 물결은 그해 청명절 톈안먼을 가득 채웠고, 지레 겁을 먹은 문혁파는 군대를 동원하여 탄압하는 한편 덩샤오핑에게 그 죄를 물어 실각시켰다.

제1차 톈안먼사건

1976년 4월 4일(일요일)은 청명절(淸明節)이었다. 춘추 시대 진(晉) 문공(文公)인

중이(重耳)가 자신이 왕위에 오르는 데 절대적인 공헌을 했으나 억울하게 죽은 개자추(介子推)를 추모하기 위해 만든 기념일이었다. 원래 청명은 정치를 밝게 해달라는 개자추의 유언인데, 중국인들은 이날 특별히 성묘를 하거나 조상의 은덕을 기린다. 그날 전국에서 모인 수많은 이들이 저우언라이 총리를 추모하기 위해 톈안먼 광장에 모여 화환을 바치고 애도의 뜻을 표했다. 사람들은 저우언라이를 추모하는 시를 낭독했고, 암묵적으로 4인방을 향한 비판의 대자보를 썼다. 그

시간 4인방의 발의로 화궈펑(華國鋒화국봉)이 주재한 긴급 정치 회의가 열렸다. 4인방 가운데 한 사람인 왕훙원(王洪文왕홍문: 당부주석)은 톈안먼 사건의 배후에는 덩샤오핑이 있다고 단정지었다. 공안(公安: 경찰)은 인민영웅기념비에 바쳐진 화환들을 강제로 철거하기 시작했다. 그리고 다음날 톈안먼에 다시 모인 사람들은 자신들의 화환이 모두 사라진 것을 발견했으며 사람들의 소리가 더욱 커지기 시작했다.

1976년 4월 5일의 톈안먼사건은 이렇게 시작되었다. 추도의 모임은 시위로 변했고, 이쪽 저쪽에서 화염이 솟았다. 저녁 6시 무렵, 톈안먼 광장에 난데없는 나팔 소리와 함께 베이징 시장인 우더(吳德오덕)의 목소리가 울려 퍼졌다. 분열을 조장하는 반혁명적 소요에 가담한 불순분자들에게 속지 말라는 경고성 발언이었다. 그리고 밤 9시 수만 명의 노동자 민병의 지원을 받은 공안과 인민해방군이 곤봉과 가죽 벨트를 손에 들고 시위대를 향해 달려오기 시작했다. 뜨겁고 붉은 피가 광장을 물들였고, 적어도 388명 이상의 사람들이 체포되어 어디론가 끌려갔다. 이틀 후 덩샤오핑은 세 번째로 실각했다. 표면적으로 1976년의 톈안먼사건은 이렇게 끝났지만, 불씨는 완전히 꺼진 것이 아니었다.

인민 대회당에서 각국의 조문객을 맞이하는 당 최고 간부들. 18일에는 마오쩌둥 주석 추도백만인 대회가 열렸다(상). 예안 시절 마오쩌둥의 모습(하).

마오쩌둥

마오쩌둥(毛澤東모택동, 1893~1976)은 후난성 샹탄 사람으로, 자는 룬즈(潤之윤지)이다. 창사 사범대학에 다니면서 신민학회를 조직하였고 『상강평론(湘江評論)』이란 잡지를 창간했으며, 사회주의 청년간, 공산주의 소그룹을 조직하여 좌익 활동을 했다. 5·4운동에 참가한 후 1921년 중국공산당 전국대표대회에 참가하여 샹구(湘區상구)위원회 서기가 되었다. 국·공합작 시기에는 국민당 중앙후보위원과 선전부 부부장을 거쳤고, 1927년 공산당 임시정치국 후보위원이 되었으며, 공농홍군을 창설했다.

A.D.1977~1978년

1977년 ▶ 2월 7일, 3개 일간지 공동 사설—마오주석의 결정은 모두 올바르고, 마오주석의 지시는 모두 지켜야 한다고 주장. 7월 16일, 중공 제10기 3중전회, 덩샤오핑의 직무 회복. 4인방의 당적 박탈(~7. 21). 8월 12일, 중공 11전대회—화궈펑 정치 보고, 문혁의 종결 선언(~8. 18).

1978년 ▶ 2월 26일, 제5기 전인대 제1회 대회—화궈펑, 정부 활동 보고. 개정 헌법 채택. 국민경제 발전 10개년 계획 요강 채택. 3월, 개정 헌법 공포. 신국가 제정. 6월 12일, 궈모뤄 사망. 12월 15일, 덩샤오핑, '사상해방 · 실사구시' 강조. 펑더화이 · 타오주 등, 명예 회복. 12월 18일, 중공 제11기 3중전회—**4개 현대화 노선** 결정. 농업 생산의 중요성 강조(생산책임제 제기). 천윈(陳雲진운)을 부수석으로 선출.

■ 그 무렵 우리는…
1977년 제4차 경제 개발 계획.
1978년 한국, 자연 보호 헌장 선포.

■ 그 무렵 외국은…
1977년 미국, 카터 대통령 취임.
1978년 영국, 멘체스트 교외의 병원에서 최초의 시험관 아기 탄생. 제2차 석유 파동.

주더 · 천이의 부대와 연합하여 공농홍군 제4군을 창설하고 당대표가 되었다. 1931년 중화소비에트 정부가 수립되면서 주석직에 올랐다. 그러나 소련에서 파견된 볼셰비키들에 의해 주석 자리에서 물러난 후, 대장정 도중 1935년 1월 공산당 정치국 확대회의(쭌이회의)에서 홍군 및 당중앙의 영도적 지위를 획득했다. 이때부터 그는 중국의 역사 한가운데에서 한 번도 벗어난 적이 없었다.

1943년 중국공산당 중앙위원회 주석 및 중앙정치국 주석에 당선되었으며, 신중국 성립 후 중화인민공화국 초대 주석이 되었다. 그는 마르크스 · 레닌의 사상에 따라 중국에 사회주의 공화국을 건설했다. 그러나 그의 사상은 중국적 마르크스주의란 말대로 분명 구분된다. 그 핵심은 농민 대중에 대한 확고한 믿음과 평등주의적이고 이상향적인 지향을 토대로 하고 있다. 1976년 9월 9일 병사할 때까지 그는 여전히 중공중앙 주석이자 중앙군사위 주석이었으며 전국정협 명예주석의 자리에 있었다. 화장을 원했던 자신의 의도와는 달리 그의 시신은 영구 보존을 위해 방부 처리되었으며, 지금도 톈안먼광장 남쪽 마오쩌둥 기념관에 누워 있다.

4개 현대화 노선

「4개 현대화」는 1975년 1월에 개최된 제4기 전인대 제1차 회의에서 저우언라이 총리가 처음 제기한 것으로 농업 · 공업 · 국방 · 과학 기술의 현대화 정책을 말한다. 문화대혁명 말기에 복권된 덩샤오핑은 「전국 · 전당의 모든 공작의 총강을 논함」이라는 활동 지침과 아울러 「공업발전을 촉진하는 문제」와 「과학원 공작에 대해」라는 문건을 마련하여 4개 현대화와 경제 발전을 촉진하기 위한 실용주의적 개혁을 시도하였다. 이에 대해 4인방은 집중적인 비난을 통해 그를 실각시키고 말았다. 그러나 마오쩌둥 사후 권력을 잡은 화궈펑이 덩샤오핑을 복귀시키면서 4개 현대화 정책 또한 다시 구체화되기 시작했다. 1977년 7월 중공 제10기 3중전회에서 중공중앙 부주석 및 중앙군사위원회 부주석 자리로 복귀하게 된 덩샤오핑은 마오쩌둥 사후에도 여전히 마오쩌둥 절대주의에 사로잡혀 있는 범시파(凡是派)들에 대해 실사구시와 '실천만이 진리를 검증할 수 있는 유일한 기준'이라는 구호를 통해 마오쩌둥과 좌파의 사상과 정책을 재검토해야 할 것을 주장하였다.

톈안먼사건의 재평가가 진전되는 와중에 등장한 마오쩌둥 비판 벽보

그리고 마침내 1978년 12월에 개최된 중국공산당 제11기 3중전회에서 중국공산당의 업무 중심과 전국 인민의 중심 과제는 바로 사회주의 현대화이며, 이를 위한 개혁과 개방의 방침이 확정되었다. 이는 "두 가지가 다 옳다(兩個凡是양개범시)"고 주장하다 끝내 자아비판을 하게 된 화궈펑의 실권과 덩샤오핑의 정권 장악의 신호탄이자, 중화인민공화국이 전혀 새로운 전환기를 맞이하였다는 것을 알리는 표지이기도 했다. 그러나 경제 발전과 생산력을 중시하는 덩샤오핑 노선이 사회주의 제도나 이념에 대한 회의나 부정을 뜻하는 것은 결코 아니었다. 오히려 톈안먼사건에서 볼 수 있듯이 젊은이들의 무분별한 민주화 요구나 대중 운동에 대해서는 가차 없이 탄압을 가하였다. 이는 현대화 정책을 실현하는 데 근본적인 전제 조건이 있음을 분명하게 인식하고 있었기 때문이다. 덩샤오핑은 1979년 3월 30일 당중앙회의를 통해 중국공산당이 확고부동하게 견지해야 할 네 가지 원칙(사회주의 노선의 견지, 인민민주주의 독재, 중국공산당 지도의 견지, 마르크스 · 레닌주의와 마오쩌둥 사상의 견지)을 강조하였는데, 이것이 바로 4개 현대화 정책을 지탱하는 데 필요한 전제 조건이었다.

베이징의 봄

1978년 11월 제1차 톈안먼사건(1976년 4월 5일 저우언라이 총리 추모 모임에서 일어난 시위) 체포자들의 명예 회복이 실행되었다. 이를 계기로 민주화와 법제화에 대한 요구가 거세어지기 시작했으며, 베이징시 씨단(西單서단)에 설치된 '민주의 벽'에는 온갖 대자보가 게재되기 시작했다. 이로써 베이징의 봄은 시작된 것이다. 대중들은 당시의 국책이었던 공업 · 농업 · 국방 · 과학의 현대화와 더불어 정치의 현대화를 요구했으며, 이를 알리는 『4 · 5논단(論壇)』『탐색(探索)』 등의 인쇄물을 발간하기도 했다. 주장은 더욱 격렬하게 전개되어 공산당 해체나 복수정당제 도입 등 적신호가 켜지기도 했다. 덩샤오핑은 초기에 이 사건으로 말미암아 다시 실각된 후 복직되는데, 당내 주도권을 잡은 후 1979년 3월 『탐색』의 편집장이었던 웨이징성(魏京生위경생)을 체포하여 국가반역죄로 15년형을 선고했다. 그리고 헌법에 보장되었던 인민의 권리 대자보를 개헌을 통해 금지시켰다. 이로써 베이징의 봄은 채 꽃망울을 터뜨리기도 전에 사라지게 되었다.

A.D.1979~1982년

1979년 ▶ 1월 1일, 중국과 미국, 정식으로 국교 수립. 2월 17일, 중국군, 베트남 국경 침공. 4월 5일, 중공중앙공작회의 개최—「**국민경제의 조정·개혁·정돈·제고**」 제기(~4. 28). 6월 18일, 제5기 전인대 제2회 회의—혁명위원회의 폐지와 인민정부의 부활 결정(~7. 1). 9월 25일, 중공 제11기 4중전회. 자오쯔양(趙紫陽조자양), 평전을 중앙정치국 위원으로 임명(~9. 28). 12월 6일, 베이징시 혁명위원회, 씨단의 '민주의 벽'을 월단(月壇)공원으로 이전하고 검열제 실시.

1980년 ▶ 1월 16일, 덩샤오핑, 간부회의에서 세계평화·조국통일·경제 건설(4개 현대화 추진) 강조. 4월, 국제통화기금 정식 가맹(타이완은 제외됨). 5월 16일, 중공중앙, 광둥(선전深圳심천·주하이珠海주해·산터우汕頭산두), 푸젠성의 특정 지역에 경제 특구 설치. 8월 30일, 제5기 전인대 제3회 회의—화궈펑 수상 사임, 후임 자오쯔양(~9. 10). 11월 20일, 4인방 재판(1981. 1. 25 판결). 12월 14일, 후야오방(胡耀邦호요방), 문혁 전면 부정 발언.

1981년 ▶ 1월 26일, 국무원, 「재정수지 평형화 및 재정관리 엄격화에 관한 결정」 공포. 화폐 발행 억제, 시장 물가 안정화, 경제 조정 작업 보증 통달. 3월 27일, **마오둔** 사망. 5월 29일, 쑹칭링(1890~1981) 사망. 6월 27일, 중공 제11기 6중전회—「건국 이래 당의 약간의 역사적 문제에 관한 결의」 채택. 12월 2일, 광둥성, 하이난다오를 대외 개방하고 대외 투자를 우대한다고 결정.

1982년 ▶ 9월 1일, 중공 12전대회, 「사회주의 현대화 건설의 신국면을 전면적으로 창시하자」 발표. 당주석 폐지(~9. 11). 9월 12일, 중공 제12기 1중전회—총서기에 후야오방, 고문위 주임에 덩샤오핑 선출. 11월 26일, 제5기 전인대 제5차 회의—제6차 5개년 계획 승인, 신헌법 채택(~12. 10).

■ 그 무렵 우리는…
1979년 한국, 10·26 사태. 12·12 사태.
1980년 한국, 광주 민중 항쟁.
1981년 한국, 제5공화국 출범. 수출 200억 달러 달성. 랑군(양곤) 폭탄 테러 사건.
1982년 한국, 제5차 경제 개발 계획 시작. 야간 통행 금지 해제.

■ 그 무렵 외국은…
1979년 영국, 보수당의 대처가 최초의 여성 총리가 됨.
1980년 미국, 이란과의 국교 단절. 테헤란 미 대사관 인질 사건이 계기. 레이건이 미대통령에 당선됨.
1981년 프랑스, 사회당의 미테랑이 대통령에 당선. 국제 올림픽 위원회(IOC) 총회, 1988년 제24회 올림픽의 서울 개최 결정.
1982년 영국·아르헨티나, 포클랜드 전쟁 시작.

국민경제의 조정·개혁·정돈·제고

1979년 4월, 중공중앙공작회의에서 제시된 경제 조정의 8자 방침(八字方針: 조정調停·개혁改革·정돈整頓·제고提高)은 기존의 지속적인 축적과 투자에 비해 저효율, 저소비를 특징으로 하는 경제 발전 전략이 실패함에 따라서 새롭게 제시된 경제 체제 개혁 방안이다. 이 개혁 방안은 다음 몇 가지 특징을 지닌다.

우선 소유제의 측면에서 기존의 전인민 소유제에서 벗어나 다양한 소유 형태를 가능케 하였으며, 경제 활동의 의사 결정을 다원화하여 기업의 자주권 확대를 가능케 하였다. 둘째, 시장 경제를 활성화하여 이전의 지시성 계획에서 벗어나 지도성 계획으로 전환하였다. 셋째, 기업이 시장의 정보에 따라 더욱 자유롭게 생산·판매할 수 있도록 했다. 넷째, 분배 면에서도 소득과 경제 효율이 밀접하게 결합된 분배 제도를 실시하여 국가가 기업을, 기업이 개인을 무조건 책임지고 분배 평균주의를 지향하는 정책을 지양하기에 이르렀다. 이로써 '대과반(大鍋飯)' 현상을 제거하도록 했다. 다섯째, 경제 조직 측면에서 행정 기구와 기업의 역할을 분리하여 예속 관계를 타파하였다. 이러한 원칙은 농업, 기업, 금융, 가격 등 모든 경제 부문에 걸쳐 추진되었다.

마오둔

마오둔(茅盾모순, 1896~1981)의 본명은 선더훙(沈德鴻심덕홍), 자는 안빙(雁水), 필명은 모순 이외에도 현주(玄珠) · 방벽(方璧) · 미명(未名) · 병생(丙生) · 길복서(吉卜西) · MD 등 매우 많다. 저장성 퉁샹(桐鄕동향) 칭전(靑鎭청진)에서 태어났다. 문학연구회 발기인의 한 사람인 그는 1922년 상하이대학에 재직한 바 있고, 1926년 광저우시 국민당 선전부 비서를 역임하였다. 1927년 국민당 청당(淸黨) 때 용공의 혐의(그는 1921년에 이미 공산주의 소조에 참가한 당원이었다)를 받아 그해 7월 구링(牯嶺고령)으로 가서 요양을 했다. 그해 8월 지명 수배를 받아 상하이로 도망간 후 그곳에서 처녀작 『식(蝕)』 삼부곡을 완성하여 일시에 명성을 얻었다.

일본으로 도피한 그는 1930년 귀국하여 상하이에서 좌련 행정서기로 활약했다. 마오둔이란 필명이 더욱 알려진 그는 중국 현대 문학사에서 루쉰, 궈모뤄 등과 함께 3대 거두로 칭해질 정도로 현대 문학의 발전에 많은 영향을 끼쳤으며, 『식』 삼부곡 외에도 『무지개(虹)』 『한밤중(子夜: 마오둔의 대표작으로 취추바이는 이 작품을 중국 현대 문학사상 최초의 현실주의 작품이라고 극찬하였다)』 『상엽홍사이월화(霜葉紅似二月花)』 『제일단계의 이야기(第一段階的故事)』 『부식(腐蝕)』 등의 장편과 『숙망(宿莽)』 『임씨네 상점(林家鋪子)』 『삼인행(三人行)』 『봄누에(春蠶)』 등의 단편을 창작했다.

또 다른 8자 방침

리푸춘(李富春이부춘)에 의해 1960년 7월 당중앙공작회의(베이다이허회의)에서 제기된 조정(調整) · 공고(鞏固) · 충실(充實) · 제고(提高)의 8자 방침은 중 · 소 관계의 악화와 대약진운동의 실패로 야기된 경제 위기를 해소하기 위해 시행된 제1차 경제조정기(1961~1965)를 규정짓는 경제 방침이다.

철반완

중국 노자(勞資) 관계를 상징하는 말인 철 밥그릇(철반완鐵飯碗)은 기업의 생산성과 관계없이 종신 고용을 보장하는 제도를 말한다. 사회주의 국가인 중국은 건국 이후 대과반(大鍋飯), 즉 큰 솥에서 함께 먹는 것에 익숙해 있었으며, 한 번 고용되면 평생 보장되었다. 그러나 1986년 9월 9일 국무원에서 노동 제도 개혁에 관한 4가지 규정이 비준되면서 근 30년간 지속되어온 이 제도 역시 바뀌게 되었다. 아울러 공무원들의 무사안일을 지탱하던 철의자(鐵椅子)나 경쟁력 상실을 야기시킨 철임금(철공자鐵工資)도 개혁의 대상으로 떠오르게 되었다. 타파삼철(打破三鐵)은 바로 이런 뜻이다.

A.D.1984~1985년

1984년 ▶ 2월 22일, **덩샤오핑, 대외 개방, 경제 특구 건설** 강조. 2월 27일, 국무원, 계량 단위의 통일화 발표. 5월 15일, 제6기 전인대 제2차 회의 개최(~31일)—자오쯔양, 체제 개혁과 대외 개방이 이후 경제 작업의 중점임을 지적. 5월, 중공중앙·국무원, 연해 14개 항구 개방. 12월 19일, 중국과 영국, 홍콩 반환에 관한 공동성명에 조인.

1985년 ▶ 1월 1일, 중공중앙·국무원, 「농촌경제를 진일보 활발하게 하는 것에 관한 10개 정책」 발표. 덩샤오핑의 『중국 특색의 사회주의를 건설하자』 출간. 3월 27일, 제6기 전인대 제3차 회의 개최 (~4. 10). 6월 5일, 전국 농촌 인민공사 해체와 향(鄕)정부 수립 완료. 9월 18일, 중국공산당 전국대표대회 개최(23일).

■ 그 무렵 우리는…
1983년 한국, KAL기 격추 사건, 아웅산 북괴 만행.
1984년 한국, 남북 경제 회담.
1985년 한국, 남북 이산 가족 고향 방문단 교환.

■ 그 무렵 외국은…
1984년 인도, 인디라 간디 총리 피살.
1985년 소련, 공산당 서기장에 고르바초프 취임. 미국, 우주 왕복선 디스커버리호 발사.

덩샤오핑

덩샤오핑(鄧小平등소평, 1904~1997)은 1904년 쓰촨성 광안현(廣安縣광안현) 지주 집안에서 태어났다. 16세에 근공검학(勤工儉學) 계획에 따라 프랑스로 유학을 떠났으며, 그곳에서 평생의 동지가 된 저우언라이를 만나 사회주의 청년단에 가입하면서 공산주의 운동에 몰입하게 된다. 1954년 제1회 전인대에서 정무원 부총리로 선임되었으며, 1956년 제8차 전

미국 카터 대통령과 회담하는 덩샤오핑

당대회에서 정치국 상무위원과 총서기로 선출되면서 마오쩌둥, 저우언라이, 류샤오치 등과 함께 당의 최고 지도자 반열에 올랐다.

1962년 농촌 사회의 경제적 혼란과 정체를 극복하기 위해 마오쩌둥이 제시한 인민공사 운동을 재조정하는 방침을 토론하기 위해 소집된 중앙서기처 회의에서 덩샤오핑은 이른바 흑묘백묘론(黑猫白猫論: 검은 고양이든 흰 고양이든 쥐를 잡는 고양이가 좋은 고양이다)을 통해 경제 정책에서 자본주의적 요소를 과감하게 도입하여 경제 위기를 극복해야 한다고 주장했다. 이데올로기적 경직성을 타파하여 자본주의적 요소라도 국민 경제에 도움이 된다면 수용할 수 있다는 그의 주장은 좌파에 의해 격렬하게 비판받고, 그 결과 문화대혁명 시기에 모든 공직에서 추방되었다. 3년간의 추방 생활은 린뱌오가 사망하고 문화대혁명이 수습되면서 끝났다.

중앙 무대에 재등장한 덩샤오핑은 1973년 당중앙위원으로 선임되었으며, 1975년 제4기 전국인민대표대회를 전후로 하여 완전 복권되었다. 국무원 제1부총리 겸 당정

치국 상무위원, 그리고 군사위원회 부주석과 총참모장으로 복귀한 그는 당시 병석에 있던 저우언라이 총리를 대신하여 4개 현대화와 경제 발전에 주력하기 시작했다.

그러나 1976년 4월 5일 저우언라이 총리의 사망을 애도하는 톈안먼광장 시민들의 행렬이 시위로 변하면서, 4인방은 덩샤오핑을 반혁명적 폭력을 선동한 혐의로 몰아 모든 공직에서 추방하였다. 이후 마오쩌둥이 사망하고 문혁 4인방이 숙청되자 덩샤오핑은 당시 실권자인 화궈펑에게 서신을 보내 그에 대한 지지를 표명하였고, 이로써 다시 복권되어 1977년 7월 제10기 3중전회에서 당 부주석, 총참모장, 국무원 부총리로 복귀하였다. 1978년 11월 제11기 제3중전회의 준비 모임에서 사상해방, 실사구시, 일치단결 전진을 주장하면서 화궈펑 노선을 비판한 그는 이후 펑더화이와 류샤오치 등을 복권시켰고, 마침내 1980년 9월 화궈펑을 사임시키고, 그해 11월 중국공산당 군사위원회 주석에 오르게 된다. 당시 국가 주석은 후야오방(胡耀邦호요방)이었으나 실질적인 최고 실권자는 바로 덩샤오핑이었다.

대외 개방

사회주의 공화국이 성립된 이후로 중국공산당은 '자력갱생'에 의한 경제 건설을 가장 큰 목적으로 삼았다. 그들에게 대외 개방이란 곧 선진 공업 국가들이 과거의 식민지였던 신생 국가를 경제적으로 착취하는 수단일 뿐이었다. 그러나 마오쩌둥 사후에 개최된 1977년 8월의 11전대회부터 이러한 인식에 변화가 일기 시작했다. 그리고 1978년 12월 18일에 개최된 중공 제11기 3중전회를 통해 '대외 개방' 노선이 공식적으로 천명되었다. 이는 자력갱생이라는 함의를 단순히 자급자족의 뜻이 아닌 좀 더 포괄적인 뜻으로 인식한 것으로서, 사회주의 현대화 건설을 위해서는 무엇보다 국제적 분업을 이용하고, 아울러 세계 경제와 유기적 연관 속에서 대외 무역을 확대한다는 것을 인정한 것이기도 하다. 대외 개방에 대한 인식 변화 속에서 경제 특구 건설이 가속화되었다. 중국의 대외 개방 지역은 초기의 점(點: 연해 경제 특구)에서 점차 선(線: 연해 개방 지구 성과 시)으로, 다시 면(面: 내륙)으로 확대되고 있다. 기존의 3개 직할시(베이징·톈진·상하이) 이외에 충칭을 네 번째 직할시로 정한 것은 내륙 현대화를 위한 첫 번째 포석이라고 말할 수 있을 것이다.

경제 특구 건설

공산당 제11기 3중전회에서 대외 개방과 경제 개혁에 관한 구체적인 논의가 시작된 후 1980년 8월 26일 제5기 인민대표회의 상무회 제15차 회의에서 「중국 광둥성 경제특구 조례」가 승인되어 입법화되었다. 중국이 경제 특구를 설치한 이유는 외국 자

A.D. 1986년

1986년 ▶ 1월, 공안부, 244개 대외 개방 지역 공포. 외교부, 타이완사무판 공실 설치. 3월 4일, **딩링** 사망. 3월 25일, 제6기 전인대 제4차 회의 ―자오쯔양, 제7차 5개년 계획안 보고(~4. 12). 5월 30일, 타이완 중화항공기 망명, 중국과 타이완의 직접 교섭 실현됨. 9월 28일, 중공 제12기 6중전회, 「사회주의 정신문명 지도방침에 관한 결의」 통과. 12월 19일, 상하이에서 민주화를 요구하는 학생 시위 발생, 전국에 파급되어 7개 성에서 **민주화 운동**이 일어남.

■ 그 무렵 우리는…
1986년 한국, 아시안 게임 개최.

■ 그 무렵 외국은…
1986년 필리핀, 마르코스 축출되고 아키노 정권 수립. 소련, 우크라이나의 체르노빌 원자력 발전소 폭발.

본과 기술의 이전, 수출 증대, 고용 확대 등 이외에도 이 지역을 경제 체제 개혁의 실험장으로 활용한다는 것과 홍콩과 마카오의 주권 회복에 앞서 경제 특구에서 관리 경험을 얻고자 한다는 점에서 특징적이다. 최초의 경제 특구는 1980년 8월 광둥성의 선전(深圳심천), 주하이(珠海주해), 산터우(汕頭산두) 세 지역이 지정되었다. 이어 10월에 푸젠성 샤먼(廈門하문)이 포함되었으며, 1988년 3월에는 하이난성(海南省해남성) 전역이 경제 특구로 지정되었다. 1988년 1월, 중국의 동북쪽 랴오닝성에서 남쪽 광둥성 및 하이난섬(海南島해남도)에 이르는 전 연해를 외국에 개방하는 「연해지구 경제발전 전략」이 공포되었다.

딩링

딩링(丁玲정령, 1904~1986)은 후난성 창더(常德상덕)의 수재(秀才) 집안에서 태어났다. 본명은 장웨이(蔣褘장위)이며, 딩링은 문학 창작을 시작하면서 자신이 지은 필명 가운데 하나이다. 부친의 사망과 더불어 고향을 떠난 그녀는 사촌 오빠와 정혼을 파기하고 상하이 평민여학교를 거쳐 상하이대학에서 공부했고, 이후 베이징에서 공부하면서 첫 번째 남편인 후예핀(胡也頻호야빈)을 만나 동거하였다. 1927년 『소피의 일기(莎菲女士的日記)』를 발표하여 문명을 떨친 후, 남편과 더불어 중국좌익작가연맹에 가입하였다. 이듬해 후예핀은 국민당 공안국에 체포되어 처형되었다. 이후 그녀 역시 체포되어 구금되었다가 탈출에 성공하여 1936년 당시 산베이(陝北섬북) 소비에트 정부가 있는 바오안(保安보안)에 도착했다. 그곳에서 중국문예협회를 발족하고 협회 주임에 선출되는 한편 홍군을 따라 전선에서 문예 활동을 지속하였다. 1949년 해방이 되기 전까지 만 13년 동안 그녀는 해방구의 전사로서 소설 창작과 문예 사업에 전력을 다했다. 1948년에 완성된 『태양은 쌍간허강을 비추고(太陽照在桑乾河上)』는 바로 쌍간허강(桑乾河상건하) 지역의 토지 개혁 공작에 직접 참여하면서 소재를 얻고 자신의 경험을 반영한 작품이었다. 이 작품이 소련의 스탈린 문학상을 수상하게 된 것은 결코 우연이 아니었다.

신중국 성립 후 전국문예연맹 상임위원 겸 중화전국문학공작자협회(이후 중국작가협회로 개칭) 부주석과 『문예보』주간 등을 맡게 된 그녀의 앞날은 자신이 생각한 것처럼 큰 즐거움과 기쁨이 아니라 정반대로 흘러갔다. 1955년 작가협회 당조직이 딩링의 반당 활동을 비판하는 회의를 개최한 이후 전국적인 반우파 투쟁이 시작되면서 그녀는 우파의 중심 인물로 간주되어 고통의 그늘에서 벗어날 수 없었다. 문화혁명 기간 내내 그녀는 정신적·육체적으로 도저히 참을 수 없는 고통 속에서 악착같이 견뎌야만 했다. 20년이 넘게 그녀에게 가해진 해방된 조국의 참담한 담금질 속에서 그녀는 끝내 부활하여 1979년 전국작가협회 부주석으로 선임되고 그 이듬해 당적과 명예를 회복할 수 있었다. 스스로 여류이기를 거부하고 삶과 문학을 온몸으로 실천하면서 살아온 그녀는 진정한 해방의 전사이자 사회주의 문예의 충실한 문인이었다.

민주화 운동

개혁과 개방은 경제 체제뿐만 아니라 대중들의 의식도 변화시켰고, 사회 계층 간의 분화와 지역 간의 격차를 심화시켰다. 텔레비전 등과 같은 대중 매체를 통해 외국 문화와 자본주의의 풍요로움이 그대로 전달되었으며, 사회주의 우위의 신화는 여지없이 깨어지게 되었다.

이에 권력을 이용한 부정부패와 사기, 절도, 횡령, 투기 등의 행각이 도드라지기 시작했다. 결국 한편으로 경제다원화에 따른 정치의 다원화, 즉 정치 개혁의 필요성이 부각되었다. 다른 한편으로 일부 작가나 지식인들의 민주주의, 인도주의에 대한 갈망의 글이 계속해서 발표되기에 이르렀다.

그 대표적인 인물들은 작가 류빈얀(劉賓雁유빈안), 과학기술대학 교수이자 핵물리학자인 팡리즈(方勵之방려지), 평론가 왕뤄왕(王若望왕약망), 인민일보 부편집장 왕뤄수이(王若水왕약수), 작가 바이화(白樺백화) 등이었다. 소수의 학생 시위는 1986년 가을부터 시작해 전국에 확산되었다. 당국의 경고에도 불구하고 그들은 거리로 뛰쳐나왔다. 그러나 그해 말 '깃발을 선명하게 하여 부르주아 자유화에 반대하자'는 덩샤오핑의 지시 이후 운동은 소강 상태가 되었다. 학생 운동의 진압에 소극적이었던 후야오방 당총서기는 해임되고 자오쯔양(趙紫陽조자양)이 총리가 되었다. 그 후 '반부르주아 자유화 투쟁' 전개로 중국은 일시적으로 보수화 경향이 심해졌다.

A.D.1987~1988년

1987년 ▶ 1월 16일, 중공중앙 정치국 확대회의—후야오방 당중앙 총서기 해임(1월 정변), 후임에 자오쯔양 추천. 1월 14일, 중화인민공화국 해관법(세관법) 통과. 3월 26일, 중국과 포르투갈, 마카오(澳門오문) 문제에 관한 연합 성명. 7월 15일, **타이완 계엄령 해제**. 장징궈(蔣經國장경국) 총통, 38년 만에 해제 선포. 8월, 중화인민공화국 대기오염 방지법 공포. 9월 27일, 중국 티베트자치구에서 라마교 승려 등 독립 요구 시위. 10월 25일, 중공 13전대회—자오쯔양, 중국은 **사회주의 초급 단계**임을 강조. 11월, 타이완, 중국 대륙 친척 방문 허용.

1988년 ▶ 1월 3일, 타이완 **장징궈** 총통 사망, 후임 리덩후이. 2월, 중국과 베트남 함대, 난사군도(南沙群島남사군도 : 베트남 명은 츄온사군도)에서 교전. 3월 5일, 티베트 라사에서 시위 발생하자 강제 진압함. 4월, 리펑(李鵬이붕) 총리 선임. 양상쿤, 국가 주석에 취임(1988. 4~1993). 9월 15일, 제13기 3중 전회 개최. 전국에 주민 신분증 검사 제도 실시.

■ 그 무렵 우리는…
1987년 한국, 대통령 직선제 헌법 개정.
1988년 한국, 제6공화국 성립. 서울 올림픽 개최. 북방 외교 선언.

■ 그 무렵 외국은…
1987년 세계 인구, 50억 명 돌파. 티베트, 승려들의 독립 요구 시위 전개.
1988년 소련, 아프가니스탄에서 철수. 팔레스타인 해방 기구(PLO), 팔레스타인 독립 선언.

타이완 계엄령 해제

1949년 타이완으로 퇴각한 국민당 정부의 총통 장제스는 그해 5월 19일 계엄령을 실시하고 12월에 정식으로 타이완에서의 국민당 정권을 수립하고 일당 독재의 지배를 시작하였다. 그에게 대륙은 회복해야 할 구토(舊土)였다. 따라서 계엄하의 전시 체제 유지는 당연한 일이었다. 그러나 계엄은 독재의 연장선상에서 국민당, 장제스의 정권 유지에 이용되었으며, 타이완인들은 그 어떤 정치적 자유도 누릴 수 없었다. 장제스의 뒤를 이은 장징궈는 독재를 반대하는 대세에 밀려 마침내 계엄령을 해제하고 이를 대신하여 국가안전법을 제정하였다.

사회주의 초급 단계

1987년 10월 중국공산당 제13차 전국대표대회에서 총서기 자오쯔양은 「중국적 특색을 지닌 사회주의 노선을 따라 전진하자」라는 공작 보고를 통해 중국은 사회주의 초급 단계에 있다고 주장하고, 개혁 정책의 이론적 토대로서 사회주의 초급 단계론을 제시한 바 있다.

그의 주장은 1981년 중국공산당 제11기 6중전회에서 통과된 「역사 결의」의 선언이나 다음해 제12차 전국대표대회에서 후야오방이 중국 사회주의는 물질문명이 아직 발달하지 않은 초급 단계에 있다고 한 것을 체계적으로 정리 · 종합한 것이라고 말할 수 있다. 자오쯔양의 주장에 따르면, 생산력이 낙후되고 상품 경제가 발달하지 못한 상황에서 사회주의를 건설하기 위해 반드시 거쳐야 하는 특정한 단계가 바로 초급 단계이다. 중국은 1956년 사회주의적 개조가 기본적으로 완성되었으며, 이후 사회주의 사회를 본격적으로 건설하기 위한 물적 기반을 조성하는 시기가 바로 사회주의 초급 단계인 셈이다. 자오쯔양은 이러한 단계에 속한 중국 사회의 주요 모순은 "인민들의 물질적·문화적 수요와 이를 충족시키지 못하는 낙후된 사회 생산력 수준 사이의 모순이기 때문에 당과 국가의 최대 과제는 사회 생산력 발전을 촉진하는 유생산력론(唯生産力論)의 입장에서 경제 체제를 개혁해야 한다"고 주장하였다. 다양한 사영(私營) 경제와 개체(個體) 경제의 허용과 이윤 축적 허용, 계획적 상품 경제 추진, 노동에 따른 분배를 중심으로 하되 다양한 비노동 소득 분배 방식도 인정할 것, 가치 법칙의 활용, 국가가 시장을 조절하고 시장이 기업을 유도하는 메커니즘 등을 주장하였다. 이러한 주장은 국가 통제의 경제를 지향하는 사회주의 경제 이념 하에서 경제 발전을 가속화할 수 있는 이념으로 이후 중국의 개혁·개방 정책을 합리화하는 이론적 근거가 되었다.

장징궈

1988년 1월 13일 장징궈(蔣經國장경국, 1910~1988) 타이완 총통이 사망했다. 만년에 들어 위병으로 병상에 누워 있던 장징궈는 갑자기 각혈을 하더니 병원으로 이송하기도 전에 세상을 떠나고 말았다. 장제스의 맏아들로 저장성 펑화현(奉化縣봉화현)에서 태어난 그는 1925년 모스크바 쑨원대학에서 공부하고 이어 페테르스부르크에 있는 중앙군사정치학교를 졸업했다. 소련 여성과 결혼한 뒤 1937년 귀국하여 요직을 거쳐 상하이지구 경비사령관을 역임했으며, 타이완으로 천도한 후 일종의 특무조직인 보밀국(保密局)을 장악하여 장제스의 실질적인 대리인이자 후계자가 되었다. 국방장관과 행정원 부원장을 역임했으며, 장제스가 사망한 후 총통 대리로 있다가 1978년 정식으로 총통에 선출되었으며, 이후 재선되었다. 그의 죽음으로 총통직은 당시 부총통으로 자칭 '경국학교'를 졸업했다는 리덩후이(李登輝이등휘)에게 넘겨졌다. 이로써 타이완은 장씨 일가의 손에서 벗어나 타이완인의 손에 들어오게 되었다.

> **중난하이**
> 중난하이(中南海중남해)는 베이징시 시청구(西城區서성구)에 속하며, 고궁과 중산공원의 서쪽에 있다. 금·원 시대에 처음으로 조성되기 시작했다. 원나라 시기에 중해(中海)를 파고 산을 만들었으며, 명나라 초기에 궁실을 건설하고 중해를 확대했으며, 남해(南海)를 파기 시작했다. 청나라 때 이미 지금 규모로 조영되어 황실의 피서(避暑) 장소이자 황제가 국정을 처리하는 곳으로 사용되었다. 현재 중공중앙위원회와 국무원 사무처로 사용되고 있으며, 국가와 공산당의 중요 요인들이 장기간 거처하는 곳으로 활용되고 있다

A.D.1989~1990년

1989년 ▶ 1월 11일, 덩샤오핑, '다당합작제(多黨合作制)' 실시 표명. 3월 5일, 티베트 라사에서 유혈 충돌 발생. 3월 16일, 지식인 43인, 정치범 석방 요구 동의 서명. 4월 15일, 전 당총서기 후야오방(1915~1989) 사망. 5월 13일, 후야오방 추모대회에서 민주화 요구, 학생들 단식 시작. 5월 15일, 1959년 이래 30년 만의 중·소 정상회담 개최. 5월 20일, 베이징에 계엄령 공포. 6월 4일, 인민해방군, 베이징 톈안먼광장에서 민주화를 요구하던 학생들 무력으로 진압함(제2의 **톈안먼사건**). 정부, 톈안먼사건을 폭란(暴亂)으로 규정. 6월 23일, 제13기 4중전회—자오쯔양 해임. 장쩌민(江澤民강택민), 당중앙위원회 총서기에 취임. 11월 9일, 제13기 5중전회에서 덩샤오핑, 당군사위원회 주석을 비롯한 모든 공직에서 사임, 군사위 주석에 장쩌민 취임.

1990년 ▶ 1월 11일, 공안부 베이징 중심부 계엄령 해제. 1월 18일, 톈안먼사건 관련 체포자 573명 석방 발표. 3월 14일, 장쩌민, 평양에서 김일성과 회담. 3월 20일, 전인대 제3차 회의(~4. 4)—리펑 총리, 경제의 안정적 성장 강조. 덩샤오핑, 국가 중앙군사위 주석 사임. 4월 3일, **장쩌민**, 국가 중앙군사위 주석 취임. 4월 22일, 신장 위구르자치구에서 무장 폭동 발생하여 41명의 사상자 발생. 9월 22일, 베이징 아시아경기대회 개최(~10. 7). 12월 25일, 제13기 7중전회 개최(~30일).

■ 그 무렵 우리는…
1989년 한국, 헝가리·폴란드와 국교 수립.
1990년 한국, 소련과 국교 수립.

■ 그 무렵 외국은…
1989년 일본, 국왕 히로히토 사망. 독일, 베를린 장벽 붕괴, 국경 개방.
1990년 소련, 공산당 일당 독재 폐지. 이라크, 쿠웨이트 침공.

톈안먼사건

1989년 4월 15일 후야오방 전 당총서기가 죽었다. 그의 사망 소식이 전해지자 베이징대학 학생들은 그를 찬양하고 보수파를 비난하는 대자보를 붙였고, 4월 22일 후야오방의 장례식에 수십만 명의 학생과 시민이 운집하면서 본격적인 민주화 요구 시위에 돌입했다. 2000여 학생들은 5월 13일부터 단식 투쟁에 들어갔으며, 일반 시민들도 이에 호응하여 톈안먼광장에서 연일 100만 명이 모이는 대규모 시위에 들어갔다. 시위대는 급기야 '공산당 타도' '독재 반대' '리펑(李鵬이붕) 축출' 등을 외치기 시작했다. 당시 실권자 덩샤오핑은 대학생들의 시위를 '동란'으로 규정짓고 강력한 진압을 명령했다. 5월 20일 베이징 일대에 계엄이 선포되고 베

톈안먼 광장에 모인 시위 인파

이징에 인민해방군이 투입되었다. 그러나 시위는 오히려 확대되었다.

마침내 6월 4일 자정을 기해 양상쿤이 지휘하는 제27 집단군이 탱크를 앞세우고 진군하여 무차별 사격과 동시에 무력 진압을 시작했다. 공식 집계만으로도 사망자 200여 명, 부상자 3000여 명이었다. 하지만 백안관 해제된 기밀문서에 따르면 민간인 8,726명이 사망하는 등 총 사망자수를 10,454명이라고 한다. 덩샤오핑은 진압 작전이 끝난 다음날 진압군을 방문하여 노고를 치하했다. 이

장갑차를 불태우는 학생들

를 계기로 당내 보수파가 다시 전면에 나섰으며, 시위대를 방문하여 학생들의 시위가 정당했다고 위로한 자오쯔양 총서기는 연금 상태로 들어갔다. 이후 대대적인 검거와 숙청이 시작되었고, 왕단(王丹왕단), 한둥팡(韓東方 한동방: 노동자 대표) 등 6·4 톈안먼의 영웅들은 투옥되거나 망명의 길을 택했다. 중국 인민의 벗인 인민해방군은 어떤 미명이든지간에 자신들의 인민을 죽였다는 뼈아픈 우를 범한 꼴이 되었다.

장쩌민

장쩌민(江澤民강택민, 1926~2011)은 장쑤성 양저우(揚州양주) 출신으로 1946년 공산당에 입당했으며, 1947년 상하이 교통대학 전기과를 졸업한 후 소련 모스크바대학에서 수학했다. 1980년 8월 국무원 수출입관리위 부주임으로 있다가 1985년 상하이 시장을 역임했으며, 1987년 11월 제13차 당대회에서 중앙위원에 선출되면서 두각을 나타내기 시작했다. 국가 주석이었던 리셴녠(李先念이선념)의 사위로 온건개혁파에 속한다. 1989년 6월 총서기 자오쯔양이 톈안먼 광장 시위를 묵인했다는 이유로 실각한 후 같은 달에 개최된 제13기 4차

장쩌민

중국공산당 중앙위원회 전체회의에서 총서기로 선출되었고, 이듬해 국가 중앙군사위원회 주석에 취임했다. 1993년 3월 국가 주석에 재임되었으며, 총리는 주룽지(朱鎔基주용기)가 맡았다. 2002년 당 총서기직, 2003년 국가 주석에서 물러나고 후진타오(胡錦濤호금도)가 그 뒤를 이었다. 하지만 군권을 계속 장악하고 있다가 2004년 당 중앙군사위원회, 2005년 국가중앙군사위원회 주석직에서 사퇴했다.

제3대 중앙영도집단의 핵심이었던 그는 '삼개대표(三個代表)'라는 중요 이론을 창립했다. 삼개대표론은 고성장을 달성하기 위해 당 주도의 개혁개방이 지속되어야 한

A.D.1991~1992년

1991년 ▶ 2월, 타이완, 정치협상 위해 해협교류기금회 설립. 4월, 타이완, 중국과의 내전 종결 선언. 4월 8일, 쩌우저화(鄒家華추가화)·주룽지, 부수상 취임. 5월 30일, 중국공산당, 당원 수 5032만 명으로 발표. 5월부터 7월까지 양쯔강 유역에 수해 발생. 6월, **장칭**, 5월에 자살했다고 발표. 12월 23일, 전인대 상무위원회, 핵확산금지조약 가입 결정.

1992년 ▶ 1월, 중국, 중국인 타이완 왕래 허용. 1월 19일, 덩샤오핑, 선전시 시찰에서 개혁·개방 노선의 가속화를 주장함(「**남순강화**」). 3월 20일, 제7기 전인대 제5차 회의 개최(~4. 3). 6월 21일, 전 정협 주석 리셴녠(1909~1992) 사망. 7월 11일, 덩잉차오(鄧穎超등영초: 1904~1992, 저우언라이 부인) 사망. 8월 24일, **중국과 한국, 국교 수립**. 9월, 노태우 한국 대통령, 중국 방문. 10월 12일, 제14차 전당대회 개최(19일). 12월, 리펑 수상, 베트남 방문.

■ 그 무렵 우리는…
1991년 한국, 지방 의회 선거. 남북한 유엔 동시 가입.

■ 그 무렵 외국은…
1991년 미국을 비롯한 다국적군, 이라크군을 공격(걸프전 시작). 바르샤바 조약 기구 해체.
1992년 미국, LA에서 대규모 흑인 폭동 발생.

다는 취지하에 공산당이 선진 생산력의 발전 요구, 선진 문화의 전진 방향, 광범위한 인민의 근본 이익 등 세 가지를 대표한다는 것이다. 특히 사영기업가(8인 이상을 고용하는 영리기업가, 자본가)를 포함한 광범위한 인민의 이익을 대표한다고 하여 자본가에게도 당의 문호를 개방했다는 점이 특별하다. 이후 당장(黨章)을 개정하여 사영기업주의 입당을 허용함으로써 자본가도 중국 사회의 주요 자원인 정치, 조직 자원을 보유, 활용할 수 있게 되었으며, 당과 정부 역시 개혁과 경제발전에서 사영기업을 활용하고 이들에 대한 법적 규제 등의 통제력을 강화할 수 있게 되었다.

장칭 사망

산둥성 칭다오(靑島청도) 인근에서 주정뱅이 아버지와 첩인 어머니 소생으로 태어난 장칭(江靑강칭, 1914~1991)은 상하이 이류 배우 출신이다. 1937년 옌안으로 가서 마오쩌둥의 비밀 경찰로서 어린 시절부터 알고 지내던 캉성의 도움으로 마오쩌둥의 환심을 샀다. 그리고 마침내 20년 동안 정치에 관여하지 않는다는 조건으로 마오쩌둥과 결혼하여 그의 세 번째 부인이 되었다. 그녀는 장춘차오, 왕훙원, 야오원위안 등과 함께 문화대혁명의 주역으로 활동하면서 10년간 엄청난 재난을 몰고 왔다. 마오쩌둥은 그녀를 포함한 4인방을 이용하여 문화대혁명을 지속시킬 수 있었고, 그녀는 마오쩌둥의 지지와 자신들이 주도하는 문화대혁명을 통해 새로운 여황제가 될 수 있을 것이라고 착각했다. 마오쩌둥 사후 당 원로들에 의해 실각당한 후 1991년 친청(秦城진성) 감옥에서 병보석으로 나온 후 자살했다고 알려졌다.

「남순강화」

1983년 1월 25일 최고인민형사재판소에서 장칭과 장춘차오의 사형 집행을 무기 징역으로 감형했을 때 덩샤오핑은 샤먼 경제 특구를 시찰하고 있었다. 그 후 그는 더욱 적극적으로 대외 개방을 추진하게 된다. 1992년 1월 18일부터 2월 21일까지 이미 모든 정치적 지위에서 벗어난 덩샤오핑은 또다시 우창, 선전, 주하이, 상하이 등지를 시찰하면서 자신의 견해를 밝힌 바 있다. 그의 이야기는 『인민일보』를 통해 발표되었으며, 「남순강화(南巡講話)」로 명명되었다. 당 중앙은 그의 '말씀'을 학습하라는 2호 문건을 각급 기관에 보냈으며, 이는 이후 개혁과 개방의 새로운 모색으로 간주되었다. 그 주된 내용은 첫째, "혁명은 생산력을 해방하는 것이고, 개혁도 생산력을 해방시키는 것이다"라고 하여 개혁을 혁명과 동일한 것으로 명시했다. 둘째, 좌(左: 좌파 보수주의)를 경계해야 할 뿐더러 우(右: 반사회주의적 경향)에 대해서도 경계해야 한다. 셋째, 각종 범죄에 대한 예방, 넷째, 간부사화(幹部四化: 혁명화·연소화·지식화·전문화)를 강조하는 한편 차세대 지도자들에 대한 지원 강조이다. 이상과 같은 「남순강화」의 주요 내용은 결국 「중국적 특색을 지닌 사회주의 이론」을 펼친 것이라고 볼 수 있다. 이는 중국공산당 14전인대에서 그대로 관철되었다.

중국과 한국, 국교 수립

한·중 양국이 본격적인 교류를 시작한 것은 1988년 10월 대한무역진흥공사와 중국국제무역촉진위원회 간에 정부 차원의 무역 사무소 개설에 관한 기본 합의가 이루어진 때부터이다. 그리고 1991년 1월과 4월에 양국 무역 대표부가 업무를 개시하였고, 마침내 1992년 8월 오랜 우방이던 타이완과의 관계를 단절하고 중국과 수교를 단행했다. 1992년 8월 24일이었다. 명동에 있는 중화민국대사관에서 마지막 청천백일

제3세대 지도자

1994년 9월 제14기 4중전회에서 덩샤오핑은 "제2세대 집단 지도 체제(덩샤오핑 중핵)에서 제3세대 집단 지도 체제(장쩌민 중핵)로의 인계를 완료했다"고 밝혔다. 이듬해 3월 18일 제8기 전국인민대표대회 제3회 대회가 폐막되면서 이른바 post 덩샤오핑의 시대가 시작되었다. 그 정점에 서 있는 이가 바로 장쩌민이다. 1989년 상하이시위원회 서기에서 중공중앙 총서기로 급부상한 그는 톈안먼사건 직후 덩샤오핑의 후계자로 주목되기 시작했다. 처음 덩샤오핑은 후야오방이나 자오쯔양을 후계자로 생각했다가 결국 실각시키고 장쩌민을 선택했다. 그리고 장쩌민을 위해 자오쯔양, 후야오방은 물론 그 누구에게도 내놓지 않았던 군사위원회 주석 자리를 이양했다. 이는 당의 지도자가 군을 지도할 수 없는 사태를 미연에 방지하겠다는 판단에 토대를 둔 것이다. 덩샤오핑이 1992년 가을 제14회 당대회에서 군사위원회 상무부 주석과 비서장을 지내며 군부를 마음대로 조정해온 양상쿤, 양바이빙(楊白氷양백빙) 형제를 군에서 축출한 것 역시 동일한 이유에서 기인한 것이다. 그들은 톈안먼에 출동했던 부대의 수장이었다.

A.D.1993~1995년

1993년 ▶ 2월 17일, 톈안먼사건으로 복역 중인 **왕단** 가석방. 3월 15일, 제8기 전인대 제1차 회의 개최―「8·5계획」의 경제 성장 목표를 8~9%로 결정함. 3월 27일, 장쩌민을 국가 주석 및 국가 중앙군사위 주석에, 룽이런(榮毅仁영이인)을 부주석에, 차오스(喬石교석)을 전인대 상무위원장에 선출. 4월, 제1차 해협회 해기회 회담 싱가포르에서 개최. 쓰촨성에 농민 폭동. 9월, 지하 핵실험 실시. 9월 14일, **웨이징성**, 가석방(1994. 4 재수감) 10월, 상하이에 사장교(斜張橋) 완성(길이 1172km).

1994년 ▶ 3월, 전국인민대표대회, 안정 성장 강조. 10월, 리펑 수상, 한국 방문. 12월 14일, 양쯔강 **싼샤(三峽삼협)댐** 착공식.

1995년 ▶ 2월 12일, 티베트 라사에서 소요 사태 발생. 2월, 타이완 제외한 중국 총인구 12억 돌파 발표. 7월부터 96년 8월까지 중국, 타이완 겨냥하여 세 차례 대규모 미사일 훈련. 11월 13일, 장쩌민, 한국 방문. 11월 16일, **경구철도**가 완성됨. 11월 21일, 웨이징성, 정부 전복 혐의로 체포(12월 28일 베이징시 고급인민법원, 14년 징역형 확정).

■ 그 무렵 우리는…
1993년 한국, 김영삼 문민정부 출범.
1995년 한국, 북한 경수로사업 지원 기획단을 출범함.

■ 그 무렵 외국은…
1995년 세계 무역 기구(WTO) 체제 출범. 일본, 고베에 대지진 발생.
1993년 유럽 공동체(EC) 12개국, 단일 시장 발족. 팔레스타인 해방 기구(PLO)와 이스라엘, 팔레스타인 임시 자치 협정 조인. 우루과이 라운드 타결됨.
1994년 르완다, 내전 시작. 남아공, 만델라가 대통령에 선출됨.

기의 하강식이 있던 날 진수지(金樹基김수기) 대사 부인을 비롯한 화교 학교 학생들의 눈에서 눈물이 흐르고 있었다. 이후 타이완에서는 태극기가 불에 타는 사건이 벌어지기도 했다. 그리고 지금 우리에게 중국은 적국에서 세 번째로 큰 주요 무역 대상국이자 우방으로 자리하게 되었다.

웨이징성과 왕단

1979년 당시 28세의 웨이징성(魏京生위경생)은 베이징시 서쪽에 있는 시단(西單서단)의 거리에서 "현대화도 좋지만 민주화도 중요하다. 민주화가 없는 현대화는 의미가 없다"는 자신의 주장을 쓴 종이 쪽지를 붙인 후 반혁명 혐의로 15년의 노동개조(勞改)형을 받았다. 베이징 교외에 있는 명십삼릉 남동쪽에 자리한 친청 감옥에 수감되어 14년 만인 1993년에 풀려났으나 여전히 나의 신념은 변하지 않았다고 하여 다시 체포되고, 또다시 15년 형을 받은 후 2년 뒤인 1997년 11월 미국으로 보내졌다.

톈안먼 민주화 시위의 학생 지도자였던 왕단(王丹왕단)은 베이징대학 역사학과 4학년 당시인 1989년 톈안먼사건 시위 주도 인물로 수배된 폭란(暴亂)의 배후자 21명 가운데 1호로 지목되어 체포되었으며, 반혁명죄로 3년여를 복역하다가 1993년 2월 사면으로 석방되었으나, 1995년 5월 21일 민주화 운동 혐의로 다시 체포되어 1996년 12월 정부 전복 혐의로 11년 형을 선고받았다. 그의 석방 배경은 6월에 있었던 클린턴 미국 대통령의 중국 방문이었다. 당시 미국은 그를 체포했다는 이유로 중국에 무역 제재를 경고한 바 있었다. 1993년 이후 그는 선경제 건설·후민주화를 주장하는 등 달라진 면모를 보였으며, 인권에만 집중할 수 없다는 견해를 표명하기도 했다. 1998년 그는 미국 디트로이트로 떠났다.

싼샤댐

1993년 12월 14일, 당시 리펑 총리가 창장 싼샤댐 공사 시작을 선언했다. 6300km에 달하는 창장은 오랜 세월 부근 인민의 생명수이자 또한 막대한 인명과 재산을 앗아간 대홍수의 주범이었기 때문에 끊임없이 이를 다스리기 위한 노력이 이루어졌다. 구체적으로 협곡으로 이루어진 싼샤(三峽삼협)에 댐을 건설할 것을 구상한 쑨원 이래로 마오쩌둥·저우언라이·덩샤오핑 등 역대 중앙 지도부 역시 댐 건설에 지대한 관심을 보였다. 1992년 4월 3일 제7기 5차 전국인민대표대회에서 '창장 싼샤 공사를 시작할 것에 관한 결의'가 통과되면서 1993년 12월 14일 당시 리펑 총리의 공사 시작 선언으로 만리장성에 이은 또 하나의 최대 토목 공사가 시작되었다. 마침내 2009년 예정대로 이 댐이 완공되어 중국 총 발전량의 11%이자 전 세계 수력발전소 가운데 발전량 제1위에 해당하는 1820kw를 생산하고, 우리나라 소양강 댐의 13배인 390억 톤에 달하는 저수량을 확보함으로써 오랜 홍수의 재난에서 벗어날 수 있게 되었다. 그러나 싼샤댐의 건설은 생태계의 혼란과 환경 파괴를 초래할 뿐더러 강 주변에 널려 있는 삼국시대 유비의 촉나라 유적인 백제성 등 유적지와 인구 7만여 명의 도시 펑두(酆都펑두)를 포함한 크고 작은 마을의 완전 수몰, 그리고 113만 명의 원치 않는 이주를 동반했다. 그럼에도 불구하고 마침내 댐 건설을 시작한 것은 물론 중국 지도부의 양명(揚名) 의식과 유관할 수도 있겠으나, 중국인들 스스로 싼샤몽(三峽夢삼협몽)이라 부르는 오랜 갈망을 더 이상 감출 수 없었기 때문이라 볼 수도 있다.

경구철도

1995년 11월 16일 연계 철로를 합쳐 총 연장 2,536Km로 베이징과 홍콩 주룽(九龍구룡)을 잇는 경구(京九)철도가 완성되었다. 연 인원 10만 명 이상이 동원되어 만 3년간 밤낮을 가리지 않고 작업한 결과였다. 베이징에서 시작하여 바저우(覇州패주), 상추(商邱상구), 주장(九江구강), 난창, 선전을 거쳐 주룽까지 2개의 특별시와 7개의 성을 관통하는 경구철도는 가난한 내륙 지방의 발전을 도모하고 중국 대륙의 교통망에서 중추적인 역할을 하기 위해 만든 것으로, 특히 홍콩 반환에 즈음하여 사회주의의 심장인 베이징과 자본주의의 창구인 홍콩을 연결한다는 상징적인 의미도 지니고 있

A.D.1996~1997년

1996년 ▶ 2월, 윈난성(雲南省운남성)에서 지진 발생. 타이완, 총통 직선제 선거에서 리덩후이 승리. 4월 26일, 옐친 러시아 대통령 방중. 중·러 공동성명. 5월 23일, 중·북, 「정부경제기술협력협정」「북한에 대한 2만 톤 식량 원조 교환각서」서명. 6월 8일, 핵실험 실시. 10월, 5000년 전의 창장 문명 발견.

1997년 ▶ 2월 19일, **덩샤오핑 사망**. 3월 1일, 제8기 전인대 개최(~14일)—리펑 총리, 개혁·개방 정책 견지 강조. 5월 12일, '동방홍(東方紅) 3호' 통신 위성 발사. 7월 1일, **홍콩, 중국의 특별행정구로 귀속됨**. 8월 5일, 남한·북한·중국·미국, 뉴욕에서 4자 회담 제1차 예비회담 개최. 9월 12일, 제15차 전당대회 개최(~18일)—장쩌민, 덩샤오핑의 '중국 특색의 사회주의 이론'을 당장(黨章)에 싣고, 국유 기업 개혁을 위해 주식 제도를 적극 도입할 것을 결정. 9월 19일, 제15기 1중전회—장쩌민을 총서기로 재선출. 장쩌민, 타이완과 정치성 대화 재개 용의 천명.

■ 그 무렵 우리는…
1997년 한국, 대법원에서 전두환 전 대통령에게 무기징역을 선고하고 노태우 전 대통령에게 징역 17년을 선고함.

■ 그 무렵 외국은…
1996년 팔레스타인 자치 총선, 아라파트가 대통령에 당선됨. 국제 축구 연맹(FIFA), 2002년 월드컵의 한·일 공동 개최 결정.
1997년 영국, 복제 양 돌리 공개. 테레사 수녀 사망.

다. 시발점인 베이징의 서참(西站: 서부역)은 세계 최대의 역사(驛舍)로 알려져 있다. 경구철도는 중국공산당이 1991년부터 시작된 제8차 경제 개발 5개년 계획에서 가장 역점을 둔 사업이기도 하다.

덩샤오핑 사망

1997년 2월 19일 삼기삼락(三起三落)의 부도옹(不倒翁) 덩샤오핑이 세상을 떠났다. 덩샤오핑은 경제적인 면에서 선부론(先富論)을 주장하여 경제 특구를 먼저 발전시켜 이를 내륙과 북부로 확산시키자는 것이었고, 정치적으로는 공산당의 지도, 사회주의의 길, 인민민주주의 독재, 마르크스·레닌·마오쩌둥 사상의 견지 등을 핵심으로 한 4가지를 견지한 것이라고 종합할 수 있다. 중국이 마오쩌둥을 수반으로 사회주의 인민공화국을 건국했다면, 덩샤오핑을 통해 새로운 중국식 사회주의를 건설할 수 있었다고 말할 수 있을 것이다. 비록 톈안먼 사태를 포함한 과오가 없는 것은 아니지만 마지막 혁명 세대로서 그는 진정 인민을 위한 투쟁에 온몸을 불살랐다고 말할 수 있다.

홍콩, 중국의 특별행정구로 귀속됨

1984년 12월 중국의 자오쯔양 총리와 영국의 대처 수상은 베이징 인민대회당에서 '홍콩 문제에 관한 중국과 영국의 합의 문서'에 서명했다. 양국의 합의에 따라 1997년 7월 1일 홍콩은 중국에 반환되었다. 반환 교섭은 1982년 9월 대처 수상이 중국을 방문하면서 시작되었다. 영국은 홍콩 반환을 연기하고자 했으며, 이에 대한 덩샤오핑의 대답은 간단하고 명료했다. 영국은 반환 이후에도 자본주의 체제를 존속시키면서 자신들의 영향력을 행사할 수 있기를 희망했다.

중국의 덩샤오핑은 향후 50년간 '1국가 2체제'로 존속한다는 절묘한 방안을 제시했다. 이미 시장 경제로 돌입한 지 오랜 사회주의 국가 중국이 세계 자본주의의 중핵이라 할 수 있는 홍콩을 아무런 의미 없이 사회주의 경제 체제로 환원시킨다는 것은 처음부터 의도한 바가 아니었다. 1972년 한 해 중국 외화 수입의 4분의 1을 담당했던 곳이 바로 홍콩이었다는 점을 상기한다면 지극히 당연한 일이 아닐 수 없다. 그리고 1997년 7월 1일 홍콩 컨벤션 센터에서 영국 찰스 황태자와 중국 장쩌민 국가 주석, 그리고 마지막 총독인 크리스 패튼 등이 참가한 가운데 중국 국가인 의용군 행진곡이 연주되면서 오성홍기가 게양되었다. 이로써 중국은 1982년 난징조약으로 중국이 영국에 할양한 홍콩과 1989년 홍콩 경계확장조약에 따라 99년간 영국에 조차한 주룽반도(九龍半島구룡반도)와 신제(新界신계) 지역을 완전히 되돌려 받게 된 것이다. 홍콩의 헌법인 홍콩특별행정구기본법은 영국과 중국의 합의로 1990년 4월 공포되었는데, 기본법 제5조에 홍콩 특별행정구(SAR)는 사회주의 제도와 정책을 실시하지 않고 종래의 자본주의 제도와 생활 양식을 유지하고 이를 50년간 유지한다고 적혀 있다. 특별행정구 행정장관은 퉁젠화(董建華동건화)이다.

주룽지

주룽지(朱鎔基, 1928~현재)는 후난 창사(長沙장사) 출신으로 칭화대학 전기과를 졸업하고, 1949년 중국공산당에 가입했다. 1979년부터 국가경제위원회에서 임직하면서

제5세대 감독

20세기 초엽에 처음으로 중국에 들어온 영화는 1930년대 제1세대 감독들의 작품부터 사실주의적 경향을 띠고 발전하였다. 영화는 항일전쟁과 국공내전 때에도 여전히 상영되었으며, 중국인들은 당시 감독들을 제2세대 감독으로 칭한다. 중국이 건국된 이후 제3세대 감독 시대인 50년대와 제4세대인 60년대를 지나 중국 영화는 영화사에서 새로운 감각과 열정을 지닌 제5세대 감독들을 만난다. 장이머우(張藝謀장예모), 천카이거(陳凱歌진개가), 장쩌밍(張澤鳴장택명), 저우샤오원(周曉文주효문) 등으로 대표되는 그들은 문화대혁명이 끝난 후 다시 문을 연 베이징전영학원(北京電影學院) 출신들이라는 점 이외에도 기존의 영화 형식이나 기법에서 탈피하여 색다른 영화를 추구했다는 점에서 동질감을 지니고 있다. 전통에서 벗어난 새로운 영화 미학을 창조하여 스토리의 완전성보다 화면(색채나 광선의 활용을 통해)의 의미를 강조하며, 사회주의 리얼리즘에 매몰되지 않고 자신들이 문화대혁명 시절에 겪었던 일반 백성들의 삶을 투영하는 데 관심을 가지고 있으며, 영화의 상업적 효과를 중시한다는 점이 이들이 가진 가장 큰 특징이라고 할 수 있을 것이다. 이들을 통해 중국 영화는 세계 영화와 더불어 어깨를 나란히 할 수 있게 되었다.

A.D.1998년

1998년 ▶ 3월 5일, 제9기 전인대 1차 회의 베이징 개최 ─ 국무원 기구개혁 방안 비준. 장쩌민은 국가주석 및 중앙군사위원회 주석, 리펑은 9기 전인대 상무위원회 위원장, 후진타오는 국가부주석, 주룽지는 국무원 총리로 선임. 6월 25일~7월 3일, 미국 대통령 클린턴 중국 방문. 미국은 타이완 독립과 '두 개의 중국'을 지지하지 않으며, 타이완이 주권 국가만이 참가할 수 있는 국가 조직에 가입하는 것을 지지하지 않는다고 재천명. 7, 8월 장시, 후베이, 후난 등 창장 주변 및 헤이룽장 홍수 발생. 10월12일~14일, 중공 15기 삼중전회 베이징 개최, 「농업과 농촌 공작에 관한 약간의 중대 문제에 대한 중공 중앙의 결정(中共中央關於農業和農村工作若干重大問題的決定)」─ **삼농 문제** 심의 통과. 11월22일~30일, 장쩌민 러시아, 일본 국빈 방문. **국영 기업 개혁** ─ 국퇴민진(國退民進) 시대로 돌입.

■ 그 무렵 우리는…
2월 25일 김대중 정부 출범. 국제통화기금 관리체제 이후 강도 높은 구조 조정으로 인해 5개 은행 퇴출, 일부 은행 합병. 연중 1백 50만 명이 넘는 대량실업사태 지속. 11월 18일 금강산을 향해 유람선 출항.

■ 그 무렵 외국은…
유럽 11개국, 단일 통화 유로화 채택. 아시아 여러 나라 경제 위기. 5월 2일, '교육의 날'에 자카르타의 사범대학(IKIP)학생들 수하르토의 부정과 부패를 규탄 시위.

경제 방면에 심혈을 기울였으며, 1987년부터 1991년 상하이 시장, 시위서기 등을 역임하고 1991년부터 이듬해까지 국무원 부총리 겸 국무원생산판공실 주임, 경제무역판공실 주임 등을 맡았다. 1993년 전국인민대표대회 제8기 1차회의에서 국무원 부총리로 임명되었으며, 1997년까지 중국인민은행장을 겸임하면서 20%를 넘어섰던 물가상승률을 효과적으로 안정시켰다는 평가를 받았다. 1998년 3월부터 2003년 3월까지 장쩌민 국가 주석 밑에서 국무원 총리로 재직하고 국가경제체제개혁위원회 주임을 겸하면서 국유기업의 구조 조정과 조직 개편을 진두지휘했다. 또한 은행업무의 개혁과 자본 확충, 주택시장 민영화, 중국의 세계무역기구 가입을 이끌어냈다.

역대로 중국 국무원 총리는 경제통이 임명되었는데, 주룽지는 가장 영향력이 있는 경제 지도자로 평가받고 있다. 1998년 천시퉁(陳希同진희동)의 부정부패 사건에 대한 보고를 받고 그는 이렇게 말했다. "부정부패를 없애려면 먼저 호랑이를 잡은 후에 늑대를 잡아야 한다. 호랑이라고 관대하게 대해서는 절대로 안 된다. 100개의 관을 준비하라. 내 것도 마련하여 함께 죽는 수밖에 없다. 이렇게 해야만 국가의 장기적이고 안정적인 발전과 백성들의 우리 사업에 대한 믿음을 확보할 수 있을 것이다."

삼농(三農) 문제

2007년 이래로 정부의 1호 문건은 언제나 삼농 문제였다. 삼농은 농촌, 농업, 농민을 말한다. 농업은 중국의 기간산업이며, 농촌은 중국공산당의 기반이고, 농민은 그 주력군이다. 하지만 승포제(承包制: 토지 도급, 하청제도)에 기반을 둔 농촌의 토지 문제와 기층 정권의 문제, 농업정책의 문제, 그리고 농민의 빈곤과 소양의 문제 등은 여전히 해결되지 않은 상태이다. 또한 산업화가 가속화되어 도시와 농촌의 소득 격차가 확대되어 농민들의 농촌 이탈이 심각한 지경에 이르렀다. 이에 사회 약자 배려와 균형 잡힌 발전을 강조한 후진타오는 삼농 문제를 중시하여 자신이 제창한 과학적 발전관에서 처음으로 농업세 폐지(2006년), 농촌 사회보장제도 확대, 서부 대개발, 농민공 대우 개선 등을 정책으로 밀고 나갔다. 하지만 삼농 문제는 여전히 중국 사회경제의 가장 큰 문제로 남아 있다.

국영 기업 개혁 — 국퇴민진(國退民進) 시대로 돌입

국유기업은 제도적으로 소유주와 출자자가 부재하기 때문에 장려와 구속이 없고, 내부적으로 이익과 효율을 추구하는 메커니즘이 결여되어 시장의 변화에 반응 속도가 떨어지며 진취적인 변화에 수동적일 수밖에 없다. 또한 정부와 관련을 맺고 있기 때문에 관의 간섭에서 자유로울 수 없다. 중국은 사회주의 국가로 모든 사기업을 국영화에 성공했다. 하지만 개혁개방 이전까지 국유기업은 대부분 적자 상태였고, 사회재가 부족하여 국민경제가 붕괴될 지경에 이르렀다. 개혁개방이 본격적으로 시작되면서, 개혁의 한 부분이 바로 국유기업이었던 것은 당연한 귀결이었다.

1992년 소집한 중국공산당 제14기 전국대표대회에서 사회주의 시장경제체제 수립을 개혁의 목표로 확정하면서 국유기업을 개혁하고 일부를 퇴출시키는 작업과 동시에 국가 자산의 민영화가 본격적으로 가동되었으며, 재산권 교역 시장도 급속도로 발전하였다. 본격적인 '국퇴민진'은 1998년 전면적으로 확대되었다. 그렇다면 국영기업이 민영으로 변신하면서 주인이 된 사람은 누구인가? 궁금한 일이 아닐 수 없다.

호적제도

중국의 호적제도는 토지 및 세금과 관련이 있어 국가 형성과 같이 시작되었다고 할 정도로 오래되었다. 중국 공민이라면 누구나 「상주인구등기부(常住人口登記簿)」에 자신의 성명과 생년월일, 관적과 주소, 출생지와 민족, 종교와 학력, 혼인과 병력, 키와 혈액형, 심지어 이주 경력 등을 상세하게 기재해야 하며, 「거민호구부(居民戶口簿)」를 상시 휴대해야 한다. 중국의 호적제도의 가장 큰 특징은 지역과 가정 구성원의 관계에 근거하여 농업호구와 비농업호구로 구분하고 있다는 점이다. 이에 따라 농업호구를 가진 농민은 자유롭게 도시로 이주할 수 없기 때문에 일종의 신분제도라고 할 수 있다. 1980년대 이래로 농촌 인구의 도시 유입이 가속화되면서 호구제도의 문제를 해결하기 위한 논의가 시작되고, 2005년 3월 전국인민대표대회에서 일부 대의원들이 호구제도의 전면 폐지를 주장하기도 했다. 하지만 여전히 호구 문제는 중국의 심각한 사회 문제로 남아 있다.

A.D.1999년

1999년 ▶ 5월 8일, 나토 전투기에서 발사한 유도탄이 남슬라브 주재 중국 대사관을 오폭하여 사상자 발생. 7월 19일, 중공중앙「공산당원의 '법륜대법' 수련 금지에 관한(關於共産黨員不准修煉 "法輪大法")」통지. 각계에서 **'법륜공'**에 대한 비판 좌담회 거행. 10월 31일, 9기 전인대 상무위원회 제12차 회의에서 중앙군사위원회 주석 장쩌민의 추천에 따라 후진타오를 중화인민공화국 중앙궁사위원회 부주석에 임명. 11월 20일, 무인우주선 주천(酒泉) 위성발사센터에서 발사하여 실험을 마치고 21일 네이멍구 자치구 중부에 착륙. 장쩌민, 우주선의 이름을 '신주(神舟)'로 명명. 12월 20일 중국과 포르투갈 정부 마카오 정권 이양식 거행. 중국 마카오특별행정구(澳門特別行政區) 출범. **마윈**, 알리바바 창업.

■ 그 무렵 우리는…
3월 31일, 하나로통신이 국내 최초 상용 ADSL 기반의 인터넷 서비스를 개시. 6월 15일, 연평도 해상에서 우리 해군이 북한 경비정을 격침(제1연평해전). 7월 2일, 김대중-클린턴 한미정상회담 개최.

■ 그 무렵 외국은…
3월 24일, 나토, 유고슬라비아 공습 개시. 유고슬라비아에서 슬로보단 밀로세비치 대통령의 퇴진을 요구하는 시위 발생. 10월 12일, 세계의 인구 60억 돌파. 10월 30일, 이집트 항공 990편 추락 사고로 탑승 인원 217명 전원 사망. 12월 31일, 러시아 보리스 옐친 대통령직 사임하고 총리 블라디미르 푸틴이 대통령 권한 대행으로 권력 승계.

법륜공

중국 헌법 제36조에 따르면, "중화인민공화국 공민은 종교 신앙의 자유를 갖는다. 어떤 국가 기관, 사회단체나 개인도 공민이 종교를 믿거나 또는 종교를 믿지 않도록 강제할 수 없다."

1992년 지린성(吉林省길림성) 창춘시(長春市장춘시)에서 리훙즈(李洪志이훙지)가 창시했다는 법륜공(法輪功: 파룬궁) 역시 초기에는 중국 정부의 간섭을 받지 않았다. 주로 기공 수련법이나 영적 운동, 자기계발 수련법 등으로 정의되는 법륜공은 수련 인구가 7천만 명(1999년 정부 추산)에 이를 정도로 규모가 커지면서 정부와 국가 기관의 요주의 대상이 되었다. 이에 법륜공 수련자들은 1999년 4월 25일에 합법적이고 자유로운 수련을 위해 베이징 민원국에 평화 청원을 제출했다. 그러나 당국은 법륜공 수련을 불법으로 간주하고 대대적인 비판 운동에 돌입했다. 이후로 법륜공 수련자들에 대한 인권 유린 소식이 끊이질 않았으며, 해외에서 이를 고발하는 시위와 반대 운동이 계속되고 있다.

마윈의 알리바바

알리바바는 중동 지역의 구전설화를 모은 『천일야화(千一夜話: 아라비안 나이트)』
에 나오는 「알리바바와 40인의 도적」의 주인공 이름이다. "열려라, 참깨!"로 우리들
에게 익숙한 알리바바는 저장성 항저우 태생으로 영어 강사 출신인 마윈(馬雲마운)
이 창립한 B2B(Business-to-Business) 온라인 거래 서비스 알리바바 닷컴
(Alibaba.com)의 이름이기도 하다. 알리바바 닷컴은 주로 공장이 필요한 세계 기업
들과 중국의 중소 공장의 협업을 중요 사업 아이템으로 삼았다.

1999년 창립한 바로 그해 10월, 미국계 다국적 투자 은행인 골드만삭스(Goldman
Sachs)로부터 500만 달러 투자를 받고, 이후 일본 소프트뱅크(SoftBank Corp)의 손
마사요시(孫正義손정의) 회장에게 2,000만 달러의 투자를 받으면서 전 세계의 주목
을 받았다. 이후 알리바바는 2003년 전자상거래 사이트 타오바오왕(淘寶網도보망),
전자결제 서비스를 제공하는 즈푸바오(支付寶지부보, 영문명 Alipay), 2008년 고급 온
라인 쇼핑몰 텐마오(天猫천묘, Tmall), 2010년 외국인 거래와 B2C(Business-to-
Customer), 즉 소매거래에 특화된 온라인 쇼핑몰 알리익스프레스(Aliexpress) 거래
등 플랫폼을 확대하면서 알리바바 그룹으로 성장하였다.

2014년 9월 뉴욕 증시에 상장하면서 250억 달러라는 사상 최대 규모의 신규 상장
을 성사시켰다.

알리바바의 총 거래액은 2017년 회계 연도에 이미 3조 8000억 위안을 기록했고,
영업 수익도 전년 대비 56% 증가한 1582억 위안에 달했다. 2016년 알리바바의 매출
규모는 세계 최대 유통업체인 월마트의 매출액(4860억 달러)을 넘어섰다. 컴퓨터와
전혀 관련이 없었으나 영어에 능통하고 중국의 경제 현실에 누구보다 민감했던 그
는 이렇게 전 세계 부호 대열에 올라섰으며, 회사는 중국의 비즈니스 전공 학생들이
가장 선호하는 기업이 되었다. 그는 알리바바처럼 마법의 열쇠를 손에 쥐고 수많은
이들에게 성공의 열쇠를 제공하겠다는 꿈을 이루었다.

A.D.2000년

2000년 ▶ 1월, 국무원에 서부지구 개발 영도소조 성립, 조장 주룽지, 부조장 부총리 원자바오. 3월 18일, 타이완 대선에서 민진당 후보 천수이볜(陳水扁진수편) 39.3%의 득표율로 당선. 4월 20일, 중국 이동통신집단공사(中國移動) 창립. 7월 1일, 「중화인민공화국입법법(中華人民共和國立法法)」 정식 시행. 9월 3일, 주저우(株洲주주)에서 중국 최초 고속열차(시속 305km) 개통, 로켓(子彈頭)처럼 생겨 '남전(藍箭)'이라 명명. 10월 12일, 가오싱졘(高行健고행건), 소설 『영산(靈山)』으로 노벨 문학상 수상. 11월 8일, 건국 이래 최대 경제사범인 샤먼 원화(遠華) 밀수사건의 주범 라이창싱(賴昌星뢰창성)을 비롯한 14명에게 사형 선고. 11월 9일, 「**하상주연표(夏商周年表)**」 정식 발표.

■ 그 무렵 우리는…
6월 13일~15일, 남북 정상 회담 개최-김대중과 김정일 평양에서 만남. 8월 15일 남북 이산가족 첫 상봉(200명). 10월 20~21일, 아시아유럽 정상 회의(ASEM, Asian · European Meeting) 제3차 회의 서울 개최. 12월 10일, 김대중 대통령, 노르웨이 오슬로 시청에서 열린 노벨 평화상 시상식에 참석하여 노벨 평화상 수상.

■ 그 무렵 외국은…
3월 26일 푸틴, 보리스 옐친에 이어 러시아 대통령 당선.

「하상주연표(夏商周年表)」

사마천의 『사기』 「본기」는 '오제본기'부터 시작한다. 사실 사마천은 '삼황'부터 시작하고 싶었으나 아무래도 신빙성이 떨어졌다. 하지만 오제, 즉 황제(黃帝), 전욱(顓頊), 곡(嚳), 요(堯), 순(舜) 역시 구전되는 전설 속의 인물일 따름이다. 그럼에도 그는 오제를 「본기」에 넣었고, 그만큼 중국의 역사는 길어졌다.

그렇다면 황하 치수로 유명한 우(禹)가 개국했다는 하(夏)나라는 실재했는가? 실재했다면 구체적으로 어느 곳인가? 중국 고고학자들은 허난성 옌스(偃師언사)의 얼리터우(二里頭이리두)가 그곳이 아니겠느냐고 말한다. 하지만 『중국통사』를 주필한 역사학자 판원란(范文瀾범문란)은 오제는 물론이고 하나라 역시 전설 속의 역사로 간주했다. 문헌 자료에 따르면 중국사에서 확정된 가장 오래된 기점은 주(周)나라 공화 원년(기원전 841년)이다. 그렇게하면 중국의 역사는 겨우 3천 년도 되지 않게 된다. 그런데 만약 황제 원년을 기원전 2698년이라고 한다면 이야기가 달라진다.

하상주, 삼대(三代)의 연대를 단정하겠다는 「하상주단대공정」은 1996년 5월 16일 국무원에서 프로젝트 개시를 선포하면서 시작되었다.

전체 9개 과제, 44개 주제를 중심으로 전문가 200여 명이 참가한 대규모 학술 프로젝트였다. 그리고 2000년 11월 9일 정식으로 「하상주연표」가 공포되었다. 이에 따르면, 하조는 기원전 2070년, 하와 상의 분계는 기원전 1600년, 반경(盤庚)이 천도한 것은 1300년, 무왕이 상나라 주를 정벌하여 주나라를 세운 해는 1046년이다. 이외에도 재위 왕들의 연대가 확정되었다.

역사학, 고고학, 천문학, 연대 측정 기술 등 온갖 방법이 동원된 공동 연구는 이렇게 끝났다. 하지만 발표와 동시에 논쟁이 시작되었으며, 여전히 끝나지 않았다. 그럼에도 불구하고 중국의 역사는 기년을 1229년 앞당기게 되었다. 시간적인 연대 확정이 끝났으니 당연히 공간적인 지역 확정에 들어가야 하지 않겠는가? 2002년 동북공정, 2003년 중화문명탐원공정(中華文明探源工程, 요하遼河공정) 등 일련의 프로젝트가 시작된 것은 당연하다. 중국이 말하는 대로 9.5계획에 따라 경제 수준에 맞는 정신문명 건설을 목표로 하고 있는 것인가, 아니면 대국굴기를 위한 토대를 마련하고 있는 것인가?

동북공정과 홍산문화, 그리고 요하공정

동북공정은 한국의 자주성을 무시하고 고구려와 한국의 연원적 관계성을 끊어 고구려 역사 인식을 왜곡하는 것이자 남북통일 이후 조선족의 독립을 사전에 방지하려는 목적에서 이루어진 것이다. 우리는 이렇게 생각하고 있다.

보다 근원적인 것은 홍산(紅山) 문화의 발견이다. 홍산문화는 1908년 일본의 고고학자 도리이 류조(鳥居龍藏조거룡장)가 처음 발견했으며, 1935년 츠평(赤峰적봉)시 동쪽에 위치한 홍산에서 발굴이 진행되었다. 대략 5,6천 년 전부터 시작하여 채도와 세석기, 도기와 옥기를 특색으로 하는 신석기 문화이다. 중국학자들은 이를 앙소문화 또는 하모두(河姆渡) 문화와 연계시키려고 하지만 별개의 문화로 보는 관점도 있다. 실제로 동북 지역은 한족과 다른 민족의 발생지이다. 중국 정부는 2003년 6월부터 중화문명탐원공정으로 요하공정을 시작했다. 동북의 역사를 자신들의 역사로 편입시키려는 뜻이다. 동북공정 역시 마찬가지이다.

A.D.2001~2002년

2001년 ▶ 3월 16일, 스자좡(石家莊석가장)에서 대형 폭발사고 발생, 108명 사망, 38명 부상. 10.20~21일, 상하이 APEC 회의 개최. 11월 14일, 쿤룬(昆侖곤륜)에서 리히터 규모 8.1의 대지진 발생. 12월 11일, 중국 **세계무역기구(WTO) 143번째 회원국으로 가입.**

2002년 ▶ 5월 16일, 중국전신(中國電信), 중국넷컴(中國網通) 정식 성립. 6월 3일, 국무원 「중국공민출국여유관리방법(中國公民出國旅游管理辦法)」 통과, 7월 1일부터 시행. 8월 3일, 타이완 총통 천수이볜과 타이완, 중국의 관계를 '일변일국(一邊一國)'으로 공식 천명. 9월 1일, 「중화인민공화국 인구와 **계획생육법(計劃生育法)**」 시행. 10월 4일, '사망의 바다(死亡之海)' 타클라마칸 사막을 관통하는 국도 117킬로미터 개통. 11월 8일, 16차 공산당 전체대회 개최 —제4세대 지도자 후진타오와 원자바오 체제의 출범. 11월 14일, 16대에서 「중국공산당장정(수정안)」 결의를 통해 **삼개대표(三個代表)**를 중공 강령에 삽입. 11월 15일, 후진타오가 중앙위원회 총서기에 임명되고, 후진타오를 비롯하여 우방궈(吳邦國오방국), 원자바오(溫家寶온가보), 자칭린(賈慶林가경림), 정칭훙(曾慶紅증경홍), 황쥐(黃菊황국), 우관정(吳官正오관정), 리창춘(李長春이장춘), 뤄간(羅干나간) 중앙정치국 상무위원 피선.

■ 그 무렵 우리는…
2001년 한일 세계축구대회 출전권 획득, 최초의 피파 세계축구대회 출전. 2002년 5월 31일, 한일 월드컵 대회 개막. 6월 29일, 제2 연평해전 발발. 12월 19일, 제16대 대통령 선거에서 노무현 민주당 후보가 당선.

■ 그 무렵 외국은…
2001년 미국, 부시 대통령 당선. 9월 11일, 미국 세계무역센터 테러 공격으로 3천여 명 사망.
미국과 영국의 아프카니스탄 군대 파견으로 전쟁. 네덜란드 세계 최초로 동성혼인 합법화.
고이즈미 준이치로(小泉純一郎) 일본 제87대 수상 취임.
2002년 1월 29일, 부시 미국 대통령은 연두 교서에서 북한, 이라크, 이란을 '악의 축'으로 규정.
유로화가 EU 각국의 유일한 화폐가 됨(영국 제외). 5월 20일, 동티모르, 인도네시아로부터 정식 독립. 10월 11일, 미국 상원은 '대 이라크 무력 사용 허용 결의안' 통과시킴.

세계무역기구(WTO) 143번째 회원국으로 가입

1948년, 중화민국은 '관세 및 무역에 관한 일반협정(GATT)'이 성립 당시 23개 회원국 가운데 하나였다. 하지만 1950년, 타이완이 중화민국 명의로 GATT를 탈퇴하자 신중국은 자동으로 회원국에서 벗어났다. 1984년에 GATT 특별옵서버 자격을 얻었고, 1986년에 정식 가입을 신청했지만, 1989년 6·4 톈안먼 사건으로 인한 서방 국가들의 경제 제재로 인해 좌절되었다.

1995년 1월 1일, GATT를 대체하여 134개 회원국이 참여한 WTO가 생겨난 후 중국은 2001년에야 비로소 가입에 성공했다. 가입 이후 중국 기업의 대외 신임도가 높아졌고, 해외 자본 투자의 기회가 확대되고 용이해졌다. 아울러 개혁개방 정책이 확산되면서 중국 경제는 급격하게 성장했다.

WTO 가입 10년 후 중국은 대외무역 총액에 있어서 4.8배 증가했고, 수출입 규모에서 각각 4.9배, 4.7배의 성장률을 보였으며, 연평균 10%의 고성장을 구가하며 2010년 일본을 제치고 세계 제2의 경제대국으로 부상했다.

2001년 11월 9일 세계무역기구 제4차 장관급 회의 개막식에 참석한 대외경제무역부 스광성 부장과 룽융투 수석대표

지난 20년간 수출이 연평균 15%씩 증가했으며, 1999년 한 해 동안 1,840억 달러를 수출하여 약 4백억 달러의 무역수지 흑자를 기록했다. 하지만 경제성장이 급속도로 진행되면서 노동력 부족, 빈부격차 확대 등 다양한 모순에 직면하였으며, WTO 가입과 함께 국내 시장을 개방하고 WTO 기준에 맞게 관세 인하 혹은 폐지하면서 적지 않은 충격을 받아야만 했다. 게다가 특히 미국과 유럽의회가 중국에 시장경제국 지위(MES: 정부의 개입 없이 시장에서 가격, 임금, 환율이 결정되는 경제체제를 갖추었다는 뜻)를 부여하지 않고 있기 때문에 고율의 반덤핑관세에 시달리고 환율조작국이라는 불명예에서 벗어나지 못하고 있다. 그럼에도 불구하고 중국의 WTO 가입은 세계 경제에서 중국의 위상을 확인하는 것임에 틀림없다.

계획생육법(計劃生育法)

1950년대 베이징대 교장 마인추(馬寅初마인초)는 『신인구론』 등을 통해 빨리 '계획생육'을 실시해야 한다고 주장했다. 그러나 마오쩌둥의 생각은 달랐다.

"사람이 많은 것이 좋은가? 아니면 적은 것이 좋은가? 내 생각에 지금은 사람이 많은 것이 좋다." 결국 마인추는 베이징대 교장에서 쫓겨났고, 그의 주장은 폐기되었다. 그런 사이에 인구는 급속도로 증가했다.

중국 인구는 1949년 신중국 성립 이후 5억 4천 1백만여 명이었으나, 1969년 8억을 넘어서면서 20년 동안 3억 정도의 인구가 증가했다. 비로소 심각성을 느끼기 시작한 마오쩌둥을 비롯

마인추

계획생육 표어

한 당 지도자들은 '계획생육'을 고민하기 시작했다. 대책 마련을 위한 고심의 시기가 끝나고, 본격적으로 '계획생육'이 시작된 것은 1971년 국무원에서 「계획생육 사업 완수에 관한 보고(關于做好計劃生育工作的報告)」를 통해 인구증가 억제 지표를 국민경제발전계획에 삽입하면서부터이다.

　현재 중화인민공화국 헌법의 규정에 따르면, "국가는 계획생육을 추진하여 인구의 증가가 경제와 사회 발전 계획에 서로 부응해야 한다." 헌법에 규정될 정도로 강력한 정책이니, 조문에 '강제'라는 말 대신 '제창(提唱)'이라고 했으나 강제성을 떼어 이에 따른 부작용이 심각해질 것임은 자명했다. 비록 더 이상 미룰 수 없는 필수 정책이었으나 일반 백성들의 관념과 자연 윤리를 거스르는 일임에 틀림없기 때문이다. 실제로 "초과 출산하면 곧바로 묶어버린다(超生結札초생결찰)"

후진타오 주석

장쩌민 주석

는 굵고 간결한 구호를 시작으로 "묶지 않으면(정관수술) 가옥을 무너뜨리고, 낙태하지 않으면 방을 허물고 소를 끌어낼 것이다", "핏물이 강을 이룰지라도 초과 출산은 허락할 수 없다!", "한 사람이 초과 출산하면 온 마을 여성들을 영구 피임시킬 것이다" 등 살벌한 극한 구호가 난무하였고, 이에 따른 비극이 도처에서 일어났다. 이는 과거의 일이 아니라 현재도 진행되는 일이기도 하다.

모옌 소설 『개구리』

얼마 전에 자택 연금 상태에서 비밀리에 탈출하여 미국대사관을 거쳐 미국으로 간 시각 장애 인권변호사 천광청(陳光誠진광성)은 산둥성 정부의 폭력적인 산아 제한 정책을 비판하다가, 2006년 4년 3개월 실형을 선고받은 바 있다. 이는 계획생육이 낳은 폭력과 비극이 여전히 진행 중이라는 사실을 보여주는 예이다. 모옌의 소설 『개구리』는 이런 계획생육에 대한 이야기이다.

삼개대표

2002년, 국가 주석 장쩌민은 중국공산당은 ① 항상 중국의 선진 사회 생산력의 발전 요구를 대표한다(始終代表中國先進社會生産力的發展要求) ② 항상 중국의 선진 문화의 전진 방향을 대표한다(始終代表中國先進文化的前進方向) ③ 항상 중국 대부분의 인민의 근본 이익을 대표한다(始終代表中國最廣大人民的根本利益) 등의 삼개대표 사상을 발표했다. 이는 중국공산당이 붉은 자본가 계급을 입당시키는 근거가 되었고, 혁명이 아니라 집권 정당 또는 대중정당으로 나아가는 실마리를 제공했다.

2013년, 제18차 전당대회에서 중국공산당 강령과 헌법에 마르크스 레닌주의, 마오쩌둥 사상, 덩샤오핑 이론, 삼개대표 중요 사상, 과학 발전관이 명시되었다.

중국의 인구

중국 국가통계국이 발표한 2015년 말 현재 중국 대륙의 총 인구수는 13억7천462만 명, 전년에 비해 680만 명 증가했다. 성별로 남성이 7억414만 명, 여성이 6억7천48만 명이다. 인구의 자연 성장률이 4.96%로 나타났다.

A.D.2003년

2003년 ▶ 2월 24일, 중국 신장 자치구 자스(伽師가사), 바추(巴楚파초)현에서 리히터 6.8규모의 지진이 일어나 260여 명의 사상자 발생. 3월 12일, WHO 전세계 **사스**(SARS) 경보 발령. 3월 15일, **제4세대 영도집단** 등장 – **후진타오** 주석, 쩡칭훙 부주석, 원자바오 국무원 총리, 자칭린 전국정협주석에 임명. 주룽지 74세로 총리 사직. 보수파 대표 리펑 은퇴. 덩샤오핑 주장에 따라 당 간부 70세 이상 은퇴 제도화. 6월 1일, 쌴샤댐에 물을 담기 시작했으며, 항행용 수문 정식 개통. 7월 5일, WTO 사스 통제 공식 선포. 10월 15일~16일, 중국 최초의 유인우주선 신주(神舟) 5호 성공 귀환. 11월 1일, 베이징 오환로(五環路) 전면 개통.

그 무렵 우리는…
2월 18일, 대구 지하철 화재 사건. 2월 25일, 노무현, 제16대 대통령 취임. 9월 12일, 태풍 매미 상륙하여 113명 사망하고, 13억 달러 경제 손실. 6월 30일, 개성공업지구공단 착공식 거행. 9월 12일, 태풍 매미 상륙하여 경남지역 피해 속출.

■ 그 무렵 외국은…
3월 20일, 제3차 걸프 전쟁 발발. 미국은 이라크 수도 바그다드에 대한 대규모 공중 폭격. 4월 9일, 미군이 바그다드를 점령하면서 사담 후세인 정권을 전복시킴. 7월 5일, WHO, 전세계가 사스에서 해방되었다고 선언.

제4대 영도집단

중국은 10년 단위로 지도부가 교체되면서 새로운 지도부를 제 몇 세대 지도부라고 명명한다. 제1세대는 마오쩌둥 중심의 혁명과 건국 세대이며, 제2세대는 덩샤오핑으로 대표되는 개혁 개방 시대로의 전환 세대이다. 제3세대는 장쩌민과 주룽지로 대표되며 1990년대에 시장경제 체제로 전면적 전환과 고도 경제 성장을 이끌었다. 제4세대는 후진타오와 원자바오를 중심으로 화해사회를 강조했다.

2012년 11월, 중국공산당 제18차 당대회에서 시진핑(習近平습근평), 리커창(李克强이극강) 중심의 제5세대 지도부가 출범했다. 중국 권력의 핵심이자 최고 지도부는 당 중앙정치국원 25명과 그 중에서 선출된 정치국 상무위원 7명이다. 5년마다 당 전국대표대회가 개최되어 370여 명의 중앙위원(후보위원 포함)이 선출되고, 폐막 직후 개최되는 제1차 중앙위원회 전체회의(1중전회)에서 정치국원과 상무위원을 선출한다. 파벌간의 권력 분점에 의한 집단지도체제는 의사 결정의 비효율성, 혁신적 개혁 정책 추진의 어려움이 있기는 하지만, 마오쩌둥 시절의 일인독재 체제에 따른 우를 범하지 않는다는 장점이 있다.

영도집단은 10년 주기로 세대 교체가 이루어지며, 정치국 상무위원은 67세 이하, 총서기를 포함한 지도자들은 반드시 50대 후반 또는 60대 초반이 맡아 두 번의 임기를 보장한다. 그리고 차기 최고 지도자 후보를 사전에 발탁하여 공개적인 검증과 훈련 과정을 거친다는 점이 특이하다. 예를 들어 시진핑과 리커창은 2007년 제17차 당대회에서 상무위원에 진입하여 검증 과정을 마쳤다.

2002년 11월 15일 새로 선출된 중공중앙 총서기 후진타오를 비롯하여 중앙정치국 상무위원회 우방궈, 원자바오, 자칭린, 쩡칭훙, 황쥐, 우관정, 리창춘, 뤄간 등

후진타오

장쑤성(조적은 안후이성)의 빈한한 집안 출신으로 칭화대학 수리공정(水利工程) 학과를 졸업한 후진타오(胡錦濤호금도)는 변방 오지 간쑤성 댐 건설국 소속 613국에서 사회 생활을 시작했다. 이후 그는 저우언라이의 비서였으며, 같은 칭화대학 출신인 쑹핑(宋平송평)의 추천으로 중국공산당 중앙당교에 입학하면서 출세 가도를 달리기 시작했다. 1984년 공청단 제1서기, 1985년 간쑤성 서기에 발탁되었으며, 1992년 49세의 나이로 공산당 정치국 최연소 상무위원에 선출되었다.

2002년에는 중앙당교 교장을 지내면서 이데올로기와 이론에 대한 정리 작업을 추진했으며, 그해 제16차 당대회에서 중국공산당 총서기로 선출되었다. 전임자인 장쩌민이 중앙군사위원회 주석 자리를 내놓지 않아 군권을 장악하지 못한 상태에서 후진타오는 '후진타오 동지를 핵심으로 하는 당 중앙'이 아니라 '후진타오 동지를 총서기로 하는 당 중앙'이라는 호칭 밖에 얻을 수 없었다. 그런 까닭인지 2012년

사스(SARS)
한밤중에 구급차의 사이렌을 울리면 사람들은 불길한 예감에 사로잡혔다. 학교는 폐쇄되고 기숙사 학생들은 출입이 통제되었다. 시민들은 항시 마스크를 착용하고 아무데나 침을 뱉는 일도 줄어들었다. 신문지상에 매일 사망자 소식이 전해졌으며, 방송은 비장한 모습으로 발병 지역으로 떠나는 의료진의 모습을 방영했다.
사스(SARS), 정식 명칭은 중증급성호흡기증후군(嚴重急性呼吸系統綜合症), 별칭 비전형폐렴이 2003년 시작부터 중국을 휩쓸었다. 2002년 11월 광둥에서 처음 발병되었으나, 보도 통제를 하면서 12월에야 인터넷을 통해 소식이 알려지기 시작했다. 중국 정부는 2월 10일 세계보건기구(WHO)에 환자수 305명, 사망자 5명이라고 보고했지만, 이는 광둥성에 국한된 것이었다. 치료약이 없는 상황에서 춘절 기간에 유동 인구가 많아지면서 사스가 전국으로 확산되고 유언비어와 공포가 더불어 확산되었다. 마침내 후진타오와 원자바오가 정보 공개를 허락하고 감염 방지를 위해 진두지휘에 나섰다. 6월 23일과 24일 WHO는 홍콩과 대륙에서 사스가 고비를 넘겼다고 발표했다. 중국내 사망자 349명, 홍콩 298명, 전 세계적으로 800여 명이 사망했다.

A.D. 2004~2005년

2004년 ▶ 2월 18일, 녹가원(綠家園), 자연의 친구(自然之友), 지구촌(地球村) 등 민간 환경보호조직이 반년 동안 노력한 결과, 누장강(怒江노강) 수력발전소 폐쇄 결정. 3월 14일, 제10기 전인대 2차회의에서 헌법 수정안 통과 — "국가는 인권을 존중하고 보장해야 한다." "국가는 합법적인 사유재산을 보호해야 한다." 조항 삽입. 이는 민주 헌정 실현과 시장경제하에서 재산권 사유 기본 원칙 확인. 9월 19일, 중공 16기 사중전회(四中全會)에서 '**화해사회** 건립' 목표 제출. 10월 7일, 원자바오는 인도네시아 발리에서 거행된 제7차 아시안 및 중일한(中日韓, 10+3) 영도자 회의에서 '동아시아 자유무역구 건립에 대한 가능성' 언급. 증시 위축, 엄격한 거시 조정 개시.

2005년 ▶ 3월 5일~14일, 제10기 전인대 3차회의 개최, 「반분열국가법(反分裂國家法)」 통과. 후진타오 국가중앙군사위원회 주석에 피선. 4월 29일, 후진타오 중국국민당 주석과 정식 회담. '양안평화발전공동원경(兩岸和平發展共同願景)' 발표. 10월 8일~11일, 중공 16기 오중전회 개최 — 「중공중앙의 국민경제와 사회발전 제11차 5개년 규획(規劃)에 관한 건의」 통과.

■ 그 무렵 우리는…
2004년 3월 12일, 국회, 노무현 대통령 탄핵소추안 가결. 5월 14일, 헌법재판소에서 기각 결정.
2005년 4월 5일, 양양의 산불로 인해 천년 고찰 낙산사가 불에 탐.

■ 그 무렵 외국은…
2004년 8월 13일, 2004년 아테네 올림픽 개최. 12월 26일, 인도양에서 쓰나미가 발생하여 인도네시아, 인도, 스리랑카, 태국 등 18개 국가에서 15만 명 이상의 이재민 발생.
2005년 2월 16일, 유엔기후변화협약을 이행하기 위해 만들어진 국가 간 이행 협약인 교토의정서(교토기후협약) 정식 발효. 4월 19일, 베네딕토 16세, 새 교황으로 선출.

11월 시진핑 부주석에게 당 총서기직을 이양하면서 중앙군사위원회 주석 자리까지 같이 내놓았다. 그의 중요 정책은 팔영팔치(八榮八恥: 여덟 가지의 영예로운 일과 수치스러운 일), 과학적 발전관, 조화로운 사회 건설로 요약할 수 있다. 특히 과학적 발전관은 2007년의 중국공산당 제17회 전국대표대회에서 당의 중요한 전략 사상으로 수용되어 당 규약에 명기되었다.

화해사회

덩샤오핑은 개혁개방을 이끌면서 선부론(先富論)을 통해 먼저 부자가 된 이들이 후발자들을 도와 부유하게 만들 것을 주장했다. 하지만 인간의 본성인 식색(食色)의 욕망은 그리 쉽게 절제될 수 있는 것이 아니다. 결국 먼저 잘 살게 된 사람들은 대를 이어 잘 살게 되었고, 그렇지 못한 자들은 대를 이어 가난을 승계해야만 했다. 빈익빈, 부익부, 지역과 계층, 민족 간의 격차가 점차 확대된 것이다.

제3세대 영도집단은 고도의 양적 성장으로 인한 부작용과 폐해를 조절하고 완화

제16차 전국대표대회

하는 것이 급선무였다. 2002년 중국공산당 제16차 전국대표대회(대표 2154명)에서 전면적인 샤오캉사회 건설과 중국 특색의 사회주의 사업의 새로운 국면을 개창한 것은 바로 이러한 노력의 일환이었다. 여기서 처음으로 사회를 보다 조화롭게 만들어야 한다는 중요 목표가 제시되었고, 이후 16기 4중전회에서 「사회주의 화해사회 건설(構建社會主義和諧社會)」이라는 개념이 정식으로 제출되었다.

핵심 내용은 인간 본위, 과학 발전관, 개혁개방, 민주 법치, 개혁과 발전의 안정적 관계를 정확하게 처리하여 사회주의 화해사회를 건설한다는 것이다.

A.D.2006~2007년

2006년 ▶ 1월 31일, 국무원 「**농민공**문제를 해결하기 위한 약간의 의견」에서 농민공의 합법적 권익을 보장하는 정책과 감독 체제를 확립하고 농민공에게 시혜하는 공공서비스 체제와 제도 확립. 3월 4일, 후진타오 전국정협 10기 4차회의에서 청소년을 대상으로 '팔영팔치(八榮八恥)'를 중요 내용으로 하는 **사회주의 영욕관(榮辱觀)** 수립 강조. 5월 9일, 유엔 인권이사회 회원국이 됨. 5월 20일, 오후 2시 싼샤댐 완공. 7월 1일, 칭짱(青藏청장) 철도 개통. 9월 24일, 중공중앙정치국회의 개최, 중앙기율위원회의 「천량위(陳良宇진량우) 동지 문제에 관한 정황 보고」심의하여 부패 혐의로 상하이시위원회 서기, 상무위원회 위원에서 면직, 중앙정치국위원, 중앙위원 직무 정지시키고, 2007년 7월 26일 중공중앙의 결정에 따라 당적 박탈하고 의법 처리. 10월 8일~11일, 중공 16기 육중전회에서 「중공중앙의 사회주의와 화해사회를 건설하는데 관한 약간의 중대한 문제에 대한 결정」통과.

2007년 ▶ 식량 총생산량 1만억 근 초과. 2월 27일, 상하이 종합주가지수 폭락. 3월, 제10기 전인대 5차회의에서 물권법(物權法) 초안과 기업소득세 초안에 대한 심의. 기업소득세는 내외자 기업의 소득세 세율을 25%로 통일하여 기존의 각기 다른 세율 통일. 10월 24일, 달 탐색 위성 '상아(嫦娥) 1호' 시창(西昌시창) 발사 센터에서 성공적으로 발사. 8월 1일, 인민해방군 80주년. 중국 군대의 규모는 230만 명.

■ 그 무렵 우리는…
2006년 10월 14일, 반기문 외교부 장관, UN 사무총장 피선.
2007년 1월 23일, 인혁당 사건에 대해 무죄 선고. 10월 2일, 노무현 대통령 방북하여 북한 김정일 국방위원장 영접을 받음. 8월 16일, 서브프라임 모기지 사태로 인해 대한민국 증시 사상 최악의 날이 벌어짐.

■ 그 무렵 외국은…
2006년 사담 후세인 처형. 국제 원유가 점차 상승. 8월 24일, 명왕성. 태양계의 행성에서 제외됨.
2007년 5월 6일, 프랑스 대통령 결선 투표에서 니콜라 사르코지 당선. 8월 9일, 서브프라임 모기지 사태 악화일로로 치달음.

농민공

농민공(農民工) 또는 민공(民工)은 농촌을 떠나 도시에서 일하는 이주 노동자를 일컫는 말이다. 즉 중국의 개혁개방 정책 실시 후에 낙후한 농촌을 떠나 대도시로 일자리를 찾아 이주한 사람들이다.

2006년 통계에 따르면, 농민공의 월평균 수입은 966위안이며, 한 달에 500위안도 못 받는 사람이 20%에 달한다(2016년 현재 전체 농민공은 2억 8171만 명이며, 전년에 비해 1.5% 증가한 숫자이다. 농민공의 평균 월수입은 3275위안이며, 전년도에 비해 6.6% 증가했다). 중국은 농업과 비농업을 구분하는 호구제도를 실시하고 있기 때문에 농민공은 대도시에서 생활하더라도 도시 호구를 얻지 않는 이상 직업, 교육, 복지 등의 혜택을 받을 수 없다.

2014년 7월 30일 「호적제도 개혁을 진일보 추진하기 위한 의견에 관하여(關于進一步推進戶籍制度改革的意見)」를 통해 농업과 비농업 호구의 구별을 취소 및 도시 규모에 따라 호구 개방의 정도를 달리하도록 정책 방향을 제시했다.

사회주의 영욕관(榮辱觀)

2013년, 중국의 지니계수는 사회 안정의 경계선이라고 알려진 0.48을 넘었다.

중국사회과학원 사회학 연구소의 발표에 따르면, 1인당 소득이 가장 높은 20%에 속하는 가정의 평균소득이 가장 낮은 20%에 속하는 가정의 17.1배에 달했다. 이른바 금수저라고 할 수 있는 세대간 부의 세습도 하나의 경향처럼 널리 퍼졌으며, 일반 젊은이들인 '개미족(蟻族의족)' 들은 졸업 후 교외의 허름한 아파트에 살면서 열심히 구직 활동을 해야만 했다. 배금주의 만연, 윤리 도덕의 쇠퇴로 사회 현상에 대한 불만과 장래에 대한 불안이 커지는 것은 당연한 일이었다. 이로 인해 부유층은 해외 부동산 구입 등 이민 붐이 일어났고, 가난한 사람들은 종교에 귀의하기도 했다.

2006년, 후진타오는 사회 도덕교육의 일환으로 '여덟 가지 영예와 여덟 가지 치욕'을 제창했다. 이는 공자의 '인'을 핵심으로 하는 도덕학설, 맹자와 순자의 영욕론 등 중화민족의 전통 사상과 정신을 계승하고 발전시킨 것이다.

2004년에 중국은 공자의 도덕학설을 제창하기 위해 세계 각국에 일종의 문화원과 유사한 공자학원을 설립했으며, 2011년 1월, 톈안먼 광장 창안제(長安街장안가) 도로변에 높이 9.5m의 공자상을 세우기도 했다. 그러나 그해 4월에 공자상은 철거되었다. 봉건주의의 핵심이라고 할 수 있는 공자를 공식적으로 추앙하기에는 당내 반대 세력이 적지 않았던 것이다.

인민해방군

인민해방군은 창설부터 공산당에 소속된 군대였다. 중국공산당은 인민해방군을 통해 중화인민공화국을 수립할 수 있었다. 이후 인민해방군은 국군(國軍)이 되었으나 실질적으로 여전히 공산당의 군대였다. 따라서 당내에서 정권을 차지하는 데 무엇보다 중요한 것이 바로 군대를 장악하는 것이었다. 그러나 1982년 헌법이 개정되면서 인민해방군은 당의 중앙군사위원회에서 벗어나 국가 아래로 소속되어 이른바 진정한 인민의 군대로 탈바꿈하게 되었다. 현재 18세 이상의 중국 남자는 모두 병역의 의무를 가지고 있다. 그렇지만 모든 이들이 공산당원이 될 수 없는 것처럼 아무나 군인이 될 수는 없다.

A.D.2008~2009년

2008년 ▶ 남방에 폭설로 인한 피해 극심. 5월 12일, 쓰촨 원촨(汶川문천)에서 리히터 규모 8도 수준의 강진 발생. 건국 이래 가장 참혹한 지진 사태. 7월 10일, 미국 포춘지는 세계 500대 기업에서 중국 기업이 35개가 포함되었다고 보도. 중국석유화학은 1592.6억 달러 매출액으로 16위. 8월 8일, 제29차 올림픽 베이징 개최, 중국은 51개의 금메달로 세계 1위 달성. 중국인이 올림픽 참석을 최초로 요청한 것은 1908년이며, 1932년 1명의 선수가 로스엔젤레스에서 열린 제10회 올림픽에 참가. 9월 11일, '**삼록 분유 사건(三鹿奶粉事件)**' 발생.

2009년 ▶ 7월 5일, **신장 우루무치에서 폭력사태** 발생. 1700여 명 부상, 197명 사망. 7월 11일, 국학대사(國學大師) 지센린(季羨林계이림), 런지위(任繼愈임계유) 사망. 9월 28일, 공묘(孔廟)에서 공자 탄신 2556주년 제례. 11월 25일, 국무원 상무위원회 결정에 따라 2020년 중국 단위생산총액 대비 이산화탄소 배출 비중을 2005년 40%에서 45%로 조정.

■ 그 무렵 우리는…
2008년 2월 25일, 이명박 대통령 임기 시작. 4월, 미국산 쇠고기 수입반대 촛불시위 시작.
2009년 1월 20일, 용산 참사 발생. 5월 23일, 노무현 전 대통령 사망. 8월 18일, 김대중 전 대통령 사망.

■ 그 무렵 외국은…
2008년 9월 16일, 미국 투자은행 리만 브라더스 파산. 미국발 금융위기 전 세계로 파급됨. 11월 4일, 오바마 미국 제44대 대통령에 당선.
2009년 8월 30일, 일본 중의원 선거에서 민주당이 자민당을 누르고 압승. 일본 전후 역사상 처음으로 선거를 통한 정권교체 실현.

삼록 분유 사건

2008년 5월 20일, 한 네티즌이 2007년 11월에 마트에서 산 삼록분유의 품질을 문제 삼는 글을 올렸다. 분유를 먹은 아이의 소변에서 검은색 알갱이가 발견되는 등 이상이 생겼다는 것이었다.

공식적으로 2008년 9월 21일까지 분유 문제로 인해 치료를 받은 유아 39,965명, 입원 중인 유아 12,892명, 그리고 4명(전체 사망자 6명)이 사망한 삼록분유 사건의 시작이었다. 조사 결과 스자좡(石家莊석가장)에 본사를 둔 삼록그룹의 유제품은 물론이고 이리(伊利), 몽우(蒙牛), 아사리(雅士利) 등 유명 분유 및 이유식 제조업체에서 단백질 함량을 인위적으로 높이기 위해 멜라닌을 섞었다는 사실이 밝혀졌다.

멜라닌은 포름알데히드와 혼합하여 멜라닌 수지를 만들거나 화이트보드 등을 만들 때 주로 사용하며, 식용할 경우 신장에 심각한 손상을 초래하는 화학 물질이다. 결국 삼록그룹은 이듬해 2월 파산했고, 수입 분유 사재기가 그치지 않았다. 중국 제품의 안전성 문제는 이미 세계적으로 악명을 떨치고 있다. 오직 수익 증대에 혈안이 되어 있는 생산자의 비윤리성과 정부의 느슨한 규제가 결합한 결과이다. 문제는 그 피해를 중국뿐 아니라 전 세계 사람들이 고스란히 받고 있다는 사실이다.

신장 우루무치에서 폭력사태

신장 위구르 자치구(新疆維吾爾自治區신강유오이자치구)는 중국 다섯 개 소수민족 자치구 가운데 한 곳으로 행정 중심지는 우루무치(烏魯木齊오로목제)이다. 전체 166만km²로 중국 전체 면적의 6분의 1을 차지할 정도로 방대한 지역이다. 위구르족을 비롯하여 회족, 몽골, 카자흐, 타지크, 우즈벡, 다우르, 타타르, 한족, 러시아족 등 47개 민족이 공존하고 있다.

중국은 신장이 고대 서역(西域)으로 서한 시절에 이미 서역도호부(西域都護府)를 설치하여 정식으로 중국 영토가 되었다고 주장하고 있다. 그러나 이는 한때일 뿐 지속적이지 않았다. 그곳의 주인은 돌궐(突厥)과 회흘(回紇)이었으며, 그들의 나라가 존속했다. 그래서 지금 독립을 주장하는 위구르족은 자신들을 동투르키스탄(東突厥동돌궐)이라고 부르고 있다.

신장이 정식으로 중국 영토에 편입된 것은 1884년 좌종당(左宗棠)이 호한한국(浩罕汗國)의 군벌인 아고백(阿古柏)을 몰아낸 후부터이다. 그는 청나라 황제에게 보낸 상주문에서 "다른 민족이 위협하는 곳에서 옛 영토가 새로 돌아왔다(他族逼處 故土新歸타족핍처 고토신귀)"라고 썼다. '신장(新疆신강)'이란 말은 여기에서 나온 것이다.

돌궐족의 후예를 자처하는 위구르 민족주의자들은 이슬람교를 신봉하고 고유한 언어를 사용하면서 격렬한 독립운동을 벌이고 있다. 7월 5일 시위는 바로 이러한 독립운동의 일환이었다. 옛 실크로드, 그리고 지금 일대일로(一帶一路)의 중요 거점 이자 경유지인 신장을 두고 중국 정부와 위구르 민족주의자들 간에 벌어지는 싸움은 여전히 시위와 진압을 반복하고 있다.

A.D.2010년

2010년 ▶ 서남 지역에 심각한 한발 발생 — 경지 1.01억 무(畝), 전국 84%에 달하는 작물 피해, 6천만 명 음용수 부족. 경제적 손실 236.6억 위안. 4월 17일, 국무원 「일부 도시 부동산 가격 급상승 억제에 관한 통지」 — 부동산 시장 통제 및 주택건설 추진을 통한 부동산 시장 안정화 촉진 — **국팔조(國八條)**. 5월 1일~10월 31일, 중국에서 최초로 상하이 세계박람회 개최. 주제는 "도시, 생활을 더욱 아름답게(城市, 讓生活更美好성시, 양생활경미호)." 8월 8일, 간쑤(甘肅감숙) 저우취(舟曲주곡)에서 대형 산사태 발생으로 1471명 조난, 294명 실종. 11월 12일~27일, 제16회 아시아체육대회 광저우 개최. 주제는 '열정 축제, 아시아 화해(激情盛會, 和諧亞洲)', 45개 국가와 지역에서 14000여 명 참가. 20월 8일, **류사오보**(劉曉波유효파), 노벨평화상 수상. 2010년 현재 **중국공산당 당원** 총원 8026,9만 명, 기층 조직 389.2만 개, 기층 당위원회, 18.7만 개, 총지부 24.2만 개, 지부 3만 개.

■ 그 무렵 우리는…
3월 26일, 천안함 피폭 당해 46명 전사. 11월 23일, 연평도 포격 사태 발생.

■ 그 무렵 외국은…
1월 12일, 아이티와 도미니카 공화국이 위치한 서인도 제도 히스파니올라 섬에서 대규모 지진 발생. 31만 6천여 명 사망. 4월 10일, 레흐 카친스키 폴란드 대통령 비행기 추락 사고로 사망. 5월 10일, 국가 부도 위기에 빠진 그리스, 국제통화기금으로부터 300억 유로 규모의 구제금융을 받음. 9월 28일, 조선민주주의인민공화국에서 조선노동당 당대회를 열고 김정은을 후계자로 공표.

국팔조(國八條)

국무원이 발표한 '국팔조'는 중국 부동산 시장 통제를 위한 8가지 조례를 말한다.

개혁개방 이후 중국의 부동산은 천정부지로 뛰었다. 1987년 전국 평균 부동산 가격은 제곱미터당 408위안이었으나, 10년 후인 1998년 주택 가격은 2,000위안으로 급상승했다. 1999년부터 2012년까지 상하이 부동산 가격은 제곱미터당 3,102위안에서 13,870위안으로 3.47배 증가했다. 1998년 7월 3일, 국무원이 「대도시 주거제도 개혁을 진일보 심화시키고 부동산 건설을 가속화하는 것에 관한 통지(關于進一步深化城鎮住房制度改革加快住房建設的通知)」를 통해 하반기부터 주택 실물 분배를 중지하고 화폐화한다고 발표한 후 부동산 가격이 폭등하기 시작했으며, 2000년대로 들어오면서 거의 매년 20%씩 올랐다.

2010년 4월 17일, 국무원은 「일부 도시 부동산 가격 급상승 억제에 관한 통지」를 통해 부동산 시장 통제 및 주택건설 추진을 통한 부동산 시장 안정화를 촉진하겠다고 발표했다. 부동산 가격 안정을 중시하고 정부가 확실하게 책임을 맡으며, 주택 공급 구조를 조정, 개선하는 등 전체 8가지 조항으로 나누어져 있다. 이는 2006년 「국육조(國六條)」, 2009년의 국사조의 연장선상에 있다. 하지만 2013년 또다시 「국오조」가 발표된 것을 보면 부동산 열기가 여전함을 알 수 있다.

2017년 현재 베이징의 평균 부동산 가격은 제곱미터당 67,951위안, 평균 임금은 월 9,942위안이다. 임금을 한 푼도 쓰지 않고 6개월을 모아도 땅 1제곱미터를 살 수 없다는 뜻이다.

류사오보

류샤오보(劉曉波유효파)는 중국의 인권운동가로 지린성 창춘에서 태어났다.

1977년 지린대학 중문과에 입학하여 1982년에 졸업했으며, 베이징사범대 중문과에서 석사학위를 취득하고 1986년까지 강의를 맡았다. 1988년 박사학위를 취득한 후 노르웨이 오슬로대학에서 중국당대문학, 1989년 미국 하와이대학에서 중국철학과 중국당대문학을 강의했다.

1989년 4월 톈안먼 시위 소식을 접하고 귀국한 그는 시위대 대표로 정부와 협상을 벌였으나 오히려 반혁명 혐의로 투옥되었다. 이후 「반부패 의거서—8기 인민대표대회 3차 전체 회의에 드림」, 「흡혈의 교훈, 민주 추진과 법치 발전—6·4 사건 6주년 호소문」 등을 발표하며 민주화 운동을 계속하다가 또다시 체포되어 노동개조 3년형을 선고받았다.

2008년 12월 세계인권선언 채택 60주년을 맞이하여 "일당독재를 종식하고 민주주의의 실현을 위한 민주개혁 요구"를 골자로 한 「08헌장(零八憲章)」 발표를 주도하면서 국가 권력 전복 및 선동죄로 중국 정부에 체포됐다. 11년형을 선고 받고 랴오닝성 감옥에 수감 중이던 2010년 노벨 평화상 수상자로 선정되었으나 중국 정부는 즉각 반발하며 그의 수상을 강하게 비판했다. 결국 수상식은 빈 의자와 그의 초상을 놓고 진행되었다.

노벨 평화상 수상자로 선정된 직후, 아내 류샤(劉霞유하)와 연락이 차단된 채 수감 생활을 하다가 간암 말기 판정을 받고 6월 26일 가석방되었으나, 병세가 악화되어 7월 13일 중국의대 제1병원에서 병사했다.

중국공산당 당원

중국 헌법에 따르면, "중국은 중국공산당이 지도한다."

1921년 7월 1일 상하이시 프랑스 조계지에서 제1차 전국대표대회가 열렸을 때 참가자는 15명, 1923년 제2차 전국대표대회 참가 인원은 225명이었다. 당시 국민당에 비해 형편없이 적은 인원이었던 공산당원은 90여년이 흐른 2012년 제18차 중국공산당 전국대표대회 개최 기준으로 중국공산당원은 8,260만 명으로 불어났고, 중국공

A.D.2011~2012년

2011년 ▶ 1월 26일, 국무원 상무위원회, 부동산 시장 통제를 위한 8개 정책 조치 확정 - 지방정부의 책임, 부동산 신용대출 차별화 등으로 '신국팔조(新國八條)'라고 칭함. 5월 1일, 새로운 법률, 법규 시행. 일부 사형죄명 취소, 음주운전 엄벌. 7월 23일, 용온선(甬溫線) 저장성 원저우(溫州)시 근처에서 베이징발 복주행 D301 열차와 항저우발 복주행 D3115호 열차 추돌하여 40명 사망 172명 부상. 7월 4일, 중국군용기 2대 댜오위다오(釣魚島조어도) 주변 상공 비행, 일본 F-15 전투기 출격하여 장시간 대치. 11월 29일, 중앙 빈민 구제를 위한 부빈개발공작회의(扶貧開發工作會議) 베이징 개최. 농민 순수입 2300위안을 새로운 국가 부민 표준으로 결정.

2012년 ▶ 3월 14일, 제11기 전인대 5차회의 개최 - 2012년 중국 경제성장치를 7.5%로 하향 조정 비준. 4월 10일, 중앙은 **보시라이** 직무를 정지시키고 중앙기율위원회에 회부. 이후 보시라이는 당적을 박탈당하고 무기징역형 선고. 9월 24일, 성도시 중급법원은 왕리쥔(王立軍왕립군)을 직권남용, 수뢰죄, 도피죄를 적용하여 유기징역 15년 선고. 9월 25일, 중국 최초의 항공모함 '요녕함(遼寧艦)' 해군에 인도됨. 중국 자체 제작한 함재 다용도 전투기 젠-15(殲-15) 이착륙 훈련 완수. 11월 8일~14일, 중공 제18차 전국대표대회에서 전면적 소강사회 건설과 전면 개혁개방 심화 목표 확정. 15일 개최된 18기 1중전회에서 **시진핑**, **리커창**, 장더장(張德江장덕강), 위정성(兪正聲유정성), 류윈산(劉雲山유운산), 왕치산(王岐山왕기산), 장가오리(張高麗장고려)를 중앙정치국상임위원, 시진핑은 중앙위원회 총서기로 피선. 2012년 10월 11일 **모옌**(莫言막언) 장편소설 『개구리(蛙)』로 노벨 문학상 수상.

■ 그 무렵 우리는…
2011년 1월 21일, 아덴만 여명 작전을 통해 소말리아 해적에 납치된 대한민국 선박 구출. 2월 17일, 저축은행(부산저축은행, 대전저축은행 등) 연쇄 부도사태. 7월 1일, 유럽연합과 FTA(자유무역협정) 공식 발효. 2012년 3월 15일, 한미 FTA가 발효됨. 5월 12일, 2012 여수 세계박람회 개최. 12월 19일, 제18대 대통령 선거에서 새누리당 박근혜 후보가 대통령에 당선됨.

■ 그 무렵 외국은…
2011년 3월 11일, 일본 토호쿠 지방에서 규모 9.0의 초대형 지진 발생하고 일본 전역에 쓰나미 경보 발령. 3월 13일, 후쿠시마 원자력 발전소에서 1기의 노심용융발생 공식 확인. 5월 2일, 미국 특수부대, 오사마 빈 라덴 사살. 9월 18일, '월가 점령'이라고 명명된 시위 시작. 12월 17일, 김정일 사망.
2012년 3월 4일, 러시아에서 블라디미르 푸틴이 대통령 당선. 5월 6일, 프랑스 대통령 선거 2차 투표에서 사회당의 프랑수아 올랑드 후보가 대중운동연합의 니콜라 사르코지를 꺾고 대통령에 당선. 11월 6일, 민주당 버락 오바마 대통령, 재선에 성공.

산당은 400여 만 개의 기층 조직을 거느린 거대 조직으로 변모했다.

중국 인구의 6.4%가 중국공산당원이다. 현재 전국대표대회 대표(2270명), 중앙위원회 위원(정 205명, 후보 171명), 정치국 25명, 상무위원 7명, 총서기 1명이 중국공산당의 상층부를 이루고 있다.

레닌주의 전통을 근간으로 하고 있는 중국공산당은 1978년 개혁개방 이후 낙관과 비관의 전망을 동시에 받았다. 하지만 2001년 7월 1일 중국공산당 창립 80주년 기념 강연에서 장쩌민은 사영 기업주나 자본가의 공산당 입당을 허용하다는 발언 이후,

2002년 제16차 당대회에서 '공산주의 실현'이라는 당의 최종 목적이 '최고 이상'으로 바뀌고, 공산당의 정의였던 '노동자 계급의 전위대'가 '중국인민과 중화민족의 전위대'로 바뀌면서 당의 기반을 노동자, 농민, 인민해방군 이외에 관리직이나 전문 기술직, 학생, 심지어 자본가까지 포함하는 '광범위한 인민'의 당으로 거듭났다.

댜오위다오

1935년 베이핑 도서관 편찬위원회 위원이자 베이징대 강사였던 샹파(向發향발)는 도서관 교류차 영국 옥스퍼드대학 보들리 도서관(Bodleian Library)에 파견 근무를 하면서 『순풍상송(順風相送)』이란 제목의 국내외 유일본을 발견하고 초록하였다.

명나라 영락제 시절 정화(鄭和)가 전후 7차례 서양을 항해했을 당시 수군이 소지하고 있었다고 전해지는 이 책에 당시 조어서(釣魚嶼)란 말이 처음 등장한다. 또한 1863년에 제작한 지도 「황조일통여지전도(皇朝一統輿地全圖)」에도 푸젠성(福建省복건성)의 부속도서로 표시되어 있다. 중국은 이를 근거로 댜오위다오를 자신들의 영토로 규정하고 있다.

5개의 무인도와 3개의 암초로 구성되어 있는 댜오위다오열도는 타이완과 류큐 사이에 자리하고 있어 일본과 영토 분쟁 중에 있다. 특히 막대한 양의 천연가스를 매장하고 있는 춘샤오(春曉춘효)가스전(일본어: 白樺ガス田)이 발견되면서 분쟁은 더욱 가열차게 진행되고 있다.

일본은 1895년 청일전쟁 시절에 댜오위다오열도를 자국의 영토로 편입시켰으며, 제2차 세계 대전이 끝나고 미국은 이곳을 자국이 위임 통치하는 오키나와의 관할 안에 두었다. 그리고 1972년 오키나와 반환 이후 일본이 실효 지배하고 있다. 일본은 이곳을 센카쿠열도(尖閣列島첨각열도)라고 부르는데, 1884년 영국 해군이 붙인 '피너클 아일랜드(Pinnacle Islands)', 즉 '뾰족한 섬'이란 뜻을 본뜬 것이다.

보시라이

2012년 2월 충칭 부시장인 왕리쥔이 성도(成都)에 있는 미국 총영사관에 망명을 요구했다.

충칭시 당서기인 보시라이(薄熙來박희래)의 최측근으로 알려진 그의 망명 요청은 보시라이의 부인 구카이라이(谷開來곡개래)가 저지른 영국인 사업 파트너 살인 사건을 둘러싸고 보시라이와 갈등이 곪아터졌기 때문이다. 결국 왕리쥔은 베이징으로 연행되고, 그해 8월 보시라이 부인은 살인죄로 사형 판결을 받았다. 보시라이는 이듬해 3월 전인대 폐막 직후에 직무에서 해임되고, 9월에는 당적까지 박탈당했다. 그

보시라이의 몰락 - 재판모습

해 8월부터 10월까지 속개된 재판에서 보시라이는 랴오닝 근무 시절의 뇌물 수수와 횡령, 충칭에서 부인 사건과 관련된 직권남용죄로 무기징역 판결을 받았다.

보시라이는 중앙정치국 위원으로 2012년 가을에 열리는 당대회에서 상무위원을 노리는 거물이었으며, 혁명 원로 가운데 한 명으로 덩샤오핑의 개혁개방을 뒷받침한 보이보(薄一波박일파) 전 부총리의 장남이었다. 태자당의 전형적인 인물로 다롄 시장, 랴오닝성장, 상무부장으로 출세가도를 달려왔으며, 서부 거점도시인 충칭의 당서기로 서부 대개발의 실질적인 선도자로서 외자를 유치하고, 저소득자용 주택을 건설하며, 창홍다헤이(昌紅打黑창홍타흑: 혁명가요를 부르며 폭력단을 단속함) 정책을 추진하는 등 이른바 '충칭모델'을 시도하면서 좌파 성향의 정책을 주도했다. 재정 적자에 허덕이면서도 많은 시민들에게 강력한 지지를 얻었지만, 결국 그는 스스로 파멸의 길로 접어들고 말았다.

시진핑

1953년 6월 시진핑(習近平습근평)이 태어났을 때 중공중앙서북국 서기를 역임한 그의 부친 시중쉰(習仲勛습중훈)은 베이징에서 정무원(政務院: 국무원) 비서장으로 재직 중이었다. 그리고 몇 년 후인 1959년부터 1962년까지 국무원 부총리 겸 비서 장을 지냈다. 하지만 1962년 8월 중국공산당 8차 10중전회에서 캉성(康生강생)이 소설 『류즈단(劉志丹유지단)』을 빌미로 삼아 시중쉰을 '반당분자'로 지목하면서 허

시진핑

난 뤄양으로 하방되었다.

1978년 3월 제5차 전국정협상무위원에 피선되고 중국공산당 광둥성위 제2서기, 제11차 중앙위원이 되면서 비로소 명예를 회복했다. 이렇듯 시진핑은 태자당 출신이었으나 문혁 기간에 부친이 반동분자로 고깔을 쓰는 모습도 보았고, 자신도 산시성으로 내려가 힘든 생활을 체험했다. 그 과정에서 그는 정치 투쟁이 한 사람의 인생을 어떻게 주무를 수 있는가? 정치 지도자는 어떻게 처신해야 하는가? 등을 절실하게 느꼈을 것이다. 칭화대학 화학공정학부를 졸업한 그는 허베이성 정딩(正定정정)현 부서기와 서기, 이후 푸젠, 저장, 상하이 등 연해 지방에서 경력을 쌓으면서 그는 다양한 행정 경험을 확보하고, 군인으로 중앙군사위원회 판공청에서 일했으며, 정치국 위원인 겅뱌오(耿飈경표) 국방부장의 비서를 맡기도 했다.

재혼한 아내 펑리위안(彭麗媛펑려원)은 인민해방군 총정치부 가무단의 인기 가수이자 단장을 맡고 있는 현역 소장이다. 그는 혁명 원로의 자제로 홍이대(紅二代)지만 공청단, 상하이방 등의 정치적 파벌의 지지를 얻어야 하는 처지이며, 태자당 내에서도 크게 주목받는 존재가 아니었다. 그렇기 때문에 2007년 제17차 당대회에서 랴오닝성 당위원회 서기를 맡고 있던 리커창이 정치국 상무위원이 되자 그를 후진타오의 후계자로 여기는 이들이 많았다. 하지만 정치국 상무위원에서 이른바 '총서기 견습 지위'에 해당하는 당무 담당 상무위원이 된 사람은 바로 시진핑이었다. 무색무취한 듯하나 단지 속내를 감추고 있었을 뿐이었다.

2013년, 시중쉰 탄생 100주년이 되는 해에 그는 중국공산당 중앙위원회 총서기, 중앙군사위원회 주석, 중화인민공화국 주석이 되었으며, 2017년 제19차 당대회에서 총서기에 연임함과 동시에 그의 '신시대 중국특색사회주의 사상'이 당장에 삽입되어 지도 사상이 되었다.

리커창

리커창(李克强이극강)은 1955년생으로 안후이성 딩위안(定遠정원) 출신이다. 베이징대학 법학 및 경제학 박사이며, 베이징대학 공청단 서기를 시작으로 1985년 공청단 중앙서기처 제1서기, 1998년 허난성 당 부서기, 1999년 허난성 성장, 2002년 허난성 당서기, 2004년 랴오닝 당서기 등을 역임했다. 문혁 시절에 하방되어 농촌 생활을 경험하기도 했다. 2013년 국무원 총리 겸 당조(黨組: 당 그룹) 서기에 임명되었다. 역대 총리 가운데 최초의 경제학 박사인 그는 경제 분야의 경험과 능력을 통해 중국 경제가 재임 10년 중에 GDP 규모에서 미국을 넘어설 것이라는 기대를 받기에 충분했다. 실제로 그는 2013년 취임 기자회견에서 창당 100주년이 되는 2021년 중화민족의 위대한 부흥이라는 중국의 꿈을 실현하기 위해 2020년까지 연평균 7.5%의 경제 성장률을 유지할 것이라고 했다.

리커창 총리가 이끄는 새로운 국무원은 부총리 4명, 국무위원 5명, 각부의 부장 25명으로 구성되었다. 중국 제18기 중앙정치국 상무위원회 정치국 상무위원은 시진핑, 리커창, 장더장(張德江장덕강: 전인대 상무위원장), 위정성(俞正聲유정성: 정협 주석), 류윈산(劉雲山유운산: 당 중앙서기처 제1서기 겸 중앙당교 교장), 왕치산(王岐山왕기산: 중앙규율검사위원회 서기), 장가오리(張高麗장고려: 국무원 상무 부총리 겸 당조 부서기) 등 7명이다.

모옌

모옌(莫言막언)의 본명은 관모예(管謨業관모업)이며, 1955년 산둥성 가오미(高密고밀)현 둥베이향(東北鄕동북향)에서 태어났다. 소학교 5학년만 마치고 학업을 중단한 그는 이후 군대에 들어가 습작을 하다가, 1981년 단편소설 『봄밤에 비는 부슬부슬 내리고(春夜雨霏霏)』로 데뷔했으며, 1984년 7월 해방군예술학원에 문학과가 개설된 후에 그곳에서 본격적인 문학 수업을 받았다.

이후 『붉은 수수(紅高粱)』(1986년)를 비롯한 수십 편의 중단편과 『풍만한 가슴과 통통한 궁둥이(豊乳肥臀)』(1995년), 『사십일포(四十一炮)』, 『인생은 고달파(人生疲勞)』, 『십삼보(十三步)』, 『천당 마늘종의 노래(天堂蒜苔之歌)』, 『붉은 수수 가족(紅高

모옌

粱家族)』(1988년)등 10여 권의 장편소설을 발표했다.

2012년 노벨 문학상을 수상하면서 세계적으로 유명해졌으나, 이미 1985년부터 자신만의 독특한 소재와 문체로 현실과 환상, 과거와 현재, 개체와 군체, 역사와 설화를 날실과 씨실처럼 엮어 수많은 장편 및 중단편 소설을 세상에 내놓으면서 중국은 물론이고 한국, 일본, 대만, 프랑스, 독일, 미국, 이탈리아 등 여러 나라에서 문학상을 받은 바 있다. 우리나라에서도 『개구리』(노벨 문학상 수상작)를 비롯하여 적지 않은 작품이 번역 출간되었으며, 작가가 직접 방문하여 만해대상을 수상하기도 했다. 하지만 그는 여전히 이해하기 힘든 외국 작가 가운데 한 명이다. 그의 소설이 중국 특유의 민담과 전설을 섞어가며 중국이라는 유별난 나라의 당대 현실을 반영하고 있기 때문이다.

류즈단 사건

1936년 전사한 군인이자 혁명가인 류즈단(劉志丹유지단)을 다룬 「류즈단」이 반동적이라고 낙인찍힌 사건이다. 소설은 그의 동생 류징판(劉景范유경범) 당 감찰부 차관과 그의 부인 리젠통(李建彤이건동)이 집필하고 시중쉰이 출판에 동의했다. 이를 알게 된 캉성 당시 중앙서기처 서기가 "류즈단의 이름을 빌려 가오강 사건의 명예회복을 노린다"고 비판하면서 시중쉰이 집필을 권고했다고 주장했다. 이는 마오쩌둥 주석과 당에 반대하는 야심가이자 모략가의 선동이라는 뜻이다. 이에 마오쩌둥은 1962년 제8기 10중전회에서 "소설을 반혁명에 이용하는 것은 하나의 커다란 발명이다"라고 비판하면서 시중쉰을 부총리에서 즉각 해임시켰다. 시중쉰은 1979년 이후 명예회복이 이루어졌다.

A.D.2013년

2013년 ▶ 1월 22일, 중공 제18기 중앙기율검사위원회 제2차 전체 회의의 발언에서 시진핑은 부패를 청산하고 청렴을 제창하는 '**반부창렴**(反腐倡廉)'의 방향을 지시하면서 새로운 사항을 첨가함. 3월 5일~17일, 12기 전인대 제1차대회와 전국정협 12기 1차 회의 베이징 개최. 새로운 국가 기구 영도자와 전국정협 영도자 선출. 시진핑 국가 주석, 리커창 국무원 총리, 장더장 전인대 상무위원회 위원장, 위정성 전국정협주석 피선. 4월, 작가 **한사오궁**(韓少功한소공) 장편소설, 『일야서(日夜書)』 출간. 9월 29일, 중국 상하이 자유무역시험지구 정식 성립. 9월, 10월, 중앙아시아와 동남아시아 순방, 실크로드경제벨트와 21세기 해상실크로드 ─ 간칭(甘靑감청) 실크로드 **일대일로(一帶一路)** ─ 제시. 11월 9일~12일, 18기 삼중전회에서 「중공중앙의 개혁을 전면적으로 심화시키기 위한 약간의 중대 문제에 관한 결정」 심의 통과. 11월 22일, 산둥성 칭다오 경제기술개발구 중석화동황수유관(中石化東黃輸油管道)에서 기름 유출로 인한 대형 폭발사고 발생, 62명 사망, 136명 부상.

■ 그 무렵 우리는…
1월 30일, 나로 과학위성을 실은 나로호 발사 성공. 4월 9일, 개성공단 2004년 공단 가동 이후 처음으로 조업 완전 중단. 9월 4일, 노태우 전 대통령, 추징금 230억 원 자진 납부, 16년 만에 사건 종결.

■ 그 무렵 외국은…
2월 12일, 북한 제3차 핵실험 강행. 3월 5일, 북한, 6.25 전쟁 정전 협정 파기 선언. 3월 6일, 서울 불바다 발언. 3월 11일, 한국과 미국, 키 리졸브(Key Resolve) 훈련 실시. 11월 27일, 애니메이션 역사상 최고의 흥행작이자 2013년 전 세계 영화 흥행 1위인 월트 디즈니 애니메이션 스튜디오의 53번째 작품 「겨울왕국」 개봉. 12월 13일, 북한 장성택, 국가안전보위부 특별군사재판에서 사형 선고를 받고 처형됨.

반부창렴

원자바오의 부인 장페이리(張培莉장배리)는 지질학 전문가로 국토자원부의 보석 관련 센터 주임을 맡으면서 『중국보석』 등 잡지사를 운영하고 있으며, 중국 보험업계 평안보험의 특별고문이기도 하다. 아들 원윈쑹(溫雲松온운송)은 미국에서 MBA를 마친 유학파로 2007년 뉴 호라이즌 캐피탈(신천역자본)이라는 사모펀드 설립에 참여하여 펀드 운영으로 70억 위안을 벌었다.

권력 특혜를 이용하여 싼값에 국유자산을 사들여 축재했다는 의혹을 받았지만, 2012년 중국 위성통신그룹 회장에 취임했다. 제16차 당대회 전인 2012년 10월 26일 뉴욕타임스는 원자바오 모친과 부인, 동생, 장남 등 친족이 29억 달러를 축재했다고 보도했다. 사실 여부를 확인할 수는 없지만 총리 시절 누구보다 서민적이고 근면한 인물로 알려진 원자바오의 예를 통해 중국의 권력 상층부의 부정부패 정도를 짐작할 수 있다.

반부창렴(反腐倡廉)은 부정부패에 반대하고 청렴을 창도한다는 뜻이다. 주로 국영기업, 관리, 권력층을 겨냥하고 있다. 공청단과 상하이방으로 대변되는 정치적 파벌의 견제 속에서 대중들의 지지를 얻어내고, 중국 사회 기득권층의 이해관계를 뛰어넘어 지난 30년의 고성장이 낳은 부정부패의 사슬을 끊어내는 것이 시진핑에게 주어진 급선무였다.

실제로 여론조사에서 국민들은 민생 개혁과 더불어 반부창렴을 시급하게 해결해야 할 과제로 선택했다. 1월 22일 중국공산당 제18회 중앙기율검사위원회 제2차 전체회의에서 시진핑이 발표한 내용은 다음과 같다. 반부패 개혁을 '상(常)', '장(長)', 즉 상시적이고 장기적으로 추진한다. 파리는 물론이고 호랑이도 예외 없이 처벌한다. "상부의 정책이 있더라도 하부에는 나름의 대책이 있다(上有政策, 下有對策상유정책, 하유대책)"는 말처럼 상부 명령을 교묘하게 회피하는 작태를 결코 용서하지 않는다. 체면치레나 향락주의, 사치풍조를 억제하고, 특히 특권 의식이나 현상을 철저하게 배격할 것이다.

그의 말대로 보시라이를 비롯하여 궈보슝(郭伯雄곽백웅: 전 중앙군사위원회 부주석), 저우융캉(周永康주영강: 전 정치국 상임위원, 2014년), 링지화(令計劃령계획: 전 중앙통전부統戰部 부장, 중앙판공청 주임, 2014년), 쉬차이허우(徐才厚서재후: 전 중앙군사위원회 부주석, 2014년) 등 4대 호랑이가 뇌물수수 등 부정부패로 인해 최고 무기징역에 처해졌다. 시진핑은 국민의 여론을 등에 업고 철저한 반부패 운동을 시행하면서 정적 제거라는 두 마리의 토끼를 잡은 셈이다.

한사오궁

한사오궁(韓少功한소공)은 중국현대문학에서 심근문학(尋根文學)을 제창한 문학가이자 대표적인 지청(知靑: 지식청년) 작가이다.

1953년생인 그는 15살 때인 1968년 후난 시골에서 '삽대'하여 6년간 지청 생활을 직접 겪은 후 도시로 돌아왔다. "나는 지도의 작은 점에서 살며 6년간 삽대 지청 생활을 했다. 문화대혁명이 끝난 후 또 다른 작은 점, 예를 들면 대학과 도시로 진입했다(『산남수북山南水北』)." 『일야서(日夜書)』는 한사오궁의 세 번째 장편소설이자, 50년대 출생한 세대(五零後)로 '상산하향(上山下鄕)'을 직접 경험하고 전형시대(轉型時代: 전환시대)의 새로운 사회를 살아야만 했던 지청들의 인생 궤적을 서술하고 있는 지청의 정신사이자 중국 사회의 변천사이기도 하다. 가장 기본적인 본성인 식색(食色)조차 제대로 만족시킬 수 없는 생활환경, 전혀 경험해 보지 못한 새로운 삶의 형태가 주는 낯설음, 힘겨운 노동과 집체생활의 어려움,

한사오궁과 그의 소설 『일야서』

도시와 친족에 대한 그리움, 그리고 무엇보다 희망을 찾을 수 없다는 절망감이 지청들을 얼마나 피폐하게 만들었는지 생생하게 묘사하고 있다. 이외에도 1996년에 출간된 그의 첫 번째 장편 『마교사전(馬橋詞典)』 역시 지청 생활을 배경으로 쓴 소설이다. 여기서 작가는 자신이 '삽대'한 후난성 마교(馬橋)라는 마을 사람들이 일상적으로 사용하는 말 115개를 사전 형식으로 배열하는 독특한 서술 구조를 통해 지청들과 마교 사람들의 생활 모습을 여실히 보여주고 있다. 또한 2002년에 세상에 내놓은 장편 필기 소설 『암시』 역시 지청문학에 속하는 작품이다.

일대일로

2013년 9월과 10월 시진핑은 중앙아시아와 동남아시아를 순방하면서 중국 – 중앙아시아 – 유럽을 연결하는 '실크로드 경제벨트(絲綢之路經濟帶)'와 동남아아시아 – 서남아시아 – 유럽 – 아프리카로 이어지는 '21세기 해양 실크로드(21世紀海上絲綢之路)'를 뜻하는 '일대일로(一帶一路, The Belt and Road, B&R)'를 건설하겠다는 전략 구상을 밝혔다. 2015년 3월 28일 국가발전개혁위원회, 외교부, 상무부 등이 연합하여 「실크로드 경제벨트와 21세기 해양 실크로드 공동건설을 추진 전망과 행동(推動共建絲綢之路經濟帶和21世紀海上絲綢之路的願景與行動)」을 발표하여 정부 차원에서 적극 부응했다.

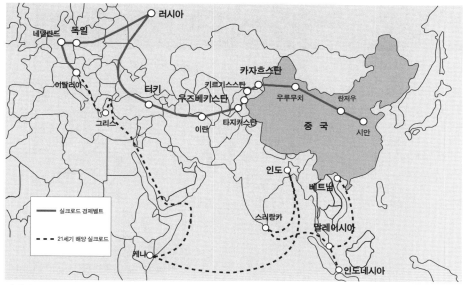

일대일로

　일대일로는 고대 중국의 실크로드 개척을 차용하여 현대에 맞게 관련 국가들과 경제 협력 및 동반 관계를 확립하여 공동으로 건설함으로써 공동의 이익을 추구하겠다는 뜻이다. 이른바 공상(共商), 공향(共享), 공건(共建)의 원칙이 바로 그것이다. 이를 위해 중국 정부는 다각도에 걸친 상호 협력 방안을 제시하고 있으며, 중국 기업 역시 일대일로와 연관이 있는 49개 국가에 대한 직접 투자를 확대하고 있다. 2015년 통계에 따르면, 178.3억 달러에 달하는 투자협정을 맺고 121.5억 달러를 집행했다. 이렇듯 일대일로는 육상과 해상의 새로운 실크로드 경제권을 형성하겠다는 중국의 국가전략이자 향후 대외노선에 대한 비전이며, 미국의 환태평양경제동반자협정(TPP), 아시아 회귀 등의 공세에 대항하는 지역 전략이기도 하다.

쌍규와 쌍개

쌍규(雙規)는 공산당 관리들의 부정부패와 위법행위를 조사, 감찰하는 기율검사위원회가 수사권과 체포권을 갖고 피의자에 대해 "규정된 시간과 장소에서 관련 문제를 소명하도록 한다"는 것이다. 시일을 늦추거나 도피 또는 공모를 사전에 예방하고 피의자의 자유를 제한하기 위함이다.

쌍개(雙開)는 당직과 공직을 동시에 박탈하는 징계 처분으로 공산당원으로서 사형 판결과 다를 바 없다. 중국사회과학원이 2016년 발간한 『반부패청렴청서(反腐倡廉藍皮書)』에 따르면, 상반기에 부패, 비리로 처분을 받은 성부급(省部級) 고위 관료 67명이 쌍개 처분을 받았으며, 26,609명의 공직자가 징계 처분을 받은 것으로 알려졌다.

A.D.2014년

2014년 ▶ 3월 1일, 윈난성 쿤밍시 기차역에서 신장 독립 세력(분열 세력)의 테러 사건 발생 − 조직원 8명 가운데 5명은 현장 피살, 3명 체포. 29명이 사망, 130여 명 부상. 6월, **남해군도**가 별도로 표시된 기존의 지도와 달리 남해군도까지 확대된 지도 발간. 인도 북동부에 위치한 아루나찰프라데시(서장 남쪽)까지 중국 영토로 표기하여 인도 강력 항의. 서사군도에서 중국과 베트남 충돌. 7월 15일, 중국, **브릭스 개발은행** 설립 참여. 10월 6일, 홍콩 시위대 **센트럴 점령**. 11월 10일, 베이징에서 **제22차 APEC 회의** 개최. 12월 13일, 난징대도살(屠殺) 사건 77주년. 12월 12일, **남수북조공정**, 중선(中線) 1기 개통. 12월 13일을 난징대도살 희생자 국가 추모일로 정함.

■ 그 무렵 우리는…
4월 16일, 세월호 참사. 승선 인원 476명 가운데 295명이 사망하고, 9명은 생사가 확인되지 않았다. 2017년 4월 11일, 인양이 완료되어 4명의 유골과 유해 수습. 5월 14일, 서울에서 첫 오존주의보 발령. 11월 10일, 한중 FTA 공식 타결.

■ 그 무렵 외국은…
2월 7일, 러시아 소치에서 2014 동계올림픽 개최. 2월 28일, 러시아군, 우크라이나의 혼란을 틈타 우크라이나 내 자국민 보호 등을 명분으로 크림 반도에 진입.

남해군도

남해군도(일명 남사군도南沙群島, 영문명 스프래틀리 제도Spratly Islands)는 남중국해 남단 230여 개의 섬, 사주, 산호초 등으로 이루어져 있으며, 해상교통과 어업의 요지이자 부근 해역에 석유와 천연가스가 풍부한 곳이다. 하지만 동쪽으로 필리핀, 서쪽으로 베트남, 북쪽으로 중국과 타이완이 서로 영유권을 주장하면서 자국 점령 도서에 병력과 장비를 배치하고 있어 영토 분쟁과 무력 충돌의 가능성이 상존한다.

중국은 남해구단선(南海九段線: 1947년 설정된 중국의 남중국해 해상경계선)에 근거하여 남해군도 전체를 자신의 영토로 간주하고 있다. 이에 필리핀 정부(대통령 아키노 3세)는 2013년 상설중재재판소(PCA)에 제소하여 남해구단선 내 자원에 대한 중국의 권리를 인정할 수 없다는 판결을 얻어냈다. 중국은 이에 불복하여 영서도(永暑島), 미제도(美濟島) 등 환초(環礁)에 불과한 곳에 2014년부터 인공섬을 건설하여 비행장과 병원 등을 만들었다. 향후 영서도를 중국 남해군도에서 가장 큰 물류집산 센터로 만들기 위한 조치라는 것이었다.

2016년 필리핀 신임 대통령 투테르테는 친중노선을 견지하면서 구단선을 인정하지 않지만 남해군도에 대한 실질적인 조치를 취하지 않겠다고 발표했다. 중국이 환

영과 더불어 경제적 지원을 약속했다. 이제 중국은 남중국해의 정치, 군사, 경제적
이점을 확보한 셈이다.

브릭스 개발은행

브릭스(BRICS)는 브라질, 러시아, 인
도, 중국, 남아프리카공화국 등 1990년
대 말부터 신흥경제국으로 주목받기 시
작한 나라들의 영문 첫 글자를 따와 만
든 용어이다.

2003년 골드만삭스 자산운용 회장인
짐 오닐(Jim O'Neill)이 처음으로 브릭스
라는 말을 썼을 때는 브라질(Brazil), 러
시아(Russia), 인도(India), 중국(China)
4개국이었으나, 2010년 남아프리카공화
국이 가입하면서 5개국이 되었다. 브릭
스 5개국은 영토가 넓고 자원 및 노동력

브릭스 정상회담

이 풍부하며 막대한 내수 시장과 수출 증대로 인해 경제 성장을 거듭하고 있다. 브
릭스 5개국 정상들은 2014년 7월, 브라질정상회의에서 신개발은행(NDB) 설립 협
정에 서명하고 회원국이 각각 100억 달러씩 출자하여 초기 자본금을 조성하기로
했다. 아울러 1000억 달러 규모의 위기 대응 기금을 설치하는 협정에도 서명했다.
이는 국제 경제 시스템의 양대 축인 세계은행과 IMF를 대체할 수 있는 금융시스템
을 구축하여 서구 선진국이 주도함으로써 야기하는 불합리한 부분과 개도국의 경
제 상황을 개선하는 데 도움을 줄 것으로 보인다. 신개발은행의 본부는 중국 상하
이에 있다.

센트럴 점령(占中)

1984년 12월, 자오쯔양(趙紫陽조자양) 총리는 영국 대처 수상과 베이징 인민대회
당에서 「홍콩 문제에 관한 중국과 영국의 합의 문서」에 서명했다. 그리고 1997년 7
월 1일 홍콩은 중국에 귀속되었다. 덩샤오핑은 '일국양제'라는 절묘한 방안을 제시
하여 향후 50년간 기존의 자본주의 제도와 생활 양식을 그대로 유지한다고 밝혔다.
그리고 20년도 채 되지 않은 2014년 9월 홍콩에서 대규모 민주화 시위가 일어났다.
최루액을 우산으로 막아내면서 '우산혁명(Umbrella Revolution)'이라는 별칭이 붙

었다.

시위의 발단은 홍콩 자치정부 수반인 행정장관 선출 방식 때문이었다. 행정장관은 '홍콩 기본법'에 따라 800명으로 구성된 선거인단의 추천과 투표를 통한 간선제 방식으로 선출되었다.

역대 행정장관들은 모두 친중인사들로 구성되었기 때문에 홍콩 시민들의 불만이 고조되었다. 야당인 민주파를 비롯하여 시민들은 직선제를 요구했으며, 2017년부터 홍콩 특별행정구민의 직접선거를 통해 행정장관을 선출한다는 약속을 받아냈다. 그러나 중국의 전인대에서 2017년 홍콩 행정장관 선거안을 발표하면서 행정장관 입후보 자격에 반중국계 인사를 제외하고 친중국계로 인사 2~3명으로 제한하는 결정을 내렸다.

이에 홍콩의 24개 대학의 학생들은 홍콩 중문대학에서 집회를 갖고 동맹휴업을 선언했으며, 이어서 중고등학교 학생단체인 '학민사조(學民思潮)'가 동참했다. 9월 28일 홍콩 경찰이 시위대를 향해 최루탄을 쏘며 진압하자 시민단체로 다이야오팅(戴耀廷대요정)이 주도하는 '센트럴을 점령하라(佔領中環점령중환, Occupy Central with Love and Peace, OCLP)'가 가세하면서 대규모 민주화 시위로 확산되었다.

11월 27일 시위대의 핵심 인물이자 학민사조를 이끈 황즈펑(黃之鋒황지봉, Joshua Wong)이 체포되자 이로 인해 시위대가 재결집 되었다. 12월 1일 홍콩 법원은 시위대의 본거지 도로에 대해 점거 금지 명령을 내렸고, 황즈펑 등 3인의 단식투쟁이 시작되었다. 12월 15일 시위는 79일 만에 끝났다. 비록 미완의 혁명이었지만 민주주의에 대한 홍콩 시민들의 열망을 확인하고, 중국 정부에 의해 훼손된 홍콩의 민주주의의 실체를 국내외에 알리는 계기가 되었다. 중국이 보장한 일국양제(一國兩制)가 결국 허상임이 드러난 셈이다.

제22차 APEC 회의

2014년 11월 11일부터 12일까지 베이징서 제22차 아시아태평양경제협력체(APEC) 회의가 개최되었다.

2001년 중국은 WTO 가입 이전에 상하이에서 APEC 회의를 주최한 적이 있다. 하지만 지금은 당시에 비해 경제 규모가 5배나 성장했고, 2010년 명목 GDP에서 일본을 추월하여 미국에 이어 2위가 되었으며, 2014년 구매력 평가 기준 GDP에서 미국을 추월하였다. 제22차 APEC 정상회의는 비약적인 경제개발로 세계 제2의 경제 대국이 된 중국을 보여주기에 충분했다. 회의에서 중국은 일대일로 건설을 추진하여 중앙아시아, 서아시아 시장을 적극 개척하고 400억 달러를 실크로드 기금으로 출자

했다.

남수북조(南水北調) 공정

1952년 마오쩌둥은 황허(黃河황하)를 시찰하면서 "남쪽은 물이 풍부하지만, 북쪽은 물이 부족하다. 남쪽 물을 다른 곳으로 옮기는 것도 가능할 것이다"라고 말했다. 1978년 정부의 사업 보고에 삽입되었고, 2002년 12월 국무원의 비준을 거쳐 본격적인 공사에 돌입했다.

중국의 수자원 총량은 2조 8000억 입방미터로 세계 6위권이다. 하지만 남방에 치중하여 북방은 물 부족에 시달렸다. 남수북조 사업은 양쯔강의 물을 황허로 끌어들이는 것으로 동선, 중선, 서선 등 3개 노선으로 공사가 진행되었다.

2012년 착공한 동선 공사는 창강 하류 양저우에서 물을 끌어들여 경항운하(京杭運河) 등을 통해 북쪽으로 물을 보낸 다음 두 갈래로 나누어 북쪽으로 터널을 만들어 황허로 보내는 방식과 동쪽으로 쟈오둥(膠東교동) 지역을 통해 지난(濟南제남), 옌타이(煙臺연대), 웨이하이(威海위해) 쪽으로 물을 보내는 방식이다.

2003년 1월 착공한 중선 공사는 1,246킬로미터로 베이징과 톈진으로 향한다. 이를 위해 2007년 7월 황허 밑으로 2개의 터널을 뚫는 공사를 착공했다. 2010년 착공한 서선은 칭하이(靑海청해) 등 서북 6개 지방으로 물을 끌어들이는 공정이다. 3개 노선이 완공되면 연평균 448억 입방미터의 물을 수송한다. 하지만 이로 인해 남방 지역의 물 부족을 초래하고, 북방의 물 부족을 완전히 해결할 수도 없으며, 막대한 비용이 드는 등 적지 않은 문제가 도출되었다.

신창타이

신창타이(新常態신상태)는 이전과 달리 새롭고 상대적으로 안정된 상태를 의미한다. 지난 30여 년간 고도 성장기를 지나 새로운 시대를 맞이하여 지속적인 성장을 이룰 수 있도록 경제 성장의 패러다임을 바꾸겠다는 중국 정부의 새로운 경제 기조이다. 2014년 5월 허난을 시찰하면서 처음 언급했다. 이는 정치적으로 '협상과 법치'로 국가를 다스리는 새로운 단계에 진입했음을 뜻하기도 한다.

A.D.2015년

2015년 ▶ 2월, 소설가 **위화**(余華여화), 최초의 잡문집 『우리는 거대한 차이 속에 살고 있다(我們生活在巨大的差距裏)』 출간. 8월 3일, 국가통계국, 중국 전자상거래 교역액 16조 위안(3천조 원)으로 전년 대비 50% 증가 발표. 타오바오, 텐마오, 징둥 전자상거래 톱 20기업이 차지하는 비중 전체 90% 차지. 8월 12일, 톈진 항구 위험물 창고에서 대폭발 139명 사망. 9월 3일, 중국 인민 항일전쟁 및 세계 반파시스트 전쟁 승리 70주년 기념, 국경절 이외에 최초로 열린 대규모 열병식 ─ 한국 박근혜 대통령 참가. 10월 5일, 중국 약학자 투요요(屠呦呦도유유), 양초인 개똥쑥에서 말라리아 치료제를 추출한 공로로 노벨 의학상 수상. 10월 31일, '두 자녀 정책' 내년부터 시행. 단독이해(單獨二孩: 부부 가운데 한 쪽이 독자라도 둘째를 낳을 수 있는 정책)도 아이를 더 낳으려면 정부의 허가를 먼저 받아야만 함. 11월 7일, 시진핑과 마잉주(馬英九마영구) 싱가포르에서 66년 만에 처음으로 양안 최고 통치자 회담. 11월 13~14일, 전국에 '**무매**(霧霾: 초미세먼지, 스모그)' 빈번하게 발생. 12월 25일, 시진핑 국가 주석이 아시아 국가들의 사회간접자본 확충을 위해 제안한 아시아 인프라 투자은행(Asian Infrastructure Investment Bank, 亞洲基礎設施投資銀行) 정식 설립.

■ 그 무렵 우리는…
2월 26일, 헌법재판소, 간통죄에 대해 7:2로 위헌 결정 내려 간통죄가 형법으로 제정된 이후 62년 만에 폐지됨. 5월 20일, 국내 첫 메르스 환자 발생, 6월 1일 첫 사망자 발생. 7월 28일 종결. 10월 7일, 여당이 한국사 교과서 국정화 결정. 11월 22일, 제14대 대통령 김영삼 사망.

■ 그 무렵 외국은…
2월, 서아프리카에서 에즈볼라 바이러스에 의한 전염병 전 세계로 파급. 7천여 명 이상 사망. 3월 8일, 말레이시아 항공 소속 보잉 777-200 여객기가 실종되어 현재까지 찾지 못함. 7월 5일, 제39차 세계유산위원회에서 일본이 신청한 하시마탄광(일명 군함도) 등 23개 근대 산업 시설의 세계유산 등재 최종 결정. 6월 14일, 이라크 시리아 이슬람국가(ISIS), 이라크 제2의 도시인 모술 점령.

위화

위화(余華여화: 1960년~현재)는 저장성 항저우시 출신으로 1977년 고등학교를 졸업한 후 5년 동안 치과에서 이를 뽑는 일을 했다. 이후 베이징 루쉰 문학원을 다니면서 문학을 배웠고, 1983년부터 저장성 하이얀현(海鹽縣해염현) 문화관에서 일하면서 문학 창작을 시작했다.

대표작으로 한국에서 영화로 제작되기도 한 『허삼관매혈기(許三觀賣血記)』(1998년), 2004년 장이머우 감독이 연출하고 궁리가 주연을 맡았던 『인생(活着)』(1993년), 『형제』(2008년), 『제7일(第七天)』(2013년) 등이 있으며, 「18세에 집을 나가 먼길을 가다(十八歲出門遠行)」, 「세상사는 연기와 같다(世事如烟)」 등의 단편과 장편 『가랑비 속의 외침(在細雨中呼喊)』(1993년)이 있다.

평론가들은 80년대 수퉁(蘇童소동), 거페이(格非격비) 등과 더불어 선봉문학(先鋒文

學)의 선두 주자로 평가하고 있다. 위화의 소설은 초기의 폭력과 죽음과 피비린내 물씬 풍기는 내용은 물론이고 현실의 어두운 면을 노골적으로 드러내는 것이 적지 않다. 그런 까닭에 "처음에는 세속을 위해 썼지만 나중에는 미학을 위해 썼고, 지금은 오웰이 말한 것처럼 정치를 위해 쓴다"는 그의 말이 더욱 실감나게 들린다. 이는 마치 "정치를 위해 복무한다(爲政治服務위정치복무)"는 말과 정반대라는 느낌이 들기도 한다.

우마이

황사가 어김없이 불어왔다. 『삼국사기』에도 그 기록이 나오는 황사는 검은 먼지와 흙비를 대동한다. 주로 규소를 주요 성분으로 하고 있으나 도시나 공업 지역을 지나오면서 중금속까지 함께 몰고 오는 황사로 인해 우리는 불편하다. 그러나 우리나라보다 더 넓은 중국 북서부 사막 지대에서 발원하여 세찬 북서풍을 따라 동진하는 황사는 내년에도 내후년에도 3월부터 5월까지 어김없이 날아올 것이다. 평균 시속 50~80km의 기류를 타고 수백만 톤이 하늘을 가리면서 날아올 것이다.

황사보다 더 무서운 것은 안개와 스모그의 합성어인 '우마이(霧霾㾭媒)'이다. 특

BAT

BAT는 2000년 리엔훙(李彦宏이언홍)이 창업한 바이두(百度백도: '애타게 찾다'라는 뜻), 1999년 마윈(馬雲마윈)이 창업한 알리바바(阿里巴巴아리파파), 1998년 마화텅(馬化騰마화텅)이 설립한 텐센트(騰訊公司등신공사)의 첫 글자를 따서 만든 조어이다.

바이두는 중국 최대 검색 사이트이자 중문 인터넷 웹사이트로 검색 시장에서 거의 절대적인 우위를 차지하고 있다. 알리바바는 기업 간 전자상거래(B2B) 사이트 '알리바바 닷컴'에서 시작하여 2003년 개인 간 오픈마켓 '타오바오(淘寶도보)'를 창립하면서 알리바바 그룹으로 성장했다. 텐센트는 SNS와 온라인 게임을 중요 사업 영역으로 삼고 있는 인터넷 기업이다. 텐센트를 대표하는 메신저 QQ 이용자는 2016년 2월 현재 8억 6,000만 명에 달하며, 2011년 1월부터 서비스를 시작한 모바일 메신저 위챗(WeChat: 微信미신) 이용자는 2016년 7억 명을 돌파했다. BAT는 미국의 대표적 인터넷 기업군인 'TGIF(트위터, 구글, 애플아이폰, 페이스북)'에 필적할 만하다는 평가를 받고 있다.

베이징 컨센서스

베이징 컨센서스는 미국 투자은행인 골드만삭스 고문이자 「타임지」 부편집장을 역임한 중국 관계 전문가 조슈아 쿠퍼 레이모(Joshua Cooper Ramo)가 2004년 처음 발표한 보고서에서 '워싱턴 컨센서스'와 대립되는 개념으로 처음 언급했다. 투자 지원과 인적 교류를 통해 '중국식 사회주의 발전 모델'을 대외적으로 확산하겠다는 뜻에서 '중국모델'이라고 부르기도 한다. 정부 주도의 점진적이고 단계적인 경제 개혁, 조화롭고 균형 잡힌 발전 전략, 타국의 주권을 존중하고 내정불간섭을 원칙으로 하는 대외 정책을 그 내용으로 한다. 하지만 과연 중국모델이 세계 발전 모델로 확정될 수 있을 지는 아직 미지수이다.

A.D.2016년

2016년 ▶ 2월, '양학일주(兩學一做: 당헌, 당규와 시진핑 주석의 연설을 학습하고 참된 당원이 되자)' 학습 교육 전개. 7월 1일, 중국공산당 창당 96주년 기념대회 베이징에서 개최. 9월 4~5일, 항저우에서 제11차 주요 20개국(G20) 정상회의 개최. 중국 '혁신, 활력, 연계, 포용적인 세계 경제 건설'을 주제로 이념과 주장, 방안을 제안. 9월 13일, 12기 전국인민대표대회 상무위원회 제23차 회의는 법에 따라 뇌물수수 등 부정선거로 당선된 랴오닝성 전국인민대표 45명의 당선 무효화 결정. 10월 1일, 국제통화기금(IMF) 위안화 **특별인출권(SDR)** 기반통화(바스켓) 편입. 10월, 우주인 2명을 태운 신주 11호 우주선 발사. 9월에 발사한 우주정거장 천궁 2호와 도킹에 성공. 10월 21일, 홍군 장정 승리 80주년 기념대회 개최. 10월 24~27일, 중국공산당 제18기 중앙위원회 제6차 전체회의(18기 6중전회)에서 「새로운 형세에서 당내 정치 생활에 관한 약간의 준칙」과 「중국공산당 당내 감독 조례」 통과, 전면적인 종엄치당(從嚴治黨) 추진. 11월 7일, 12기 전국인민대표대회 제24차 회의에서 홍콩 기본법 104조에 관한 해석 통과. 11월 21일, 중국 외교부 '**한한령(限韓令)**' 존재 부정. 11월 27일, '중공중앙국무원의 재산권 보호 제도 완비와 법에 의거한 재산권 보호에 관한 의견' 공포.

■ 그 무렵 우리는…
3월 9~15일, 알파고와 이세돌의 세기의 바둑 대결. 4:1로 알파고 승리. 4월 13일, 20대 총선으로 여소야대로 정치 지형 변화. 7월 8일, 한국과 미국 사드 1개 포대를 주한미군에 배치하기로 최종 결정. 9월 12일, 경주에서 규모 5.8 지진 발생. 10월 24일, JTBC 최순실 국정농단 사태를 밝히는 시발점이 된 태블릿 PC 보도. 12월 3일, 대통령 박근혜 탄핵안 발의.

■ 그 무렵 외국은…
1월 6일, 북한 제4차 핵실험 단행. 북한은 수소폭탄 실험에 성공했다고 발표. 6월 23일, 영국 국민투표 브렉시트(Brexit · 영국의 EU 탈퇴) 결정. 8월 8일, 일왕 아키히토, 대국민 담화를 통해 생전에 퇴위할 뜻을 밝힘. 11월 8일, 미국 제59대 대통령으로 트럼프 당선.

정한 기후(안개)와 인간이 배출한 미세먼지가 합쳐져서 만든 괴물이다. 2013년의 키워드 가운데 하나였던 '우마이' 역시 황사처럼 우리나라에 지속적인 영향을 끼치고 있다. 중국 정부는 주강삼각주, 창강삼각주, 그리고 징진지(京津冀경진기: 베이징, 톈진, 허베이성) 등 우마이가 심각한 지역의 공기 오염을 해소하기 위해 100억 위안에 달하는 비용을 투입했다고 하나 여전히 피해는 지속되고 있다.

특별인출권

특별인출권(特別引出權, Special Drawing Rights, SDR)은 국제통화기금(IMF) 가맹국이 국제 수지가 악화되었을 때 담보 없이 필요한 만큼의 외화를 인출할 수 있는 권리 또는 통화를 말한다.

특별인출권의 가치는 IMF가 5년마다 정하는 표준 바스켓 방식(standard basket system)에 의해서 결정된다. IMF는 집행이사회 회의를 통해 2016년 10월 1일부터 위안화의 특별인출권 기축통화(바스켓) 편입을 결정했다. 위안화의 SDR 편입 비율은 10.92%로 미국 달러(41.73%), 유로화(30.93%)에 이어 3번째로 높다. 이는 해외에서 중국 위안화 활용이 훨씬 수월해졌으며, 중국 기업들이 위안화로 거래할 수 있고, 나라별 환율에 따른 원가 부담이나 위험이 줄어들게 된다는 장점이 있다. 하지만 과연 향후 위안화가 달러와 같은 국제통화로서 자리 잡을 것인지는 아직 확정할 수 없다.

세계 각국의 전체 외환보유액(10조 7934억 달러) 가운데 위안화가 차지하는 비중은 845억 달러(1.07%)에 그치고 있으며, 중국 정부가 위안화 환율을 관리하고 자본 유출입을 통제하여 위안화를 자유롭게 쓰기 어려운 점이 있기 때문이다.

한한령(限韓令: 한류 금지령)

한국과 중국이 한반도 고고도 미사일 방어체계(THAAD) 배치 문제를 놓고 갈등을 벌였다.

2016년 7월 8일, 한국은 사드 1개 포대를 주한미군에 배치하기로 최종 결정했다. 한국은 이른바 3No(미국의 요청도, 협의도 없었고, 결정도 내리지 않았다)라는 전략적 모호성을 유지한 상태에 있다가 전격적으로 사드 배치 결정을 선포했다. 이에 대해 중국은 뒤통수를 맞은 느낌이 들었을 수도 있다. 한국은 사드 배치가 북한의 단거리 탄도 미사일 방어를 위한 수단이라고 주장하는 데 반해 중국은 사드의 X밴드 레이더가 중국의 전략적 안보를 훼손할 수 있다고 주장하고 있다.

여하간 중국은 이후로 다각적인 보복 조치를 취하기 시작했다. 예를 들어 롯데가 성주골프장을 사드를 위한 부지로 제공했다는 이유로 어린학생들까지 나서서 롯데 상품 불매 구호를 외쳐댔으며, 한국 여행 제한 권고, 무역 보복 조치를 취하고, 아울러 '한한령(限韓令)'을 통해 한국 엔터테인먼트 업계에 각종 제재를 가했다. 그러나 중국 외교부는 한국의 사드 배치를 강력히 반대한다는 입장을 보이면서도 공식적으로 한한령을 부인하고 있다.

A.D.2017~2018년

2017년 ▶ 3월 15일, 제12기 전국인민대표대회(全國人大) 5차 회의 폐막 —「중화인민공화국 민법 총칙」결의. 전체 206조항으로 민사 주체의 합법적 권익 보호, 민사 관계에 대한 명확한 조정이 특징. 4월 1일, 중공중앙과 국무원, 징진지의 협력발전추진 최적지로 **슝안신구**(雄安新區웅안신구) 선정. 4월, 11월, 트럼프, 시진핑 중미 정상회담 개최. 4월 20일, 화물우주선 천주 1호 발사 성공. 4월 26일, 최초로 자체 개발한 **항공모함 진수**. 5월 5일, 최초로 자체 개발한 대형 민항기 C919 이륙. 5월 14~15일, '일대일로 국제협력 정상회의' 개최. 6월, 중국과 인도, 부탄의 국경이 접하는 도클람(Doklam, 둥랑洞郎동랑, 인도명 도카라)에서 국경 분쟁 발생. 7월, 중국 특수부대 소재 영화 전랑2가 중국 영화 역대 흥행 1위 차지. 10월 18~24일, **중국공산당 제19차 당대회** — 시진핑 신시대 중국특색사회주의 사상을 당장에 삽입하여 지도사상으로 격상. 11월 22일, 베이징 차오양구 홍황란(紅黃藍홍황람) 유치원 아동학대사건으로 국민 분노.

2018년 ▶ 2월 28일, 19기 중앙위원회 3차 전체회의(3중전회) 폐막. 3월 3일, 전국인민정치협상회의(政協) 제13기 전국위원회(2158명 추천 임명) 제1차 전체회의 개막. 3월 5일, 제13기 전국인민대표대회(全人大, 선출직 2980명) 개최. 3월 11일, **전인대 제3차 전체회의 개막** — 국가주석 3연임 이상 금지조항 폐지, '시진핑 신시대 중국 특색 사회주의 사상'의 헌법 삽입 등을 핵심으로 하는 5차 개헌안 표결에 부쳐 찬성 2958표, 반대 2표, 기권 3표, 무효 1표, 99.8%의 압도적 찬성으로 통과.

■ 그 무렵 우리는…
2017년 3월 10일, 대통령 박근혜 탄핵. 4월 26일, 한국과 미국 새벽 4시 경북 성주 골프장에 사드 포대 전격 배치. 5월 10일, 문재인 대통령 당선. 9월 3일, 북한 6차 핵실험. 중국 유엔 대북제제 결의안 동참.
2018년 1월 29일, 한국판 미투(MeToo) 운동 시작. 2월 9~25일, 평창 동계올림픽 개최-개막식 남북한 동시 입장, 여자 하키선수 단일팀 출전, 북한 특사 한국 방문. 3월 5일, 한국 특사 북한 방문 3월 9~18일, 평창 동계패럴림픽 개최. 3월 23일, 이명박 전 대통령 구속.

■ 그 무렵 외국은…
2017년 1월 20일, 미국 45대 대통령으로 도널드 존 트럼프 취임. 7월, 독일 함부르크에서 개최된 주요 20개국(G20) 정상회의. 9월 24일, 독일 총선에서 메르켈이 이끄는 CDU와 CSU가 다수당이 되면서 총리직 4연임 달성.
2018년 3월 14일, 영국의 천재물리학자 스티븐 호킹(76세) 세상을 떠남.

슝안신구

중국 공산당 중앙위원회와 국무원은 허베이 지역에 경제개발특구인 '슝안신구'를 설립하겠다고 발표했다. 슝안신구는 슝현(雄縣웅현), 룽청(容城용성), 안신(安新안신) 등이 포함되며 선전 경제특구, 상하이 푸둥신구(浦東新區포동신구)와 필적할만한 국가급 신설 도시이다. 1979년 중공중앙과 국무원은 광둥성 선전, 주하이, 산터우 그리고 푸젠성 샤먼을 수출특구로 시범 운용하다가, 1980년 5월 경제특구로 개칭했다. 현재 중국에는 7개의 경제특구가 자리하고 있다. 1992년 중국은 기존의 경제특구 모델을 국가급 신구(新區)로 바꾸었다. 1992년 10월에 성립한 상하이 푸둥신구, 1994년 톈진 빈하이(瀕海빈해) 신구, 2010년 6월 충칭 량장(兩江양강) 신구, 그리고 2016년 6월 강시 간장(贛江감강) 신구의 뒤를 이어 2017년 4월 허베이성에 슝안신구가 성립되면서 중국의 국가급 신구는 전체 19개이다.

숭안신구에는 바이두, 알리바바, 텐센트 등 이른바 BAT로 대표되는 중국의 민영기업과 차이나텔레콤를 포함한 중국의 대형 국유기업 등 총 48개사가 입주 허가를 받은 상태이다. 숭안신구는 베이징이나 톈진 등 주변 대도시와 가까운 곳에 자리하고 있다는 장점 외에도 생태 환경이 우수하고, 풍부한 수자원으로 용수 수요를 만족시킬 수 있으며, 특히 베이징의 기능을 분산시켜 이른바 '대도시병'을 완화시킬 수 있다는 점에서 새로운 성장 거점으로 육성하기에 적합한 곳으로 알려져

제13기 전국인민대표대회

있다. 중국 정부는 이곳을 과학기술혁신 도시로 건설하여 중국의 실리콘 밸리로 만들어 첨단 기술 산업 위주로 개발할 것으로 공언한 바 있다.

천주(天舟) 1호

4월 20일 저녁 7시 41분, 천주 1호 화물우주선이 장정(長征) 7호 로켓을 타고 하이난성 원창(文昌문창) 항톈(航天항천) 발사장에서 발사되었다.

천주 1호는 길이 10.6m, 최대 지름 3.35m이며, 최대 화물탑재량은 6.5t으로 2022년 우주정거장을 건설하려는 중국의 목표에 이르는 중요한 첫걸음이다. 중국의 우주 비행은 1958년 마오쩌둥이 위성 개발을 지시하면서 시작되었다. 초창기 구소련의 'R-2' 로켓을 모방하면서 일명 '프로젝트 105'라고 불렀다. 이후 중국 우주 비행의 아버지라고 불리는 첸쉐썬(錢學森전학삼: 1911~2009)을 중심으로 독자 개발에 착수하여 1960년대 말 대륙간 탄도미사일인 동풍-4호(DF-4, Dong Feng4)를 개발하는데 성공했으며, 1970년 동풍-4호에 3단 로켓을 얹은 변형 로켓 장정-1호(Long March-1) 개발에 성공하여 세계 5번째 인공위성 발사국이 되었다.

1999년 11월 중국의 첫 번째 무인 실험 우주선인 '신주(神舟) 1호' 발사에 성공했으며, 2003년 10월 15일 유인우주선 신주 5호를 성공적으로 발사하여 중국 최초의 우주인 '양리웨이(楊利偉양리위)'가 탄생했다. 중국이 우주 강국으로 도약한 데는 계속된 실패에도 불구하고 국가의 전폭적인 지원과 인재 양성에 힘입은 바 크다. 장쩌민과 후진타오 등 국가 주석이 매년 첸쉐썬 박사에게 문안을 드릴 정도라면 과학자에 대한 중국 정부의 지원과 존중을 능히 짐작하고도 남음이 있다. 이로 인해 중

국에서 자체 개발한 슈퍼컴퓨터 '신위-태호의 빛(神威-太湖之光)'이 「올해의 세계 500대 슈퍼컴퓨터 순위」에서 1등을 차지할 수 있었던 것이 아닐까?

항공모함 진수

4월 26일 중국의 두 번째 항공모함 산둥함(山東艦산동함) 진수식이 중국선박중공업집단회사 대련조선소에서 거행되었다. 첫 번째 항공모함 랴오닝함(遼寧艦요녕함)은 1999년 우크라이나에서 매입한 구소련 시절의 항공모함을 개조한 것이었으나, 산둥함은 중국이 자체 개발했다는 점에서 의미가 있다. 이로써 중국은 세계에서 7번째로 항공모함을 자체 건조한 나라가 되었다. 전체 길이 315m, 폭 75m, 만재 배수량 7만 톤으로 디젤엔진을 사용하며, 젠15전투기 최대 24대를 탑재할 수 있는 랴오닝함에 비해 12대가 많은 36대를 탑재할 수 있다. 남중국해에서 미·일의 해군력에 대항할 만한 능력이 부족했던 중국은 유사시 태평양과 인도양을 향해 나가는 길목이 막힐 수도 있다. 2년여에 걸친 준비 끝에 2019년 중국 해군에 인도되어 실전 배치될 산둥함은 난사군도를 관할하는 중국 남해 함대에 배속될 예정이다.

시진핑 국가 주석이 주장하는 대국굴기에는 '우주굴기'와 '해양굴기', 그리고 '군사굴기'가 자리하고 있으며, 산둥함 진수는 해양굴기와 군사굴기의 상징처럼 느껴진다.

중국공산당 제19차 당대회

2017년 10월 18일부터 24일까지 중국 공산당 전국대표대회(당대회)가 개최되었다. 전면적인 샤오캉사회 건설을 위한 결승 단계, 중국 특색의 사회주의 발전의 관건적인 시기에 열린 중요한 회의로 의미가 컸다. 회의에서 「중국 공산당 당장(수정안)」 결의안이 통과되면서 시진핑 국가 주석의 사상이 당장에 삽입되었다. 이에 따라 시진핑 주석의 '신시대 중국 특색 사회주의 사상'이 마르크스 레닌주의, 마오쩌둥 사상, 덩샤오핑 이론에 이어 당의 행동 지침이 되었다. 중국 사회가 인민들의 보다 나은 생활에 대한 수요와 불균형, 불충분한 발전 사이의 모순을 극복하기 위해 '신시대, 신사상, 신목표, 신장정(新長征)'이 요구된다는 뜻이다.

기본 방략으로 당의 연도, 인민 중심, 전면적 개혁 심화, 새로운 발전 이념 등 14가지 '치국이정(治國理政)'이 제시되었다. 이는 덩샤오핑이 제시한 '중국 특색의 사회주의'가 자본주의에 승리하는 시대로 진입했으며, 중진국 수준의 '샤오캉사회' 건설이 눈앞에 다가왔고, 시진핑 총서기를 핵심으로 한 21세기 '중화제국' 건설의 대장정, 이른바 '중국몽'을 실현하기 위한 단계에 돌입했다는 자신감의 표현으로 들린다.

당대회가 끝나고 다음 날 열린 공산당 19기 1중전회(一中全會)에서 시진핑은 중앙위원회 총서기로 연임되었으며, 리커창, 리잔수(栗戰書율전서), 왕양(汪洋왕양), 왕후닝(王滬寧왕호녕), 자오러지(趙樂際조악제), 한정(韓正한정)이 중앙정치국 상무위원으로 선출되었다.

전인대 제3차 전체회의 개막

매년 3월이 되면 전국인민대표대회(약칭 전인대, 3월 5일)와 전국인민정치협상회의(政協, 3월 3일), 즉 양회(兩會)가 베이징에서 개최된다. 특히 이번 양회 개최에 세계의 이목이 쏠린 것은 이례적으로 전인대 개막 전에 개최된(2월 26~28일) 중국 공산당 19기 3중전회에서 국가 지도부 인선안과 당과 국가기관 개혁안 등이 통과됨에 따라 제7차 개헌안을 비롯한 중요 사안이 전인대에서 확정될 것으로 예상되기 때문이다.

전체 21개 조항으로 된 개정안 가운데 제14조는 "헌법 제79조 제3항, 중화인민공화국 주석, 부주석의 임기는 전국인민대표대회의 임기 기한과 동일하고 2번 이상 연임할 수 없다는 내용을, 중화인민공화국 주석, 부주석의 임기는 전국인민대표대회의 임기 기한과 동일하다"로 개정한다는 내용이다. 아울러 2017년 10월에 열린 제19차 당 대회에서 시진핑 신시대 중국 특색 사회주의 사상을 지도사상으로 확립하고 전면적인 샤오캉(小康) 사회 건설에 승리하며, 전면적인 사회주의 현대화 강국 건설의 청사진을 제시한 것을 받아들여 헌법에 그의 사상을 삽입하기로 결정했다. 이로써 시진핑은 절대 1인자의 자리에 올라 장기 집권 체제를 확보하고 경제 강국, 군사강국이라는 중국의 꿈(中國夢)의 실현을 가속화하기 시작했다.

시진핑 주석은 2013년 3월 전인대 폐막식에서 취임 후 첫 연설을 통해 "공산당의 영광스러운 전통에 따라 관료주의와 향락주의에 반대하고 모든 부패에 대한 투쟁을 이어갈 것"이라고 단언한 바 있다. 실제로 '종엄치당(從嚴治黨)'이라는 명분하에 대대적인 반부패 활동이 이어졌고, 저우융캉, 보시라이, 궈보슝, 쑨정차이(孫政才손정재) 등 이른바 호랑이로 불리는 거물급들이 줄줄이 낙마했다. 특히 이번에 새롭게 설립한 '국가감찰위원회'를 통해 이러한 반부패 작업이 지속될 것임을 확인할 수 있다. 이러한 혁신적 변화로 인해 집권 1기가 마감될 때 후계자를 지정하는 '격대지정(隔代指定)'의 전통이 사라지고, 중앙위원회의 관행 가운데 하나인 '7상8하(67세 유임, 68세 퇴임)'도 유명무실해졌으며, 상무위원회의 집단지도체제 역시 흔들거리게 되었다. 중국은 과연 어떤 방향으로 어떻게 움직여나갈 것인가? 다만 우리는 고인 물은 반드시 썩게 되어 있다는 사실을 기억할 뿐이다.

연호 일람표

연호	국가	기간	연호	국가	기간
ㄱ			개황(開皇)	수	581~600
가경(嘉慶)	청	1796~1820	개흥(開興)	금	1232
가령(嘉寧)	성한	346~347	개희(開禧)	남송	1205~1207
가우(嘉祐)	북송	1056~1063	거섭(居攝)	전한	6~7
가정(嘉定)	남송	1208~1224	건강(建康)	후한	144
가정(嘉靖)	명	1522~1566	건광(建光)	후한	121
가태(嘉泰)	남송	1201~1204	건국(建國)	북위	530~531
가평(嘉平)	위	249~253	건영(建寧)	후한	168~171
가평(嘉平)	전조	311~314	건영(乾寧)	당	894~897
가평(嘉平)	남량	408~414	건덕(建德)	북주	572~578
가화(嘉禾)	오	232~237	건덕(乾德)	전촉	919~924
가흥(嘉興)	서량	417~420	건덕(乾德)	북송	963~967
가희(嘉熙)	남송	1237~1240	건도(乾道)	서하	1068~1070
감로(甘露)	전한	BC53~BC50	건도(乾道)	남송	1165~1173
감로(甘露)	위	256~260	건륭(乾隆)	북송	960~962
감로(甘露)	오	265~266	건륭(建隆)	청	1736~1795
감로(甘露)	전진	359~364	건명(建明)	북위	530~531
갑술(甲戌)	남당	974	건명(乾明)	북제	559~560
강국(康國)	서요	1127~1136	건무(建武)	후한	25~55
강정(康定)	북송	1040	건무(建武)	서진	304
강희(康熙)	청	1662~1722	건무(建武)	동진	317
개경(開慶)	남송	1259	건무(建武)	후조	335~348
개보(開寶)	북송/오월	968~976	건무(建武)	남제	494~497
개성(開成)	당	836~840	건무중원(建武中元)	후한	56~57
개요(開耀)	당	681	건문(建文)	명	1399~1402
개운(開運)	후진/초/오월	944~946	건봉(乾封)	당	666~667
개운(開運)	서하	1034	건부(乾符)	당	874~879
개원(開元)	당	713~741	건세(建世)	한	25~26
개태(開泰)	요	1012~1019	건소(建昭)	전한	BC38~BC34
개평(開平)	후량	907~910	건시(建始)	전한	BC32~BC29

연호	국가	기간	연호	국가	기간
건시(建始)	후연	407	건화(建和)	후한	147~149
건안(建安)	후한	196~200	건화(建和)	남량	400~401
건염(建炎)	남송	1127~1130	건화(乾化)	후량	911~915
건우(乾祐)	후한	948~950	건화(乾和)	남한	943~958
건우(乾祐)	북한	951~956	건흥(建興)	촉한	223~237
건우(乾祐)	서하	1171~1193	건흥(乾興)	오	252~253
건원(建元)	전한	BC140~BC135	건흥(建興)	성한	304~305
건원(建元)	전조	315	건흥(建興)	서진	313~316
건원(建元)	동진	343~344	건흥(建興)	전량	313~319
건원(建元)	전량	357~361	건흥(建興)	후연	386~396
건원(建元)	전진	365~385	건흥(建興)	북송	1022
건원(建元)	남제	479~482	건희(建熙)	전연	360~370
건원(建元)	당	758~759	견심(見深)	명	1465~1487
건의(建義)	서진	385~387	경덕(景德)	북송	1004~1007
건의(建義)	북위	528	경령(竟寧)	전한	BC33
건정(乾貞)	오	927~928	경력(慶曆)	북송	1041~1043
건정(乾定)	서하	1223~1227	경룡(景龍)	당	707~710
건중(建中)	당	780~783	경명(景明)	북위	500~503
건중정국(建中靖國)	북송	1101	경복(景福)	당	892~893
건초(建初)	후한	76~83	경복(景福)	요	1031~1032
건초(建初)	성한	302~303	경시(更始)	서연	385
건초(建初)	후진	386~393	경시(更始)	후한	23~25
건초(建初)	서량	405~416	경시(更始)	서진	409~411
건통(乾統)	요	1101~1110	경염(景炎)	남송	1276~1278
건평(建平)	전한	BC6~BC3	경요(景耀)	촉한	258~262
건평(建平)	후조	330~336	경우(景祐)	북송	1034~1037
건평(建平)	후연	398	경운(景雲)	당	710~711
건평(建平)	남연	400~404	경원(景元)	위	260~263
건형(建衡)	요	269~271	경원(慶元)	남송	1195~1200
건형(乾亨)	남한	917~925	경정(景定)	남송	1260~1264
건형(乾亨)	요	979~982	경초(景初)	위	237~239
건홍(建弘)	서진	420~428	경태(景泰)	명	1450~1457

연호	국가	기간	연호	국가	기간
경평(景平)	송	423~424	대경(大慶)	서하	1039~1143
경화(景和)	송	465	대관(大觀)	북송	1107~1110
공화(拱化)	서하	1063~1067	대덕(大德)	서하	1135~1139
광계(光啓)	당	885~887	대덕(大德)	원	1297~1307
광대(光大)	진	567~568	대동(大同)	양	535~545
광덕(廣德)	당	763~764	대동(大同)	요	947
광명(廣明)	당	880	대력(大曆)	당	766~779
광서(光緒)	청	1875~1908	대명(大明)	송	457~464
광수(光壽)	전연	357~360	대보(大寶)	양	550~551
광순(光順)	후주	951~953	대보(大寶)	남한	958~971
광시(光始)	후연	401~406	대상(大象)	북주	597~581
광운(廣運)	후량	586~587	대성(大成)	북주	579
광운(廣運)	북한	968	대순(大順)	당	890~891
광운(廣運)	서하	1034~1035	대안(大安)	서하	1075~1085
광정(廣政)	후촉	938~965	대안(大安)	요	1085~1091
광정(光定)	서하	1211~1223	대안(大安)	금	1209~1211
광천(光天)	전촉	918	대업(大業)	수	605~618
광천(光天)	남한	942~943	대유(大有)	남한	928~942
광초(光初)	전조	318~329	대정(大定)	후량	555~561
광택(光宅)	주	684	대정(大定)	금	1161~1189
광화(光和)	후한	178~183	대족(大足)	주	701
광화(光和)	당	898~900	대중(大中)	당	847~859
광흥(光興)	북한	310	대중상부(大中祥符)	송	1008~1016
광희(光熹)	후한	189	대통(大通)	양	527~528
광희(光熙)	서진	306	대통(大統)	서위	535~551
구시(久視)	주	700	덕우(德祐)	남송	1275
ㄷ			도광(道光)	청	1821~1850
단공(端拱)	북송	988~989	동광(同光)	후당	923~926
단평(端平)	남송	1234~1236	동치(同治)	청	1862~1874
당륭(唐隆)	당	710	등국(登國)	북위	386~395
대강(大康)	요	1075~1082	**ㅁ**		
대경(大慶)	서하	1036~1037	만력(萬曆)	명	1573~1619

연호	국가	기간	연호	국가	기간
만세등봉(萬歲登封)	주	696	본시(本始)	전한	BC73~BC70
만세통천(萬歲通天)	주	696~697	본초(本初)	후한	146
명덕(明德)	후촉	934~937	봉상(鳳翔)	하	413~417
명도(明道)	북송	1032~1033	봉황(鳳凰)	오	272~274
명창(明昌)	금	1190~1195	**ㅅ**		
무덕(武德)	당	618~626	사성(嗣聖)	당	684~704
무성(武成)	북주	559~560	상원(上元)	당	674~675
무성(武成)	전촉	908~910	상원(上元)	당	760~761
무의(武義)	오	919~921	상흥(祥興)	남송	1278~1279
무정(武定)	동위	543~550	선광(宣光)	북원	1371~1377
무태(武泰)	북위	528	선덕(宣德)	명	1426~1435
무평(武平)	북제	570~576	선정(宣政)	북주	578
문덕(文德)	당	888	선천(先天)	당	712
문명(文明)	주	684	선통(宣統)	청	1909~1911
ㅂ			선화(宣和)	북송	1119~1125
백룡(白龍)	남한	925~927	성력(聖曆)	주	698~699
백작(白雀)	후진	384~385	성창(聖昌)	금	1234
보경(寶慶)	남송	1225~1227	성화(成化)	명	1465~1487
보대(寶大)	오월	924~925	소령(昭寧)	후한	189
보대(保大)	남당	943~957	소무(紹武)	명	1646
보대(保大)	요	1121~1125	소성(紹聖)	송	1094~1097
보력(寶曆)	당	825~826	소정(紹定)	남송	1128~1133
보령(保寧)	요	969~977	소태(紹泰)	양	555
보우(寶祐)	남송	1253~1258	소흥(紹興)	남송	1131~1162
보원(寶元)	북송	1038~1039	소흥(紹興)	서요	1152~1163
보응(寶應)	당	762	소희(紹熙)	남송	1190~1194
보정(寶鼎)	오	266~268	수공(垂拱)	주	685~688
보정(保定)	북주	561~565	수광(壽光)	전진	355~357
보정(寶正)	오월	926~931	수국(收國)	금	1115~1116
보태(普泰)	북위	531~532	수창(壽昌)	요	1095~1101
보통(普通)	양	520~526	수화(綏和)	전한	BC8~BC7
복성승도(福聖承道)	서하	1053~1056	순우(淳祐)	남송	1241~1252

연호	국가	기간	연호	국가	기간
순의(順義)	오	921~927	신책(新冊)	거란	916~921
순치(順治)	청	1644~1661	○		
순화(淳化)	북송	990~994	안평(晏平)	성한	306~310
순희(淳熙)	남송	1174~1189	양가(陽嘉)	후한	132~135
숭경(崇慶)	금	1212	양삭(陽朔)	전한	BC24~BC21
숭덕(崇德)	청	1636~1643	여의(如意)	주	692
숭령(崇寧)	송	1102~1106	연경(延慶)	서요	1125~1126
숭복(崇福)	서요	1154~1167	연광(延光)	후한	122~125
숭정(崇禎)	명	1628~1644	연광(延廣)	촉한	221
승광(承光)	하	425~427	연사영국(延嗣寧國)	서하	1049
승광(勝光)	하	428~433	연우(延祐)	원	1314~1320
승광(承光)	북제	577	연원(燕元)	전연	349~351
승명(承明)	북위	476	연원(燕元)	후연	384~385
승명(昇明)	송	477~479	연재(延載)	주	694
승성(承聖)	양	552~554	연창(延昌)	북위	512~515
승안(承安)	금	1196~1200	연초(延初)	전진	394
승원(昇元)	남당	937~943	연평(延平)	후한	106
승평(升平)	동진	357~361	연평(延平)	남연	398~399
승평(升平)	전량	361~363	연화(延和)	북위	432~434
승평(承平)	북위	452	연화(延和)	당	712
승현(承玄)	북량	428~431	연흥(延興)	서연	384
시건국(始建國)	신	9~13	연흥(延興)	북위	471~476
시광(始光)	북위	424~427	연흥(延興)	남제	494
시원(始元)	전한	BC86~BC81	연희(延熹)	후한	158~166
신공(神功)	주	697	연희(延熙)	촉한	238~257
신구(神龜)	북위	518~520	연희(延熙)	후조	333~334
신룡(神龍)	당	705~706	염흥(炎興)	촉한	263
신봉(新鳳)	오	252	영가(永嘉)	후한	145
신새(神璽)	북량	397~398	영가(永嘉)	서진	307~312
신서(神瑞)	북위	414~415	영강(永康)	후한	167
신작(神爵)	전한	BC61~BC58	영강(永康)	서진	300
신정(神鼎)	후량	401~403	영강(寧康)	동진	373~375

연호	국가	기간	연호	국가	기간
영강(永康)	후연	396~398	영태(永泰)	남제	498
영강(永康)	서진	412~419	영태(永泰)	당	765
영건(永建)	후한	126~131	영평(永平)	후한	58~75
영건(永建)	서량	420~421	영평(永平)	서진	291
영광(永光)	전한	BC43~BC39	영평(永平)	북위	508~512
영홍(永弘)	서진	428~431	영평(永平)	전촉	911~916
영락(永樂)	전량	346~353	영한(永漢)	후한	189
영락(永樂)	명	1403~1424	영화(永和)	후한	136~141
영력(永曆)	명	1647~1662	영화(永和)	동진	345~356
영령(永寧)	후한	120	영화(永和)	후진	416~417
영령(永寧)	서진	301	영화(永和)	북량	433~439
영령(永寧)	후조	350	영휘(永徽)	당	650~665
영륭(永隆)	당	680	영홍(永興)	후한	153~154
영명(永明)	남제	483~493	영홍(永興)	서진	304~305
영봉(永鳳)	전조	308	영홍(永興)	후조(위)	350~352
영수(永壽)	후한	155~157	영홍(永興)	전진	357~358
영순(永淳)	당	682	영홍(永興)	북위	409~413
영시(永始)	전한	BC16~BC13	영홍(永興)	북위	532
영안(永安)	오	258~264	영희(永熙)	서진	290
영안(永安)	서진	304	영희(永熙)	북위	532~534
영안(永安)	북량	401~411	오봉(五鳳)	전한	BC57~BC54
영안(永安)	북위	528~530	오봉(五鳳)	오	254~257
영안(永安)	서하	1098~1101	옥항(玉恒)	성한	335~337
영원(永元)	후한	89~104	옥형(玉衡)	성한	311~334
영원(永元)	전량	320~323	옹령(雍寧)	서하	1114~1119
영원(永元)	남제	499~501	옹정(雍正)	청	1723~1735
영정(永定)	진	557~559	옹희(雍熙)	송	984~987
영정(永貞)	당	805	용기(龍紀)	당	889
영창(永昌)	동진	322	용덕(龍德)	후량	921~923
영창(永昌)	주	689	용비(龍飛)	후량	395~398
영초(永初)	후한	107~113	용삭(龍朔)	당	661~663
영초(永初)	송	420~422	용승(龍升)	하	407~413

연호	국가	기간	연호	국가	기간
원가(元嘉)	후한	151~152	융경(隆慶)	명	1567~1572
원가(元嘉)	송	424~453	융무(隆武)	명	1645
원강(元康)	전한	BC65~BC62	융안(隆安)	동진	397~401
원강(元康)	서진	291~299	융창(隆昌)	남제	494
원광(元光)	전한	BC134~BC129	융화(隆和)	동진	362
원광(元光)	금	1222~1223	융화(隆化)	북제	576
원덕(元德)	서하	1119~1126	융흥(隆興)	남송	1163~1164
원봉(元封)	전한	BC110~BC105	응력(應曆)	요	951~968
원봉(元鳳)	전한	BC80~BC75	응순(應順)	후당	934
원부(元符)	북송	1098~1100	응천(應天)	서하	1206~1209
원수(元狩)	전한	BC122~BC117	의령(義寧)	수	617~618
원수(元壽)	전한	BC2~BC1	의봉(義鳳)	당	676~678
원삭(元朔)	전한	BC128~BC123	의화(義和)	북량	431~433
원상(元象)	동위	538~539	의희(義熙)	동진	405~418
원새(元璽)	전연	352~356	인가(麟嘉)	전조	316~318
원시(元始)	전한	1~5	인가(麟嘉)	후량	389~395
원연(元延)	전한	BC12~BC9	인경(人慶)	서하	1144~1148
원우(元祐)	북송	1086~1093	인덕(麟德)	당	664~665
원정(元鼎)	전한	BC116~BC111	인수(仁壽)	수	601~604
원정(元貞)	원	1295~1296	ㅈ		
원초(元初)	후한	114~119	장경(長慶)	당	821~824
원통(元統)	원	1333~1340	장락(長樂)	후연	399~401
원평(元平)	전한	BC74	장무(章武)	촉한	221~223
원풍(元豊)	북송	1078~1085	장수(長壽)	주	692~693
원화(元和)	후한	84~86	장안(長安)	주	701~704
원화(元和)	당	806~820	장화(章和)	후한	87~88
원휘(元徽)	송	473~477	장흥(長興)	후당	930~933
원흥(元興)	후한	105	재초(載初)	주	690
원흥(元興)	오	264	적오(赤烏)	오	238~250
원흥(元興)	동진	402~404	정강(靖康)	북송	1126~1127
원희(元熙)	전조	304~307	정관(貞觀)	당	627~649
원희(元熙)	동진	419~420	정관(貞觀)	서하	1101~1114

연호	국가	기간	연호	국가	기간
정광(正光)	북위	520~521	지대(至大)	원	1308~1311
정대(正大)	금	1224~1231	지덕(至德)	진	583~586
정덕(正德)	서하	1127~1134	지덕(至德)	당	756~758
정덕(正德)	명	1506~1521	지도(至道)	북송	995~997
정륭(正隆)	금	1156~1161	지령(至寧)	금	1213
정명(禎明)	진	587~589	지순(至順)	원	1330~1332
정명(貞明)	후량	915~920	지원(至元)	원(몽고)	1264~1294
정시(正始)	위	240~248	지원(至元)	원	1335~1340
정시(正始)	후연	407~409	지절(地節)	전한	BC69~BC66
정시(正始)	북위	504~508	지정(至正)	원	1341~1368
정우(貞祐)	금	1213~1216	지치(至治)	원	1321~1323
정원(正元)	위	254~255	지화(至和)	북송	1054~1055
정원(貞元)	당	785~805	지황(地皇)	신	20~23
정원(貞元)	금	1153~1155	진흥(眞興)	하	419~424
정통(正統)	명	1436~1449	ㅊ		
정평(正平)	북위	451~452	차도(韤都)	서하	1057~1062
정화(征和)	전한	BC92~BC89	창무(昌武)	하	418
정화(征和)	북송	1111~1117	천가(天嘉)	진	560~565
조로(調露)	당	679	천감(天監)	양	502~519
중대동(中大洞)	양	546	천강(天康)	진	566
중대통(中大通)	양	529~534	천경(天慶)	요	1111~1120
중원(中元)	전한	BC149~BC144	천경(天慶)	서하	1194~1206
중통(中統)	원(몽고)	1260~1263	천계(天啓)	명	1621~1627
중평(中平)	후한	184~189	천권(天眷)	금	1138~1140
중화(中和)	당	881~884	천기(天紀)	오	277~280
중화(重和)	송	1118	천덕(天德)	민	943~944
중흥(中興)	서연	386~394	천덕(天德)	금	1149~1152
중흥(中興)	남제	501~502	천력(天曆)	원	1328~1329
중흥(中興)	북위	531~532	천록(天祿)	요	947~951
중흥(中興)	남당	958	천명(天命)	청(후금)	1616~1626
중희(中熙)	요	1032~1055	천보(天保)	북제	550~559
증성(證聖)	주	695	천보(天保)	후량	562~585

연호	국가	기간	연호	국가	기간
천보(天寶)	당	742~756	천책만세(天冊萬歲)	주	695
천보(天寶)	오월	908~923	천총(天聰)	청(후금)	1627~1635
천보(天輔)	금	1117~1123	천통(天統)	북제	565~569
천복(天復)	당	901~903	천평(天平)	동위	534~537
천복(天復)	전촉	901~907	천한(天漢)	전한	BC100~BC97
천복(天福)	후진	936~943	천한(天漢)	전촉	917
천복(天福)	후한	936~947	천현(天顯)	거란	926~936
천봉(天鳳)	신	14~19	천화(天和)	북주	566~572
천사(天賜)	북위	404~408	천회(天會)	북한	957~973
천사예성국경(天賜禮盛國慶)	서하	1070~1075	천회(天會)	금	1123~1137
천새(天璽)	오	276	천흥(天興)	북위	398~403
천새(天璽)	북량	399~400	천흥(天興)	금	1232~1234
천성(天成)	후당	926~929	천희(天禧)	북송	1017~1021
천성(天聖)	북송	1023~1048	천희(天禧)	서요	1177~1211
천성(天盛)	서하	1149~1170	청령(青寧)	요	1055~1065
천수(天授)	주	690~691	청룡(青龍)	위	233~236
천수예법연조(天授禮法延祚)	서하	1038~1048	청룡(青龍)	후조	349
천순(天順)	원	1328	청태(清泰)	후당	934~936
천순(天順)	명	1457~1464	초시(初始)	신	8
천안(天安)	북위	466	초원(初元)	전한	BC179~BC164
천안예정(天安禮定)	서하	1086	초원(初元)	전한	BC156~BC150
천우(天佑)	당	904~907	초원(初元)	전한	BC48~B44
천우(天佑)	오(회남)	904~919	초평(初平)	후한	190~193
천우(天佑)	오월	907	총장(總章)	당	668~669
천우(天佑)	진(기)	907~922	치평(治平)	북송	1064~1067
천우민안(天佑民安)	서하	1090~1098	치화(致和)	원	1328
천우수성(天佑垂聖)	서하	1050~1052	**E**		
천의치평(天儀治平)	서하	1086~1090	태강(太康)	서진	280~289
천정(天正)	양	551~552	태건(太建)	진	569~582
천조(天祚)	오	935~937	태극(太極)	당	712
천찬(天贊)	거란	922~924	태령(太寧)	동진	323~325
천책(天冊)	오	275	태령(太寧)	후조	349

연호	국가	기간	연호	국가	기간
태령(泰寧)	북제	561~562	태화(太和)	후조	328~329
태상(太上)	남연	405~410	태화(太和)	성한	344~345
태상(泰常)	북위	416~423	태화(太和)	동진	366~371
태시(太始)	전한	BC96~BC93	태화(太和)	북위	477~499
태시(泰始)	서진	265~274	태화(太和)	당	827~835
태시(太始)	전량	355~356	태화(太和)	오	929~934
태시(泰始)	송	465~471	태화(泰和)	금	1201~1208
태안(泰安)	서진	302~303	태흥(太興)	동진	318~321
태안(太安)	전진	385~386	태흥(太興)	북연	431~436
태안(太安)	후량	386~388	태희(太熙)	서진	290
태안(太安)	북위	455~459	통문(通文)	민	936~939
태연(太延)	북위	435~440	통정(通正)	전촉	916
태예(泰豫)	유송	472	통화(統和)	요	983~1011
태원(太元)	오	251~252	**ㅎ**		
태원(太元)	전량	324~345	하서(河瑞)	전조	309~310
태원(太元)	진	376~396	하청(河淸)	북제	562~564
태정(泰定)	원	1324~1327	하평(河平)	전한	BC28~BC25
태창(太昌)	북위	532	한안(漢安)	후한	142~143
태창(太昌)	명	1620	한흥(漢興)	성한	338~343
태청(太淸)	전량	363~376	함강(咸康)	동진	335~342
태청(太淸)	양	547~549	함령(咸寧)	서진	275~279
태초(太初)	전한	BC104~BC101	함령(咸寧)	후량	399~400
태초(太初)	전진	386~394	함순(咸淳)	남송	1265~1274
태초(太初)	서진	388~408	함안(咸安)	동진	371~372
태초(太初)	남량	397~399	함옹(咸雍)	요	1065~1073
태평(太平)	오	256~258	함청(咸淸)	서요	1144~1151
태평(太平)	북연	409~430	함통(咸通)	당	860~873
태평(太平)	양	556~557	함평(咸平)	북송	998~1003
태평(太平)	요	1021~1031	함풍(咸豊)	청	1851~1861
태평진군(太平眞君)	북위	440~450	함형(咸亨)	당	670~673
태평흥국(太平興國)	북송	976~983	함화(咸和)	동진	326~334
태화(太和)	위	227~232	함희(咸熙)	위	264~265

연호	국가	기간	연호	국가	기간
현경(顯慶)	당	656~660	황우(皇祐)	북송	1049~1053
현덕(顯德)	후주	954~959	황초(黃初)	위	220~226
현도(顯道)	서하	1032~1033	황초(皇初)	후진	394~398
현시(玄始)	북량	412~428	황태(皇泰)	수	618~619
홍가(鴻嘉)	전한	BC20~BC17	황통(皇統)	금	1141~1148
홍광(弘光)	명	1645	황흥(皇興)	북위	467~471
홍도(弘道)	당	683	회동(會同)	요	937~947
홍무(洪武)	명	1368~1398	회창(會昌)	당	841~846
홍시(弘始)	후진	399~416	효건(孝建)	송	455~456
홍창(弘昌)	남량	402~407	효창(孝昌)	북위	525~527
홍치(弘治)	명	1488~1505	후원(後元)	전한	BC163~BC157
홍희(洪熙)	명	1425	후원(後元)	전한	BC143~BC141
화평(和平)	후한	150	후원(後元)	전한	BC88~BC87
화평(和平)	전양	354~355	홍광(興光)	북위	454
화평(和平)	북위	460~465	홍령(興寧)	동진	363~365
황건(皇建)	북제	560~561	홍안(興安)	북위	452~453
황건(皇建)	서하	1210~1211	홍원(興元)	당	784
황경(皇慶)	원	1312~1313	홍정(興定)	금	1217~1221
황룡(黃龍)	전한	BC49	홍평(興平)	후한	194~195
황룡(黃龍)	오	229~231	홍화(興和)	동위	539~542
황무(黃武)	오	222~228	희령(熙寧)	북송	1068~1077
황시(皇始)	전진	351~355	희평(熹平)	후한	172~177
황시(皇始)	북위	396~397	희평(熙平)	북위	516~518

중국 역대 수도

국명		수도	부도
하夏		양성陽城(하남성 등봉登封 동남) 제구帝丘(하남성 복양濮陽 서남) 원原(하남성 제원濟源 서북) 노구老丘(하남성 개봉開封 동북) 서하西河(하남성 탕음湯陰 동북)	안읍安邑(산서성 하현夏縣 동북) 평양平陽(산서성 임분臨汾 서남) 진양晉陽(산서성 태원太原 서남) 이상 기타 전설상의 하도
상商		박호毫(산서성 조현曹縣 동남) 효도囂都(하남성 형양滎陽 동북) 상相(하남성 내황內黃 동남) 형邢(하남성 온현溫縣 동북) 비庇(산동성 운성운城) 엄奄(산동성 곡부曲阜) 은殷(하남성 안양安陽)	
서주西周		기岐(섬서성 기산岐山 동북) 풍豊(섬서성 서안西安 서남 풍하豊河 서남) 호鎬(섬서성 서안 서남 풍하 동남)	낙洛(하남성 낙양洛陽)
동주東周		왕성王城(하남성 낙양洛陽)	성주成周(하남성 낙양 동)
춘추전국시대	진晉	봉강絳(산서성 익성翼城 동남) 신전新田(산서성 후마侯馬)	
	제齊	임치臨淄(산동성 임치)	
	노魯	곡부曲阜(산동성 곡부)	
	진秦	서견구西犬丘(감숙성 천수天水 서남) 평양平陽(섬서성 보계寶鷄 동남) 옹雍(섬서성 봉상鳳翔) 경양涇陽(섬서성 경양 서북) 역양酈陽(섬서성 임동 동북) 함양咸陽(섬서성 함양 동북)	하도下都 무양武陽(하북성 역현易縣)
	연燕	계(북경시)	
	정鄭	신정新鄭(하남성 신정)	
	송宋	상구商丘(하남성 상구)	
		말沫(하남성 기현淇縣)	

국명		수도	부도
	위衛	조曹(하남성 활현滑縣 동)	
		초구楚丘(하남성 활현 동북)	
		제구帝丘(하남성 복양 서남)	
	초楚	영郢(호북성 강릉江陵)	
		도都(호북성 선성宣城 동남)	
		진陳(하남성 회양淮陽)	
		수춘壽春(안휘성 수현壽縣)	
	오吳	오吳(강소성 소주蘇州)	
	월越	회계會稽(절강성 소흥紹興)	
		오吳(강소성 소주)	
	한韓	평양平陽(산서성 임분 서남)	
		선양宣陽(하남성 선양 서남)	
		양적陽翟(하남성 우현禹縣)	
		정鄭(하남성 신정)	
	위魏	안읍安邑(산서성 하현夏縣 서북)	
		대량大梁(하남성 개봉)	
	조趙	진양晉陽(산서성 태원 서남)	
		중모中牟(하남성 학벽鶴壁 서)	
		한단邯鄲(하북성 한단)	
	중산中山	고顧(하북성 정현定縣)	
		영수靈壽(하북성 영수 서북)	
	촉蜀	성도成都(사천성 성도)	
진秦		함양咸陽(섬서성 함양 동)	
전한前漢		장안(섬서성 서안 서북)	
후한後漢		낙양(하남성 낙양 동)	
삼국시대	위魏	낙양(하남성 낙양 동)	초(안휘성 박현)
			허창許昌(하남성 허창)
			업鄴(하북성 임장 서남)
			장안長安(섬서성 서안西安 서북)
	촉한蜀漢	성도(사천성 성도)	
	오吳	건업建業(강소성 남경南京)	무창武昌(호북성 악주鄂州)

국명	수도	부도
서진西晉	낙양(하남성 낙양 동)	
동진東晉	건강建康(강소성 남경)	
오호십육국시대 · 한漢–전조前趙	평양(산서성 임분)	
	장안(섬서성 서안)	
성한成漢	성도(사천성 성도)	
전량前涼	고장姑臧(감숙성 무위武威)	
전조後趙	양국襄國(하북성 경대邢臺)	
	업(하북성 임장 서남)	
염위冉魏	업(하북성 임장 서남)	
전연前燕	용성龍城(요녕성 조양朝陽)	
	계(북경시)	
	업(하북성 임장 서남)	
전진前秦	장안(섬서성 서안)	
대代	성락盛樂(내몽고 화림격이和林格爾)	
후진後秦	장안(섬서성 서안)	
후연後燕	중산中山(하북성 정현定縣)	
서진西秦	원천苑川(감숙성 유중楡中)	
후량後涼	고장(감숙성 무위)	
남량南涼	낙도樂都(청해성 낙도)	
	서녕西寧(청해성 서녕)	
	고장(감숙성 무위)	
남연南燕	광고廣固(산동성 익도益都)	
서량西涼	돈황敦煌(감숙성 돈황)	
	주천酒泉(감숙성 주천)	
북량北涼	장액張掖(감숙성 장액)	
서연西燕	장자長子(산서성 장치長治)	
북연北燕	용성(요녕성 조양)	
하夏	고평高平(영하성 고원固原)	
	통만성統萬城(섬서성 정변靖邊 북)	
송宋	건강建康(강소성 남경)	
제齊	건강(강소성 남경)	

국명		수도	부도
남조	양梁	건강(강소성 남경)	
	진陳	건강(강소성 남경)	
북조	북위北魏	평성平城(산서성 대동大同)	
	동위東魏	낙양(하남성 낙양 동)	
	서위西魏	장안(섬서성 서안)	
	북제北齊	업(하북성 임장 서남)	
	북주北周	장안(섬서성 서안)	
수隋		대흥성大興城(섬서성 서안)	동도 낙양(하남성 낙양)
		동도東都(하남성 낙양)	경사京師(섬서성 서안)
당唐		장안(섬서성 서안)	동도 낙양(하남성 낙양)
			북도北都 태원太原(산서성 태원서남)
			중도 하중부河中府(산서성 영제永濟 서남)
			서경 봉상부鳳翔府(섬서성 봉상)
			남경 성도부(사천성 성도)
오대십국시대	후량後梁	동도東都 개봉부開封府(하남성 개봉)	남경 강릉부江陵府(호북성 강릉)
	후당後唐	동경東京 흥당부興唐府 (하북성 대명大名 동북) 동도東都 낙경洛京(하남성 낙양)	서도西都 하남부河南府(하남성 낙양) 서경 태원부太原府(산서성 태원 서남) 북도北都 진정부眞定府(하북성 정정正定) 업도(하북성 대명 동북) 서경 장안(섬서성 서안)
	후진後晉	동경 개봉부(하남성 개봉)	북경 태원(산서성 태원 서남) 서경 하남부河南府(하남성 낙양) 북경 태원(산서성 태원 서남)
	후한後漢	동경 개봉부(하남성 개봉) 동경 개봉부(하남성 개봉)	업도 광진부廣晉府(하북성 대명 동북) 서경 하남부(하남성 낙양) 북경 태원부(산서성 태원 서남)
	후주後周	강도부江都府(강소성 양주揚州)	업도 광진부(하북성 대명 동북)
	오吳	서도西都 강녕부江寧府(강소성 남경)	서경 하남부(하남성 낙양)
	남당南唐	남도南都 남창부南昌府(강서성 남창)	

국명		수도	부도
	오월吳越	서부 항주杭州(절강성 항주)	
	민閩	장락부長樂府(복건성 복주)	
	전촉前蜀	성도부(사천성 성도)	
	후촉後蜀	성도부(사천성 성도)	
	남한南漢	흥왕부興王府(광동성 광주廣州)	
	초楚	장사부長沙府(호남성 장사長沙)	
	남평南平	강릉부江陵府(호북성 강릉江陵)	
	북한北漢	태원부(산서성 태원 서남)	
북송北宋		동경 개봉부(하남성 개봉)	서경 하남부(하남성 낙양) 북경 대명부(하북성 대명 동북) 남경 응천부(하남성 상구商丘)
요遼		상경上京 임황부臨潢府 (내몽고 파림좌巴林左旗)	동경東京 요양부遼陽府(요녕성 요양) 서경 대동부大同府(산서성 대동) 남경 기진부析津府(북경시)
서하西夏		흥경부興京府(영하성 은천銀川)	중경中京 대정부大定府(내몽고 영성寧城)
남송南宋		임안부臨安府(절강성 항주)	
금金		중도中都 대흥부大興府(북경시)	상경 회녕부會寧府(흑룡강성 아성阿城 남) 동경 요양부(요녕성 요양) 서경 대동부(산서성 대동) 남경 개봉부(하남성 개봉)
원元		대도大都(북경시)	상도上都(내몽고 다륜多倫 서북)
명明		남경 응천부(강소성 남경) 북경 순천부順天府(북경시)	북경 개봉부(하남성 개봉) 중도 봉양부(안휘성 봉양) 남경 응천부(강소성 남경)
청淸		경사 순천부(북경시)	유도留都 성경盛京(요녕성 심양沈陽)
중화인민공화국 中華人民共和國		베이징(북경)	

찾아보기

ㄱ

2·28사건 440
3무 1종의 법란 172
3성 6부 181
4·12사건 424
5·30사건 422
5·4운동 416
5언시 118
7언시 119
가오강(高崗고강) 450
가오싱用(高行健고행건) 494
갈홍 146
감로의 변 210
감합무역 317
갑골문 28
강유위 387
강태공 33
강희자전 353
강희제 342
개봉 249
개원의 치 194
개토귀류 정책 357
개평광무국 393
객가인 375
거페이(格非격비) 524
건륭제 359
건안 125
경뱌오(耿飈경표) 513
견책소설 399
경구철도 487
경덕진 231
경술의 변 318
경화연 371

계림유사 245
고개지 150
고금도서집성 356
고력사 202
고문 상서 96
고시 십구수 90
고야왕 175
고염무 347
곤여만국전도 325
공거 391
공거상서 389
공명 132
공영달 187
공인의 안 298
공자 42
공행 397
곽수경 282
관룡 집단 179
관펑(關鋒관봉) 463
관한경 279
광무제 104
광서제 384
광인일기 414
교자 232
구거언 47
구겸지 156
구마라십 152
구양수 234
구정홍(顧正紅고정홍) 423
구제강(顧頡剛고힐강) 449
구카이라이(谷開來곡개래) 512
구품중정제 129
국·공내전 439
국민당 409

국민당 제1회 전국대표대회 420
국자감 297
군국제 78
군기처 358
군벌 410
군현제 69
굴원 57
궁리 524
귀모뤄(郭沫若곽말약) 437
귀보슝(郭伯雄곽백웅) 517
균수평준법 88
균요법 315
균전제 161
금나라 255
금병매 329
금원 4대가 289
기기직포국 393
기윤 368
김인서 343

ㄴ

나관중 304
나카무라(中村雲大郞) 428
낙타샹즈 431
난징대학살 436
남경조약 373
남당 227
남명 348
남송 252
남순강화 484
내서당 310
네르친스크조약 349
노자 40

녹림의 난 101
논어 46
농상집요 282
뇌봉 학습 운동 457
누르하치 328
능몽초 340
니이더(倪貽德예이덕) 419
닉슨 466

ㄷ

다경 201
다나카(田中) 466
다윈 411
다이야오팅(戴耀廷대요정) 522
단옥재 369
달라이 라마 342
당고의 화 114
당나라 180
당삼채 210
당초본 189
대당서역기 187
대명률 297
대문구 문화 13
대송중수광운 232
대연력 195
대우 20
대의각미록 355
대장정 432
대진 314
대처 521
대청회전 349
야오위다오 510
덩샤오핑(鄧小平등소평) 476
덩잉차오(鄧穎超등영초) 484
덩퉈(鄧拓등탁) 457
도덕경 40
도리이 류조(鳥居龍藏조거룡장) 495

도스토예프스키 411
도연명 154
도장 230
도호부 93
도홍경 168
돈황 석굴 147
돌궐족 169
동기창 333
동성파 367
동중서 89
동진 142
동집사창 309
동치중흥 380
돤치루이(段祺瑞단기서) 410
두보 197
둔전제 125
둥비우(董必武동필무) 468
딩링(丁玲정령) 478

ㄹ

라오서(老舍노사) 431
라이창싱(賴昌星뢰창성) 494
랴오모사(廖沫沙요말사) 465
랴오수스(饒漱石요수석) 450
량치차오(梁啓超양계초) 409
런지위(任繼愈임계유) 506
레닌 417
레이펑(雷鋒뇌봉) 457
루딩이(陸定一육정일) 458
루산회의(廬山會議여산회의) 454
루쉰(魯迅노신) 414
룽이런(榮毅仁영의인) 486
뤄루이칭(羅瑞卿나서경) 462
뤄룽지(羅隆基나융기) 451
뤄푸(洛甫낙보) 433
류빈얀(劉賓雁유빈안) 479
류사오치(劉少奇유소기) 464

류샤(劉霞유하) 509
류샤오보(劉曉波유효파) 509
류윈산(劉雲山유운산) 514
류즈단(劉志丹유지단) 515
류즈젠劉志堅유지견) 460
류징판(劉景范유경범) 515
리다자오(李大釗이대조) 415
리더성(李德生이덕생) 468
리덩후이(李登輝이등휘) 451
리례쥔(李烈鈞이열균) 410
리리싼(李立三이립삼) 426
리셴녠(李先念이선념) 483
리시판(李希凡이희범) 449
리옌훙(李彦宏이언굉) 525
리이저(李一哲이일철) 468
리잔수(栗戰書율전서) 530
리젠퉁(李建KA이건동) 515
리쭝런(李宗仁이종인) 411
리추리(李初梨이초리) 419
리커창(李克強이극강) 514
리펑(李鵬이붕) 480
리푸춘(李富春이부춘) 450
리훙즈(李洪志이홍지) 492
린뱌오(林彪임표) 464
린수(林紓임서) 437
링지화(令計劃령계획) 517

ㅁ

마건충 397
마관조약 389
마르코 폴로 275
마링(H. S. Maring) 421
마셜(G. C. Marshall) 441
마셜플랜 441
마씨문통 397
마오둔(茅盾모순) 475
마오안잉(毛岸英모안영) 445

마오쩌둥(毛澤東마오택동)　471
마왕퇴　467
마윈(馬雲마운)　493
마인추(馬寅初마인초)　498
마잉쥬(馬英九마영구)　524
마카오　335
마테오 리치　322
마틴 월버(C. Martin Wilbur)　418
마화텅(馬化騰마화등)　525
막고굴　401
만력제　320
만리장성　68
만주 팔기　327
만주국　430
만주사변　428
매요신　235
맹자　49
명나라　295
명십삼릉　331
명이대방록　350
모돈선우　75
모옌(莫言막언)　514
모용황　144
몽고　261
몽케　267
무위의 화　192
무정의 시대　24
무측천　190
묵자　45
문경지치　82
문동　239
문심조룡　165
문천상　276
문학연구회　418
문헌통고　279
문화대혁명　461
미불　246

ㅂ

바이화(白樺백화)　479
바진(巴金파금)　418
반고　106
방국진　290
방랍의 난　249
방이지　345
방효유　305
배상제회　374
백거이　206
백련교　280
백련교도의 난　364
백마사　97
백서　71
백이　27
백호통의　105
백화제방, 백가쟁명　450
법가　62
변법자강운동　392
보구(博古박고)　433
보로딘　421
보리달마　165
보시라이(薄熙來박희래)　512
보이딘스키　423
보이보(薄一波박일파)　512
보황회　394
본초강목　321
부견　148
부병제　167
부쭤이(傅作義부작의)　442
북경성　407
북경원인　10
북경조약　380
북송　225
북송 4대 서법가　235
북위　150
분봉제　31

분서갱유　70
불도징　145
비림비공　468

ㅅ

사고전서　365
사공도　216
사기　94
사령운　155
사마광　240
사마의　136
사마천　94
사모무방정　24
사사명　198
사서집주　257
사얼후 전쟁　330
산경십서　163
산정동인　11
산해경　79
삼가촌　465
삼경팔릉 수복전　265
삼국지　137
삼면홍기(三面紅旗)　453
삼민주의　417
삼민주의　417
삼반·오반 운동　446
삼번의 난　346
삼언　340
삼장제　161
삼황 오제　14
상 왕조　22
상무인서관　391
상앙　52
색목인　281
샤옌(夏衍하연)　427
샹잉(項英항영)　429
샹파(向發향발)　510

서광계	325	시내암	296	앙소 문화	12
서상기	285	시박사	383	애신각라씨	339
서주	34	시안사변	434	야오원위안(姚文元요문원)	458
서태후	384	시중쉰(習仲勛습중훈)	513	야율초재	263
서하	263	시진핑(習近平습근평)	513	양계초	390
석경당	218	신나라	100	양귀비	199
석륵	143	신유정변	381	양기	113
선비족	144	신청년	411	양나라	162
선옌빙(沈雁빙심안빙)	418	신해혁명	406	양리웨이(楊利偉양리위)	529
선쥔루(沈鈞儒심균유)	434	심괄	243	양무운동	382
선통제	401	심약	164	양상쿤(楊尙昆양상곤)	462
설문해자	109	스티븐 호킹	528	양세법	203
세설신어	155	쑨원(孫文손문)	408	양제	175
셰푸즈(謝富治사부치)	462	쑨정차이(孫政才손정재)	531	양주십일 가정삼도	339
소명문선	166	쑨커(孫科손과)	428	양주팔괴	363
소무	91	쑹메이링(宋美齡송미령)	421	어린도책	300
소식	244	쑹아이링(宋靄齡송애령)	421	어우양산(歐陽山구양산)	427
소전체	72	쑹자오런(宋敎仁송교인)	409	엄복	392
소진	54	쑹즈원(宋子文송자문)	423	여불위	73
소통	166	쑹칭링(宋慶齡송경령)	421	여진	248
소하	81	쑹핑(宋平송평)	501	여태후	80
손마사요시(孫正義손정의)	493			역도원	166
손사막	187	○		역참	271
송응성	334			연산야화	457
수경주	166	아고백(阿古柏)	507	염철론	95
수나라	173	아골타	248	영거	69
수통(蘇童소동)	524	아담 샬	334	영락대전	308
수호전	296	아방궁	72	영락제	304
숙제	27	아이칭(艾靑애청)	427	영종	311
순자	60	아큐정전	414	예사오쥔(葉紹鈞엽소균)	418
순치제	341	악부	86	예찬	287
쉬디산(許地山허지산)	418	악부 시가	86	옌시산(閻錫山염석산)	411
쉬서우상(許壽裳허수상)	459	악비	253	옐친	488
쉬즈모(徐志摩서지마)	429	악주 화약	268	오경재	361
쉬차이허우(徐才厚서재후)	517	안록산	198	오경정의	186
슈타인	400	안씨가훈	172	오광	74
승상제	299	안진경	203	오대 십국	215
시경	36	알퐁소 도데	413	오도자	204

오두미도	126	외몽고	407	의화단운동	394
오수전	87	요내	369	이다가키(板垣征四郎)	428
오월	525	요순	17	이릉	91
오위업	345	요페(A. A. Joffe)	421	이리조약	385
오진	287	용산 문화	14	이마다(今田新大郎)	428
오토 브라운(李德이덕)	433	우·이의 당쟁	208	이박	340
오파	315	우위장(吳玉章오옥장)	428	이백	196
오호십육국	141	우페이푸(吳佩孚오패부)	411	이사	70
옥편	175	우한(吳漢오함)	456	이상은	212
옹방강	370	운강 석굴	157	이시진	321
옹정제	354	원가의 치	153	이시하라(石原莞爾)	428
옹화궁	356	원명원	360	이여진	371
와신상담	44	원모원인	10	이연	180
완리(萬里만리)	460	원윈쑹(溫雲松온운송)	516	이욱	226
완적	135	원호문	268	이자성의 난	332
왕광메이(王光美왕광미)	462	웨이징성(魏京生위경생)	473	이지	324
왕런중(王任重왕임중)	460	위나라	128	이청조	254
왕뤄수이(王若水왕약수)	479	위다푸(郁達夫욱달부)	419	이화원	386
왕뤄왕(王若望왕약망)	479	위안스카이(袁世凱원세개)	408	인민공사	452
왕리(王力왕력)	462	위원	379	임칙서	371
왕망	98	위정성(兪正聲유정성)	514	입센	411
왕몽	287	위핑보(兪平伯유평백)	413		
왕밍(王明왕명)	429	위화(余華여화)	524		
왕소군	97	유림외사	361	**ㅈ**	
왕수인	316	유비	127	자금성	402
왕안석	236	유수	103	자오러지(趙樂際조악제)	530
왕양(汪洋왕양)	530	유식종	191	자오수리(趙樹理조수리)	439
왕유	201	유연	140	자오쯔양(趙紫陽조자양)	521
왕진	311	유종원	208	자치통감	240
왕징웨이(汪精衛왕정위)	422	유흠	96	잡극	278
왕충	108	육구연	258	장가오리(張高麗장고려)	514
왕치산(王岐山왕기산)	514	육기	139	장거정	320
왕퉁자오(王統照왕통조)	418	육우	201	장건	85
왕필	133	육유	262	장궈타오(張國燾장국도)	429
왕후닝(王滬寧왕호녕)	530	윤선초상국	393	장나이치(章乃器장내기)	434
왕훙원(王洪文왕홍문)	459	율령	186	장더장(張德江장덕강)	514
왕희지	149	은허	22	장바이쥔(章伯鈞장백균)	451
왜구	318	웅천	300	장빙린(章炳麟장병린)	412

장사성	290	전등신화	302	존 듀이	412
장생전	351	전연	144	종법 제도	31
장쉐량(張學良장학량)	425	전연의 맹	231	좌익작가연맹	427
장쉰(張勳장훈)	409	전욱력	60	주 왕조	30
장안	188	전족	398	주공	32
장완팅(張婉婷장완정)	421	전진교	264	주더(朱德주덕)	426
장의	54	전칠자	317	주돈이	237
장이머우(張藝謀장예모)	489	전한	99	주룽지(朱鎔基)	489
장자	50	절도사	193	주시쭈(朱希祖주희조)	459
장재	238	정강의 변	250	주역주	133
장제스(蔣介石장개석)	424	정관의 치	184	주왕	26
장중경	117	정관정요	185	주원장	290
장즈중(張治中장치중)	442	정난의 변	303	주전충	214
장즈핑(張資平장자평)	419	정보치(鄭伯奇정백기)	419	주쯔칭(朱自清주자청)	430
장징궈(蔣經國장경국)	481	정성공	340	주희	256
장쩌민(江澤民강택민)	483	정이	241	죽간	71
장쭤린(張作霖장작림)	411	정전둬(鄭振鐸정진탁)	418	죽림칠현	134
장춘차오(張春橋장춘교)	459	정전제	43	중·일전쟁	435
장췬(張群장군)	441	정현	125	중국백서	437
장칭(江靑강청)	484	정호	241	중국인민정치협상회의	442
장톈이(張天翼장천익)	427	정화	307	중앙문혁소조	463
장페이리(張培莉장배리)	516	제1차 5개년 경제 계획 실시	447	중원음운	284
장평 전투	59	제1차 국공합작	420	중화소비에트 공화국	429
장학성	367	제1차 아편전쟁	372	중화인민공화국	442
장한가	207	제2차 국공합작	435	증국번	377
장형	112	제2차 아편전쟁	379	지난참안(濟南慘案제남참안)	426
저우리보(周立波주립파)	446	제남참안	426	지셴린(季羨林계이림)	506
저우수런(周樹仁주수인)	459	조광윤	224	지원통행보초	277
저우양(周揚주양)	427	조맹부	283	진수	137
저우언라이(周恩來주은래)	470	조비	128	진승	74
저우융캉(周永康주영강)	517	조설근	363	진시황	66
저우쭤런(周作人주작인)	412	조슈아 쿠퍼 레이모	525	진우량	290
저우취안핑(周全平주전평)	419	조식	130	진자앙	191
적미의 난	102	조용조	182	진패선	169
적벽부	245	조조	124	짐 오닐(Jim O'Neill)	521
전겸익	345	조주교	179	쩌우저화(鄒家華추가화)	484
전국 시대	48	조참	81	쭌이회의	433
전국인민대표대회	448	조충지	162		

ㅊ

차오스(喬石교석) 486
차오쿤(曹錕조곤) 411
차이궁스(蔡公時채공시) 427
차이잉원(蔡英文채영문) 405
차이위안페이(蔡元培채원배) 412
찰거 84
찰리 송(Charlie Song) 421
찰스 489
참위 105
창랑시화 266
창조사(創造社) 419
채륜 110
천공개물 334
천광청(陳光誠진광성) 499
천궁보(陳公博진공박) 418
천금요방 187
천두슈(陳獨秀진독수) 413
천보다(陳伯達진백달) 463
천수이볜(陳水扁진수편) 451
천이(陳毅진의) 426
천중밍(陳炯明진형명) 411
천카이거(陳凱歌진개가) 489
청묘법 237
청일전쟁 388
청팡우(成敦吾성방오) 437
청화 289
쳰쉐썬(錢學森전학삼) 529
쳰쉬안퉁(錢玄同전현동) 469
쳰싱춘(錢杏邨전행촌) 427
초사 58
초세무 43
총리각국사무아문 386
춘추 38
춘추 시대 36
출사표 131
취추바이(瞿秋白구추백) 433

칭기즈칸 260

ㅋ

카와카미 하지메(河上肇) 437
카터 467
캉유웨이(康有爲강유위) 469
코민테른 423
쿠빌라이 칸 270
쿵샹시(孔祥熙공상희) 421
크리스 패튼 489
클린턴 490

ㅌ

타오주(陶鑄도주) 460
탁발규 150
탄전린(譚震林담진림) 462
탄정입무 355
탈라스 강 전투 198
태강 문단 139
태무제 156
태초력 89
태평광기 228
태평도 116
태평어람 228
태평천국의 난 375
톈한(田漢전한) 460
톈안먼사건 482
토단법 146
토목보의 변 312
토지개혁법 444
톨스토이 411
통전 205
투요요(屠呦呦도유유) 524
투테르테 520
티무르 306
티베트 446

파스파 문자 271

ㅍ

판원란(范文瀾범문란) 494
판첸 라마(Panchen Lama) 445
팔고문 344
팔대산인 352
팔왕의 난 138
팡리즈(方勵之방려지) 479
펑궈장(馮國璋풍국장) 410
펑나이차오(馮乃超풍내초) 419
펑더화이(彭德懷팽덕회) 469
펑리위안(彭麗媛팽려원) 513
펑쉐펑(馮雪峰풍설봉) 449
펑쉬에펑(馮雪峰풍설봉) 427
펑위샹(馮玉祥풍옥상) 411
펑전(彭眞팽진) 458
펠리오 400
포박자 146
포송령 353
포조 158
푸이(溥儀부의) 430
풍몽룡 340

ㅎ

하 왕조 21
하모도 문화 13
한 집에 사는 네 세대 431
한둥팡(韓東方한동방) 483
한비자 62
한사군 88
한사오궁(韓少功한소공) 517
한서 107
한신 80
한유 209
한정(韓正한정) 530

한혈마	90	홍건적의 난	286	황즈펑(黃之鋒황지봉)	522
항미원조	445	홍군	425	황책호적 제도	335
항우	77	홍루몽	362	황토 고원	15
해국도지	379	홍무의 사옥	303	회창의 법난	211
해서(海瑞)	456	홍무제	294	회풍은행	383
해서파관	456	홍문연	76	획린	49
행성제	278	홍위병	460	효문제	160
허룽(賀龍하룡)	424	화간집	218	효종	256
허신	108	화궈펑(華國鋒화국봉)	471	후스(胡適호적)	412
허잉친(何應欽하응흠)	435	화본 소설	230	후야오방(胡耀邦호요방)	474
헌제	121	화타	126	후예핀(胡也頻호야빈)	478
헌종	206	황건의 난	118	후진타오(胡錦濤호금도)	501
현무문의 변	184	황공망	287	후칠자	317
현장	190	황노 사상	81	후펑(胡風호풍)	427
현종	194	황소의 난	213	휘종	250
혜강	134	황정견	246	흉노	140
호경	30	황제	16	흐루시초프	452
호복기사	55	황제내경	79		
호적	412	황종희	350		

개정증보판
연표와 사진으로 보는 중국사

펴낸곳 도서출판 일빛
펴낸이 이성우
지은이 심규호

등록일 1990년 4월 6일
등록 번호 제10-1424호

초판 발행일 2002년 7월 5일
개정증보판 1쇄 발행일 2018년 6월 4일

주소 03993 서울시 마포구 동교로27길 12 동교씨티빌 201호
전화 02) 3142-1703~4 팩스 02) 3142-1706
전자주소 ilbit@naver.com

값 23,000원
ISBN 978-89-5645-181-7   (03910)

※ 잘못된 책은 교환해드립니다.

중국사 산책

중국 역사에 결정적 영향을 미친 사건들, 새로운 시선으로 만나다!

이 책은 황제가 나라를 다스리던 신화시대부터 오늘날의 중화인민공화국까지의 중국 역사를 모두 다루고 있다. 방대한 중국 역사를 다루기 위해 이 책의 저자 쑨테는 여러 편집위원들과 공동 작업을 추진하였고, 그 결과 중국의 역사를 크게 고대·중세·근대·현대로 나눈 후, 다시 11개의 시대로 세분화하였으며, 중국 역사에 가장 큰 영향을 미친 100항목의 사건을 엄선하여 구성했다.

쑨테 지음 | 이화진 옮김 | 28,000원

사마천 사기

인생의 지혜와 통찰의 안내서

원전인 사마천의 『사기』를 바탕으로 그림과 일러스트, 도표를 사용한 새로운 해설과 편집 방식으로 『사기』 130권의 정수를 한 권에 담아냈다. 따라서 독자들은 중국 고대 왕조와 제왕, 장수, 재상, 풍류 인물들의 드라마틱한 삶과 운명을 통해서 인생의 지혜를 상전벽해에 버금가는 역사의 변화무쌍함을 통해서는 미래를 내다보는 혜안과 통찰력을 얻게 될 것이다.

사마천 지음 | 스진 풀어씀 | 노만수 옮김 | 25,000원

나관중 三國志

삼국시대 영웅호걸의 처세와 용인의 지침서

'인물', '이야기', '분석', '번외'의 네 부분으로 나누어 삼국 시대 중요 인물들의 운명과 성격을 살펴보고, 『삼국지』 주요 명장면의 전후 상황을 도표와 당시의 지도를 사용해 상세하게 설명하였다. 또한 『삼국지』에 원용된 다양한 책략과 용인술을 비롯해 지금까지도 논쟁이 계속되고 있는 사안들에 대해서도 심층 분석하였다. 따라서 독자들은 선명하고도 형상적인 삼국 시대의 모습을 들여다 볼 수 있을 것이다.

나관중 지음 | 우위 풀어씀 | 심규호 옮김 | 25,000원

장자

21세기 한국 사회에서 읽는『장자』

우리는 21세기의 한국 사회가 아마도 역사상 가장 최적의 자유를 누리고 있다고 자부하고 있을지 모른다. 허나 우리가 누리고 있는 자유란 어떤 자유인가? 장자가 추구한 최고의 가치는 '완전한 자유의 경지' 다 이 책을 통해 선과 악, 아름다움과 추함, 쓸모 있음과 쓸모없음, 귀함과 천함, 의식과 무의식의 세계 중 어느 한쪽에 얽매이거나 구속당하지 않고 그 둘 사이를 자유롭게 넘나드는 모든 행위의 속박으로부터 해방되는 자유를 이해하게 될 것이다.

장자 지음 | 완샤 풀어씀 | 심규호 옮김 | 25,000원

혜능육조단경

선의 핵심을 오롯이 담아낸 마음공부 지침서

이 책에서는 불립문자의 원리에 따라 그림과 문장을 하나로 결합하고, 그림으로써 경전을 해석하는 방식으로『단경』에 숨어 있는 지혜를 풀어냈다. 따라서 출가자뿐만 아니라 일반인들도 심오하여 이해하기 어려운 불법佛法과 선리禪理를 한 폭의 그림을 통해 쉽고 명확하게 이해할 수 있다. 생동감 있는 문장과 의미 깊은 그림은 당신을 삶과 인생의 지혜가 충만한 선종의 세계로 안내할 것이다.

혜능 지음 | 단칭선사 풀어씀 | 김진무 옮김 | 25,000원

반야심경

불교의 가르침을 가장 압축적으로 담고 있는 260자 경전

『반야심경』은 우리에게 가장 친근한 경전이지만, 동시에 가장 깊은 의미를 담고 있는 경전이라 할 수 있다. 또한 성인들이 깨달은 최고의 이상적 경지이며, 경전을 공부하는 사람들의 최종적 목표이기도 하다. 이 책은 하룻밤에도 누구나 쉽게 읽을 수 있으면서도 바로 그런 깨달음과 진리에 대한 갈증을 풀어주는 샘물과 같은 책이다.

지뿌 지음 | 현장법사 원역 | 김진무 옮김 | 28,000원

육우 다경

차 문화의 집대성이자 세계에서 가장 오래된 다학(茶學)의 '바이블'

『다경』은 천 년이 넘는 유구한 역사를 지니고 있는 다학(茶學)에 관한 세계 최초의 전문 서적이다. 또한 '다성(茶聖)'으로 추앙받고 있는 육우의 필생의 역작이며, 차 문화의 집대성이자 각종 다사(茶事)에 관한 그의 '정행검덕(精行儉德)'을 엿볼 수 있는 최고의 걸작이다. 이 책은 아름답고 정밀한 500여 컷의 일러스트와 100여 개에 달하는 도표와 도해로 『다경』의 내용을 현대적 감각으로 간단하면서도 쉽게 해설하고 있다.

육우 지음 | 김진무·김대영 옮김 | 28,000원

불교명상

일상의 스트레스와 번뇌에서 벗어나는 정신 수련법

이 책에서 독자들에게 소개하는 명상법은 불교의 명상 수련법의 정화 가운데 실천적인 방법만을 가려낸 것들이다. 도시에서 유행하는 마음의 수련에 관한 각양각색의 수련법 가운데서도 명상 수련법은 특히 일상생활이나 업무로부터 발생하는 스트레스 해소에 매우 탁월한 효과를 보이고 있다. 내면의 근심이나 두려움에서 벗어나 수련자의 의식과 정신을 이완시킴으로써 진정한 의미에서의 생활의 즐거움을 맛볼 수 있게 될 것이다.

란메이 지음 | 김진무 옮김 | 25,000원

티베트 사자의 서

죽음 뒤의 세계에 대한 안내서

파드마삼바바의 가르침은 한마디로 "죽음을 배우면 삶을 배울 수 있다"는 것이다. 이 책은 죽음의 순간 오직 한번 듣는 것만으로도 삶과 죽음의 본질을 깨닫고, 바르도 세계의 기회와 환상을 통찰하여 해탈의 경지에 이를 수 있도록 도와줄 것이다. 또한 우리는 티베트 불교 전공자의 번역을 통해 그 진수를 맛보게 될 것이다.

파드마삼바바 지음 | 다허 풀어씀 | 정성준 옮김 | 28,000원

우루무치

신강 위구르 자치구

감숙성
甘肅省

파키스탄

청해성
青海省

서녕
西寧

서장 자치구
西藏自治區

사천
四川

라싸

네팔

시킴

인도

부탄

운
믄

방글라데시

★   수도(首都)

●   성도(省都)

- - -   성계(省界)

─────   국경선

운남성
雲南省

미얀마

라오스

태국

자치구
自治區

호화호특 ●
呼和浩特

천□
川

족 자치구

영서성
西省

●
서안
西安

흑룡강성
黑龍江省

하르빈 ●

장춘 ●
長春
길림성
吉林省

심양 ●
瀋陽
요녕성
遼寧省

동해

북경
★北京
천진 ●
天津
발해만

석가장 ●
石家莊

하북성
河北省

산서성
山西省

태원 ●
太原

제남濟南 ●

산동성
山東省

대한민국

황해

상해

정주鄭州 ●

하남성
河南省

안휘성
安徽省

강소성
江蘇省

남경 ●
南京

호북성
湖北省

무한 ●
武漢

합비 ●
合肥

항주杭州 ●

장사 ●
長沙

남창 ●
南昌

절강성
浙江省

호남성
湖南省

강서성
江西省

복주
福州 ●

복건성
福建省

대만

대북 ○
臺北

족 자치구
族自治區

광동성
廣東省

광주廣州 ●

마카오

해구 ●
海口

해남성
海南省

중국 전도